復刻版

婦人のこえ

第3巻

1956年１月～12月
（第４巻第１号～第12号）

六花出版

復刻版『婦人のこえ』第3巻

刊行にあたって

一、本復刻版は、雑誌『婦人のこえ』（一九五三年一〇月〜一九六一年九月）を全8巻に分けて復刻するものである。

一、第1巻巻頭に鈴木裕子氏による解説を掲載した。
また、第8巻巻末に「総目次」のデジタルデータをCD－ROMに収録し付した。

一、本巻の原資料収集にあたっては、左記の機関及び個人のご協力を得た。改めて御礼を申し上げます。（順不同）
東京大学社会科学研究所、鈴木裕子氏

一、資料の中には、人権の視点から見て不適切な語句・表現・論もあるが、歴史的資料の復刻という性質上、そのまま収録した。

一、刊行にあたってはなるべく状態の良い原資料を使用するように努力したが、原本の状態や複写の環境等によって読みにくい箇所があることをお断りいたします。

（六花出版編集部）

[第3巻 目次]

巻号数●発行年月日

●全巻収録内容

第1巻	一九五三年一〇月～一九五四年一二月	解説＝鈴木裕子
第2巻	一九五五年一月～一二月	
第3巻	一九五六年一月～一二月	
第4巻	一九五七年一月～一二月	
第5巻	一九五八年一月～一二月	
第6巻	一九五九年一月～一二月	
第7巻	一九六〇年一月～一二月	
第8巻	一九六一年一月～九月	

婦人のこえ

十年十二月二十五日印刷　昭

1月號

1956

謹賀新年

合成化學産業勞働組合連合

委員長 太田薰
副委員長 是枝忠次
同 臣定雄
書記長 西野本郎
東京都港區本芝三ノ二〇（硫勞連會館內）
電（45）五七〇〇・五七三〇

日本勞働組合總評議會

議長 藤田藤太郎
副議長 太田薰
同 塩谷信雄
同 今村彰
事務局長 岩井章
東京都港區芝公園八號地二
電（43）四二八四・五三二四

全逓信従業員組合

中央執行委員長 横川正市
中央副執行委員長 光村甚助
東京都新宿區信濃町三（四谷郵便局內）
電（35）二四〇〇・二四六〇

日本炭鑛勞働組合

中央執行委員長 阿部竹松
東京都千代田區神田三崎町二の四
電（33）二一五四
六二四八
七四四八

婦人のこえ

1956年
一月號

一月號目次

日本の婦人

―在日印度婦人の目を透して―

ジイノー・タンダン

私が日本に參りましたのは、未だうすら寒い風の吹く昨年の四月はじめでした。春の弱い太陽が、この美くしい自然に調和してやわらかな光線を私たちの乘つている船に投げかけておりました。そしてデッキの上に立つた私は、いつの間にかすつり魅せられていたのです。私はかつて、この東洋の美くしい島國について學びましたし、私自身も大變興味を持つておりました。それですから、現在この日本で日本の方々と一緒に生活をし、いろいろ學ぶことのできることを非常に感謝しております。

私は日本に來る前に、日本婦人が畫かれた一枚の繪を持つておりました。それは、目がやや細目に、鼻は低く、頭にカンザシをさして、着物をき、手に扇を持つているという代物《しろもの》でした。それ故、私や私の友達は、この一枚の繪が示すように、浮世繪時代のような日本の女性を想像しがちであつたわけです。實際日本に來てみて、この東京の街を歩いてみますと、私の想つていた着物に草履姿の婦人はめつたに見受けられず、むしろ歐米的な服裝に驚きました。私のはじめに驚いたのは服裝を通じてだけの極く表面的なことでありました。私の國でも、隣のビルマや中國にしても、また朝鮮でも婦人はそれぞれ自國のものを持ち、この日本でもまた持つているはずなのに、一體何故だろうか？ 日本は、いや東京は婦人まで植民地化されてしまつているのだろうか？ というような錯覺を起こした位でした。ところが、これは全く私の誤解であり、ラフカディオ・ハーンが指摘した日本婦人の長所は、いささかも失われていないこともだんだん解り、私の期待は少しも裏切られていないという確信も持つようになりました。もちろん、私自身、日本語はほとんど話せませんし、讀むことも不自由なので、この國の實狀がいろいろな意味で解つて來るのには、少くも一カ年の歳月が必要だつたのです。私は、十日や二週間のただの觀光旅行に來た一外人でなかつたことに誇りを感じ、幸だつたと思います。

私は戰後に制定された日本の新しい憲法にも示されているように、これを契機として日本の婦人は、戰前には持ち得なかつた社會的、經濟的地位が保障され、政治にも直接參加できるようになつたことは、同性としてまことに喜ばしいことだと思います。戰後には若い世代の間にも、新しい自覺が促され、ことに十代の人たちまで、一應、政治の問題や一般社會の細かな點にまで思慮が拂われるようになづたことは、驚くべきことと思づております。また戰後には、婦人に對する教育の機會が男子と同等に與えられ、今まで男子しか入學を許されなかつた多くの大學にも、その門が解放されました。そして非常に多數の婦人が、男子と同樣に專門的な課程を修得することができ、これによつて彼女たちの中からもやがて優れた科學者や法律家、そしてやがてこの國の指導者も生れてくることを確信しております。このように、多くの婦人も高い教育が受けられ、また國民の九十數パーセントまでが教育を受けている國、そしてお互によき社會を、家庭を作り上げていく國、私はここにもこの國の偉大さを見出すことができると思います。

最近、國會において日本の憲法を改正するという考えがあることが明らかにされたことを私は知つております。改正するということは、今までの惡い點を改めることだと私は信じたいのですが、聞くところによりますと、我々第三者が、かねてから、この國の美點の一つとして稱讃して來たところが問題になつているようで、心配している次第です。私や私の夫は、母國においても政黨に所屬しておりませんし、むしろこれらを批判する立場にある一新聞通信社の社員であります。私はここで、いろいろ論議しようとは思いませんが私の愛する日本の、この立派な憲法だけは、破壞してしまわずに、逆にこれを育てていくよう努力することの方が大切だと思います。これこそあの戰爭という大きな犧牲の唯一の代償として得た寶ではないでしようか。しかしここに私は、私の知つている數多くの賢明な日本婦人たちが、この點を重視し、婦人たちの良心に訴えて改正に反對の叫びを、運動を起されていることを知り、大變心強く思つております。またあの原子兵器反對運動についても同樣です。

私が知つていた浮世繪風の日本女性から、今日東京で歐米風に見える日本女性、しかもその胸の奥底にはやつぱり民族の誇りと美點を失つていない現實の姿に接し、私は私の夢が、私の期待が、今ここに裏切られていなかつたことを知り、このうえない喜びと感激を覺え、期待しております。そうです！　アジアの平和は、アジア民族で、そして私たち婦人の力で守り、作り上げていきましよう。

（一二・一〇）

筆者は一九四三年アグラ大學卒、五四年、インディア・マガジンの通信員として來日、二男一女の母。夫君はインディア・ニュース・エイジェンシイの通信員、トラスト・オブ・インディア代表者。

英國の働く母と保育問題

磯《いそ》野《の》富《ふ》士《じ》子《こ》

私が一九五五年の七月末に五日間を過したバーンレーの町は、綿織物で有名な英國ランカシャーの東部にあり、約八萬の人口の大半が綿織物の工場をめぐつて生活を立てている。日本のセンイ工業が農村出の若い少女たちの汗によつて支えられているのに反し、ランカシャーでは夫婦・親子が一家をあげて同じ工場で働く傳統が強いので、私の訪問の目的も、こういう家庭での妻の立場を親しく見ることにあつた。私をバーンレーに招いて下さつたのは、兒童局の主任ミス・ジョーンズと、工場監督官の首席であるミス・ブラックバーンであつた。二人とも五十過ぎの「オバサン」タイプの婦人で、ミス・ブラックバーンはおじいさんの代から工場で働き、自分も十三で學校を出るとすぐ工場に入つたという。

このバーンレーの主要人物二人が大乘氣で世話して下さつたおかげで、私はたつた五日間に、市民相談所、乳幼兒健康相談所、就職案内所、保育所を見學し、工場に働いている人たちの家庭を六つ訪問し、若いお母さんたちの集りに參加し、おまけに、あるチョコレート工場で起つた事故につき、ミス・ブラックバーンが工場側の違反を告訴した、その裁判の光景をも、原告側辯護士と並んだ席で傍聽する好機會にもめぐまれたのであつた。

結婚後も妻が働き續けるのは織布工の賃金が安いためだという。「夫の收入が一週十ポンド（一萬圓）以下だとやはり私たちも働かないとね」とおくさんたちは話すが、卵やパン・肉などの價を「圓」になおして見てもそう大したちがいはないのだから、夫婦と上の子供が働いているような家庭の生活は、日本の中流家庭などでも夢にも思い及ばないものだ。汽車でバーンレーに着いた時まず眼についたのは、家々の屋根に並び立つテレビのアンテナであつた。

織布工の賃金は出來高拂い制なので、腕さえあれば女でもかなりの收入はあり〈一週五ポンド（五千圓）が普通〉したがつてこの地方では傳統的に妻の地位が強く、一家の收入を全部主婦の手に集めて家計を賄い、夫や子供に小遣いを與えるところも珍らしくないというが、近頃の子供たちは、親に部屋代食費代にあたるものを渡し、後は自由に使う方を好むそうだ。しかし幼い子供の世話は、母親が働きに出る場合にはどこでも一番の問題だ。乳幼兒健康相談所へ行つて、丁度乳兒の定期體重測定に來ているお母さんたちと待合室でお茶をのみながらしやべると、やはり、「少くとも子供が丸一年になるまでは働きたくありませんね」という。ともかく現在のところ一年休んでももとの職場に歸るのは容易だし、この相談所で肝油を一月に二ビン、ヴィタミンAとDの錠劑の他に、オレンジ・ジュースの大ビンを二本まで一本五ペンス（約二十圓）、七パイント分（一パイントは大體コップ三杯位）にあたるカン入粉乳を十ペンス半（約五十圓）で買えるし、お產や醫療はすべて無料だし、一年位工場を休んでいても、そう困ることはなさそうだ。

二歳から五歳（學令）までの保育所はバーンレーに十カ所あり、一週五シリング（二五〇圓）で朝六時半から夕方六時半まで預り、私の見學した所では四十人の子供を、實習中の學生二人を入れて六人の保母が世話していた。以前はおばあさんが孫を預つていたが、近頃では五十・六十になつても工場で働いている人が少くないし、若いお母さんは、「おばあさんは子供を甘やかすから」と、保育所の方に來るのが多いようだ。ついでながら、おばあさんに子供を頼む場合でも、保育料はキチンと出すのが當然となつている。「そりやあ、私が工場で働く間子供を頼むのですから、保育料はおばあさんの正當な分前ですよ。それにおばあさんも自分の働きで收入を得るのが嬉しいんです」

しかし一方では、子供を保育所へ「ほうり込ん」で、一週五ポンドをかせぎそのお金をテレビやおシャレに使うのは「子供に對して不當な扱いだ」という批判もある。どこまでが「經濟的必要」で、どこからが「餘計なゼイタク」であるかはなかなか判定しにくいが、センイ工業不況が心配されている折から、半日制の仕事が少くなつたことも、子供と仕事の兩立を難しくしている。兒童局のミス・ジョーンズによれば本當の問題兒は母親が眞面目に働いている家庭よりも、母親に全く家庭管理の能力のない場合に多いというが、テレビのアンテナのある家の子がいかにも構われない服裝をしたり、保育所で、子供が親と過す時間があまりにも少いことをきかされると、保育所だけでは解決されない働く母の問題を考えさせられる。だがこれも、食べるために必死で働かなければならない母親のために滿足な保育所がこんなに少い日本の現狀では、まだまだ先の問題といえよう。

福祉制度に對する英國人自身の反省を引用して日本の現狀を正當づけようとする人があるけれど、バーンレーのお母さんたちは、保育所を批判した後で、「でも、いくら惡用する人があるといつても、よい制度がよい制度である事に變りはありません」と口を揃えて云うのだつた。

短歌

萩《はぎ》元《もと》たけ子《こ》選

複雜な沈默のまま季節風のまだおさまらぬ街にいでゆく　小林嘉子

秋の日はいまだ暮れやらぬ半空を水鳥ひくく飛び去りゆけり　永田まつえ

とたん屋根にしばし落葉のふる音す茶店の椽に甘酒をのむ　岡崎みどり

犬連れて青空の下馳けゆけり我が悲しみはくだけて飛ぶも　中村富枝

これでもかこれでもまだかといためられし過去を思ひぬ雨降る今日は　木内哲子

婦人のこえを尊重して

松《まつ》尾《を》トシ子《こ》

新しい年をむかえて、『婦人のこえを尊重して』と繰返し言うばかりであります。

私共婦人は、永い間、家庭にあつても社會の一員としても、常に從屬的に規定され、狭いわくの中で手カセ足カセに苦しんで參りましたが、新しい憲法の精神がだんだんと婦人の自主性とその基本的人權に目ざめることを教え、政治に關しても婦人が獨立した自己を取り戻してきたことはまことに御同慶の至りであります。今年はもう一歩前進しなくてはなりません。

世界狀勢は平和へ動き出しているのに、日本のみは、放射能、オネストジョン君に惱まされ、加えて政治の貧困から國民は嵐の中のモミガラのように吹き飛ばされそうです。

昔は、戰爭が起きたとき可愛い子供や、夫を國に捧げることが婦人の美德として教えられ、何がゆえに戰爭が起き、何がゆえに一家の支柱である夫や子供を戰場に送らなければならないか、という疑問を持つことは絶對に許されなかつたのであります。最愛の夫や子供が戰死したときは、その悲しみをじつと涙でこらえ、忍ぶことだけを美德とされ、そのことに不平や不滿を持つことは天皇陛下に不忠であり、國に對して非國民であると強く深く教え込まれて來たのであります。

凡そ古今東西、戰爭のかげに一番大きな犧牲を拂わされたものは婦人と子供であります。しかもその被害は最も深刻であります。

終戰後滿十年、戰災をうけた町々も、立派なビルデングができ上つて、段々と復興して參りました。建物や道路や自動車は年々と復興することはできるでしょう。しかし被害者の婦人子供等の生活は一層困難に追い込まれどうして解決することができるでしょう。

このように、戰爭のかげに泣く、婦人と子供の問題は人類社會に戰爭が存在する限り解決することができません。戰爭に絶對反對す

農協婦人大會を見る

編集部

昭和二六年以來組織がのびてきた全國農協婦人部員はいま總數二八〇萬、町村組織七千餘、縣組織は三八道府縣に及び、極めて有力な婦人の團體に發達してきましたが三〇年十二月八日第一回大會を東京で開きました。その前日には大會代議員七〇〇名が保健衞生、生活改善、農協婦人組織の三つの分科會に分れて討議し、それぞれの決定事項を大會にかけました。代表者の年令は四十代から五十前後、農協の役員、一・二町歩の自作農の主婦が多いらしく、幹部の集まりだけに發言にも慣れ、議事も要領よくはこばれました。生活改善の分科會では共同炊事の經驗の中でもちつきを共同にし、電動機を使うと三分間に一とウスつける、共同購入で燃料が五分の一ですむ、母親の勞力が省けて子供の保育に時をかけることができ、食品衞生の知識をすすめるというような經驗が發表され、榮養をとる上での科學性、計畫性の必要が說かれました。また現在では動物性タンパクを買つているが將來は家畜の共同飼育でタンパク源を安く供給しようという意見も有力でした。機械を一軒毎に買わずに共同作業で一つ機械を有效に使い、勞力と費用を省く、農協を通じての共同出荷、共同購入でコストを安くすること、

る權利はまず婦人と子供にあると信じます。いわゆる、兵馬の大權を握り戰宣布告の主權を持つた天皇から、總ての主權が、われわれ國民の手に移つた今日においては、國民の意志によつて戰爭を防止することができるのであります。

全國民の政治的意見を平等に代表することのできる權利を婦人の半數はもつております。この婦人の力によつて祖國日本を戰爭から守り、必ず平和日本を建設することができると斷言したいのであります。

第二の點は、國民生活の安定に關する點であります。私共日常生活におきまして、安心して働き安心して暮すためには、一言にして申せば生産と消費のバランスを保つことであります。生産經濟と消費經濟の協調は政治問題の最も重要部分を占めるものであります。

私たち婦人は、家庭に在つて、この消費經濟に直接關係を持つと共に、また社會的には職業婦人として職場に進出し生産經濟にも參加して參りました。

一家の經濟生活においても、收入と支出とのバランスが必要であることは申すまでもありません。

特に支出の面に責任をもつ家庭婦人の立場からすれば、家賃や米代や子供の教育、衣類通學費に至るまでいろいろと不平があります。

婦人が消費者としての立場から訴えることが、もつともつと政治上に反映しなければなりません。

生産者として收入のことは、經濟的にも社會的にもまた政治的にもよく取りあげられて、生産者の立場からの要求は相當に强く政治を動かしておりますが、消費者の立場からの要望は、政治上發言力が非常に弱いのが現狀であります。

家庭生活における消費者の立場にある婦人の要求、言葉を換えて申せば衣、食、住のことが政治上にもつと大きな發言力と影響力を持たなければ、その國の政治は正しく成長しないのであります。

特に、生産者の立場における發言力の强い社會は、これを資本主義社會におてみることができるのであつて、政治の基本であり、最終の目的である『國民生活の安定』のためには、消費經濟に大きな關係を持つ婦人の發言をもつともつと政治的に强化していかなくてはならないと考えます。

（社會黨・衆議院議員）

特に肥料の共同購入を勵行すること、（福井縣某農協では秋に翌一年の肥料計畫をたてるが、價格を發表すると商人はそれ以下で賣るから發表せぬ。（岡山縣）野菜類は增産すればするほど安くなるが、これが對策として農協指導のもとに計畫栽培、計畫販賣を行い、ぬけがけを防ぎ、價格の維持をはかること、例えば山形縣では秋ナスの小さいのが非常に多くできたが、これを農協指導のもとにからし漬にしたので今東京地方に出廻り相當の利益をあげているが、今までは使いきれぬほどできたものはすてるばかりだつた。農繁期保育所の國庫補助が中斷されているのを復活することを國家に要求すること。米の統制撤廢に反對。配給增加。現在のように配給米よりヤミ米が安く出まわると來年の米價が安くなる恐れがあり、價格維持のため賣る時は必ず農協を通じて賣ることとすること、豫約販賣の續行。

×　×

八日の大會は芝公園の中勞委會館で十時から四時まで開かれ、會長神野ヒサコさんの挨拶についで右三分科會の總合發表があり、種々の決議が行われましたが、發表者はいずれも能辯で熱意にあふれ、額に汗して大地に取組んでいる農村婦人の眞劍な聲は、傍聽者の心を强く打つものがありました。なおこの大會では農協運動の促進によつて、豊かな健康な農村社會の健設に邁進することを宣言しました。

アンケート　私のお正月

むかしは女とお釜は年中休みなしと言われ、お正月といえども婦人は休養する暇がなかつたようです、またいろいろな習慣やしきたりのなかでもお正月に關するものはことに根強く受つがれているようですが、戰後はどうでしょうか。各方面の方々にうかがつてみました。

一、お正月はどのようにお過しになりますか
一、お料理その他のしきたりはどのようになさいますか

（先着順）

勞働省婦人少年局長　**谷野せつ**

一、大抵は家にいて近所の子供を集めたり、家族と遊びますが、今度の冬は靜かな山の宿にでも行つて本を讀みたいと思つています。

二、門松は全く廢止しました。ただおぞうにやおせち料理は相變らずです。これも臺所の手間を正月中省くためには便利なように思われます。

画家　**三岸節子**

一、お正月は休養にあてております。

二、隨がつてすべて簡略を極めることにしております。

日教組婦人部長　**千葉千代世**

一、年中夜晝暇なしの生活ですので、お正月五日間は完全に自分の時間にしたい。寢たり起きたり、讀書したりです。他家の訪問もひかえます。

二、郷里から送つてくる餅だけがしきたりの生活で、他は家族の好みの料理でしきたりにとらわれません。門松は戰後ハイシしています。賀狀は日頃ごぶさたの方だけに出します、平和はがきを。

靜岡婦人少年室長　**加藤郎子**

一、勤めの身で仲々續けて休みがとれませんのでこの三カ日は家内水入らずゆつくりとゲーム等して暮すことにしております。

二、郷里の熊本式に三カ日は包丁を取らなくともよいように準備しておきます。料理は客が餘りありませんので自分達の美味しいと思うもので、あまり高價でないものを作つておきます。しかし今年は例年よりもつと簡素にしてその分長男の學資に貯金したいと思つております。鏡餅、しめ飾りは一番小さなものにします。

文化學院教授　**戸川エマ**

一、なるべく家にいて靜かにすごしたいと思つているのですが、三日間は普段外出勝ちなので子供たちと遊んでくらします。

二、お正月だからと云つて別に作りませんが、それでも大晦日に煮物をするのはちよつとたのしみです。

國鐵勞組婦人部長　**丸澤美千代**

一、毎年、普通の勞働者なら年末年始の休暇があるのですが、私たちは年末と年始は出身地のオルグ派遣となりますので本當に休めるのは元日と二日位です。この二、三日が一年中の唯一の休みですから、この間に讀みたい本を一氣に讀みます。そして親孝行のできる唯一の時ですから母と二人、靜かな暖い地方に本をもつて出かけます。

二、私は一人暮しですが、實家ではなるべく手のかからない、しかも長もちのする材料を仕込み、お正月の間はあまり料理で主婦が苦勞しないようにしています。但しお正月の料理はそう美味しいものはありませんが、子供たちの好みによつて榮養を考えてきめます。おとそは頂きますが、その他形式的なわづらわしいことはしません。

浦和シニアクラブ會長　**伊藤玉枝**

一、元日だけは朝ねぼうして、家事の雜務に追つかけられる氣分を捨て、こたつでのんびりと賀狀や新聞を讀みます。それとてもたつた一日の愉樂でまた明る日から小市民の主婦の追立てられるような日々が續きます。

二、在來の正月料理は田作、數の子、こぶまき程度にして他は子供本位の料理にいたします。親友同志で回りもちで招待しあつて家庭料理で一日樂しくすごすのが毎年のならわしになつております。

評論家　**田中壽美子**

一、休みを利用して、ふだんほとんど往來しない兄弟たちを訪問しあつたり、郷里を訪ねたりいたします。それからこの期間に研究の計畫をたてて、少しでもスタートすることにしたいと思つています。

二、元日の朝、ぶどう酒で乾杯、お雜煮やかずのこなどかんたんなお正月料理は日本文化の古さをしのぶのにはよいので、少々だけいたしますが、もちろん主な料理はふだん通りの冬向きの暖いものです。

大阪府職員組合　**上野容子**

一、年二十日の有給休暇も利用できない日頃の多忙から解放される唯一の機會ですから慣習にこだわらないでのんびりと新しい年の計畫などたてたいとおもいます。都じんをさけて片田舍の溫泉にでも行つてみたいですね。

二、お料理はもし家にいたら、しきたりにこだわらない私流のものをつくります。お雜煮はたべたいと思いますが……。年賀狀などはごぶさたしている友人知人のみに止めます。

画家　**小川マリ**

一、元旦の朝お雜煮を祝つたあと、近くの善福寺の池から八幡さまの方に、必ず散歩することにしています。二日はかき初め。

二、子供の頃、母が作つてくれたようなものを、別に改める氣もなく、作つています。きんとんなど幾べんとなく味みし乍らねつたりするのは、何となくたのしいものに思つています。

日本婦人平和協會々員（靜岡）　齋藤渉子

一、暮の慰問の御仕事の方にあわただしく暮も正月もない昨今ですが、はるばるたずねて下さる家族連れの御客樣が多くその御相手ですごします。

二、八十一歳の姑を淋しがらせないために一應の正月の用意はいたします。しかしだんだんやめて行きたいと思つています。

香川縣縣會議員　**前川とみえ**

一、家庭的には平素の多忙さから開放されて自由に休養する位。婦人會行事に參加の豫定。

二、餅つきはするが別段な献立なし、ぞうに、野菜料理を主として一般のしきたり通りにはしない。我家特有の暖かい寄鍋位。

作家　**阿部艶子**

一、二三日だけどこにも行かず、仕事もしないで子供達と暮します。

二、しきたり通りのことはしません、〆飾りとか門松など。ただお料理は子供の時の思い出などなつかしく、黑豆とかきんとんのようなお正月料理少々しつらえます。

醫師　**西尾くに子**

一、お正月の三日間は一應休診ということにしています。仕事からも臺所からも開放されて自由な時間をたのしみます。讀書したり、映畫をみたり。親しい人が訪ねてくれたり、訪ねたり。平常自由な時間が少いので開放感でのびのびします。

二、(イ)三カ日位家中の者が臺所の心配せずにのんびりできるよう三日分位のものを煮炊きしておきます(暮に)。(ロ)門松しめかざり等はしません。(ハ)三日間に人を招ぶこともあり、訪ねることもあります。

主婦(世田谷)　**鈴木千枝子**

一、元旦は主人と一緒に過しますが、主人は二日より地方へ出ますので私は家に在つてお客樣を溫かい氣持ちでお迎えしようと思います。

二、從來のどこの家庭でもつくる、手のかか

随筆

女教師のひとりごと

木内《きうち》 哲子《てつこ》

「男つていいわね、來てがないことはありませんもの」。「ほんとうにね」しんみりいうのは○○先生「先生なんかおいきにならなかつたからよ」。こういう先生のさみしい横顔をみつめながら私は演習錄を書いていた。

○○先生は五十歳。ほんとうに立派なお方で、「でも先生のようなお方をみつけきらない男の人つてバカね」と私がいう。「でもいい職業をもたせていただいて……」先生は立案されない人。この學校の案をこれほど立派にこまやかに果した人は先生をおいてはなかろう。ほんとうにシャベルの人、とかく女教師にはこういつた型が多い。それはまた余儀なくされるのかもしれない。女教師の生きる道は男のそれほど廣くはない。「授業が上手だ」といわれることをただ一つの自分を守る城にするからでもあろう。

特別な技術をもちながら、なにかしら「よりどなさ」を感じるのは女性の本能だろうか？いやそれは普通の神經をもつている人間のさみしさであろう。してみると一人歩きの女の針ネズミのような强さはまたその逃避型かもしれない。社會が作つた「ゆがみ」の……「M型だよ」と陰口をいわれてもやさしさだけでは職場には立てない。世の中を支配するある種の力。それは必ずしも「正しさ」を内容としたものではないから……「ねえ五十になるともう首の心配よ」。「男の先生ならもうそろそろ校長組だなんて皆で考えてくれるけどね」とポツッとおつしやる。「女が校長になるとたたき落されるよ」。「支配權の問題でなくてね、女でなければできないしつけや學習面、低學年のこまやかな扱いや給食面もね」「ええ判るわ、もつと異なつた所から女教師の特異性を男教師と同價値にみて頂きたいつていうのでしよう」と私も調子を合わせる。老いることと貧乏くらい哀れなことはないとバルザックはいつているが、老女教師ほどさみしい存在もなかろう。もちろんその一半の責任は女教師自身にもあるが……女の幸福に背をむけて教育一筋に歩んできて人生のたそがれに已に歸る……「ああどうして新しい生命を育てておかなかつたとか」仕事一筋に愛し歩んできた教育界からは、花を持たせてもらつてやめる男教師に比べて、どれだけの女教師が溫かい情けの花束を持たせてもらつただろうか——「歸りましょうよ」という私に「日暮れの仕事ですもの」と今日の記録の整理に余念のない先生。眞劍というものに理窟はない。その「生きる姿」の尊さに私は呆然となつた。一人の女がこんなに眞劍にひたむきに生きても、女教師の夕暮れは紅色には輝かない。「五十！」その聲とともに暮れあしの早い女教師の日暮れの仕事を最後まで果そうとなさる先生に同性としての血の通う淚がさしぐむ。もちろん教育に名譽慾などとはと思いつつ、何か割り切れないさみしさを感じるのは私一人のひとりごとだろうか。働く婦人の日本における歴史の座を私はしみじみと感じるのでした。

る料理はつくりませんで簡單な中華風と洋風を加味した料理をしたいと思います。

社會事業家（高知・母子家庭） **川口光子**

一、普段三人の子供達に淋しい思いをさせて外にばかり出ていますので、お正月はせい一杯子供達と遊んでやりたいと思います。

二、これも子供中心、甘いきんとんやゼリー、サンドウィッチ、フルーツポンチなどでクリスマスのつづきみたいなものです。お定りの田作、數の子など戰後やめました。男のいない正月は樂なものです。

随筆

種子カ島のお正月

古《ふる》市《いち》フミ

ヒヨー　福祭文に候よ
ヒヨー　いつよりも今年は
ヒヨー　門の松が榮えた
ヒヨー　蓬萊山の松なれば榮えたこそも道理
よ
ヒヨー　これの殿の御門に
ヒヨー　鶴と龜が舞い來た
ヒヨー　舞いきたこそも道理よ
ヒヨー　四方の隅々に
ヒヨー　泉酒がただえた
ヒヨー　たたえたこそも道理よ
ヒヨー　白銀の曲物に黄金の茶杓《しゃく》でくみたた
えたこそも道理よ
ヒヨー　東三條四條には黄金の森を築き
ヒヨー　西三條四條には白銀の山を築く
ヒヨー　錢花が蕾うで黄金花が咲き來た
ヒヨー　咲き來たこそも道理よ
ヒヨー　大黒田の神　福の神
ヒヨー　富貴満福冥加に叶わせ給えよ
ヒヨー　町《ちょう》のお祝いおこめやれ

これは種子カ島の句祭文の文句である。お正月の行事がいろいろある中で、私はこの句祭文の夜が一番たのしかつた。

時は七草の夜。七草の夜といつても、常春の國種子カ島の夜は寒くはない。今夜は句祭文だというので、夕餉をすませるともう子供も大人も何となく落ちつかない。

泉のほとりにある私の家に句祭文は一番先に來る筈である。黒塗のお盆の上に、お鏡から順々にお餅をたくさん盛り上げられるだけ盛りあげて、玄關においてまつている。そのうち川下の方からガヤガヤという聲がかすかに聞えはじめる。その町の青年を頭に三、四歳位のようやくついて歩ける子供までの一團である。

誰かが物見にゆく。提灯の火が見えるという。聲はだんだん近づいて來る。家の中の者みんなが、ニコニコしながら、その群の中には、あの子もあの子もいる筈だ、あの子はどんな聲でうたうだろう。というたのしい期待をもつてまつている。ガヤガヤという雜多な聲は、崖の下から次第に玄關に近づいて、遂に玄關のスリガラス越しに提灯のあかりが見える。改まつた青年の聲で「祝い申そう」と聲をかけてから、「ヒヨー福祭文に候よ」と音頭をとると、太い聲、細い聲、かん高い聲、幼い聲、等々が入り交つて、「ヒヨー福祭文に候よ」とうたう。一句づつ、ヒヨーとうたい出す音頭取りの聲につづいて、色さまざまの聲々が續けてゆく。最後に「ヒヨー町のお祝いおこめやれ」とうたい終ると、その家の女あるじがお盆をもつて玄關をあけ、「有がとうござり申した」とそのお餅を渡す。やがて彼らは來た時と同じようにガヤガヤガヤガヤと次の家にまわつてゆく。

こうして一軒々々祝つて歩く聲が田の面を渡つて流れてゆく。聲は次第々々に遠ざかり遂にきこえなくなる。その聲がいよいよ聞えなくなるまで、誰も大聲で話す者はない。小聲で何かさりげない話はしながら、耳はいつまでも遠ざかりゆく句祭文にすまされている。

ああ、もう行つてしまつたという思いが、みんな一致した時、たのしさのあとのホッとした氣持で、みんなはまた七草の夜をたのしみながらはなしつづけるのである。

時事解説

保守合同の意義

榊《さかき》原《ばら》千《ち》代《よ》

十二月二日、第二十三臨時國會は開かれました。再度首班に指名された鳩山總理は「二大政黨の對立は私の古くからいだいていた政治の理想狀態であつた」といつています。言論界の論調や新聞社による世論調査の結果などみても、二大政黨の對決ということが政界の一大前進のように好感されています。殊にそれがかつての政友會、民政黨という保守系同志の對立とちがつて、保守黨と社會主義政黨という思想的背景を異にした二つの政黨の對立ということに異常な興味と、また一面からは心配とをもたれているのではないでしようか。

自民黨が衆議院勢力二百九十八名、兩院兩せて四百十三名という戰後最大の政黨として現われたことは、何となし强力な政府ができたような氣がして、政治に無關心な國民の中にはやれやれと安堵している人もあります。事實、政治評論家の中にも保守合同によつて政局は安定し、政府は思いきつた施策を强力に押し進めることができるといつている人もあります。しかし私たちはここで考えてみなければなりません。政局の安定とはどういうことか、保守合同はどうして成し遂げられたか。保守黨とはどういう性格の政黨かと。

十一月十五日の自由民主黨の結黨大會のあいさつで緒方前自由黨總裁は「……新黨が結成されるに至つたのは各位の努力と同時に背後にある世論の支持があつたためである……」といつています。自民黨の人が國民のこえに支えられてと自負しているように、果して國民の側に保守合同に對してどれだけの要求があつたでしようか。社會黨統一の場合には兩派を支える勤勞大衆の側に自分たちの利害を代表する政黨として、その戰線を統一して國會の土俵において保守黨の日に日につのる反動政策に對して政治鬪爭を强力に展開しなければならないという强い要望があり、また議會主義をめざす以上分裂していたのでは政權をとることができないということは致命的であり、そういう事情を克服しなければならないという必然性もありました。しかし保守政黨の場合、極言すれば合同問題は國民大衆とは無關係に進められていたといつてもいいような氣がします。そうして政策は舞臺裏で多少協議されたかも知れませんが、新黨を結成して是非ともこれこれの政策を實現したいという熱意はほとんど見られず、最後までもたつき、もまれていたのは、總裁問題でした。結局總裁の公選問題で意見まとまらず、四人代行委員制というような一時逃れの妥協で調整をとつたのは、社會黨の統一にあわてて、社會黨に政權を渡すまいとする算段だつたのです。そうしてそうすることは實に財界の强い要望であり、財界に資金を仰ぐ保守黨にとつてはそれが相當な壓力として作用したことはいうまでもありません。

もう一つ見逃してならないことは日米會談を頂點として保守合同への焦りが急に目だつてきたことです。去る六月重光外相の渡米、それと相前後する河野農相、岸信介氏の渡米の目的はアメリカ側に安保條約と行政協定を對等の双務協定に改めてもらうこと、ココムの制限を緩和して民主黨公約の中共貿易の枠を廣め、また東南アジア開發の仕事を日本にさせて貰うこと、また國會にさえ示さなかつた再軍備五カ年計畫を携えて駐留軍の撤兵を要請することなどでありました。ところが日本側の要求は拒否され、アメリカの腹をさぐろうとした日ソ交渉については「愼重にするように」とダレスから一言警告されただけ。その上突然海外派兵の問題がもち出されたのです。外相や政府はそのことを躍起となつて否定し、鳩山首相は、「世界狀勢は今のところ國外出兵を要するようなことはないから、海外出兵のことをとり上げられるはずがないではないか」といつていますが、元航空兵器總局長官の遠藤三郎氏は鳩山首相のそのような發言をあまりにも無責任な、そして氣休め的な素人論で、外敵の侵入ということを前提として現在のように自衞隊に外敵侵入に對する防衞任務を與えて、自衞隊を増强していこうとしている限り、海外派兵は當然だと批評しています。

アジアに敵國を假想して、戰爭準備に怠りないアメリカが日本全國に軍事基地をつくつたり、また擴張しようとしたりしている。こうして日本を利用してアジアの緊張狀態を續け、また原子力戰略に日本をまきこむことも考えられるアメリカが、日本の保守合同を强く要望し、また日本の財界、軍需産業資本家が同じことを要求しているということは、保守合同の眞のねらいが何であるかを示していると思います。このアメリカの至上命令を强力におし進めるためには少數の民主黨ではできない。政府の使者である重光外相、河野農相、岸幹事長は保守合同ということをアメリカに約束してきたのです。その代りアメリカは日本の軍需産業を援助しようというのです。社會黨の統一が成つた時、異常な關心を秘めながら無氣味な沈默を守つていたアメリカ官邊は、十一月十四日のワシントン特電によれば「アメリカ國務省スポークスマンはのびのびになつていた保守合同がついに實現したことは喜ばしい、これによつて日本の政治情勢は安定する、アメリカは保守合同を待望していたとのべ、保守合同が純國内問題であるにもかかわらず、アメリカ當局は日本の政治情勢の方向に手放しで喜んでいる」と報じています。

このようないきさつを經て三度國民の前に現われた鳩山第三次内閣はどのような政策を行おうとしているのでしようか。

第二次鳩山内閣が國會に比較多數をとつて成立することができたのは、吉田内閣の向米一邊倒の政策に行きづまつて動きのとれないような息苦しさにあえいでいた國民に、もう一方の窓をあけて日ソ國交回復、日中貿易の再開というような新鮮な空氣を吹き入れてくれたからでした。それがたとえ社會黨の政策を横どりしたものだなどとやゆされたとしても國民はどんなにそのことに希望をつないだことでしよう。經濟的にも軍事的にもアメリカの援助にすがつている隷屬的な卑屈な態勢からきりつと立ち上がり、日本經濟の自立と、國の自主獨立を回復する足がかりが、その邊からつかめるであろうと。日ソ交渉についてはつきりと反對的な立場をとつていた舊自由黨も極く僅かながらも緊張緩和の方向に進んでいる國際情勢や、また中ソ國交恢復を速かにと望む國内世論の中で、眞向からの反對もできなくなつてきたことは當然です。

保守合同後の新内閣の外交方針で日ソ交渉の方針についてはこのような觀點から特に國民の關心は深く、今國會でも野黨質問の焦點になりそうです。ところが首相外相の演説は極めて抽象的にぼやかされていてその眞意をとらえ難く、第二次鳩山内閣以來の平和外交方針に何等かの修正が加えられたのか、どうかも明瞭でありません。社會黨の鈴木委員長はその質問演説で「日ソ交渉の開始に當つて重光外相は、まず國交を再開して領土問題その他を解決すると言明し、首相もこれと同意見であることは私にも確信する一つの根據があるが、この方針について變化はないか。……また首相はしばしば日ソ交渉は保守合同の犠牲にしないといつているが、合同に當つて話合いをしたことは交渉をおくらせ結局合同の犠牲にしたのではないか」と特にこの點をついています。舊自由黨は戰犯の歸國や千島、南樺太の返還を講和締結の前提條件として强硬に主張、それで交渉が妥結しないのならば打ち切つてもいいという立場をとつていますが、財界中心部もまた、日ソ交渉の延期または打切りにより米資の援助を受けようと望み、米國もそういう立場を支持しています。鈴木委員長も質問演説で「日中國交の正常化も明かに失敗しているではないか……むしろ外國の何ものかが日本の外交を妨害していると國民はうたがつている」と述べています。

それにしても最近ソヴェトで非常な高空で今までにない最大の原爆の實驗が行われたということが報じられています。放射能の塵は日本の空を覆い、學者たちはもう少し强ければ人間の健康にも影響があろうと發表しています。さらに優秀な原子力兵器の實驗をアメリカは來年やるといい出し、イギリスも負けずに行う豫定のようであります。

他方ダレス米國務長官は十二月八日夜、イリノイ州實業家協會で外交政策問題について演説し、西方はソヴェトの新しい挑戰に對抗するためその同盟を促進し、選擇的報復能力を維持しなければならないと、强調しています。不信と憎惡にさえみちている米ソの谷間に住むわれわれ日本人の運命は、また使命は何でありましようか。

社會黨の勝間田さんはアメリカでスティヴンソンは別れる時次のようなことをいつたと話しています。「世界でいちばん大事なところはドイツとインドと日本だ。この三つは偶然に兩陣營のちょうど境界線にもあたる。この强大な三つの國の動き方いかんという問題が世界の兩陣營にとつてきわめて大事である。どうか自重してもらいたい」と。ちなみにスティヴンソンは次期大統領になれば中共を承認するのではないかといわれている。

インドのネール首相は十一月二十二日夜開かれたソヴェトのブルガーニン首相とフルシチョーフ書記を歡迎する公式宴會で、今回のソヴェト首腦のインド訪問によつて、インドが共産圏へ入るようなことはないと言明し、さらに次のように語つています。「インドは今後も、冷戰下でどちらの側にもつかない。インド、ソェヴト兩國の友好は深いものであるが、これは冷戰下での兩國の同盟にはならないだろう。われわれは軍事條約や同盟によつては、世界の平和や安全保障に到達しうるものではないと確信している。現在敵對する陣營とか、軍事ブロックなどが凡て平和の名において語られている。われわれはいかなる陣營にも、軍事同盟にも屬していない。われわれが屬したいと思つているのは平和と親善の陣營だけだ」

ハーバード大學教授リチャード博士は「戰爭放棄を宣言した國は如何に小さな國であろうとも、やがてそれは世界を動かす大前進の第一歩となる」と喝破しております。日本の運命と使命の重大さと光榮をわれら日本人自身が深く自覺し、自信をもつて自らの道を進んでいきたいではありませんか。

日ソ交渉についてもがん張つて甲斐のない、むしろ逆効果でさえある交渉方法は反省して第二次鳩山内閣が公約したように速かに國交を調整すべきではないでしようか。

第三次鳩山內閣はいよいよ反動の性格を明らかにし、向米一邊倒の線へ向い、憲法改正を一大政策にして再軍備强化の道を走ろうとしています。防衛廳は國防省に昇格し、鄉土防衛隊は創設され、昭和三十年度の防衛關係費は國家財政の一三%、千三百億圓、三十一年度は千五百億圓、年々增額されるばかりで、アメリカが日本に要請している兵力量三十二萬に達した時は、一體日本の財政はどうなるのでしよう。そのあかつきは社會保障制度の擴充などは夢もの語り。それだのに最近自衛隊中堅幹部は任務達成に熱心のあまり、「こんな豫算では責任がもてない」など公言しはじめたといいます。

憲法改正の精神はいろいろな法律の書き改めを要請し、勞働法では殊に勞働基準法が改惡されて、婦人が婦人として母性として今まで保護されることができた多くの便宜を奪われて、結局働く分野が狹くされたり、婦人、兒童の勞働が强化されることになつたりするのではなかろうかと非常な不安をもつて今見守られています。

民法は今まで幾度か保守黨が問題にしたように日本古來のじゆん風美俗を復活させて家の中に一つの中心――その中心はどういう巧みないい廻しをもつて形容されようとも、家族に對する强制力をもつことは間違いない――ができて命令服従の關係が生まれ、女が再軍備問題などについて生意氣な意見などいうことがだんだんに難しくなるでしよう。

行政機構の改革と關聯しては國防省や內政省――戰前の內務省のような役所――が出現したり、知事の官選制など具體的な反動政策がつぎからつぎと日程にのぼつてくることは間違いありません。

敎育行政では文敎政策を强力に推進するという。卽ち文敎調査審議會を設定して敎育制度に再検のメスを入れるというのです。既に中央敎育審議會があるのにそれとは別の角度からというところに多くの不安がもたれます。殊に、そのねらいの第一は文部大臣の權限の强化と打ち出しています。敎育二法案の徹底ということはやがて行政罰を刑事罰にまでもつて來ようとしています。それにしても、私は十二月九日の讀賣新聞の中にこんな話を讀みました。

君ガ代は歌つた方がいいか、歌わない方がいいか、日本の憲法はよい憲法か、と生徒が聞いたのに對し、先生はハッキリ答えたというのです。

「君ガ代は天皇が神樣だつた戰爭前の歌だよ。歌いたい人は自由に歌つてもいいだろうが、新時代の精神にはふさわしくない。歌わないのは自然だ。それから日本の憲法は、多少修正を必要としているが、その精神は立派なものだよ。この憲法はみなで擁護すべきだ」

こう答えたＥ先生は「偏向」の敎師だといわれ、校長先生からたしなめられ、他の先生たちから八分をくらい、體のいい口實で學校から追い出されてしまつたというのです。

「憂うべき敎科書」によつて日本の敎育を憂えている舊民主黨を主體とする自民黨の敎育行政を私たちは憂えないでいられましようか。

國民私たちの要望や、私たちの生活自體と無關係に動いている政治の現實、それは何に由來し、どこに盲點があるのでしよう。私たちは社會の情勢とこれに連る家庭の幸福、自分自身の人間としての發展のために、深く考え政治に無關心であつてはならないと思います。

東海道のむかし

（第二回）

山《やま》川《かわ》菊《きく》榮《え》

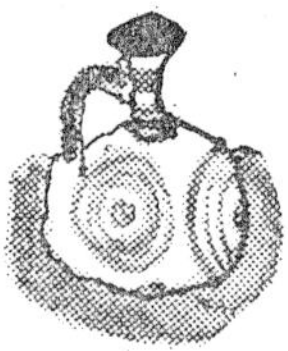

助郷のわざわひ

　この家から三四町はなれた暗い杉林の中の小さな一軒家には、これも八十を越したおじいさんが、いろりばたにつくねんと坐つていました。おじいさんの一家は代々街道べりに住んでおり、明治になつて、父親は宿場人足から車力になり、自分もそういう仕事でくらしていた樣子。商賣が商賣だけになかなか齒ぎりのいい話しぶりです。

「天朝さまのお通りは大したもんでしたよ。何しろおコシが二チョウでしよう。ドドン、ドドン、陣太鼓をたたいてね。お行列が二町じやきかなかつたでしよう。兵隊は具足でさ。そのあとがお荷物でこれがまた大したもんだ。大長持がいくついつたか。大長持といえば長さ一間半だ。前を四人、うしろを四人でかつぐときまつてました。お通りを拜むといつても地面に頭をつけたきり、首をあげるものなんかありやしない。在からどのくらい拜みに出たことか、十里、二十里という奥からも出てきたもんですよ」

　その頃の交通機關は馬とカゴとで、幕府の制度として宿場毎にカゴかき、馬かた、飛脚屋が一定の數だけ配屬して次々とリレー式にお客と荷物をひきつぐようになつており、これに對して宿場へは補助金が出ていました。幕府の役人や、公用の書類、物資等の輸送には、さきぶれといつて前もつて宿場へ必要なだけの人足と馬の數を揃えておくように命じ、町役人はその用意をして待つことになつていました。元祿中期から交通がはげしくなり、宿場に備えつけの人馬ではたらず、その近く一二里ぐらいはなれた一定の村々から臨時に人や馬をかりだして不足をおぎなうことにし、これを定助郷（じようすけごう）といいましたが、それでもまだたりない時は更に五里十里とはなれた村々からまで人馬を徴發することにし、これを加助郷（かすけごう）といいました。助郷は幕府の悪政の一つにかぞえられていますが、このため、街道にそうている定助郷の村々の負擔はおもく、また何里もはなれた所から山坂こえて徴發されてくる加助郷の村々では、往復にかかる日數や勞力だけでもたいへんなことでした。これは主要な街道ばかりでなく、諸藩や天領（幕府直屬の地）の內部でも役人の旅行毎におこなわれたので、農事をぎせいにして人夫に使われる農民の迷惑はお話になりませんでした。そういう役人の旅行には前に述べた「先ぶれ」により人馬を揃えることを命じ「人馬賃錢支拂いに及ばず」といつて本人は拂わず、もつぱら宿場の負擔となりました。宿場でも際限なく負擔はできないので結局農民の負擔になつてその衰亡を招いたのでした。馬一匹が人夫二人に當り、この村岡村のように土地が狹く、平地が少く、馬をもつ家が殆んどなかつた所では、それだけ人夫の數を多く出さなければなりません。農民が食えずに夜にげをし、村の人口がへればへるだけ、殘つた者の負擔が重くなつて苦しみ、またにげだした者もかたぎな仕事につく者ばかりはなく、失業の結果ばくちうちや雲助に身をおとす者が多かつたのです。例の車力のおじいさんはいろりのふちでキセルをポンとはたいて話をつづけました。

茶つぼに追われて

「昔てえもんはそりやえれえもんでしたよ。お大名衆のお通りといえば町中大さわぎでさ。雲助はいつぱいいるが、いくらいたつてたりやしない。在から百姓をつれてくる。馬もつれてくる。たくさんつれてきたもんですよ。お通りの時はみな地べたに頭をすりつけている。『下いろう、下いろう』で長い青竹もつたおろくしやくというのが先に歩いて、ちよつとでも首をあげれば竹の先でつつく。まごまごすればぶつた斬つちまう。人斬るぐらい何とも思やしない。全く昔つてもんは、えれえもんでしたよ」

「下にいろう、下にいろう」と百姓町人に土下座を命ずる金紋、投槍、はさみ箱の花やかな大名行列は、今でこそお祭の余興にすぎず、愛嬌のある昔話にとどまつていますが、その頃の街道ぞいの百姓町人にとつてはまことに迷惑この上もない重荷なのでした。

「ずいずいずつころばしこまみそずい」というあの歌はご同様子供の時にわけも分らずにうたつたものですが、あれは將軍家のお茶つぼが宇治から行列をととのえ、下いろう、下いろうと威風堂々、東海道を下るのに行きあつた旅人が、茶つぼに向つて土下座するばからしさに逃げかくれする樣子を諷したもので「茶つぼに追われてトッピンシャン」の茶つぼとは、葵の定紋つきの將軍家の茶つぼのことだとは私の老母の話でした。

　さんきん交代は幕府が大名の負擔を重くしその勢力をそぐのが目的でしたから、大名の苦勞もひと通りでなく、そのために百姓と共に武士も衰え、結局封建制度が崩れていく原因を作つたのでした。幕府も中期からは道中を身輕にせよというおふれをだし、大名の方でもお供の人數をへらし、貧乏な小大名の中には、江戸と國表との出入りの時だけは臨時雇いの供ぞろえ美々しく、型のごとき行列をととのえて景氣をつけたものの、間の街道すじの道中はわずかの家來ちゆうげんをつれて微行同樣にして費用を省くのもありました。

「雲助つてやつはどうせ土地の者じやありません。どこから流れてきて、どこへ流れていくのか、たえず動いていて年中いつぱいいる。同じ男が一つ所に長くはいない。上州だ、房州だ、紀州だと生れ故鄕の名でたがいに呼びあつている百姓くずれ、職人くずれだが、中にはどうらくで身をもちくずしたご家人やお旗本もあつて、けつきよくこの方が氣らくでいいてんで仲間入りをしたのもあつたてますがね。年中ハダカでフンドシ一つ。冬なんかドテラをひつかけているのがあるかと思うと忽ち打つて（バクチを）はがれてゴザ一枚をこうグルグルとからだにまきつけてる。そいつをまた打つてはがれてハダカで逃げていく。何しろ打つ、飲むで、何か着てるな、と思つてもすぐハダカだ。今とつたかと思ともうとられている。財布をたたんでヒモでぎりぎりまいたのを、フンドシのうしろにこうはさんでね」

　とおじいさんは左の手を腰からうしろへまわして財布をはさむまねをしてみせました。

「何しろ工場はなし、銀行も會社もなし、今とちがつて仕事がなかつたんですからね。食えない者ばかりごろごろしていて、お客をひろつて宿場へ送りこむ。荷物をかついでいくらかになればすぐ賭場だ、ショウチウだ。のめばどこにでもゴロリとねてしまうか、ケンカだ。酒はのみ放第、ばくちはうち放第のご時世でしたからね、ご維新までは。明治になつてもなかなか悪いくせがなおらない。それケンカだ、斬つた、きられたなんて毎日でしたよ。人が死んでたといえば名主から役場へ屆ける。役場から人夫がきて、どこでもかまわない、穴ほつてうめる。それだけです。檢死もなにもありやしません。どうして死んだ、どこの誰だ、なんて誰も考えてもみやしません。今とはちがいますからね。まあこの邊でなくても街道筋をはいつても七八町ぐらいの村なら、どこだつて野たれ死の屍體の埋まつていない所はないでしよう。中には若い者もないことはなかつたが、だいたい年寄ですよ。くえねえ年寄が何をあてにしてどこへいくのか、途中でぶつ倒れてしまうんですね、全く昔てえもんはえれえもんでしたよ」

とおじいさんは幕末から明治の初め頃の樣子を話しました。旅というものが、そんなに苦しいものだつたせいでしよう、女の旅人というものはめつたにいなかつたそうです。餘りにも多かつた路上の無縁佛のために、寶暦年間、遊行寺坂の上に、大佛（おおぼとけ）供養塔がたち、今に至るまで二百年間、春秋のお彼岸毎に、遊行寺の僧侶の供養がつづけられています。

初鰹を江戸へ

廣重の五十三次、一九の「膝栗毛」でおなじみの舊東海道の松並木の土手は、昔はその幹を両側から道の中心にむけて長くひき、いくかかえもある老松の梢が枝かわして空をおうていたものですが、今は道幅をひろげたため、兩側の土手の裾はけずられ、松並木の片側がとり拂われて一方だけになつてしまいました。清方畫伯にほめられてあわてて大事にし始めた頃はもうおそかつたという松並木が何町かは殘り、老松の間に植えまぜた若松や、椎や楓の若木が、この街道に靜かな美しい眺めをそえています。道の西北には一面の廣い、廣い耕地。そのはてに遠く丹澤から箱根の山々がうす紫に連なり、その上に富士がそびえています。

昔は暮になると三俵一駄の年貢米の俵をつんだ馬數頭または十數頭にも及ぶ列を、おいながら百姓のおじさんたちが鼻歌まじりでこの街道を江戸へと向つたものです。

目に靑葉山ほととぎす初がつを

とたたえられた、あの生きのいい鰹も、この街道を江戸へと急がれたものです。日ぐれがた、腰越の濱に鰹舟がつくと、いせいのいい、ねじり鉢巻の、若者が、老松の並木に新月の淡い初夏の宵を、まだ海のしずくにぬれて光る魚をいれた籠を天ビンでにない、さわやかな微風をきつてエッサ、エッサと江戸へ急いだものです。夜通し小走りに走りつづけて、まだしらじら明けの頃、品川の宿場につき、初物好きの江戸つ子をわきたたせたものでした。

「にしとみという所の山、繪よくかきたらん屛風をたて並べたらんやうなり」

と更科日記（菅原高標の娘の著、十一世紀）にあるのは今の遊行寺附近のことで、その邊は千年後の今も藤澤市西富町という地名を傳えており、六百餘年前、遊行寺の廣い境内がきり開かれるまではけわしい山つづきだつたのです。明治以後、この難所は二度にわたる大工事を經、今では遊行寺坂は勾配のゆるやかな、坦々たる鋪道で、バスやトラックがすべるように上り下りしていますが、その廣い國道の兩側にきりたつている崖の上、數十メートルの所が昔の峠で、岩だらけのけわしい坂道を、重い荷をかついで上りおりする旅人の苦勞はひと通りのものでなく、そこで雲助や人夫がいくらでもいつたのでした。すき腹をかかえた旅人や病人があえぎながらこの峠をこえて東側へおりると一時にグッタリしてしまい、從つて東口にはよく屍體がころがつていたそうです。

「戸塚の先に『しなの坂』つてやはりひどい坂道があつてね。そのそばに『投げこみ』つて所がありますよ。それも野たれ死をなげこむ所だつたからそんな名がついたんで」

と例のおじいさんは話しました。

ふるさとの思い出（2）

子守學校

三《さん》瓶《ぺい》孝《こう》子《こ》

義務教育制度が明治五年に出されましたが、明治から大正にかけては農村の水呑百姓や町の貧しい家々では小學校へすら子供を通わせる豫猶のないものが多くありました。明治三十三年には、貧しい家では子供を學校に通學させることを延ばしてもよい、という意味の法令が出されたし、大正五年に初めて工場法が出ても、學令兒童の雇用は禁止されていなかつたので、貧しい家の子供達は、工場へはいつたり、商店その他に小僧や子守の奉公に出されました。

私の郷里でも、大正の初には、こうして小學校に全々行かないか、または中退した少女が子守奉公に來ているのが多くありました。

私の郷里の市長さんが、子供たちがこうして無學のまま成人しては世の中のためにも、本人のためにも不幸なことと思いまして、子守學校を創立しました。

子守學校は市立幼稚園に附屬していました。この幼稚園は明治三十二、三年に出來たのですが、子守學校の方はいつ出來たか知りません。

子守學校では、小學校課程の算術、國語、修身、裁縫、習字、地理などを敎えました。この學校には學課の先生と、幼兒の世話をする保母さんとがいました。子守を子守學校に入學させる家では、幼兒のために晝寢用のふとん、枕、玩具、その他必要な品々を幼兒室に各々そろえておきました。

子守は朝、主家の子供を背負い辨當とお菓子、本などを持つて學校へ行きました。學校は一教室で一年生から三年生くらい一緒でしたから、今の僻地の學校のようなものです。子守が授業をうけている間、幼兒は保母さんが世話するのです。授業時間は午前中か午後一時間くらいのようでした。

子守を雇つている家では、子守が子供を放つたらかすことはなく、保母がよくみてくれるし、子守のためにもよいので、安心して子守を學校にやりました。もつともこの學校は授業料がいるので、町中の子守が行かれるというわけには行きませんでした。

子供が幼稚園に通う頃になると、送り迎えの「あんね」も子守學校で園兒の歸える時間まで過ごすのでした。

弟の子守に來た「おせいあんね」は、この子守學校を優等で卒業しました。

子守學校には、こんな校歌のようなものがありまして、おせいあんねはよく歌つて聞かせてくれました。

仙臺萩の正岡は
　我等と同じ子守なり
我らも子守をよく務め
　今正岡と呼ばんなん

いつの頃か覺えていませんが、子守學校は大正の末頃なくなりました。學令兒童が子守に來ることもなくなつたからでしょう。

子守學校は日本でも珍らしいことでしょう。日本敎育史の一コマになるのじゃないでしょうか。

米國消費者のたたかい

編集部

前々號に佐竹れい子さんが押賣りのもつてくる商品のひどいことを說かれ、業者の反省をうながされましたが、押賣りの商品は普通に商品とはみなされず、早く歸つてもらいたいばかりに、税かほどこしのつもりでお金をやる方が多いことと思います。押賣りのうしろにはそれをくいものにするボスもいることで、とにかく働けるからだをもつ者にはまじめな仕事をあてがい、養老院に收容されている年寄には小づかいかせぎなどをさせないだけの社會保障を確立しなければならないと思います。

それにしても押賣りに限らず、高くて惡い商品に對して私たちはも少し本氣に考える必要がありはしませんか。今もつて舶來品といえば安心して使える、少々高くても損はないというのが常識になつているのも、國產品への不信用の結果です。前號にはスウィーデンの消費者保護運動をご紹介しましたが、今月はアメリカ婦人の活動を調べてみましょう。

消費者の調査機關　米國では一九二〇年の末に「あなたのお金のねうち」という本が出てベストセラーになりました。その著者シュリンク、シュチァート・チェースの二氏は、途方もない廣告費その他無價値なことのためにいかに消費者がぎせいになつているかを知つた讀者からの反響により、商品についての公平無私な報道機關を作ることが不可能でないことを知り、兩氏はニューヨークに會員の會費で維持されるささやかな消費者の調査所を設けました。これは非營利團體で多少の利潤があればそれは調査の事業の改善にまわし、今日ではその月報は二〇萬の讀者をもつています。

消費者同盟　それよりももつと大きいのは一九三六年創立の消費者同盟です。これもまた非營利團體で、年次大會で選擧される無給の役員から成る委員會によつて運營され、その委員會は委員のうちから職員を選び、また常任の取締役を任命します。

消費者同盟は著名な教育家その他の人々から成る全國審議會の助けもかりますが、この審議會の委員も全部無給です。同盟は組合員の拂う會費と出版物の賣上げ代金だけで運營され、一切の利潤は商品の檢査、その範圍を擴張すること、及び報告の內容改善にあてられています。檢査のくわしい結果は月刊の「消費者報告」及び年刊の「買物案內」に出ます。

商品檢査　アメリカで賣られているあらゆる商品のうち、同盟が何々を檢査するかは、會員の要望を檢討した上できめます。同盟は會員に出した質問事項への回答によつて、過去の檢査が組合員にどう役にたつたか、また將來どういう風にやればよいかを知ることができます。

七十五以上の都市での觀察者たちは、別々の店で賣つているいろいろの商品の商標を報告してきています。

勸告と報道　消費者同盟月報は、たとえば同じ紅茶でもセイロン、日東、森永などのように商標のちがう商品の最も大事な特徵や相違點を明らかにします。そこで讀者は自分自身の判斷を下し、好みに應じて品をえらぶことができるわけです。店で買う時、特に注意すべき點や、檢査ずみの商品にしてもその使用法、取扱い方に對する一般的な心得も書いであります。

月報の報告の終りには「優」「良」「不可」の三種の品評が添えられています。そのねだんにくらべて、とびきり上等と思われる時は「優」、それがない時はねだんにかまわず品質の順で名があげられます。もし品質の差が大きくない時は、その商品はねだんの順に名をあげられます。

消費者同盟はその調査所で考え出した檢査の方法を使うこともありますが、檢査の方法及び檢査の器具は大部分政府または他の檢査所で案出されたものを利用します。たとえば毛布の檢査には、纎維工業全體にわたつて纎維製品の伸張力をためすために用いられる標準的な道具を用い、五十五種の毛製品を試した上、その力の非常に弱かつた九種は「不可」となりました。

消費者月報は商品檢査の結果の報告に「衞生と藥品」という平易な文章を添えて、醫學の純粋な進歩を促し、それと藥の廣告の「奇蹟」とを見わけるように指導しています。資本主義の大本山アメリカは新藥とその廣告にかけても世界的な魔術師の威力をもつており、その弊害も多く、消費者のぎせいも大きいので、その利益を守るためにこういう活動が行われているわけです。

運動の發展　發足後四年、一九四〇年には消費者同盟は「消費者月報」の月ぎめ讀者八萬五千に達し、今日ではそれが七十五萬人になりました。これは同盟が消費者に公平無私で、適切正直な技術的サーヴィスをしようとする目的を達している證據でもあれば、また科學者や技術家が家庭でつかう商品や設備に次々と新しいものを作りだした今日、主婦が眞劍によい忠告や意見を聞きたがつていることを證明してもいるわけです。

消費者保護の連邦法　消費者のための米國政府の最も重要な仕事の一つは食糧、藥品及びコスメティック法という法律のもとにできた連邦食糧、藥品及びコスメティック廳によつて行われています。これは食糧、藥品及びコスメティックが純良健全で、使つても安全であり、衞生的な狀態のもとに作られ、そのレッテルにウソいつわりが書いてないように嚴重に監督するのです。別に連邦政府にも州政府にも不正な、又は人をあやまるような商業的慣行がおこなわれないようにする取締規定もあります。アメリカではビンづめやカンづめの中味がまちがいなくレッテル通りになるまでに、婦人團體が二十五年間運動し通したそうです。金もうけのために生産の行われる社會を消費者のために生産の行われる社會に早く變える運動と共に、「高かろう、惡かろう」の商品を征伐する運動も考えようではありませんか。

婦人界だより

社會黨婦人部では次期國會にはぜひ賣春等處罰法を成立さすべく賣春問題特別委員會（委員長田中壽美子さん）を設けて對策を練つていますが、去る十二月六日參議院に牧野法相を訪ね、第二十二國會に提出された賣春等處罰法案の趣旨にそつた法案を提出し、その立法化を實現されるよう要望しました。なお同二十日は參議院會館に神崎清氏を招いて最近の賣春情況をきく會を催しました。

—— 座談會 ——

女ひとりの生活を語る

郵政事務官　井上ヤス　（四十才）
料理店從業員　西田壽美子　（二十六才）
英語塾講師　加藤禮子　（二十六才）

編集部　勞働省の調査によりますと、二、三年前の資料ですが、日本の勞働總數約三千九百萬に對し女子は千六百萬餘りで、大體四二％、そのうち家族從業者が大部分をしめ、外に出て働いている女子雇用者は四分の一でおよそ四百萬となつています。そのうち既婚者がどのくらいか調べていませんが、大體獨り者が多いだろうと思います。そしてこれら働く婦人の中にはいろいろな境遇の方があり、職場はもとより勞働條件も千差萬別でしようが、總じて今の日本では女ひとりの生活は大變ですし、またどんな職場でも女がいつまでも獨身で働いておりますと、何か特殊な眼でみられ勝ちですね、今日はそれについて皆さまの立場から發言して頂きたいと存じます。

　ご出席頂きましたお三人の職場はまるで違いますが、それだけにかえてさまざまの御考えやご意見があるのではないかと思います。

　では井上さんからお話を進めて頂きましょうか。井上さんは前の全遞の婦人部長さんで昨年はイタリア總同盟の招請でヨーロッパを視察されておりますし、婦人の勞働問題についても日本の實情についてもご意見は豊富にお持ちだろうと存じます。

水商賣の女性は訴える

井上　私が先にしやべつてしまいますと結論を先に出してしまうような結果になりそうですから、西田さんから一つ、どうぞ、まずお店のお話を聞かせて下さいませんか。

西田　私は銀座裏の小料理屋で働いているのですが、板前さんがいないので、お料理も作れば、お客さまのお相手もします。それから仕込みですからお掃除まで致します。

井上　男の生態というものがよくお分りでしようね、表の男と裏の男とはつきり分つてよい參考になるでしよう。

西田　さア、參考に、なりますか、どうか、でも男の方のいろいろな面はわかりますわ、ある奥さんがご主人の給料が少な過ぎるつて會社にどなつていつたんですつて、そのご主人が來て飲んでいるんですよ、なんだかお勘定頂くの惡いみたい。

井上　そんな時あなた女の立場からどうお思いになりますか。

西田　そんな方の奥さんにならなくつてよかつたと思いますわ（笑）

井上　立入つたお話で失禮ですが、場所柄男の人の厭な面を見せつけられることはありませんか、たとえば性の對象として扱われるような。

西田　あります。そんな時はいいかげんあしらつています。私の店は食物で賣つているところで堅いお店なんですが、それでも厭な男が來ますね。そんな人が翌日會社にお勘定を頂きに行くとまるで人違いじやないかとびつくりするほど偉くて、堂々としているんですよ、そして昨夜のことなどケロリと忘れていらつしやるんです。ひどい人になると體裁が惡いから僕のところに勘定を取りに來るな、部下に預けておくからなんて言う方もあります。

井上　體裁の惡いようなことをなぜするかと言いたくなりますね、お客は男ばかりですか、女連れとか、女だけというのはありませんか。

西田　男の人と一緒に見える方はありますが女一人でとか、女同士でというお客様はほとんどありません、たつた一人どこかの會社の係長級の女の人がよく見えますが、この方はほんとにお酒が好きでいらつしやるようです。

井上　そういうところに女が來るのが珍らしいというのは、そういう場所が女の娯樂の對象になつていないということですね、加藤さんはいらしつたことがありませんか。

加藤　この間始めて行つてみましたら男の客に珍らしがられて困りましたわ。

井上　私は婦人部長をしていた時、女の人

(向つて左より井上ヤス、西田壽美子、加藤禮子さんたち)

を連れてよくいきましたよ。男の世界をみておいた方がいいと思いましてね。

西田　男の世界を知るために女の方もああいうところを知つていた方がいいと思いますわ、女の方は心配し過ぎるんじやないかと思います、ダンナ様が可哀想なくらい嚴しい奥さまがいらつしやいますけど。

井上　私は一緒に行つたらいいと思いますね、なんと言つても男の人が一人で樂しみを求め過ぎるんですね、家でハラハラしながら待つている奥さんの方がよつぽど可哀想じやありませんか。

西田　そうなんですが、男の人は解放感を求めてくるんですね、お宅ではそういう氣分になれないつて、お家では一本くらいですぐ醉つてしまう方が、外では五、六本飲んでも平氣だつていいますよ、雰圍氣で召上るのですね。

加藤　とにかくああサーヴィスされては誰れでも行きたくなりますね、それは至れり盡くせりですもの、家庭ではとてもあんなにはできませんし、男の方もあんなにハメをはずせないでしよう。ほんとに愉快そうでしたわ。

編集部　家庭では解放感が持てないつてことこれは考えなければならない點ですが、男の人はなんとか理窟をつけてよく外で飲み食いしたがりますね、戰後一番早く復興したのが男の獨占場のような水商賣でしよう。貧乏な日本で、どこの家庭でも苦しがつているのに飲食關係の商賣だけは繁昌し、もうかるというのは、男子專制の社會の遺風が嚴存しているからで、制度がいくら變つても、こういう男の習慣が改まらない限りだめですね。

それはとにかく、一般にサーヴィス業に從事している方に對して世間ではへんな目で見勝ちですね、西田さんそれについてなにか。

西田　私は男にはひけ目は感じませんが、同性に對してひけ目を感じます。私たち一番辛いのは世間の白眼視、ことに同性の蔑視です。私は樂器屋の一人娘でした。府立第七高女時代は音樂學校に入つて將來聲樂家になる積りで個人敎授について勉强していました。ところが終戰の前の年父が亡くなり、終年の年の三月十日の大空襲で母は燒死、祖母は行方不明となつて全くの孤兒になつてしまつたんです。當時山形に疎開していた叔母の許へ引取られていつたのですが、その叔母が再婚したため銀座で料理屋をしていた伯母のところへ戻されました。するとその伯母も亡くなつてしまいまして、伯母の知合であつた今の家へ住込んで働くことになつたのです。はじめはこの商業が厭で厭でどんなに惱んだか知れません。なんとかして洋裁で身を立てようと二、三度お店を出てこともありましたが、とても洋裁では自活できません。今では音樂家になる夢は捨てましたけど、でも戰爭さえなかつたらと、恨みは今だに消えません……この惱みをどこに訴えたらいいか、どうしたら解決できるのか……まともな生き方をしたくともできない社會でありながら、まるで個人の罪のように輕蔑されるのは堪りません。

井上　女の一人立ちには生きにくい社會ですね。これは片親の子の問題と共に大きな問題です。根本的には社會が變らなければほんとうの解決はむづかしいでしょうが、それと共に自分自身卑屈にならないことね、暗い氣持になつたり、ヤケを起したりしないで、ユーモアに富んだ明るい生活態度が大事ですね。それから同性として氣をつけなければならないのは職業によつて輕蔑したり、變な眼で見るのは絶對にしてはいけないということですね。

加藤　私の家の近くにも女二人で料理屋を依託經營をしている人たちがおりますが、とてもまじめで、しつかりしていて話は分るし普通の娘さんや奥さんよりつき合い易いですよ。二人共近くの農家の娘さんだそうですが月給一萬圓で、他ではとてもそれほど給料をくれるところがないからつて言つています。

井上　洋服を作つたり、お小遣かせぎにオフイスで働いている娘さんより、なかなかしつかりした人がいますね。足が地についている感じですね。

戰前と戰後の官廳

編集部　こんどは井上さんどうぞ。

井上　私は皆さんが生れた頃から、正確にいうと二十六年六カ月官廳で働いています。その頃はまだ子供だつたので、これという目標はなかつたのですが、當時（昭和四、五年頃）はひどい就職難の時代で、嚴選の上の嚴選で、成績でも人物考査でも落しようがない、仕方なく體格檢査の時風邪を引いていたというので落したという狀態でした。そんな中で私の學校から二人遞信省を志望して私一人日給七十三錢の事務見習として入つたのですが、入つてからがまた大變で、官廳服務規定にしばられ、ことに面白くないのは女に限つて「通知簿」というものを渡され、家を出てから役所へ着くまでのコースと時間を記入して毎日父兄の印を押して貰つて役所に出すのです。そのうえ、下の者は上司に對して絶對口答えしたり、辯解したりすることは許されない、たとえ自分でした誤りでなくとも上の者にとがめられると默つていなければならない、それで女の子は口惜がつて陰でよく泣いたものです。私はそれを默つてみていられなくてよく喧嘩をしたものです。その他男女の給料差は當然でしたし、役付には女はなれませんでした。終戰後は組合もでき、勞基法もつくられて賃金の男女差はなくなつていますが、役付の問題は殘つています。

こんなわけで戰前の官廳は女はものが言われない職場であつたのですが、今はものを言えない女が多いんですね。ものの言える女に成長して頂きたいですね。戰後組合を作つた當時、「女のくせに」、「どうせ女だから」という、このくせにとどうせという二つの言葉をなくす運動を起したことがありました。こういう女に對する蔑視と女自身の自卑、これが働く婦人の向上をさまたげていることは事實ですね。

女ゆえに

加藤　女の人の多勢いるところではいいですが、小さなところでは女はものが言えない立場にありますね、商賣でも女だと全然だめです。まるで相手にされません。たとえば私の家で妹が家の商賣で經理を受持つているのですが、取引だと妹ではだめなんです、それが兄が出ればすぐ片附くのですよ。實際は妹の方が會計なら分つているのですけど。

井上　女では間に合わないのですか。

加藤　信用されないのです。

井上　日本は變なところですね、女ではだめ、年が若いからだめと頭から相手にしない習慣がありますね。私は女はむづかしい仕事はできないと言われまいとして日大の夜學に通つて法律を勉強したのです、それがまた男の氣に入らない、女のくせに生意氣だと隨分迫害されましたよ。ところが戰後組合運動が起つた時、女で理窟をいうのがいるというので引張り出されたわけです。私は仕事ができないから引込めというなら仕方ないが、女だから引込めと言われたつて引込みませんね。

編集部　しかし、それを押通すには大變でしよう。

井上　そうなんですよ、日本では信用の度合いで第一女が損をしているでしよう。だから女であるために常に氣負つていなければならない、肩を張つて、背延びした恰好で生きていかなければならない、これが獨身職業婦人が悲壯に見えるところでしようね。

身輕な獨身婦人に重い累系の負擔

編集部　でも井上さんくらいになりますと經濟的には惠まれているでしようね。現在婦人の給料は平均して男の四二、三％というところで、一般的に言つて職業婦人は生活を樂しむ餘裕がない、いわんや老後の蓄えおや、という意味から何か寒々したものをただよわせているのではないでしようか。

井上　正直に言うと私の月收は手取り二萬位です。これは同時に入つた男の人に比べてかなり少ないのです、その理由は戰前の差が是正されていないからです。それに私は累系の負擔があるので決して樂ではありません。と言うのはサラリーマンだつた長兄が亡くなつて姉が子供をかかえて困つている、それに八十五になる父がおります、その上すぐ上の姉がこれまた子持ちの未亡人で苦しい生活をしていると言つた狀態で、他の兄弟はそれぞれ自分の生活が一杯となると、自然身輕な私がこれらの人々に補助しなければならないわけです。これは私ばかりではありません、年配の獨身婦人だつたら誰でも多かれ少なかれそういう負擔を持つていない人は恐らくないでしょう。
編集部　つまり社會保障が不完全なために家族や累系が犧牲になつているわけですね。
井上　そうなんですよ、父には養老年金が未亡人の姉たちには寡婦手當があれば、お互生活も樂になるのですが、現在のサラリーマンの生活は本人が死んでしまうと後は全くみじめなものですからね、親戚の中で能力のあるものがこれをみるほかないんです。
編集部　西田さんや加藤さんにはそうした「家」とか「家族」の負擔はないでしょう。
西田　物資的な負擔はありませんが、精神的に「家」というものの負擔は感じますね。私の家は戰災で家族も財産もなくなつてしまつたのですが、親戚からあんたは本家の後取りだからといろいろ干渉があるんです。誰も親身な相談相手になつてくれないのに、そんなところばかりやかましく言われます。ですから二十前後の頃は早く三十になりたいと思つていました。年をとればそう干渉もされないだろうと思つて。
加藤　家族に對する氣持の負擔は相當ありますね。私の家には私と妹と年頃の娘が二人もいるんです、すると妹たちを嫁にやることもできないと兄が非難されたわけです。私たちが家にいるために兄の信用にもかかわるということになりますと、早く家を出なければと落付けません。全くやりきれませんわ。

獨身婦人に對する世間の偏見

編集部　ところで獨身婦人を特殊な眼でみる世間に對してご意見がありましたら。
井上　私は元來のんき者で別にそのことについて深刻に考えたことはありません。しかし最近三十娘の悲劇などとジャーナリズムが騷ぎ立てているのは怪しからんことだと憤慨しています。獨身の惱みとは恐らくセックスの面のことでしょうが、仕事に身を入れているとそんなことに惱む暇などありませんよ。男が一人でいても誰も氣にしないのに女が一人でいると世間がうるさい。男でも女でもそれぞれ違つた生き方があり、事情があるんですから、皆同じような生き方をしなければならないということはないんです。それを興味本位に特殊な眼でみる、私はそれに抗議を申込みたいですね。
西田　學者の世界にもそうしたことがあるんですね、女學校の理科の先生が同じような憤慨をしていましたわ。
井上　そこに日本が文明國でない形があると思うのです。

獨身生活の樂しさ

編集部　獨身生活の樂しさはどんなところにありますか。
西田　一人だと氣が合つていいですね。
井上　仕事があるから希望が持てるということかしら、家庭があつたら今の仕事はできませんね、仕事一圖に生きられるのはなんといつても獨身國の自由を感じますね。しかしそれが一番いいとは思つていません、仕事と家庭と兩立する社會が欲しいですね、現在の日本ではそれは不可能です。
加藤　二者擇一を迫られていますね、共稼ぎだと何らかの面で妻が犧牲になつています。
井上　男が大人になつて欲しいですよ。私などよく男が馬鹿に見えて結婚できないだろうと言われますけど、そういう積りはないし、また獨身主義者でもないのですが今のところ自然のなりゆきで來てしまつたまでです。それを好奇的な眼で見られるのは納得できないですね。とにかく日本の社會では女は性の對象としてのみ見られています、女は男に養つて貰うものという見方が强いので、そうでない女を異端者扱いにするんですね。その點ヨーロッパに行つて、人間としてお互に歩んでいる姿をみて、ここに文明國の尺度があると思いました。女のおかれている地位が一國の文明のバロメーターであるという言葉は味うべきですね。
編集部　ではこのへんで、永い間、ありがとうございました。（文責・菅谷）

主婦のこえ

じつとしてはいられない
——友への手紙——

藤本《ふじもと》美榮子《みえこ》

俊子さん

「藤原道子先生の講演をきいてから、何だかじつとしていられなくなつたから、一度話し合いたい」と、貴女から電話をいただいてからその機會を得ぬうちに、とうとう年が明けてしまいました。戰後十年が過去となり、十一年目を踏み出し、新しい段階に入つた感がします。暮に婦選十周年を記念し、婦人運動もつき當つている壁を乘り越えて進んでほしいと期待して、私のじつてしていられない氣持をつたえたいと思います。

私たちは、今までいろいろなことをやつてきました。托兒所を欲しいと呼びかけ、内職の中間搾取に抗議し、婦人の勞働條件を訴え再軍備に反對し、社會保障を希い、政治を批判してきました。しかし、それは、私たち自身の教養と向上には有益でしたが、實際に社會をよくすることにどれだけ役立つたでしょうか。研究したり、批判したりしている間に現實は私たちの希いとは反對の方向へ押し流されています。あんなに批判の嵐に巻かれながらも、破防法、警察法改正、教育二法、と次々に成立し、また逆に、あれほどの世論の支持をえながら、賣春等處罰法案は否決されてしまつたではありませんか。政府は、着々と軍備への道を固め、そのしわよせを、社會保障にしています。結核患者が溢れているのに、病院のベッドが空くという現象が起つています。保護法の適用が非常にむづかしくなつたからです。このうえ、今問題になつている健康保險の改正によつて、被保險者の一部負擔、入院中の食費負擔ということになつたら、結核對策はどうなるでしょう。

そこで、社會主義政權をうち樹てるために全力を擧げることこそ、私たちの今までやつてきた仕事を結實させる方法ではないでしょうか、傍觀者の立場から一歩踏み出し、よい方の力に積極的になること。いい例があります。先頃、米の問題について散々論じ合いましたね、その間に、Mさんは統制撤廢反對の署名運動をして、あちこちとび廻つていたんです。私は、これだと思うのです。

あの有名な金物屋のおばさんね、保守黨ながら、あの人の行動力には感心します。選擧の時でも、あの邊の奥さん連中は、皆あの人の影響下にあるのです。ふだんも、ドブ掃除のことや、クミトリのことまで、實によく隣近所と結束してやつています。原水爆禁止の署名をとつて歩いたのもあのおばさんです。私は署名をしながら、保守黨の議員をかついでとび廻るこの人の姿を思い起し苦笑せざるをえませんでした。後で向いのインテリ奥さんが大いに惡口を云われましたが、ぐるりと廻された石垣の中に一通りの理窟を抱え込んで、たまに新聞等に、革新的な意見を投げているが、隣近所とはめつたに顔も合わさず、PTA等でも商店のおかみさんとは口をきくのもいやといつた態度をとるこの婦人と、金物屋のおばさんを並べてみて、これが政治への道を反映していると思いました。ジャーナリズムでは、私たちの希う方に勝味があるように感じながら、選擧の値は逆になつてしまう。新聞に意見を發表するのもいいけれど、新聞など讀んだこともない多くの奥さんたちに話しかける方が大事ではないでしょうか。

社會主義勢力を强めて行くことが、今後の婦人運動の進むべき方向であろうと考えます。

憲法改正——家族制度復活——徴兵制の大問題が目前に控えています。

本當にじつとしていられませんね。

童話

柿の枝

杉《すぎ》山《やま》美《み》都《つ》枝《え》

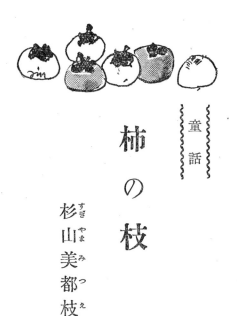

「ただいまあ！」

安夫ちゃんが何か勢いこんで學校から歸つてきました。

「おばあちゃん、ただいま！」

息をはずませて、緣側であみものをしているおばあさんのところへかけよつてきました。

「お歸り、おやまあ、みごとな柿だこと。」

「健ちゃんのおじいさんがくれたの。三軒家のお地藏さんのところでね、僕たちの歸りをまちかまえていて。澁柿だけれど、もういくども霜がかかつているから、あまくておいしいよつて。おばあちゃん、おばあちゃん、ほうちようできるとだめですよ。石か木の根つこの上でおしりの方をエイッ！とたたいて、ぱつとわつてたべると少しも澁くないんですよ。おじいさんがわつてくれたのを、健ちゃんと僕とで食べたんです。おいしかつた！」

編みものの手を休めたおばあさんは、冬の淡い陽ざしの中で、いつまでも柿の枝をながめていましたが、

「お母さん、お母さん。」

と元氣な聲でよびました。

「健ちゃんのおじいさん、それ、ゴン三さんが、これを下すつたんですつて。」

お母さんは柿の枝を高くかざして、下からながめたり、横からのぞいたりしていましたが、急に何か思い出したらしく、

「おばあちゃん、あの時のこと、私、思い出しても身うちがちぢむようですわ。うちのおじいちゃん、ふだんはあんなにやさしいのに、よしあし（善惡）のこととなると、もうきびしいのですからね。あの時もおばあちゃんと私と二人いましたからことなくすみましたけれど。私一人だつたら、健ちゃんをあの柿の木にしばりつけてしまいましたね。」

安夫ちゃんのお父さんは、お醫者さんで、滿州から引きあげてくると、海のある町にいましたが、安夫ちちゃんが小學校へあがる年の春、この海も山も川もない、畑の中の村の新しく出來た診療所へうつてきました。

村の人氣はあまりよくなくて、安夫ちゃんは學校の行きか

えりにいじめられました。水たまりに石をなげこんで、頭からドロ水のかかるのを見て、やんやとはやしたてられたり、こつちの方が近道だよ、と畑の中にさそいこみ、安夫ちやん一人おいて、さつ！　とみんなが逃げてしまつたり、仲間はずれにされるのが、安夫ちやんは悲しかつたのです。

ある日のこと安夫ちやんは、學校から勉强のよく出來るごほうびの鉛筆入れをいただいて歸つたのですが、どうしたことかそれがきづだらけで、おまけにドロもつき、ふたのすみがわれていたりしたのです。安夫ちやんは麥畑におとしたとか、あまりかけたのでランドセルからとび出してドブの中におちてしまつたとか言うのですが、どうも樣子がおかしいのです。夕ごはんがすんで皆が火ばちにあたつていたとき、お母さんがいつもとちがつてしんけんな顏で安夫ちやんにこう言いました。

「安夫ちやん！　鉛筆入れのこと、ほんとうのことを言つてごらんなさい！」

おじいさんはいつになくむずかしい顏をしてるし、おばあさんもだまつています。お父さんはお醫者の集りがあつてるすでした。家の中がしいんとして、無限に廣く、こわくなつてきました。安夫ちやんは、ほんとうのことを話しました。いつもの通り健ちやんが大將で、安夫ちやんの筆入れをとつて大根畑になげ入れたり、石でギイギイキズをつけたりしたのでした。

「そうか。」

おじいさんはつと立ち上つて土間におりました。

「おじいさん、もう一度だけがまんして。」

お母さんとおばさんがとめ、安夫ちやんが大聲で泣き出しますと、表のガチョウがびつくりして一度にさわぎ出し、小犬のコロもワンワンほえたてます。おじいさんは健ちやんの家へ行くことはやめましたが、皆がだまつていて、とてもいやな晩でした。

それからも、健ちやんを總大將とする安夫ちやんいじめは止みませんでした。何もわけはないのです。安夫ちやんが引揚げ者で診療所のお醫者の子供だというだけの理由でした。

いまにもみぞれでも降り出しそうな寒い日のことでしたが、ヤブの大竹にしばりつけられていた安夫ちやんをお隣のお姉さんがみつけ、つれて歸つてくれました。そして間もなく通りかかつた健ちやんをおじいさんが柿の木にしばりつけようとしたのでした。

「おじいちやん、もう一度だけ！」

「のきなさい！　佛の顏も三度ということをお前たちは知らないか！」

お母さんとおばあさんがつきとばされました。それでもなお必死になつてとめたおかげで健ちやんは柿の木にしばりつけられなくてすみましたが、夜になつてあべこべに健ちやんのおじいさんがどなりこんできました。おかしなことです。

婦人のこえと私たち

大阪府職婦人部
讀書グループ

組合婦人部の中に勉強する集まりが一つぐらいはあつてもよいのではないだろうかというので、月々讀んでいる『婦人のこえ』の本讀みでもやつてみたらと私たちは第一回のささやかな讀書會をもちました。しかし始めから本讀みをやるのではなく、この雜誌に對する批評からはじめてはというので私たちなりに思うままの意見を交わしてみました。以下はこの時集まつたグループ七人の聲を整理してみたものです。

まず「堅苦しくて讀みづらい」、「巻頭論文的なものが並びすぎ」、「理論的な、調子の高すぎる文章が多く、何々主義の讀本といつた感じがする」という意見が出ました。もちろん堅い理論的なものをいつも避けていくというこの態度には大いに反省の餘地があります。しかし多くの婦人たちの讀書態度がそのようなものであるという現實を理解していただきたいと思います。「寫眞とか漫畫とか眼で眺めることから入れるような工夫も欲しい」という聲もあります。また私たちにはまだ讀むという習慣が乏しく、内と外との勞働の暇に本を手にする私たちは、一寸したことで、つい讀書の意欲をかき消されてしまうほど疲れてもいるのです。

乏しいスペースの中に色々な内容を豊富に多角的に盛り込んで行くということは困難であるかも知れませんが、まず讀ませるという問題が先決であるとすれば、そして、とぼしい時間をさいても眞實にふれたいと願う婦人たちが毎日過重

それから四年、安夫ちゃんも健ちゃんも大きくなり、健ちゃんのおじいさんも學校がえりの二人をまちかまえて柿の枝をかつがせてよろこぶようになりました。

「安ちゃん、この柿の枝は、おじいさんのお歸りまでこのままにしておきましようよ、ね。」

「うん！　おじいちゃんよろこぶよ。」

おばあさんと安夫ちゃんは明るく灯のついた家の中でおじいさんの歸りをまつていましたが、安夫ちゃんはまちきれなくて小犬のコロをつれて驛までおじいさんをおむかえに行きました。

安夫ちゃんのおじいさんはもう七十七歳ですが、やりかけた研究のまとまるまではどうしても生きていなくてはと、元氣です。今日もキチンとネクタイをむすび、胸をはつて町へ出かけてゆきました。

やがて土のついた大きな大根を一本さげたおじいさんと安夫ちゃんが歸つてきました。

「ゴン三さんが畑にいてな、大根は生きものだから、八百屋の店先のものとは味がちがうといつて――」

「一本ぬいてくれましたつて、おじいさんに！」

小犬のコロもよろこんで、ちぎれるほど尾をふつていました。

な労働に追われているという事實を考慮に入れていただくならば、編集の技術について今少しの工夫があつてもよいのではないかと考えます。

次に「せめて『婦人のこえ』と名づけた以上はもつと下の（これは代議士とか評論家とか一流の名士ではなくて普通そこらのオカミさんであり、職場で働いている普通の婦人の聲を載せて欲しい」、「生活綴方の様な作品が讀みたい」、「紡績女工さんの悩み、農村婦人の叫び聲等、もつともつと私達の身近な事を記事にしてほしい」ということです。それらの聲は、この『婦人のこえ』に、私たちの共通の聲を共通の悩みを引きだす場として進むことを望んでいる譯です。

たとえば『婦人のこえ』欄に投ぜられた波紋をそのまま消すことなく全讀者にまで擴げて皆の投稿によつてもつともつと深い所まで掘り下げてこの問題を追求して行く、指導者も讀者も同じ場で意見を交換して、何號でも續けて本當に納得の行くまで考えてみる、こうすることによつて初めてもつと基本的な一般的な問題にもふれ、また興味をもつようになると思います。この段階ではじめて私達に「巻頭論文的なもの」への理解と共感とが湧くのではないかと考えます。婦人共通の問題を引き出すために『婦人のこえ』編集者にもつと積極的な活動が欲しいと思います。事情が許せば『婦人のこえ』主催の座談會を開いて問題點を紙上にとり上げてもらうとか、或は各地の婦人活動のルポルタージュを「足で歩いて編集」してもらえばと思います。そこから又『婦人のこえ』と我々との間に深いつながりが生れて來ると信じます。

一方、私たち讀者もやはり「聲」をたとえ下手な文章であつてもまず書いて送らねばならない、この雑誌に對する疑問や批判、感じたことを「書く訓練」が必要だというので今日ここで話し合つたことをまず第一回のグループの報告として書いて送ろう、次に集まつた時は『婦人のこえ』の中の文章を順番に讀み合つて、判らない所は話し合い、どうしても判らない所は筆者に質問の形で投稿してみたらということに決めました。ただこの點に關連して微妙な發言が出ました。「私たちもね一寸したことでも投稿しようと思つてもね表紙の裏に本誌社友としてずらりと有名人がならんでいるでしよう、その次に原稿募集と書いてあつても氣おくれがしてしまつて一寸書いても出す氣になれないの、文章は下手だしね」、という聲です。このような氣持は、また別の角度から考えていかねばならない私たち共通の弱さを示すものですが、一面、先に述べたように、『婦人のこえ』にどしどし稚拙ではあるが眞劍な生の聲が載せられ、既成の綜合雑誌的な形式主義がうちこわされて、私たちの雑誌という共感と親しみとでこの雑誌と私たちの距離が縮まつて行くとき自ら解決される問題ではないでしようか。

以上多小抽象めいた書き方になつてしまいましたが、私たちは、『婦人のこえ』が全國各層の婦人のつながりの結び目として私たちと共に悩み苦しみ前進することを希望し期待している次第です。

執筆者紹介

磯野富士子氏　大正七年廣島縣生れ。日本女子大學英文科、リヴァプール大學社會科學部大學院留學。日本女子大學講師、日本婦人平和協會會員、主要著作「家の制度と子ども」（兒童問題講座第二巻）

木内哲子氏　朝鮮官立公州女師卒、二十八年離婚、現在富山縣童聯委員、わらんべ會會員、富山縣派遣愛知大學研究生、童話素材集、人形劇素材集發行。

平和憲法を守りましょう

本誌・社友
（五十音順）

淡谷のり子　阿部艶子
安部キミ子　磯野富士子
石井桃子　石垣綾子
圓地文子　大谷藤子
小川マリ　大内節子
川上喜久子　小倉麗子
桑原小枝子　神近市子
木村光江　久米愛
久保まち子　芝木好子
清水慶子　杉村春子
菅谷直子　田所芙美子
田邊繁子　高田なほ子
戸川エマ　長岡輝子
新居好子　西清子
西尾くに子　萩元たけ子
深尾須磨子　古市ふみ子
福田昌子　宮崎白蓮
三岸節子　米山ヒデ

日本労働組合総評議会傘下
各労働組合婦人部
全國産業別労働組合（新産別）
連合傘下各労働組合婦人部

原稿募集

◇創作　四百字詰　一五枚以内

◇論文・隨筆・ルポルタージュ
本誌は婦人の發言の廣場です　皆さまが社會に訴えたいこと　あるは人に傳えたいお話など　文章にこだわらずご投稿願います。

四百字詰
原稿用紙　七枚以内

◇短歌・俳句　生活の歌を歡迎いたします。選者のご健康上の都合により當分の間添削を中止いたします。惡しからずご了承願います。

送り先　「婦人のこえ」編集部

編集後記

あけましておめでとうございます。年頭に當り讀者皆さまのご多幸をお祈り申上げます。本誌も第三回の新春を迎えることになりました。本年もよろしくお願い致します。

＊

今年は戰後十一年目、即ち第二期入つた意義深い年です。この時期は少くも過去十年間のように絶えず平和を口にしなければならないような不安な狀態から完全に解放されれることが第一の課題で、そのためにはまず日本の道標平和憲法をいかなる暴力によつても倒されないように固く守ることであろうと思います。

＊

今年は六月に參議院選擧が行われます。革新政黨候補者の多量の進出こそ、與黨のあらゆる野望をくだく最大の手段でしょう。革新系現議員數に加えて少くもあと十名は欲しいところです。男子より多い票を持つ婦人の責任は重大です。（菅谷）

編集委員

河崎なつ
榊原千代
藤原道子
山川菊榮
吉村とく
（五十音順）

婦人のこえ　一月號
定價三〇圓（〒五圓）
半年分　一八〇圓（送共）
一年分　三六〇圓（送共）
昭和三十年十二月廿五日印刷
昭和三十一年一月一日發行
編集
發行人　菅谷直子
東京都千代田區神田三崎町三ノ六
印刷者　堀内文治郎
東京都港區本芝三ノ二〇
（硫労連會館内）
發行所　婦人のこえ社
電話三田（45）〇三四〇番
振替口座東京貳壹壹參四番

賀春

全國電氣通信勞働組合
中央執行委員長　鈴木　强
東京都港區青山北町四の一
電（45）三一二一

全日本自治團體勞働組合（自治勞）
中央執行委員長
日本官公廳勞働組合協議會議長　占部秀男
東京都千代田區永田町一の三一（自治勞會館）
電（58）〇〇一七

東京都勞働組合連合會
執行委員長　岡本丑太郎
東京都千代田區丸ノ内三ノ一（都廳內）
電（20）一一〇一―一〇
內線三一五五―六

東京交通勞働組合
執行委員長　萩原信治
東京都港區芝三田四國町一八
電（45）三五二八
四七九二

日本教職員組合
婦人部長　千葉千代世
東京都千代田區一ツ橋（教育會館內）
電（33）八一〇一
六〇二九

國鐵勞働組合
婦人部長　丸澤美千代
東京都千代田區丸ノ内二ノ一（國鐵勞働會館內）
電（23）四〇四四―六

全日通勞働組合
婦人部長　大野はる
東京都千代田區三年町一
電（58）〇六二八
〇八二四

大阪府職員組合
婦人部長　上野容子
大阪市東區大手前之町（大阪府廳內）

全國三井炭鑛勞働組合連合會（三鑛連）
執行委員長　畠山義之助
東京都中央區日本橋二の一三（三井ビル西三號館）
電（24）二九七四

東急勞働組合
委員長　角田光正
東京都目黑區上目黑三の一三二九
電（46）〇七四四

全國蠶糸勞働組合連合會
婦人部長　吉田止久子
東京都中央區京橋三ノ二
片倉ビル（四階）
電（28）四八〇六（直通）
三一六一―九

東武交通勞働組合
婦人部長　高木洋子
東京都墨田區小梅一の一三
電（63）二一一一―二〇

昭和二十八年十一月二十四日第三種郵便物認可
昭和三十年一月一日發行（毎月一回一日發行）

賀正

産婦人科
西尾醫院
目黒區自由ヵ丘四八
東横線・大井線自由ヵ丘下車
（驛前、帝國銀行横入ル二分）
電話・荏原（78）七〇二二番

親身な結婚相談所
近代的な簡易結婚式場
手頃な皆さまの集會所
料理・生花・點茶の實費教授
三鷹婦人會館
館長　鈴木千代子
三鷹市下連雀町二六一
（國電三鷹驛下車五分）
電話・武蔵野二八四六番

丸コシ生花店

★ 社会主義を実践している花屋です
ほんとうによい花を安くを
モットーとしています。

御慶弔用装飾贈花調進
草月流及各流御稽古花
展覧会花材販売

代表　中島愼三郎　　会計　梅本清之　　外務　前田直寛

新橋駅烏森口前　電話（43）2573・8592・早朝・夜間用（43）7014

婦人のこえ

憲法問題特集號

2月號

1956

婦人界だより

日本最初の

「全日本婦人議員大會」

――二月三・四・五日――

婦人參政十周年紀念行事は昨年十二月三日の「舊婦選運動者との懇談會」を皮切りに、同十七日の記念大會等が既に實施されましたが、來る二月には、この行事中最も重要な第三の催し「全日本婦人議員大會」が東京で開かれます。國會婦人議員はじめ各地方議會の婦人議員及び都道府縣、市區町村の婦人敎育委員が一堂に會する日本で始めての催しで、全國の婦人議員及び敎育委員約千五百名に案内狀が出されています。要項は次の通り。

一、日時　**二月三日・四日・五日**の三日間

一、會場　**共濟會館**（虎の門）衆議院議員會館及び參議院議員會館

一、**參加者**

一、婦人議員（國會都道府縣會市區町村會）

二、婦人敎育委員（都道府縣、市區町村）

その他特別傍聽者として、實行委員會參加の婦人團體及び勞組婦人部の中央及び地方の代表。

一、**議題**

1、いかにして婦人議員及び婦人敎育委員の質の向上と數の增加をはかり、その活動を活發ならしめるか

2、いかにして婦人共通の政策の實現をはかるか

イ、賣春禁止法の制定について

ロ、婦人と子供の福祉について

一、**日程**

第一日（三日）午後一時～四時　**總會**　共濟會館（終了後五時迄同會場で化織ショウ等）

第二日（四日）午前九時半～午後五時　**分科會**　衆・參議員會館、午後六時　夕食會

第三日（五日）午前九時半～十二時　**總會**　共濟會館講堂

△議員、敎育委員と婦人團體、勞組婦人部代表との懇談會

午後一時～四時共濟會館

△總理大臣招待レセプション（大會出席者、特別傍聽者、實行委員）午後五時～六時首相官邸

婦人議員、婦人敎育委員、婦人團體、勞組婦人部代表懇談會要項

一、**懇談題目**

1、婦人議員及び婦人敎育委員より婦人團體勞組婦人部代表への要望

右後者より前者への要望

2、兩者相互の連絡について

社會黨　全國婦人議員會議

前記婦選十周年記念行事の「全國婦人議員大會」開催に先立ち社會黨では二月二日參議院會館で黨全國婦人議員會議を開くことになりました。議題は翌日より始まる大會に臨む對策、賣春問題、婦人組織の確立、地方議會鬪爭、參議院選擧對策等。

參加者は黨所屬國會、都道府縣會、市區町村會各議員、黨支持各級議會議員、黨所屬都道府縣、市區町村敎育委員及び黨支持敎育委員。

炭婦協幹事會

第四回炭婦協幹事會が一月二十四、五の兩日參議院議員會館で開かれました。九州から北海道に至る全國ブロックの幹事二十六名出席。多島光子會長議長となり、第一日は昨年七月世界母親大會に日本代表の一人として出席した同會長の報告、阿具根參議院議員の挨拶各地域活動の報告の後、當面の活動方針として廢休坑の家族の生活問題、災害者家族の組織化が、討議され、生活問題については主食の統制撤廢反對を强力に進めることが決められ、六月の參院選擧對策等が協議されました。

婦人のこえ

1956年 二月號

二月號 目次

憲法問題特集號

特集

平和憲法はこのように私たちを解放した

戦後にできたいまの憲法は、アメリカの獨立宣言の中にうたわれた基本的人權の考え方をとりいれて、第三章、國民の權利と義務のなかで多くの條項を人權の保障にあてられているのである。

第一に平等の思想である。人間はみな、平等に生れついている、どんな立場にあるものも、一人びとりが値うちがある、男も女も、金持も貧乏も、百姓も大臣も、人間としての値うちにはかわりない、という考え方である。これは第十三條の「すべて國民は個人として尊重される……」及び、第十四條の「すべて國民は法の下に平等であつて、人種、信條、性別、社會的身分又は門地により、政治的、經濟的又は社會的關係において差別されない」という條項であらわされている。

第二には身體の自由である。我々の體は我々自身のものであつて、他人が勝手に傷つけたり、拘束したりしてよいものではない。昔は國家の全體主義的な考え方のために國民がぎせいになつたり、家の制度のために、人間は家のためにあるように扱われ、とくに女は家族のぎせいとなり、子は親の思いのままにされることがあつたが、こういうことがあつてはならぬ、ということがいまの憲法では

憲法の保障する「政治的權利について」

田《た》中《なか》壽《す》美《み》子《こ》

いまの憲法が國民に保障している政治權利はすべて、この憲法の眞髓であるところの、基本的人權の保障によつている。だから、いまの婦人のもつ政治的權利、つまり、せばめていえば、參政權や公職につく權利などは、この基本的人權の保障を完全に生かさなければ生きてこないのである。そういう意味で基本的人權の條項こそ、完全な國民であるべき婦人の政治的權利の基本的條項と考えられる。

人權の思想は、歐米では、一七六〇年のアメリカの獨立宣言、一七八九年のフランス革命當時の人權宣言以來、民主的な國をつくろうとする國民の間にひろまつてきたのであるが、日本には明治以來、この思想が入つてきたにもかかわらず、舊憲法時代には、天皇中心の國家主義のため、發達をさまたげられていた。

うたわれている。犯罪をおかした證據もないのに檢擧したり、強制勞働をさせたり、拷問してむりに白狀させたり、女や子供を賣りとばしたりすることは禁止されている。

第三には精神の自由である。人間はめいめい、心の中で何を考えていようと自由のはずである。舊憲法では、「日本臣民は、安ねい秩序を妨げず臣民たるの義務にそむかないかぎりにおいて信敎の自由がある」ということになつていたが、思想や宗敎の國家統制で、ひどく不自由であつたことを私たちはおぼえている。これに對していまの憲法は、第十九條で「思想及び良心の自由は、これを侵してはならない」、第二十條で「信敎の自由は、何人に對してもこれを保障する。いかなる宗敎團體も、國から特權をうけ、又は政治上の權力を行使してはならない」と規定し、精神の自由を保障している。

第四には行動の自由である。精神が自由であつても行動が自由でなければ何にもならない。だから舊憲法の下で、言論や結社が自由にゆるされなかつたのを訂正して、第二十一條で集會、結社、言論、出版の自由を、第二十二條で居住、職業選擇の自由、第二十三條で學問の自由を保障し、とくに、家の制度の中で自由がなく、不平等の取りあつかいをうけていた女性を自由にするために、第二十四條では、婚姻が兩性の合意にもとづくべきこと、家族關係、財產相續その他で、男女が本質的に平等の立場に立つべきことを規定している。

第五には、幸福を求める權利で、人間は、だれでも自由、平等の權利から、さらにすすんで、幸福な生活をいとなむことをのぞむものである。こういう欲求があつてこそ、社會は進歩してゆくのであつて、それには、個人がめいめいに努力するだけでなくて、國家に對しても、健康で文化的な生活のできるような政治を要求することができるはずである。そこで、第二十五條で「すべて國民は健康で、文化的な最低限度の生活を營む權利を有する」ことを保障し、以下第二十九條までで、公衆衞生の向上、社會保障の實施、敎育機會の擴充、勞働者の團結權、勞働條件の改善、財產や住居の保ごなど人の生活を幸福にするのに必要な權利を保障している。

以上のような、基本的人權の保障があつてはじめて、今日、婦人が、生活の全面において、少くとも法律上は平等の待遇をうけ、一人前の市民としてあつかわれるのであつて、實際生活のなかにのこる多くの不平等や不自由も、憲法の保障あればこそ、これを武器として合法的にたたかうことができるのである。

こういう基本的な人間としての權利の保障の上で、婦人にも男子とともに、參政權があたえられている。第十五條によつて、公務員の選擧についての普選の保障、第四十四條によつて、議員や選擧人の資格を、人種、信條、性別、社會的身分、門地、敎育、財產又は收入によつて差別してはならないことが規定されている。これらの規定にもとづいて交付された、公職選擧法は、衆議院議員、參議院議員、地方公共團體の議會の議員、敎育委員會の委員などについて、滿二十歲以上の男女に平等に選擧權をあたえている。

また、被選擧權の方は、第四十四條によつて、國會議員の資格を、性別、身分等によつて差別してはならないことが規定されており、公職選擧法によつて、衆議院議員、地方公共團體の議員、市町村長、敎育委員會の委員については滿二十五歲以上の男女に平等に被選擧權をあたえ、參議院議員、知事については、三十歲以上の男女に平等に被選擧權をあたえている。その他、選擧權、被選擧權のとりあつかい一切に、男女差別はない。

最後につけ加えたいのは、憲法改正の手つづきである。それは、第九十六條に定めるように、憲法を改正しようとするときには、衆議院、及び參議院の兩方で、總議員の三分の二以上の贊成で、國會が改正を發議し、國民に提案して、その承認を經なければならないことになつている。つまり國民投票に問うのである。衆議院か參議院か、どちらか一方で、改正反對の議員の數が三分の一より多くなれば、國會は改正を發議することができない。また、かりに、兩院の三分の二が改正に贊成して、國民に示されても、國民投票で、過半數が反對したら改正はできないのである。以上を考えてみると、いまの憲法は、婦人の地位にとつては、最も重要な保障をあたえているものであるから、婦人はこの憲法の與える參政權をつかつて、いま考えられている憲法改正をあくまで阻止せねばならないと思う。

新憲法と婦人の地位の變化

久《く》米《め》愛《あい》子《こ》

家族關係における婦人の地位の變化

敗戰という巨大な犧牲をはらつて、新憲法が生れた。新憲法は、民主國日本の出發の第一歩であり、その基礎である。舊民法時代には、日本人には基本的人權の保障はなかつた。新憲法は人間の尊嚴と平等を宣言したが、家族關係については、單に抽象的な平等や基本的權利の保障では足りずに、特に第二十四條を設けた。憲法第二十四條は、「婚姻は兩性の合意に基いて成立し、夫婦が平等の權利を有することを基本として、相互の協力により、維持されなければならない。配偶者の選擇、財産權、相續、住居の選定、離婚並びに婚姻及び家族に關するその他の事項に關しては、法律は、個人の尊嚴と兩性の本質的平等に立脚して、制定されなければならない」と規定している。何故に憲法が、家族關係について特にかなり具體的な內容のこの一條を設けたのであろうか。それには相當な理由があるのである。

終戰まで、日本の社會は、實質的には、獨裁と權威主義に支配されていた。男女の平等などは、夢物語りで、政治的にも市民的にも婦人は一個の人間として認められていなかつたといつても過言ではない。特に家族關係を規律する法律は、封建的であつた。そして、これを基盤として、實際の家庭生活において、婦人の地位は非常に低かつた。それ故に、憲法は、この時代錯誤的民法の全面的改革を期待して、第二十四條を設けたのである。こうして、舊來の民法親族編相續編は、憲法違反の法律となり、存在を許されなくなつた。

では、舊來の家族法（民法親族編、相續編）とはどんなものであつたのであろうか。一言でいえば、これを貫いていたものは、封建的家父長制度であつたということができよう。家族制度というのは社會の單位として「家」というものがあり、個人は必ず何れかの家に屬しなければならない。そして、この「家」は、中心になる家長（戸主）によつて統率され、家長の地位は、法律できめた嚴重な方法、卽ち家督相續によつて引つがれて行く。家督相續では男の血統が特に重んじられていた。ここに、戸主を中心とした横につながる個人の集りとしての「家」の外に、祖先から縦につながる「家」の觀念があつた。法律はこの「家」を絶やすことのないように、色々な方法を考え出したが、同時に、「家」を重んじ、これを絶やさないようにすることは家族一人々々の義務でもあつた。こうして、祖先崇拜の思想と、直接の祖先である父母に對する孝は、家族制度の道德的面として現われた。又、この「家」が大きく廣がつたものが、日本という國家であつて、その中心は天皇であつた。こうして孝と忠は全く同じ思想から生れた道德で、これが國民道德の支柱となつたのである。この家族制度が、日本社會においてもつた意味はまことに重大であつたといえよう。小さいときから權威に對する盲從が强制され、この權威思想が單に家族間の生活に止まらず、日本社會全體を支配した。また家族制度における親族相互扶助の道德は、わが國に社會保障制度の發達の餘地を與えなかつた。

「家」の統率者に對する服徒と「家」の維持を何よりも重んじられたところで、個人の尊嚴や自由は何の價値も認められなかつた。殊に、男子の血統が重んじられ、他家から來るか、またはいづれは他家に出てゆく婦人の地位が、家庭の中で低かつたのは驚くにたりない。

では、もつと具體的に、家族制度のもとで夫婦や親子の關係はどうなつていたか。

結婚によつて「妻ハ夫ノ家ニ入ル」のであつて、結婚も個人二人が結ばれるという觀念ではない。家と家との結びつきであるから一ていの年齢（男三十女二十五）に達するまでは、親の承諾がなければならないし、また戸主の承諾は常に必要であつた。結婚の成立條件に當事者以外の者の意思の介入が必要だということは、「家」という觀念を離れては考えられないことである。

このように、結婚も家の維持が第一義的だから、長男と跡取り娘は、通常結婚不可能であつた。どうしても結婚しようとすれば、娘に對して相續人廢除という裁判所の判決を得るという、面倒で金のかかる手續を必要とした。兩親に先だたれた貧乏な一人娘は、戸主になつたばかりに、家を廢家にしなければ結婚できず、廢家は、又また裁判所の厄介にならねば出來ない面倒なことであつた。貧乏な家に養子に來る男はなし、結局、空家「家」のために人間らしい幸福を犧牲にしなければならなかつたのである。

他家から夫の家にやつて來た妻の地位は、非常に低かつた。妻は法律上の不能力者となり、重要な法律行爲をするには、一々夫の承諾がなければならず、また原則として、妻の財産は夫が管理した。家庭生活の主さい者、責任擔當者は夫で、妻はこれに從屬しているに過ぎなかつた。

子供が生れると、親權者は父であつて、母は法律上子供に對して何の權利もない。從つて、離婚の場合にも、母は子に關して何の要求も權利としてはできない。離婚した母はひとりで夫の家を去るのである。子供は家のものだが、母は他家から來た人間にすぎないのだから。

離婚の原因についても、夫と妻の間には、甚だしい不平等があつた。妻がただの一度でも他の男と通じると、夫はこれをたちどころに離婚することが出來たに反し、夫の不貞はそれだけでは離婚の原因にはならなかつた。夫が何人妾を持つても、妻を妻として遇するかぎり、妻は離婚を請求出來ないどころか、夫が妾腹の男子を認知すれば、その子は、男の「家」に入り妻との間の女の子に優先して家督相續人になつた。男子の血をついだ者に家を繼がせたいという家族制度の要求は、こうして實質的には一夫多妻と同じ結果さえ容認したのである。

　家督相續人となるのは、まず息子それも長男であつた。男であれば、婚姻外の子でさえ正當な婚姻中の女に優先したことは前述の通りである。他家から來た妻は、子供がない場合も、それを家督相續することはまずなかつた。むしろ家の血をうけた夫の兄弟の方が妻に優先した。

　こうした家族制度は、憲法二十四條によつて、全く法律上は崩れさつた。新民法では、家族關係において人々は個人の尊嚴と自由をとり戻し、婦人は男子と平等にあつかわれるようになつた。妻は夫と平等な立場で結婚生活の維持者となつた。母は父と共に子供の親權者になつた。家を繼ぐ家督相續はなくなり、財産を分配する遺產相續だけとなつて、娘は息子と平等に相續權があり、配偶者も相續人であつた。

　要するに、憲法は家庭生活も當然民主化する事を要求したのである。そして民法は具體的に民主化された家族の法律關係を定めた。もちろん法律の改正が、永年の封建的因襲にしばられている日本の家庭を一朝にして民主化したとはいえない。しかし、法律は家庭の民主化の第一歩である。新しい法律ができて十年もたたぬ今日、憲法や民法が日本の實情に合わぬことを一つの理由として反動的な改正が企てられていることは遺憾である。法律が實情にあわぬのではない。法律を出發點として我々の生活を民主化しなければならないのである。

新憲法と婦人勞働者

井《いの》上《うえ》ヤス

　新憲法が婦人勞働者にもたらした最大の贈物は何といつても人格を尊重する男女平等の原則が國の法律という力によつてはつきりと確立されたことでしよう。

　性別にからまつた一切の封建性が法律の下で取り拂われて始めて人間的な平等な立場を保障された婦人たちの地位が急激に高められていつたことにありましよう。

　婦人、殊にそれが妻であつた場合には自分の考えや意志によつて單獨行爲は何一つ認められず、法律の問題、又は經濟や社會上などすべての行動は「夫」である男性の許可なしには動けない束縛されたもので、妻はただ一途に夫へ隷屬した生活を餘儀なくされていた當時の封建社會の狀態としては、單に「婦人」であるという名に課せられていた性別の劣惡な立場を勞働面にまで押し廣げられて、長時間にわたる勞働を深夜業への强制勞働が行われたのみか、はては僅かな休憩時間さえもこれを取り上げようとしたり、縮減をはかるなど、婦人の體力を無視したひどい勞働條件がそれに對抗する何ものも保障されないままに放置されていた。さらに賃金の面でも勞働力の最も安價なものとして扱われ、婦人勞働者は、男子に比べて遙かに低く置かれていたが、それを不滿としても解決の方法がないほどに当時の一般的な社會觀念として極めて常識的に扱われていた。たとえ同じ仕事をし、同じ能力をもち、同じ能率をあげ得たとしても婦人の使命は家庭にあるのだという、家族制度に基いた男尊女卑の社會思想が、婦人の勞働力を安價なものにする世の中の仕組みになつていたのでした。

「動けるだけ働かせろ」という勞働者搾取の壓力がこのような社會の弱者とされていた婦人に容赦なく加えられ、そしてそのことが延いては一般男子勞働者の條件切下げ作用に資せられるという、巧みな資本主義勞働政策上の犧牲を婦人勞働者は負わせられていたのでした。働く婦人の人權は抹殺されて立場擁護の自己主張すら、口に出しえないほどに壓迫されたみじめな職場環境の中では、婦人たちはそれを他に訴え、解決を求めるよりはむしろその低い職場ですら必ずしも保障されていない、という首切り不安のために、現在の職場確保に汲々として、その結果はおのづからあきらめにも似た無氣力ならざるをえなかつた。

そのようなみじめな勞働狀態、低い經濟能力に押しつぶされた婦人たちの實態は、經濟自立によるところの婦人解放などとは遙かに遠い姿であつた。このような女工哀史的職場風景は當時としてはまだまだ殘されており、殊更な婦人美德の謙讓を誇張された婦人たちは、次第にモノ言えぬ方向に自分みづからを押し込めていつた。それが唯一の反抗でもあり、また自己保身の術でもあつたのです。この餘波が平等的な立場に向上された現在でも、まだ淸算しきれずに「モノ言える社會」になつても、敢えて「モノ言わぬ」人たちが一部にあることを殘念ながら認めざるをえないほどに深刻、且つ根强いものとして婦人たちに浸透していた。

男性中心・權力中心の職場では上司の命令は絶體に服從すべきであり、その權力の威大さは、さながら軍隊の縮圖版的ふん圍氣をかもし出していた。ささやかな仕事の誤ちでも相當手きびしい叱責怒號が飛び、それを辯明しようとすれば、女だてらに反抗したと以來事毎につらくあたるばかりでは濟まされず、首切りナタの人事權を一手に握つていた管理者にニラマレルということは、何時かの機會には首切り整理第一號のリスト・メンバーの刻印を押され、モノ言えば屛寒しで、それが直ちに生活權の脅威を招く段取りになつていた。そこで『沈默は金なり』を實踐し、默つて叱責を受けてきた我慢しどころの爆發は、暗い廊下の片隅みで一人涙をしぼる風景が現出され、同情心の厚い同僚の貰い泣きのシクシク會議で幕を閉じるという、いとも可憐にして、餘りにも腹立たしい解決の職場風景であつた。そして如何に才能に惠まれていても、「女」の職場はごく狹まい範圍に限定され、男子の事務補助員か雜用面にだけの、いわゆる家庭延長の小間使い的價値しか認められず、たまさか一人立ちの獨立事務を與えられたとしても、ほとんど單純にして「男」などのするに及ばぬという職務のたぐいで、全く婦人は能力發揮の場を閉ざされていた。

こういう職場で沈滯し、熱意を失いかけていた婦人たちに、奮起の勇氣と自信を呼び起こしたのは、言うまでもなく性別差別を撤廢した憲法改正施行の動きであつた。

憲法第二七條「すべての國民は勤勞の權利を有し義務を負う。賃銀、就業時間、休息その他勤勞條件に關する基準は、法律でこれを定める……」の主旨によつて勞働關係諸法規が制定され、勞働基準法は婦人勞働の一章を特設し、その保護育成をはかるための婦人少年局が設けられるなど、婦人に對する勞働條件の改善は急ピッチで展開されていつた。

男女同一賃金の原則と働く婦人の母體保護が國の規定によつて保障され、勞働時間、休日勤務、深夜業等今まで婦人の身體をむしばんでいた强制就勞の防止を含んだ制限條項や、出產休業、育兒時間、生理休暇の規定などは、かつての婦人が置かれていた職場地位と思い合せればまさに畫期的ともいうべき變化が起されたのであつた。

勞働組合として組織され、自主的行動を身につけた婦人勞働者たちは、「法」の定める權利の實質的獲保に起ち上がり、自分たちにかけられるすべての勞働條件は、勞資對等の堂々たる交涉により解決を求めていく積極性を體得し、從來のように權力壓力に屈する屈從の態度を排除した婦人の力は、その地位向上と共に目覺ましく約束づけられていつた。少數とはいえ婦人の役付け幹部も進出し、勞組婦人部の母體保護活動は生理休暇を職場の常識化にまで浸透させ、母としての託兒所設置獲保に挺身するなど、勞働者としての、また母性としての職場活動はかつてのモノ言えぬ婦人の姿には豫想もされえないほどに革命的進步を見せてきた。

しかしながら、このように「法」の保護下で過去の暗い立場を一掃し、正しい平等の中に明るさを取り戾した昨今になつて、婦人向上の根幹となつた「新憲法」をめぐり、最近またもや舊時代に逆行しようとする復古調の好ましからぬ一連の動きが現われ始めてきたのである。

國の自衞上の對策と稱して逃げこんでいた軍備復活の動きは既に公然の事實として輿論の反對を押し切り、增强の方途をしやにむにたどりつつあるのを始めとして、憲法・民法等の民主的精神が再び改惡化される氣配にある。

民法の家族制度廢止、或いは勞働法上における婦人勞働保護の條項にまで及ぼし、これらを「否」とし、「日本の實情にそぐわぬ」として、かつての形に戾ることこそ日本古來の美風なれ、というまことしやかの言辭を弄しているが、この美名の下にかくされた主目的はかつての國家全體主義の權力中心や、家長專制主義の昔に返えり、無能力化された婦人をつくり出す、あの社會形態を再び復活しようとする政治意圖にあることは明らかなところである。

このことが今年の大きな課題として私たちの目前に投げかけられ對決を迫る日が近づきつつあるのであるが、一歩對處を誤ればようやくにして「民主的」なあり方が、言葉の上の表現でなく生活自體にとけこんできたこの矢先きに、またまた暗いかげが威を張り、築きあげた婦人の自由が、婦人の平等な立場が、そして働く婦人の明るい職場が一擧にして崩れ去る恐れがある。婦人の自立をおびやかし、あの暗黑時代に再び婦人を追い落とすこれらの惡夢を粉碎し、歷史は再びくり返しされるの悔いを殘さぬ行動を心中深く期していきたい。

新憲法と社會保障の現狀

藤《ふじ》原《わら》道《みち》子《こ》

戰前の日本には社會保障的のものはなく、貧乏人は方面委員制度のもとに救貧法によつて國家が救つてやるという建前であつたため、扶助を受けていたものは公民權を奪われていた。つまり恩惠的なもので、お助けを授けるという精神であつた。それが新憲法第二十五條の「すべて國民は健康で文化的な最低限度の生活を營む權利を有する」、同二項「國はすべての生活部面について社會福祉・社會保障及び公衆衞生の向上及び增進につとめなければならない」という規定によつて、從來民間の慈善事業團體にゆだねられていた養老院、孤兒院などがすべて國の責任において行われるというように變つてきた。

戰前の生活扶助の沿革

戰前の救貧法は全文五カ條からなる極めて單純な内容のもので扶助の對象を民間の私的扶助制度からもれてくる貧民の中でも難差を置く無告の窮民に極限しようとする制限的救助主義であつた。それが近代的國家の性格を持つようになつてからも引つがれ、家族制度によつて支えられていた。

明治二十年代から第一次歐州大戰に至る日本資本主義の自由な發展は國民生活を苦しくし、私的制度を次第に弱めて、始めて近代的な社會問題を發生し、さらにその缺陷を現わして來たため改正氣運も高まつてきたが、後進國日本では明治の始めから遲れた資本主義を速かに育成する社會經濟的要求が一切の施策に優先していたので、救恤規則の改善や合理化は極めてむずかしい事情にあり、ただ運營上の技術的問題にすりかえられ、また救濟の問題は自助的精神を强調することでごまかしていた。

ところが、第一次歐州大戰後から昭和初年にかけて、資本主義が深刻な不況期に入ると、勞働運動や生活問題が全國的な規模で起つた。そして貧困の一般化は社會秩序や公衆衞生などに、さまざまの弊害を及ぼす缺陷の多い恤救規則があることは、有害無益であるばかりでなく、任意的な慈善事業などでは救濟できなくなつてきた。そこで昭和四年四月救護法が作られることになつた。これを恤救規則と比べてみると、救濟責任を明らかにしたこと、被救者の資格の擴張、救助額の引上げなど幾分の進歩は認められた。しかし、それも技術的な改正に過ぎず、相變らず慈惠的な救貧思想を支柱としたものであつたことは言うまでもない。

戰後の社會保障

終戰を轉機とする國內情勢の惡化は國民生活をいちぢるしく貧困狀態に陷れたことは周知の通りであるが、その中で太平洋戰爭の犧牲者である戰災者、疎開者、戰爭未亡人、その他終戰に伴つて生じた失業者や引揚げ者などは、戰前までの公的扶助制度では救濟できない新しい要保護者となつた。

そこで新憲法による基本的な人權の確立を基とする民主主義國家となつた日本は、この情勢の變化に應ずるよう、これまでの分立した公的扶助制度や、その特別法とは全く趣の違つた、新しい救濟原理によつて最低生活の保障、無差別平等、國家責任の三つを柱とした、總合的な生活保護制度がつくられることになり、昭和二十一年十月「生活保護法」が制定された。

その後昭和二十五年五月、さらに改正が行われて今日に至つている。しかしこの生活保護法も、社會黨としては、保護法ではなく、生活保障とはつきり打出すことを主張したが、保守派に殘る長年の恩惠的な救貧思想を打破ることができず、ついに現存のものに落付いたのである。

軍備に壓迫される社會保障

現在、社會保障的性格をもつものは、生活保護法、兒童福祉法、國民健康保險、健康保險、身體障害者福祉法、母子福祉資金貸付法などである。

ところが、烈しい國際情勢の變遷は、憲法では戰爭放棄を規定しているにもかかわらず、實質的軍備の擴充に狂奔し、一方追放解除の古い政治家の復活等によつて、政治はいちじるしくゆがめられ、逆コース、憲法の精神のじゆうりんが平然と行われている現狀であり、そのシワよせを受けているのが、たださえ弱い社會保障である。

たとえばその甚だしいものとして、來るべき豫算の內示をみると、社會保障費が總くずれの狀態である。健康保險の例をみても、從來千分の六十だつた保險料率を千分の六十五に引上げ、初診料の値上げ、再診料の設定、家族診療のワクの縮少、醫藥品の制限があり、さらに、がまんのならないのは、入院患者から食費の徴收を考えていることである（一日當り五十圓）。働く者、勤勞者は健康で働いていてさえ、ギリギリの線で生活しているのである。病でたおれた場合、醫療給附は六割しか支給されず、それで妻子を養い、その上入院による諸雜費を必要する者が、月千五百圓の支出がどんなに大きな負擔となるか、保守黨の人々には分らないのであろう。現在ABCの三案が示されているが、いずれも千五百圓見當の被保險者負擔となつている。そのうえ、厚生省も七人委員會も一割の國庫負擔を要求しているのに、それすら削られている。もし、そうなれば前記のものより以上に被保險者の負たんが增大されることになる。

保險の赤字は保險經濟でまかのうべきであつて、全國民の税負擔をこれに當てるべきではない、と言つているが、このことは國民健康保險を完全實施することによつて、醫療に對する國の責任を明らかにすることを逃れようとするキ（詭）辯であり、赤字の生じた原因を、ことさらに不正診療等に轉嫁しようとする卑怯なやり方である。保險の赤字は種々の原因はあるが、その最大のものは國民病である結核對策の缺陷にある。僅か五、六％の結核患者によつて保險經濟の四十數％を費している國としては結核の根本的な對策を早急に建てることが最も急務である。

健康保險の改正問題は通常國會における重要な法案であり、全勞働者と共に改惡の阻止と、國家負擔二割の線で闘わねばならないと準備しているところである。

生活保護においても、基準額は生命をつなぐ最低であり、それさえ最近保護の打切り、範圍の縮少が强化されてきている。政府は現在の要保護者數を千二百萬と發表しているが、保護を受けているものは僅かに百九十二萬、失業者や疾病による轉落者が增大している時三十年度豫算では八億九千萬圓も減額されたのである。

このことは醫療扶助の面で一層きびしく現われてきた。結核患者は二百九十二萬、要注意者二百六十一萬、このうち、入院を要する者は百三十七萬人、結核ベッドは二十一萬、それでいて、これまで殺倒していた待機患者が減少し、病院には足りないはずのベッドがガラガラに空いてきているのである。

重症患者、手術後の患者には附添婦がつけられていたが、この附添婦の廢止を强行している。つまり八億九千萬圓の豫算の減少は生活保護における醫療券の發行の制限となり、入退所基準、醫療審議會は患者を守るのではなく、豫算のワク内において運營しようとする制度と化している現狀である。

結核療養所の入院患者の五十％乃至六十％くらいは生活保護患者であつたことをみてもベッドの空床の原因が理解されると思う。

野犬並みの孤兒たちの食費

過日新聞紙上に現われた養護施設の食費の問題にしても、孤兒たち一日の食費は五十七圓六錢（昭和二十五年以來据置）で、現在はおやつも與えられていない。最近施設の子供たちの體位が一般兒に比較してひどく低下したので厚生省もあわてて六圓二十錢の値上げを要求したが認められない。東京都の繋留野犬一日の食費は五十圓、これが政府の親のない子供に對する愛情である。かりに六圓二十錢値上げになつてもおやつ代は二圓六十錢でリンゴ一コの四分の一にも足りない。私はこの問題について現在國會で闘つているが、ぜひ達成したいことの一つである。

養護施設收容兒五萬六千、費用の値上げが認められて二億四千圓である。小型ジェット機一臺の製作費にすぎないのである。この子供たちに對しての食費には親に代る愛情も含まれなければならない。結局、現憲法下においてすら、なしくずし再軍備のために基本的人權はじゆうりんされている。もし憲法改惡をして大ぴらに再軍備をはじめ徴兵制でも施かれたら一體どうなるだろう。社會保障制度確立のために、人の命を大切にする政治を行うために斷じて憲法を守り、血の通つた政治を行いたい。

憲法改正と日本の教育

高《たか》田《だ》なほ子《こ》

近代の日本の教育は、明治二十三年に發布された『教育勅語』を大本にして、一つの體系を整え、大正の時代に入つては、まず、この體系が完成されて、世界的な水準から見ても高度な就學率を持つて、文盲のない日本という誇りを持つて來たのですが、それは量的な成果であつて、必ずしも質的に高率を持つてきたという意味ではありません。

なるほど、九十五％の就學率といえば、世界の最高水準ではありましようが、よく考えてみれば、それは小學校教育だけのことであつて、當時、小學校全卒業生の八十五％は、小學校の門を出れば、それつきり生涯、教育というものとは緣のないものになつてしまつたことは、私たち自體が、ちよつと考えてみただけでも充分理解のいくところだと思います。

小學校だけの教育程度では、毎日の新聞も十分に讀みこなすことは困難でしようし、また、日々社會に起るでき事を通して、經濟や、政治の本當の姿を理解し、自分の知識として、自分の行動にまで發展させることは、できないと思います。まして、社會的な責任を負わなければならない社會人としての使命を十分に果す實力が、つけられるかどうかについてはこれまた、考えてみなければならないところでしよう。

封建社會の政治の特徴は、なるべく人間をりこうにしないことできれば、默つて、上の者の命令を從順に守る人間をこしらえてゆくことにあるわけです。自分の生活環境や、自分の生きている社會環境は、天から與えられたもので、この中で、おとなしく、お上の命令、偉い人の命令に從つてゆくことが、忠良なる臣民の道であつて、人の力、人の知識で、社會や生活を變え得るというようなことを知らしめない工夫をすることが、時の政治家たち、權力者たちの非常に大切な方法であるわけです。人民が、何にも知らせられず、默つていうことを聞いて、ついてくることによつて、時の權力を永く保たせることができるわけですから、これほど、權力者にとつて都合のよいことはないわけです。

これを愚民政策といつて、多くの封建社會では、大小を問わず、こうした政策をとつてきたのです。

日本の教育制度も、實は内容的には、こうした愚民政策をとつて來たので、高等教育、專門教育は、決して一般大衆の教育ではなく、一握りの、特別な階級のためのものでしかなかつたわけです。一定の年令に達したものは、分ろうが、分るまいが、とにかく定められた分量の教科書を、お上の命令通り、詰め込まれて、その後は、〇〇大學卒業なる肩書を持つ偉い方々の指導の下に、忠實に命令通り働かされて、生涯を終つていくというのが實情であつたわけです。

こんなわけですから、文部省を最上の中心として、命令一下、その權威は絶對的な支配權を持つて、各縣から、市、町、村へと一直線の命令系統の中で、末端の敎師たちは、せんせんきようきようとして、忠實に、この命令通り、國定敎科書という國一本の敎科書を中心として、敎科の內容から、敎授の方法まで、型通りの敎育作業に從事したのです。ここには、敎師の創意や、自由な意志の發表は許されず、敎育行政の機關は、敎師の行動の監視者として、君臨していたわけです。

こうして、西も東も分らない幼ない人たちの頭に、神話的な、日本開國の傳說を、尊嚴なる事實として敎え込み、日本民族の一方的な優越性を詰め込み、世界の第一等民族として、世界制覇の妥當性をつめこみ、批判や、自覺による合理性とは全く反對な、いわゆる『皇運扶翼の民草』として、ただこれ仕えまつる國民が作り上げられてきたわけです。

『戰爭だ!!　それ。かかれ!!』といえば『ハイッ!!』という具合に命令する者にとつては、誠に都合のよい仕組みを作り上げるところに敎育の價値があつたのです。

私は、長々と、前置きをのべましたが、こうした戰前の敎育の仕組みを、一應改めて考え直してからでないと、新敎育の問題にふれても、十分つかんで頂くことができないと考えたからです。太平洋戰爭が終るまで、この方式がつづきました。

戰後、日本には、新憲法が定められ、その憲法に從つて、日本の敎育の方針が、新しく定められました。

これは、敎育基本法と呼ぶのです。この基本法には、次のように敎育の目的、方針がはつきり示されています。

『われらは、さきに日本國憲法を制定し、民主的で、文化的な國家を建設して、世界の平和と、人類の福祉に貢献しようとする決意を示した。この理想の實現は、根本において敎育の力にまつべきものである』と、まつ先に、平和憲法の精神を、具體的に敎育の力で、實現させると書いてあります。

そして『敎育は、人格の完成をめざし、平和的な國家及び社會の形成者として、眞理と正義を愛し、個人の價値を尊び、勤勞と責任を重んじ、自主的精神に充ちた、心身ともに健康な國民の育成をめざして』と、はつきり、敎育の目的を示しました。

第二に、敎育の方針として『敎育はあらゆる機會に、あらゆる場所に於て、實現されなければならない。このためには、學問の自由を尊重し、實際生活に卽し自主的精神を養い、自他の敬愛と協力によつて、文化の創造と、發展に貢献する樣に努めなければならない』というように、現在や今後の日本のにない手は個人の尊嚴という考え方の上にたつて、どのような權力にも盲從しない正義と眞理を求めて、積極的に、よりよい社會を造り上げてゆく意志と、力とを、そなえた人格の完成を期しているわけです。これは、とりもなおさず、平和な世界を目標としていることは、十分にお分りいただけるかと思います。

第三に大切なことは、こうした敎育の目的や方針を實現させるために『すべて國民は、ひとしく、その能力に應ずる敎育を受ける機會を與えられなければならない』と明記し、特に社會的身分や、經濟的理由で、就學が困難になる人たちに對しての對策を明らかにしているのです。つまり、貧困のゆえに優秀な人材の就學を阻んではならないのだ、身分という事柄などで、或は女だという事柄などでも、就學の機會を失わせてはならないのだ、と明記されています。

これは、何れも、新憲法の大本の考え方である個人の尊嚴という主張から生れてきたものなのです。こうした考え方が、義務教育の年限を九年とする新しい學制の六、三、三、四制を實現するようになり、また教育行政のあり方を第十條で示していますが『教育は、不當な支配に服することなく、國民全體に對し、直接、責任を負つて行われるべきものである』ということで、お役人や、えらい人々の手で教育を行わせるのでなく、直接、國民の手で一人一人が、自由な意志を以て、教育を打ち立てるために、個人個人が投票をもつて選ぶ教育委員が、縣や、市町村に生れたわけです。

ですから、教育委員會制度は、お役所や、お上の選んだ者でなく國民が自分の意志で、選んだ、自分の造りだす教育行政の責任者であると考えればよいわけです。

現在の文部省は、教育委員會に命令を下したり、教育委員會は、その命令に從つたりするというような筋合のものではないのです。ましで、そのような、權限が、お互いに許される法的な根據などはどこにもないのです。ですから、今日の教育、廣い意味での學問や文化は、國家の政策のための文化や學問であつたり、特定の階級のためのものではなく、民衆自體の文化でなければならないのです。從つて、教育のことは單に敎師のみでなく、子供さんたちの父母、兄弟すべての國民共同の事業として『平和な文化國家』の理想をかかげて、新學制の完全な實現のために、進んでゆかなければならないと思うのです。

それなのに、一昨々年の秋、池田、ロバートソン會談の中で、日本の再軍備に障害になるものとして、現在の『平和憲法』と『平和を目指す教育』其他二項を擧げているのですが、國の政策の變更の意圖の下に、教育の理念が左右されたのでは、たまつたものではありません。

最近、日本の憲法は、アメリカの强制に基づいて作られたものであるから、改正すべきである。という主張が堂々と行われ、今國會では、憲法改正調査會の活動も、活潑に動いて平和憲法の改正が政策として論ぜられています。人間の知識の發展が、更によりよいものを求めてゆく過程では、幾多の改正が行われるのは當然であり、私もまた改正そのものに對して、決して横車を押そうとは思つておりません。

しかし、憲法改正論と時を同じくして、教育委員を、上からの命令による任命制にしたり、教科書制度を、戰前と同じ國定教科書にしたり「社會科」を改訂したり、高等學校の教科課程を改訂して、學區制をなくして、入學試驗一本やりで教育の機會を失わせたり、道義高揚の美名の下に、修身道德を復活させたり、そんな改訂そのものを教育委員會は、何にも言つてないのに、しきりと文部省が、旗をふつて、中央の指導權を復活させている姿は、冒頭に述べた戰前の教育行政と少しも變らない姿だと思うのです。ましで、そのような權限のない今の文部省が力を以て改訂するということ自體が誤つているのです。再軍備政策を公黨の公約としている自由民主黨が憲法改正と同時に、憲法を基礎として打ち立てられた教育の理念、教育行政を根本的に變更する考えを持つのは當然でありましよう。

重ねて言いますと、教育は、このような政治權力の支配の下に置かれてはならないことが教育基本法に明記してあるのは、教育は眞

主婦のこえ

市井の主婦としておもうこと

川合《かわあい》美千子《みちこ》

私たち日本人が切望していた國連加盟は見事なショイナゲを食わされた。

國府がどうの、ソ連がどうのと、ケンケンゴウゴウたる世論の中にあつた國府とソ連に對する不快の念は當然のことながら、私は日本政府がインドをはじめ東洋の諸國に對してもつと積極的なジユウナン政策をとつていたならば、このような破目にはならなかつたであろうに、と心外に思うのです。

個人だつて立派に獨立して自己の意志を通してゆくためには勇氣をもたなければならない、まして一國を負うて立つ政府が、外務省が、ただただアメリカに愛されることのみを願つていたのではこうした結果を招くのもいたし方のないことではなかろうか。

毎日の生活に追われ、内職に追われ三人の男の子の洗濯につかれ、燃料の節約にまで細く心を配つている一主婦の私でさえ、新聞とラジオで知るだけの外交に對して、長い間こうした事態の來ることを懸念し、心配していたのに。吉田首相がそのつど外交といつた時にも私は心の中で思つた、大切な外交や政治がそのつどなんかでやられてたまるか、少くとも多くの人々の全智能を動員して國際情勢を判斷し、先々の狀勢の變化に對するこちらの出方を考えておくべきなのに……私どもは借金をする時だつて、家主と借家人の交渉だつて相手の出方を考えてあらかじめ自分の言葉を用意してかかるものなのに……と。こんどソヴェトは見事にそれをやつてのけた。吉田さん返事をして下さい、と私はいいたい。日本の政治家達よ、重光さん、鳩山さん、何としてくれるんだ、と私は叫びたい。

南鮮は南鮮で勝手なケンカを吹きかけて來る。ソ連とアメリカが原水爆實驗の競爭をする。被害を受けるのはいつも日本なのに、こんどはまた英國までが太平洋で水爆實驗をなどと云い出した。政府よ、しつかりして下さい、政治家よ、シンケンに考えて下さい。

そして私は全日本の婦人に呼びかけたい。

原水爆實驗反對の運動をおこそうではありませんか。

世界中の婦人に原水爆實驗の反對を呼びかけようではありませんか。

理と正義を追求して、眞の文化國家を建設するという重大な使命を持つているからなのです。

第二次世界大戰以後、世界の人類が、同じような悲願にもえて、平和への努力を惜しまず人類も、文化も破壊する戰爭を極力避けようとして、歐米を通じて、新たな文化理想と平和を根幹とする人間改革の必要を論じ、第二のルネッサンス、第二のリフォーメーションをさえ論じられているのに、日本の獨立を希い、世界の進路と共に私たちが歩もうとする限り、斷じて、憲法改正を實現させてはならないし、教育は國民の手による共同事業である限り、憲法をじゆうりんするおそれのある改惡を文部省の獨善主義に委ねてはならないと思います。

諸般の文部省の手による教育行政の改惡は、再軍備を意企する憲法改正の前提であるということを最後に訴えたいと思います。

子供を守る義務と同時に守る權利を持つ私たちの手で、教育行政改惡を喰い止めるためにも憲法を守つてゆこうではありませんか。

婦人の力で國連加盟推進の運動もやろうではありませんか。

「兒童憲章」を守ろう

清《し》水《みず》慶《けい》子《こ》
（日本子どもを守る會常任理事）

今年の五月は「兒童憲章」が制定されてから五周年になります。五月には、いろいろな記念催しが諸方で行われるでしよう。催しものも結構ですが、それよりもなによりも、私は、今年こそ、五月を待たず、「兒童憲章」の周知徹底と「兒童憲章」の實現を目ざした運動が、國民の各層、各分野からどんどん繰りひろげられることを願わずにいられません。なぜならば、日本の本年最大の課題は憲法改變問題であり、「兒童憲章」は憲法から生まれて來た子どもで、憲法と運命を共にするワンセットであるからです。

「兒童憲章」は憲法の兒童版です。憲法は、社會の中で弱い立場におかれ勝ちな勞働者、婦人、子どもなどの基本的人權を保障しています。社會的に最も弱い立場の者は誰か、といえば、それは子どもでしよう。子どもには參政權がありません。また子どもは團結してたたかう術を知りません。子どもは本來大人たちから心身を守られてゆかなければ、死んでしまうか、悪くなつてしまうかするものです。あの戰爭のさわぎで、何といつても被害の最大のシワを寄せられたものは、何の罪もない子どもたちでした。戰中、戰後のみじめな子どもたちの姿を見て、大人たちは深く反省しました。人類の未來を擔う子どもたちのことを忘れてはならない。子どもたちを明るく健かに育てるためには私たちはどのように守つていつたらよいか。ここに、憲法の精神に從つて、子どもを守る國民の誓いとして「兒童憲章」が定められたのでした。

ところが、そういう大切な「兒童憲章」のことを國民はよく知つているでしようか。

ある年とつた婦人民生委員が、幼兒の人權という言葉を耳にした時「幼兒にも人權なんてむつかしいことを言うのかね」と言つたそうです。また私がＰＴＡで話をする時ジドウケンショウと言つた場合、けげんな顔をする人が澤山あります。そんなもの見たことも聞いたこともない、と言う人、兒童の懸賞と勘違えしたと言う人もあります。決して笑い話でなくみんな事實です。忘れられた「兒童憲章」知られざる「兒童憲章」というわけです。

弱い立場の者が守られるという憲法は、今の支配階級、政府を動かす財界、軍需産業で儲けたいと考える人々には氣に入らぬでしよう。基本的人權、主權在民、永久平和などの根本原則は目の上の瘤と感じられるでしよう。昔の帝國憲法がなつかしく、今の憲法を何とかして改めたいでしよう。ところで、もしも憲法が今明らかにされている保守黨の改正草案の線で改められたら「兒童憲章」は宙にうき、迷兒になつてしまいます。いや、既に二三年前から兒童の人權を尊び、兒童を平和に役立つ人間にしたいとうたつている「兒童憲章」を邪魔者扱いにしている空氣が、憲法改變の動きと一緒に出て來ているのです。

今年は「兒童憲章」を守る運動が津々浦々にひろがる年にしたいものです。全文でなくともよい、せめて「兒童は人として尊ばれる」「兒童は社會の一員として重んぜられる」「兒童はよい環境の下で育てられる」という最初のたつた三條の總則だけでも國民ひとり一人の胸に常識としてたたみ込まれて、政府や役人や議員を怠けさせぬよう監視する年にしたいものです。新年を迎えてもう杉並子どもを守る會のお母さんたちは「兒童憲章」の勉強會を始めたようです。お母さん方が「兒童憲章」の勉強會をし、子どもを仕合せにするために家庭、社會はどうしたらよいか話し合つてゆけば、それは更に憲法學習、憲法を守ろう、という方向へ發展してゆくことは申すまでもないでしよう。

《座・談・會》

憲法改正問題について

語る人　辯護士　海野普吉

聞く人　山川菊榮　榊原千代

岩瀬ふみ子（全蠶糸勞連情宣部長）

大野はる（全日通勞組婦人部長）

山本あや（日敎組婦人部副部長）

司會　菅谷直子

海野普吉氏

司會　きようは憲法改正問題について、海野先生にいろいろな面からお聞きしたいと存じまして、皆様にお集り願つたわけでございます。鳩山さんが政權をとつたら、ぜひやりたいことの一つとして、〃憲法改正〃を擧げておつたのでございますが、昨年の秋の保守合同で絶對多數となりましたから、早速、第三次鳩山内閣で、憲法改正を大きな政策の一つとして打ち出して來たわけでございます。私共は、昨年の二月の總選擧で革新陣營が三分の一の議席を獲得しましたので、一まず安心しておりましたところこのような狀態になりました。そして、六月の參議院選擧で保守黨が三分の二以上をとつたら秋には衆議院を解散して、今度は小選擧區制によつて――これは保守黨に非常に有利な制度だそうですが――多數の議席を占め、必ず憲法を改正するということを言つているそうでございます。それで私どもは世界平和と日本民主化の推進のために何とかして、この憲法を守らなければならない、政府のこの憲法改正の意圖を國民の與論でもつて阻止しなければならないと思つているようなわけでございます。しかし、國民の中には政府の言う改正意見に贊成している人も少くないようでございます。その人達にも、この憲法がどんな精神に基づいて作られたもので、なぜ守らなければならないか、また政府の改正意圖はどこにあるかということをよく先生からお聞きして理解して頂きたいと思うのでございます。それで最初に、今の憲法をなぜ守らなければならないか、ということをざつと誰にでもわかりやすく御説明いただきたいと思います。

　保守黨の言つている憲法改正には三つの要點がございます。天皇の地位と戰力保持、それから家族制度の復活ですが、こういう點について出席者の皆さんから疑問に思つている點を質問して頂きたいと思います。

　では、憲法をなぜ守らなければならないか、ということを海野先生から御話し願いたいと存じます。

憲法はなぜ守らなければならないか

海野　まず、この現行の憲法をなぜ守らなければならないか、ということについて形式的にいうならば、極めて明確であります。それは現行憲法の第九十九條に、

天皇又は攝政及び國務大臣、國會議員、裁判官その他の公務員は、この憲法を尊重し擁護する義務を負ふ。

と規定されております。これは條文の上から極めて明らかでありまして、時代の變遷と共にいろいろの考えが起つて來ても、容易にこの憲法を變更するようなことをしてはならない。あくまでこの憲法を尊重して擁護して行かなければならぬということを、一應形式的に規定したものであると思います。しかしながら同じ現行憲法の第九章の第九十六條に、

この憲法改正は、各議院の總議員の三分の二以上の賛成で、國會が、これを發議し、國民に提案してその承認を經なければならない。この承認には、特別の國民投票又は國會の定める選擧の際行はれる投票において、その過半數の賛成を必要とする。

憲法改正について前項の承認を經たときは、天皇は、國民の名で、この憲法と一體を成すものとして、直ちにこれを公布する。

（寫眞左より　岩瀬ふみ子、榊原千代、山川菊榮、海野普吉、山本あや、大野はるさんたち）

こう規定されておりますから、第九十九條でこの憲法を尊重し擁護する義務を負わされてはおりますけれども、例外として改正することがあることも憲法は認めておるわけであります。そこで問題になりますのは、〃改正〃であるから憲法を根本から破壊するようなことは〃改正〃の考えのうちには入らない。ことに第九十六條の二項に、憲法改正について前項の承認を經たときは、天皇は、國民の名で、この憲法と一體を成すものとして、直ちにこれを公布する。と規定してある點から考えて見ましても、この憲法の根本精神を破壊したならば、一體を成さない結果になりますから、改正の範圍というものは、おのずからこの憲法の根本を破壊しない範圍に限られると考えなければならない。これは條文の上から、形式論理の上から行きましても、極めて明らかであります。

では、なぜこういうことが考えられて來たかということをもう一ぺん掘り下げて考えて見る必要があると思います。それはいうまでもなく、いわゆる明治憲法――名付けて明治憲法と呼んでおりますが、本當の名前は、大日本帝國憲法と申すのが正當の名前であります――これは敗戰によりまして、大日本帝國

という國家組織は破壞されてしまいました。それはポツダム宣言を受諾すると共に滅びてしまつたと言つてもいいのであります。もとより基盤社會である日本國民が集團生活をしている全體社會は滅びておりませんけれども組織としては滅んでしまつたことは極めて明確であります。その結果、本來ならばその時限り大日本帝國憲法というものはなくなつたはずなんです。ところが連合國軍が日本に入つて來まして、その趣旨で日本の治安を維持するであろうと思つておつたところが、これは連合國軍の非常な間違いで、依然として舊來の國の組織は、そのまま認めたんです。これは暫定的に認めたんですが、そして間接侵略で舊來の國家組織の行政面に對して命令を下して、すべての治安を維持させた。これが誤りの原因を成したのです。それでその趣旨がずつと流れて來まして、憲法を改正するという形で、大日本帝國憲法をその實、根本から廢止してしまつて、新しい現行憲法を作つたのでありますが、殘念ながら現在の日本國憲法を作ります時分に、いわゆる舊帝國憲法第七十三條によつて、改正手續きをやりました。それは現行憲法の前書に書いてありますが、現行憲法公布の時の詔勅に、

朕は、日本國民の總意に基いて、新日本建設の礎が、定まることに至つたことを、深くよろこび、樞密顧問の諮詢及び帝國憲法第七十三條による帝國議會の議決を經て帝國憲法の改正を裁可し、ここにこれを公布せしめる。

こういう文句があります。それで現在の日本國憲法は、舊憲法の改正である、という議論は、一應あるわけであります。ところが純粹の法律論から考えて見ましても、また條理の上から考えて見ましても、根本をなくしてしまうようなことをするのは改正ではなくして、前のものは廢止して新しいものを作つたという考え方に入ると思う。たとえば、家を建てる場合でも、土臺を取換え、柱も取換え、屋根、棟も取換えてしまつて、わずかに板や疊の古いものがあつたからこれを使用したという理由だけで改築とは申しません、土臺が換り、柱が換り、屋根が換れば、誰も新築としてこれを考えます。ことに間取りが違つてしまうようになれば、まつたくの新築であり改築とは考えません。それと同様に舊帝國憲法では統治權は天皇がこれを持つておつたということは言うまでもありませんが、國民の權利というものは、法律の許す範圍内において自由であつたわけです。言論、集會、結社の自由ということが、今やかましく言われておりますけれども、舊憲法を見ますと第二十九條に、

日本臣民ハ法律ノ範圍内ニ於テ言論著作印行集會及結社ノ自由ヲ有ス

ということに規定してありまして、法律を改正すればいつでも制限ができるという規定になつておりました。それのみならず、一番大きな變革として、君主主權を在民主權に變えてしまつた、ということは土臺工事を全部取換えてしまつたことになります。この點から考えただけでも、全く前の憲法は破壞されて新しい憲法ができたと言えるのであります。

それからもう一つ、大きな變革と申しますのは、前の憲法においては天皇の大權として陸海軍を統帥する、いわゆる統帥權というものを持つておりました。ご承知のように現行憲法の第九條では、陸海空軍その他の戰力は、これを保持しない。國の交戰權は、これを認めない。ということをはつきり規定しております。この點を舊憲法で見ますと第十一條に

天皇ハ陸海軍ヲ統帥ス

とあり、この條文と全く相反するものがあります。そういう點で舊憲法と現行憲法では非

常に違いがあります。

それから以前には決してわれわれ國民は平等の扱いを受けておりません。一番おそろしい違いは貴族院という制度があつて、これは別な規定で貴族院というものが編成されておるが、現在は全然そういう制度は認めておりません。皇族や華族や功勞のあつた人だからと言つて勅選によつて議員になるようなことはなくなつた。いかなる人に對しても平等に取扱うということについて、新しい憲法は非常にはつきり出て來たところでありまして、これは私が申し上げるまでもなく國民の權利義務のうちに規定されておりますように第二十四條に、

婚姻は、兩性の合意のみに基いて成立し、夫婦が平等の權利を有することを基本として、相互の協力により、維持されなければならない。

配偶者の選擇、財産權、相續、住居の選定、離婚竝びに婚姻及び家族に關するその他の事項に關しては、法律は、個人の尊嚴と兩性の本質的平等に立脚して、制定されなければならない。

こういう趣旨に反するような法律は、憲法違反の法律として最高裁判所まで、だんだんに訴えがのぼつて行けば無効の法律として廢止になることが明らかな條文をここに掲げてあるのですから、これは舊民法によつて規定されておりました、夫の權利——夫權ですね、これによつて婦人が能力を制限された規定が多分、民法第十四條から十八條まであつたと思いますが、これは廢止になりました。こういう大きな違いがでて來ておる。それをしも元に復活するような考え方によつて憲法を改正して行こうというのであります。これは改正の範圍を逸脱するものだと私は思います。先程申し上げましたように、現行憲法の改正手續きではこういうことはできないんだ。なぜできないかと言えば、言うまでもなくこの憲法と一體を成すものとして公布することができない。バラバラになる結果になりますから改正手續きはできない。本質的に考えて、現在の憲法を根本から破壊するようなことは先程も實質論的に申し上げましたように、これでは改正でなくして破壊であり、新しいものを作る一種の革命を行うにあらざれば、現行憲法を根本から變えて行くことはできないんだ。革命を憲法が肯定しておるはずがありません。そういう點から考えて見まして、今、憲法を改正しようという改正要綱を見ますと、いずれも根本問題に觸れる結果になりますから、形式的にも實質的にも改正手續ではできない。

なお、九十六條の改正手續によつて一種の無血革命を行おうとするものに他ならないものである。私どもは、そういう點から考えても大きな犧牲を拂つて戰爭によつてわれわれのもてる財産の大部分を失い、私どもの同胞二百萬以上の尊い人命を失つて初めてかち得た新しい憲法をむざむざ根本から破壊してしまうようなことになつては大變です。われわれはどうしてもこれを阻止しなければならないという決意を固めなければならない。こういうのが一應の私の論なんですが……。

主權在民をくつがえす改正案

司會 この間の朝日新聞に與黨の〃憲法改正の論點〃というのが出ましたが、われわれ素人があれを見ますと、どれもこれも同じような主張で、民主主義がどうのこうのと非常にまぎらわしいのですが、これがどう違うかということを御説明いただけませんでしょうか。天皇の地位なんかはつきりしたものでありますが、總覽なんかにおきましては、民主黨なんかも〃國憲は國民の發展することを

明らかにし、民主主義、平和主義、人權尊重を基調とする福祉國家實現の理想を掲げる〃なんてことを書いてありますが……。

海野　それは看板でありまして、表面から主權在民を覆すようなことを掲げて來れば、だれも贊成しませんよ。そこでやむを得ず、表看板には、そういうことを掲げておりますが、その內容を見ますと、憲法九條を改正して戰力を保持するんだ。自衞權を發動するためには戰力を持つていなければ話にならないから持つんだと言つております。

それから、相續なんかにつきましても、現在の相續財產というものは均分相續になつておるから、農村なんかの場合には細分されてしまうと、わずか一町そこいらの所有土地を三人も四人もの子供、もしくは未亡人に現在の民法上の相續制度に從つて相續せしめるということになれば農業は成り立たなくなる。これは國の勢力を回復して行く上において非常に障害になつているから、これは改正しなければならないと言つています。

その他、憲法の中には必要でないもの、なくすればいいようなものが澤山あるから、そういうものは廢止すればいいんだが、ただ表看板には、この憲法は連合國と司令部から押しつけられたもので國民の總意に基いていないからということにしているので、いかにも一應はもつともらしく聞こえる。ことに國民の總意でなく司令部から押しつけられたということには澤山の證據がある。芦田均さんの如きは幣原さんとマッカーサーの交渉の經過なんかをちやんと日誌に書いておつて、「こういう經過で幣原さんは、はなはだ不本意であつたけれども先方の言うことを聞かなければならない情勢にあつた。だから根本の成立ちにおいて改正をしなければならなかつた點があるんだ」というのが芦田さんの主なる議論でありまして、私は放送討論會の時分に、その點について芦田さんと話し合つたんですが、それが私どものあの時の情勢でしたから、司令部の意向が多分に反映しているということについては決して否定するものではないんです。しかし司令部としては何か他の考えを持つて、ああいう憲法をおしつけて來たのかも知れませんが、國民の大部分の考えは「二度と戰爭することはいやだ、ああいう武器を持つていればこそ戰爭に捲き込まれるんだ。一際、戰爭はごめんだ。再び戰爭をしようとしても私達は戰爭するだけの勢力もないし、とうていそういうことは考えられないことだ」ということが、あの時の國民全部の考えであつたと思います。幣原さんも一部分そういう考えは深くお持ちになつている。從つてああいう問題について司令部から言われれば、なる程もつともだということだけでああいう憲法を作つたとは思いません。もつとも、これは公けのものだから、公けのこととおなかの中は違うといわれればそれきりですけれども、これについては、當時の參議院の事務局で編さんした帝國憲法改正審議錄というたくさんの厚い書物がありますが、そのうちで戰爭放棄編というのが特に設けてあります。第九條に對する論議は參議院――その當時は貴族院――の全部を集めた速記錄ですがその一番先に幣原さんの署名入りで〃軍備全廢の決意〃という題で〃ああ八月十五日〃という小見出をつけて書き起し「きけ!!　野人の聲」――これは十五日に戰爭を止めるということをラジオで放送された時、大急ぎで幣原さんは、多分日本クラブあたりにおられたと思うんですが、家へ歸ろうとして電車に乘つた、その時に居合せた人々の話しをそれとなく聞いておられて、きけ!!　野人の聲と書かれた。

それから軍備全廢の決意ということを書い

ております。これで見ましても幣原さんがいかに強い決意をもつていたかということについては、決して表面に對する問題だけじやないと思います。そういう點から考えて見ても當時の國民の總意というものは、決して戰力を持とうという考えは持つていない。司令部から押しつけられなくても、こういう點については、おそらく戰爭放棄の條章ができ上つて來たであろうと思います。それのみならず芦田さんあたりはしきりにその時分のいろいろの議論を今になつてなさるけれども、憲法改正の議會の時分に憲法改正委員會というものができまして、そのうちに小委員會ができた。いろいろ討議をして、もうこれでよろしい、という時に小委員會で附帶決議をしております。その附帶決議は議員總會にかけて決議採擇になつております。

その附帶決議は四つありますけれども、そのうちの四項に、

憲法改正案は、基本的人權を尊重して、民主的國家機構を確立し、文化國家として國民の道義的水準を昂揚し、進んで地球表面より一切の戰爭を驅逐せんとする高遠な理想を表明したものである。

こういうことを書いているんですね。一さいの戰爭を驅逐せんとする高遠な理想を表明したものである、ということになりますと、いうまでもなく侵略戰爭、自衛戰爭、あるいは警察戰爭とでも申しましようか、國連で言うところの警察的行動を指す、侵略者を鎭壓するための戰爭、大きくわけてこの三つになると思いますが、そういう意味において一際の戰爭を驅逐せんとする高遠な理想を表明したものである。もし侵略戰爭をやろうというような者があつたら、そういう者に對しては戰爭という力によつて抑えるのではなくして、やはり國際連合という新しい機構によつて、納得ずくでこれをやめさせるという方法をあくまで續けて行こうという考え方が一面にあるように、それと同樣に日本の憲法では一切の戰爭を地球の表面から驅逐してしまうという考え方をもつて、あの九條を作つたんだということすら、れいれいしく議會で決議しているんですが、それだけではまだ足りないから、もつと明らかにする意味でこの小委員會で附帶決議をしておこうじやないか、ということで四項のようなきわめて強い意思を表示している。こんなことまで司令部からつきつけられていやいやながらやつたということは言えないと思う。なるほど基本的な考え方については司令部あたりから言われたところもあると思いますが、しかしこれを受け入れてわがものとしている。それを壞してしまうということになれば、これは根本を破壞するものであります。

新憲法はなぜ軍備を撤廢したか

もう一つ考えていただかなければならんことは、軍隊を假に置くということになつた場合にどうなるだろうか、軍隊を置けば軍隊を指揮する統帥權というものがなければならないことは武力の性質上當然だと思います。明治時代のように、軍は天皇の股肱の臣であるという言葉すらあつたように、直接に天皇がすべてを命令して行くんだ。もちろん、それには參謀總長、海軍司令長官が責任者でありますけれども、しかし大權事項中、これ程直接天皇の命令の傳わるところはないと思う。且つて滿州事變の時に林朝鮮軍司令官が命令なくして朝鮮の外に鴨綠江を越えようとした時に、越境するものとして非常なお叱りを受けてすぐに引上げた。それから二・二六事件で反亂を鎭壓できない時に勅命で勅使をたてて「お前達は解散しろ」ということまでされておるが、それにもかかわらず、あの二・二

六事件の如きはこの命令すらきかれなかつた。だから統帥權のない軍隊は雜軍であります、そうなると武器を持つたものは得手勝手な行動をする結果になる。これでは治安を維持することのできないのは當然であります。やむを得ないから統帥權をどこかに歸屬せしめなければならない。そこで今考えておりますことは、自衞隊を發動する時には總理大臣の權限に屬する。これはある程度の制限を加えて議會なり委員會なりの承認を經るということになりましよう。ちようどアメリカの大統領が統帥權を議會の承認を得てから行使するという形と同じですね。しかしここで考えなければならないことは、そのように制限付きのものでありましても、一ぺん發動しますと他の權力と違いまして敵を控えての行動である。敵前における措置は出先の司令官に大幅に委されるということにならなければ戰爭ができないというのはあたりまえである。從つて出先の將軍に實權を與えてしまう。そうなりますと、現地でどんなことが起つてもこれを抑えることができない。きわめて明らかなのは蘆溝橋事件であり、又柳條溝事件も同様である。蘆溝橋事件はシナ事變に展開し柳條溝事件は滿州事變に展開してしまつた。事變々と言つておるけれどもあれ程大きな戰爭は容易に見ることができません。近衞內閣が現地解決するということであつたけれども、現地の人々は敵を目の前に控えているからそんなことはできないんだ、ということでついにあのように大きな戰爭になつてしまつた。これではとうてい總理大臣位のなまやさしい力で軍を統帥することはできない。天皇という最高の、神がかりの、國民が信奉しておつた人ですら、これを止めることができなかつたのでありますから、今制限された內閣で軍をどうこうと言つても、全然無力になることは明らかです。そうなりますと、日本の治安を維持する目的で作られた軍隊が、かえつて治安を亂す結果になることは過去の歷史上明らかである。そういうおそれのあるものをおいてはならない。そんなことをされては大變だ、ということがやはり新しい憲法を作る時の基本觀念であります。過去の歷史からみて、あれ程大きな統帥權があつたにもかかわらず、事變を戰爭にまで發展させている。滿州における事件が、いつの間にか南方のオーストラリヤまで占領しようという考え方に變つてしまつた。このようなことを再び起してはならない。國民は同胞を失い全財產を失つた。それでもたりなくて、未だに戰爭による損害の賠償をしなければない苦しみの中に放り込まれているにもかかわらず、再びそういうおそれのある軍隊を持とうということは、あの當時の日本國民としては誰も考えたことはないと思う。それで國民の總意に基いてあの憲法の條章となつたものだと思います。それを根本から覆し、かつ統帥權というものを誰か一人に歸せしめるということになつたならば「それは約束が違う」と反對したい。そんな約束は誰もしません。軍隊を指揮する權利を誰か一人に持たせるというようなことは何人も考えたことはない。その點から考えても國民の總意に根本から反することになる。

軍備は國民の自由を制限する

もう一つ申し上げれば、軍隊を持ちますと軍律をおかなければならない。そうすると法の前に平等ということが根本からくずれてしまうからいけない。

それからもう一つは、軍隊ができるということになれば、その人の自由をいちじるしく制限する、たとえば、職業の自由という點でありますが、憲法では〃職業選擇の自由を有るす〃と規定してありますが、自衞隊に入つて戰爭が起りそうになつたから辭職する、という者を許すとしますと、自衞隊は壞滅してしまう。それで任意に辭職するという自由は許されなくなる。すると職業の自由という意味がなくなつてしまう。その點から言つても基本的人權は根本から覆つてしまう。そうしますと、さつき特別決議をした第四項に全部違反する結果になる。要するに、憲法の基本になりますもの全部を壞す結果になるから、三分の二の議會の承認を經ても、又、國民の半數以上の同意があつてもこれは改正じやなくして、今の憲法を壞してしまつて新しい憲法を作るんだ、要するに一種の無血革命を行うんだということになります。政府は數の暴力によつて私どもにできないことを強いている。それに對してどれ位の力を用いて反對したらいいかということを考えることが、私たちに與えられた新しい課題だと思います。その他細かい點につきましてはいろいろありますが……。

國連加入に再軍備は必要としない

山川　國際連合に加入するために軍備は必要だという人がありますが、いかがでしょう。

海野　國連へ加盟するために戰力を保持することは一應研究を要する問題だと思います。しかし國連は、戰爭をなくするために設けられた一つの機構なんです。やむを得ざる場合に警察的行動を起すんだということを規定しておるものであつて、戰爭ということには表面上はなつておりません。その點から申しましても、戰力を保持していない國は加盟することができないと言つて拒否することはできないと私は考えます。現に昨年の國連總會の前に、安全保障理事國に對してアメリカはまず日本の國連加盟を提案いたしました時に、ソ連が一應これを拒否いたしましたけれども、拒否の理由は、戰力を保持していない國であるから加盟することができないんだ、ということではなかつた、さらに、明年すなわち本年――に入つて日本を加盟させようということの豫備的決議をしよう、と言つた時にも、これは戰力を保持していないから、という理由で拒否されたのではありません。それは單なる國際情勢のバランスの問題だけでああいう決議はできないというのに過ぎません。アメリカが推薦した時にも、ソヴエトが推薦した時にも、日本が戰力を持つていないことを前提として推薦をいたしておりますから、國連加盟には戰力を持つていなければならないというおそれはまずありません。それから加盟してから後に、どこかの侵略者を制御するため、ある實力を發動する時に「加盟國であるから何らかの協力をせよ」と言われ、戰力を持つていないから國連から除外されてしまうおそれもないと私は考えます。それは朝鮮戰亂の際に、現に戰力を持つておる國でも兵力を出さなかつた實例に徴しましても、自分の方では出す力がないから、ということによつて戰力を提供しなかつたとしても別に問題にはならないと考えます。

政府のいう理由で改正はできないはず

榊原　先生、只今の憲法が終戰直後のような際でありましたから、本當に革命的なものができたと私は思うのですけれど

も、それにいたしましても、あの時舊憲法の

第七十三條の手續きによりまして改正したと言つているのでございますけれどもね、實際的には根本から變りましたのですから、本當はあの規則ではできないのではないでしようか。そういたしますと、今度もこの規則においては、この憲法の根本的なもの、憲法の存在を無視するような、絶對平和主義とか、在民主權主義とか、あるいは基本的人權の尊重ということを變えるような改正はできないはずでございますね。ただ且つての例を見まして占領軍がこしらえた憲法だという理由で改正することが成立つのでございましようか。

海野　そこが憲法改正を主張する人達の非常に強い點なんです。「明治憲法を今日の憲法に置き換える時でも、理論的にはできないことであるけれども、それを全く新しい變革によつて變えたではないか、改正の手續きで皆が變えたではないか、承認しているではないか、從つて今度の場合でも、一應根本を破壞するようなものであつても議會の三分の二の用意があり、國民の半數以上の賛成があれば作つてもいいじやないか」そういう考え方を改正論者は持つていると思うのです。しかしそれは、いかにも過去に誤つた事例があるから再び過ちを犯してもいいじやないかというのと同じ論議であつて、再び過ちを犯したくないが、どうしても改正しなければならないという考え方であるならば、根本から變えることを表明して、新たに今の手續きによらずして憲法を廢止し、新たなる憲法を作るための國民の代表者を選出すべきである。それは議會とはなれてそういうものを作るべきである。その代表者は議會と兩方を兼ねる人もありましようが、そうでない全く議會に關係のない人も選ばれるでありましよう。その人達が討議をした結果、改正する必要があるとかないとかいういわゆる國民の考え方が浮び上つてくる。そして改正する必要がある、となつたならば、今度は改めて新しい憲法を作るための國民の代表の機構を作るべきである。それで憲法改正要綱ができたなら國民に問うて、更にここで初めて新しい憲法の起草委員を選ぶべきである。そしてその起草委員が條文を作つて、別に憲法會議を議會の外に設けるべきで、そこでこれが通過したならば、その時に議會は現在の國家機構を全部破壞し、根本からなくするという決議をして、これを國民投票に問うべし。そうするとそれが通るまでは舊機構が生きておつて新しい機構ができると同時に消滅する。そしてその憲法によつて舊時代の法律で改正すべきところは改正して行く。そういう形が理想的であると私は思います。

私は占領中でありましたがガーヴァメントセクションのドクターウィリアムズに、私は全國の選擧管理委員長をしていたのでしばしば接しましたが、その時、「なぜ占領軍は日本を占領した時に、まず第一に舊日本の國家機構を破壞する、ということを宣言しなかつたか」と言つたら「それはポツダム宣言でも當然できているじやないか」「それはよろしい、それじやなぜ、その舊憲法によつて組織されておつた政府を解體せしめなかつたか、これを解體すれば、新たに中央の治安維持委員會ができる。そして地方にも治安維持委員會ができるから、それをあなた方は指導して、そこから憲法を制定する委員を選び出して來て改正要綱を持つ。これを起草委員會に移して起草委員が條文を得たならば、これを一般投票に問うという順序にし、今度は憲法のための國民會議を開いて、それを問うということになれば、始めて新しい日本國憲法ができ上る。同時に治安維持委員會というものは解消するということになるのではなかつたか。

現に日本が侵略戰爭を行つた時でも、侵略

した時には、そういう手續きをとつておつた。何故にあなた方はそれをとらなかつたか」と言うと、彼はひやかし半分ではあつたかも知れませんが、「その當時、アメリカにはそういう知恵者がいなかつたんだ」と言つて笑つたんですが……。

山川　向うの社會主義者の書いた本を讀みますと、やはりそれが出ておりますね。あのやり方は根本的な失敗で、つまりアメリカは日本の英語をしやべれる階級だけを相手にして政策を立てたということですね。しやべれない階級は無視されておつた。その人達が九分九厘を占めておつたのですけれどもね。

榊原　あの時の改正には、まだ何かしら明治憲法を換えなければならないという强い要請もあつて、あの時改正することは、ある意味では必然的であつたとも思えるのですが、今度の場合は、そういうものがないように思いますが……。

國民は改正を要望していない

海野　ありませんね。ああいう明治憲法のもとに國家が組織されておつたにかかわらず日本は一部の誤つた指導者のために、非常に國民が苦しめられた。だからああいう指導者によつて指導されることのないように、國民の一人一人の總意が反映するような組織にしなければならない。いわゆる民主主義に、どうしても徹底しなければならない。ということを司令部の人達は考えておつたんだと思います。それには、それにかなうような國家組織にしなければならないという考え方が非常に强かつたと思います。よく日本を弱くするためにいろいろなことをこちらに申し付けて來ておる、ということを言つておりますけれども、結果から言えば弱くなるかも知れません。例えば、財閥を解體せしめるということは財閥と軍人の結托があり、官僚との結托があつて、國民を塗炭の苦しみに墮し入れてしまつたという事實があるから財閥は解體せしめなければならないので、あれを解體せしめれば、中小企業その他、國民の本當の經濟力によつて盛り上つてくるものができてくるだろう。それまでは苦しまなければならないのである、という高い理想のものが彼らの間にいくらかあつたと思います、それはやつぱり直接に占領して實行して行かなければ……という氣持は、曲りなりにもあつたと思います。

榊原　あの時は人類不變の何かそういうものに根ざしたものによつて憲法改正の要請があつたように思うのですが、今度の場合はそうでなくて、こんなふうに追い込みましたのはつまり憲法で、國權の發動たる戰爭と、武力による威嚇というようなことまで禁止しておりますにかかわらず、保安隊ができても憲法違反として世間から批判されなかつたこと、ことに憲法の番人である最高裁が平氣な顔をしておつたことに對して先生は、どうお考えになつておられますか。

自衞隊については國民にも責任

海野　この點は國民にも一部責任があると思います。たとえば、保安隊ができました時分に、憲法及び裁判法によりますと、いきなりああいう保安隊の組織なら組織が憲法違反だといつて最高裁判所に訴えることはできないんですね、裁判所法では、最高裁判所は上告又は特別な法律の規定に基く抗告、こういう事件だけしか扱われないということが決められてあります。

たとえば、保安隊が必要だというので土地を賣つたが、あとになつて、「私は行政措置によつてできた保安隊は憲法違反であるから、土地を賣つたことは間違いであつた。これは公の秩序に反する賣買行爲だから取り消してくれ」とか、あるいは「無効なんだから返してもらいたい」というような訴訟が出たことがあります。第一審から順に行って最高裁に判斷をさせればまだよかつたのですが、いきなり最高裁に訴訟を起した。最高裁は責任逃れで「私の方は第一審の裁判は取り扱いませんからここでは判斷いたすことができません」ということで、その判斷をしないという判決をしちやつた。つまり非常に間違いだつたんですね。あの事件を出す時に、私は社會黨の左派の方から話しを伺つたのですが「これはいけませんよ。一審からしなければいけませんよ」ということを申したんですが、やはり政治なんてものは景氣よくやらなくてはうまく行かないもんですから、(笑聲)今度やる時にはよほど考えて行つてもらいたい。

現在もそういう訴訟が一つ起つておりますが福岡の板付にある松本治一郎君の山を賣れということでトラブルが起つております、これは松本君が非常に理論的に爭つておりますが、これは解決するまでに數年かかると思いますが、だんだん最高裁まで上つてくると、大きな問題になつてくると思います。最高裁もそこまで押付けられるということになると今度は否が應でも憲法九條がある以上はやむを得ないから、賣買はしなくてもいいんだ、というところまで持つて行かざるを得なくなると思います。もし、最高裁が今の自衞隊を戰力じやないんだから憲法違反にならない。という判決をしたならば、非常に國民は大きなショックを受けて社會秩序が亂れてくると思います。よく考えて見ますと一番問題になるのは、今、自衞隊の中の海上保安隊が上陸用舟艇というのを持つております。どこへ上陸するんですかね(笑聲)、それで相手國へ上陸することを訓練しております。現在で言うならば、シベリヤかどこかへ上陸するとか、あるいは朝鮮のどつかへ上陸するということを想定してやつておるのでしようけれども、政府の言うようにいくじのないものかも知れませんが、一應そういう道具を備えております。それからごくつまらない飛行機だと言いますけれども、爆彈を投下することのできる力を持つているんですね。それはソヴエトとか中共とかから較べたらものの數に入らないということになるかも知れませんが。澤山武器を持つていない國々からは武力を持つているとして認められることは當然であると思います。それを武力でないんだ、とは言い切れないと思います。自衞隊はバズーカ砲を持つている、驅逐艦と同じようなものを持つている、上陸用舟艇を持つている。爆彈を持つている。いつでも借りようと思えば原子力誘導彈も借りられる裝備になつているんだというようなことをずつと擧げて、法廷で證人を呼んで——ウソをついたら僞證罪にひつかかりますから——明らかにさせて、これでもどうか、というところまで來ましたら、裁判所は肯定すると思います。そこまで努力をしなければなりません。それは、そんなにお金のかかるものではありませんが、ただ手數がかかります。しかしその位のことは私たちの國を自ら守る上においてお互いに努力しなければならない。國民の不斷の努力によつて基本的人權を維持しなければならないのです。そういうような幾度かの試練を經て新しい國家を推持する、基本的人權を守ることができるんだと思います。その點については國民は少し努力が足りないと思います。

經濟問題と再軍備

——軍備は國民を墮落させる——

大野 婦人に關係のある二十四條の問題については、私たち勞組婦人が中心になりまして一般家庭婦人と共に一昨年から反對運動を

やつて來ましたが、今年は更に活動を活發にするということを言つております。

それから、私は暮に職場の仕事で東北の方へ參りまして一番感じたのは失業問題ですね。これは再軍備に非常に關係があるのです。というのは、現在は非常に職につくことが困難ですが、それを再軍備によつて吸收するという政府の案に、生活を安定するために本氣でそういうことを考えている人も中にはあると思います。しかしその人たちも、戰爭には反對だと言つているんですね。結局、自分達の生活を守る上における、そういう矛盾に氣がつかないんですね。

海野　それは非常に面白いテーマだと思います。

大野　それから貿易ですね。日本の經濟を維持し産業を發展させるためには貿易を大いに伸張しなければならない。と同時に、それと並行して、戰力を保持した方がいざという場合に都合がいいんじやないか、という考えが一部の人にはあることを耳にするんですが私たち勞組關係の婦人の立場から、非常に憲法改正は大きな問題です。それで今後は憲法改正の反對運動、それから、そういうものをいかに納得させるかという活動が非常に重要ではないかと考えます。

海野　第一の失業對策の一つとして、再軍備したら職場ができるのじやないかという卑近な考えで、ちよつと人がそうだなと肯定するような問題ですが、一皮むきますと大變な問題で、再軍備するということになりますと今の自衞隊の力を保持するだけでも表面に現われた豫算だけでも二千億萬に近い豫算を計上しております。まだまだ非常にたくさんの豫算が、自衞隊保持の意味で隱されているものがあります、おおよそ二千數百億萬圓に達すると思います。これは一兆圓の豫算を枠として考えると四分の一か至乃五分の一に相當する費用が自衞隊のために費やされている。どこから持つて行くかと言えば、社會保障、或いは教育費、その他土木費、こういう建設的もしくは根本的の國力を養うものを削除して、消費部門へ投じてしまつているという結果になる。もし自衞隊を改組して、單なる警察豫備隊にとどめてしまう、或いはそれをも少なく減してしまう。そして僅かに百億か、百五十億の豫算にこれを切下げてしまうことになれば、二千億萬圓からの豫算というものは、社會保障のほうに行きましようし、或いは又我々の非常に悩んでいる住宅問題も漸次解決することが非常に早まつて來るであろうし、或いは土木工事を起すことができるであろう。その他生産方面に對して多數の豫算が投じられて來るであろう。そうすれば生産部門が著しく活況を呈して來るだろう。そういう方面で救濟して行くほうが積極的である。消極的でも止むを得ない、何でも食べて行ければよいという國民を墮落させるほうに就職させることは、もつてのほかである。

よく國民に、自衞隊に入つて、職を得るということは國民の墮落であるということを納得させなければならない。

もう一つ貿易の問題、これはおおむねアメリカの要請に基いて武力を持たなければ圓滑に貿易が行かないだろう。何としても現在はアメリカが貿易の相手國であるから、從つてアメリカがそういう點について各種の異議を唱えて貿易を圓滑ならしめないような方向になると、折角伸びかかつたものが、伸びない結果になつたら大變だ、これは現實の問題として相當考えなければならない問題です。

そこで他にはけ口を求めるという點において、東南アジア方面、インドネシア、パキスタン、ああいう方面に一生懸命努力をして、販路を開拓して行かなければならない。
　やがて國民の總力、全體の希望として、中共とも貿易を圓滑にして行くということによつて、これが救濟されて行く。一時はいろいろの點で障害があると思いますが、併し經濟の流れは、單純に政略的な方法でとめようとしても、單なる政治力で經濟の流れというものを阻止することができないという結果になると思いますので、その點は國民が齒をくいしばつて、別な方面に貿易の開拓を試みて行かなければならないと思いますがね。

文教面における政府の憲法改正準備

山本　この前の朝日新聞の憲法改正に對するところの調査をみますと、改正の反對、賛成の意見を述べているそれぞれのパーセンテージがあるのですが、意見なしというのが四五%あるのですが、そのうちで憲法第九條に對してだけは意見なしが一九%という非常に低い線を示しておりますね。そういうことから考えると、改正されようとする意圖、並びにその姿というものについて、やはり私たちが十分アシュアーされていない。知つていない、ということが言えるのじやないかという氣がしますが、こういうふうに先生のお話を聞きますと、改正するのではなくて、やつぱり元に戻そうとしていることがはつきりわかるわけですが、どういうふうに改正するかということをはつきり知らなければならないことが一つと、そのためにどういう準備がなされつつあるかということをはつきりしなければならない。そういう立場から考えますと、私たち教育界にあるものにとつて、とにかく戰後の新らしい教育によつて育成されて來たところの子供たちが成長して、憲法改正については反對だ、戰爭については反對だと言えるまでに伸びて來たという實態は、この調査の中ではつきりされて來ているし、そういうことに對して、政府自體が恐れをなしているわけで、そのために思想を彈壓して、そういう方面に行かないようにということで、私どもに對していろいろな手が打たれている。教育二法律を强化しようとか、教科課程を改正する、教科書を國定化にするという、いろいろな反動立法、反動文教政策というものがとられておりますが、そういうような憲法改正の準備というような意味におけるところの反動的な動きについての先生のお考えと、ほかの社會においてのそういうような準備體制というものがどういうようなものかということも私は聞きたいと思いますが。

海野　今お話の教育方面に對する憲法改正の準備としては、偏向教育だということをしきりと言い出して來ている。それは元を正せば共産主義禮讃、共産主義を肯定するような教育を施すということは、一つの主義に對して、一方的にこれを認めるということに導くからよくないというのは理論的には正しいと思います。それをかさにきて、如何にも憲法改正に反對して、武力を持つことに反對するということは、共産主義にでも共鳴しているがごとき宣傳をするのですが大變な間違いです。共産主義國は全部武力を持つている。それから、憲法改正のとき、自衛權の問題で、野坂參三君は憲法九條に對しては決して賛成でない意思をこの本の中にも書いてあります。
　そういう點から言つても共産黨諸君は戰力を持つということについては反對しておりません。そういうことを明らかにして、これは今の世の中では、如何にも憲法九條を廢止するということが、共産主義の宣傳に乘るかのごときことを言うけれども、そうでない。もつと別に意味があつて、日本ではこういう平和國家を建設して行きたい。戰爭によつて大日本帝國は亡びるような運命になつたから、再びそういうことを繰返すことはしてはならないという、非常な高い理想の下に掲げられているので、共産主義によつたものでは全然ない。それから米軍の要請によつたものでない。本當にそのときの國民の心持はそういうものだつた、ということをよく子供たちに呑込ませて、なおその上にこの憲本は守らなければならないということを、憲法九十九條に言つている。

だから、この憲法を改正することはよくないと、おつしやつても偏向教育にはならない、改正しなくてはいかんのだということを言うことこそ、憲法九十九條に違反する行爲である。それこそいけない考え方だと私は思う。

その點にどうも政府の出て來ている態度のごまかしがあると思いますから、よくその點を明らかにして行かなければならない。

教育方面でない、ほかの方面でもしきりとそういう運動が起つている。

基本的人權を邪魔者視する檢察側

——法律面にも改正の動き——

たとえば法律方面でも、現在の刑事訴訟法を改正して、もつと捜査官の權利を強大にしなければならない。今のようなやかましい、基本的人權尊重の規定があるから犯罪が擧らないのだ、これは強い檢察側の要求なんです。

それがために法制審議會があつて、法制審議會の刑事部會で改正すべき要綱を擧げて來ております。私も刑事部會に出たけれども、その中の一人や二人はよく鬪つてくれております、中でも東大の團藤教授が非常によく鬪つてくれております。辯護士側でもよく鬪つてくれているものがありますが、官僚側では實例をたくさん持つて來ている、「こういう點が檢擧ができなかつた。」「こういう事件もここで行詰つた、だからどうしても改正して頂かなければ、私どもはやれません」とこう出て來ている。

理論的に出て來ているものは、もう一點、現在の刑事訴訟法は陪審をやるということが基礎にされている。陪審官というものは素人だ、だから檢事が出すような證據については嚴密な手續でなければ出しちやいけない、玄人の裁判官であれば、どんな證據が出て來ようとも裁判常識というものがあつて、かなり裁判官の經驗で判斷して、こういう證據が出て來ているが、有罪の證據に使わない、或いはこれは使つてもいいという判斷が訓練されているからできるけれども、素人の陪審官ではそういうけじめがつかないのでだまされる危險があるから、イギリス法などで非常にやかましい證據の手續をきめた。だから檢事が出そうとしてもいつでも出せない。そういう人は素人だからそういう必要があつたが、玄人に必要がない。

現在日本では陪審法はあるけれども、眠らされている。施行されていない。それにもかかわらず施行しているものと同じような手續をとるのはおかしいという理論をとつている。それに對して、團藤さんは非常にいい意見を述べておられます。今の刑事訟訴法は一面陪審法というものが基礎にされている。併しイギリスでは人身保護法ができたように人間の基本的人權を尊重しなければならないというために、やかましい手續がでたのだが、從來日本ではそのような法律がなかつた。それでその點を新らしく、新刑事訟訴法で認めたのだからむずかしい手續を廢止してはいけないと云つて闘つています。

しかし、國民の方でも犯罪檢擧には協力しなければならないと思います。從つて、證人に出た時でも、本當はよく知つているが、どうも知つていることを言うと後のたたりがこわい。悪く思われるのはいやだというので、「そういうことはあるかも知れませんが、はつきり覺えておりません」というような答えが非常に多い。

新憲法は若い人たちを變化させた

これは四十から、五十位の年配の人が證人に出て來ますと多くがそうです。がつかりしてしまつて、それでも僞證罪になりますよと言うことがありますが、なかなか本當のことを言つてくれません。これじや駄目だなということがしばしばありますが、ただ、ここで私ども考えなければならないのはしばしば例があるのですが、二十臺くらいの、男の人もそうですが、特に女の人たちが證人に出たときに、意外にはつきりした證言をする。

私が、今やつている事件ですが、强盜殺人で非常にわからない事件で、それが靜岡縣の興津の山の奥で起つたのでして、二十二、三から五、六までの女の人が三人證人に出ました。三十數人の證人が出ておりますが、若い女の人で出たのがこの三人です、一人は農業協同組合の事務員をしている。後の二人は百姓をしている人たちですが、いずれもほかの人たちに比ぺると極めてはつきりしている。特に農業協同組合の事務員をしている女の人は、檢事が「あなたはそういう記憶をしていると言うが、何の根據に基いて、そういう記憶があるか」と言つて追及した。そしたら答えは極めて明確だつた。「當日私は農業協同組合の總會の委任狀を書きました。委任狀用紙をガリ版で刷つた日です。そして、その日に私が、農業協同組合の人たちに全部委任狀を發送した日です。それは日誌についております」

檢事はそれ以上追及することができなかつた。そういうことまで言えるようになつたということは、何のためであるか、もう一ぺん考えてみると、やはりこれはいろいろ批判もありますが、農地解放をやりまして、今まで地主さんの前ではものが言えない。よそへ行つてはつつましやかにすることが婦人の美德、知つていることは、はつきり言わないで「さようでございましたでしようかね」という表現が最も望ましい表現であるというのであつたが、農地解放というような大きな變革によつて、私どもも、地主さんもやはり同じ人間なんだ、平等なんだ、という考え方が、基本的に植付けられている。よそへ出ても、知つていることは知つていることとして言うことが本當なんだごまかすということは本當によくないという考え方が發展して來ている。そうしますと、もう日本は駄目だなということでうつちやつてしまつたけれども、まだそうじやない。これから教育を受ける人たちからはいい者が出て來るという期待が持てまして、再び奮い立てという氣持が起るのです。

權利を活用しない勤勞婦人

山川　今のお話で、私が勞働組合の指導者のかたにお願いしたいのですが、やつぱり基準法の問題で、いよいよ起訴されて、なかなか起訴まで持つて行かない。大抵いい加減ですが、ところが最後に公判に持つて行つて、證言をはつきりしないで困る。下の人は割合眞面目な監督をする、がこちらでいい加減なことを言ちつまうと云うことです。

それからもう一つは、婦人の監督官のかた

から聞いたけれども、監督署にいろいろ訴えて來るのが非常に少くなつた。そして男のかたもどんどん元は來て訴えておつたが、近頃は電話か投書、しかも女のかたが殆んど來ない非常に萎縮しているのですよ。

今の海野先生のお話と逆な現象が出ています。やはりデフレで失業者が多いことが關連すると思いますが、メーデーなんか、非常に盛んのようですが、一方で、もつと職場で强くならなければならないのに、そこまで組合の力が發展していないということですね。

山本　私どものほうで、先生たちがお產をしてから、どうしても休みが今までとれなかつた。代りに先生が來ないから……。それで二十二國會で、產休補助敎員の確保ということで、先生がお產で休んだら必ず補充の先生をおくということで、苦勞して作つてもらつた。それが適用されるとき、一番問題になつて來るのは現實の先生がたが、その權利を果して正しく行使してくれるかどうかということが一番大きな問題で、この法律を完全に實施するようにという運動を今やつておりますが、安易にできることはやるけれども、困難を排除して闘つてでもやらなければならないというところにまでなると、なかなか今のお話のように巧く行かない。そういう意味からさつき、國民の權利、義務のところでお話があつたのですが、以前は法によつて縛られていたものが、新らしい憲法によつて、戰後我々に一つの權利というものを與えられるようになつた。しかし、今度の改正をみてみると、またそれを制限して行くということになりますでしょうが、そこら邊りは以前のものと比べて今度の場合どうですか、やはり元通り制限を加えるということになるでしょうか。

海野　まさか元通りということには行かないと思いますが、しかし、問題はいろいろ複雜した絡み合つた問題があると思います。

今、山川先生のお話のように、基準法違反の問題で女の勤勞者の人たちが、なかなか本當のことを言わないということは非常に尤もだと思います。それはやはり經濟的の獨立ができていないということです。

かつて山川先生の書いたものを讀んだことがあるのですが、婦人運動が非常にむずかしい。封建的思想に絡まれているということをまず第一に排除して行かなければならない。

夫の權利というものに對して解放されなければならない。しかし、そういうものが解放されても、最後に殘るものが經濟上の問題でありこれが解放されなければ婦人は全く解放されたことにならない。と、三段にわけて書いておられた。それは尤もだと思います。

今やはり經濟的自立ができないということが婦人の勞働者の一番の惱みだと思います。

だんだん夫の理解ができて、以前よりよほどよくなつている。封建思想も大分排除されておりますが、現在やはり婦人が經濟的に自立しないというところに惱みがあつて、十分自分の權利を行使することができないということが實際問題に當つて、あると思います。

憲法改正と生活問題

—野黨は代案を示せ—

大野　それから私の知つている地方選擧で去年、前の中將のかたが立候補しまして、最高點で當選したのですが、その人がどういう主張をしたかと申しますと、その人の選擧の基盤というところに、前の軍需工場があつて、そこで大勢働いております。最近は農村の二、三男が困るわけです。その人たちを目標にその人たちの食、生活を守るために、更に新らしい軍需工場を持つて來るのだということで、非常に票を集めたらしいのです。そうしますと、今の日本の狀態からして、この日本の産業、企業が非常に機械化されている。近代化されている。そのため勞働者は非常に實力をつけなければならないし、陶汰されて行くという狀態で、そういう日本と結付けた場合に、現實にそういうものはいけないのだということをこちらで運動してもその近代化の輕工業――重工業重點の產業に變化するかも知れませんが、その中でそういう失業者、農村の二、三男をどういうふうにするかという具體的な點でそれを納得させる話合いというものが非常にむずかしいと思います。

大產業に集中化して、地方のほうに工場を誘致するということはむずかしいと思います。とすれば、それをどういうふうにして當面のそういう人たちの生活を守る方向にもつて行くかということはちよつとむずかしいと思います。それと、憲法改正と、それから勞働者の問題、農村の問題、生活の問題というものが結付いて來る。知らない間にそういうふうに同調するということになり、そういう點でこの啓蒙がむずかしいと思いますが。

海野　非常に具體的な問題で、しばしばそういう問題が起つております。

この町に軍需工場を誘致すれば、數千人の若い人たちはすぐ就職することができるという、目の前に就職口が起るじやないか。それを軍備反對だということで、そういう工場ができないような結果になつてしまえば、この就職口を塞いでしまう結果になる。だから今私どもが就職の問題を解決するのに一番手取早い問題は、軍備をすることを認めて、軍需工場をこの町へ誘致するということが一番手近な方法だということに迫つて來る。これはもう一ぺん考え直さなければならない。その軍備をするために私どもはどれだけの稅金を無駄使いをするのだということを考えて下さい。この稅金をもつと有効に使えば、他に道路なり、港灣なりの仕事をすることができる。こんな軍備をしないことによつて、一千億圓なり、一千五百億萬圓の削減ができて、他の事業を起すということになれば、それによつて有意義な働きをする働き場所ができるのを、そういう方面に金を使うことができないようなことをしてしまうから、止むを得ず、こんな軍需工場に働かざるを得ない結果になる。そこでこういう代案まで作つて、豫算でこういうふうにすればほかの方面に多額な國費を使つて、それで事業を起す。それに就職することができるということを現實に示さないと納得が行かない。その點革新政黨諸君の努力が足りなかつた。今度豫算に對する代案をちやんと作つて對抗して行こう。國民も虛心坦懷こういう問題について、檢討を加えてどつちがいいかよくきめて行かなければならない。そうでもして行かなければ納得しません。あなたのおつしやる通り現實の目の前にそれを持つて來られると、やはり困るものは藁でも摑みますからそつちへ流れる。

山本　ちよつと關連がありますが、自衞隊の募集をうちは教育委員會を通じて、やつたのです。あのとき問題が起つて、教育委員會を通じてやるということは違法だということで、先生のお世話になつた問題だと思いますが、隨分阻止した。委員會を通じてやるということには反對できたが、いろいろな點でやはり特に東北、九州という貧困農村を持つている地方ならば、單に行くことはいけないという形で阻止することは不可能だ。就職指導をどういうふうにしたらいいかというのが大きな問題になつてやつているわけですが、それを私たちの立場でやろうとしても、どうしてもこれは巧くいかない。その場合にどういうふうにしたらいいかということを考えたわけなんですけれども、結局これは一般國民によくいろいろな問題について知つて頂くよりほかに仕方がないということで、現在のところ私どもとしても本當にお母さん方、お父さん方と膝をつき合せて、そういう問題について話合う、そしてその中から問題の解決の方向を見出して行くことになつているわけです。

まあ私たち婦人教師のほうからいいますとお母さんと女教師の話合い會というものを持つて、全國的に話合いの運動を進めておりますが、そういう中でその就職の問題もそれから託兒所の問題にしても、こういう權利を守つて行く問題にしても、いろいろ問題が出て來るわけですが、逐次こういう憲法改正に對する反對の動きというものが擧りつつある。そういう動きをどういうふうに今後結集して行くかということが大きな問題かと考えます。やはり具體的な問題の中から出發して、この憲法改正の阻止に行くというルートを私は考えらければならないと考えます。

天皇元首說について

―元首と統治權は切りはなせない―

司會　問題はたくさんあると思いますが時間がありませんので天皇元首の問題と、家族制度の問題に移りたいと存じます。

海野　元首という言葉が一體どこから出て來たかということを考え直してみる必要があると思うのですよ。舊憲法をみますと非常にはつきりしている。舊憲法の第四條で、

天皇ハ國ノ元首ニシテ統治權ヲ總攬シ、此ノ憲法ノ條規ニ依リ之ヲ行フ

という規定がある。そこで元首という言葉が出たのですね。その前にどうも元首なんていう言葉はなかつたのではないでしようか。私は漢文の力が乏しいが、どうもこういう言葉はなかつたようですね。舊憲法を作る時に、どなたが考えたか知らないが、元首という言葉を持つて來た。それが何から出たかというと「統治權を總攬する」というところから出た、「統治權を總攬する」ということと「元首」ということは切離せない考え方である。そこで天皇というものの存在することを憲法で認めるにはどうしたらいいかということで、苦心の策が象徵という言葉で出て來ている。やはりある集團的のものは何か表面に現われて來て、みんながそれで納得する程度のものを認めないと集團のものを認める上において困難だ。現實に何かを認めないと困難だという考え方で、まあまあ日本では從來から天皇というものがあつて、それを尊敬しておるという考え方があつたから、これをおこうじゃないかというふうに考えて、新らしい憲法は、國民の象徵だというふうにこれを置替えて來ている。このほうが、主權在民ということと、天皇を認めるということに餘り無理がない、強いてこれをおく必要もないと私は思いますが、まず主權在民という考え方と、天皇をおいておくという既成の事實を結付けるには象徵という言葉で結付けるのが一番いいであろうということで、象徵という言葉を第一條に持つて來た。しかしすぐその後で、同じ條文の中に「主權の存する日本國民の總意に基く」のだということをはつきり規定されてあつて象徵だからと言つて主權には全然關係がない。主權は國民にあるということをすぐ斷つている。こういう考え方が憲法の基本的の考え方だ。それを元のように「統治權を總攬する」ということから元首だということが出て來たのに返して行くことになると、考え方がやはり統治權總攬ということに返る虞れが多分にある。そうすると第一條で、主權は國民にあるということを崩してしまうおそれがある。

そうでなくてすら、何か天皇に對するあこがれが日本人にある。その弱味につけ込んで元に戻そうという考え方が多分にある。だから元首という考え方、言葉は、統治權と切離

して、考えることができない言葉だから、元首という言葉にしてはいけない。漸く象徴というところで、どうかこうか我慢できる程度、必ずしも天皇というものを憲法上おかなくてもいい、おいたということは象徴ということで、僅かに結付いている。それ以上に出ることは危險である。言わんや元首ということになると、統治權と切離すことができない考え方になる、その言葉に返るのだから極めて危險だということにあるけれども……。

勞働運動と天皇の問題
—敎育勅語によつて作られた天皇への感情—

岩瀨　そこで、最近殊にジャーナリスト關係で、たとえば天皇の記事を大きく載せたり、戰後すぐはそういう姿は見られなかつたと思いますが、――たとえば小說なんかに皇太子を載せたり、或いは〃主婦の友〃あたりには「皇后」という小說を載せたり、いろいろな方法で、また皇室をあがめ奉ろうとする雰圍氣が見られる。特に農村にとても强いと思います。

最近埼玉縣の工場ですけれども、天皇が來たわけです。そのことによつて、工場設備がよくなつた點がもちろんありますが、或る一部分だけを見て行つて、みんなの生活しているところはみていない。それにもかかわらず非常にその問題を大きく取上げているということは、國民の中に、特に農村に一番そういう繫りを持つて、感情として皇室をあがめ奉ろうとする。一番無責任だと思いますのは新聞關係の報道だと思います。そういうものを叩かなければならないと思います。が私どもは我々の勞組の中でそういうものに對する反對をやる程度ですが、また昔に戾そうとして、天皇中心皇室中心主義の考え方というものを强調しているように受とれますね。

それから、これはもう一つ別ですが、基本的人權の問題に戾りますけれども、私どもの組織にやはり近江絹糸的な問題が現在山形に起きております。この問題を詳しくお話すると長くなりますからやめますが、要するに地域鬪爭に關連して來るのは地方ボスとの繫りで、人權鬪爭をやろうとしても、この前にも日敎組の人も骨を折つて下さいましたが、學校にいろいろの政治家が寄付して奉安殿ができたとか、何とかができたということころから、地域で鬪爭できない、それ以外の山形の地域の廻りの人たちが應援に來て下さつている。そういう狀況ですが、私どものところで憲法の問題を言つている前に、現在ある基準法の線すら守れない。組合を作ることすら、そうやつて阻止するという狀況で、今後どうなつて行くかという問題で、そんなことから國民自身が、例えば自衞隊ができるときにも努力が不足だつたとおつしやいましたが、實際どういうふうにしていいかやり方がわからないわけです。たとえば、さつきも大野さんが言われたのですが、農村の二、三男對策ということからどういうことをやつたらいいかということを一番惱んでいるのです。

海野　現實の問題として、一番行詰る問題が天皇の問題で、國民感情のうち何か知らんが天皇にあこがれを持つている。これについて餘り尊重しないことを言うよりも、尊重して、だんだん昔に返すということが非常に國民感情に沿つたように考えるということを大體言うけれども、それは今そういう考えをしていますけれども、私どもみたいに歲をとつたものは、古いことを知つていますと少しおかしく感ずる。私は靜岡の生れですが、あれは德川氏の直領、私は明治十八年の生れです。まだ私たちが育つ頃には德川慶喜が靜岡におつた、私たちが小學校に入つて、中學校を卒業したときに、德川慶喜は東京に初めて歸つて來た。それまではずつと靜岡におつた、そんな關係もあつたのですけれども、德川氏の威力というものは明治二十四、五年頃まではかなり强い。私のところへ乞食が門づけの唄を歌つてお金を貰いに來る。私はその唄の一つを覺えておりますが「禁さん返して、德さんとめて、元のお江戸で暮したい」という唄を歌つている。それが今でも私の耳に殘つている。禁さんというものは禁裏樣、德さんは德川樣「禁さんを京都へ返してしまおう。そして今靜岡へ來ている德さんを、お江戸へ戻して行こう。昔のお江戸で暮したい」ということを平氣で歌つておりました。そのことを考えると僅か二十年たつかたたない間にいわゆる國體明徵的な氣分が起つて日淸、日露を通じて武力海外發展ということになり、天皇が大きくクローズ・アップして來た。今から五十年くらい前まではまだ禁さん返して德さんとめて、ということを言つても平氣だつたのです。そういう場合を考えると、必ずしも禁さんを尊重しておつたとは思わない。そういう場合のことを私どもは知つている。その後教育勅語とか、或いは學校で御眞影を拜ませるという偏向教育を施したのだと思います。

しかし、新らしい憲法ができて、何も天皇をさげすむ必要は全然ない。そういうことは考えていないけれども、しかしあれを特殊な神がかり的な存在にまつり上げて行つて國家を維持しようというところに非常な間違いがある。

人間天皇だと、昭和二十一年一月に詔勅を出して、自分は神でないということを折角宣言しておられるから、ああいうことをよく國民に呑込ませて、國家組織はそういうところに中心があるのじやない。中心は我々國民の總意にあるということをわからせて行けば、今までの殘つておる天皇制に對するあこがれが、次第に本質的に變つて來ます、そういうものが政治の中心でない。そういうことを政治の中心に考えさせることが却つて間違いである。

それからもう一ついろいろ新らしい仕事をしよう、勞働組合の結成をしようというところに沿つてどんどんやつて行くと、最後に來て壁にぶつかつてしまう。天皇制というものがいつも何か向うに大きい存在があつてそれをつき破ることができないところにぶつかる

そういうことは政治的・經濟的・社會的の問題とは別個だ。これをよく植付けないと本當のところへ行かない。その點十分に教育家の諸君に、子供たちに理解の行くように教育してもらわなければならない。國民が擧つてそういうふうな考えで推し進むのだというところへ行かないと巧く解決がつかないというように私は思います。

家族制度は復活してはならない

—溫かい幸福な家庭を維持するため—

司會　最後に、家族制度の問題ですが、これは明治以來の政治の變遷をみますと、政治的に變化の兆が見えると、必ず家族制度の問題、民法の改正が出て來ます。今度も憲法改正の要點として出ております。これが大體どういうふうに政治と繫るか、一般にはつきりしないのではないかと思います。

それからまた元の家族制度で行つたほうがいいという人も少くないようですから、その點をご說明願いたいと存じます。

海野　その點、家族制度と家庭というものをすり替えている。家族制度とは同じ家に暮している人たちのうちで、主權的色彩を持つた存在によつて組織されているところが家族

制度なんです。いわゆる戸主の權利というものによつて制度か維持されている。

その單位から重なり合つて、主權というものが一人のものに歸屬する。そういう意味においての家族制度は復活させてはならない。

現實の問題として家族制度を維持することによつて思想方面が亂されている。婚姻の問題でも戸主の同意を得なければならないとか、今の婚姻は兩性の意思によつてきめられるということを根本から破壞するのです。

新らしい民法は權利を守らせるためにできている。家庭は何によつて結ばれているか、愛情をできるだけ維持することによつて、また維持できるように家庭を圓滿に暮させるようにでき上つている。これはやはり經濟的に繋る問題です。いかに愛情を以て結ばれるといつても、その結果から生じた利潤はやはり平等に分配されなければならん。そうでないと維持することが事實上困難です。

家族制度は維持されても家庭を維持することはできない。制度を維持することによつて現實の家庭を破壞される。制度は單なる、目的でなくて手段に過ぎない。家庭を圓滿にやつて行きたいということが目的であつて、制度を維持するためにこの家庭を破壞するという結果になる。やはり家庭というものを溫かく、幸福に維持するということのためには、家族制度を復活してはならない。

いろいろ不合理があつて、相續事件というものは實に深刻ですね。血で血を洗うような法廷での爭いというものがしばしばありました。私もいろいろみつともないような事件を知つておりますが、やはり奥さんが未亡人になつたら三分の一、後をお子さんたちが均等相續をする。そのために財産が細分されるけれども、そして生活が成立たないと思われるかも知れませんが、經濟は水の流れに從うと同様に、都會に出て働いているものは、相續權を放棄しても、その代償を得ております。決して行詰らないような結果になつております。たまたま中にそういう點で困る人ができておるからといつて、それはおのずから解決の途がある、それだからと言つて根本を覆えすということは、現實の個々の問題で却つて不幸の結果になるのじやないか。やはり現狀を維持して行くほうがいいと思います。

資本に屈するジャーナリズム

司會　政治との繋りで今政權を握つている保守政黨は社會保障制度を充實させる意思がない、しかし失業、貧困が增大して大きな社會問題になりつつある、これを家族主義を强調し、その負擔においてぼかしてしまうとする意圖があるということ、それから今おつしやつた天皇を元首とするための單位として、個人の家族内に中心を作るということを、どうも商業ジャーナリズムはその點はつきりだしていないように思われますが。

海野　今のジャーナリストのかたが、コマーシャリズムの考え方がかなり强いと思います。だからその點において自主性を失つているところがあるのじやないか。

記者諸君に本當の考え方を聞けば、決して編集面に現われているような考え方を持つている人がたくさんいるとは思わない。かなり進步的の人が多いと思います。しかし、政黨とか、資本家方面に對して、ある程度のヂェスチャがないと、資本面においても十分銀行からお金が借りられなかつたり、政治問題としても、ときの政府の意向にある程度迎合するようにしないと新聞を經營して行く上において、隨分難點がある。それは私ども十分お察しするのですが、さりとて新聞というものは公器であるから、そういうことのために色彩をぬり替えられちや非常に困る。そこをはつきりした國民の總意を反映するために持つて行つてもらいたいと思いますが、仲々一概には攻撃できないところもあると思います。

民法の改正には日本人の意思を問うたはず

山川　それから、民法の改正の問題、昭和二十一年の暮だと思いますが、總司令部の婦人部から、私は民間の一婦人で、法律も何も知らないが、つまり親族法、あれの改正についてどういうふうに考えておるかというアンケートが來たのです。私ども昔から主張していた戸主制度の撤廢、それから相續法の改正などをそのまま言つた。それが今の民法に入つておりますが、むろん、私一人でなく、大勢の人にアンケートが行つたに違いない。日本人の意思が入つていないとか、向うから無理に押付けられてできたということは絶對ないのです。私どもの考えたことは、私どもが獨創的に思つているのじやなくて、何十年前からみんなで考えた、普通選擧以前からのものでして、あれは、維新のときから廢止すべきものでしたね、武家制度と一緒に。私どもの前からの考えで日本人の意思が全然無視されているということは絶對ないと思います。

海野　これは山川先生がおつしやる通りですね。昔は武家は祿を喰んでいるものはたつた一人しかなく、後は一人の主人に養われているわけです。それが破られて、みんなが働かざるを得ないというときに壞されたはずです。みんなで働いたものは平等に配分するものだということでなければならなかつた。だから相續事件というものは、何かスキがあれば長男が全部相續してしまうということはけしからんというので問題が起つたのです。一般の人から回答を求めることになれば、家族制度で、長子がいわゆる家督相續してしまつて、後のものは全然相續するものがないというばかばかしい相續はない。どなたでも返事を求められれば、今の家族制度は不合理だということを答えざるを得ない。現實に自分のことを考えればすぐわかります。それを元へ戻そうという考えはとんでもないことである。

司會　ところが保守黨の人は、なかなか口が巧くて私共も、もちろん戸主制とか、そういうものには反對する、舊家族制度を復活しようとは思わない、民主的な家族制度に改める、もしそうでないなら、私どもが率先して反對するということをおつしやる。

海野　家族制度を民主的にやろうということは、家族會議でも作らなければならない。こういうことで、家族制度という考え方が根本に違う。それは家庭を圓滿にという考え方で、家庭の圓滿を期することであれば、ああいう單獨の力によつて、制度を維持するという家族制度、戸主權というものによつて、家族制度を維持するという、ああいう制度が家族制度があつたのでは、家庭の幸福はもはや期することはできなくなつてしまうということは明らかだ。それなら家族制度を民主的に復活させるということを、對案を示して下さい、と言つたら恐らく、穴だらけのものしかないと思います。

先ほども申上げましたが、昔の武家時代は家の首長だけが、一人收入を得て、みんなを養つておつたことから家督相續によつて、そのほかの人は全部犧牲に供されるかも知れないが、今はみんなが經濟的に行動ができるような狀態におかれているのですから。

榊原　もし憲法において國民平等の基本的原則が崩されたらすらすらと運びましよう。

海野　だから大變ですよ。

司會　まだたくさん問題があると思いますが一應この邊で終りたいと思います。

どうも有難うございました。——終り——

《解》《説》總評の春季闘爭

——三月闘爭前進のために——

芝山《しばやま》とし子《こ》

總評は、現在、二・一ゼネストを上廻る大規模な春季闘爭に立ちあがるべく、態勢を着々と固めています。

政府、經營者たちは、ここ一、二年來、日本經濟自立のためにということで、デフレ政策をおしすすめてきました。デフレだから賃上げはできない、賃上げは日本經濟の自立達成をおくらせる、こんな宣傳もされていました。昨年二月、日本生産性本部が設立されて、生産性向上運動が展開されてきました。この運動に勞働者側が參加するように努力も積重ねられてきました。昨年の政府、經營者の主な動きは、以上のようなものでしたでしよう。

最近の新聞報道は日本經濟が政府、經營者達のとつた政策のおかげで、よくなり、自立への道を一歩ふみだしたということを傳えています。

たしかに、このような兆候もみられています。しかし、このような好況のかげに、多くの犠牲者がでていることも否めない事實だと思います。不渡手形の増大が傳えられています。經營者團體では、このことについて、不渡手形の總金額が減つていることをあげて、不渡手形發生件數がいちじるしくふえていることに目をつむつています。金額が減つているのに、件數がふえているのは、明かに、中小企業の經營難の増大を物語つているでしよう。デフレ政策による日本經濟自立の道は、このように中小企業の犠牲の上でなされています。しかし、犠牲はそれのみに止まつていないと思います。

デフレ政策だから賃上げはできない、賃上げは日本經濟自立達成をそれだけおくらせる。こうした政策のおかげで、勞働者の賃上げが抑えられてきました。私たちはお給金が少しでも良いから、上つてくれたらなあと、毎日家計簿を開くたびに思いながら、生活費を何とかして切りつめることにのみ心をくばつて過してきました。

最近の新聞雜誌等の報道によれば、昨年、上半期、下半期の決算を通じて、大きな企業がはるかに多額のもうけをあげていることが明かにされてます。これは全くデフレ政策のおかげでしよう。

しかし、この政策は日本經濟全體を發展させることに眞に役立つたのでしようか。國民全體の生活が向上することに役立つたのでしようか。日本經濟を向上させたというデフレ政策は、中小企業や私たち弱き者の犠牲を更に一層大きくさせたものではないでしようか。失業者數が、ここ數年來增加していることは何を物語つているのでしようか。

私たちは、苦しい生活體驗の中から、日本經濟自立のスローガンの下で、政府、經營者たちがすすめてきたデフレ政策の意圖が何であつたかを、はつきりと知るようになりました。經營者たち及びその利益を多く代辯する政府は、弱小企業や、私たち勞働者、その他一般勤勞市民の犠牲の上で、彼ら自身のフトコロをあたためていたのだということを知るようになりました。

經營者たちも、政府も、生産性向上が日本經濟にとつて一番大事な仕事だとして、この運動を進めています。私たちがこの運動に反對していることに非難を加えています。私たちは國民全體に利益のある生産性向上に反對しているのではありません。現在、日本生産性本部で推進されている生産性向上運動が大經營者たちにのみ利益のある運動であることを知つているばかりに反對をしているのです。本來、生産性向上は失業の問題と關係がありません。しかし、現在推進されている運動は、首切りの發生を默認しています。

中山伊知郎先生は、この運動は從來「默つていても推進されてた」運動と何等本質的に異なるものでないといわれてます。從來「默つていても推進されていた」運動とは生産コスト切下げ運動であり、私たち勞働者に、賃下げをもつて迫り、勞働强化を要求し、大量首切りをおしつける運動でありました。

私たちはこのような「生産性向上」に反對しているのです。眞實に生産性を向上させようとするならば、生産を實際に擔當している私たち勞働者の生活條件をよくして、生産能率をあげさせることが、まず努められなくてはならないと思います。現在、低い賃金と首切りに絶えず脅かされている私たちにどうして、生産性を向上させようとする意慾がおこつてくるでしょうか？　日本經濟全體の生産性を向上させようとする意圖を、政府や經營者たちが、ほんとうにもつているならば、私たちの生活條件改善のことを眞劍に考えるべきだと思います。しかし、經營者たちは他人のことにかまつていられない、利潤をできるだけ多くということのみ考えています。生産性向上に名をかりて、こうして私たちの生活改善要求をおさえています。

私たちの生活は、苦しい。しかし、その解決を經營者も政府も、眞劍に考えてくれません。仕方がありません、賃上げ鬪爭に私たちは參加せざるを得ません。賃上げの鬪いは、しかし、日本經濟全體の生産性向上に役に立つと確信しています。と言うのは、私たちが生産に携わつているのですから、私たち自身の生活が賃上げの結果よくなることは、私たちの生産意慾を高めるのに大いにプラスになるからです。さらに私たちの賃上げ鬪爭は、日本經濟の將來を、明るい平和な經濟にするために役に立つと思います。現在、經營難にあえいでいる中小企業、零細企業の多くは、國內市場のせまさ、廣さに依存してます。私たちの賃上げ要求は、大經營者たちが、利潤をできるだけ多くということをのみ考えて、一番もうかる軍需産業に投資しようとするお金を、私たちが受けとることによつて、そのお金は國內市場の擴大に役立つように働くことになるからです。

政府や、經營者たちは、私たちの賃上げ要求が中小企業勞働者との賃金のひらきを增加させると宣傳しています。中山伊知郎先生もそのように說かれてます。しかし、總評が現在、その準備を着々とすすめている春季賃上げ鬪爭は、單に大企業勞働者の利益のみに終始しているものでありません。政府、經營者たちは、私たちが要求しない限り、賃金をあげてくれません。要求するために、私たちは組織の力を背景としています。いえ、組織の力を背景にして賃上げを要求しなければならないように、歷代の政府、經營者たちがさせたのです。中小企業に働らく勞働者は、極めて低い賃金の故に生活苦にあえいでいます。この人たちの生活を一歩でもよりよくするためには、この人たちの組織化を考えてあげなくてはなりません。總評は、第六回大會決議によつて中小企業勞働者の組織化に努力してきました。春季鬪爭において、總評は、未組織勞働者の組織化をより一層すすめることを重要項目としています。十八歳八〇〇〇圓の最低賃金制確立を總評は從來目標としてきました。これは仲々實を結びません。この目標は實の處たやすく達成される性質のものではありません。今次春季鬪爭を、この最低賃金制確立へ一歩前進する絶好の機會として、私達は鬪います。春季鬪爭を私達は、大いな自信と確信をもつて鬪います。資本家のみに利益ある生産性向上運動を、國民全體に利益のある生産性向上運動に轉換させるために。

平和憲法を守りましょう

本誌・社友

（五十音順）

淡谷のり子　阿部艶子
安部キミ子　磯野富士子
石井桃子　石垣綾子
圓地文子　大谷藤子
小川マリ　大内節子
川上喜久子　小倉麗子
桑原小枝子　神近市子
木村光江　久米愛
久保まち子　芝木好子
清水慶子　杉村春子
菅谷直子　田所芙美子
田邊繁子　高田なほ子
戸川エマ　長岡輝子
新居好子　西清子
西尾くに子　萩元たけ子
深尾須磨子　古市ふみ子
福田昌子　宮崎白蓮
三岸節子　米山ヒサ

日本勞働組合總評議會傘下
各勞働組合婦人部
全國産業別勞働組合（新産別）
連合傘下各勞働組合婦人部

原稿募集

◇**創作**　四百字詰　一五枚以内

◇**論文・隨筆・ルポルタージュ**
本誌は婦人の發言の廣場です皆さまが社會に訴えたいことあるいは人に傳えたいお話など文章にこだわらずご投稿願います。

四百字詰原稿用紙　七枚以内

◇**短歌・俳句**　生活の歌を歡迎いたします。選者のご健康上の都合により當分の間添削を中止いたします。惡しからずご了承願います。

送り先　「婦人のこえ」編集部

讀者だより

「婦人のこえ」十二月號で寡婦控除のことなど始めて知りました。何か政治・法律などを身近かなものとして感じさせてくれます。個人と社會をきりはなして、別々に見ることなく、個人の生活に起る現象と、新聞記事が結びつけられ、親しく認識されるようなのです。みんなで回覧をしています。これを中心にして集りをつくろうと思つています。（**神奈川・K子**）

＊　＊

「婦人のこえ」の記事は程度が高いと思います。私たちの職場（郵便局）では高等小學校を出て電話交換手になつた人が多く、中には高校出もおりますが、平均して「婦人のこえ」はかじりにくいそうです。隨筆「寡婦控除」にしても、この題から近よりにくく、かたさを感じますが、ふりかなをつけてもらいたいと思います。そうすることによつて字も知り、文も讀んでみようかなという氣になります。「健保の改悪を防ぎましよう」はこの内容はいいのです。感心して讀みましたが、やはり程度が高いようです。これを高小卒の人たちにも判つて頂くためには、もつと理解し易い文章と言葉が必要と思います。家庭の婦人でも同様です。婦人の地位の向上は一朝にして望めない、氣短に論文調子で書いても指導者があせるばかりで一般婦人は婦人運動を一つのアクセサリーとしてみるだけで、理解の點では消化不良となつていくでしよう。（**宮崎・H生**）

＊　＊

前略、日夜御健闘のことと存じます。「婦人のこえ」は婦人工作に絶對に必要です、また必要以上の活動の資料になります、舊號がありましたら擴大宣傳用に何部でもよいからお送り下さい（下略）（**北海道・T生**）

執筆者紹介

藤原道子氏　明治三十三年岡山縣生れ。小學校五年で中退、苦學で看護婦檢定試驗に合格、社會運動に投じ無産者婦人同盟、日本農民組合で活動。二十一年及び二年衆議院議員に當選。二十五年參議院全國區選出議員に當選、今日に至る。二十九年參議院勞働委員長、三十年法務委員長となる、現社會黨中央執行委員、「くらしの會」全國連合會長。著書「婦人代議士の手記」

高田なほ子氏　明治三十八年福島縣生れ。福島縣立高女、福島師範第二部卒。二十五年迄小學校敎員を勤め、二十五年全國區參議院議員に當選今日に至る。元日敎組婦人部長、現參議院法務委員長、平和憲法擁護委員會委員、日中友好協會常任理事

清水慶子氏　明治三十九年東京生れ。東京女子高等師範學校卒。日本子どもを守る會常任理事。

久米愛子氏　明治大學法科出身。昭和十五年辯護士開業今日に至る。參加團體、婦人人權擁護同盟

井上ヤス氏　大正四年東京生れ。日本大學法文學部卒。郵政事務官、前全遞勞組婦人對策部長、現同東京地方簡易保險副支部長

川合美千子氏　共立女子專門學校本科卒、生產婦人會、生產福祉委員、四十七歲

編集後記

今年は憲法の運命を決する年と言われ、政府は着々と、しかも公然と改正準備を進めています。今にして國民全てがこの問題の重大性に目ざめ、これに對處しなければ悔いても及ばない結果をみることは明らかです。

その意味から今月は他の原稿を全て割愛し増ページまでして全紙を憲法問題に當てることにいたしました。執筆者の皆様にはそれぞれお忙がしい中を非常なご無理をしてご協力下さいましたことを厚く御禮申上げます。座談會にはいかなる時代にも權力にめげず終始一貫常に正義と人權擁護のため闘つてこられた法曹界の重鎭海野先生がお風邪をおしてご出席下され、長時間にわたつてご懇切なお話を賜つたことは感謝に堪えません。

ご一讀下されば、この平和憲法がいかに私たちを解放したか、そして政府の改正目的がどこにありその結果がどうなるか自ら明らかになるものと信じます。基本的人權の尊重と平和を守るためにはこの憲法はあくまで守り通さなければならず、六月の參議院議員選擧の重大さが云々されるのもまたこの故に他なりません。

×　×

一人でも多くの方に讀んで頂きたく、値段据置きの増ページとその上の増刷は本誌としては相當のギセイを要し、冒險でもありました、しかしどうぞしてこの平和憲法を守り通したいという念願から組合各位のご支援と印刷所のご協力のもとに敢て決行いたしました。讀者諸兄姉の一層のご支持をお願いいたす次第です。（菅谷）

婦人のこえ　二月號
定價三〇圓（〒五圓）
半年分　一八〇圓（送共）
一年分　三六〇圓（送共）
昭和三十一年一月廿五日印刷
昭和三十一年二月一日發行
編集發行人　菅谷直子
東京都千代田區神田三崎町二ノ六
印刷者　堀内文治郎
東京都港區本芝三ノ二〇
（硫勞連會館内）
發行所　婦人のこえ社
電話三田（45）〇三四〇番
振替口座東京貳壹壹參四番

昭和二十八年十一月二十四日第三種郵便物認可
昭和三十一年二月一日発行（毎月一回一日発行）
婦人のこえ　（第四巻・第二號）　定價三十圓

婦人のこえ

昭和三十一年二月二十五日印刷　昭和三十一年三月一日發行（毎月一回一日發行）

賣春問題特集號

3月號

1956

自治労の

生理・産前産後休暇に關するアン

全日本自治團體勞働組合（全國都道府縣廳の職員組合、組合員數二六萬五千内婦人六萬七千）では昨年五月の第二回青年婦人協議會大會で「母體保護運動」を起すことを決め九・十の二カ月を「母體保護月間」としてこの運動を推進してきました。その運動の一つとして行われた「生理・産休」についてのアンケートがこのほど集計發表されましたので概略をご紹介いたします。

本部に報告されたアンケートは八十數組合に達したそうですが、そのうち集計の對象となる條件を備えていたのが三十一組合で、人員四、二一三名（未婚二、三九八名、晩婚一、八一五名）が對象とされています。

生理休暇のあることを知つているもの　三八二五名（九〇・八％）

知らないもの　三八八名（九・二％）

休暇をとつている者の内譯

一日　六二名、二日　二三三名、三日　八名（全體の比率七・九％）

休暇をとつていない者の理由

恥しい二一八名、忙しい一、〇八八名、手續が面倒だ二五〇名、昇給にさし支える一五八名、手當が差引かれる三七名、必要がない一、〇二二名、臨時職員で適用されない一五一名、その他の理由四三二名（計三、三五六名）

なおこれらの理由を年令別にみると、

二十歳未滿は**恥かしいから**が最高で一一・〇五％、次は二十六才〜三十歳の一〇・四％、

忙しいからの最高は四十一歳〜五歳の三六・六％、次が二十六歳〜三十歳の三五・五％、三十六歳〜四十歳三四・二％、二十一歳〜二十五歳三四・〇％。

手續が面倒だから　最高は二十一歳〜二十五歳九・九％、三十一歳〜三十五歳八・二％、四十一歳〜五歳七・七％等

昇給に差支えあるから　三十一歳〜五歳　六・一％、二十一歳〜五歳五・七％、二十六歳〜三〇歳四・六％、四十一歳〜五歳四・〇％。

手當が差引かれるから　五十歳以上の九四％が特に高率で他は大差なく一％内外。

必要がないから　同じく五十歳以上で五三・一％、他は三〇％を上下してほぼ同じ。

臨時職員で適用されたい　二十歳未滿の一一・〇％が特に高率、次は四十六歳〜五十歳八・六％。

これによると生理休暇はほとんどの人が知つています。しかしそれでいながらこの權利を行使しているものは僅かに七・九％しかなく、しかもこの休暇をとらない理由として、忙しいから、と必要がないが飛抜けて多いことは問題を含んでいると言えましよう。

産前産後の休暇

對象組合三十組合・人員一、八一五名（各組合共産前六週間産後六週間の休暇がある）

産休は充分か、充分三七・八％、不充分二二・三％。

さらに「妊娠に伴う障害休暇」については必要という答が五二・六％。

婦人のこえ

1956年
三月號

三月號目次

賣春問題特集號

社會黨の賣春防止法案について

田《た》中《なか》壽《す》美《み》子《こ》

賣春對策の法律をつくることは、こんどの國會の焦點の一つとなつている。昨夏、二十二國會で、婦人議員が主となつて、超黨派の提案で上程された、賣春等處罰法案が否決されて以來、この法案に反對の態度をとつた、保守系の議員に對して、婦人團體の非難のこえが高まる一方なので、政府も與黨も、このままではすまされないから、何かの形の法案を用意して、通さないわけにはゆかない、と考えているらしい。六月の參議院選擧に、婦人の票をあつめるのにも、この法案は大事な武器になりそうだ。そこで、最近、政府案というものが發表された。

それには、甲乙二案があつて、名稱は、賣淫等防止法案（牧野法相は賣春ということばをひどくきらう）といい、特ちようとしては、個人賣春を處罰しないこと、業者は處罰すること、防止、保護、更生對策をふくんでいないことなどである。なるほど甲案の方には、賣春婦の勸誘行爲の處罰の規定があるが、これは、「公衆の目にふれるような方法で」という條件がついているから、公然でない賣春の處罰はしないことを意味している。その上、かりに、このような、賣春婦の處罰の項をいれたとしても、前項の施行は、地方條令にまかせる、という考えを、田中副官房長官はのべているので、地方條令などというものは、法律としての强制力はないから、ないのも同然である。これは、いままで地方條令で賣春を禁止して來たところの例でもわかるように、地方自治體の長の考え次第で空文になつている。

社會黨の法案は、政府案と大分ちがう。名稱は、「賣春等の防止及び處分並びに更生保護等に關する法律案」として、この法律のなかに、賣春の防止も、處分も、更生保護もふくんでいることをまずあきらかにしている。

そこで、社會黨の法案の特ちようとなる點を要約してみるとつぎのような點である。

一、賣春行爲が社會惡であることを國家の意志として確認する
二、賣春婦は刑罰にはしない。行政罰（科料）又は保安處分（敎育、指導して更生させる處分）にかける
三、賣春の相手方にも行政罰（科料）を課する
四、周旋行爲、場所の提供、資金の提供などを刑罰にする
五、業者の賣春させる行爲と、それから利益をうける行爲を嚴罰にする
六、前借金無効の規定をもつ
七、業者の取締りに推定規定を用いる、但し、警察官の人權蹂りんのないように規定する
八、轉落の防止、保ご更生對策の道を講じる、これに婦人團體の活動を活用する
九、法の施行は六ケ月後、但し、處分及び處罰は一年後から實施。こうして、業婦及び業者の更生、轉業をはからせる。

以上の點について、もう少し説明をつけ加えると、第一に、賣春行爲が社會惡であるという國家の意志をはつきりと、法の前文で宣言している。現在、ともすれば、この觀念が

うすれ、社會の罪ばかりが強調されて、賣春業が正當化されやすいので、この法の根本精神をうたう必要がある。

賣春婦については、罰するのが目的ではないが、放任したのでは決してこの問題は解決しないし、個人賣春を罰しないために、業者がたくみに法をくぐつて、別の形で業をいとなみやすいので、やはり、これは處罰することとし、その情狀次第で科料（五千圓以下）というような、秩序罰にするか、更生の補導をあたえる教育刑的な、保安處分にするかは、家庭裁判所がきめることにしている。

賣春の相手方となつた男性についても、兩罰の原則をとるのが正しいという立てまえで一萬以下の科料としてある。

賣春の周旋、場所の提供については、一年以下の懲役または十萬圓以下の罰金を課して周旋人、ポン引き、人身賣買者をきつく罰している。業者の搾取行爲については一番きつく、賣春をさせる行爲には五年以下の懲役または三十萬圓以下の罰金。また、賣春の對償の一部又は全部をうけとつたものは、一年以上十年以下の懲役又は五十萬圓以下の罰金にする。この點、政府案では、業者こそ罰する、といいながら、未だその罰の程度をきめかねている。

なお、業者の取締りに關しては、推定規定を設けて、取り締りの根きよをあたえることにする。たとえば、一定の施設に、相當期間賣春が行われていて、その利益をうけとつたものは、娼家經營者とみなす、等といつた規定を設けて嚴罰にする。但し、警官が立入りの際人權蹂りんしないように、手續きをきめておく。

賣春婦の保安處分については、種々の段階を設けて、指導し、更生して生活できるようにするための施設を設けて收容する。保安處分三回以上をうけた常習賣春婦は、處分を加重して、強度の矯正施設にいれる。

さらに、轉落の防止のために、任意補導の制度を設け、未だ轉落してしまつていないものや、自力更生の可能な賣春婦を補導し、また、轉落の危險のあるものを早期に發見して指導するために、婦人相談所や婦人相談員などをおく。婦人相談員には、民生委員、人權擁ご委員、司法保ご司、婦人少年室協助員、などの他に、賣春對策に協力する婦人團體員を活用して、大々的に、賣春の防止、人身賣買の防止にあたらせる。

以上が、社會黨の賣春防止法案の要旨である。この法律の施行には、六ケ月の期間をおき、また、賣春婦の處分や、相手方の處罰、その他業者の處罰などは、一年後に施行することにして、その間に更生したり、轉廢業できるようにする。現在あまりにも數多い賣春婦と業者の轉業にはどうしてもこの程度の期間は必要と思われるし、その間に、政府側のこれらの對象者に對する正しい指導と、法の實施の決意とが示されなければならない。

ところで、このような法律の實施には相當の豫算をとることが必要である。政府は、三十一年度豫算案のなかに、更生、保ご、防止の豫算がほんのわずかしか（五千三百萬圓餘）くまれていなかつたため、取締りだけの法案になつてしまつた、と云つている。社會黨案は、保安處分及び防止保ご更生を計畫する以上、その豫算を計上することが必要なので、三十一年度豫算案の組替え案のなかに、二十億圓を、賣春對策費として計上している。これでは未だ不充分であつて、三年計畫ぐらいで、賣春對策は實行してゆかねばならない。しかし、社會黨の組替豫算案を綜合してみた場合は、防衞費を三分の一に減らして、その分、社會保障や失業對策にまわしているので、賣春對策のためにつかわれる費用は、二十億にとどまらないことになるだろう。私たちは、賣春防止法案も、組替豫算も、現實に生かされるときを待望しないではいられない。

（筆者は社會黨婦人部賣春問題對策委員長）

賣春婦を罰してはいけない

——賣春は政治の貧困の結果——

辯護士 法學博士　正《まさ》木《き》　亮《りょう》

まえがき

社會黨では婦人部の中に賣春問題對策委員會を設け、今國會に政府が提出しようとしている賣春禁止法案が、この問題の最も重要な部分をあいまいなものとしているため、獨自な法案を作るべく各方面の權威者、專門家を招いて意見をききました。以下はこのため「賣春婦無處罰論」を唱える正木、團藤兩先生をお招きした時のお話のあらましです。

私は賣春婦無處罰論でありまして、内閣の賣春問題協議會でもこれを主張してきましたし、今日でもこの考えは變つておりません。

まず、はじめに内閣の賣春問題協議會の委員に委囑された時のいきさつをお話しておいた方がよいのではないかと思います。

一昨年、犬養法相の時、淸原次官から、こんど内閣にこの問題の協議會を作ることになつたから中心になつてやつてくれないか、というお話がありました。それで私は、拔本塞源的な非常に高い理想を盛つた夢みたいなものを作つてもいいか、どうか、たとえ日本で實行の可能性がなくとも、それを飜譯して國連あたりに出してみて、これを日本人が作つたのだ、と誇りになるようなものを作りたいが、それでもいいかとききましたところ、それでもよろしいというのではじめた次第です。

この協議會で一番問題になつたのは刑事罰の點でした。と言うのは、賣春はせつ盜やさぎ等の自然犯と違うので、これは刑事罰にすることはむつかしいからです。女の轉落の原因の大部分が貧困であるし、大本は政治や敎育に責任がある。それを直さないで結果だけ處罰するのはいけない、と私は考えています。

先頃、ある出版社から「死刑」という本を

赤線區域・靑線區域

赤線區域

昭和二十一年一月連合軍總司令部から公娼制度廢止にかんする覺書が日本政府に渡されそれにもとづいて同年二月二日内務省から「公娼制度廢止」に關する通牒が出され、それまで全國いたるところにあつた遊廓免許地というものがなくなつた。ところが同年十一月、第一次吉田内閣の次官會議で「公娼廢止後の風俗對策」として、賣春は社會上やむをえない惡として、特殊飲食店等を指定して、警察の特別の取締につかせ、特殊飲食店等は風紀上支障のない地域に限定して、集團的にみとめるように措置することになつた。この**風俗營業取締**の對象となつた特殊飲食店街が即ち赤線區域で、以前の遊廓免許地は特殊地區として警察地圖に赤線でカコイがしてあつたところからこのような新語が生れるにいたつた。

靑線區域

本質的には赤線區域と同樣集團賣春街で

出したのですが、これを執筆するため古いものを調べていましたところ、賣春がでてきたのです。つまり女房に賣春させた場合は死罪ということがあつたのです。しかしそれには但書きがあつて、貧困の場合は免除となつています。あの德川幕府の封建時代においてすら、このような考慮が拂われていたのです。賣春をしなければ食べられないような政治をしておきながら、それを棚上げにしておいてその結果の賣春を罰にするのはいけない、賣春法は罰をつくるようなものではなく、これをなくするようなものでなければいけないと考えているわけです。で、名稱も處罰法ではなく、賣春防止及び婦人保護法とでもした方がいいと思つています。

賣春問題協議會において、個人賣春を罰しなければいけないと強く主張した人もありましたが、私は少年法と同じに教育的なものにしなければいけないと言つて、結局皆さんのご了解をえて保安處分でいこうということになつたのでした。

女を保安處分にするには、轉落防止、保護施設を充分にしなければいけない、そしてそれで救えないものを最後に刑務所に入れる、しかもなるべく前科にしない、という建前をとるべきであると思います。個人賣春を刑罰にしないで、業者だけを刑事罰にするのは法的にむつかしいのではないか、という疑問があるようですが、私は差支えないと思つています。かつてアメリカでフーヴァ大統領の時禁酒法が出されたことがあります。この法律はお酒を飲んだ人を處罰しないで、製造人と運搬人を罰し、ことに製造人は一番罪が重かつた、これをみても、業者だけを遠慮なく處罰する法律はつくれると考えています。

協議會で作つた案では保安施設の費用が百億と言いふらされ、それを政府の口實に使われて非常に迷惑しています。一体に新しい施設を完全にこしらえあげるということはできないことで、要は一つでもいいから完備したものをつくりいとぐちをつけることです。たとえば、明治時代に治外法權をつくる時、外國より日本には監獄もないではないか、と言われ、政府は大急ぎで三ケ所に作つたことがあります。それをいとぐちにして全國的に作つていつたのですから、保安施設も同じように東京だけでも完備したものをつくり、法律によつて、賣春を「惡」とうたつておけば目的のいとぐちがつくわけです。

重ねて言えば、業者を處罰するだけでは不

あるが、警察が風俗營業の許可を與えないため保健所から**食品衞生法**の許可だけとつているもので、特殊飲食類似營業ということになつている。が、赤線區域に對しては警察の手入れが全然行われないのに反し、青線區域に對しては時々行われる。というのは前者は免許されたものであり、後者はモグリ營業であるため。青線區域の名稱は前者同樣警察地圖に青線でカコイがしてあるところから出たもの。

用語釋解

行政罰＝交通違反等のように裁判にかけず警察で、罰金・科料等を課するもので前科にならない行政上の罰則。

保安處分＝教育刑、法に違反したものを教育によつて悔い改めさせる處分方法。これも前科にならない。例えば少年院、矯正院に入れることなど。

刑事罰＝裁判にかけ、刑法によつて罰するもの、前科となる。

足で、保護・防止對策を必ず一緒に建てること、これを抜いては絶對にだめです。

　それから業者を罰するには赤線・青線區域を禁止する、また業者が職を失つて生活困難になる、これをどうするかという問題もありますが、それには經過規定を置いてはどうかと思います、答申案にはたしか、その期間を一年としたと憶えています。しかしその期間中公然と従來の商賣を續けられては困りますから、やはり經過規定を設けて、速かに轉業せしめるとか賣春婦の處置を講ずる途を立ててやる旨を規定すべきだと思います。（談）

業婦は救濟の對象に

東京大學教授　團《だん》藤《どう》重《しげ》光《みつ》

　賣春婦自身を處罰の對象とするのが適當かどうか、という問題については河出書房から「賣春」という本を出すことになりました時座談會を開きまして神近先生と議論になつた點であります。

　大体、私の意見は、正木先生と同じような趣旨で、賣春婦は處罰の對象とすべきではなく、救濟の對象とすべきではないかと考えております。たしかに、賣春は見逃すことができない惡であることは事實ですが、惡であるということと處罰の對象とするということは違うのであります。

　第一、賣春行爲を處罰するのは、證明の關係から言つてもむつかしいのではないかと思います。現行犯を押えるため警察官が現場に立ち入るというようなことになりますと、これは非常に問題になりますし、全般的にみて的はずれになり勝ちです。

　また技術的にみて、肝心の業者を處罰するうえに、女を處罰した方がいいかどうか疑問だと思います。女を處罰しないことにした方が業者を處罰することが容易になるのではないか。たとえば、女が罪にならないとすれば業者の待遇、搾取などについて搜査官が女から供述をとることが可能になる。反對に女を處罰することになれば、女から供述をとることが非常にむづかしくなる。そのためにも女を處罰しない方が取締りが樂になるのではないか、と考えられます。（**編集部**、この見解については、もし業者と女がグルになつていた場合はどうするか、という質問があり、先生はその場合は困難だと答えられました）

　それから、賣春行爲そのものを罰しないで業者だけを罰することができるかという疑問ですが、これは理論的には少しも差支えありません、つまり實質論で考えればいいので、女の處罰は必要としません。

　賣春が惡であることは認めますし、一般に惡の觀念を植付けることは必要であると思いますが、賣春法をつくる時これを前文だとか目的規定だとかの中でその趣旨をうたつてもいいと思いますし、また法規で現わさないでも、社會教育その他で充分できると思います。

　結論的に申しますと、賣春婦の處罰は避けて、保安處分の對象にすること、これをこの法案の本筋とすべきではないかと思います。（談）

政府の賣春對策を疑う

平林《ひらばやし》たい子《こ》

私が加つていた賣春問題協議會は、約一年間の討議によつて、結論をだした。賣春當事者の罰を輕くすること、業者仲介者を重罰にすること、更生のための設備を全國的にもうけること等である。この結論はすぐ法律の條文化出來る樣に字句の末まで考慮が加えられてあつたはずである。ところが、第二次鳩山內閣は、この答申案を不滿だとして、又、新しく同じ樣な審議會を作ろうとしている。かりに、この案が豫算の點で不滿があるにしても、政府に提出する意志があるなら、修正する事も出來たはずである。要するに、賣春禁止法設定を延期するため、時をかせいでいるとしか思われない。

政府のこんなあいまいな案にあきたらずに社會黨が獨自の案を提出するのは當然である。が社會黨が少數派である限りこの案が、國會で破れる事はあきらかである。

この、社會黨案を超黨派的にするためにも、政府のつくつている賣春案審議會は邪魔になる。これが、なければ與黨內にも社會黨案の賛成者を求めることが出來たのである。

社會黨としては、獨自の賣春禁止法をだすほかに、政府の賣春問題協議會の假面を徹底的にばくろする必要がある。このばくろの迫力如何によつて、政府の審議會案の內容やでき上る速度もきまつてくる。先日、調布市に行つて、自發的に廢業した赤線業者に逢つていろいろと事情を聞いた。それによると、政府は昨年暮あたりはいよいよ賣春禁止法を設定するつもりかと思はせた程取締りをきびしくした。が、今年に入つてからほとんど手をゆるめたかたちになつているらしい。

調布の業者が、廢業を決議したのは昨年末頃の取締りのきびしい時だつた。あれだけ取締れば、賣春禁止法がなくとも短い期日の間に賣春業者はなくしうることが、如實に證明されたわけである。が、政府は、今年に入つてから急に取締りの手をゆるめた。調布市で約半數の業者が申し合せを裏切つて營業を續けている事情は、まつたくこの取締りの弛緩のためである。正直者は損をすると言うたとえのとおり、約束を守つて廢業した業者達は廢業しない業者の間に挾まれて堅實な商業に轉換しても客がよりつかないと言う皮肉を味つている。これに對して、世間にも當局にもこの業者達の勇氣を鼓舞して手をさしのべる樣子は見られない。轉業した女達にもあちこちからいざないの手がのびているらしく、その氣になりさえすれば、その日のうちにも元の泥沼に歸える事が出來るのである。

調布の經驗はわれわれにいろいろな事をおしえた。賣春問題について輿論がたちあがつた事はよかつたけれど、ある場合にはひどく無責任である。自分のしやべつた事の末をみとどけずに、その場の人氣をあおるためにそうゆう問題を喋つて喋り放しではなく、あおつた輿論をなにかの政治力につながなければ政府は審議會でお茶をにごし、社會黨案がほうむられた時、又、もとの木阿彌に歸るおれがある。しかし考えてみると今有る法律を全部働かせれば、賣春は相當徹底的に取締れるのである。それを、フルに働かせていない所に當局者の意志が見えているのである。

（作家）

各國の賣春對策について

加藤《かとう》禮子《れいこ》

世界の各國がどんな賣春對策をとつているかを知るのは中々容易なことではない。それにはわが國にある各國の最近の賣春取締りの法令の資料が不十分なこと、取締りの實狀が海外では知りにくいこと、各國の賣春制度が歴史的に異るため、他國の制度は理解しにくいことなどが理由としてあげられよう。これから述べることも或いは今日の現狀からずれているかも知れないので、もつと最近の資料をお持ちの方は編集部までお知らせ下さるよう最初にお願いをしておく。

一九四六〜七年の國連の調査によると、カナダ、ドミニカ共和國、デンマーク、オランダ、フランス、米國、ニュージーランド、オーストラリア、フィリピン、スェーデン、ルクセンブルグ、ヴェネズェラ及びホンジュラスを除くすべての英國屬領は公娼を禁止している。また婦人の人身賣買の事實はないと回答しているのは、アフガニスタン、白ロシヤ共和國、英領ホンジュラス、アイスランド、ノルウェー、ソ連の諸國である。コスタリカとトルコは賣春施設を認めている。

〔北歐諸國〕

スカンジナビア諸國には早くから廢娼の氣運が見られ、賣春行爲全般にわたつて禁止規定を設けているが、中でも最も完備した法制を持つのはデンマークで、同國では一九〇一年（明34）娼家を全廢してこれを所有する者を嚴罰に處することとし、一九〇六年（明39）に賣春行爲を全面的に禁止した。

〔アメリカ〕

米國では賣春についての連邦法規は一九一〇年（明43）に採擇された**ベネット法令**（賣春の目的で外國人を移入する者の處罰、及び賣春を業とする外國人の國外追放を規定したもの）と**マン法令**（婦人の各州間、國際間の賣買を禁止したもの）及び一九四一年（昭16）法制化された**メイ法令**（陸海軍營舍附近における賣春の禁止）だけであり、各州がそれぞれの法規によつて取締つているが、娼家の經營、所有、貸與、賣春の周旋、賣春婦の收入によつて生活すること、娼家への出入り、職業的賣春は大多數の州で禁止している。（一方民間でも社會衞生協會が一九一四年以來政府と協力して組織的賣春、性病の撲滅運動にあたつている）

〔ソヴェト〕

ソ連は共和國建設以來賣春婦と娼家の公認制度を全廢した。同國刑法第一五五條を見ると「賣春行爲を强要し、並びに媒介をなし、賣春宿を經營し、または賣春のために女子を募集したときは五年以下の自由剝奪に處す、ただし全部又は一部の財産沒收を併科する」とあり、嚴罰主義をとつていることがうかがわれる。

〔西ヨーロッパ諸國〕

英國、オランダ、エストニヤの諸國は第三者が婦人に賣春をさせることを禁止するほか賣春行爲が風俗をみだして公共の秩序を害する場合にこれを處罰している。英國では一九世紀後半、人權擁護の立場から廢娼運動がさかんになり、一八八六年（明19）他國にさきがけて賣娼制度を全廢した。現在民間團体の手で各所に賣春婦の更生施設が設けられているとのことである。オランダでは今次大戰中及び戰後の混亂期に生活苦のために一時的に賣春婦となる者が多かつたという。戰後英國やベルギーに職を求める少女が多いため、同國婦女賣買防止局は一九四六年新聞社と協定を結び、新聞が國外からの婦人の求人廣告を出す前に同局が求人者の信用調査を行つて少女達が他國で賣春婦に轉落するのを防いでいる。

〔フランス〕

フランスはかつて賣春婦の登錄制を實施しており、その賣春制度はヨーロッパでも代表的なものと見なされていた。一九四六年の調査によると娼家數は八二七、そこに住む賣春婦が四八四〇人、その他の登錄濟の賣春婦が九〇二八人と報告されていた。そのような狀況に對して一九二九年（昭4）頃より廢娼運動が次第に多くの支持をえ始めて一九四六年刑法が改正された際賣春婦の登錄制は全廢され、第三者の搾取は嚴罰をもつて處せられることになつた。フランス改正刑法第三三四、五條は賣春の周旋をする者は六カ月以上二年以下の禁錮及び二〇萬フラン以上二〇〇萬フラン以下の罰金、殊に賣春の周旋が未成年者に對してなされたとき、强制や職權濫用を伴つたとき、周旋者が職責上賣春反對、衞生の保持、公共秩序の維持に協力すべき者であるときなどは二年乃至五年の禁錮、五〇萬乃至五〇〇萬フランの罰金に處せられると規定している。同時に賣春婦の更生對策も眞劍に考えられていてパリでは賣春婦であつた者の就職は警視總監が腐心しているとのことである。公私の團体も更生施設の設立に非常な努力を拂つていると傳えられる。

〔イタリア・トルコ〕

イタリア、トルコは賣春婦の警察登錄制を實施している。二月十一日歐米旅行から歸國された婦人少年局の森山眞弓さんの談によるとイタリアでは性病豫防の立場から賣春婦に强制檢診を行い、その結果安全と認められた者だけに警察はカードを發行し、カードを持つ者の賣春行爲は公然と認められているという。カードを持たない賣春婦は發見され次第出生地の警察へ引わたされる、そこで政府とカトリック敎會で半々に經費を負擔している感化院に收容され、性病の治療、職業敎育を受け、就職の世話もして貰う。ただし何度收容されてもまたぐれ始める者の數も少くないとのことである。同國では先年婦人議員團が公娼廢止（登錄制の廢止）法案を國會に提案し、上院は通過したが下院で否決されてしまつた。この國の人々は大部分カトリック敎徒で、自然の要求を過度に抑壓することは神の意に反するとの意見を持つ者が多く、最少限度の賣春は必要惡であつて現在の取締り制度で別に問題はないという世論が支配的であるとのことである。

森山さんは米國の賣春制度も視察して來られた。テキサス州のガルバストン市では賣春は集團的、組織的で全く商業化されているといつても言い過ぎではないとのこと、ちょうど全盛を誇つた當時の吉原を思わせるような現狀だつたという。同市はヒューストン市に近い港町でかつては榮えていたが昨今すつかりさびれ、何とかして昔の繁榮を取戾したいというのが市民の念願であつた。そこで數年前の市長選擧の際、賣春による市の繁榮をとなえた人が當選した。その結果市は再びにぎわつたように見えたが、第三者の搾取は甚しく、警察も業者となれあいになり、風紀は亂れるといつた有樣なので市の良識ある人々が協議して市長に勸告し、バーを除く娼家の營業を禁止させた。しかし今年また市長選擧があるので間もなく再開することになろうとヒューストン警察では話していたという。テキサス州では他の多くの州と同様、娼家の經營も職業的賣春も禁止しているのだが、米國では市の獨立性が強く市警が全く協力しないので州の警察も手を燒いているという。眞面目に働けば一應人並に暮して行ける米國では、賣春をする主な原因が他國のように貧困によるものではなく、むしろ社會生活を續けて行く能力に欠ける性格異常によることが多いので、常習賣春婦を留置しても全く後悔の色も向上の意欲も見られないので、當局も半ばさじを投げている。しかし、日本程賣春の盛んな國は他に何處にもないから、そう諦めてもいられるのだろうと森山さんはいわれている。

「參考」**賣春に關する國際條約**

(1) 一九〇四年（明37）醜業を行わしめるための婦女の賣買取締に關する國際協定（大正一四年加入）

(2) 一九一〇年（明43）醜業を行わしめるための婦女賣買禁止に關する國際條約

(3) 一九二一年（大10）婦人及び兒童の賣買禁止に關する國際條約（大正一四年加入）加入勸告

(4) 一九三三年（昭8）成年婦女子賣買禁止のための國際條約（最近國連より加入勸告を受けている）

(5) 一九五〇年（昭25）人身賣買及び賣春により、利益を得る行爲の禁止に關する條約（まだ加入していない）

全國賣春關係情況

勞働省婦人少年局の調べによると、昭和三十年四月現在、全國赤線・青線區域の從業婦數は十二萬九千四百四十九名、業者三萬七千百十三名、地域數千九百二十二ヵ所。これを從業婦の數の順に上から十番目まで拾つてみると左の通り。全國一の神奈川縣に駐留軍基地、自衞隊の多いこと、そして戰後新たにできた地域數がまた全國のトップであることなどは、賣春と軍隊が密接な關係にあることを示すものとして注目に價しよう。

府縣名	從業婦數	業者數	地域數（カッコ内は戰後できたもの）	駐留軍基地	自衞隊附近
神奈川縣	一五、二〇二	七、〇四二	一三四（五〇）	一八	七
福岡縣	一四、四六二	二、五九六	一二八（一一）	一〇	三
東京	九、四九三	三、五六四	七八（一）	六	四
大阪	五、八六三	一、〇五四	二四（三）	四	
北海道	五、八五二	九六六			
愛知縣	五、五六五	一、二二六	五二（二五）	一	
長崎縣	四、九四七	一、三〇三	九三（一）	一六	一
靜岡縣	四、七六六	九一九	七五（三）	一一	
京都	四、一七九	一、三七〇	二一	五	
山口縣	四、〇〇九	四八六	三六（一）	一	二

評書

「職業婦人の五十年」

西清子著

本誌社友西清子さんの近著「職業婦人の五十年」はこの半世紀の間に日本の婦人が戦いつつ開いてきた茨の道を語り、そこに咲いた多くの花の姿を生き生きとえがいてみせたもので、社會史として同時に面白い讀みものとして、讀者にぜひおすすめしたい本の一つです。いわゆる女工哀史的工場婦人のほかに看護婦、俳優、美容師、記者、交換手、バスガール、アナウンサーなどの新しい職業婦人は今でこそあたり前のものになつていますが、初めはみな人を驚かせ、偏見や迫害と戦わなければならなかつたものですし、これから先にまだつづく長い戦いに備えるためにも、この本から學んで勇氣づけられることが多いでしょう。今は忘れられている多くの先驅者、よくも惡くもそれぞれの分野で名をうたわれた人々の名も經歷も今の若い讀者には珍しいでしょう。個人の名は短くても全體としての職業婦人の流れは永く、かつますます強い力となつて日本經濟をにない、人類の平和と解放をめざして進んでゆきます。しかしこの五十年はまだほんの第一歩です。婦人はまだ勞働組合の中でも政黨の中でも充分な活動はしていません。次の五十年をになう讀者諸姉にそのブランクをうめて頂くためにもこの本をよく味わつて頂きたいと思います。

（日本評論新社　二九〇圓）

「死刑」

正木亮著

最も進歩的、良心的な法律家の一人として尊敬されている正木博士が死刑廢止のために書かれたもの。單なるセンチメンタルな同情論ではなく、内外の死刑の歴史から説き起して、結局それが犯罪防止のために役に立たず、かえつて社會的に有害な作用をしていること、社會の進歩と共に殘虐な死刑の方法は廢せられ、死刑そのものも減少し、だんだん廢止の傾向に向つていることを要領よく説明されたもので、極めて興味深く、かつ教えられる所が多い。儒教は罪を犯す者を責めるより、そういう所へ追いやつた爲政者の反省を求め、佛教もまた慈悲を説いたので、古代の日本に儒佛二教の影響が及ぶにしたがい、自然發生的な死刑が排斥され、遂に嵯峨天皇以來三百四十七年間廢止されていたこと、武家時代の起ると共に源爲義の死刑によつてこの惡法が復活し、それ以後、生命を輕んずる武家政治の六百年間、この刑が亂用され、明治以後著しく改善されて今日に至つたという日本歴史の一面は、私たちが民主々義發達史の一部として、もつと早く知らなければならないことでした。明治以後の多くの社會改良家、とりわけ囚人に接することを專門とした典獄その他の官吏の中に死刑廢止論者が多く、その論據に、一旦誤まつた判決を下した後、貴重な人命をとり戻すことができないこと、悔い改めて過去のつぐないをしようとする者にその機會を與えないこと、死刑囚の多くは無知又は低能で普通の人間としての教養なく、これに罪を犯させた社會の責任が重いこと、世間の人に殘虐性をうえつけること、政治犯の死刑の不合理をいつているのは大に考えるべきことだと思いました。罪の疑わしきはこれを罰せずとか。いわんや死刑に於ておやといいたい。この本も社會をよくするためにぜひご一讀をおすすめします。

（山川菊榮）

（河出書房　一二〇圓）

更生實話

ある女の手記

——轉落から更生まで——

城《しろ》田《た》すず子《こ》

まえがき

「事實は小說より奇なり」という言葉があります。本稿の筆者の生活體驗こそまさにそれではないかと思います。餘りに典型的なコースであり、またドラマチックでありますので、實は編集部でも少々疑いを持つたほどでした。そしてこの手記をお世話下さつた慈愛寮の福田寮長に再度確かめ、また本人にも直接お會いしてみましたところ、全くの實話と分りました。ワラ半紙八枚に細かい字でぎつしりと書き綴られた原稿を一目見た時、本誌のスペースのバランス上三分の一くらいに削らなければと朱筆をとつた次第でした。ところが讀み出してみると、餘りに悲慘で、深刻で、幾度か涙を押えながら、とうとう最後まで朱筆を引くことができませんでした。こんなわけで文脈のはつきりしないところを直したほか、ほとんど全文を掲載することにいたしました。筆者は「一體これは誰れの罪？」とは一言も云つておりませんが、それだけに强くて讀者に訴え、賣春問題につい考えさせるものがあると思います。（編集部）

私がここ慈愛寮に入れてもらえなかつたら今頃はどうしているだろう、と考えるとおそろしさに身がふるえる。よく今まで罪もおかさずにここまでたどりついてきたと考えるとき、神樣の愛の深さにただただ頭のさがるおもいです。

私の生れたところは東京でも下町でした。家は商人で十五歳までは何不自由なく樂しく過しました。母の死、つづいて倒產、私たち父子は裸で荷物もなにも差押えられて、蒲田新宿にこしました。それから十年、私の流浪、放浪の生活がはじまつたのです。失意のどんぞこにある父、まだ幼なくて話相手にもならぬ兄妹、それらをじつとみつめていた私は、どんなにしても私が働かなければならぬと仕事をさがしました。けれど十五や十六の私に、一家をささえて生きてゆくということはどんなに重荷だつたでしょう。

轉落第一步

父の知りあいの神樂坂の藝者置屋に子守としていつたことが私の一生を目茶苦茶にしてしまうようになろうとは、つゆしらず働きに出ました。子守として十日餘り働いたとき、置屋のお母さん（おかみさんのこと）が「今日からは半玉としてお座敷に出るんですよ、あんたの體にはお金が貸してあるんだからね、踊りも習つてはやく一本になつてお父さんを助けてあげなさいね」といわれたときのおどろき、悲しみ、それでもきれいな着物をきせてもらつて、桃割れにゆつて、ポックリをはいて、姉さん藝者に連れられてお座敷に出るようになつて半年、いくら借金があるのか、またどんなことをして借金を拂うのかなにもきかされずにおりました。たまに父がきても逃げるようにしておかあさんからお金を借りて歸つてしまう、そんな父をいつも悲しみの目で見送つておりました。

半玉として夢中で一年があけた十七のとき、私の水揚げがきまつたのです。相手のお客さんはもう六十をすぎている會社の社長さんでした。いやでいやで、おそろしくて、泣いて泣いて逃げたのに、とうとう私は娘でなくなつてしまいました。その時に私はおそろしい淋病をうつされてじんう炎という病氣になつて不姙症になつてしまつたのです。この病氣で四十度の高熱のために意識不明の間に私を横濱に住替えさせる話を主人と周旋人がきめてしまつたのです。理由はこんなに身體の弱い妓は働けないからとのことでした。二ケ月餘りの病床から起き出た私には、背負うにも背負いきれない大きな借金がついてしまつたのです。

地獄の生活に性格一變

横濱での生活はまるで地獄の中をはいまわつているようでした。まだ未成年者とのことで內密でお客をとらされたのです。そこは保土ケ谷の高級旅館專門の密いんだつたのです。そこでの生活は私の性格を根こそぎ一變させてしまいました。稼ぎは四分六分で私が四分主人側が六分でした。

そのころ神樂坂での私の借金の金高を知らされました。そのころのお金で三萬圓近くで、踊りの仕込み代から着物代など私の知らない借金ばかりでした。働いても働いても借金はふえるばかりで、私の使える小遣は毎日のお風呂錢だけでした。お金がほしいといえばことごとに「働けないくせに金ばかり使う、着物もこしらえなければならないし、化粧品も買わなければならないんだよ」といつて、甘いものも食べられずに毎晩お客をとれお客をとれといつて攻められました。あまりのつらさにどんなに泣いたことでしよう。夜がくるとおそろしくて、お化粧するのがいやでなりませんでした。

そのうちに日本人ばかりじやなく、進駐軍が列をなして殺到してきました。もうそのころは身體は傷だらけ、ただ生きているというだけでした。はつきり書きますと局部はきれていつもお醫者通いでした。だんだんと自暴自棄になつて、どうにでもなれという氣持が強くなつてきました。あんなにも會いたかつた妹弟にもどうにでも勝手にしたらいい、というおそろしい氣持になつてお客がくれば惡口はつく「そんな安いお金じや私を自由にできないよ、もつとお金を出しなよ」というようになつてしまつたのです。もうそのころから一見してパンパン然として、外人とお酒を飲みまわり、姐御ぶつてチンピラ相手にケンカをするなどで、あんなに私を攻めた主人も私のあまりの變り方に手をやいてしまいました。タバコは一日二箱は平氣で吸うし、お酒は洋酒ばかりがぶのみ、ホールでストリップも平氣でやる女になつてしまつたのです。骨と皮ばかりにやせて、モルヒネ中毒のようになつて男から男へと渡つて歩いているとき、實家の樣子を周旋人が敎えてくれました。

再び家族のために

「オイ美沙ちゃん（これはお店でつかつた名前です）大分顔がきくようになつたね、蒲田の家じや弟さんが肺病で入院したんだつてよ、なんでも清瀬の病院に入つているつて話をきいたぜ」。荒みきつた私にもその一言はどんなにひびいたことでしよう、とるものもとりあえず用心棒をつれて歸りました。（用心棒は私が逃げないようにお店がつけてよこしたのです）家には見知らぬ中年の女の人が一人留守番をしていました。深川の母の實家に妹がいつていました。父も妹も弟も留守でした。深川の母の實家に妹がいつていないかと、自動車をとばしてゆきました。清瀬の病院には母方の祖母が入院させたということがわかり、森下町から清瀬までゆきました、けれどそのときの用心棒の費用は全部私の借金になりました。

年もゆかない弟は、鐵工場で働いていたために胸をやられてもう時間の問題だとのことでした。私は五人兄妹でしたが病氣になつたのは二番目の弟です。おばあちゃんも妹も弟も私にとりすがつて泣きました。父だけは私の顔をみるのがつらかつたのでしよう、へやの外へ出てしまいました。一番小さい弟は「姉ちゃんどこへでもいいから姉ちゃんのいるところへつれていつて」といつて泣くのです。どんなにつらい生活をしていたのか、かわいそうで泣くにも泣けずに、私はぼんやりとしてしまいました。

弟の病氣のためにまた私はやつとへつた借金をふやしてしまいましたが、そのかいもなく弟は死にました。

お金、お金、お金、燒石に水のように私のところから家にお金が出てゆく。家にいた中年の女の人は二度目の母とのこと。小さい弟が毎日いじめられていると近所のうわさ、そのために妹は森下町に厄介になつて通いで働いているなど、色々の話をきくけれど私にはどうすることもできない。もう働くのもいや、なにをするのもいや、私は毎日をぼんやりと毎日毎晩お人形のようにお客のいいなりに暮していました。たましいのない人間。無意識のうちにしつこいお客だと自然に首に手がまわり、しめ殺そうとする氣持になる、氣も狂わんばかりの生活でした。

愛情を求めながらお金のために

そういう生活のとき、亡き母がこいしくて、眞夜中の物干しに一人あがつては泣きました。母さえ生きていてくれたらどんなにうれしいことだろう。ただなんとしてもお金と愛情がほしくてたまらなかつた。ある時こんなことがありました。中國人の船乘りが私と泊つた時、（その人はいつもお金をたくさんもつているお店の大事なお客さんなのです）その時もお金をたくさんもつていて、私に一日中の花代をつけて一日自由にしてくれました。一緒に映畫を見につれていつてくれたり、見物にいつたり、弗入れを私にまかせて平氣な人でした。私はわるいと知りながらその財布のお金の一枚でも二枚でもこんなに無駄に使うのだつたら私にくれないかしらと心に思い、ほしくて、ほしくて、このお金があれば私は弟の所へ歸れる、そしておしいものも食べさせられると思つたら、夢中でお金を盗んでしまつたのです。五百圓でしたが、終戰直後のことですから大金でした。計算するときにみつかることがわかつていながら、どうしても盜らずにいられないくらい、せつぱ詰つていたのでした。泰さん（その中國人）は私が盜つたことを知つて事情もきかず私の家へつれてゆけといつてきかず、とうとう家までいつて生活に使いなさいといつてそのお金をくれたのです。その時のうれしさ、私はあとで秦さんに何度も頭をさげました。

その人の世話で琉球からきていた、船乗りでこちらに家をもちたいという人の二號になりました。こんなところにおくのはかわいそうだといつて世話してくれたのです。でもそのよろこびも永くはつづきませんでした。水商賣から足を洗えたといつても人のいやがる二號、それも人の道からいつたら罪の深い道です。でもそのときはそんなぜいたくなことはいつていられなかつたのです。逗子で經濟的に惠まれた、のんきな生活に入り二年間その人に愛は感じなくても若さをとりもどして、ダンスに、デパートに、と樂しく暮しました。でも日が經つにつれ、私は二號生活がいやになり、その不滿が爆發してとうとう「自分の買つてやつた品物は全部おいて出てゆけ」というところまでいつてしまいました。もちろん家に話もせず、もう東京もいや、横濱もいや、一人遠くの靜かなところでくらしたい。そんな夢のようなことを考えていましたが、本當は愛情がほしかつた。眞の愛情を求めて、私はさまよい歩いたのです。

闇から闇へ

それからの私は愛を求め、九州のはずれの長崎縣をふり出しに福岡・宮崎・熊本・大分の特飲街を一月から二月ぐらいで轉々としてあるき、その時移動證明書をおきつぱなしにしたため、高木先生に方々問い合わせていた

(寫眞は慈愛寮)

だいても今だにわからないのです。まじめな仕事を探しても、もうこんなになつてしまつては、望みはなし、身体さえあれば一晩に千圓の手取りになるし(二千五百圓かせいで)面倒くさいことはまつぴらとばかりに、ふしだらな眞暗な闇の世界をあるいてきたのです。こんなお店がいやだと思えば三千圓あればどこへでもゆけるという氣持になつてしまうのです。(三千圓とは周旋人の手數料です。これだけ出せばどこへでも世話してくれますが、一カ所に三月いない場合は女持ちになるのです)小遣がなくなればお客をとるし、お金があれば食事代毎日百圓づつで寢ていられる。もう蒲田にも手紙も出さず家の人がどうなつても、自分さえよければいい、したいことをして遊べばいいと、という氣になつてしまいました。

黑人に半殺しにされる

福岡の八幡市白河町の外人專門のホテルにいたときでした。色ちがい――というのは白人でもなく、黄色でもなく、すこし黑つぽい人種――の船が入港したとき、下級船員のエービーという船のりがどうしても泊るといつてきかず、私はいつものおかんむりで、とりたくないからいやだ、の一点ばりで駄々をこね、あんまりしやくにさわつたので私は「ゲラップ・ブラック!!」とどなつてしまつたのです。その人は怒つて、いきなりストーブに

かけてあつたヤカンの熱湯を私にあびせたのです。私は酔つぱらつていたのでたまつたものではありません。左の頭から肩・手・胴体まで熱湯がしみて服がぬげずころがりあるき、友達がエービーをとめるのもまにあわず、足でけとばされ、やけどにどろんこで二眼とみられない姿になつている私に、こんどはコックが場から肉切庖丁をもつてきて殺すといつて追いかけられました。マスターやバーテンがM・Pに電話をかけるやら、ポリスがくるやら、てんやわんやの大さわぎをしたことがあります。そのときの傷はまだ身体に殘つています。結局こんな事件も私がわるいというので治療費ももらえず、また借金をふやしてしまいました。こんなことがあつたので九州もいやになり、神戸の元町へゆきバーで働きましたが、ここではあやふく主人に六萬圓もの借金を背負わされそうになつて、ほうほうのていでトランク一つをもつて、岩國から名古屋へと逃げ出しました。

名古屋で借金なしで友達と二人で働いていたら、地元の與太公の仲間で私を知つていた者がいて「あれはトンズラしたナオ公だ（ナオスケとは隱語で女のこと）神戸に知らせればほうびがもらえる」というわけで私はまたつかまり、豊橋の東田という特飲街の豊光樓に前借四萬五千圓で賣りとばされてしまいました。もう仕方ないとあきらめて、ここではどうにかして拂つてしまおうと思いましたが、ますますやけくそになつてきて、毎晩一人でいつもお茶を引いて殘つていました。金はなし、汽車賃もなくどこへもゆかれなくなつて、八方ふさがりになつてしまいました。

悲戀の果て

金、金、金で取引ばかりされていた私に生れて始めての戀愛を神樣が授けてくださつたのもこの豊橋でした。お店には十人餘りの女の人がいましたが、相變らず私一人殘つていやだといつて今夜もで不貞寢をしようとしていたら、やり手ばあさんがやつてきて、「あんたのような變つた女の子がほしいんだつてさ、また變つたお客さんだよ、戀人同士でちようどいいよ」と惡態をつきながら連れてきた人を見たとき私はとびあがるほどおどろきました。胸がふるえて顔と顔と見合せたまま、しばらくものも云いませんでした。その人こそ私が求めてさまよい歩いた人だつたのです。はじめて會つて、こんなにも心のふれあつた人に出あつたのは、このときだけでした。小母さんは私がいつもに似合わず默つているので、これなら落付くと思つたのか二人を殘して出ていつてしまいました。愛知大學の學生でYさんという人。私の心の奥底深く、はつきりと印象づけられてしまいました。一晩寢ずに語り明して再會を約束して別れたけれど學生の身分としてそう度々來て遊べず、會えなければますます會いたくなるのが人情で、日曜日の書間散歩しながら、いろいろな勉强の話、私の知らない世界の話、Yさんの家庭の話など、どんなに樂しかつたでしよう。ほんとうに生きがいを感ずるようになりました。けれど卒業と同時に豊橋を去るとのこと、せつかく心に求めていた人と別れてまたひとりぽつちになつてしまう、これから先誰をたよりに生きていつたらいいのか、こんなことを思いつめた結果、私は彼の見送りに驛までいつて、そのまま一緒に汽車に乘つてしまつたのです。Yさんの家にはつれてゆかれず一晩二晩は旅館で泊れても、二人の氣持ははなれたくないという氣持でいつぱいでした。三日目にはお金もなくなり、行詰つて三浦岬の海岸を二人で死場所をみつけてさまよい歩きました。私は二度とあんなところにかえりたくないし、また彼とははなれたくない。彼は今自分がはなしたらあなたはまたどろ沼の中にもぐりこんでしまう、どんなことがあつてもはなさない、二人のそんな切ない氣持が心中まで追いつめてしまつたのです。アドルム、ブロバリンなどといろいろの薬を買求め、私たちは逗子の海岸を死場所にきめたのです。

　三日目の午後八時頃のんで二人の身体をしばりつけて、こんすい狀態に陷つてしまつたのです。三月の夜風はまだ冷たかつた。私が氣がついたときは逗子の山寄りの病院でした。私は一番先にYさんを求めました。けれどそこに彼の姿はなく、警察と豊光樓の主人だけでした。彼は死んだのです、私一人を殘して。私はくやしかつた。心中の生殘りとして身体の恢復をまつて警察の取調べ、Yさんの父母のなげきと恨み、そしてまた借金のこと。私は何度死を選んだことでしよう。嚴重な見張りのためにそれもできず、またまたあんなにいやでたまらないお店につれ戻されました。そこにまつていたものはYさんの思い出ばかり、私は心の苦しみにたえかねて思わず「あゝ神様私を救つて下さい。私はどうしたらいいのでしよう」と心から叫びました。その時から私の眞暗な心には少しづつ光がさしはじめました。「そうだ毎日神様にお祈りをしよう」そういう氣持になつたのです。

警察に相談したが

　豊橋から東京の洲崎の特飲店ポートに住替えをして、借金をへらそうと働きました。でもとてもたえきれず深川の警察にいつて相談しましたところ、まだそんなに丈夫だし、働けるから借金だけぬいてしまえといわれ、またどうにでもなれ、という氣持になりはじめ、吉原・船橋・横濱の本牧と渡りあるきました。もうそのころ私の身体は病氣がひどくなつていたのに、私は氣がつかなかつたのです。なぜといつて特飲街の檢診は血液檢査はしますが、少しもにごつていなかつたし、局部の檢診もいつも淋菌なしで通つていたのです。

病氣となつて

　横濱の本牧といえば昔からのチャブヤ街です。そこのあまり大きくないお店で働くようになつたとき頭が重く、身体がだるくて毎日毎日食事もすすみませんでした。しかしブラブラして働かなければ、本牧は食事代一日百圓、それに毎日の檢診代五十圓、雜費百圓が毎日の借金になるのです。でも働く氣持もなく死んだ人の思い出をたどり泣きくらしておりました。もう强い氣持もくだけ、どうにかしてすつかたぎになつてまじめになりたい、妹や弟に會いたい、という氣持が强くわいてきたのです。でもそんな氣持のわいてきた時はすでに妹は自殺して亡き母のところへいつていたのです。私は行方不明、妹も話相手もなく貧乏にたえきれず、病氣にも負けてしまつたのでしよう。かわいそうなことをしてしまいました。妹とも女の姉妹としてやさしくいたわりあつたこともなく死なしてしまつたのです。私の罪の深さ！

幸運の指環

　こんな私の氣持をあわれんで下さつたのでしよう。私の借金を拂つて下さる人を神様はあたえて下さいました。ハワイから母國に觀光にきていた一世の方で吉田始さんという方でした。昭和三十年六月、私にとつてこの年は私の生れ變つた年でした。六月のある夜かなりひどい地震がありました、あまりゆれるので表にとび出したのです。コックの小母さんと二人でした。その時チヤブヤ街の入口で背の低い小ぶとりの紳士がなにか探しものをしていたのです。その人が吉田さんだつたのです。暗がりで探しものをしているので氣の毒になり、私はおもわずかけよつてマッチをすつてあげました。なにを落されたのかおききすると、指輪を落されたとのことでした。私も小母さんも一所懸命にさがしてあげましたけれどとうとうみつかりませんでした。でも私は私のお店と名前を敎えて明日の朝、明るくなつたときに探してみましよう、とお約束したのです、薄明るくなるのを待ちかねて私は一人でとうとうみつけました。ドブ板のフシ穴の石のかげになつていたのです。この指輪が私に幸福をもたらしたのです。おひるすぎ電話がかかり、私は指輪をもつて伊勢崎町のレストランまでとどけにゆきました。どんなによろこばれたことでしよう。ありがとう、ありがとうの連發でした。よほど高い指輪だつたのでしようか。そしてなぜあんなところで働いているのか、また顔の色が悪いけれど病氣でもあるのではないか、ときかれました。あまりやさしくしてくれますので、私は思わず吉田さんにとりすがつて泣きました。そして一部しじゆうを殘らず話しました。そうしたら、そんなにお金がほしい立場にあるのに正直にとどけてくれた、といつて非常によろこび、そしてけつして力をおとさずにまじめにしていなさい、きつといいことがあるでしよう、といつてはげまして下さいました。それから三回位食事にさそつて下さつて、その度にお小遣いを下さつてはげましてくれました。吉田さんは七月の末ハワイにかえられてお便りでおつきあいをしていました。八月半頃、横濱本局あてにハワイから五萬圓近くの大金を送つて下さいました。その時のよろこび、吉田さんは一言も私におつしやらなかつたし、お便りにも書いてなかつたのです。それだけにどんなにうれしかつたことでしよう。そのお金を手にしたとき私は氣が遠くなりそうでした。

堅氣の仕事を探したが

早速借金を拂い、その日のうちにまじめな仕事を探して歩きまわりました。けれど水商賣が身にしみていてどこへいつてもかたぎのお店では相手にしてくれませんでした。横濱の街はづれの工場にもゆきましたが、あなたのかつこうじや働けそうもない、といつてことわられました。なんという情けないことでしよう。そうこうしているうちに送つて下さつたお金もあますところわずかになつてしまいました、私はあせりました。まして病氣は日一日と重くなり、夏のうちでも涼しいところで働きながら養生したらとのマダムの言葉に私は御殿場の先の須走りの小料理店に世話してもらいました。小料理店とはいいながらやつぱりお客をとるお店だつたのです。でももう私には借金がぜんぜんないのですから、そう悲しんでばかりはいませんでした。ハワイの吉田さんにおしらせしましたところ、早く病氣をなおして更生して下さい、それをたのしみにしております、とのお返事がまいり、私はこんなところへきてしまつたことを、ほんとうに後悔しました。でも夏だけでもここですごして、とにかく東京に出てみようと九月の十一日に東京に出るべくハンドバック一つで御殿場まできました。

偶然見た週刊誌から更生へ

汽車をまつ間、プラットホームの賣店でなにか讀物を見ようとしましたところ、先客が手にしていた本を私はほしくなり、ほかにいろいろならべてあるのに見向きせず、その人がおくのを待ちかねて買いました。九月十一日號の「サンデー毎日」だつたのです。その本に慈愛寮の更生施設のことがくわしく書いてあつたのです。寮長先生は福田勝先生で、吉原通いで有名な方とか、そして婦人矯風會は婦人の更生のために古い歴史をもつているとか。私はその記事に吸付けられるようにむさぼり讀みました。そうだ私はここへいつてみよう、新宿區百人町とは私はいつたこともないけれど、ききながらいつてみようと、とびたつおもいで汽車に乗り、大久保に降りました。どこへいつていいかわからず、教會でき いたところ、すぐにわかりました。やつと安心して住めるところにきたと思つたら、ドアをあけるまえに涙でかすんで入りきらずにたたずんでおりました。

慈愛寮の生活

　老年のやさしそうな和服の先生が出てこられて「何の御用ですか」ときかれたとき、もう以心傳心というのでしょうか、じつと先生のお顔をみつめていたら「ああわかりましたここに入りにこられたんでしよう」何も私が云わない先にそうおつしやつて下さいました。事務所に通され、今までのいきさつを話し、そのなかばにもう涙で聲が出なくなつてしまいました。こうして私はこの更生施設に入れていただきました。

　旋設での始めての朝、今までおひる近くまでねていて夜と晝とをとり違えた生活だつたのに、いきなり六時にブザーがなつた時は、さすがにいくら起きようと思つても起きられずに困りました。タバコがすいたい、今まで二箱も三箱もすつていたのに、昨日から一本もすわずにいたので、なんだか氣持がわるくてしようがない。でもその日から私はピタリとタバコをやめました。

　朝も六時には一度もおくれたことがなく起きられるようになりました。ここに入つた最初の月曜日に保険所に検診にゆき血液検査をうけましたところ、結果はきくのもおそろしい梅毒四期だつたのです。もう半年もおそかつたら、私は松澤病院ゆきになるところだつたのです。なんという恐ろしいことでしよう。私は全身に冷水をあびせられたおもいでした。

　寮にかえり寮長先生に「先生私はここにくるのがおそすぎました、私は梅毒四期になつていたのです」といつて泣きくずれてしまいました。先生は「ものはとりようですよ、ちつともおそくはありません、治療さえすればなおるんだから、ちつとも心配しなくても大丈夫ですよ」となぐさめて下さいました。先生方や皆さんが力づけて下さいました。今まで働かなければ食べさせてもらえず、まして病氣なんていつたら、どこでもいやな顔をされてきたのに、なんというやさしい言葉でしよう。私は心にちかいました、こんなにいい先生方のいるところで、きつときつとまじめに更生して一人前の社會人になり御恩返しをしなくてはならないと心にきめました。私は一ケ月くらいは朝の集會の時に聖書をよみながら、讃美歌をうたいながら、感謝の氣持で泣きました。私は家庭から遠ざかつていたためお裁縫もできず、御飯をたくことさえ知らなかつたのです。炊事當番にはじめて當つた時私は何度も鉋丁で手を切りそうになりました。ここにきて約五カ月、皆様の慈愛の中で病氣もだんだんよくなつてきまして、先生方のお骨折りで、六年ぶりで家族の者と會いました。母は三度目の母ですがとてもよくしてくれて、弟達も立派に成長して、すぐ下の弟は昨年私がここへきたころ結婚したということを知りました。やつぱり生きていてよかつたと近頃ではしみじみと思います。

× ×

　これから先のことはきめてありませんけれど、一日も早く病氣をなおして私のように特飲街で働いていて、事實どうにもならない人たちに少しでも私がこういうようにして、まじめになれたことを教えてあげたいと思います。

時評

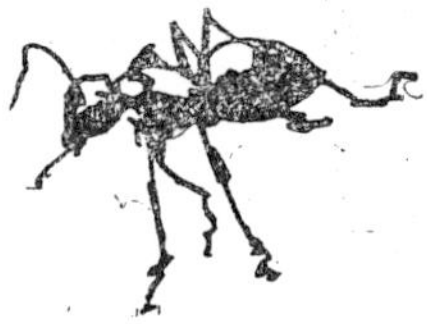

しのび寄るインフレの足音
——三十一年豫算——

榊《さかき》原《ばら》千《ち》代《よ》

一月末から二月初めにかけてふとした病氣で寝こんでしまつた私は、恢復とともに久しぶりで外出し、都電に乗つたものです。降りようとして何氣なく切符を渡すと、車掌が「もう三圓お願いします、値上げになりましたので」という。うつかりしている間に都電も上つてしまつたか。地下鐵も値上げになつたという話。收入は増加しそうもない氣配だのに、國家公共の國民生活、市民生活に密接な關係のある面から物價は徐々に、徐々に上つて行き、そうして金の値打ちはどんどん下つていきます。世界一高い酒を呑まされるという酒飲みの泣きごとは、私たち家庭婦人にとつては大切な米の穀つぶしの愚痴とそう氣にもしませんけれど、砂糖の値上げなどは、早速臺所にひびき、殊に子供の榮養にこたえます。

參議院議員の選擧を控えて、その選擧對策から今こそ國民に氣兼ねし遠慮して据置きにしている米價も、選擧が濟んだその後の國會では値上げは必至ですし、それにおくれじと相前後しての私鐵、バスの値上げ、ガス・水道、電氣電燈料の値上げ、汲み取り料の値上げなど、その直接の被害はもちろん見逃がすことはできませんけれど、それらが原因となつての、また口實となつての一般必需物資の値上げ、また厚生利用施設の値上げ、たとえば風呂代、洗濯クリーニング、調髪、パーマネントの値上げというようなことが、次から次と起つてくるだろうということ、これは國民生活にとつて全く由由しいことです。

經濟研究所などの國民經濟事情についての專門家はセンイをはじめ物價は概して當分横ばいを續けると思うから、家庭の主婦は買い急ぎをせず、今のうちに貯蓄をするべきだという勸告をしています。そういうすすめに從つて一生懸命一家經濟のやりくりをし、少しでも多く貯金をしていつたら私たちの生活は豊かになり、生活が安定して落ちついていられるでしょうか。貯蓄は今年度は戰後最高の蓄積額を示したといわれます。しかしそうした民間資金さえも來年度國家豫算に動員されようとしています。

一万田藏相は民間資金動員のために資金審議會を作つて、資金計畫は金融機關と相談して決るといつていますが、このことは金融資本がやがて國家財政を思うようにふり廻していくきつかけにならないとは云えません。主婦たちがどんなに骨身を削つて働いてもどうにも餘裕のできない貧相な私たちの生活を國家豫算と關連させて見きわめ、その大部分の原因を探りあてたいと思います。

三十一年度豫算編成に際して、一万田藏相は、諮問機關である財政懇談會は、財政の健全化を目ざさなければならない、と答申しました。そういう財界の要望におされて、政府も健全財政という建前に立たざるを得なかつたにもかかわらず、それがついに一兆圓のワクを超えて、一兆三百四十九億二千二百萬圓という金額にふくれ上つたということ、絶對多數の議員をもちながら政府案を支持する代りに、自民黨議員たちが選擧對策のためのわがままな經費をかつさらい取つたという感じがします。いうまでもなく國家豫算の財源の大部分は國民私たちの税金です。そうして國民の税負擔の能力は限度にきています。多くもない所得から取り上げられる税額は、時に何のためにわれわれは働いているかという疑いを抱かせることさえあります。いろいろな拔け道を示して、税金をゴマ化す相談をする經理士などいう新職業が繁榮している事實を政治家はどう見ているのでしょうか。國民の力、國家の身分不相應な豫算を私たちはおとなしく眺めていていいのでしょうか。

新豫算では源泉徴收をうける勤勞所得について勤勞控除をごく僅か、今までの一五%（最高六萬圓）から二〇%（同八萬圓）引き上げることが決定されたので夫婦子供三人の標準世帶では年收二十三萬八千七百十圓までは税拔き、また月收三萬圓の標準家庭では天引税金は月三百七十五圓助かる。これが低額所得勤勞者に對する唯一の福音だといわれています。しかし、前述したように、やがて再燃するに違いない消費者米價の引上げ、國鐵運賃の値上げや、それがハネ返つて諸物價に影響することを考えれば、とても手放しで喜んでいる譯にはいきません。税の取りたて方についても大資本家や大企業家の經營する企業の利潤は、租税特別措置法などによつても、その税率はあまりに少く、私たち一般大衆と比べてあまりに、不公平、不當だという非難が多いのです。

さて、一兆を突破したこの豫算はそれならばどう使われようとしているのでしょうか。

二月三、四、五の三日間、婦人參政權獲得十周年を記念して、全國婦人議員大會が共濟會館で開かれました。婦人の國會議員、都道府縣議員、市町村議員、敎育委員など四百名をこえた議員が出席して、過去十年の業績を反省し、將來の進み方などについて討議したとき、さし當つて婦人が協力して活動すべき問題として賣春禁止法の制定と母子福祉對策が取り上げられることになりました。保守革新入りまじつた婦人たちが、どの程度まで歩調を合わせて進んでいくことができるかは別として、これだけ婦人が一生懸命になつてその成立を願つている賣春禁止法は新豫算では全く無視されて、その對策費が全然計上されていない。救濟の道がないので、賣春婦に對する處罰は各地の條例にまかせ、ひたすら業者を處罰す

短歌

萩《はぎ》元《もと》たけ子《こ》選

吾子三人成長まではとおのずから吾れの心のゆるむ事なし　木内哲子

かなしきは母のまごころスタンプの數增してゆく吾子にやる通帳　同

貧しきは宿命なりと思はじと闘志抱けりつづれつぎゐて　渡邊辛惠

忘れ得ぬ父なり母なり子なれども花なき靈前いく日もつづく　同

「努力認む」と吾子のことをば云ひ給ふ師の前にただうなづきて居る　杉浦一枝

る方法をとるというのですが、貧しさや家出などから賣春婦に轉落しようとする女たちを救う一切の手段、更生保障がなくて何の賣春禁止法でしようか。

母子福祉對策と關連する母子福祉貸付資金は一億減額されて三億だけ、年間の貸付金回收金額一億圓と見こんでその分歳出を儉約しようというみみっちさ。兒童保護費などが七十五億圓となつて四千八百萬圓ふえたのは、收容兒童が一萬一千人增えたので保育所などを增設する費用と、今迄兒童に對して野犬狩りでつかまつた犬並の食費を支給していたのを六圓何十錢か値上げして、人間の子供としての待遇にやや近ずけようとしたためだといわれます。

それにしても約二百萬人を對象とする「生活保護費」、失業保險やニコヨン二十五萬人などに對する「失業對策費」、全國で百五十萬といわれる結核患者に對する「結核對策費」、その他「遺族や留守家族の援護費」、健保、國民健康保健などの「社會保險費」など、しめて千百三十四億圓、防衞關係費よりも二百七十億圓も下廻つているという事實は、民生安定などということが、どんなに冷淡に粗末に扱われているかということを物語つています。

生活保護費が約十四億圓ふえたのは、四萬八千人保護人員がふえた勘定にしているのですが、事實保護を要する國民の數は六百萬だと厚生省さえ算定しています。食うに食われぬ貧乏が原因のあわれな一家心中の記事が毎日のように新聞紙上にあらわれているではありませんか。義務敎育豫算も國庫負擔三十八億圓の增加で、數字の上では明かに增額されているように見えながら、敎育の實態からみれば減額です。生徒の數は五十一萬人もふえているのに新規採用の先生の數は八千人しかふやさないで、六千人もまだ足りないという現狀。將來に期待と希望をよせる少國民の敎育がこれでいいでしようか。

社會保險費の赤字は、結核治療費の增加が大きな原因であることが明かでありながら、その對策費は一向增えず、だから健康保險の患者は赤字穴ウメの片棒をかつがなければならない。二月十三日社會保障審議會ではかねて檢討中であつた健康保險改正案について答申していますが、その中で醫療給付費に對する國庫負擔について、何ら法的措置がとられていないこと、結核對策も厚生省案は何ら具体的方針を示していないこと、などを指摘し、また患者一部負擔制度については財政對策として行うことには強く反對しています。當然なことです。

住宅はといえば、數だけ大きく呼號しながら低家賃の公營住宅建設は減じて、高家賃の公庫公團住宅建設本位に傾いたり、國民の自己負擔による建築に肩代りさせたりしています。巷には失業者の暗い顏がみちているのに、特別失業對策費などは本年度と同樣對象人員は二十二萬人。一体主權者の要望はどこに實現しようとしているのでしようか。主權者の聲は反響もなく虛空に消えてしまう。

前述のように社會保障關係費は軒並おしつぶされて、豫算全体に對する割合が三十年度の一一・五%から三十一年度は一〇・九%に格下げされ、しかも明年度總豫算は本年度當初豫算に比べて、四百三十六億圓の增加、そしてそれら增加分の九〇%まで防衞關係費や恩給關係費、地方財政の赤字穴ウメのためにくいこまれています。

實際防衞關係費は私たちがアレヨ〱と眼をみはつているまにまかり通る。同時にまた眼をみはらずにいられないのは、恩給關係費です。三十一年度舊軍人遺家族等の恩給費は七十四億圓もふえて七百二十六億圓。二十八年四百五十億圓の軍人恩給が復活して以來、年々歳々ウナギ上りの增額ぶり、三十二年度は文官恩給と合算して一千億になんなんとする巨額になり、税負擔にあえぐ國民私たちの一つの脅威です。こういう一部の國民をうるおす經費の少部分でもが、轉落瀬戸際にあるあわれな少女を救つたり、寄邊のない老人の老後を安らかに、とまでいかなくても、その生活を保障する厚生資金に廻せないものか。豫算がないとつつ放している冷酷さ。

戰爭をおそれ、再軍備に反對する國民の聲をしり目に、防衞關係豫算は破格の優遇を受けてまるで別格豫算扱い。各省が大藏省に對して復活要求で大騷ぎをしている時、防衞廳だけは涼しい顏をして高見の見物というのんきさ。一万田藏相は「毎年防衞費だけが財政計畫の中で特別扱いされるのは、昔の臨軍費同樣さきざき國民の非難をこうむるおそれがある」ということを發言したそうですが、財源ねん出のために頭痛鉢卷の政府・與黨でさえ、防衞費についてはタブーのようにふれようとしないのは、まさに軍閥華やかなころの臨軍費を思わせます。國會も政黨も一言の文句もさしはさむことのできない、惡魔のような臨軍費、その使い方もめちやめちやで横暴を極めていましたが、防衞費もいつも無駄使いが多くて、會計檢査のやり玉に上つています。大藏省の原案は最初大ナタをふるつて八百九十億圓程度だつたのを、だんだんふやして、最後は九百四十四億圓で防衞廳との話しあいもついたというのに、アメリカ側の一聲で千億圓臺にハネ上つたのだとか。そこで、一体防衞豫算は日本を防衞する豫算なのか、アメリカの世界戰略の一環としての日本財政やりくりにはお構いなく組まされるものなのか、國民は頭をひねらずにはいられません。貧乏な日本が、またあらゆる武力を放棄したはずの日本が、近代的な裝備をした軍隊――しかも他國に十年も二十年もおくれながらよちよちついていく軍隊――をもつために、年毎に厖大な豫算をとり、國民生活はみじめに壓迫されて防衞產業だけが榮えていく。賠償費などは影もうすく削りとられて、かつての軍國主義日本がいためつけたアジアの國々との親善も、貿易も、スムースには運び得ないで、世界に立ちおくれていく。高崎經濟企畫廳長官は對比賠償が妥結することになれば「當然補正豫算を組まねばならない」といつています。ぎりぎり一杯の豫算、災害一つ起つても補正豫算にたよらねばならないし、そうすればまたインフレは避けられない。總理府統計局の調べによると一月の消費者物價指數(東京)は、前月に對し〇・三%上昇し、昭和二十六年基準で一一五・六となつた。これは魚介、野菜の値上りで、食料指數が〇・五%騰貴したほか、水道料金二〇%値上り、家賃地代の續騰で、住居費指數が二・七%上昇したためで、本年一月を境に諸物價は上昇傾向に入つたことを示しています。

インフレのない、擴大をめざした三十一年度日本經濟は、豫算面で、國力不相應な消費增大を齎して、擴大のないインフレの豫想に國民生活がおびやかされています。國會で吉野運輸相は、國民の反擊を恐れてか、國鐵の値上げはしないと、ついに答辯しましたが、このような不健全な國の豫算に私たちは常に鋭い批判の眼をむけていなければならないと思います。

執筆者紹介

倉田君惠氏　明治四三年長野縣生れ。東京女高師卒、專攻　物理化學。都立小松川高校敎諭、著作　中學校理科資料單元。

ふるさとの思い出
（3）

お彼岸から花まつりまで

三《さん》瓶《ぺい》孝《こう》子《こ》

1 彼岸

そのころの三月節句は舊暦でしましたから（いまはひと月おくれですが）節分から新暦の三月半までは、雪の中にじつとしていました。お彼岸が近づきますと、根雪もとけ、日のあたるあたりは若草も萠え初め、庭の白梅、赤梅も二輪、三輪と咲きそめました。

佛敎では生死を此岸、業煩惱（ごう、ぼんのお）を中流、涅槃（ねはん）を彼岸（ひがん）といいます。菩薩（ぼさつ）の御慈悲で衆生（しゆじよう）を極樂淨土に渡す日がこの彼岸なのです。私達がお彼岸のお祭りをするのは、先祖の御靈が無事に極樂淨土のねはんにはいるようにと祈るからなのです。

下市の墓地は、明治の半以後のものは、みな信夫山（しのぶやま）という低い山にありますので、どこの家でもお山へお墓まいりに行きました。お彼岸の花は、ねこ柳と椿にきまつていました。母が宰領で、兄と弟と私と女中とが、花や線香、やかん、マッチなど手わけして、山のお墓へまいりました。

山の登り口には茶屋がありまして、そこで花筒にいれる水をもらい、花を買い足したりしました。

山へいつた人は誰でもこの茶屋で休むことになつていました。これがまたお墓まいりの樂しみの一つなのです。この茶屋では田樂を賣つていました。餅、里芋、コンニャク、豆腐などを串にさして、爐の火でやいたのに、田樂味噌をつけて食べるのです。田樂は甘くて、辛くて、實においしいものでした。花見でも、お盆でも、この山へ行くことは田樂食べに行くことと同じようなものだつたのです。茶屋は春から秋にかけては人出のあるごとに開かれました。人出といつても混雜するようなことはなく、いつも靜かに山の景色をたのしめるものでした。

春の彼岸ころは、雪もとけ、春の日ざしもほのぼのとして、お山へのお墓まいりは、ころあいの行樂でした。

2 社日《しやにち》まいり

暦を見ますと、春分と秋分に近い戌（いぬ）の日に社日と書いてあります。春を春社、秋を秋社といいまして、大ていはお彼岸中の一日になつています。

私の故郷では、春のこの日に石の鳥居を七つくぐると中風にならないという傳えがありまして、これを鳥居くぐりといいました。F市を中心として七つの石の鳥居をくぐるのは相當の遠方まで歩かねばならなかつたのです。丁度、私の家の氏神さまにも石の鳥居がありますので、この日には、石の鳥居をくぐりに澤山の人が來ました。五十から六十先までの善男、善女、オハグロをつけた婆さん、孫に手をひかれた爺さんなど、近郷近在から數百人が、或は何々講という團体をくみ、或は三、三、五、五うちつれてやつて來ました。みな、辨當や菓子を信玄袋に入れたり、背に斜に背負つたりして、丁度、老人たちの遠足のようなものでした。見ず知らずの人々が、數百人も、次から次へとやつてきて、「ごめんなんしよ、鳥居をくぐらせてくんなんしよ」と、庭を通り、奥の石の鳥居まで行くのですから、今と違つてずいぶんのんきなものでした。

朝早くから、日の暮れるまで、私の家は屋敷中大にぎわいでした。善男善女の群は、袋に米と穴あき錢とをいれて來まして、石の鳥居の一方の柱を一回まわつては何か口の中で唱えながら、柱の根元に米をまき、また他の柱を一回まわつては米をまき、これを二回ほどくり返してから、神さまをおがんで穴あき錢をあげました。このために穴あき錢をとつてあるらしいのです。

私の家では、こうした善男善女のために朝から赤飯を幾釜も炊き、お煮しめをつくり、朱塗のめいめい盆に赤飯を盛り、これもまた朱塗の小皿にお煮しめをもつて、鳥居くぐりの人々に、一人づつ全部に出しました。朝早くから數百人も來るのですから、賄方は大へん忙しく、親類からも手傳人が來ますし、私達もお茶はこびを手傳いました。私の家ではこうして人に振舞うことを年中行事の一つとして功徳といつていました。澤山來るのを喜びました。米が豊富な時代だつたからです。

祖父母や父は、知り合の老人と挨拶したり話をしたり、母は接待役でした。觀音講、何々講という團体の善男善女は、この功徳にお禮をといつて、御詠歌や和讃をあげました。祖母や母もそれに和して唱しました。なごやかな都會では見られない風景でした。

一日こうして賑かにすごした彼岸の春の一日は、ほんとうに樂しい、うららかなものでした。昭和になつてからは、鳥居くぐりをする老人も少なくなりました。石の鳥居の數も多く建てられましたが、時代が變つたのです。たまに思い出したように、鳥居を尋ねて來る人があつて、ああ社日だつたか、というようになつてしまいました。それに米が統制になつてからは、いつそうこの習慣が消えてしまつたようです。

今考えると、夢のような、なつかしい、たのしい春でした。

3 花まつり

お彼岸がすぎますと、間もなく四月八日のお釋迦さまの御誕生の花まつりになります。何處のお寺でも花まつりをしました。私は祖母につれられてお寺へ行き、花の中の青銅の釋尊に甘茶をかけました。お釋迦さまは「天上天下唯我獨尊」と天を指さして、善男善女の衆生を眺めていられました。お寺の本堂の大きな如來さまの前には、白いダンゴが供えてあり、傍に釋迦涅槃《ねはん》の圖の掛軸がかけてありました。

私の家にも錦の表装の涅槃の掛軸がありまして、佛間に掛けましたので、私はいつもこの圖をよく見ました。

天上には五色の雲に乘つて箏を奏し音樂をかなでる天女とお釋迦さまのお母さま、左右には沙羅双樹、その枝に錦の袋がかかつており、横たわるお釋迦さまの周圍には泣いている人々、あらゆる鳥、獸、虫などが描かれていました。みなお釋迦さまのなくなられたことを悲しんでいるのです。

これらの嘆き悲しむものの中に、只二ついないものがありました。それは猫と燕とです。お釋迦さまのお母さまが、お釋迦さまに飲ませる藥を天上の國から鼠を使にしてとどけさせたのですが、その鼠を猫がとつたので、藥は沙羅の枝にひつかかつて、地上のお釋迦さまにとどきませんでした。錦の袋はこの藥袋なのです。猫はこのためにお釋迦さまの臨終にはべることが許されませんでした。燕はおしやれでオハグロをつけているうちにお釋迦さまの臨終に間に合わなかつたのです。

私はこの話を祖母から聞きながら涅槃の圖を隅々まで、いつまでも見ていたのでした。

――ルポルタージュ――

奄《あま》美《み》大島

倉《くら》田《た》君恵《きみえ》

昨夏機會に恵まれて日本の最南端の地、奄美大島へ旅行することが出來た。鹿児島から船で十八時間、戰後八年間もアメリカの軍政下にあり、やつと一年半前に日本に復歸したばかり、最近九學會が調査を開始した話題の島である。

私の屬した旅行團は東京都下の地理教育者の組織した研究團體で、それぞれ民俗、集落、地下水、砂糖、つむぎ、農作物、地質、商業、交通などの研究題目を分擔して、調査研究に當り、今月の一月下旬その結果の發表會が催されたばかりである。私共に先立つて調査に着手した九學會の研究結果はやがて發表されるであろうが、私共のはそれ程權威のあるものではないが、自身でその調査をして來たというところが教壇に立つ者の心の據所として强みを感じるのである。

このような目的の旅であり、かつ團員の多くは自前で費用を捻出しているので、宿舍も島の高校の寄宿舍に泊めて貰い、滞在も六日間とゆう短時日であるから、見聞も淺く、せまく、また取材も聞取りが多い事を、諒承せられたい。

婦人の生活を主に述べたいと思うが、それには大島全體の生活を基調として書かねばならない。大島は北緯二七〜二九度にあり、五つの島から成り、その中の與論島は北緯二七度一分で我國の南西端で沖繩島に近接する。從つて亞熱帶に屬し、氣候も、産物も風俗も本島とは異なつている。私共の團體が歩いたのは大島本島だけであるから、話題はここに中心をおく。地理的なデーターをあげると、大島な面積約七〇〇方粁、我國では佐度島に次いで大きい島である。市町村數は一一八、人口は二十萬餘。ここに注目すべきは人口の內譯で、女の數に對して男は二〇年前は七割、現在は八割しかいない。男は多く島をはなれて本土に出稼ぎにゆくのである。それは島には耕地が少く、地下資源も少いので、職を他に求めなければならないから、島には婦人と子供、老人などが取殘されるので、いきおい、島の農耕やつむぎ織なども婦女子の手で行われているのである。それに終戰後の長い占領期間中日本々土との交渉が絶たれたので、出稼地は專ら沖繩に向けられていた。日本復歸後は外國となつた沖繩から送金も、歸宅も絶たれたので、働き手を失つた家族は生活保護をうけなければならないようになり、現在七〇〇家族も（三千五百人、住民の一・六パーセント）生活保護をうけているという。しかし精神的には復歸のために明るくなつた。というのは被占中は軍政に對する批判も口にすることもできず、壓迫感をもつた上に、お互同士の猜疑心から暗い日々を送つていたことは日本々土の皆さんも經驗されたことであろう。これが大島では八年間の長期であり、かつせまい島内だけを行動範圍としていたのであるから、復歸後の精神的開放感は且ての我々の過去の經驗に數十倍するものであり、生活保護家庭を出したことはその出血である。この傷が一日も早くいやされることを願つて止まない。

次に地形に眼を向けてみよう。

古生層及中生層を主とし、最高は七百メートル位の起狀の多い島で、壯年期に侵蝕された後沈降し、海岸は深いリアス式のものが至る處にみられる。それで平野に乏しく耕地が少い。附近の海に黒潮が流れるため、多濕多雨、毎年猛烈な颱風にみまわれる。家屋はすべて平屋茅葺でそまつな木を使つてある。家もせまく、低いが、防風用の石垣はさんご礁の破片を積重ね、ガジマルの庭木をうえて、氣根を多くはびこらせて防風林としている。颱風の關係で日本々土のように十月取入れの米は栽培されず二期作をしている。私共が滞在した八月～九月は植付がすんで刈來れた稲をほして脱穀していた。このため婦人は朝早くから夕刻まで南國の太陽の下で眞黒になつて働いていた。この作業も男より女の方が多いようにみうけた。二期作をしても米は反當收量が少く、二期合せても本土の一回作に及ばない。不足米は年八萬石で本土から輸入する他はないが、島民の大部分は甘藷を常食としている。復歸の際本土から米に事缺かすまいと大急ぎで政府が配給米をつんだ船をまわしたところが、島民は殆ど米を買わなかつたという話をきかされた。金のない島民は米を買つて食べる餘裕がないのだそうである。島の換金産業は黒糖と大島紬である。黒糖は島津藩政時代から盛に奨勵されたが、御多聞にもれず植民政策として糖のまま安く買上げられていた。現在は島内で泡盛その他に加工されて島外に輸出される。

紬は男手の少いこの土地の唯一の婦女子の内職であつた。織物というよりは手工藝品とよんだ方がふさわしく、絣模樣を合せるためにたてよこの糸を一本々々引張るので混入つた模樣では一日に三～四センチしか進まないこともあるという。戰爭中は島の若い女性が徴用されて軍需工場で働いたので、紬をおる技術が低下し、今日織姫の平均年令は四十歳を超えるとのこと、中學卒の少女を見習工として仕立てつつある現狀である。織られた紬も服裝の變遷と高價（織賃三千圓、取引所を經て一反一萬五百圓となる）で輸出も振わず、島の收入は男性の出稼ぎに頼つている。

食物は常食に甘藷を用いていることはすでに述べたが、間食も主食も藷甘、氣溫が最低六度であるから、一年中貯えられることも常食化した原因である。副食は野菜の煮付など、味噌は大豆にそてつの實を四分位まぜたものを用いている。魚や肉は中流家庭でも一週一回位、一寸都會をはなれた農家ではもつと少く、正月に豚を奢つて食べ殘りを味噌づけにして食べるのが唯一のごちそうであるときいた。復歸後物資が本土から來るようになり、街頭に並べられた商品をみると、野菜、果物から紙まで本土からの輸入であり、價格も本土より割高であり、魚や牛豚肉は島内のものでこれは逆に本土よりやすい。島内でとれた野菜は交通が發達していないので移動が出來ずむなしく豚などに食わせているのである。しかし、大島の復興計畫は着々と行われているので、近い將來バス道路も開かれ、トラック運搬も盛になることと思われる。大島の人々は八年間の空白を埋めるのに懸命な努力をしている。

總體的に女性はよく働いていた。しかし總體的に大島は貧しい。榮養も低い、學童の榮養狀態は平均一年おくれている。昨年夏開かれた日本母親大會に東京まできて基地反對を叫んだ若い主婦にも會うことができた。その主婦は島の女性の苦しい生活を訴えたが、又島の女性が精神的に明るくなつて來たことをつけ加えるのも忘れなかつた。現在の島民の生活は決して樂ではない。それは本土の終戰後二、三年の狀態を想起すればよい。それに重工業もなければ土木業もまだ盛でない。高校生がアルバイトをしたくても職がない、夜間課程もないので、少し生活がつまると退學せざるを得ない狀態で氣の毒に思つた。それに山間僻地では未だ女權は低く、女生徒が生徒會の會長に選ばれても教師がそれをやめさせると語つてくれた女教師もあつた。いろいろな點で本土より數年おくれている。

又識者の内には今後島民の進む方向は實業界に向けられるべきだと語つている。從來は役人や警察官になるのが島民の理想像であつたが、もつと他方面に伸展せよというのである。それで高校には昨年から水産科ができたが希望者は未だ少い。しかし島民はすべて素直で明るい性格をもつているから、その伸展は案外速いであろうと思う。

婦人界だより

婦人月間 婦人週間 行事

勞組婦人部

日本教職員組合

第三回婦人月間はこんなに進めましょう。

總評婦人協議會が婦人月間のよびかけを始めてから今年で三回目になります。特に本年は婦人參政權獲得の十周年にもあたり、婦人の運動もかなり活溌に進められています。一方政府は戰争準備を本格的に進めるために憲法を改悪して家族制度を復活させ、婦人を家庭にとじこめようとしています。六月には參議員選擧も行われます。こんなとき私達はもつと強い力で婦人月間を推進しようということです。

◎婦人月間推進の基本方針

未組織の勞働婦人をも組織し、婦人勞働者の統一と團結をめざして努力する

職場における男女差を撤廢し權利の確立をはかる

社會保證制度の擴充を要求する

憲法改悪、家族制度復活に反對する

原水爆禁止、日ソ國交回復問題等については全運動の中心となつて推進する

春季斗争推進の原動力をつくる

◎運動と行事

職場、地域で不滿やなやみを話しあう

職場交流、地域婦人との懇談、講演會、婦人大會の開催など

◎中央で豫定される行事

働く婦人の集い(假稱)の開催

全勞、新産別、總同盟、中立組合等へ働きかけ、廣く協力して全日本勤勞婦人の集會をもつ。(四月十九日、廿日頃)

四月廿一日に豫定される家族制度復活反對連絡協議會主催の**憲法を守る婦人大會**に合流、婦人の意志を明確に表示する(準備會にて決定の豫定)

つづり方運動の推進(各單産にて行い、總評において集約する)

日教組婦人部としてはこの總評の行事の中で教師の立場から巾の廣い活動をするつもり、この月間は引つづいて婦人週間に及ぶことになる。

總評婦人協議會

日教組に同じ、それに附加して

一、婦人問題專門家との懇談會を開催する

婦人問題專門家といわれる婦人の文化人がかなりいられるが、その方々と總評とが話し合う機會はほとんどなく、バラバラな姿で活動していられる。そこで私達としては婦人勞働者の問題について、先生方の御意見を伺い、また、婦人勞働者の實態をより深く理解していただき、互に協力提携していくための懇談會をひらきたい。

一、働く婦人に關するいろいろな研究會をひらき、資料などを作成する

一、各單産、地評においては

婦人月間の主旨を組合員に十分宣傳し、下部において創意性にとんだ運動や行事を計畫するよう指示されたい

全遞信從業員組合

全遞婦人部は總評の方針にしたがつて婦人月間の行事を進めて行くが、中でも特に今年力を入れたいのは

(1) **つづり方運動**

(2) **中央の働く婦人の集いに平行して各地方でも積極的に参加する**

(3) **職場での話し合いをもつと進めていく**

職場における既婚婦人の問題が全遞でも出ているので、女同士がもつと手をつないで何でも解決して行きたい

(4) **特にこの月間、母體保護運動と勞基法を守る戰いとを平行して進める**

全國電氣通信勞働組合

中央では總評の催しに協力して行く、公社は婦人週間の行事には婦人教養費として經費を出すので豫算の面からは婦人週間の行事が主になるだろう。しかし企畫には全面的に組合側がタッチして行く。

母體保護月間とも重なるので今年も**母體保護**をテーマとしたつづり方を集めて文集を作る。

職場の話し合い　役付の人は自分が使用者の立場に立つたつもりで下の人のなやみ、苦しみを親身になつて、考えてくれないことがある。皆同じ勞働者なのだから、お互にもつと話しあつて、そうしたトラブルを解決して行きたい。

毎年中央の指示で婦人月間の行事をするのでマンネリズムになつたようだという批判もあるので何とかしたい。ただ偉い先生をよんで時間を氣にしながら講演をきくより、自分達の問題を納得行くまで討論した、という例も昨年あるので月間を一人々々の身近なものにしたい。

具體的な計畫は四月に豫算が出てから立てるがポスターとビラは作ることになつている

全專賣從業員組合

日本婦人勞働者の統一を基本とする總評の方針に添つて左の運動を行う

一、婦人組織の統一をすすめるため單産婦人部との懇親活動

二、專賣内の各工場毎の交流を密にしよう

なお、昨年末より春季斗争にかけて行われている「**母體保護**」運動をこの月間中はとくに强化する

從來は綴方運動が中心だつたが、今年は職場内の統一を土臺として行うことが本年の特長。

國鐵勞働組合

二月二十三、四の兩日中央委員會を開き、ついで同月二十五、六日に全國婦人部長と家族組合代表との會議を聞いて具體策を決めるが、總評の方針に基き、その職場々々のもつ問題を具體的に細部にわたつて掘下げて話し合い、婦人の地位向上をはかつていきたい、また現在おろそかにされている母體保護の運動を强力に打出す。

大阪總評婦人部

各單産から婦人の實行委員をあげ、全生保、全損保、百貨連盟等に呼びかけて四月の婦人週間を中心に「**働く婦人のファッション・ショー**」の開催・「**婦選十周年記念大會**」(婦人團體・政黨共催)を持つ計畫を進めている。

なお同婦人部では昨年十二月より本年二月までを「權利擁護」期間として職種別懇談會を開いていたが、そのしめくくりとして、二月二十一日「**靑年婦人の權利擁護蹶起大會**」を催し、後市外デモ行進を行つた。

婦人月間＝三月八日〜四月十六日

婦人週間＝四月十日〜四月十六日

婦人議員及び婦人教育委員數
(三十一年二月現在)

衆議院　八
參議院　一〇(全國區六・地方區四)
都道府縣會　三一　**市區町村會**　六七一
婦人教育委員　八一九

「全日本婦人議員大會」から

編集部

前號既報の婦人參政十周年記念行事の一つ「全日本婦人議員大會」は豫定通り去る二月三日から五日まで共濟會館並びに衆參兩院議員會館で開かれた。出席者は婦人國會議員はじめ地方議員、教育委員四百八十名、婦人團體、勞組婦人部より特別傍聽人として百五十名、その他一般傍聽者を合せて約七百名であつた。

第一日目の三日は午後一時から共濟會館で開かれ、開會の辭、祝辭等について、次のような大會議題についてそれぞれ國會議員から提案理由の説明があつた。

一、いかにして婦人議員及び婦人教育委員の質の向上と數の增加をはかり、その活動を活潑ならしめるか（説明者參議院議員、宮城タマヨ氏）

二、いかにして婦人共通の政策の實現はかるか。

イ、賣春禁止法の制定について（説明者衆議院議員　神近市子氏）

ロ、婦人と子供の福祉について（説明者參議院議員　橫山フク氏）

説明の後一般との質疑應答が行われたが、最も多く質問の集中したのが賣春禁止法についてであつた。ことに地方賣春街の實狀報告など參考になるものが少くなかつた。一般的に發言者は能辯であり、要領もよく、また熱意にあふれ、僅か十年の政治の步みによくぞここまでと心を打たれるものがあつた。

第二日の分科會は衆・參兩員會館、四會場に分れて右の議題について討議が行われた。會場によつて討論の發展に多少の違いはあつたようであるが、記者が傍聽した第二會場では議長が藤原道子、宮城タマヱ氏などの關係からやはり賣春問題の論議が盛んであつた。ある會場では憲法改正反對、再軍備反對が强く叫ばれたということである。

第三日の午前中はこれらの一括報告が行われ、左の決議及び申合せ、大會宣言が發表され、午後は婦人團體、勞組婦人部との懇談會が開かれ、四時終幕した。

大會決議

一、婦人參政權獲得に活躍された先輩並に本大會開催に當り、議員及び教育委員にあらざる實行委員諸氏の御努力に對する感謝決議

二、戰爭絶對反對、家族制度復活の反對

三、原水爆實驗禁止と平和利用

四、第一議題に關する決議

1、教育委員會制度の現狀維持

2、小選擧區制反對

3、選擧違反の嚴罰と連座制の强化並に公明選擧の徹底

五、第二議題に關する決議

1、賣春禁止法制定促進並に充分なる豫算措置の實現

2、社會保障費の增額

イ、母子福祉資金貸付費の全額國庫負擔並に利子免除

ロ、兒童の福祉費の增額

ハ、原爆被害者治療費の增額

ニ、受胎調節對策費の增額

3、教育費の增額

イ、老朽校舍の改善費の增額

ロ、特殊學級費の增額

ハ、給食費の增額
ニ、女子教育職員の產前產後の體力に於ける學校教育の正常な實施の確保に關する法律の完全實施

申合せ

私共は國會並に地方議會及び教育委員會において、婦人の立場より最善の努力を盡しつつありますが、現實問題としては家庭生活との兩立、婦人の經濟力と選擧費用の問題、男子の婦人輕視觀念、同性の嫉視等に數々の惱みがあり、その打開は容易ではありません。けれども私共はこの大會を契機として互に相結びますます實力を培つて、獨り婦人問題のみならず、廣く政治の各面に婦人の力を發揮し、世の期待に應じたいと希い、次の項目の實踐に努めます。

一、組織の强化
一、政策の研究
一、婦人團體との連携

この決議をみて誰しも感ずることは、これらの大部が政府與黨の政策や方針に眞正面から對立していることであろう。たとえば小選擧區制、教育委員の任命制、家族制度の復活等。そして興味深いことは、この大會に出席した婦人議員、教育委員を黨派別にみると保守系が壓倒的に多かつたことである。ところで社會黨婦人部では黨所屬の婦人議員及び教育委員と支持的立場にあるそれとを合せて約

（寫眞は婦人議員大會）

八十名と言つている。しかもこの八十名が全部出席しているわけではないから、大會出席者全體におけるそのパーセンテージは極めて低く、凡そ大會を牛耳るほどの力はなかつたはずである。それにもかかわらず、社會黨の主張とほぼ同樣なこのような決議が大多數をもつて行われたということは何を物語るであろうか。少くも婦人の地位の向上と充分な福利は保守黨の政策によつては望めない、ということを保守黨議員自身が告白したもの、と云えるではなかろうか。

なお大會宣言は左の通り。

大會宣言

婦人參政十周年記念行事の一つとして開催された本大會において、われわれ全國の婦人議員並びに婦人教育委員は、はじめて一堂に相會し、この三日間反省に檢討に互の所信を傾けあうことができた。

われわれはここにこの機會を設けられた實行委員會に深く感謝すると共に、婦選十年の實りの一つを本大會に發見し得たと確信するものである。

固よりわれわれは未だ稚く、その前途も決して平坦ではあり得ない。けれどもわれわれは本大會での收穫を將來の議會並びに委員會活動にむいて、出來るだけ實現することに努め、その實績を收めたいと思う。更にまた相互の連絡を强化し、今回以上の多數を以つて次期大會を自主的に開催し、その實績の報告を行いたいと念願するものである。

（菅谷記）

婦人福祉施設（特殊婦人寮）（厚生省三〇年五月調）

府縣別	施設名	住所	收容定員	現在員	委託團體
東京	聖友ホーム	杉並區阿佐谷三ノ二五〇	一〇	六	聖友ホーム
	新生寮	立川市柴崎町四ノ九六	九〇	七六	救世軍
	婦人寮	新宿區市ケ谷本村町一三	三〇	二八	救世軍
	幡ケ谷學園	澁谷區幡ケ谷原町八七〇	三〇	三五	母を護るの會
	慈愛寮	新宿區百人町三ノ三六〇	四〇	四一	矯風會
神奈川	むつみ寮	横濱市南區三春臺一〇七	一〇	一六	横濱市婦人團体連合會
	白菊寮	川崎市大島町四ノ四六	五〇	四〇	聖体禮拜會
	若草寮	横濱市磯子區森町	五〇	五一	厚生同胞協力會神奈川支部
	神奈川婦人寮	横濱市西區高島町	二〇	一八	富士見寮
愛知	アソカ學園	名古屋市北區大野町一丁目	五〇	四五	無有華會
大阪	朝光寮	大阪市西成區松田町一ノ一九	五〇	四八	救世軍
	生野學園	大阪市生野區東桃谷町三ノ一七八	五五	六〇	生野學園
兵庫	姫路婦人寮	姫路市廣畑則直二三九	三五	三一	救護會
	神戸婦人寮	神戸市須磨區天明町三ノ一八	三〇	三〇	矯風會神戸支部
福岡	戸畑婦人寮	戸畑市小山町七	三〇	三八	縣
	福岡婦人寮	福岡市百道本町一三ノ八〇五	四五	四七	縣
宮城	婦人厚生寮	仙臺市通町一七七ノ三	三〇	一八	縣

以上十七ケ所

讀者だより

編集部のみなさま、おかわりなくお元氣でお仕事をしていらつしやいますでしようか。一月號では私がむかしばなしが好きなせいでしようか、「東海道のむかし」や「ふるさとの思い出」が面白うございました。子守學校などはじめて聞くことです。一月號の座談會の企畫で西田さんをえらばれたことはうれしうございました。こんな場所で、こんな仕事をしている方たちはいちばん〝こえ〟を出したい人たちだと思います。色目でみられがちな環境の中でまじめに生きようとしている人たちのことは、ともすれば私たちは忘れてしまおうとするからです。これからもうこうした温い企畫を續けてくださるようお願いします。（**久留米市・N子**）

……二月の憲法特集號の內容は實にすばらしく感激しております。早速村の役員會に宣傳しましたところ、十六册ほしい希望者ができましたから、御社にもし餘分がありましたら至急御送り下さいませんか。（下略）（**愛媛・T子**）

皆様連日御健斗の事と存じます。さて、當地におきましても護憲問題を如何に普及致すべきかを種々檢討しておりますが、特に「婦人のこえ」二月號掲載は一般層にも納得させられるように思いますので、PTA新聞其の他に轉載、或は拔萃致し度く考えておりますが如何でしようか、早急に御返事下さるようお願い致します。（下略）（**神奈川・T生**）

平和憲法を守りましょう

本誌・社友

（五十音順）

淡谷のり子　阿部艶子
安部キミ子　磯野富士子
石井桃子　石垣綾子
圓地文子　大谷藤子
小川マリ　大內節子
川上喜久子　小倉麗子
桑原小枝子　神近市子
木村光江　久米　愛
久保まち子　芝木好子
清水慶子　杉村春子
菅谷直子　田所芙美子
田邊繁子　高田なほ子
戸川エマ　長岡輝子
新居好子　西　清子
西尾くに子　萩元たけ子
深尾須磨子　古市ふみ子
福田昌子　宮崎白蓮
三岸節子　米山ヒサ

日本勞働組合總評議會傘下
各勞働組合婦人部
全國産業別勞働組合（新産別）
連合傘下各勞働組合婦人部

原稿募集

◇創作　四百字詰　一五枚以内

◇論文・隨筆・ルポルタージュ

本誌は婦人の發言の廣場です皆さまが社會に訴えたいことあるいは人に傳えたいお話など文章にこだわらずご投稿願います。

四百字詰　原稿用紙　七枚以内

◇短歌・俳句　生活の歌を歡迎いたします。選者のご健康上の都合により當分の間添削を中止いたします。惡しからずご了承願います。

送り先　「婦人のこえ」編集部

編集後記

戰後の國會に賣春禁止法案が出され始めてから十年、この問題についての論議はし盡され、すでに決論は出ていると思います。それにもかかわらず、未だにこの法案の成立をみず、全く野放し狀態です。もとよりこれは賣春問題の複雜性みのによるものではありません。

＊

今國會に政府は世論に押されてしぶしぶながら一應法案を上提する模樣ですが、その內容については多くの疑問があります私たちは誰を憎み、誰を厭うという考えからでなく、賣春というこの人類の汚辱が日本の社會からなくなるような法律の成立を希つてやみません。

＊

城田さんの手記は、これが人權を尊重されている國家のもとで行われていることか、と慄然とするものがあります。この現實を眞劍に考えて頂きたく、そして禁止法の成立を希つて「賣春問題特集號」をお贈りいたす次第です。（菅谷）

婦人のこえ　三月號

定價三〇圓（〒五圓）

半年分　一八〇圓（送共）
一年分　三六〇圓（送共）

昭和三十一年二月廿五日印刷
昭和三十一年三月一日發行

編集發行人　菅谷直子
東京都千代田區神田三崎町三ノ六
印刷者　堀內文治郎
東京都港區本芝三ノ二〇
（硫勞連會館內）
發行所　婦人のこえ社
電話三田（45）〇三四〇番
振替口座東京貳壹壹參四番

婦人のこえ

特集・婦人解放の現状

4月號

1956

働く婦人の實態調査

日通

全日通勞働組合では昨年十月女子従業員の實態調査をいたしました。このほどその結果が發表されましたが、これは他の一般女子勞働者に共通の問題を含んでおりますので主な點を御紹介いたします。

昭和三十年十月末の日通女子従業員數は**三、八六七**名で男子十八名に對し一名の割合。この女子現在員に對し、調査が行われたが、集約された人員は二、二七六名で回收率五八・九%

年令 全國平均 **二九・六才**

勤務年數

一年未滿 二・五%
一年以上 三・六%
二年以上 四・七%
三年以上 一八・一%
五年以上 一九・七%
七年以上 二五・五%
一〇年以上 一九・七%
一三年以上 三・九%
一五年以上 二・二%

(以上のように五年以上が七割を占めている)

學歴

小學卒 五・六%
高小〃 三二・三%
新制中〃 一三・七%
新制高〃 一二・三%
舊制中〃 二八・八%
短大〃 〇・五%
その他〃 六・八%

(知的水準 中學程度)

配偶關係

未婚 六一%
有夫 一七%
離婚 四・九%
死別 一五・七%
その他 〇・五%

家庭における經濟的地位

イ、家族と同居で給料の一部を家へ入れる 五二%
ロ、自分が主として生計を支えている 三二・八%
ハ、家族と別れて生活している 六・六%
ニ、家族と一緒だが給料は入れない 八・六%

就業動機

イ、一家の生計を支えるため 五四・六%
ロ、社會人としての經驗をうるため 三〇・四%
ハ、身のまわりをととのえるため 九・一%
ニ、結婚費用をうるため 三・九%
ホ、家にいても仕方ないから 二・一%

職務内容

庶務 二五%
經理 二二・九%
營業 一八・八%
作業 二・九%
作業員 七・八%
看護婦 二・九%
タイピスト 七・八%
交換手 九・七%
その他 二・二%

役職にある婦人は最高が係長、他に主任、營業所長を合せて全國で一二名(漸次減少しつつある)

賃金(昭和三十年四月から六月までの三カ月平均)

本給 七、五三九圓
基準内を含めた賃金 九、七八〇圓
基準外を含めた賃金 一〇、三七九圓
手取り金額 八、四八六圓

(勤務時間 普通九時〜五時、職場により三十分から二時間の延長がある)

生理休暇

利用しているもの一八・四%
とつていないもの八一・六%
(主な理由忙しいから、周圍への氣兼ね)

婦人のこえ

1956年
四月號

四月號 目次

特集・婦人解放の現狀

婦人週間の主旨について

高《たか》橋《はし》展《のぶ》子《こ》

日本婦人がはじめて參政權を行使した昭和二十一年四月十日を記念して、昭和二十四年勞働省が提唱し、毎年四月十日から一週間を「婦人週間」とさだめてから、今年は早くも八回目を迎えることになりました。この週間には、例年各官公廳はもとより民間の婦人團體、勞働組合、報道機關等の協力を得て、全國的に各種の行事が展開されております。

婦人週間には毎年、全國的にアンケートを出して各方面の意向を參考にしたうえで、向う一年間の運動目標を選定しますが、今年は「婦人の力を役立てる」ということを目標とします。從來は婦人自身の成長を強調してきましたが、今年は婦人のもつ力を具體的な問題を對象として役立てようとするものであつて、多少角度が變つております。すなわち婦人の地位は婦人自身が近代的な意識や高い能力を身につけることだけでは確立されず、うちにある力を他におよぼして、周圍をよりよく改善していくという實踐をともなつてはじめて、實現されると考えられるからです。また婦人の地位の實質的な向上と社會の進歩發展とは相關々係にあると考えられますので、社會の進展に貢献することは婦人の地位を高めるための社會的な條件の整備をうながすことになるわけです。

婦人の力を役立てる場というものは無數に考えられますが、今年はとくに最も身近な家庭の問題をとりあげ、「あかるい家庭の建設のために婦人の力を役立たせる」ということを強調します。これは個人がそれぞれの家庭をあかるくするというせまい意味でなく、日本社會における家庭全般の近代化のために、個人も社會も努力しようということで「みん

四月の催し

勞働省　婦人週間本省行事

全國婦人會議（四月十四・五・六日）

十四日午前　**大會**（於產經會館・講演　谷川徹三）

十四日午後及び十五日午前　**部會**（於產經會館・出席者全國代議員六十名他）

十六日午後**總會**（於ＮＨＫホール・出席者オブザーヴァのみ）

議題　第一日　近代社會における家族の意識

第二日　家庭を明るくするために

オブザーヴァ　教育大教授　岡田　謙

評論家　伊藤　昇

同　大濱英子

同　山高しげり

同　谷川徹三

中央大會　四月十九日　場所　**長崎市**

出席者　全國婦人會議出席者のうち三名及び前日の分科會出席者、講師　伊藤昇

家族制度復活反對總蹶起大會

主催　家族制度復活反對連絡協議會（加盟二十九團體及び勞組婦人部）

とき・ところ及び大會內容

四月二十一日午前十時日比谷公園に

なで日本の家庭をあかるく」というスローガンをもうけました。

人間は誰でも家庭生活をしていますが、餘り身近かであるために却つて意識されていない點が多いように思われます。家庭というものは、個人的には家族が愛情に結ばれて毎日の生活を營み、明日の活力を養う場であるとともに人格的成長の場として個人の幸福を規定する役割を持つています。社會的には次の世代を育成し、勞働力の再生産、國民性の形成の場として生産や文化をたかめる源となり社會をすすめる力となつています。また一般に社會の進展、分化に伴つて家庭はその機能の多くを家庭外の諸機關にゆずつてゆきますが、一方人格的結合―夫婦が愛情をみたしあい、すこやかに子供を育てる―という面の機能は强調されてきます。そしてこのような家庭の機能の變化に對應して、國家の政策にも家族員の扶養や福祉のための方策が講ぜられるようになります。

では、現在日本社會における家庭はどんな狀態でしょうか。戰後、これまでの家族制度に對する反省も起きてきて、意識面の近代化はかなり進んできておりますが、家庭生活の實際のあり方はやはり封建的な名殘りをとどめているものがまだ私達の周圍には多いことは事實です。たとえば、家庭の出發點である結婚に個人よりも「家」が優先し、夫は妻を無視して家庭の外にたのしみを求め、家庭内に心理的な緊張が强くて家族のいこいの場となり得ない、また將來の生活の不安におびやかされる等々のことが少くありません。またいわゆる「宴會」の多いつきあい、賣春や不健全娯樂の繁榮など日本の社會慣習には家庭を輕視するものがあまりに多く、また社會政策においても家庭の安定のためにはまだまだ考慮されるべきものが多いと思います。

日本の家庭をあかるくするためには、全國的に家庭のあり方について檢討が加えられ、「近代的な家庭《ホーム》の確立」及び「社會における家庭の尊重」ということが眞劍に考えられなければならないと思います。そのために今年の婦人週間が一つの契機となることを心から期待しております。

（筆者は勞働省婦人少年局婦人課長）

參集、後街頭デモ行進、午後港區公會堂において大會開催、家族制度復活反對と共に憲法改正反對を全面的に打出す、講師　磯田進、他家族制度の犧牲者五名の實態報告、なお當日のデモ行進には女流文化人多數參加の豫定、一般婦人の參加歡迎

婦人運動に關する資料展示會

主催　婦人參政十周年記念行事實行委員會
とき　四月六日～十一日
ところ　銀座　松坂屋五階
展示物　婦人運動と政治に關する文献及び寫眞

討論と映畫のつどい

主催　婦人問題研究會
とき　四月七日（土）十二時～四時
ところ　日比谷公會堂
討論會　「みんなで日本の家庭を明るく」
―婦人の力を役立せる―
司會　加藤シズエ
講師　古屋芳雄
同　田邊繁子
同　正木亮
映畫　「色ざんげ」

逆コースの足取り

齊《さい》藤《とう》きえ

敗戰をきつかけに、民主主義、平和主義の國として新しい出發をしたはずの日本が、いつの間にか逆コースを歩むようになり、そしてそれに歩調を合わせて憲法に保障された婦人の權利も危しくなつてきていることは、私共お互いが日毎に經驗しているところです。

それでは、どうゆうわけで、いつ頃から、日本は逆コースに切りかえられたのか。その足どりを辿つてみることにします。

話の順序として、まず國際情勢からみましよう。ご承知のように、第二次大戰中、英米とソ連は仲よく連合軍を形成し、日獨伊の樞軸軍を破り、戰後も仲よく、平和機構としての國際連合をつくることに骨折りました。

しかし一九四六年に入ると、はやくもこの連合軍に龜裂がみえはじめました。チャーチルが米國に渡つて「東歐諸國は歐州大陸を縱斷した鐵のカーテンをおろしている」とソ連に一矢を放つたのはこの年の三月でした。第二次大戰まで、とにかく社會主義の國はソ連一國しかなかつたのが、戰後、東ヨーロッパ六カ國がソ連圈に入りはじめたのですから、チャーチルがあわてたのも無理ありません。脅威を感じたのはアメリカとても同然のこと、トルーマン政府は「共産主義の赤いカーペット」がそれ以上擴がらないようにと、マーシャルプランとして知られている對外援助を積極化すると共に、さらにヨーロッパの反共軍事體制ともいうべき北大西洋軍條約機構をつくつたりしたわけでした。

しかし英米にとつての脅威はヨーロッパだけではありませんでした。アジアにもアフリカにも民族主義のめばえがみえはじめました。とくに一九四九年アジアの一角に六億の人口を擁する毛澤東の新中國が誕生してみると、ソ連、東歐六カ國に併せて八億という、世界廿五億の三分の一の人口が共産圈に入ることになつたわけです。

こうなるとアメリカとしてはアジアにも何か手を打たなくてはならない。アジアにおける反共防衞體制を固めるためには日本に對する考え方も變えなくてはならないということになりました。もつとはつきりいえば、アジアの共産主義をたたくのに何もアメリカが直接手を下す必要はない。「アジアはアジア人の手で守れ」というわけです。そしてそれには、手つ取り早いところの日本に再軍備させればよい。こうしてアメリカの對日政策はガラリと變つたであろうことは想像に難くありません。

とこうするうちに、一九五〇年六月には朝鮮戰爭が勃發し、日本の再軍備はアメリカにとつて益々急務となつたわけですが、それには一應日本を獨立國にしなければといふわけで、「さあ、講和條約だ、講和條約だ」といふことになり、そのためにダレス特使がちよいちよい日本にやつてくるようになりました。

ところで一九五一年、たしかダレス氏の二度目の來訪の時、彼は離日直前の記者會見で「もし日本が講和條約を締結すれば、今までの占領政策を修正する自由を日本政府は有するであらう」と言明しました。するとINS通信のハンドルマンという記者は、このダレス言明から、「講和條約後にまず日本では婦人參政權と農地改革が修正を受けるだろう」と豫想して海外に流し、さらにこれにヒントを得て日本のNHKは、「講和條約後に婦人參政權はとりあげられるかも知れない」と解説して婦人界を騷がせたのでした。

つづいて五月三日の憲法記念日に、マッカーサーに代つたリッヂウェイ總司令官が、さきのダレス言明を確認するような聲明をしました。すると政府與黨は、待つてましたとばかり、政令諮問委員會を設けて、日本の反動化にのり出そうとしました。「六、三制はぜいたくだから六、二制にしよう」とか、「勞働基準法を改變して婦人に對する保護規定を剝奪しよう」とか「勞働省婦人少年局をつぶそう」とかはやくも相談をはじめたわけでしたが、

短歌

萩《はぎ》元《もと》たけ子《こ》選

木内哲子

執念深く生母の事など問ひかけて遠き吾が子を泣かせ給ふな

仝

やさしくも問ひます人に眞實を語りて吾れのなにか慘に

渡邊辛恵

人なみの服やうやくに求め得し夜學の吾子の姿見送る

仝

血を分けし親子といへど年代のずれてふ事のせんすべもなき

廣田やす江

浴槽に熱きを堪《こら》え身じろがず悲しみはかく處理するを得ん

これに對しては、勞組婦人部も婦人團體も打つて一丸となつて反對運動をしたことは私共の記憶に新しいところです。

この間、講和條約のお膳立ては着々ととのえられ、一九五一年九月サンフランシスコ條約が結ばれました。もともとこの條約は日本を再軍備させるための條約でありますから、講和條約一本ではなくて、日米安全保障條約と抱き合わせの條約で、結局日本は「防衛力の漸增を期待」されることになり、アメリカに軍事基地を提供することになりました。吉田内閣は「再軍備はいたしません」と言いながら、警察豫備隊を保安隊に增强し、さらに自衞隊に增强していきました。

ところで一九五三年一月に朝鮮戰爭は休戰となりました。するとそれまで朝鮮の特需でうるおつていた日本の財界、政府筋では「朝鮮の特需に代るものとしてMSA援助を」と

言い出しました。ＭＳＡというのは相互安全保障法というアメリカの法律で、日本がこの援助を受ければ、その代り日本は「アメリカの利益に役立つように、軍事基地や、施設を提供し、資源や人口を投げ出し、軍事的な義務を負わなければならなくなる」のです。

　このようなＭＳＡ協定が野黨の反對にもかかわらず成立し、一九五四年五月發効ということになりました。きくところによると、この協定の結果、日本はアメリカの要求する卅二萬五千の軍隊をつくることを義務ずけられることになつたのではないか、ということです。そうなると、一人百萬圓（年に）もかかる志願兵制度ではまかないきれない、もつと月給も退職金も安い、兵隊にきりかえなければならない、そのためには、昔のように赤紙一本で召集して、澤庵と麥飯の粗食でも文句をいわない安上りの軍隊にする、憲法を改正して徴兵制にするより他にみちはないとゆうわけです。

　ところで一昨年春、吉田内閣に代つて鳩山内閣が登場しました。この内閣は前任者よりも再軍備、憲法改正にはもつと積極的で、昨年二月の總選擧では「税金は安くする、社會保障は擴充する、そして防衛力も増張する」と謳い、それには、徴兵制にして安い軍隊をつくるといわんばかりの態度であつたことは私共の記憶に新しいところです。

　ともかくこういうわけで、昨年二月總選擧は、日本が憲法改正へ一歩を進めるかどうか重大な瀬戸際に立つての選擧でありました。結果は革新陣營が辛うじて一六二議席を占め憲法改正發議を阻止することができたわけですが、あの結果をみて自由黨の三木代行委員は「**さあこれから小選擧區制だ**」と新聞記者に答えて言いました。保守黨に有利な小選擧區制にして憲法改正に必要な三分の二以上の議席をとりたいというわけです。

　だから、私共にとつて小選擧區反對はもちろんゆるがせにできないことですが、も一つ、差しせまつて大切な事は來る參議院議員の半數改選です。憲法改正については參議院は衆議院と同じ權限を持つています。しかも參議院には解散はなく、三年に一度しか選擧は行われません。だから、來る參議院議員選擧で、憲法改正に反對の革新陣營が三分の一を制し得れば向う三年間は憲法改正の發議はできないことになるわけで、來る參議院選擧の重大な所以です。

　婦人週間、婦人月間に、働らく婦人のファッションショウも結構ですし、家庭を明るくする新生活運動も結構ですが、矢張りこの際、私共は私共の持つ一票の意義を考え、來る選擧にそなえなければなりません。

　軍國主義、ファッショの下に婦人解放はあり得ないのですから。

〔備考〕

日本の民主主義・平和主義は講和條約と共に歴代保守派政府與黨によつてこのように崩されてきています。

警警豫備隊	廿五年八月一日
保安隊	廿七年七月卅一日
自衛隊	廿九年六月九日

—・・—

破壞活動防止法	廿七年七月二日
スト規制法 （電氣・石炭企業における爭議方法の規制）	廿八年八月七日
ＭＳＡ協定	廿九年五月一日
教育二法律	廿九年六月三日
警察法改正	廿九年六月八日

《特集》

婦人解放の現狀

戰後婦人の地位が高まり、また實際生活の上でもいろいろな變化が起つていることは事實です。しかし、封建的風習の强く殘つている社會環境にあつて解放されたと言つても婦人自身永い間培われた習慣やものの考え方を改めることは容易な業ではなく、婦人解放の現狀は職場でも家庭でも總體的にみて前途ほど遠い觀があります。ここにその現狀をご報告して以つて今後の參考にいたしたいと存じます。

法は守られているか

池《いけ》田《だ》きみ枝《え》

昭和二十二年九月勞働基準法が施行になり職場における勞働保護法規は國際的水準に高められた。

その制定當時は敗戰後の混亂期で、事業經營の面でも相當の苦難時代であつた。この時に在來の工場法とはくらべものにならない進步的な法律が反對をおしきつて制定されたのは喜ばしいことであつた。また勞働法規のみならず、憲法の改正により女性にも參政權が與えられ、政治的にも男女同權となり、社會的に女性の進出する分野も廣くなつたのである。男女同一勞働、同一賃金の原則に始まり、產前產後の休暇、生理休暇、育兒時間、危險有害業務及び深夜業の禁止、休日勞働及び勞働時間の制限等、母體保護の立場よりあらゆる面に保護規定が設けられ、男性とは相當異つた勞働條件が立法化された。そして人間としても、女性としても、職場では保護されることになりはしたが、十年後の今日、その保護規定がどのように守られているか。多くの問題がまだ殘されているように思う。

法律は一應りつぱであつても、それが守られるかどうかは經營者の自覺と、勞働者の團結力にまつこと大なるものがあり、法の活用は人にある。

勞働者の基本的人權は認められているであろうか。戰後二三年間は勞働組合のめざましい活動により、婦人勞働者も婦人部等の組織を通じて發言の機會を與えられ、組合の幹部にも選出され、男女同一賃金、生理休暇、產前產後の休養、託兒所の設置、男女不平等の撤廢等の問題について活躍したが、最近の勞働組合、特に婦人部の活動は消極的になつてきてはいないだろうか。それは複雜な社會狀勢の中で最近の組合運動が充分な活動をしにくい事情もあり、今までの組合運動が反省期にあるにしても、勞働者の權利まで侵される傾向のあることは大に警戒しなければならぬ一歩々々前進せねばならぬときに、かえつて一歩々々後退するとしたら、その原因を考えて見なければならない。

新聞紙上でさわがれた近江絹糸に類することは、ほかもに大なり小なりあるのではないかと考えるが、最も悪質とみられる强制勞働、即ち人身賣買等の問題がふえていることは、女性の基本的人權が無視されている一つの現われである。このような事例をなくすため、法の精神を雇主にも徹底させ、これを嚴守させたい。

また産前産後の休暇規定も、生理休暇の規定も、利用率が低下しつつある原因のうち最も大きなものは、女性の保護規定が輕く考えられ、權利の行使がむつかしくなつていることであろう。男女同一勞働、同一賃金の原則も、男女が同じポストにつくことがむつかしい現狀では、同一賃金を論ずるより以前の問題もあると見てよかろう。

また婦人勞働者のための厚生施設についても、職業と家庭との兩立のために、戰後組合婦人部でさかんに運動したが、保育所や休養施設は滿足すべきものでなく、子供をもつ婦人が安心して働けるようになつていないのは殘念である。現在では婦人も昔とちがつて腰かけ氣分でなく、また主人だけの收入では家計の維持ができないところから、共かせぎがふえている。從つて厚生施設の充實は重要である。

要するに職場における婦人の問題は、婦人勞働者の自覺にまつと同時に經營者側も法を守り、よき理解者とならなければならぬ。戰後十年、多くの進步のあとは見られるが、舊態依然の問題も殘されているので、その解決のために献身的に働きたいと思う。

婦人は職場に進出したか

大《おお》羽《ば》綾《あや》子《こ》

デパートのこの頃の競爭のはげしさは、私どもの想像以上のものがあるようです。賣場面積の擴張、支店の增設などにあらゆる方法をこうじています。それだけに、販賣能率をあげることにも眞劍です。もちろん仕入、PR活動、裝店法なども研究されていましようが、販賣能率という點からみると、何よりも店員の質が問題となつてきます。女六男四といわれていたデパートの今年の新卒の採用は、むしろ女子より男子に重點がおかれるようになり、大體、男五・五に對し女四・五と變つてきているそうです。男女の缺勤、休暇率の比較を行つた結果、男の方が能率がよく、また、研究心も深くてよろしいということになつたということです。身長一五二センチ以上、容姿明朗という條件にふさわしい若い女性群が客よせに最もよく、異動率も適當に多いので賃金もあまりあげないですむという考え方がデパートに女子採用の傾向のひろまつた根本的原因のように思われますが、いよいよぎりぎりの競爭になると、販賣は不熟練勞働でよろしいと考えていた日本の經營者も、アメリカ流の能率本意に頭を切りかえざるをえなくなつたのでしよう。腰かけ勞働、低賃金故の女子の職場進出は、經濟競爭が激しくなると、たやすく能率と賃金という採算のはかりにかけられて、押しもどされるおそれがあります。

戰後、數の上からみると、女子の雇用は著實に擴大していつており、朝鮮動亂の起つた昭和二五年以後昭和三〇年までの五年間に約一二〇萬、四割近くもふえており、增加の割合は男子をはるかにしのいでいます。したがつて雇用者總數中にしめる女子の割合も昭和二五年以後、次第にひろがり當時、二五・二%だつたのとくらべると昭和三〇年には二八・三%とふえてきています。そういう點から云えば、たしかに戰後の女子の職場進出はめざましいものがあるといえましよう。しかし果して、これは無條件に婦人の職場進出として喜んでばかりいてよい現象でしようか。

第一に氣になることは、最近、大規模の事業場の女子の雇用がむしろ減少し、中小企業に女子がふえてくるというきざしがみられることです。勞働省婦人少年局の調査でも、勞働者中女子のしめる割合は、三〇人―九九人までの規模では二九%、一〇〇人―四九九人までに二八%、五〇〇人以上では二一%となつており、規模の大きい事業場ほど女子が少くなつています。その原因の一つとして考えられることは、女子の最大の職場だつた大紡績の合理化がすすみ、人手が不要になつた工程が多くなつてきたために、新採用を手びかえているということです。

第二に、戰後、働く婦人の新しい傾向として結婚しても出產してもなお、職場にふみとどまつて働くひとたちがふえたことがあげられますが、このひとたちが職業と家庭を兩立させるためにはまだまだ、なみなみならぬ困難があります。昭和二九年末、女子勞働者中有夫者のしめる割合は、一四・二%ですが、前年同期は一二・六%で明らかにふえています。これを規模別にみると、有夫者は小企業ほど多く、三〇―九九人では一九・二%、一〇〇―四九九人では一三・四%、五〇〇人以上では一一・六%となつております。大企業程、共かせぎがむずかしく、有夫の婦人は勞働條件のわるい中小企業により多く吸收されているのが現狀です。しかし、姙娠又は出產をけいきとして退職するものは、反對に中小企業ほど多くなつており、三〇―九九人の規模の事業場では姙產婦の四五・八%が退職しており、一〇〇―四九九人では四二・三%、五〇〇人以上では三七・四という數字をしめしいます。また、事業場で育兒時間を請求するものは、全體として產婦の六八・四%ですが、五〇〇人以上の大企業はほとんど大半の九八・三%がこれを請求しているのに對し、三〇―九九人では四二・三%、一〇〇―四九九人では五二・八%と少くなつています。有夫者の多い小企業に姙娠出產にともなう女子勞働者の困難がよけいに示されている事實は働く婦人の福祉を念願するわれわれの一つの課題といわねばなりません。なお、產前退職者より產後退職者が多く、產前四に對し產後退職者は六となつていることは、その退職が働く婦人自身の健康より、ねしろ、育兒にともなうものであることが察しられます。また、退職率は初產婦がはるかに高く、經產二〇・二%に對し、初產は四六・七%であることは、一度、お產を踏みこえてきた勞働者は次の子でも頑張り通せるということを示していると同時に、育兒問題を何らかの方法で――個人的にでも――解決してきた婦人は二度目もこれをのりこえていくが、その解決のつかないものは、退職するより他ないということであり、この問題解決のために、社會的な手が打たれなくてはならないことを語つている。

（勞働省・婦人少年局勞働課長）

職場

戰後十年におもう

中《なか》　澄《すみ》子《こ》

私が現在のY工場に入社したのは昭和十六年、太平洋戰爭の直前でした。戰爭準備を急ぐ軍部が男子の代りに婦人を職場に送り、不足する勞働力の補助ということで、女性の職場進出が多くなり始めたころでした。その當時は婦人の解放とか、女性の地位向上、封建遺習などということは、解らなかつた時代でしたので、ただ上長の命を守り、產業報國、『欲しがりません、勝つまでは』ということで日夜休養のいとまもなく、むちやくちやに働かされました。そこには權利もなければ自由もなく、あるものはただ戰地の將兵の苦勞をしのぶ滅死奉公のみでした。それが敗戰という現實を前にして、民主々義という體制がしかれ、私たちの生活環境も急激にかわり、昨日までの生活がウソとゴマカシで強要されていたことを僅かの間に教えられ、改善が始まりました。とくに勞働組合の結成は私たちに團結の必要と力を教えてくれました。終戰直後の慘めな食生活の改善と向上の要求は組合運動の原動力となつていました。そして組合にどんどん要求を出しました、婦人の解放、男女同一賃金、生理休暇をもらいたい、等々。私たちの職場では幸いに男の方の理解もあつたので、それらの要求はほとんど通りました。

しかし食生活が安定しはじめ、世の中が平常にもどりはじめると共に職場の中で「あの女」或は「あいつはすごい」などという言葉が組合活動をする女性に對して、言われるようになり、それと同時に婦人の組合活動もだんだんと表面から消えはじめ、朝鮮戰爭が始まり、特需ブームが世の中をにぎわす頃になると、再び男女間にいろいろの差が出てきて賃金の開きは年々大きくなる狀態になつてしまいました。このことは女性自體にも責任があり、また改めて、眞劍に考えねばならない問題だと思います。とくにこれは日本の政治と經濟に大きな變化が急激に起りはじめた時期でしたので、女性のセン細な神經がこれに應じ切れなかつた點と、特需ブームの後に來た大規模な首切り旋風に組合活動が沈滯し始めた點も指摘されるべきではないかと思います。ともあれ、最近の職場における婦人の活動が消極的であるのは、組合全體の活動が不足しているからとも考えられます。總評の春季鬪爭を一つの契機として勞働組合の活動が活氣を呈してくると共に、婦人の組合活動も再び芽をふき出し初めました。婦人は一般に地位や名譽にこだわらず、今日の今を如何に幸せにするかという、最も身邊なことに多大の關心をもつております。また最近の政治について婦人は感覺的に何かしら不安な恐しいものを感じています。國の最高責任者である鳩山さんは「獨立國に軍隊があるのが、當り前で憲法にこれを禁止するのはおかしいことだ」と平氣で發言しています。そしてこういう考えを國民に押つけようとしているもののようです。しかしこれは戰前戰時と同じように權力者が自分たちの計畫と意思を國家のそれとして國民に無條件で服從させたことと同じことになるのではないでしょうか。一度び自由を知り自分の權利を主張することを知つた私たちは「見ざる、聞かざる」の殼の中に閉じ込めようとする權力の働きには敏感にならざるを得ません。このことは私たちの職場の中でも話し合い、平和を希う婦人の活動を活潑にしつつあります。むずかしい理窟はわからなくとも、本能的に感ずる危機に對して婦人は今後如何なる障害に逢わうと、のり越えて力強く進むであろうことを、十年の年月を經た今日かたく信ずるものであります。

（横河電機支部）

農村

農村談議

——農婦の生活は三十年前と同じ——

原《はら》たけの

この間、村の公民館で巡回映畫「一人の母の記錄」が上映された。信州伊那谷の農村、養蠶時の母親を中心とした生活がえがかれているのである。

「ほんとにそうだなア」「全くなア」自分たちの生活を客觀的に眺める餘裕すら持たなかつた私たちは、今まざまざと見るこの姿が餘りにも切實すぎて、見たあとでしばらくは言葉もなく、こたつを圍んで顏をよせあつているのだつた。

Yさんがフトつぶやいた「あの映畫でもお婆さんがいつてたでねえか、女に生れれば一割損だつて——」、Tさん「一割どこかい、二割も三割もさ」、Bさん「ほんに若い衆は農村からにげだす譯だなア、おらアみたいにこれ(頭を指す)がなければしようがねえがな」、「お前さまの所じや誰が百姓のあとつぎやるだね」。「そうだナア、まあ頼んでは見るだが——むりにひきとめとく譯にもいかねえしねエ」。村內で一二の大農Kさんの言葉である。

「だがね、あの映畫は男の人に見せたくないよ、男の人が見たら——それ見ろ日本中どこだつて女はああして働いてる、おらアの責任じアねえぞ——というかも知れんからなア」勝氣なMさんがいまいましそうにいつた。

「だがね、ホラあすこでいつてたでしよう、娘さんが母親たちに見送られて紡績工場へたつ時ね——この少女たちは再び母親の歷史をくりかえすだろうか——つて」。年寄は一割そんだとあきらめている、しかし若い女性はこの餘りにも暗い希望のない母親の生活に疑問をもちだしている——、働らいても、働らいても、こんなに生活の苦しいのはなぜかと——、それは母親個人の問題ではなし、農村女性——いえ農民全體の問題として皆で考え合おうということをね。』

こう云いながら、私の言い方は、なんと說敎めいていて厭だと心の中で思いながら——どうかして胸にうづくこの思いを多ごもりのこたつ談議で終らせることなく、皆で手をとりあつて少しでも發展できる方向へ歩み出せたら——と私はしみじみこのおばさんたちに愛情が湧いてくるのだつた。

私の叔母は、まだ私が小學校の頃隣村H村へ嫁にいつた。八カ岳から長く裾をひいた火山灰土のやせた廣い耕地にいどむこの村人の生活がどのようなものであつたか。むろん老人にも樂隱居などはない。まもなく生れた長男のお守りもしてもらえない彼女は、毎日子供をしよつては田圃へでかけ、周圍にある雜木林へおぶいひもで子供をつないで働かなければならなかつた。高原の目にしみるような靑葉の下で——小鳥のさえずりの中で毎日を過したこの幼な子の口から初めて出た言葉は「カッコー」だつたそうである。ひどく牧歌的なこの風景も、土にまみれ、アリにかまれ母を慕つて泣く幼兒の聲に、若い母親は、幾度鍬をふりあげる手をとめて、淚をぬぐつたことだろう。あれからもう三十年——その長男は百姓を嫌つて、小學校の教師になつている。叔母は相變らず百姓をつづけている。そして、私は今この映畫に見る三十年前そのままの農民の生活に改めて、目を見はり、さらに自分たちがその中に置かれていることに驚きを感ぜずにはいられなかつた。

×

先日、或座談會で本縣選出の井出一太郎代議士の發言の中に「……全人口の中で四〇%位を占める農民の所得は一六―一七%、百姓はみんな貧しい」と云つている。すると、他の六〇%の人口に八四%の所得が集まる譯。ここで、夫は次のような算數を私に教えてくれた。100×16÷40=40　100×84÷60=140　140−40=100 となつて、他の産業に比べて農民所得は丁度一〇〇%(平均收入だけ)少い、農民の貧しさ。

しかも勞働者中小企業が苦しいことは知られている通りとすると、極少數の所に億萬の金が集まつていることがわかり、今更のように、資本主義經濟の機構なるものが、私たちの骨身を砕いて、必死に耕す姿を、せせら笑つているかのような氣がしてならない。日曜も、祭日もなく、子供から老人まで明けるかから暮れるまで、のべつ幕なしの重勞働、土と汗にまみれ、腰をまげての肉體勞働で機械化はほんの一部、これでは、息子も娘も農家から逃げだすのは當然――否「百姓の嫁になんかやるものか」と母親自身が歯をくいしばつてこういいたくなる。――しかし問題は離村することによつて、決して解決はしない。

こうして忍從のカラからはいだした私たちは、封建性打破のほこさきを、姑や夫に向けるのでなしに、みんな手をとりあつて、もつともつと「なぜ?」と考える人間になろう。それは農村婦人だけの問題でなく、全農民の問題であり、根元は一つ、すべての働く人々につながる問題だと思うから。

人々の悲しみも他所に、いま巨額な防衛豫算が打立てられている、誰のために?

いかなる國、又いかなる權力にも、從屬することのない、人間が人間らしく生きられる社會を、明るい農村を、私たちみんなの手で作りあげることを、私たちは今こそ眞劍に考え合わねばと思うのである。

都市

社宅のおくさんたち

佐《さ》竹《たけ》れい子

私がまえに住んでいたのは、むさしのの片隅、閑靜な田園地帯で私の家はF銀行、私鐵K會社、T會社の社宅が五十戸ほどならんでいる住宅區域のなかにはさまれていた。この社宅は殆ど同じ建築樣式（十五坪平家一戸建か二棟つづき）であるが、そこに住むひとびとの生活の條件によつて、サラリーマン主婦たちの表情がちがつていた。

F銀行の社宅には、厚生、貸付などの部課長幹部クラスがいる。いわゆる〃銀行ブーム〃の恩惠をうけてか、白髪まじりの中年層のおくさまがたは天下太平氣分、朝八時ごろ旦那さまお見送りのあとは、どこかに二三人が集まり、高らかな笑い聲が垣根ごしにきこえる。たいていは四五人の息子、娘たちがあり、それらがすでに大學生や勤め人となり、あるいは人妻となつているので、彼女たちは〃母〃の重荷もおろして一と息「退職金を貰つて家を建てたら、若いものと別居して」など老人天國の夢を語つている。ときには、おくさま藝の優美な琴の調べが流れるなどのどかな一コマもある。

　このF銀行は住居の修理や改善も、共同井戸の水をモーターで各戸に送りもする。主婦の病氣のときには、銀行專屬の家政婦を派遣するなど、厚生面はなかなかゆきとどいている。

　K會社の社宅には驛長、主任、係長の中堅どころがいる。K私鐵は沿線の競馬、競輪のおかげで、經營が好調だとか。ここの社宅には七八人の大家族が多いが、息子も、娘たちも働き手となり、身輕になつた中年層のおくさんばかりである。ひまにあかせて井戸端會議が活潑にひらかれる。

「××さんはあれだけの暮しをしていて、町の警察後援會の寄附をしないんだつて」

「××さんは停年で會社をやめたのよ、まだこの社宅にいるよ、ホントに圖々しいわね」

「××さんは二〇年もK會社につとめているけど、まだ下つぱで給料も安いんだつてさ」

ひとの噂は辯說あざやかに姦しく行われ、毎日の買物にも、郊外散歩か、市場見學か、時間を惜しまぬようすである。

　T會社の社宅は工員、事務員、係長、課長と各職制のひとたち、總體的に平均三〇歳前後の若い世帯が多い。（この社宅區域の半數はこのT會社で占めている）ちようど、私の子供がここの幼児たちと同じ年頃なので、この若い母親たちとつきあう機會も多かつた。

　このT會社はもとの軍需工場が戰後ミシンの產業に轉換した中企業である。輸出の不振、購賣力の低下などで、經營が困難なよしという。そのうえ、ときどき遲配、缺配などもあつて、家族は經濟恐慌にあう現狀。そのシワ寄せは忽ち、この若い女房たちの肩に背負される。たいてい足手まといになる育ち盛りの乳幼児二三人を抱えており、泣きわめく子供たちをすかしつ、だましつ、安い工賃で洋裁、編物、袋ハリ、箱ハリの內職にあくせく精を出さねばならぬ。未開封のままのサラリーを任される家庭の經營者は、その家計のきりもりに一層おもい責任を負つているからである。ここの社宅にはガスはなし、共同井戸（四戶に一ヵの外井戶）で、彼女たちは複雜、かつ不能率な家事勞働にも耐えねばならない。しかし、主人が五時頃、退社してくると、まきを割る、水を汲む、子供を背負つて買出しに、風呂やにと、なかなか女房にサーヴィスがよろしい。中には、苦しいながらも生活をきりつめて內井戶を掘り、內風呂をつくる、臺所を明るく、便利にと、生活を合理化して、なんとか餘暇をつくつて自己を伸ばそうと努力しているひともある。ときには料理自慢の社宅のおくさんを先生に、〃お惣菜、おやつのつくり方〃の講習をもつて、食膳を賑わして喜んだという。また、社宅の附近の小學校でPTA主催で市川房枝女史の來演のときには、子供を背負つた若い主婦たちが熱心にきいた。選擧のときも、〃どの政黨が私たちの味方か〃となかなか關心もあり、候補者の遊說にはとんでゆく。

×

　私はこの三社宅の主婦を見て、それぞれの時代の流れによつて、主婦の生活の變化を思つたことである。

　中年層は比較的經濟も安定し、自由な身にはなつてきたが、このひとたちも若い頃はやはり家族の幸せのためにひたむきに働き、とくに戰爭の悪條件のなかであらゆる困難と闘つてきたいま、やつと落ちついたので、餘生の慰安場を求める、浮世話に時間を空費するというのも、その前半生が、社會性のない、封建的な妻の座におかれてきた時代にあつたからであろう。

しかし、戰後の若いひとは結婚も自由な形でスタートしてきているので、家庭內でも民主的に協力して、自分たちの生活を建設しようとし、心のかて、生活のかてを社會に求め新しい時代に生きる願にもえてはいる。しかし、主婦はのべつ仕事に追いまわされる。さりとて、この生活の複雜さ、不合理さを共同の責任で解決してゆくだけの隣保扶助の精神には缺けている。まだ自己の小さい殼にとじこもつて、外にはたらきかける積極性はない。私が「有志のグループをつくつてお互いに考えてゆこう」とあるひとりに呼びかけたとき「何か政治的に利用されるのではないか」と疑いをもち、ついに實のらなかつたくらいである。

さて、婦人の解放とか、自由は主婦の場合には何を根據としてその度合をきめるか、經濟的な獨立なくしては、眞の解放はないという。しかし、家事勞働には基準法もなく、大多數の主婦は全く無給、無報酬で奉仕していながらその價値を金錢的に評價されていない。しかし、サラリーマンの家族手當が妻三〇〇圓から一〇〇〇圓支給されているところ。があるが、それが〃主婦の報價〃とみなすべきだろうか。〃主婦に月給を拂うべし〃との運動を起している國が歐州にあり、〃主婦には老後特別の年金を出すべし〃というスローガンをかかげている政黨がイタリーにあると聞く。わが國でもせめて主婦が、夫のサラリーはどのようにして計算されているか、また會社の仕組みはどうか、經營はどうなつているかぐらいは知つておくべきであろう。その矛盾と不合理を追求してゆけば政治とも結びついて、サラリーマン階級即ち勤勞階級としての自覺をもつようになる。

そして最後には働く意思と能力のある主婦が社會的にも進出してゆける分野が拓け、仕事と家庭の兩立、育兒の三立、そのための社會施設が備わるようにすれば、眞に主婦は社會的にも自由、解放をかちえたことにもなろう。

離婚と婦人解放

―家庭裁判所をのぞいて―

編集部

法律や制度の上で日本の婦人は解放され、法律上の無能力者であり、夫の從屬物だつた妻は夫と平等の權利を持つ人間となつた。妻の座は確立し、「三界に家なき」をはかなむこともなくなつた。結婚の自由と共に離婚の自由も法律は與えている。このような制度の上の變革と共に精神的な革命が日本の婦人の間に起つていると言う人もある。そして戰後妻からの離婚數の激増をその一つの證據としている人もある。離婚數は婦人の解放意識のバロメーターとなり得るだろうか。もちろんそうではないと云えないが、全くそうだとも思われない。では離婚と婦人の解放意識はどの程度の關連性を持つているだろうか。その一つの手がかりを得るために家庭裁判所を訪れてみた。

家庭裁判所が創設されたのは昭和二十四年一月であるから今年で丸七年になる。創立以來二十九年までの過去六年間の離婚件數と理由は左の通りである。

理由	二四年	二五年	二六年	二七年	二八年	二九年
不貞	三六〇	四一〇	四二六	二九七	三一八	三八七
遺棄	一八	四八	五七	五五	七一	六〇
浪費	二六	三五	四七	六七	一一〇	一〇三
舅・姑との不和	五八	五六	九〇	三三	三九	五六
經濟破綻	一二五	八〇	一〇六	八一	六〇	六三
性格相違	一四四	一六三	二六四	三三七	三〇〇	四〇八

なお三十年度における家庭裁判所の取扱總件數四四〇九件に對し離婚は一五三三件で約三割、その他婚姻豫約不履行七〇九件である。

裁判離婚の場合殆んどが婦人が被害者の立場に立つていることは云うまでもない。

この表をみると主な離婚理由は不貞と性格相異である。不貞はもちろん妻の不貞ではなく大部分が夫の不貞である。夫の道樂は妻の責任と言われていた時代には、こういう離婚理由は周圍も許さなかつたであろうし、本人もあきらめていたことであろうから、これは解放後の特長と云えるだろう。性格相違という理由はなかなか微妙な問題を含んでいる。ある專門家の話によると、愛情がなくなつて他に取り立てて理由がない時は大抵この理由をつけるということであつた。

經濟問題に關する浪費と經濟破綻が年によつて差が甚しいのはもとより國の經濟狀態が個人の生活を支配してからであり、國民が不安な經濟狀態に置かれているという證據であろう。

舅・姑との不和を理由としたもののあることは考えさせられる。憲法第二十四條によると、婚姻は兩性の合意のみに基いて成立し、云々とあつて、夫婦の生活は、平等の權利を持つ男女の愛情と協力が最も大事な問題で、親の權力は決定的な要素となつていないはずである。それにもかかわらず親の問題が破綻の原因となつているのは、家族制度的な風習が深く殘つているためか、あるいはお互相手の意見と自由を尊重する、民主主義を體得していないための悲劇であろう。いずれにしても個人主義が發達している今日では獨立した子と親との別居は望ましいことであるが、經濟的に許されないというのが現狀である。こういう點から言つても養老年金制度はじめ一般の社會保障の必要が痛感される。

×

家庭裁判所に現われた離婚相は以上の通りであるが、數字を眺めただけでは當事者の意識程度はうかがえない。そこで、昨年十月產經ホールの六階に婦人人權擁護同盟と東京婦人會館とが共同で開設した「婦人のための法律相談所」を訪ねて擔當者の佐藤ふく、池田民子、鍛治千鶴子さんたちのお話をうかがつてみた。

開設以來三カ月、ここで取扱つた件數は百十餘件、そのうち二、三の例をみると、

第一例、小料理を經營していた未亡人、妻子のある男と知らず、八年間妾生活をしていた。男が衆議院に立候補するとか、何とか言うのでお金をみついでいた。そんなことでお店もだめになり生活も困るようになつたので他に働きに出ようとすると嫉妬してそれもさせない、もちろん生活もみてくれない、みついだお金を取戻して別れる方法はないものだろうか。

第二例、夫が放蕩者のため家庭裁判所に持込んで離婚と決つたが、放蕩をやめれば元に

戻りたい、絶對に遊ばない、病氣もうつさないという一札を取ることはできないものだろうか。

第三例、家庭裁判所で離婚が成立、數萬の慰籍料を取ることになつたが、相手がそれを實行しない、どうしたら取れるだろうか。

（この第三例については家庭裁判所の判決は執行文と同一の効力があつて强制執行ができるが、それには專門家の手をかりねばならず、結局お金のないすのはできないのでこの法律の改正が今問題になつている由）

以上のような狀態で相談所や裁判所に現われた婦人には解放の姿は見出せず、辛うじて忍從から目を覺した程度、自分で考えたり、自主的な判斷をしたり、行動したりするにはほど遠いものがあると、佐藤さんは語つていた。

そして、法律相談というより身上相談的のものが多く、法律的な知識を教えようとしても、餘り耳をかさず、新聞雜誌で名を知られている有名女史に直接會わせて欲しい、あの方なら自分の氣持をきつと分つてくれるだろう、という人も少くない由。それなら新聞や雜誌はよく讀んでいるかというと自分に直接關係のある記事ほか讀まないという狀態だそうである。

こんな有樣で、婦人の人權は守つてあげたいが、自分で反對の方向へどんどん行つてしまう、そしてどんずまりになつてから救いを求めてくるが、最後は女が損をする。中年婦人の多いのはここも家庭裁判所同樣で、何んの技術も持たない人が子供を引取つて自活する能力もないとすれば、どこへ行つても幸福になれる見込みはなく、同じ苦勞するなら、も一ふんばりしてみたら、ということに落付くと、苦勞人らしいご年配の池田さんは語つていた。

家庭裁判所や法律相談所に持込まれる離婚沙汰は全體の離婚數からみるとごく一部――協議離婚は年約八萬、新たに結婚する件數の〇・九%强（二十七年厚生省統計）――であり、解放意識を探るならむしろ、この協議離婚こそ問題にすべきであつたろう。家裁や相談所に現われたものは反對に未解放婦人像とも云えるのではなかろうか。（菅谷記）

讀者だより

前月號の「婦人のこえ」憲法問題特集號は私どもグループの例會の大變いいテキストになりました。お禮申上げようと思つているうちに又々今月は賣春問題特集號をお送りいただきまことにいい參考資料となりました。度々のヒットに皆樣のご健在をよろこんでおります。去る二十九日婦人週間準備會をもちました。私共のグループとしても今年は何か新味のある婦人週間をもちたいとよりより話合つております。（下略）

（埼玉・T・I）

「ある女の手記」城田すず子さんの記事は一息に讀んでしまいました。純な少女があばずれといわれる女になるまでの苦しい經歷には涙なしにはいられませんでした。城田さんは不幸中の幸をつかんだことと思います。今後どんな苦しいことがあつても過去へもどらずに前に進まれることを蔭ながら祈ります。

（東京・K・S）

三月號の特集號、くり返し拜見しました。表紙裏にのせられました生理休暇・產休の問題をもつとくわしく聞かせていただけたらと考えております。解説や問題點などほりさげて……

（久留米市・N・K）

（前略）「ある女の手記」を涙と共に讀みました。こういう感情に訴えるものの方が時には百の議論よりも有效ではないかと思います。城田さんのような方が何萬となくいると思うと賣春問題は一日も放つて置けないと今更ながら深く考えさせられました。貴誌のご健斗を祈ります。

（千葉・K・Y）

賣春禁止法におもう

小野《おの》 延子《のぶこ》

私は昨年第三回全國婦人會議の會議員として宮城縣を代表し、第三部に出席しましたが、私のその時のテーマは全國料飲店從業員組合の結成に關連したことでした。その準備として轉落女性の動機とか、賣春婦のその後の實情についてデータをとつたのが、この中間報告です。

まずキャバレー、バー、サロンといつた種類のものの實情を述べて見ましよう。表面はいかにも花やかでその實、苦勞の多い職場です。この就職難時代に面接だけで、すぐはいれるこの職業に、多くの婦人がとびこむのは當然でしよう。しかも腕しだい、心がけしだいで晝間職業の二倍も三倍もの收入になるのですから、入つたらやめられないのはあたりまえのことです。

キャバレーによつて月給制と、保障制と、歩合制とがありますが、月給制というのは月給四、五千圓に賣上の二割、或はチップ、保障制は一日二百圓または三百圓を保障し、その日の歩合が保障する金額に滿たない場合には、二百圓或は三百圓にして支給する。歩合制は賣上の何割とチップということになつています。これは一見生活を保障する良い條件のようにみえますが、事實はそうでないのです。客がつかないで、いつまでも保障金をもらつているようなダンサーは、どしどし首を切られていきます。では客を一人でも多くとるにはどうしたらいいだろうか、ということになると、よほどの敏腕家でない限り、からだをかけるほかはないのです。

ここに「腕しだい、心がけしだい」の意味があるわけです。收入を少しでもふやしたい、首を切られたくないと、おもえばやむをえないのでしよう。あつさり貞操を提供する婦人ほど多く客がついてくるのは自然の成行です。中にはまじめな婦人もいますが、これは夫の收入で生活が保障されていて、明日のパンにもこと缺くという人たちではないのです。これは別として多くの婦人たちが、先に述べたような事情であります。これを賣春行爲でないとは誰がいえるでしよう。しかも經營者が賣春を奬勵しているのです。

このように女性たちはなぜ轉落一歩前の斷崖に立たされていなければならないのでしようか。いうまでもなく生活の保障というものがないからです。なに一つ社會保障の恩惠に浴していないからです。病氣になつても醫師にもかかれない女性たち、首を切られても退職手當も支給されない女性たち、そこには健保もなければ、厚生施設もなく、あるものは封建的な壓迫と酷使だけです。新憲法ができて十年もなつた今日、今なおこうした働く婦人の人權は無視され、いつも首切りの不安におののいているのです。新聞で見れば本年度の國の豫算は、ほとんど軍事費にとられて、殘つたわずかな部分で社會保障費も文敎費もすべてまかなうとしております。かつて鳩山內閣が公約した「防衞費を削つて社會保障を充實する」というスローガンは一體どうなつたのでしよう。全國に十二萬五千人の賣春婦がおりますが、完全な給與體系が確立されてこそ、初めて全國の夜働く十何萬人かの婦人たちが救われるのであります。生活の保障によつて轉落を防止できるのです。

これは個人の力でできるものではありません。同性の協力が必要です。婦人の大きな力で救おうではありませんか。

ふるさとの思い出（4）

そのころの燈火

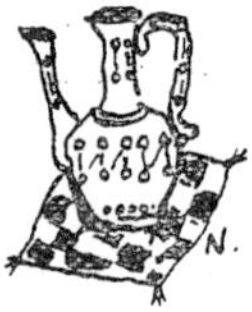

三《さん》瓶《ぺい》孝《こう》子《こ》

(1) ランプ掃除

いまの子供達は、ランプといつたら停電の時に用いるもの位にしか考えていないでしよう。私の子供の頃、大正時代ですが、もう電燈の時代にはなつていながら、どこの家にもまだランプがありました。ランプは持ち運び出來て便利なせいもあり、また使いなれた習慣のせいかも知れません。ランプやという商店もありました。

私の家でも、風呂場の棚ランプ、便所の縁のつり燈籠、隠居所へ行く庭の、フランス映畫に出てくる街燈のような形のガラスの燈籠などに豆ランプを用いていました。これらの豆ランプの掃除が、毎日、ひと役として誰かがしなければなりませんでした。たいてい小さい下婢とか子供の仕事だつたのです。その頃は家が廣いだけでなく萬事用事の多い時代のようで、女中達が三人くらいはいましたが、家中の者が何かしら手傳うのがあたりまえになつていました。私はこの豆ランプの掃除を手傳いました。

母屋の縁に腰をかけて、足をぶらぶらさせながら、「ホヤをこわさないように」と注意されて、新聞紙を丸めてホヤの中に入れ、小さい手を中にいれてくるつと廻わしますとホヤはきれいになりました。ランプのホヤは小さいので、子供の手でないと中にはいらなかつたのです。ホヤの外側を新聞紙でふいて、それから油壺の周圍をきれいにすれば、これで掃除が終るのでした。曇つているかどうか、すかしてみてから、「これでいいかい」と大人に見てもらいました。私の一日の家のお手傳いはこれでおしまいなのです。

ランプは時々ひつくりかへして危險ですし、毎日掃除する手間もあるので、庭に電柱を立て電燈をつけて燈籠を廢止しました。風呂場も便所も電燈にかわりました。それでランプのお掃除の仕事もなくなつたのです。大正の半頃だつたとおぼえています。

隠居所の前の、街燈のような形をした燈籠だけは、ガラスがこわれたまま、昭和の初めまで殘つていました。

(2) ガス燈

第一次大戰中の頃と思いますが、郷里の町にガス會社ができました。最初は今日のような燃料でなく、燈火用のようでした。長いゴム管を引いて、天井からガスランプを下げました。夕方マッチをサッとすつて、ガスに點火すると青白い焔を出し、青い光を放つので部屋の中がみな青白く美しくみえました。電燈の赤味がかかつた黄色い光よりはずつと美しいので、今のケイ光燈のようにどこの家でも珍らしがつてガス燈をつけました。それも電燈と兩方を一緒につけたのです。私の家でも電燈とガス燈とが天井にぶらさがりました。なかでも呉服屋は品物が美しく見えるといつて喜んでこれを用いました。そのころ、景氣がよく、秋山呉服店といつて小さい呉服屋であつた店が、町の中央の目拔の場所を買つて大きな店を開き、ガス燈で美しく飾つたので、みんな見物に行きました。ガス燈は一種の流行となつて、町中は青白い光でいつぱいになりました。こんなことが一年と續かなかつたようです。ガス燈は美しいが、長いゴム管は邪魔つ氣だし、頭の上にぶら下つたホヤの中でゴーゴーと音を立てて燃えるので、危險でもあるし、その點では電氣の方が安全であつたからです。あれほど流行したガス燈も間もなくすたれました。そしてガスは今のように燃料としてだけ使われるようになりました。ガス燈で飾つた秋山呉服店もガス燈と一緒に店じまいしました。今から考えると第一次大戰中の好況の時期にガス燈が線香花火のようにもえ、戰後の不況で消えたようなものです。

こん度の戰爭の後も、二十七年頃まで停電つづきで、ガス燈も一寸かえり咲きしましたが、電燈にくらべると暗くつてお話になりませんでした。大正頃、どうしてあんなに美しく今のケイ光燈のように明るく見えたのだらうかと不思議のように思いますが、その頃は電燈と一緒につけたからだつたのでしよう。

(3) 提《ちよう》灯《ちん》

懷中電燈の普及しなかつたその頃には、提灯はなくてはならないものの一つだつたのです。弓張提灯、ぶら提灯の一つや二つはどんな家にもありました。夜外出する時は必ず提灯を下げて出かけました。街燈がいまのように明るくなかつたのでしよう。

町の西南の阿武隅川よりに提灯屋がありました。道路に面した格子の戸を明け廣げて、顔に眼鏡をかけたオヤジが白張提灯に字を書いてました。店兼仕事場なのです。親戚がその先にあつたので、私はよく提灯屋の店先でオヤジの仕事を眺めました。提灯屋の字といつて、最初は字の位置と形だけ書いて、そのあとを何べんもあと書して、きれいな字にするのでした。

提灯は實用ですが、身廻り品のようなものでもあつて、定紋がついていました。私の家では普通、今の懷中電燈のように使うのはぶら提灯でしたが、それとは別に、定紋付弓張提灯が十はりほども、澁紙をはつた定紋付の箱にはいつて、茶の間のなげしの棚にのせてありました。これは一つの部屋の裝飾のようにも見えました。いつか「暮しの手帳」の秋田の民家の寫眞に、定紋付の提灯の箱の並んだ寫眞をみてなつかしく思いました。

弓張提灯は一寸あらたまつた時とか、ぶら提灯ではぶらぶらして不便の時に用いました。夜、火事や大きな地震などのあつた時は大工や左官、鳶などの出入の親方たちが、私の家から祝儀の時に出た「下總屋」と染出した紺のしるし半天を着て、各々自分の家の名を書いた弓張提灯を持つて見舞に來るのでした。「火事の煙がこつちに流れたんで、お見舞にめえりやした、お變りなく、旦那さまによろしく」と挨拶しました。

こうした時は、見舞が來るものなので、豫めこちらも弓張提灯なぞを門にさげて、見舞の言葉をうけるのでした。危險區域でなくともそうして旦那衆に見舞うのが職人の禮儀だつたし、またそれをよく應待するのが旦那衆の禮儀だつたのです。商人は番頭に名入れの半天を着せ、弓張提灯をもたせて顧客先にお見舞を出すのです。

私が提灯で忘れられないことが一つあります。小學校の頃のことですが、毎夜八時すぎると、あんねが提灯をつけて、私を離れにつれて行くのでした。私は母屋で遊んでいたかつたのですが、子供は早く寢た方がよいと云われると、一人だけのけ者にされるようなさびしい氣持で、離れの入口でお月さまをみたことです。

お祭の提灯は屋根をかけ、花をつけた楕圓形の大きな弓張提灯でした。

ルポルタージュ

不漁の町

――千葉縣外川町――

中大路《なかおうじ》まき子《こ》

千葉縣銚子市の中心地から六キロぐらい離れた小漁港、それが外《と》川《がわ》町である。狭い坂道が幾つもあつて、兩側に軒の低い漁師の家が立ち並び、大小の漁船がつながれている港には、青い太平洋の波が寄せている。

ここは、三百年ほど前に、和歌山の漁夫が移つてきて住みついたところだそうで、古くから「外川千軒」と云われているように、今日も世帯數凡そ一千、人口約五、五〇〇の町である。かつてはいわしの漁場として濱に大漁節の聲も聞えたが、この頃は、潮流の變化かいわしが來なくなり、人々は不漁による生活苦にあえいでいる。

「今年の正月は、子供に足袋どころか、配給米もとれない……。こんな悪い正月はありませんでしたよ」と、主婦の一人が話してくれた。漁夫たちの賃金は固定給が殆んどなく、歩合制だから魚のとれ高によつてきまる。今年になつて三カ月間に、一家の收入は最高五千圓くらい、最低は千圓位いとのこと。したがつて、質と借金と市からの生活扶助でその日を送つているのだ。「御飯に醬油をかけて食べているけど、それもできなくなる」という聲も聞える。漁師でありながら魚が食べられない。なぜなら、自分でとつて來た魚なら食べられるのだが、この節はそれがないので他から買わなければならない、そんな金はないのだ。病人も増えているという話である。

「この子も肺炎だといわれたんですが――」と心配そうに背中の子供を振り返る母親もいる。醫療扶助による診料券をもらつたが、銚子まで行くバス代がないという始末である。

昔から、さほど増えも減りもしない千世帶のこの町は、となり近所のつきあいも親類みたいで、お互の家の收入も知りあつているほどだから、困つた時にはそれぞれ助け合い、町中が一家族のように暮していたというが、こう、町中が貧乏になつては、この相互扶助も限界が來る。どの家も同じように財布と米びつが空では手のほどこしようがない。

また、ある主婦は、「ことに旅の人は氣の毒です」と、云う。「旅の人」とは、土地つ子でない人のことらしい。少數だが他の漁村から移つて來た人があるようだ。その一人が「私も終戰後、神奈川からこつちへ來て住んでいるんです。生活保護をもらつていますが、本當にどうしたらいいかわかりません」他の一人は「こうやつて、今日も質屋へ行つて來ました。六疊の部屋にふとんもなく、親子六人ござを敷いて寝ています」と前掛のポケットから出した質札に二百三十圓と書いてある。彼女たちは、「こんな時、五十圓でも六十圓でもいいから續けてある内職が欲しい」と切實に訴えていた。以前、ここでは、藤蔓を編む内職があつたそうだが、最近は、この藤が原料高で製品が安いため、駄目になつたという話も聞いた。

困つているのは、漁業勞働者である漁夫ばかりではない。船主たち（彼らは零細な漁業經營者なのだが）も同樣である。潮やけした顔に深いしわを刻んだ船主の一人が「俺あ、政府が惡いと思うよ、八百トンや千トンの大きな船にや何億も金かけて、俺らの小さな船は何んにもしちやあくれねえ、自家用車で魚見にくる人にばかり金貸して、女が棒で魚かつぐわれわれにや一錢だつて金貸さないだ」と憤懣をぶちまけていた。たしかに、日本水產だの日魯漁業だのという大資本の水產會社は、強い政治力を背景に利潤を上げているだろうが、大分部の小漁業者たちは適切な金融の道もなく、持ち船は老朽化し、漁具の整備すら思うようにできない。綿製だつた漁網も、最近はナイロン製になり、耐久力も強い代りに値段も高い、彼等は借金をして、今までの網を化繊網に切りかえているが、中にはせつかく買つた網を借金のかたに持つていかれそうになつた話もしていた。

　また、町の中學校の校長さんは、千葉縣でも最も長缺児童の多い地區だと前おきして、「子供を可愛いと思わない親はありません、學校へやりたいと思つても、その資力がないのです。男の子は、小學校六年くらいで漁業の手傳い、女の子は、もつと早く五年生くらいで近くの農家へ子守奉公に出します。長缺児童の家庭訪問で、奉公先まで訪ねて行つたこともありますが、金を出して借りた子だと云われれば、何んとも仕方がないのです」と暗い顔をする。ＰＴＡの會費は申し合せで中學は四十圓、小學校は三十圓だが、それも滞る子供が增えて來た。「二十年もこの町に住んで、土地の事情もよく知つている自分には滞納を催足することもできません」、「毎月、修學旅行の費用を積立てていますが、他の學校と一緒に修學旅行につれて行きません、なぜなら、この町の子供は、他の子供に比べて、服裝が違う、持ち物が違う、小づかいが違うからです。出かける時は旅館とも特別に交渉して安くしてもらうのです」と、貧しい町の教育者はその苦心を語るのであつた。

　四つ角の古びた板塀に、この漁港には不似合な映畫「旅情」のポスターがはつてあつたのを思い出し、「たまには映畫を見に行くこともありますか」と、たずねた時「映畫なんぞに行つたことはない」という返事だつた。ラジオは大ていの家にあるというが、これは娯樂のためより、ここの人たちの仕事上、無線で天候や船の位置を知るための必要からだ。

　來る途中、難船した漁夫たちの石碑の立つた塚があつた。漁に出ればどんな運命に出あうかわからない彼等の稼業が、いきおい「無計畫だ」、「無知でその日暮らしだ」と批判される生活態度を生んでいるのかもしれない。ともあれ、政治の貧困と、自然のいたずらにさらされて、窮乏の生活を送つている外川の町民の姿は、日本の零細な漁業者たちの一つのケースを代表しているのではなかろうか。

　銚子市長の言葉を借りれば「一地方自治體の問題ではなく、國としての政策が必要です」と、云うことである。

　外川水夫組合の一主婦の投書が多くの反響を呼んで、見知らぬ人からの同情も寄せられているが、私たちも何んとか援助の手をさしのべたい。幼児をおぶつて、「いわしさえとればねえ……」と獨り言していた漁婦の姿が浮んでくる。彼女たちが忙しげに濱へ出て、魚を干す日が何時來るであろうか。

イギリスの働く働人

イギリス勞働組合會議

最近にイギリス勞働組合會議（TUC）でだした、「勞働組合運動のなかの婦人」という本を、同會議のご好意で反譯でき、皆さまに讀んで頂けることを感謝しております。本號のはその初めの一節です。

婦人はいつの時代でも働き、そしていつでもはげしく働いてきた。家事、手工業、家畜の世話、そして農業は、原始時代から婦人が雇われて働く仕事の中にはいつている。

その勞苦によつて、婦人はいつもその家族を養う上に大きな貢献をしてきた。これは餘りに普通の、あまりに當然のこととなつているためにその經濟的重要さが見落されてきた。なぜなら婦人の仕事は、男子の仕事に從屬するものであるために、普通には賃金を支拂われないからである。もつともこれは必ずそうと限るわけではないが。

野らしごとと婦人

産業革命以前には、家庭のそとで婦人が雇われるおもなしごとの種類は農業であつた。それどころか、中世には婦人は野らで働くことを强制されたほどである。一三四九年には「勞働者法令」が、年令六十歳以上の者、何らかの職業に從う者、土地または自分の財産をもつものの外は、女子も男子と同じく、要請されたばあいには、勤勞に從わねばならぬと命じた。一三八八年、リチャード二世のもとに、その法律は、耕作に從う男女は共に、一年間奉公した後、その雇われている場所から移動してはならぬ、と定めた。それは婦人の賃金を一年六シリングに制限し、「クワをもつてする勞働になれた男子または女子は、他の職に轉ずることを禁ぜられ、そういうものを魔法、または手工業に從わせてはならぬ」と定めた。

十六世紀のエリザベス女王の徒弟法は、十二歳から四〇歳までの婦人に對して、その適當と思うような賃金と合理的な方法とによつて一日、一週間、または一年間野ら仕事を强制する權力を治安判事に與えた。これに服しない婦人は牢屋にぶちこんでもさしつかえなかつた。

農村地帶の婦人は家事のほかに茶園や果樹園の世話をし、雞や豚や牛の世話をした。婦人は極めて有利な收入源である酪農の仕事をした。婦人は雜草をぬいたり、ハロウについて歩いたり、プラウの馬を曳いたりした。婦人はジャガ芋を掘り、カブをぬき、堆肥の車にそつて汗をながし、駄馬に荷をつみ、馬をつれてしばかきに出かけた。どんな仕事にもせよ女にはむりだと思われたものはまずなかつた。女は屋根をふき、溝を掘り、羊の毛を刈り、石を集め、草地を燒き、とうもろこしをじか播きにしたり、みでふるつたりした。收穫どきには女たちは、刈り入れたり、かきよせたり、集めたり、落穗ひろいなどの仕事にやとわれた。こういう職業によつて女は男の收入を補い、家庭經濟は男女双方の勞苦によつてうるおつた。

けれども農業勞働は、重荷に小づけというように、女がほかの仕事をやつた上に、更につけ加えられた餘分の勞働の一種にすぎなかつた。

家事と婦人

家庭の中では、今日の主婦が普通にやることになつているしごとよりも、はるかに骨のおれるしごとが待つていた。パンをやいたりビールをかもしたりするばかりでなく、シャボンやロウソクを作り、糸をつむぎ、布を織り、布をそめることや、近代の製造工業が主婦の肩から除き去つたありとあらゆる仕事がその手を待つていた。十八世紀ごろの一般のものの考え方では、女も子供も自分のくいぶちをかせぐのはあたりまえだというので、男子の賃金はそういう考えをもととして計算された。「親愛な娘たちよ、君たちは財産のわけまえはもらえない。そこで財産のない缺點を心がけでうめ合せなければならないことを考えなさい。君たちのうち誰ひとり働かずにすむような結婚ができると思つてはならない。男のかせぎで女をくわせなければならず、自分でくいぶちを働き出そうとしない女を嫁にする者は、バカのほかにはあるまい」と「女中さんへの贈物」という本は忠告している。

日雇い勞務者も、固定した賃金をとる勞働者も共に、妻たちが何らかの形の家内工業で一家の収入を補うことを望んでいた。

羊毛工業と婦人

本來全國いたるところの家庭で營まれていたイギリスの基本的製造業、羊毛工業は、婦人のおかげをこうむることが多かつた。實際、家族に着物をきせることは最も遠い原始時代からの、傳統的な婦人の任務だつた。

十四世紀及び十五世紀のイギリスの女は、選毛、撚糸、梳毛、紡毛、染色、織布等、羊毛工業のあらゆる部門で働いていた。

婦人とはたおりとの長い關係はワイフ(妻)という言葉がウィーヴィング(はたおり)という言葉から來ており、スピンスター(獨身女)ということばが、誰でも知つているように、本來「糸をつむぐ女」という意味だつたことが示すとおりで、婦人はいつでもはげしく働き、また年中手仕事にたずさわつているものと思われていたのだつた。一五四〇年の「耕作の書」に書いてあるように、よい主婦は、「手をあそばせないために」、「なぐさみにも**しのまき**をはなしてはならない」。「女は**しのまき**をもつて糸をつむいだところで、それでくえるはずがないにしても、とにかくそれはたしまえになり、やらなければならないことなのだから」というのである。

けれども女たちは追々にこの仕事の或種の部門からはしめだされるようになつた。特にこれは十五世紀中に始まつた、資本主義産業組織の成長と發展とについで起り、羊毛業を手工業勞働者の家庭から、資本家被服業者の職場にうつし、そこではた織りが行われるようになつたのだつた。

女がなお家庭で布を織りつづけることもままありはしたものの、その仕事は追々に糸とりだけに限られてきた。やがて女と子供とが糸とりの仕事を全部ひきうけ、男たちが被服業者の職場に出かけ、はたおりは全部そこで行われるようになつた。糸をつむぐための毛糸は、家庭にいる女たちに分配されるか、または女たちがそれを被服業者の倉庫からもつて歸つた。そのために女たちは何マイルのひどい道を往復してヘトヘトになり、これはだいじな時間を恐ろしく浪費させた。

糸つむぎは、紡織地帶の女たちに、只働きの家事勞働をする上に、さらに手いつぱいの專任の仕事を與えた。農業地帶の女にとつては、それは小自作農としての畑仕事の上に、も一つパートタイムの仕事を加えることとなつた。十八世紀の終りまでは問題にならぬ程度の製造業にすぎなかつた綿業は、産業革命の大きな技術的變化が製造工程をかえ、綿業を主要な工業として前面におしだすまでは、やはり家内工業であつた。(山川菊榮譯)

國會見學記

——はがゆい大臣の答辯——

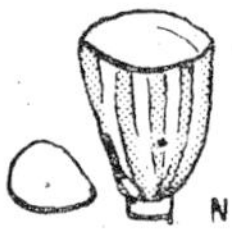

小《こ》池《いけ》花《はな》代《よ》

私共信州諏訪の有志の婦人は三年前から、「憲法を守る婦人の會」を結成いたし、只今會員約五百人程あります。おもに農村でありますから、とくに農閑期を利用して日常生活に直結している政治の勉强をいたして參りました。今の政府は再び戰爭にまきこまれる恐れのある再軍備のために憲法改正を企て、それを達成するために選擧法をもかえて小選擧區制を定めようとしそれに關連して諸々の法律制度を改正して戰前のような體制にかえそうとしているようです。これでは折角得た男女平等の權利も制限される恐れがありますし人身賣買、賣春禁止法等もいつまでたつてもラチがあきそうもない模樣を、新聞やラジオで見聞きすると、どうしてもじつとしていられなくなつて、一度國會をこの目でよく見たい、と思いたち、皆さんとお金の積立をしてきました。そしてこの度第一班として三四十名くらいで出かけようとしましたところ、希望者が多くついに六十三名となりました。

時間と費用の節約を考えて、三月七日の夜行で出發し、新宿へ到着したのは午前四時でした。驛のホームへ下り立つた時は一同寒さにふるえあがりました。東京驛へ參りましたが、待合室は時間外で閉じてあり、やつとお願いして開けて頂いて明るくなるのを待ちました。春まだ淺い早朝、朝もやの晴れきらぬ宮城前廣場からお濠ばたへかけての徒歩の道は清々しい氣持ちでありましたが、田舎者の始めての旅の人もあり、未婚の娘さんから七十に近い老人までの一群ですから、幾度も人員點呼をしながら全員元氣で第三議員會館へついて、やつと朝食の席についた時は眞實ほつと致しました。

それから一同國會の中をひと通り見學しました。日本國民は正當に選擧された國會における代表者を通じて行動し——と憲法にある、ここがそこかと心のひきしまる思いがしました。そして議員の方々の責任の重大さが身にしみて思われました。陳情その他についての手配を前もつてお願いしておいた地元出身の原茂代議士の行き屆いたお計らいで、社會黨の渡邊道子さんや棚橋、下平、神近、福田、山本、藤原先生等の國會議員、及び山川菊榮先生、淺沼書記長、鈴木委員長と多數のえらい方々に身近にお目にかかり、いろいろとお話しを承り、御指導を頂いて、活きてる日本を目のあたりに見るような氣がして大きな勉强をいたしました。

また鳩山總理大臣の代りに根本官房長官が私共の陳情を聞いて下さつたことは有難いことに思いましたが、書面にする用意もなく口頭でとりあえず、私たちお互いの生活を守るためにまず最も重大な三つの問題、一、憲法改惡反對、二、小選擧區制反對、三、賣春禁止法制定促進について御考慮願いたい旨申し述べましたところ、研究中とか、考慮中とか、味もそつけもない御返答で、五分間という約束の時間を先客のお話しが延びいたために三分間に切つめられ、委員會があるとさつと立たれのは誠に淋びしい感じでした。

なんだかあつけない會見で、何とか言質をとらなくては、など考えていたのですがどうするすきもありませでした。午後國會の中の一室で牧野法務大臣との面接ができることになりました。

今度こそは何んとか引きとめ策をと考えていましたが、思いがけなく會見時間を四十五分もつくつて頂きましたので、私共百姓の主婦も言葉を飾らず思いのままをふだん話しているように急がず、憶せず、打ちとけてお話しすることができました。新聞記者の方々も同席されて和やかな會見でありましたが、老練な政治家で何を申しあげてもうまくはぐらかして要點をそらしてしまう、どのように反對理由を述べても、獨立國なら軍隊は必要だとか、用心がなければ不安心ではないか、などおかしな例など引かれて逃げてしまう。小選擧區制は今實行すると私たちの田舍では一層買收や饗應、訪問、義理人情でお金は今よりは多くかかる、すでに名の知れた人のみ有利で新人は出られない、婦人の代議士は一人もなくなるおそれがある、そのため反對すると申しても今はそうでも二十年後には理想的な選擧ができるなど、はぐらかされたが、最後の賣春禁止の法案だけは今期國會に必ず上程して通過させるとの言質を得ました。が、どうも靴の上から足をかくようで何となくたよりない氣持ちでありました。私共婦人として、母として最も大切なことですからつづけて波狀的にこうした陳情をして地方の人の考えを中央に反映させることこそ大切な仕事と思いました。

それから國會の本會議の傍聽に乘りましたが、おそくなつたために後の方で人のかげからのぞいている程度でした。提出議案がよまれてもはつきり聞えない、それに反して異議なし、などの聲だけよく聞えました。私共田舍で想像したのとは大分容子が違いました。議員たちが熱心で、また緊張してるようには見うけられず、空席が多いのが目立ちました。あのお行儀の悪かつた議員さんは誰が投票した方でしょうか。私共の大切な政治をとりきめるにはもつとまじめな態度がほしいと思いました。

夕刻文化のセンター・NHK放送局の見學を致しましたが、日本國中どんな處までも中繼放送ができるようになり、文化の恩惠はいずこにいても望み次第に同じようにうけることができることを學び嬉しく感じました。その夜は參議院會館と青年會館とへ分宿することになり、昨夜から眠らず今日一日の目まぐるしいプログラムにも皆こうふんしているせいか疲れも見せません。一日中かつて經驗したことのないことばかりでした。記者會見も幾度かあり、夜に入つてからもNHKの放送記者が來られていろいろ尋ねられ、靜かな田舍生活になれた私共には幾日もたつたように感じられました。夜はさすがに誰れも疲れてしまつてはしやいでしやべる人もなく、すぐにぐつすりねむりました。

朝は病人もなく元氣に揃つて觀光バスで都內見學をし、その後で羽田の國際空港へ參りました。聞きしにまさる規模の大きさにただおどろくのみでした。戰時でも飛行機も餘り見なかつた信州ではヘリコプターが一度來てさえ村中が學校の庭へ見物に集つた程で、外國へ行くには横濱で船にのることしか知らなかつた私共にはこの見學も實に大きな收獲でありました。始めの豫定は砂川基地へ行き、そこの主婦の方々と座談會など持ち度いとも考えていましたが、人員が豫定の倍にもなりましたために、行動も思い通りになりかね、殘念ながら今回はとり止めて次回にゆずることになりました。午後十一時五十五分新宿發の汽車で一人の落伍者もなく無事に歸鄕いたしたのは殊に嬉しいことでありました。これも私共田舍者に樂しい見學をさせようと深い愛情で何くれとなくお世話下さつた皆樣のお陰と心からの御禮を一同と共に申上げます。

母體保護について

―母體は男女兩性に優先する―

生《い》熊《くま》久《ひさ》子《こ》

〃人事課長の暴言〃

先日、婦人部では産前産後の休暇や生理休暇など、母體保護權を完全に獲得するために人事課長と話し合う會がもたれました。そのとき、婦人部が提出したこれら母體保護の權利の主張に、人事課長はこんなことばで應待しました。

「女性がそんなにやかましく、母體保護を主張すると、女性は職場から追い出され、自らその職域をせばめる結果になるだろう」と。

なんという暴言でありましょう。

これは、鳩山總理が「陸軍をもたない、海軍をもたない、そして飛行機をもたない今の憲法には反對であります」といつた失言と、同じウエイトをもつていると思います。

なぜ母體保護權は、このように虐待されるのでしょうか？

それには、二つの原因があるのです。

その一つは、女性の無自覺であり、他の一つは母體への認識の不足であります。

〃女性の無自覺〃

ちよつとみなさんの周圍の女性を考えて下さい。

自覺のない女性は、とても利害に敏感です。そして得になるという見込みをたてると、「男女同權」を盛んに主張します。

そして男性と同じように扱われることに、喜々として胸をふくらませます。

が反對に損失をこうむることを見込んだときは、さつさと古い穴にとじこもります。そして〃だつて私は女ですもの〃この言葉をもつて、ギムの履行を他人にまかせます。

しかしまだ悪いことには、そのギムの履行を男性がやつた場合、理解のある男性だといい、女性がやつた場合、あの憎悪と嫉妬の眼をもつて敵視しないでしょうか。悲しい現實ではありますが、こういつた女性が、私たちの眼にうつるかぎり、絶對に女性の地位の向上をみることはできないと思います。

〃母體への認識〃

それからもう一つ、母體に對する認識の不足であります。さきの問題は、女性に對する批判でございますが、この問題は男性の方々に理解していただきたいものでございます。

勞基法は、いまさらいうまでもなく、働く者を守る法律ですが、その中に「女子と年少者」という一章があります。

この長い名の一章「女子と年少者」もし、この女子と、私がいままでのべてきた女性とが同じであるなら、なにもこの長い名の一章でなく「年少者」というだけで十分であります。公然と使用者の中に男女を含め、なおその上に女子を守ろうと規定されたこの女子を考えてみたいと思います。いままでのべてきた女性とこの勞基法の女子とを區別するため勞基法の女子をおんなということにしましょう。

おんながすなわち女性であり、女性と母體とが同じであるという考えには眞向から反對するものです。理由はこうなんです。母性をもつているがために、女性といわれるのなら母體の中に女性が居候でいると考えます。

母體とは、女性と母性が統合されてできたものであります。その居候の女性に、男性と同じ權利が與えられているのなら、その大家

春

古《こ》賀《が》斗《と》始《し》子《こ》

うち　やっぱり行く
いまの仕事じゃどうもならん
五年働いて
日給でたったの四千圓
これでさきざき
みんなのめんどうみて
どうして食べていける!?
もう望まんわ
會社の景氣がようなつても

うちらの立場はけっきよく同じこと
結婚したらやめれ
女は三五で停年じゃなどと——
うち　こころきめた
どんなことしても
二年學校して
ちゃんとした仕事みつける

だけんど
母ちゃんしんぼして
たっしゃで待つてくれるやろか
大丈夫やろか
齢やけなあ
それ思うと
あたまん中がぐるぐるする

である母體には、それ以上の權利が與えられて當然でありましょう。

〃兩性＋母性＝母體〃

すなわち、母性と女性が同じ權利をもつている今日においては、女性＋母性＝男性＋母性＝母體、こう考えるのです。母體から母性を除くと、ここにはじめて女性が生まれ、男性が生まれるのです。ただちがうのは、母性を與えられて母體になるのが女性であり、母性を與えられても母體になれないのが男性であります。

私はこの見地から、母體保護權が居候扱いにされている今日、聲を大にして叫びます。

男女兩性の上位に存する母體を守るために母體保護權を完全に獲得しよう。

こうしてこそ、働くものの法律ははじめて生きてくるのです。

どうです、みなさん、このすばらしい權利を絶對に守り抜き、大いに明るく活用しようではありませんか！　女性よ、自覺しましょう！　男性よ認識を新たにして下さい。そして、働く者の權利を守るために、かんぜんと立ち上ろうではありませんか。

（大阪府職員組合辯論大會第一席より拔萃）

—隨筆—

旅の恥

岩《いわ》井《い》貴《き》美《み》子《こ》

汽車で大阪驛についた私は、廣い構内を田舎者らしくうろうろした。初めて、ただ一人で大阪にきた私には大きい驛の勝手がまるで分らない。いつたい出口はどつちへむいているのか？　とにかく妹に電話をかけて、來たことを知らせようと公衆電話を探して歩き出した。やつと委託電話という名前の出ているところへきて、そこで誰でも電話をかけられるのを知つた。電話番號を書いて十圓出すと、いくつか並んでいる電話のボックスの一つに、ちやんと妹のいる美容院がつながれていた。

「ふさちやんですか、ちよつとお待ち下さい」

そこにいないらしい妹をだれかが呼びに行つてくれる氣配であつた。

「やれやれよかつた」

知らない遠い町のまん中で、迷子になつたように心細かつた私の心もそれでなんとなくくつろいだ。あたりを見まわすといくつか並んでいる委託電話には、次々といろいろな人が入つてきて通話をしている。

「モシモシ、平野はんでつか、わし横川だす——今梅田に居りまんね。そうだす——それではこれからお伺いしますよつて——」

私のとなりで、中年の男の聲高な話聲が筒拔けにひびいてくる。

「ははあ、ここが梅田か」

私は梅田という言葉で、しみじみと大阪にきているという實感を味わつた。私の故郷の四國の貧しい村では、私が子供のころ出稼ぎに大阪へ出て行くものが多かつた。村の若者や娘はたいていその青春を大阪で暮した。大阪の町は遠いところにありながら身近にきくことが多かつた。

隣近所の人も兩親たちも一度は大阪で暮したことのある人間で、その人たちの話のなかから私は梅田という地名をしつかり覺えこんでいた。

「モシモシ、姉さん」

びつくりしたような妹の聲がなつかしげに私の握つている受話機につたわつてきた。

「今どこへ來ているの？」

「梅田にいるのよ、汽車でついたばつかりよ」

私は梅田といいたかつたので、そう云つた。よく知つているような調子でそう云うと田舎者のとんまさを吹きとばしたような氣になつた。

「すぐ迎えに行つてあげるから、待合室で待つていて下さい、すぐ仕度をしていきます」

電話がきれると私は妹に云われた通り待合室にいき、腰掛けて待つた。私の妹は三年ほど前に田舎から大阪に出てきて美容師になつている。三年逢わないうちにどんなに變つているだろうか。ずいぶん變つているに違いない。モダンな娘になつているだろう、ぼんやりしていてはわからないかも知れない。私はやがて自分の前に現われる妹の上にあれこれ想像をめぐらしながら、あわただしく人の動く待合室の入口にじつと目をむけていた。

一時間も、今か今かと思いながらそうしているのに、妹は來なかつた。すぐ仕度していくと云つたのに、これはまたどうしたわけだろう。不安になつて私はまた初めのような落ちつかない氣持になつてきた。時計の針ばかり、いらいらとなんども眺めるばかりだつた。目の前には太勢の男や女が絶間もなく行き交うけれど、どこにか見覺えのある人も、ほほ笑みかけてくれる人もない。異邦人のような孤獨な心を抱いて私は迎えにきてくれるはずの妹を待ちくたびれていた。お晝おそく着いてぐずぐずしているうちにもうやがて夜になろうとしている。

「いつたいふさ子は何をしているのだろう」

私はなかなかそこに現われない妹に腹立たしくさえなつてきた。そのとき、

「おおさかアーおおさかアーおおさかえきイー」驛に汽車が入つたらしくアナウンスが流れる。そんなアナウンスは、一時間あまりもそこにぼつねんとすわつている間になんべんも構内に流れていたに違いないが、その時初めてのように私の耳にはつきりと聞えてきた。そしてその聲は私の心に一つの疑念を起させた。

「ここは大阪驛で梅田ではなかつたのだろうか」

もしかしたらそうかも知れない、ここは大阪驛なのだ。驛のアナウンスがそう云つたではないか、さつき、妹に電話するときは、横のボックスの人のまねをして、梅田と云つたけれど、梅田驛というのはどこかほかにあるのではないかしら——妹はもうとつくにその梅田の待合室で私を探しまわつているかも知れない。そう氣がつくと、もうじつと坐つて待つていられなくなつた。私は自分のしたまぬけさかげんに呆れてしまつた。

待合室のむこうで、花でもひらいているような色どりで店を出している賣店にいき、立つている若い娘に、

「あのう大阪驛と梅田驛はちがうのでしょうか」

と、先生にたずねるようにおずおずきいた。

「ちがいますよ」

若い娘は敎えてくれた。私は荷物をさげると、あわてふためいた恰好をかくそうともせず、驛の外にかけ出した。大急ぎで梅田驛にかけつけるつもりで。たそがれてネオンのまたたき出した町を、ちんちん電車が走つてくる。右からも左からも。私は電車に乘ろうとした。が、どれに乘れば梅田驛にはこんでくれるのかわからない。梅田驛はどつちにあるのか、遠いのか近いのか。

黒いオーバアの襟に首をすくめて電車を待つている男に私はきいた。

「あのう、梅田驛はどの電車に乘つたら行けますでしょうか?」

「梅田なら、あんたここでつせ」

「あのう驛です」

「驛なら、あそこですわ」

指さしてくれたところはなんと、私が今とびだしてきたばかりの建物ではないか。なんだかキツネにつままれて、籔のまわりをぐるぐるまわつているみたいだ。

「梅田驛なら電車にのらいでも、ここでつせ」

なんども念をおして敎えてくれる男の人に私は赤くなつておじぎをすると、驛のほうへあわててまた逆もどり、旅の恥はなんとかいうと思いながら、ひどく恥しかつた。

農山漁村の青少年はどうなる

古《こ》賀《が》のぶ子《こ》

一 兼業農家の多い村では？

A 村の若い人たちというと、だいたいみんな農漁業をやつているのでしよう？

B そうとばかりは云えないようで、その村がどんな場所にあるかでずいぶん違うんですよ。大きくわけて三つに區別できるようですが、一つは大都市、大工場をすぐ近くにもつている兼業農家の多い村。も一つはその村で養いきれない人口をよそへはきだし、移住や出かせぎ人を出す移出型の村。も一つは多角經營や近代化、氣候風土等の好條件にめぐまれてその村の青少年を吸收できる自立型です。第一の例としては兵庫縣K村。ここでは男子の六六%、女子の二一%が村外で働いているのですからね。

A その人たちは、もちろん二、三男でしようね。

B ところがこの村では、八〇%までが農業をやつているのに、長男を百人つれてきてみると、そのうち八二人までが農業以外の仕事をしています。ほかの場合も大體似ていますね。

A では、その家では誰が田畑の仕事をします？

B 親の世代と娘とか嫁という人たち、大部分が女手です。息子たちの手がなくても、いちおうやつていけるのでしよう。

A ああそのせいですね、農業のよくできる働き者のお嫁さんがほしいという話を、よく聞くのは。けれどもこういう村に働き手として貰われてくるお嫁さんは、外の場合より苦勞が多いような氣がしますが……

B そうかもしれませんね。兩親と一緒に働かねばならぬ時代の、氣がね、氣苦勞も、夫と共に働いていれば力になつて貰えることも多く、勵みも出るでしようが、ひとりではさびしいでしようね。それに家事をやりながら女手一つの經營ということになると、どうしてもムリですね。自然と、自家用の飯米を取るだけといつた、消極的な發展性のないものになつてしまつて、日本の農業全體から見てもマイナスになるような氣がします。男の人もだんだん手を汚すことがイヤになつて、田植とか穫入れだけしか手傳わなくなるんですね。明日の職場にさわるという考えもあるでしようが「家にいると百姓を手つだわねばならぬから」といつて日曜も出てきてダベつたり碁を打つて一日遊んだり、名譽職を引受けて出歩いたり——そうなると奥さんの仕事に對する思いやりもなくなつて、重勞働で年よりずつと早くふけてしまつた奥さんを「うちのバアさんは人前には出せない」なんていうんですね。

A　私もそんな奥さんを知つてますよ。まだ四十代だというのに腰がまがりかけて、それはひどいゴツゴツした手。いつもはずかしがつてもじもじしていますから、いばつて出していらつしやいとはげましてあげますよ。

B　農業人口がだんだんと近代的産業の中にくずれこんでいく途中の、ひとつの現れなのでしようが、考えさせられますね。

こういう近郊村から村外に働きに出ている二三男は、自分の家をもつまで農村に下宿しているようなものですし、親の代から農をはなれて通勤者として村に住んでいる人もあり、また大都市の住宅事情が窮屈になる一方の現在では、通勤に便利なこういう村に住宅地域がしだいに擴がつてきています。だから村とはいつても、若い人たちを教育する方法として、強い地域性を持つた青年團とか、農業研究の四Hクラブなどをとりあげてもあまり意味がないようです。それよりも、どうしたらうまく農村青年の性格からぬけだして、都會的生活の感覺と方法を身につけるか、ということの方が大事なことのように思えますね。

二　移出型の農村では？

A　第二の村はどんな村ですか？

B　交通の便も惡くて近くの都會に働きに出ることもできず、それかといつて村の中に目ぼしい仕事もない、といつた普通の、數からいえば一番多い村ですね。その中には、中學卒と同時に男ならば工場、商店などの住込み、女ならば紡績工などとして若い人たちを都會に送り出してしまう移出型の村、新潟縣A村のように大工見習や毒消し賣りなどで出稼ぎをする出稼ぎ型の村、また二十歳頃まで村の中でなんとなく家業の手傳いをしているという抱え込み型の村などがあるわけです。

A　この村でも、若い人たちがみな、村で働いて生活をたてることができないのですね。

B　ええ、働き手があまるのです。だからこのグループの村では、二四―五歳から先になると、村に殘つている青年の數は男女とも急に少なつてしまうのです。

A　村を出た人たちはどんな仕事をしているのでしようか？

B　それなんですよ。中學を出てすぐ職についた人はまあ別としても、なんとなくずるずると家の仕事を手傳つていて、獨り立ちの必要に迫られてから都會へ出て行く人たちは、手についた職もなく、ただ體だけがもとでというわけですから、いい働き場所がないのは當然で、しぜんと男は土工とか自由勞働者、女だと水商賣的な仕事に流れこむより仕方がなくなるのです。

A　兩親や村に殘る人たちも、それでは心配でしようね。

B　もつと本氣で心配すべきではないでしようか。いまのところはまだ心配が足りないようです。親も子も、出て行きさえすればどうにかなる、といつた甘い考え方をもつているのではないでしようか？　村の中で一家をもつて暮しを立てることができぬと、はじめからわかつている若い人たちに對して、もつと積極的に將來の生活の準備をしてやらなければウソだと思います。

小都市や町などに多い、いわゆる小市民と呼ばれる人たちの仲間は、その點割切つてはつきりしていますね。できるだけ高等の教育を受け、何か身についた技術を習おうとする、そしていい仕事があれば、進んで遠くへでも出かけて行こうとします。その土地にしがみつこうとする執着がないのですね。またさきの下宿型の青年たちは、農村の中に住んでいてもそれは半分だけで、いつでも都會の近代的な生活のしくみの中に入つていけるわけですね。それと同じようなものを、できるだけ身につけさせ、村を離れた場合、少しでも條件を有利にしてやるのが親心ではないでしようか。ところがそんな試みはほとんど行われていません。昔から一部に殘つている集團的な出稼ぎは、以前はいろんなよその社會を見て視野を擴げ經驗を深める意味で、一人前になつて家を持つための前提と考えられていたのですが、親方につれられてという人間關係や經濟關係は、近代社會からは遠いので、今ではただの使役として現金をもちこむための手段になつてしまつているようです。

A　若い人たち自身は、どう思つているのでしよう?

B　ここに抱え込み型のT村の青年と下宿型K村の青年（そのうち農漁業以外の仕事をしている者）について就職の動機を比べた調査があります。

就職の動機調査

T村	家業だから 家人のすすめだから	六三%
	好きだから	一五%
	他に適職なし	一五%
	その他	七%
K村	好きだから	四五%
	他に適職なし	四〇%
	家業だから	九%
	その他	六%

これを見てわかるように、K村の青年たちは非常に積極的で、よろこんで都市の產業社會の中にとびこみ、それに自分の生活の根をつちかおうとしています。それにくらべてT村では、家の仕事だから、家の者のいいつけだから、といつた消極的で行きあたりばつたりの青年たちが大部分なのですね。惠まれない環境のことを考えに入れてみても、も少し何とか――とはがゆい氣がするでしよう。

なかには、大人たちにこの問題をまかしておいてもダメだ。自分たちで立ち上らなくては、と氣ずいて、青年團などが中心で下から強い動きをはじめたところもあるようですね。產業開發青年隊というような組織を作つて、働きながら建設事業に必要な高い技術を學ぼうという試みも、その一つだと思います。

A　その話なら、私も新聞などで讀みました。けれども、例えばダム工事と關係を結ぶことのできた地帶のように、理想的な仕事場のみつかつた所は成功しても、まるで昔の開拓團みたいに、荒地で土ほりばかりしなければならなかつたところでは、隊員の不滿が大きくなつて解散してしまつたそうですね。

B　あと押しをして助けてやるべきお役所もナワ張り爭いをしたとか――ほんとうに、いざやつてみるとなにごとも良いことばかりではありませんね。けれども忘れられた谷間の若い人たちが、自分たちでまずそこからはいあがつて、それぞれの場所で、眞劍に打開策を考え、それが大きな全體的な見通しに立つた政治と結びつくようになれば、必ず實を結ぶはずだと思います。

平和憲法を守りましよう

執筆者紹介

齋藤きえ氏　明治四十五年千葉縣生れ。津田英學塾卒・參加團體　日本婦人有權者同盟・日本婦人平和協會・日本キリスト敎女子靑年會

池田きみ枝氏　大正元年香川縣生れ。日本女子大學家政學部卒、日本社會事業協會硏究生修了、昭和十七年工場監督官補となる。現在　勞働基準監督官板橋監督署勤務。

原たけの氏　明治四十二年長野縣生れ。大妻技藝學校卒、農業、參加團體「憲法を守る婦人の會」

小池花代氏　明治二十四年長野縣生れ。東京水原產婆學校卒大正四年渡米、昭和十六年歸國、現在長野縣在住「憲法を守る婦人の會」會長

編集後記

アメリカ政府は四月から八月に至る太平洋水域における原水爆實驗を發表、これに對し、日本の國會ではその反對決議をして禁止方を申入れましたが、自由國家群を守るために必要と拒否されました。またその被害補償については法的に責任はないと言つています。再軍備という爆彈を無理に抱かせてその傍で火をたく危險な隣人、これは法の問題より道義上の問題でしよう。

＊

二大政黨確立と選擧費用節減という表看板のもとに、人口、區域を無視し、與黨議員本位の地盤割をした小選擧區制が强行されようとしています。餘りにロコツなその內容についてはすでに新聞でご存知のことと思います。革新勢力を壓殺し、しやにむに憲法を改正しようとするこのような黨利黨略による法案が、數の名においてまかり通るなら世論の無力、言論の空しさを裏書きすることになりましよう。

＊

選擧法の改正にはより正しい民意の反映こそ第一にすべきもの、權力や術策によつてそれをゆがめるようなことがあつては選擧の意味がなくなります。

憲法と民主主義を守る立場からも、そして不合理と邪惡を憎む心からも、この小選擧區制には斷固反對いたしましよう。

＊

今月は婦人の月とも云うほど婦人週間を中心に婦人界の催しは多彩です。婦人が參政權を與えられた日を記念するこの行事に際し、改めて今日の日本の政治のあり方を考えてみたいと思います。そして逆コースの波を眞先にかぶりつつあるのも婦人であるということも。（菅谷）

婦人のこえ　四月號
定價三〇圓（〒五圓）
半年分　一八〇圓（送共）
一年分　三六〇圓（送共）

昭和三十一年三月廿五日印刷
昭和三十一年四月一日發行

編集發行人　菅谷直子
東京都千代田區神田三崎町三ノ六
印刷者　堀內文治郎
東京都港區本芝三ノ二〇
（硫勞連會館內）
發行所　婦人のこえ社
電話三田（45）〇三四〇番
振替口座東京貳壹壹參四番

昭和二十八年十一月二十四日第三種郵便物認可

婦人のこえ

昭和三十一年四月二十五日印刷　昭和三十一年五月一日發行（毎月一回一日發行）

兒童問題特集號

5月號

1956

平和憲法を守りましょう

兒童憲章

われらは、日本國憲法の精神にしたがい、兒童に對する正しい觀念を確立し、すべての兒童の幸福をはかるために、この憲章を定める。

兒童は、人として尊ばれる。
兒童は、社會の一員として重んぜられる。
兒童は、よい環境のなかで育てられる。

一 すべての兒童は、心身ともに健やかにうまれ、その生活を保障される。

二 すべての兒童は、家庭で、正しい愛情と知識と技術をもつて育てられ、家庭に恵まれない兒童には、これにかわる環境が與えられる。

三 すべての兒童は、適當な榮養と住居と被服が與えられ、また、疾病と災害からまもられる。

四 すべての兒童は、個性と能力に應じて教育され、社會の一員としての責任を自主的に果たすように、みちびかれる。

五 すべての兒童は、自然を愛し、科學と藝術を尊ぶように、みちびかれ、また道德的心情がつちかわれる。

六 すべての兒童は、就學のみちを確保され、また、十分に整つた教育の施設を用意される。

七 すべての兒童は、職業指導を受ける機會が與えられる。

八 すべての兒童は、その勞働において、心身の發育が阻害されず、教育を受ける機會が失われず、また、兒童としての生活がさまたげられないように、十分に保護される。

九 すべての兒童は、よい遊び場と文化財を用意され、わるい環境からまもられる。

十 すべての兒童は、虐待酷使放任その他不當な取扱からまもられる。

十一 すべての兒童は、身體が不自由な場合、また、精神の機能が不十分な場合に、適切な治療と教育と保護が與えられる。

十二 すべての兒童は愛とまことによつて結ばれ、よい國民として人類の平和と文化に貢献するようにみちびかれる。

婦人のこえ

1956年
五月號

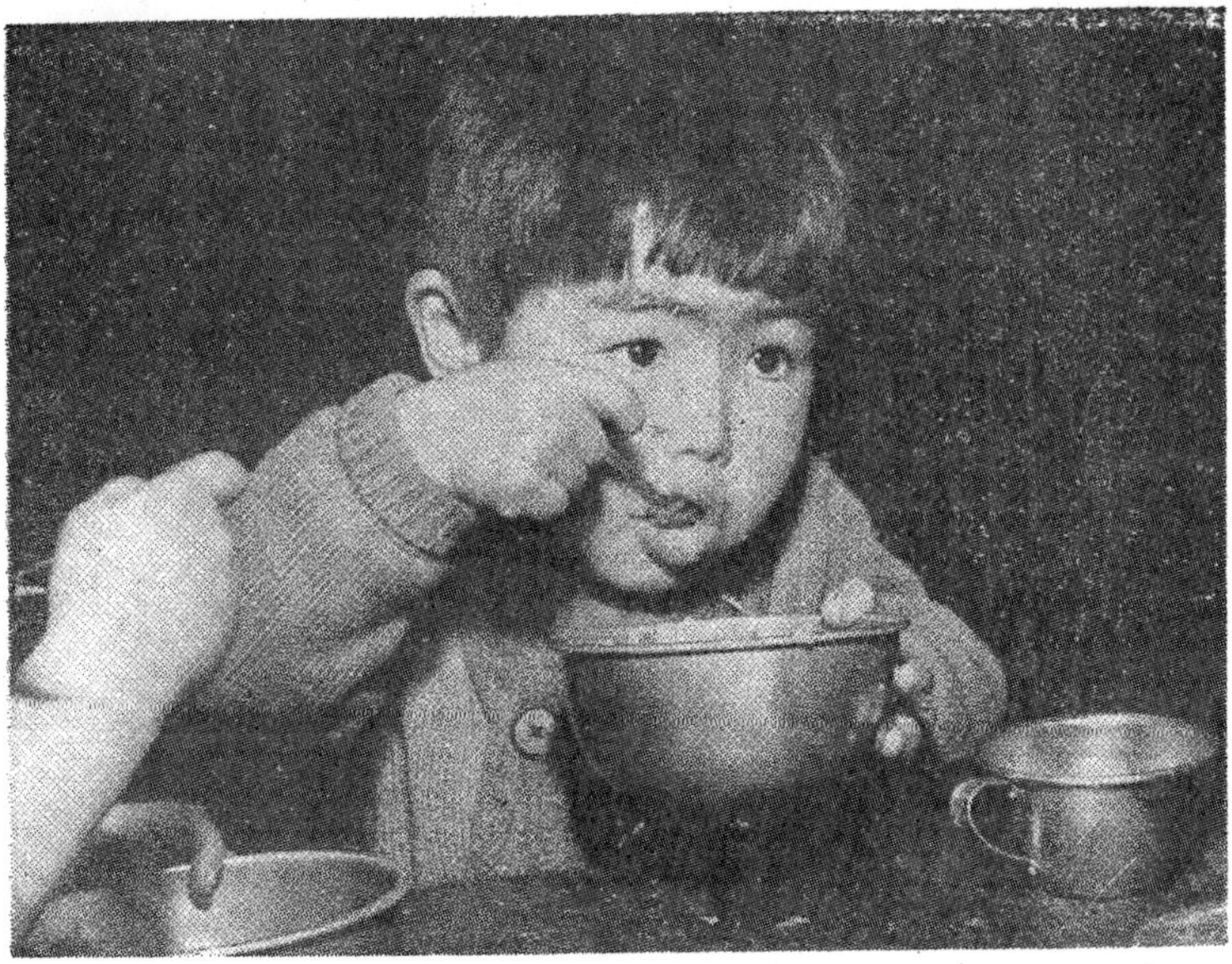

五月號目次

兒童問題特集號

第九回

憲法記念日を迎えて

榊《さかき》原《ばら》千《ち》代《よ》

例えば荒れすさんでいた嵐が過ぎて、太陽がさんさんと輝き始めたというのが憲法發布を形容していい言葉ではないだろうか。

思えばその日までの國民の運命は、あまりにあわれではなかつたろうか。現人神天皇の名においてどんなに不合理なことが行われ、殘虐が跳りようしたであろうか。

とも角おだやかに寢靜まつた夜半、表の戸を叩くものがある、さつと不安が家中に流れ、恐る恐る戸をあけると、一枚の赤紙が渡される、愛する者たち相よつて營んでいた家庭生活は、ここで一瞬にして破壊され、悲しみと恐れにみちた緊張が眠りから叩き起された人々の心やからだを支配する。こうして親しいものたちは奪い去られ、なつかしい故郷を後に連れ去られる。大事な働き手をとられて、よぼよぼになつた老人が田に出て稼ぎ、弱い女たちが慣れない商賣に骨身を削つて働く。そうして誰からも顧みられない子供たちは「欲しがりません、勝つまでは」と歌わせられて、不自由の中に子供らしい喜びも希望もふみにじられて育つ。

學徒出陣によつて召集された若者たちが、歸りの燃料を積みこまない飛行機に乗つて死出の戰いに急ぎ、御下賜の御眞影を奉安殿に守つて先生や幼い生徒が爆死したり、皇居の近くや神社の前を通る時敬禮しなかつたといつて非國民呼ばわりされた經驗。言葉の一句が氣に入らないといつて憲兵に連れていかれたり、問答無用、切捨御免の世界で、國民はどんな氣持で生きてきたことだつたろう。

生命の尊さを思い、人間として堂々と生きる權利を主張するなど、危險思想として一般國民にとつては思いもよらなかつたことだつたではなかろうか。

このような悲しい日本を葬り去り、國民が活きいきとした幸福を取り戻し、國が人間としての尊嚴をもつた國民によつて構成される新日本を建設する道はどこに探し求められるべきであつたか。日本國憲法を外國製だと主張する人々よ、第三者として國外にあつて日本の弱點は何であつたか、はつきりと摑んで忠告を與えてくれたものの聲に謙虚に耳を傾けて何が惡いであろうか。アメリカの示唆に基いて起草されたにせよ、新憲法は全く新しい角度から作られなければならなかつた。日本人としての弱點をもつた日本人によつてあれだけ革命的な内容をもつた原案が作られ得たであろうか。

とも角新たに造られたこの日本國憲法によつて日本は變り始めた。國民一般の考え方も變り始めようとした。主權を自らの手中に取り戻した國民は、政治は當然自分たちの意志によつて營まれ、國の中に自らの希いが生かされるべきだということを悟り始めようとした。諸々の法律は、憲法の精神を反映し、憲法の掲げた理想を具體化しようとして或は書き改められ、或は作られた。こうして民法は殊にその家族篇は根本的に改められて、家庭における人間關係は獨立した人格として相互に尊重し、協力して家庭を維持していく關係に變り、勞働者は尊重されて勞働三法ができ、或は生活保護法が生まれて社會保障制度の基礎が築かれ、その他教育基本法が定められたり、兒童憲章が生まれて子供たちの幸福や、子供たちの教育についても社會の關心が深まるようになつた。

この憲法が保障する自由及び權利は國民の不斷の努力によつてこれを保持しなければならないのであつて、日本國々民は人類普遍の原理に立つたこの憲法の精神を體得し、親たちはこの憲法を朝に夕に子供たちに讀みきかせて侵すことのできない永久の權利を自ら護つていかなければならない、といつて、「憲法普及の會」は當時の衆議院議長松岡駒吉氏を會長とし、國會議員や多くの有識者を委員として華々しく發足した。

だが、悲しむべきことには、國民一般が何となく世の中の變つたことを感じ、それが新憲法に基ずくことを漠然と氣ずきかけた時、そうしてまだその憲法の精神も、主權者としての自覺も、憲法が保障する權利や義務も國民の間に徹底しないうちに、この會はお化けのようにいつとはなしに消えてしまつた。そうして國際情勢の變化、殊に朝鮮事變を契機として、アメリカが日本に再軍備を要請して來てから、憲法の解釋はどんどんゆがめられ、陸、海、空、一切の武器を捨てた筈の日本は自衛のためという名の下に、平和を守るためという口實で戰爭準備の軍備を着々とすすめている。

再軍備と表裏して破防法や教育二法案のような反動律法が次々と制定され、更に今國會に於ては教科書法案の提出や、教育委員會法の改正が行われて、教育の中央集權化や官僚化が强行されようとして、いよいよ思想の自由や國民固有の權利が壓縮されつつある。そうして「生命、自由及び幸福追求に對する國民の權利」は「最大の尊重を必要とする」ことも、「すべての國民は健康で文化的な最低限度の生活を營む權利を有する」ことも、「國はすべての生活部面について、社會福祉、社會保障及び公衆衞生の向上及び增進に努めなければならないことも、棚上げか.ごまかし程度の施策に止まつて軍備の重壓はいよいよ重く國民生活の上にのしかかり、遂に憲法を改正しなければもうやつていけない土壇場に追いつめられている。今、保守黨がイギリスを例にとつて、民度の低い、政治意識の低いこの日本において小選擧區制を含む選擧制度の改正を强行しようとしているのは、多數をとつて憲法改正を斷行するためである。

こういう風潮と相まつて追放されていた人たちが自衛隊や政府の要職について活躍し出し、殊にこの頃巣鴨から出て來たA級戰犯、かつてのファッショ日本の大立物たちが戰爭指導の責任などは巣鴨プリズンに棄ててきたように「マイクの廣場」などでも活發な發言をして「憲法改正贊成、大いに政治活動をやる」などハリきつているのを戰爭を忘れかけた社會はどう眺めているか。

原水爆の脅威におののいている世界で、二つの世界の一方の袖にすがりついて、その對立を深めるようなみじめな弱少國の態度をやめて、絕對平和の日本國憲法を高く揭げてインドのように戰爭を起らせないように努力することはできないものであろうか。世界平和の先頭に立つて進むべき光榮ある日本の使命をさし示し、日本國民をこぶするこの憲法を守る第一の機會は來るべき參議院選擧である。保守党に票を與えていられるであろうか。

特集

子供は守られているか

瀕死の兒童憲章

大《おお》矢《や》恒《つね》子《こ》

一、夜は十二時前に歸宅致します。二、酒は一回五合以内にします。三、マージャンは家でしません。これは私の知人の茶の間の額の中に發見した「妻君憲章?」とも云うべき誓約書の文章です。そして最後に罰則として、右に違反した場合はどんな要求にも應じることとのべてありました。

兒童憲章は「すべての兒童の幸福をはかるために」五年前につくられました。でも日本の母親でさえこれを讀んだ人は少なく、全然知らない人、勳章位に思つている人の多い現狀です。私は失禮かも知れませんが、兒童憲章が知人の宅の額と餘りにも似かよつていることにおどろきと悲しさを味わうのです。

憲章は、第一章、「心身ともに健やかにうまれ、育てられ」に始まり、「その生活を保障され、家庭で正しい愛情と知識と技術とをもつて育てられ、家庭に惠まれない兒童には、これにかわる環境が與えられる」と次々に語られ、「適當な榮養、住居、被服が與えられ、個性と能力に應じて敎育され、十分に整つた施設を用意される」に至ると、言葉の醉もさめかけ、その大膽不敵な表現にがく然とするのです。「遊び場、文化財が用意され、惡い環境から守られ、よい國民として人類の平和と文化に貢献するよう導かれる」と結ばれてくると、胸中ムラムラと血のさわぎを感ずる私です。

生々しい毎日の出來事の中で生活している日本人でこの憲章を心靜かに讀み終えたとしたら「お見事なお人」と申しあげるより手はないようです。

最近の都教育廳の調査では、月平均小學生一人の家庭負擔學費は小學生一二八〇圓、中學生一二七〇圓ということです。このような高い子供の教育費は家庭の惱み苦しみの種になつているのです。「あの家じや、學校のお金を子供がほしがるとおつかさんがぶつんですとさ。學校どころのさわぎじやない、食べるのが先だつていうんですよ」八百屋の主婦が近所のニコヨンの四人子持ちのお母さんのことを話すのです。「すべての兒童に就學の道が確保される」という憲章は果して誰に呼びかけた言葉でしょうか。新聞で見た沈みゆく船體にすがつてもがいたあの紫雲丸の子供達の姿や、道行く外人の袖にすがり一束の花を巧みに賣り捌いていた子供の姿を見て「兒童は災害からまもられる、虐待、酷使、の不當な取扱いからまもられる」とはつきり云いきつた憲章はどこにどうして生きているのでしようか。

兒童憲章は大人に保護されるより外に生き方のない子供に、大人が良心をこめて捧げた誓約書ですが、當局者からは「不備な點は家庭教育で補つてほしい」と逃げられ、一部から「罰則がないものは價値がない」と非難をうけつつ、みめ美しく産れついた愛しい兒童憲章は、實のところ、瀕死の床に横たわつている狀態でしよう。

しかし、私たち母親は毎日、子供達とのふれあいで、いやでも說明をつけたり、處置しなければならない問題にぶつかり續けているので、憲章があろうと無かろうと、生きていようと死んでいようと……一生懸命に切り拔ける努力をしているのです。近頃、子供のために誠意をもちよつて、保育所とか、學習所とか文庫のようなものが所々にたてられている話をききます。また、子供の不幸な事件に集中する温い援助の手をさしのべられた話などは、この憲章の精神が地の底から人々に徐徐にしみこんできた偉大な力ではないでしようか。大きな立ちさわぐ浪にもまれ、ひきもどされながら憲章にもられた魂は人をゆさぶり、母心を勵ましつつ前向きに進んでいるのではないでしようか。この兒童憲章も、私たち母親の熱意によつて再び、生氣をとりもどすものと信じたいものです。そして始めて、これの制定に費された、莫大な犧牲と奉仕に心から敬意を捧げたいのです。

今度の國會は、教育二法案、放送法の改正小選擧區制案等の提出をめざして、未曾有の烈しさでゆれ動いています。いや國會外においても、私たち、母親の心は法案と自分の生活とを結んで、大きな緊張を續けているのです。ここで二つの教育法案中の教育委員制度について考えてみたいのです。「そんなことは教育委員や先生が考えることだ」と簡單にきめられるでしようか。「子供に響くことはないか」と私は第一に考えたのです。現在の教委制がいいとは考えません。經濟の責任は持たないが人事權があるので（移動）先生方には絶對的な權限を以て臨むことができるのです。その他缺點もありますが、公選である以上いつも選擧民を考えて行動し、主人公に仕える氣持を忘れることができかねています。出張を願い、學校廻りをし一席ぶつのを仕事と心得ている人もある代り、人人の意見をよくとり入れ教育を國民全體の幸福に役立てるため子供を中心に考えている立派な委員さんも一からげにして委員のつくり方は「任命制」だというのです。

原案は、公選の長から「任命」されるのだから、間接的に民意を反映したことになるといいます。でも私たちは、村、町、市、縣の長がみんな政黨色に塗られている（例外もありましようが）現在、その長が自分の屬する政黨に都合のいい人を任命することは當然でしよう。ですから任命制が實行されれば、各種、各人のよりあいの相談というようなことではなく、内輪同士の談合の形になり、他黨のものは何ら教育に關係、參與することは出來なくなるわけです。

ＰＴＡでも同様に、ぬかみそくさい母親的な發言等をうけいれる場がなくなり、上から下への聲は一本に流れて傳わるようになります。

昔の保護者會は、級から委員もなくて、クレヨンや鉛筆を支給してくれたのですが、今度は、委員會には呼び出され、寄付や會費は今まで通り出して公費の援助をさせられ、創意工夫というものの活用のいらないＰＴＡになることでしよう。戰後、輸入したとはいえ、ＰＴＡの精神は兒童憲章のうたう「兒童の幸福」を願うことを唯一の信條としてきました。そして、多くの有能なお母さん方を、社會の役に立つ部署に送り出してきました。ここまで考えますと、この敎委の任命制やその他の改正案はやがて兒童憲章の最後の息の根をとめる殘酷な一撃になりはしないかという不吉な豫感におそわれるのです。

　私たち主婦の感覺は市場の買物だけに仔細に働かすものでなく、さまざまな社會や國のできごとに用いてこそ、女の力を伸ばすことになるのです。敎育二法の反對署名簿に婦人、特に、若い女の人たちが冷淡であつたことは改正案の運命と思い合わせて殘念でたまりません。これから婦人週間、兒童憲章五周年、憲法記念日、子供の日等が續きます。私達はその行事に葬送曲を奏さないために子供の幸福をねがつた、兒童憲章の精神を支えるために、それぞれ努力しようではありませんか。

風の中の子どもたち

須《す》田《だ》エン

　兒童憲章が發せられてから、今年は五周年になります。この憲章は條文にも示されているように憲法と共通の基盤の上に立つて、日本人の正しい兒童觀の確立と、兒童政策の基本的な方向を明らかに示したものであります。

　日本の子どもたちは果して現實にこの憲章に約束されているように、守られているでしようか。日本の未來を背負つてくれる子どもたちの幸福と、美しい未來を願いながら、きびしい現實の風に吹きさらされている子どもたちの姿を捕え、その問題點を考えて見たいと思います。

一、子どもたちの生命は守られているか

　母子心中、一家心中、捨子などの記事は毎日の新聞紙上から消えることがありません。生活の貧しさは、人間にすべての生きる努力さえ失わせてしまうことがあります。しかし親が子どもを育てるということをただ「本能」としてではなく、人間關係において、また、社會關係において、その意義の重大性をしつかりと認識していたなら、心中の道づれに子どもを連れて行くような不幸な出來ごとは隨分少なくなると思います。ただ、現下の福祉對策の貧しさを考えると、なかなか難かしい問題のあることも事實です。鏡子ちゃん事件などで子どもたちの生命がひどくおびやかされているという不安なお母さん方も、その事件の背景や、根源を究明してゆかれるうちに、母親たちが大きく手をつないで、子どもたちの生命を守つてゆかなければならないことが解ると思います。このほか、子どもの交通禍や、小兒結核の問題など、未解決のことが山積されています。

二、子どもは愛護されているか

　終戰後「日本の運命の街」といわれている基地の街は、確かに日本の樣々な矛盾が集約されて表現されている街です。最も民主化されている社會と思われる學校から子どもたちが、一歩外に出ると、そこには矛盾だらけの社會が待つています。學校で身につけた敎育が少しも通用しないような街で、樣々な壁につき當つた子どもたちは益々自信を失い、不安感のみつのつて來ます。「この街で通用する學問を敎えてくれ……」と叫びながら病の床に就いていまだに回復しない十六歳の子どものことなど。たしかに終日、ジェット機などの爆音の下に生活していると身心共に何か疲れてしまいます。そして日に日に崩れてゆく子どももあります。砂川だけが基地問題ではありません。日本全土には七百餘りのかく

れた砂川があります。住民は、經濟、風紀、衞生、教育などと、樣々の面で基地からの影響を受けて生活しております。そして經濟的不安定と精神的壓迫感が潛在意識となつて、複雜、深刻な底流をなしています。

砂川事件に頭を痛めている兩國政府に申し上げたいことは、日米兩國とも、もつと基地對策に、綜合的な一貫したものを持つていただきたいということです。國民感情や、市民感情の好轉は日常直結した諸問題解決に誠意と愛情と、深い理解を以つて努力していただくことがどのくらい役立つかを知つてほしいのです。この街で取り分け胸を打つ子どもの姿に、混血兒があります。「黑ちやんの子と遊ばないで……」などと思うのは大人の人々です。子どもたちは何のくつたくもなく入り亂れて喜々として遊んでいます。しかし、この運命の子どもたちがいつまでこのような明るい表情でいられるでしようか。厚生省の調査では、全國で三四九〇名（施設收容兒を除く）でその內、父親の判明しているものは七七パーセントだそうです。

なお、工場街、炭鑛、農村、特飲街などと樣々の社會環境の中で、冷たい風にゆられている子どもたち……。

三、子どもたちの教育は守られているか

ある晴れた秋の日に、太平洋を渡つて外國の旅客機が日本の空港に着きました。そこから降り立つた一人の役人が申された「日本の青少年に銃を取るなと教えていたことは、オオ・ミスティクですよ」という言葉がその後の日本の教育を大きくゆさぶつているということです。

本年の三月十九日の「學長聲明」は日本の教育が危機に直面していることを告げています。また、四月七、九日兩日、衆議院の文教委員會の公聽會では矢內原東大總長が「新教育委員會法案の內容には、民主主義以外の何ものかに向おうとしているあとが見られる」とし、特に、憲法改正、小選擧區制など、政府がとりつつある一連の施策と、この法案との間にみられる密接な關連について指摘しています。（四月十日付朝日新聞）

終戰というあのみじめな歷史の上に立つて人間が一生涯平和で幸福な生活を營むための新しい教育方針が決りました。まだ數年にして、一部指導者の都合のために日本の教育方針が大きく變つてしまうことは重大問題です。「夫や子どもは戰爭だけは決してやらない……」という共通の廣場に立つて、日本の民主教育を守るためには、どんな試練にも耐えて、力を結集して守つてゆかなければならないと思います。

四、子どもたちの文化は守られているか

商業主義や、再軍備の波に乘つて、戰爭への道に誘いこむ僞物の文化財、民族の誇りを踏みにじる不健全な文化環境は日本の子どもをひどくむしばんでいます。

しかし、一方、良い文化財を……、と貧しい經濟事情の中で樣々の惡條件に耐えつつ、美しい文化の花を咲かせようと努力していられる人々もたくさんあります。

漫畫、繪本、放送、映畫、幻燈、音樂、美術、玩具など樣々の兒童文化が、子どもたちの心の成長のために豊かな美しい生活文化であるよう、惡書追放などの運動と共に良い文化財を育てる運動も致したいと思います。

五、善意の聲を結集しよう

先日、「警察日記」という映畫をみました。敗戰という悲しい歷史を背負つた人々が、捨子、人身賣買、無錢飲食などと樣々の事件を引き起す映畫でした。人々は涙をたたえて、映畫に描かれている不幸な人々の姿と、心温

まる警察官の行爲に見入つておりました。
日に日に高くなる子どもたちへの善意を大きく組織して、日本の民主教育を守り、兒童政策を前進する力と致したいと思います。
吹きすさぶ風の中で、日本の子どもたちはたくましく、大人の世界をきびしく、見詰めながら、生き抜いています。踏まれても、踏まれても伸びゆく青い麥のように……。

（一九五六・四・一五）

教師の立場から

山《やま》本《もと》あや

子供は守られているかとの題目に對して、守られている面はどんなところだろうといろいろ考えてみましたが、やつぱり頭に浮んで來るのは、みじめな子供たちの姿で、おとなりの中國の實情と比べて、今更のように淋しいものを感じました。

家庭での子供

教研の中での群馬縣の報告によると、貧困兒は適應性診斷テストで「自分は友だちより不幸だ」「家の人からかわいがられない」など思うものが四〇%を示めしていて、不幸だと思う理由は、學校の集金のときに持つていけない、學用品が不自由との切實な要求への不滿であり、かわいがられないと思う理由は「大聲でどなる」、「すぐなぐる」というのが多い。

學校でも集金などについては細心の注意をしているけれども、家庭の貧困さが子供をひがませ、教師から遠ざけ、ついに學校を休ませ、不良化への道を行くという具合に發展している。せめて小學校の子供くらい、家庭の貧富によつてこのような劣等感を感じることのないように、國家で保障して貰いたいものである。

また子供たちが家庭で畫を一生懸命書いていると、農村などでは「畫かきになる氣か、そんなことしとつたらママ喰われん」と云われるし、本を讀むと家庭の勞働のさまたげになると嫌う。このような新しい教育に對する無理解と、家庭の封建的しくみの中では、子供の延びようとする芽はつみとられるばかりであるし、學校と家庭の中間にあつて子供がその矛盾に苦しむことは甚だしい。

學校での子供

〇〇さんは勉強の出來ないものや、きたない服を着ているものは仲間はずれにするのです。ですから私も仲間に入れてくれません。このような訴えは非常に多いわけで、小學校では三・四年頃に強くその傾向が見られる。このようなボス的な子供の學級における影響力は大きくて、明るい學級を築いて行く障害となる。

またボスがいなくても、貧乏人、朝鮮人、未解放部落の子供、能力遲進兒、よそものだと云つて馬鹿にされ、のけものにされている子供があれば、この學級の人間關係は民主化されていず、幸が守られていると云えないわけで、ボス的な子供、しいたげられている子供たちが、それぞれその子供の長所を見出し合い、延ばし合う中で解決されることが好ましい。

私たち教師も教師の權威で子供を抑えつけたり、人格を無視したやり方をしていることはないかどうか、本當に子供を守り育てる立場から子供をみつめて子供の眞實の悲しみや、苦しみ、喜びを知り、その中に飛びこもうとしているかどうか、反省の必要があるように考える。

子供たちの健全な成長發達を阻んでいるものに食の問題がある。偏食、榮養のとり方、量等、特に農村家庭での食生活には問題があると思うが、食生活の改善と榮養補給をめざして、實施された學校給食も現在では、最も必要な農村や貧困家庭などは、加われないような結果を生んでいるわけである。これは是非PTA、婦人會、その他國民の大方の御協力を得て無償による學校給食を實施したいものである。

年一回の健康診斷、回虫驅除等も有料であるため、種々困難が生れている。東北、農村地帶にあつては、家事勞働の過重や、上學年女子の生理現象に對する理解ある指導が不足なため、ややもすると、卑屈になつたり、不安定な精神狀態におかれている。しかも小學校の場合、保健教育の中心である養ご教員の配置も少く、今年などはその少い養ご教員の大巾の首切りを實施している狀況で、健康な子供を育てるための環境も整つていないと云えるのではなかろうか。

また六十名ぎつしりすしずめの教室、うまごやを修繕して使用している教室、二部授業はまだ解消していない。解消していないどころでなく、地方財政の赤字につれて本年度は全國共通に兒童の定員が增して母親をも心配させているが、このような中では子供の個性を延ばすための特別指導等も困難である。

鏡子ちやん事件が起つたと云つてはヘイを造り、プールに落ちたと云つては垣を造つているが、この泥縄式の處置は學校側にのみ責任を押しつけるわけにはいけない。一校年間市町村負擔四%という中ではPTAの負擔過重にしたくないと思うと、やつぱり、掃除の度に釘のとび出す老朽校舍でがまんしたり、雨や雪で屋外の使用出來ない寒冷地でも外で體操をせねばならぬことになつたりして、子供の健康管理、いのちを大切にすることがおろそかにされるような結果になる。國家百年の大計とは教育の場合言葉ではよく云われるが、軍事豫算から、豫算の面で厖大な二二三四億圓の教育費に大巾に廻わされた時に始めて使われる言葉ではなかろうか。

社會での子供

子供に本を讀んだり、ラジオを聞いたり、映畫を見たりして、特に印象に殘つている場面を描かせたところ、小學校各學年共、チャンバラの殺陣場面、覆面のさむらい、ロケット飛行機、ピストル、土人との鬪爭、土人のはりつけ、野球選手の顏、少女雜誌の口繪にあるような少女等であつたという發表が教研でなされた。このような情操のゆがみは讀物ラジオ、映畫の强い影響によるもので、娛樂マスコミの影響の大きさを充分考えなければならない。しかし漫畫や流行歌の影響が大きいからと云つて、これを全面的に禁止してみてもどうにもならない。流行歌を歌うことが、おとなへの反抗であつたり、羨望であつたりする子供の現實を充分に知つて、その上に立つて指導をしなければならない。群馬のある教師は漫畫は禁止してもかくれて讀むので、一しよに見て討議し批判の態度を養うようにしている。漫畫では人を人として扱つていないこと、人間尊重がないことを子供なりにつかむことができたと云つている。

このようにマスコミに對する抵抗の努力も必要であるが、それと同時に明るい健全な兒童文化を創造していく運動が町の紙芝居屋さんからも、兒童文學者からも擧げられることが望ましいし、さらに地域のお母さんたちの協力がどうしても必要になつてくる。

がつちり結びついたお母さんたちの力は危險な踏切りに信號機をつけ、町に子供の廣場を作り、特飲街の淨化に成功するなど、その運動の手をのばしつつある。これが子供を守るための全國民の運動になるよう祈つてやまない。

日本の子供

一年生の子供たちが國からの賜物だと云つて、無償の教科書を喜んで貰つたのは僅か二年、國會で出來た法案も打切りとなつた。國民の要望で貧困兒にだけは無償で給與するよう二十四國會で決めたが、義務教育が完全に國家の經費で行われている中國とはずい分大きな開きがある。學校給食も同様の狀態であるし、僻地の子供、精薄兒等の特殊兒童、についても充分の手が差しのべられていない。

戰後日本の教育は反省しなければならない面があるとは云いながら憲法、教育基本法の精神に則つて民主的な人間育成のために努力が續けられて來た。

ところが現狀は御存知のように、教科書はやすい教科書という美名の下に戰爭協力の教科書制度に作り變えようとしているし、教育委員會は國民の手による教育を、との基本方針を全々くずして國家で統制して、憲法改正への道を歩かせようとしている。

家庭、學校、社會どの面を取つて考えても子供は守られている、と云い切れる場面は少い。しかも戰後十年間、折角教え子を再び戰場に送るな、のかけ聲のもとに築いて來たものが私たちの目の前で一つ一つくずされ、再び子供たちを戰場に向つて歩かせようとするための憲法改正の企圖が着々進められていることはほんとうに遺感である。

（筆者は日教組婦人部副部長）

母一人では子供は守れない

浦《うら》邊《べ》竹《たけ》代《よ》

兒童憲章ができてから滿五年たつた、今年の子供の日は世界子供の日にもなつたので、きつと子供愛護の催しがお祭り騷ぎのように繰りひろげられることとおもいます。でも母親である私たちは毎日の新聞やラジオが報ずる痛ましい出來ごとで心を暗くしているから素直な氣持で、いわゆるお祭り騷ぎにはついてゆけないのです。親子心中、子供の自殺、落ちつかない家庭にいたたまれず家出する少年少女、町でも村でも學校でもいかがわしい遊びが流行している等々、私たちの未來の希望である子供をめぐる問題のなんと悲しいことでしよう——

子供たちが新しいランドセルを背負つてよろこびいさんで通學する學校はといえば、生徒がふえても先生や教室が足りなくて相變らずの二部教授です。それなのに豫算がないからといつて給料の高い先生や共稼ぎの先生は退職を勸告されているというし、學童の健康を守る養護教諭までがへらされたところがあるそうです。

長期缺席して働く少年少女のことも私たちの胸を痛くします。家が貧しいので義務教育さえロクロク受けることの出來ない少年少女たちは何れも法律の目が屆かない場所でこつそり働かされています。漁が不振のため千葉縣銚子市では、小中學生約百人が年季奉公に前借契約で、食堂、パチンコ屋、商店などで働いている、とは朝日新聞の記事。中學一年の娘を昨年八月から銚子驛前の食堂で働かせている母親は「主人の病氣と不漁で五千圓前借して子供を手放しました。十二月にも五千圓借りましたが、奉公の年季は決めていません。店の主人とも相談して、できれば學校へ上げたいのだが……」と語つています。

山梨縣の郡内地方では中學校を卒業したばかりの少年少女たちが零細織物企業に住み込んで、朝は五時から夜の九時十時まで食事時間の休みもなく立ち通しで働き、いざ病氣になつてもなんの保障もなく生家に歸されるとのごと、この少年少女たちは「せめて一日の勞働時間を十時間にして下さい。食事休みも三十分は下さい」というのが切なる願いだという。

働く母親にとつて一番問題となるのは手足まといになる乳兒や二、三歳の幼兒保育の問題ですがこれをあずかつてくれる保育所は殆どない實狀です。はげしい肉體勞働をするニコヨンの小母さんの背中にくくりつけられた幼兒が當然のことだが發育を阻害されて歩行がおくれている事實。福井縣下の中小機業に働く織工さんの實態報告を最近讀んだのですが、子供を背負つて機織りをしている織工さん、赤坊を工場の片隅にねかして働く織工さんの姿はけなげな姿とはいえない暗い生活を物語つています。このような工場で働きながら生んだ子供は發育が惡く、生れながらにして普通の赤坊より平均二センチ低く、工場内で育つた子供は背骨や胸廓の不正なものの率が一般よりも多い、と報告しています。訴えることを知らない幼い者はまともに發育することさえ阻まれている有樣です。

生活に打ちひしがれ、疲れ果てた親でもいやそういう親であればなおさらに「自分の子供にだけはこの苦しみをさせたくない」と切實に願つていますが、事實は涙をのんで子供を賣つたり、愛するが故に思いあまつて死の道連れにしたりする悲しい親が澤山いるのです。

子供が人として尊ばれ、重んぜられ、よい環境の中で育てられる、というたてまえの兒童憲章の實現に政治をとるおえら方たちが誠意を示さない以上、私たちは母親としてこれを空文にしないために、どうしたらよいでしょう。

私に息子が一人おります。赤坊の時から弱くて周圍から「あなたはあんまり神經質すぎる」といわれながら隨分苦勞して育てました。特異體質の子供ではあるが、今はすつかり大丈夫になりました。しかし、丈夫な大人になればなつたで「徴兵にでもなればすぐつれて行かれるだろう。むしろ療養所にでも入所された方がよかつたかしら」と愚かな母心はおもいまどうときがあります。でも私は自分の子供を必死になつて羽交いじめにしたところでおそいかかる不幸から守つてやれるものではないことに氣がつきました。

生活に餘裕のある婦人がわが子だけの教育で頭を一杯にしているとき、生活にいとまのない母親たちは社會の子どもが守られないならば自分の子供を守ることは出來ないと、同じ悲しみや苦勞をしている同士で、憲章は知らなくとも子供の幸せをねがうために互にかたく結ばれて行動を始めています。

股關節脱臼の娘さんを育てたお母さんは率先して身體不自由兒の親の會をつくつて郡内の不自由兒の巡回相談などをしてはげましあい、美唄炭坑の主婦たちは子供たちのために遊び場をつくり、各地では日雇の小母さんたちが自分たちの力で保育園をつくり、三重縣の未亡人たちは國民健康保險をこしらえました。そうして、本當に日本中の子供たちに明るい未來を約束するためにはどうしても戰爭準備の政策をやめて貰わなければなりません。そのために世界中の同じ願いをもつお母さんが手をつないで立ちあがつたのです。日本母親大會の目的もこのねがいの實現にほかなりません。

P・T・Aの悩み

野《の》澤《ざわ》清《きよ》江《え》

いわば今日のP・T・Aの母體は、占領政策當時のアメリカの申し子であるといえます。占領政策のお題目の中には非常にすぐれた內容を持つているものも數多く殘されております。たとえば今日の民主主義思想の普及や、憲法を貫く精神や、勞組の在り方などは戰爭前の日本が味えなかつたもので、アメリカの有難い置土產の一つと云えるでしよう。

さてP・T・Aは先生と父兄の會として、兩者の連絡によつて新教育の達成をしようとしたもので、これはほんとうに良い制度です。しかし活用が不充分で次第に寄付集め後援會、または寄付行爲の團體のような傾向になつているのはP・T・A本來の精神にはずれているのではないかと思います。つまり子供の教育は學校の先生まかせ、お金を集める役はP・T・Aの仕事でそれがどうして必要なのか、どう使われるのか、さつぱり關心が拂われていないのではないか。P・T・Aは活用次第で大切な子供たちの教育が內容的にもつと向上できるはずだと思います。

私は現在四年生の子の母としてP・T・Aにごく普通のお手傳をして參りましたが、その間いろいろの矛盾や疑問もありますので、せまい私の體驗に過ぎませんが、P・T・Aに對する悩みを申上げてみたいと思います。

まず豫算の問題から申しますと、P・T・Aは寄付集めの團體のようになつているということですが、憲法には義務教育の無償ということが定められていながら、教育豫算の不足と稱してP・T・Aの會費が當然のように使われ、さらにその間寄付集めが行われるという狀態です。そこで學校の豫算の組み方がどうなつているのか、私の關係しているのは區立ですが、區の教育豫算からいくら來て、不足がいくらなのか、またその不足をP・T・Aはどのように分擔するかが少しも明らかになつていないと思います。私たちの學校の例では、P・T・Aの會費の分擔金とP・T・Aの本來の活動に使われる豫算が混然として區別されていないため、學校の豫算決算に對するP・T・Aの負擔金の割合はわからないのです。このような問題は當然お金を集める父兄側がもつと關心をもつべきはずのものでし

今年から始まつた「世界子供の日」

――日本・五月五日――

一九五四年十月國連第九回總會において、インド等六ヵ國が共同して「世界子供の日」設定に關する決議案を提出、同年十二月十四日の總會本會議で四八對ゼロ（棄權三）で採決されました。この決議は一九五六年(本年)から總ての國々が各々の國で適當な日を選んで「世界子供の日」を設け、世界の子供の間に友愛と理解を生むことによつて國連憲章の理想に即するよう、各國政府及び民間關係機關が努力するよう要請したものです。

わが國へもユニセフ（國際連合兒童基金）から昨年一月要請して來ましたので關係當局が打合せた結果、五月五日がわが國の「子供の日」となつているところから、この日をわが國の「世界子供の日」に指定し、當日は國內的のみならず國際的な兒童福祉の日とすることに決定、一九五五年四月八日閣議の了解を經て同月十三日外務省からユニセフへ通知しました。

なお、一九五五年九月八日から十五日にか

よう。そして更に進めて會費負擔輕減の努力にまで持つて行くべきではないかと思います。

　次に役員選出の方法について、P・T・Aの父兄側ではともすれば良識あるサラリーマンや文化人は時間に追われたり、引込思案だつたりで出て來ないため、いわゆる街のボス的な存在や、それを取巻く一部の人々で垣根を築いてしまう傾向があります。役員選出の際は豫め數人の銓衡委員で役員を定め、お繕立が出來たものを形式的に選擧するという方法が採られています。(私達は今回はもつと父兄の總意を表わすべきだとして、白紙で選擧に望むことになりましたが)問題はやはり眞劍にP・T・Aを考えている人には、時間的に餘裕がなく、ある程度の肩書をほしい人や野心家が比較的活躍出來るような一般的な條件をそろえているというところにあるだろうと思います。これをどうするか非常にむずかしく、大きな矛盾を感じます。

　しかし、とにかく徐々にではあるが話し合いの場も多く持たれるようになり父兄の學校への關心も前よりは高められて自主的な動きの見られるようになつたことはほんとうに喜ばしく思います。

　ところで今私たちP・T・Aのものにとつて大きな不安は政治の動きです。國會では教育二法案の改正が行われようとしています。「教育は不當な支配に服することなく、國民全體に對し、直接責任を負つて行われなければならない」このため「教育行政が公正な民意により地方の實情に即して行われるよう教育委員會を設けた」ときめられている教育委員會法が危機に瀕しています。再びこの法律が改惡されてしまつたら、戰爭前のように教育が政治家によつて左右され、そしてようやく高められて來た自主性はおさえつけられてしまうでしよう。私たち父母は子供等の幸福のため、ひいてはよりよい社會を作るために手を接《つな》ぎ合つて教育二法の改惡に反對いたしましよう。

(一五ページよりつづく)

しか果さない現狀である。落ちるところまで、落ちてしまわなければ救われないのである。しかも、こうした狀態の中で、前年度の實績云々、と市町村における、この種の豫算は、どんどん削られていつてしまう。

　以上、保育所の置かれている立場を述べたが、働く母と保育所の問題といつても、こうした根本的な理解を缺いていたらその他のことを問題にしてもいたし方ない、と考えている。貧乏に追われて、子供への面倒が充分できない母親の子供たちは、顔の表情も他の子供に比べて豊かでない。從つて、知情意の正常な發育が劣ることは否めない。

けてニューヨークで開かれたユニセフ執行委員會に、當日まで回答のあつたのは二十二國でその國名及び設定日は次の通りです。

一、ブラジル　十月十日から一週間
二、白ロシア　六月一日
三、デンマーク　十月の第一月曜日
四、サルバドル　十二月二十四日
五、ハンガリー　六月一日
六、インド　十一月十四日
七、イラン　三月二十一日前の水曜日
八、ラオス　佛教暦の元旦の前後
九、パナマ　十月十六日
一〇、フィリピン　十月二十四日（希望）
一一、ポーランド　六月一日
一二、ポルトガル　十月第一月曜日
一三、スイス　十月第一月曜日
一四、ソ連　六月一日
一五、カナダ　十月十三日
一六、中國　四月四日
一七、ニュージランド　未定
一八、スェーデン　十月第一月曜日
一九、パキスタン　十一月十五日
二〇、オーストラリヤ　國連記念日に近い水曜日
二一、米國　五月一日
二二、日本　五月五日

施設を經營して

――働く母と保育所――

小《お》川《がわ》玉《たま》子《こ》

保育所は児童福祉法にもとずいて保護を必要とする子供を預る施設である。保護を必要とするということは收入の多寡にかかわらず兩親が働く場合や、多子家庭、あるいは環境的に子供の育つに適しないと思われるもの、また母子家庭で母親が働く場合、また兩親があつても父親が病弱のため母親が主として家計の中心となつて働かなければならない等々保育に缺ける子供で、要保護兒童といつている。民生安定所では、こうした子供をケースワーカーが基準に從つて査定し、保育所に入所させるべきかどうかを認定し、その經濟能力によつて負擔額を決定すると同時に、國が保育所に措置を依頼し、はじめて入所することになるのである。これらの法的手續きを經た子供を措置兒といつている。全額公費負擔の措置兒、一部自己負擔の措置兒、全額自己負擔の措置兒に大別され、ほかに保育所直接に契約する子供を自由契約兒といつている。

現在の保育所に收容されている子供たちはそれぞれの事情に從つてこれらの內容を持つていることを理解する必要がある。こんなことを書いたのは多くの人が保育所というものの持つ任務を知つていない場合が多いため、保育所と幼稚園と混同され、疑惑と誤解がたくさんあることを日頃見せつけられるからである。幼稚園が學校教育法に基く小學校入學前の準備教育をすることに目的がおかれているのと保育所の使命は全く別であることをまず理解して頂きたい。

ところで、國家の民間保育施設に對する考え方はというと、すべて個人の餘剩財產と見なすというのである。從つて措置兒を依託した場合、一人の子供に對して措置費が支給される。私の保育所の場合を例に擧げると、事務費（人件費とそれに類する費用、事務運營費）月額八二〇圓。給食費一日七圓一〇錢その他の事業費（教材費及び事業運營上の費用、電氣、水道料などをも含む）一日二圓五六錢が子供の出席日數により國家より支給される。保育所そのものに對する助成は一切ない。（共同募金は法人組織のものに限られる）

建物の減價償却は認められず、僅かに事務費の中から一人の子供について年額三〇〇圓の補修費が認められているだけで、ガラスを一枚割つても一四〇圓、五十人子供がいるとして、補修費が年一萬五千圓、年一回塀の補修をしただけで終つてしまう。保母の給與の面においても公立保育施設が税金というバックにより、該當市町村の歲入出の一環として吏員なみの給與が支拂われているのに對し、民間施設が措置費の範圍內において、一切まかなわねばならないため、保母の低賃金はさけ得られず、婦人勞働者が從事する職種としては社會的に一番價値あるものにかかわらず、他の職種に從事する婦人勞働者と比較し給與の面においていちじるしく不利な狀態に置かれているのである。もちろん措置費の中には昇給、あるいは、盆暮の賞與、超過勤務といつたものは見込まれていない。折紙や、その他細かい教材費は、その他の事業費一人一日二圓五六錢の中から、まかなわれるとしても、二〇〇圓〜三〇〇圓する紙芝居さえ考え考え買わなくてはならない。ましてその他の氣のきいた、保育用品、遊具がこの中からまかなうことができるであろうか、一體こうした經費をどこから出せというのであろうか。これも園長個人の餘剩財産によらなければならないものだろうか、餘剩財産があるほどの金持が保育所などという、金が金を生んでいかない仕事をするであろうか、私は、時時、保育所などという國家的になされなければならない重要な仕事を、みんなにおだてられて、財力のない私が、借金を澤山背負いこんで始めたことが、そもそもおこがましいことだつたのだと考えることさえある。前述した犧牲はすべて保母の低賃金、過重勞働、子供の保育の面へのしわよせとなつていくことは間違いない。

しかも最近私の住んでいる川崎市では、憂うべき狀態が起つている。それは今年度、公立保育所では、子供の入所數が定員を割るという現象が起つていることである。私の保育所でも現在措置兒が十四名、あと三十五名が自由契約兒という狀態である。十四名の措置兒の內九名が全額公費負擔、あとが一部自己負擔、といつても、五〇圓乃至一〇〇圓の一部自己負擔である。これを見てもわかるように、保育所へは、極貧か、それとも反對に比較的經濟的能力のある自由契約兒か、どちらかの兩極端だということである。川崎市においては授産場は、每年一萬人以上も就業者がふえていて、內職はもとより、競輪の車券賣り、その他ありとあらゆる面に勞力をいとわず低賃金をかえりみず、生活のたし前に働いている。

婦人といつても年配の婦人の就業數がふえていること、そして低賃金へ低賃金へとこれらの勞働力が動員されつつあるということは貧乏がますますはげしくなつてきているということを意味している。一ぱしの男子勞働者が失業の憂き目を見、就職難、低賃金、超過勞働にあえいでいる。こうした人々が日每にふえ保育所の必要性がますます高くなつている現狀であるにもかかわらず、川崎市では、三十年度、三十一年度と保育所は一つも增設されない。一般的に要保護兒童は人口の一%乃至二%といわれているが、そうして見ると川崎の場合一%と押えても四、五〇〇人は、要保護兒童がいるものと考えられるのである。ところが市の今年度豫算では、一、四〇〇人の豫算しか計上しないという狀態である。しかも、公立保育所において定員を割るということは、保育所に入所されるべき子供が減つたのではなくて、民生安定所の入所基準がきびしいため、入所されるべき子供が放りつぱなしにされている、ということを意味するのである。生活保護を何がしか受けていても決してそれのみに賴つて生活していけるものではない。こうした家庭の主婦が働くために子供を保育所に預けようとすると、內職ならばそれで得た賃金の額だけ、生活保護費を打切られてしまう、從つて子供を保育所に預けたくともあずけられない、子供は放りつぱなしという譯だ。もちろん自費で子供を預けるほど、內職の金は得られないのが普通だ。また父親が病氣で母親が働こうとしても、仕事が決まつてからでなければ事前には絶對に入所させない。假りに仕事が決まつても民生安定所に煩さい手續きをし、ケースワーカーが調査に行き、書類を廻わすとなると、その期間が一カ月かかる。このため經濟的能力のある父兄はこうしたわずらわしさを嫌がり、自由契約兒として保育所に子供を入所させる。

法は貧しい人の更生に手をさしのべるためにこそあるべきなのに、ますますじり貧に追いつめていくという役割（一三ページへ）

特◇◆◇集

世界のこども

アメリカ　中國

イギリス　ユーゴ

アメリカでみた子供たち

秋《あき》山《やま》ちえ子《こ》

私が泊めていただいたミデアの（フィラデルフィヤから一時間ほどの町）ルイズさんの家に五年生の男の子がいました。

愛稱が〃シー・ビー〃で、明るい可愛いい子でした。ある晩、〃シー・ビー〃が、こつそり足おとをしのばせて私の部屋にはいつてきました。そして、「あした僕のクラスにきて、日本の話をして下さいませんか、今日、學校で日本のお客樣がきていると話したら、みんなが、どうしてもあいたいから、約束をしてきてというのです。秋山さんがいいと云つたら、すぐこの計畫を、お父さんとお母さんと、擔任の先生に話して、明日、授業時間を一時間もらう豫定なんです。僕は司會者だから日本のことも少しくわして調べておかなければなりません。ね、いいでしょう」とほほえみました。承諾しないでいられないようなチャーミングな話し方でした。

次の日、シービーのお母さんと擔任の先生からは「すみませんね、お忙しいのに」「子供たちの願いを聞いて下さつてありがとう」などと感謝されつつ、シービーのクラスのゲストとなりました。

シー・ビーが上手に、日本と日本人の私を紹介し、司會をし、私は、色紙で「つの三寶」の折り方を教えたり、その他に質疑應答をしたりしました。

發言は大へん活發で、積極的で、態度もよく、本當にたのしい一時間でした。

民主主義の申し子のようないいアメリカの子供たちの樣子に疲れも忘れました。

＊　＊　＊

ワシントンのジュニア、ハイスクールの敎室は、もうその時間の擔當敎師が話をはじめていました。

そこへ、一人の少年が、マンボのメロデーを口ずさんで、體をふりながらはいつてきました。

先生は「やめなさい。教室では靜かにしなさい」と、命令しました。

少年は馬耳東風といった樣子です。

「やめないとブチますよ」これが教室の言葉です。少年はすかさず、

「ぶてるならぶつてみなさい」といいました。

席について、このやりとりをみていた少年たちの何人かがヒューと手笛をならしました。

先生は「うちで甘やかして、學校でしつけといわれてもできませんよ」と、横をむきます。

「今日なんか、この少年には體罰を與えたほうがいいと思うのですが、私はそれをしない。

法規には〃適當な制裁〃は許されているのに、制裁が問題になつて、裁判にでもなると民主主義のアメリカでは、大てい教師側が負けになつて、仕事を棒にふりますからね。うつかりしたことはできませんよ」と、アメリカ人にはめずらしいにがにがしい顔でいいました。

これも、アメリカの子供の一つの姿です。

＊　＊　＊

アメリカでは合理主義と規格型に徹底している味けなさを救うためにでしようか、どの町にも、みどりの芝生や小公園があちこちに

つくられています。小さい子供をつれたお母さんや、お年寄りの散歩姿も、ここでよくみかけます。

若い人もきていますが、二十歳にはもう少しと思われる位の男の子が女の子をひざの上に抱きあげているし、女の子のひざをまくらにねそべつている男の子もたくさんいます。

そして、時々思い出したようにキッスをしている風景は、日本人の私には、淡々とした友情以外のものが感じられました。

デイト（異性との交友）のあとで別れる時の、長い長い時間をかけたグッドナイトキッスも、こそこそしないで堂々とやつているので、その點はいいのですが、アメリカのお母さんのなかで、こんなことに大へん心をいためている人もおおいようです。

案內して下さつたデイトロイトのローズ夫人は「日本の若い人たちのつきあい方は、どの程度ですか」ときいたあとで、「私が育てられた時は、キッスは求婚の言葉の代りとされていたので、いまの若い子供たちのようではありませんでした。性に對して神秘主義もいけませんが、必要以上に知ることは、危險です。

アメリカの社會をみて下さい。いちばんよく賣れている本がコミックスで、年に三千萬册といわれています。（コミックスは漫畫だけでなく、獵奇雜誌、犯罪實話、探偵ものな

どもふくんでいます）
テレヴィにしても、映畫にしても、商業政策上、これでもかこれでもかと刺激的な度あいを増しています。性に對して開放的になった子供たちは、一體どうなるかと思うと不安でたまりません」と、心配そうに話しました。これも、アメリカの子供の一つの姿です。

＊　＊　＊

最近、アメリカ通信として、アメリカの青少年の犯罪が大きく取扱われ、物質文明のアメリカを破壊するだろうとさえ云われています。しかし、私のみた範圍では、根強い宗教の力、本當の意味の民主主義を身につけているアメリカの家庭の全部にこの言葉をあてはめることは、大間違いだと思います。いい子のほうが、悪い子よりはるかに多いのです。日本でもいえることですが——

イギリスの子供たち

山《やま》川《かわ》菊《きく》榮《え》

子供と母親はひき放して考えることのできないもので、子供の保護はまず母親の保護から始まる。イギリスでは勞働黨內閣のもとに醫療の無料國營が一九四七年から實施されているのでお産は産院でしても自宅でしても醫師、産婆、看護婦、醫療品等はいっさい無料で國家が拂ってくれる。産院へは病人や初産婦や、家庭がお産に適しないものから優先的に入れられ、家庭でお産をする場合、必要な醫師、産婆、看護婦等が國から無料で派遣される。母子保健所は約四千七百に達し、母子ともそこで診察をうけ、必要な注意を與えられる。子供は定期的に體重をはかられ、發育狀態を記錄される。乳兒用の粉乳、果汁、肝油等がそこで相手次第で無料または割引でごくやすく配給され、そこにいる醫師のすいせんする乳幼兒用の保存食品その他の用品も、そこで無料またはやすく取次いでいる。子供の狀態次第で紫外線をあてたり、いろいろの治療もそこで行われる。

産婆は保健所と密接な連絡をとり、醫師の指揮に從って産前から姙婦の家に出むいて世話をし、産後二週間はつきそっている。

特に母子衞生のための訓練をうけた保健婦が新生兒のある家庭に出張して授乳その他育兒の注意を與え、家族をも教育する。

病氣やお産やその他のことで手のいる場合瞬時の手つだいをする婦人が地方の保健課から派出される。

地域及び工場付屬の保育所は、戰時中母親が働くために非常に多くできた。それはみな屆け出て許可をうけなければならないが、保育料をうけ、晝間だけ個人的に自宅に子供たちをあずかっている者も屆け出て、その環境が適當かどうか、などについて監督をうけねばならぬ。

兩親のある場合は第一子を除き、父のない場合は第一子からすべての子供に、生れるとすぐから義務教育を終るまで一週邦貨五百圓見當の養育料が國から支給される。五歳から十年間が義務教育期間で、その間は父母に教育費の負擔はかからぬ。それ以上も奬學金制度の充實により學資の負擔は輕くなり、大學生の八割は奬學金でまかない、アルバイトの必要がない。將來勞働党の內閣ができれば學生の全部に奬學金を出し、貧富によらず、能力のある者に機會を與えるというのが、その公約の一つである。學童には一日一合餘の牛乳を無料で與える。學校給食はその日一日の榮養がそれで足りる程度に榮養價を充分に計量して、よいものが實費で與えられ、なお朝食やおやつもそれを求める者には同じく實費で提供する。給食は單に肉體の必要を滿たすというばかりでなく、教育の一部として行われ、できる限り、花や小ぎれいなテーブル・クロースで食卓をかさり、なごやかな、家庭的なふんい氣の中に、食事の作法やしつけ、社交性を學ぶようにする。もちろん獨立の食堂があり、教室で食事することはない。

私は保育所でも小學校でも食事のお相伴にあずかつたが、花瓶を中にしたテーブルに四五人ずつ食事をとる子供たちは、みな家庭にいる時のようにおちついて行儀よくたべていた。中學程度の子供たちの場合は當番の子供たちが食器をそろえ、スープをつぐことなどをやつていた。イギリス醫師協會の調査によれば、戰後イギリスの不熟練勞働者の家庭の食物は、戰前の中產階級の食物より動物性タンパク質がまさり、學童の體位は、最も食糧難のひどかつた戰時中に戰前より改善し、平均體重〇・八キロ、身長二センチを加えた。

中國の子供たち

山《やま》下《した》正《まさ》子《こ》

私が中國を訪問したのは、一昨年の十月でした。國慶節の祝典に參加してから約一ヵ月託兒所や幼稚園、工場、文化施設など、子供や婦人の狀況を中心に見せて頂きました。革命前の中國の子供や婦人が、生活の面にも、地位の上でも、どん底におかれていたことは誰もが知つている通りです。母親が働くために、子供は厄介視され、木の根にくくりつけられたり、家の中にとじこめられたり、不潔な衣類を着せられ、本當にほうりつ放しの狀態でした。もつとひどいことは、四、五歲にもなれば、地主の家に子守りにやられ、一部の軍人や、資本家、地主の子弟を除いては學校にも入れない狀態でした。それどころか、商品と同じに賣買され、人間としての扱いすら受けていませんでした。

一九四九年新しい中國が建設され、僅か數年の間にあらゆる面に大きな改革が行われました。現在の中國の婦人や子供は愛情と暖かい配慮につつまれて健かに成長しています。四億の人がそれぞれの能力に應じて、たくましく國家の建設にいそしんでいます。婦人も重工業に、農業に、教育にとあらゆる職場に活躍しています。婦人と子供は切りはなして考えることはできません、子供たちは生後二カ月もすれば、安心して乳兒院に託すこともできますし、月曜の朝連れて行つて、土曜日の夜まで預けておける託兒所もあります。生れたばかりの赤ちゃんが一つ一つの寢臺で、すやすやと眠つている樣子も見て來ました。保母さんが、おむつのとりかえ、お乳の世話いたれりつくせりの保育に勵んでいるのです。四、五歲の子供はお友達と共にすべり臺やぶらんこ、おやつも一しよに食べ、小さい時から集團の生活經驗をもつわけです、ある幼稚園でのこと、一人の子供がリーダーになつておどつていました。一曲が終るとみんなの列にかえり、次のリーダーをきめるわけですが、リーダーになろうとする子供たちが數人手をあげました。數人が顔を見合わせ自然の形で〇〇ちゃんと推せん、きめられた子供がさつさと出て次のおどりが始められました。何でもないこの一こまを眺めて、ほほえましくなると共に考えさせられました。自分の意思をはつきり示す、希望者の多い時には相談で事をきめる、民主々義の第一歩と考えられるこのルールが身についているのです。中國の子供が別段考えてやつているわけでもないでしようが、小さい時から友達との生活に馴れ、子供の社會の一つのおきてとして、自然に行われているのです。日本の子供たちは、自分の家の人がいなければすぐ泣きだすし、お母さん方の集會で、せつかく臨時の託兒所を用意しても、親から離れなくて預れない場合も多くあります。

　北京でも、南京でも、東北でも、上海、廣州においても心から歡迎してくれました。小さい手をふつて迎えてくれたし、握手を求めてくるし、バスの見えなくなるまで送つてくれた中國の子供たちの素直な明るい顔が、今なお目に浮んで來ます。

　中國の校長さんの任務の一つは、校下に一人の不就學兒もないようにすることだそうです。義務教育制度でなくて、全員就學させるという方式がとられています。六歳が入學年令で、小學校六年、初級中學三年、高級中學三年、と進學するわけです。八〇％以上が文盲と云われた中國で、現在は就學率八〇％以上になつているのもうなづけます。子供たちの學校はどしどしつくられています。子供こそ國の寶、現在の政治がいくらよくても、次の世代をになう子供の教育を怠つては、國の發展はない、というのが中國の政治家の考えなのです。

　二時又は三時に學校が終れば子供たちは歸宅します。その後自由に集つて、工作や音樂舞踊など、子供の創意と工夫を充分發揮して研究出來る施設があります。北京、上海、南京等の少年宮がそれです。ピオニールのかわいい少年少女が、赤いネッカチーフを肩からかけて集つて來るのです。

　上海の少年宮を訪れた時のことです。私たちのために、うたやおどりを見せてくれました。ここでは大人がほんとうに子供たちに奉仕しているすがたでした。子供たちは午後の二、三時間を施設の整つた場所で、自由にすごすのです。毎日三〇〇〇人から五〇〇〇人くらい集ると聞きました。大人の遊び場はどんどんつくられても、子供のためには一棟の娛樂場も設置されない國とは大變な相違です。ここでは五愛教育といつて、祖國、人民科學、勞働、公共財産を愛する教育が徹底しているようでした。子供も大人も同じように社會の秩序を守り、同じ道徳を身につけつつあるということです。

　子供たちに夜遊びはいけない、人のものをごまかしてはならない、うそを云うのはいけない、よく働け、とおしつけながら、大人の社會では子供たちに見せられないことが澤山に、しかもあたり前のように行われていること、修身を復活して、道徳教育を一週何時間行つても効果をあげることは出來ないのではないでしようか。大人も子供も、みんなが社會の一人として、めいめいの責任と義務を果しあつてこそ、氣持のいい世の中がつくられるような氣がします。

　中國の方々は百年來、殊に日支事變から大東亜戰爭の期間を通して、戰爭の苦惱をいやという程味わされています。各地で逢つた勞働者や、主婦の方々から、家庭の平和もこわしくたくない、中國の建設には世界の平和が必要だという言葉は眞實なものとしてうなづけます。教育の目標も新しい民主々義社會の建設に役だつ人間をつくることにおかれているようです。東北(元の満州)地區の小學校を訪ね、一教室にかかげられた級訓に心をうたれました。「平和を愛する者はかちとらなければならない」とありました。國際理解、人權の尊重、平和愛好の精神が、小さい時から骨の髓までしみこんで成長するこの幼い子供たちが、世界平和のために、どんなに大きな役割を果すことになるだろうと考えさせられたことでした。私達を朗らかに迎えてくれた子供たちの瞳は、明るい希望に輝いていました。それは新しい中國の明日が約束されているように思われます。(日教組婦人部副部長)

ユーゴの子供たち

森《もり》上《がみ》トシ子《こ》

何百年にわたつて植民地また半植民地として苦しみぬき、四年にわたる侵略戰爭と戰いつずけてユーゴ民族が獨立の人民共和國連邦を創つてからすでに十年餘。今日では子供は立派な社會保障によつて守られています。たとえば兩親を失つた孤兒に對しては保護委員會と施設がありますが、祖母や叔母がひきとつて育てている場合も多いのです。これはこの國では子供一人につき月三千ディナール(百ディナールは百二十圓)の家族手當を受けられるからです。この家族手當制度は一九五一年に制定され、子供が學校を出て自分で働けるようになる二四歳まで支給されます。五三年には金額について次のような改正がありました。

子供數	賃金のみで生活している家族	賃金外の收入ある家族
一人	三、〇〇〇ディナール	二、五五〇—七五〇ディナール
二人	五、五〇〇	四、六七五—一、三七五
三人	七、五〇〇	六、三七五—一、八七五
四人	九、〇〇〇	七、六五〇—二、二五〇
五人	一〇、〇〇〇	八、五〇〇—二、五〇〇

上半の數字は平均二六〇〇ディナールで六割が該當し、下半は殘りの四割平均して一六〇〇ディナールで收入を考慮して受給額が決定されます。この改正は一見社會保障の後退のようですが、七千から一萬四千ディナールが普通得られる賃金で、それで充分暮してゆけるユーゴの生活を考えれば、五人の子供の父親が一萬五千ディナールもの手當を受けるという制度が、どんなに國家財政と人民の勞働意欲を害するか分りません。ちなみに家族手當その他の保障は全ての被保險者とその家族に與えられるので、一九五四年には約四割がこの恩惠に浴しています。もちろん被保險者と家族は全額醫療費を支給されます。

戰前のユーゴの衞生狀態は極めて悪く出產のために入院できる婦人は三〇〇人に一人の割合でしたし、子供のためには實に十三病室しかありませんでした。無教育と貧困のために、十歳以下の子供の死亡率は三八%に達しました。戰後母體保護法が制定されると共に三歳以下の全兒童が度々の檢診と治療と投藥を無料で受けられるように約束されました。

學校は男女共學で八年制の義務教育がしかれ、高校大學ともに技術學校に重きをおかれています。技術學校では實習が多いのですが地方出の靑少年が多いため、寄宿學校となつています。小學校の經費は國家負擔ですが、他の學生のためにも國から二億ディナール以上奨學金として支出され、二萬五千人分の家族手當と他の研究所等の奨學金と併せて、凡ての學生に希望するだけの教育を受ける機會を與えています。青年の七割が青年同盟に加入して發電所の勤勞奉仕や、その他の社會奉仕をしています。一方夏には數千の學生が海や山に避暑に行き、そこには國立の休暇ホステルが六百もあります。ある大學街では、二四の寄宿舍をもち、ベルグラード・ザグレブの學生街はその規模も次第に大きくなりつつあり、そこにある大小のレストランでは一日に數千人分の食事が用意されます。ユーゴのお國振りは中世から傳えられた衣裳そのままで踊る素朴な農民の民族舞踊に現われており日本に似た美しい自然の中に子供たちはのびのびと育てられます。五月には日本と同じように子供のために一日歌や踊りで樂しく遊ぶ日があります。共和國になつてから宗教行事を一切行いませんが、大人は大晦日の晩七面鳥その他の御馳走でお話をしながら新年を待ち子供は元日の朝サンタクロースのような人から贈物を貰い、集會所に集まつて新年を祝います。

最後に健康保險の赤字對策として患者一部負擔に法律が改正された日本の現状と照し合せて、ユーゴの政府が社會保障のために大きな負擔に耐えていることを考えて、生産性の見事な向上と共に、企業國營の國家體制が一般人民に大きく益することをしみじみと感じさせられたことでありました。

精神薄弱兒の現況

天才畫家としてジャーナリズムで騷がれている精薄兒山下清さんの出現で精薄兒童に對する世間の關心は急に高まつたが、この種兒童は現在日本では九十萬から百萬といわれている（全兒童數三千五百萬の二・五％、卽ち百人の子供のうち二人半いるわけである）。

精神薄弱兒とは知能指數五〇以下（普通兒は六〇から一〇〇）のものを指し、さらにそれを白痴、痴愚・ロ鈍の三種に分けている。

これら百萬に及ぶ氣の毒な子供たちのうち、六歳以上の教育該當者で緊急に施設に入れなければならないものは約四萬と當局は言つている。これに對し現在收容されている兒童は四千名で一〇％に過ぎず、全く國家から冷遇されている現狀である。本年度の豫算において、就學免除されている子で、しかも家庭から通學できる子のため全國六カ所に精薄兒の通院指導施設ができることとなつたが、これも二階から眼藥程度であることは言うまでもない。

なお精神薄弱兒施設は公立私立合せて全國で八十カ所。

全國肢體不自由兒

文部省調査によると二十九年度全國小學校在學兒童（長缺・猶豫・免除を含む）のうち肢體不自由兒數は六萬八千名、比率〇・五八％、不就學令兒童中の肢體不自由兒を加えると實數七萬九千名・比率〇・六七％。

疾患別でみると
まひ性疾患　三八・三六％
關節疾患　二四・九七％
結核性骨關節疾患　一四・二二％
形態異狀　一〇・三五％

右のうち普通小學校で教育可能のもの三五％、特殊教育を必要とするもの五〇・七％

なお中學校もほぼ同數と推定され、兩者併せると全國で約十二萬に近い肢體不自由兒があり六萬以上が特殊教育を必要としている。

（聖母愛兒園の混血兒）

ルポルタージュ

混血兒の施設を訪ねて

編集部

さまざまの戰爭の悲劇も、その大方は時の流れによつて忘却の彼方に運び去られ、人々の記憶から薄れ、そして社會の表面から消えて行く。しかし、戰爭は自然の營みも人間の努力も消すことのできない幾多の深い傷痕を殘す。戰爭の落し子、混血兒の問題もその一つであろう。

國籍と名前と言葉はまちがいなく日本人でありながら、顔容は完全に父の血を受けついだ子供たち、しかもその生來の容姿にふさわしい父の國から省みられず、捨て去られた貧しい母の國に生きている子供たち、片親の子にさえ門戸を狭めている彼らの生れた社會で父も分らず、母の名も知らず、祖國となるべき環境の中では全くの異邦人たるあの皮膚の色、髪の毛で、暗い星の下に生れたこれらの子供たちは一體どのような人生コースをたどるのだろうか。

この子たちはどうなる？　とは混血兒を、とくに黒人系の混血兒を見るものの誰れしも抱く不安と憂いであろう。

厚生省の發表によると現在（三十年十二月末）これら白・黒系の混血兒數は全國で三四九〇名、うち白系三〇〇四名で八四%、黒系四〇〇名、一一%、不明八一名、五%となつている。實父の國籍は八四%がアメリカである。

このうち保護施設に收容されている子供は白系三七五、黒系一〇八、計四八二で約一割である。

これら戰爭による混血兒の數は日本全體の人口からみれば極めて少ない。しかし少數故に、默殺することのできる問題であろうか？

混血兒の保護施設として知られているのは大磯のエリザベス・サンダースホームであるが、そのほか東京近邊では横濱の聖母愛兒園逗子の幸保愛兒園等がある。

白系より黒系の子が多くいるという横濱の聖母愛兒園を訪れてみた。

この施設は昭和二十四年、ローマ・カトリ

ックの社會福祉法人、聖母會によつて創立されたものである。現在の園長はヴィアンクール・ウージエニィというクリスチャンネームを持つカナダ婦人。働いている婦人たちは外人・邦人共いずれもカトリックの尼さんたち二十人の日本人の修道女にそれぞれ一人ずつ日本の少女が助手としてつき、この人たちが受持をきめて保育に當つている。

場所は横濱市中區山手町、日本最初の女學校として有名なフィリス女學院の近くで、閑靜な高臺の住宅地である。大通りから少し入つた坂の中途にあるこの建物は修道院か、教會のような雰園氣をただよわせ、子供の多勢いる氣配はどこにも感じられない。正面建物の前額に **Our Lady of Loudres Baby Home** と圓形に浮彫されているのと、門の左側一段高い建物の軒下に立つている明るい塗料で彩色をほどこした少女のような聖母像がどうやら子供に關係のあるところと、素人眼に分る程度である。正面玄關を入ると左手の受付に白布をかぶつた外人の尼さんが控えている。日本語お分りになりますか、と聞いてみたら、ワカラナイとニッコリ笑つて奥へ消えた。しばらく經つて同じ服裝の日本婦人が現われ、どうぞと屋内へ通された。薄暗い廊下の兩側に部屋がならびドアに兒童畫が貼つてあつたが、小さい子たちは午睡中とかどこからも子供の聲は聞えて來ない。ほとんど飾りのない應接室で案內の修道女さんは餘り多くを語らない。それにその日は園長も事務長も外出中とか、詳しいこと、責任のあることは一さい話せない、と俗人の侵入にひどく迷惑そうだつた。

今この施設には一一〇名の子供たちがいる由、そのうち混血兒が約四十名、それも黑系の方が多いという。年令は生後一週間ぐらいから最年長者が十一歳の少女。男の子は學令に達すると高座郡の分院に移し、教育はこの施設についている學校で行うためバスで通學させているそうである。從つてこの施設にいるのは男の子は七歳以下である。ここに入つている子たちは大抵兒童相談所から廻されてくる、いわば處置に餘つての捨子同様なもの、從つて親探し運動にはほとんど無關係。ことに混血兒には訪ねて來る母親もない、ということだつた。混血兒は次第に少くなつて來たが、それでも後を絶たない。アメリカの養子問題は幾組くらい？ と尋ねてみたが、ポツポツありますが數は分らないとのこと、黑系はどうかと重ねて聞いてみたが、ノー・コメント。性格は混血兒は一般に强い由、それにここでは躾のことは餘り嚴しくせず、のびのびと育てることを第一にしているので皆朗らかだという話だつた。

建物は木造洋館が幾棟かに分れ、幼兒と學校へ行つている子は分けてあるそうである。幼兒は人類性別を問わず一緒に保育されているとのこと。

窓から見える廣い遊び場にはブランコ、遊動圓木、すべり臺などの遊戯設備があり、學校へ來ると、なつかしいのか遊んでいくという分院の男の子が五六人、こわれた人形を持つて遊んでいる、黑系の子が多い。庭に出てカメラを向けると、

「皆んな來いよ、寫眞とるとアメリカへいくよ」と一人の子が友だちに呼びかけた。

「うん、寫眞とつて」と散らばつていた黑い子供たちが寄つて來た。

「アメリカへいきたいの？」と尋ねてみたら

「アメリカなんか知らないもの行きたくないよ」意外な返事だつた。ではじめの寫眞とるとアメリカへいくとはどういう意味だろう。自分たちの運命を父の國アメリカへ訴えて欲しいということだつたのだろうか。どの男の子も皆な人形を持つているのが印象的だ

つた。孤獨な子の母への鄕愁とみるのは大人のセンチメンタリズムだろうか。

大きな女の子たちの部屋へ案内された。學校から歸つたところで、お勉强中とか、畫を描いたり、本を讀んだりしている子もいたが外來者をみると人見知りもせず集つて來る子供たちも多い。どう櫛けづるのだろうかと思うほど生え際から縮れ上つた髪の先にリボンを結びつけているのはご愛嬌というより痛ましい感じだつた。

「この子はよく學校ができるんですよ」と修道女さんが敎えてくれたのは一番背の高い大きな眼をしたりこうそうな黑系の子だつた。サーダ・ハツコというその子は算數が好きだと言つていた。

「大きくなつたら、何になりたいんですか」

ときいてみたら、

「まだ小さくつてそんなことわかんないわ」

とやりかえされた。苦笑していると、「でもこの子はね、ドウテイサマになるんだつてよ」と同じ黑系ながらおとなしそうな子を指さした。「ドウテイサマ？」と聞きかえすと、「ほら、こんな人よ」と尼さんの腕にぶらさがる朗らかさだつた。

短歌

萩《はぎ》元《もと》たけ子《こ》選

夜の女が窓より靴下を干す露路に納豆賣る少年は聲張り上げてゆく　辻村まさ子

初めてのつとめにゆく子が枕元に赤き風呂敷包おきて眠りぬ　中谷とし子

菜の花の向ふに見える操車場ロマンスカーが入れ替はり來る　中町清子

白さぎのむれ來し水田埋められて都營住宅軒をつらぬる　大西かつえ

食慾もなくて打伏す傷心の吾が青年にりんご汁しぼる　岡崎美登里

「この子ね、もうすぐアメリカへいくのよ養子になつて、皆んな連れていかれるのにアタイだけ誰も選んでくれない」とハツコさんは今までの朗らかさに打つて變つて黑い顔に淋しそうな陰をやどした。アメリカへ養子に貰われていくという子は白系の少女だつた。

うかつに口をきけば直接傷口へふれるような氣がして私は永くとどまれなかつた。

學校はいじめられるから嫌いだ、ここがいいというという子供たち、しかしここを出なければならない日が來たらそして學校よりさらにさらに激しい社會へ投げ出されたら、一體どこに避難所をもとめるだろうか。やはり父の國に、皮膚の色や顔かたちの氣にならない環境に移してやるのが、子供たちにとつては幸せになるのではなかろうか。

「大きくなるに從つていろいろなことを聞かれて困ります」と尼さんは淋しげにおつしやつていた。

「ボクのおとうちゃん、クロちやんだよ」と平氣で言つている子もいると、他處で聞いたこともあるし、「アメリカなんか、そんなとこ知らないもの、いきたかないよ」と言つてはいたが、問題は將來であろう。（菅谷記）

ふるさとの思い出（5）

近郷近在の人々

三《さん》瓶《ぺい》孝《こう》子《こ》

Ｆ市の周圍の近郷近在の人々といえば殆んど農家の人達です。いまは農民といいますが私の子供の頃には百姓といいました。この地方は野菜もくだ物も豊富で、季節々々に、近郷近在の農民たちは野菜やくだ物を賣りに來ました。町には八百屋もあれば、くだ物屋もありましたが、八百屋から少しづつ野菜を買うのは官員さん（役人のこと）か、給料取りの他國者が利用するか、一寸變つた野菜を買う程度で、土地に根をおろしている家々では、近在の農民が持つて來るのを買う方が多いようでした。それで、何處其處の家へは、誰それと、農民の出入りする家もきまつていました。だから親代々同じ家に賣りに來るのでした。農民の方でも、およその量は知つてますから、必ず持つて出ただけは賣れますので、呼賣はしませんでした。私の家にも、かんぷらいも（馬鈴薯のこと）はたいも(里芋)大根、梨、桃、葡萄、柿、卵など持つてくる人々はきまつていて、毎年、季節々々にはやつてきました。みのりの加減で少しおそくなると、誰々はもう來そうなものだ、とまつのでした。

(1) はたいもの鶴

阿武隈川の川向うの渡里村から來るのに鶴、龜という兄弟がありました。祖母の話では鶴、龜の親の代から私の家に出入りしているので、祖母はこの兄弟のことを子供の時から知つていました。私の子供の頃からずつと來ていたのは鶴の方で、龜は死んだとのことでした。子供の私には大へん大人に見えましたがまだ二四、五歳だつたのでしょう。勤人のように、やせ型で色が白いので、みな鶴は百姓に似合わぬ色白だといつていました。かんぷらいも（じやがいもを、その頃こういいいました）はたいも（里芋）大根は鶴のものときまつていました。

鶴は紺のモモ引をはき、縞の半天を着て、天秤棒の兩端の大きな籠に、はた芋をいつぱい積んでやつて來るのでした。天秤棒をぼていといいまして、これをかつぐことをぼてかつぎといいました。子供達は鶴が好きで、——尤も誰でも人さえ來れば、よつて行くのが子供達でしたが——鶴の姿を見ると、鶴が來たと、鶴のところへ行きました。

「こんにちわ、お上さまいらしつたかなし。いい芋もつて來やしたぞし」

と臺所の口へまわり、ぼてを下し、腰の手拭を取つて額の汗をふき、腰の煙草入を出して一ぷく吸うのでした。必ず買うことに決つていましたから、鶴はゆつくり腰を下して商賣を初めるのでした。

買うとか、いらぬとかの問答は無用で、女中が大きな籠を出しますと、鶴はしやがんで秤り初めます。一升桝を胸にかかえて、はた里を計るのです。

「ひと、ひとひと、ふた、ふたふた、三つ、三つ三つ……」

胸で押えた一升桝にはた芋を山盛して、一つが一升なのです。いまのように、目方で計るようになつたのは、戰争このかたせちがらい世の中になつてからのことです。

女中に「もつとまけな」などと云われながら、鶴は煙草を吸いました。一ぷく吸いますと、左の手のひらに、火種をぷつと吹き、手早くキセルに煙草をつめて、その火でまた吸いました。私はよくも掌が燒けないものだなあと感心して見ていました。よも山の話をしてから腰をあげ、ぼてをかついで、威勢よく立ちあがり、「さいなら、またくつぞし」といつて出て行くのでした。

(2) 梨や

初夏から秋にかけては、くだ物を持つてくる農民もきまつていました。私の家では、こうして賣りに來る人からは、たとえ、こちらにあつても、決して斷らずに、多少にかかわらず買うことにしておりました。「人の來るのはよいことだ、せつかく目當にして來たのに無駄足させるな」と父が言いました。その代り、ふりの商人でなく、きまつていましたが、渡り鳥のように季節を忘れません。

「こんにちわ、梨ができやした」

梨賣りの農民は、勝手知つた私の家の勝手口にまわつてぼてを下しました。

「きようの梨はうまいぞし、さあ一つ味見してみなんしよ」

といつて、子供達や女中に一つづつくれました。これは賣りつける手段でなく、ほんとうによい味を味わつて、ほめてもらいたいからなのです。

「どうだい、うまかんべえ」と、梨賣りは、甘い汁をポタポタ落しながら食べるのを、滿足そうに見るのでした。

母が出て來て、「五貫目おいてゆきな」というと梨賣りは目籠に梨を入れ、天秤をピンとはねあげて、「さあ大まけ大まけ」と商賣をしました。これもまた、腰からキセルを取り出して煙草を一ぷくすつて、よも山の話をしてから、どつこいしよと腰をあげて、輕くなつたぼてをかついで行きました。

私の東京の家へ毎年送つてくる、赤坊の頭程もある大きな二十世紀の、水々しい透きとおつた、甘い汁の梨は、この農民が、選んで荷造りしてくれるのです。戰爭中には、農會の手續をして送つてくれました。梨の季節に歸省すると、「東京から歸えらつたなし」といつて、とび切り上等を持つて來ました。もう相當の年になりましたが、いまでも來るそうです。みななつかしい人達です。

(3) まんぢゆう柿の婆さん

おおざそ（大笹生）のまんぢゆう柿といつて、小さいが、まんぢゆうのような平たい柿で、普通の樽抜とは違い、眞から砂糖のように甘く、とろりとしている柿なのです。これは燒酎で澁を抜くのでなく、風呂の湯で抜くという話でしたが、そうでもないようです。

柿賣りの婆さんは、オハグロをつけ、小さい丸髷を結つた、小柄の人で、筒袖のムヂリに、モンペをはき、袖無をきて、小さい體に、柿を並べた大きな平つたい箱をいくつも重ねて、背負つてやつてきました。箱が歩いているようでした。

「まんぢゆう柿、どうでいろったし」

と鼻にかかつた、やさしい聲で言いながらはいつて來ました。婆さんは女中に手傳つてもらつて、臺所の板敷の上に、後向になつて背の箱を下しました。

「一つあがつてみなんしよ、あまいぞし」といいながら商賣をします。こういう年を取つた人は、お茶を飲みながら「いい庭だなし」と庭をながめて腰をのばしました。

「さいなら、どうもありがとう」とまた大きな箱を背負い足だけ見せてかえりました。女中は「また、こらんしよ」と背に聲をかけました。

戰後十年のメーデー

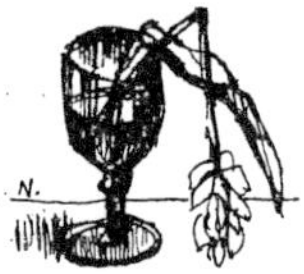

遠《とお》山《やま》富《ふ》美《み》子《こ》

昨年の中央メーデーは、はげしい横なぶりの雨だつたが、このメーデーの實行委員として、當日會場の中央壇上から降りしきる雨をついてぞくぞくと集まつてくる傘と旗の波をじいと見つめていた全金属の松尾さんが「二十五萬人突破」の報を聞いたとたん、ポロポロと涙をこぼして「勞働者は素晴らしい、勞働者は素晴らしい」と男泣きに泣きだした。これを見たそばの實行委員たちは「泣くなよ、オイ、泣くなよ」と言いながらもやつぱり泣いてしまつた、と、いう話を私は後から聞いた。

戰前戰後を通じて苦しい闘いを闘つてきた松尾さんはじめ、多くの指導者層の人たちはどんなにか嬉しかつたことだろう。しかし、あのメーデーに集まつた勞働者たちもきつと自分たちの力の素張らしさを發見し、勞働者としての誇りと責任をあらたに感じたにちがいない。私もその一人だつた。

メーデーは、一八八六年、今年でちようど七〇年前の五月一日、全アメリカの勞働者が〃八時間の勞働、八時間の休息、八時間の教育〃をスローガンに掲げて闘い、資本家階級の血の彈壓を浴びたその第一回以來このスローガンを中心に〃人類の退化を防止し、大多數のプロレタリヤをして人間らしい知的、道德的生活に入らしめるため……〃（一九〇六年國際社會黨本部の宣言）の運動として闘われて來た。それは〃仇討ち〃ではなくて、人間性の自由な發展をさまたげるカセを取り除いて、失われた自由をとりもどすための闘いである。

日本のメーデーは復活後十年經たない間に〃闘い〃から〃お祭り〃的色あいがつよくなり、戰前の悲壮感は消えて、樂しいメーデー、待たれるメーデーに變つてきたようだ。組合の幹部は、もう〃狩り出し〃に苦勞することもない。勞働者は〃交通費〃をもらわなくても五月一日になれば、ゴミゴミした街工場からも、オートメーションの整備した工場からも油と汗の手を洗つて往來へ飛びだす。そして組合旗を先頭に集まつてくる。意氣ようようと胸を張り、聲をあげて歌いながら……。そして、この行進のなかから自分たちの素張らしい力に自信を持ち、そして、資本家や官僚どもに勞働者の價値を認識させる、こんなに樂しいことはない。

昭和二十一年、十一年ぶりに復活したメーデー（第十七回）は全國で一二五萬人が參加した。中央メーデーは雨もよりの天候だつたが約二〇萬人が宮城前廣場に集まり盛大に行われた。交通同盟の島上さん（現社會黨代議士）が復活メーデーの感慨をのべて共感の拍手を浴びたが、婦人代表には東交の矢島文子さんが演壇に立ち萬雷の拍手を受けた。なお、この大會は「食糧の人民管理」「働けるだけ食わせろ」「生産卽時再開」「失業者に職を與えよ」などのスローガンや、「われわれは政府をとりかえなくてはならない。働く者の人民政府をうち樹てなければならない」をふくむ宣言などの諸議案を確認決定したあと連合軍司令部に對する感謝決議を行つた。地方では、山形市で六千人が參加「即時社會黨內閣を實現せよ」と決議し、群馬縣では桐生の小學校教職員が「學童に紙と靴と、雨具を與えよ」、前橋では日赤の看護婦が「乳兒にミルクを與えよ」のスローガンを掲げた。

その翌年、二・一ストの後をうけて行われた第十八回中央メーデーには「今日本の勞働者は、自らを解放し、搾取なき自由の國を打ち樹てる日までゆるぎなき團結と鐵の意志をもつて鬪爭を押し進めることを……」と、高らかに宣言した。そして「ヤミインフレの政權反對」「生産復興は働く者の手で」「大ヤミ利得の徵集」などのスローガンを決定したが、これは戰後の不安な狀勢を如實に物語るものであると同時に、希望と責任を背負う勞働者階級の決意がはつきりと反映している。

當時、私たちが屬していた總同盟關東化學勞働組合は婦人組合員が多かつたので、まず婦人便所を會場に澤山作つてほしいと實行委員會に賴む一方、職場の婦人部長さんたちは應急藥などを用意することや足ごしらえ、服裝なども相談し合つたが、戰前のメーデーを知らず、勞働者としての意識が低かつた私たちは、初めて參加するという興奮の方がつよかつた。

總同盟本部婦人部では「メーデー特集」として創刊された〝働く同志〟という小册子を私たちのような婦人組合員に配つて啓蒙につとめた。冒頭に〝聞け萬國の〟メーデー歌が掲げられ荒畑寒村、山川菊榮、神近市子、赤松常子、阿部靜枝という方たちがメーデーについてそれぞれ書いておられた。

總同盟傘下の組合は、メーデーやデモの歌といつてもこの〝聞け萬國の〟メーデー歌かせいぜい赤旗の歌しか歌わなかつたが、靑・婦人は職場ごとによく練習したし、アカハタの歌の踊りを久保田芳枝さん（邦千谷さん）に習つたりもした。しかし、うたごえの盛んな昨今から思えばくらべものにならなかつた。新勞働歌、「町から村から」や、「世界をつなげ花の輪に」が募集され、みんなにうたわれるようになつたのは十九回ごろだつたろうか。この頃からようやく前夜祭がぽつぽつはじまり、品川地區勞連や東部地區、日立龜有、凸版などの職場で、ダンスパーティや職場演劇などが行われた。一方、會場でも合唱踊、人形劇などが中央壇上や芝生のあちこちでくりひろげられるようになつた。

また、デモ行進には職場の合唱隊やブラスバンドが先頭をうけたまわり、プラカードや裝飾もうまくなり、美しくなつた。そして組合旗も大きくなつた。

こうしてメー、デーは年毎はなやかになつていつたが、これら文化的行事や宣傳の主流は產別傘下の組合で總同盟はいつでも地味で、なんとなく、うらやましく、また肩身のせまいような思いをしたり、時には極左のいやがらせ戰術に憤慨したりもした。とくに第二十一回メーデーでは產別系と總評系との間に分裂メーデーの空氣が濃かつただけに、當日も〝自由勞連の出店、總評を叩きつぶせ〟のビラがとぶ、演說の防害はされる、といつたいやな記憶がある。

こうしたメーデーも、所詮は被占領國のメーデー、ということを思い知らされたのは二十六年第二十二回メーデーであつた。當時の吉田内閣は皇居前廣場使用不許可の方針を固執し、四月二十七日になつて連合軍總司令官から廣場使用禁止命令が出された。實行委員會は緊急に開かれ論議の結果、分散メーデー神宮外苑の使用、沈默の五月祭の三案のうち〃沈默の五月祭〃とすることを決定、三日皇居前廣場で行われた憲法記念式典に根こそぎ動員をかけ、當日會場で三十餘人が檢束された。この時の凄慘な空氣と人々の青い顔は、翌二十七年の〃血のメーデー〃皇居前廣場とその週りの光景とともに忘れられない。

後樂園での前夜祭や當日會場の空氣からおして何か起ると感じた私は、東部地區解散地から皇居前廣場に馳けつけたのだつたが、當時實行委員會や總評幹部にもつとはつきりとした事前の措置と事件後における態度がほしかつたように思てならない。

以來、中央メーデーは神宮外苑で、そのせまさをかこちながらも年ごとに新しい仲間を加えて行われている。

二十九年二十五回メーデーにはパチンコ屋の從業員やタクシーの運轉手が即製の組合旗をかついで會場を闊歩していたし、家族ずれの參加者も見立つてふえていた。

昨年は保險會社やデパートの組合員が多勢參加していた。そのうちの半數以上は女の人たちで、折角のプラカードや裝飾の花が自分の體ごとずぶぬれになつても、泥まみれの靴をひきずつて歩いていく。殆どの人がはじめてなのだろうに、と、ふだんのあの人たちの華やかな姿からは想像もつかないこの事實に私は驚いてしまつた。それにつずいて、合同勞組や商店名の入つた眞新らしい組合旗が多かつたのも昨年の特長だつたといえるだろう。こうして、メーデーは一年一年參加者の巾をひろげていつている。今年も新らしい多ぜいの仲間がくるだろう。そして、また、古い仲間にも會える。かつては同じ組合旗の下に組合運動の在り方を學び、ともに鬪い、メーデーに參加した古い同志の顔や姿をあの會場で、あるいは行進の中から、時には沿道の人垣の中から見つけだしたときのよろこび、それをおもうと、私はなお今年もメーデーが待たれてならない。

專賣における託兒所の現況

昨今、どこの職場でも既婚婦人が多くなつておりますので、託兒所の要求が強く起つています。職場託兒所の代表的なものとして知られている專賣の現狀をお知らせ致します。

× ×

專賣の託兒所設置は、仕事の性質上必要とされ、大正十三年頃から工場設立と同時に製造工場三十九ヵ所に、會社側の厚生施設として設けられました。また保母は社員として扱われ・給料も會社から支給されています。その他施設・託兒の經費一切公社負担で、母親の個人負擔は全くありません。ただし他方によつては保母さんと相談しておやつ代一ヵ月三百圓位出し、毎日お菓子を與えているところもあります。

〔第一表〕

全國總計數 （全國託兒所二十八ヵ所の總合計數）

既婚者數	四三八一人
託兒數	一一九七人
保母數	九八人

お母さんたちが作つた ゆりかご保育園

編集部

（ゆりかご保育園）

託兒所に子供を預けたいが、公立は基準が嚴しくて入れず、私立は負擔が重過ぎるというのが一般のお母さんたちの悩みです。

ここにその悩みを自分たちの手で解決したお母さんたちがあります。杉並區東田町の「ゆりかご保育園」を作つた人々がそれ。「ゆりかご保育園」がたん生したのは昨年の十月でした。建坪十三坪の可愛らしい保育園ですが、これこそ努力が無から有を生みだした好例と云えましよう。そして母の愛の力の結晶とも云えるでしよう。

この保育園が生まれるまでのあらましを、そのお母さんの一人、野中安子さんは次のように語つています。

杉並生活協同組合の經營する中央診療所に通つていた若いお母さんたちは女醫の高倉先生を中心に、二十人ほどで「ゆりかご會」というグループを作つて育兒問題の研究會を時々持つておりました。そのうち誰れ云うともな

保母一人當り託兒數	一二・二人
託兒室總坪數	一〇一二・八坪
託兒一人當り坪數	〇・八四坪
狹くて入れない託兒數	六〇人
年間增加託兒數	四二八人
外來託兒	一〇四人

〔第二表〕**託兒所の施設及び設備**（全國中最も完備しているところ）

ブランコ	一
スベリ臺	一
紙芝居	一
電蓄	一
オルガン	一
冷藏庫	一
砂場	一
風呂場	一
ベット	三〇
ベビー毛布	一五
蚊帳	一
子供椅子	一
洗濯機	一
しぼり機	一
その他（積木・木琴・タンバリン等）	

注意 このような設備がある託兒所は少なく、いま全國的に託兒所の完全設備の要求運動が起り、第二表に少しでも近づけようと婦人部が中心になつて活動しています。

く保育園が欲しいということになりました。しかし先だつものはお金、それも一つの施設を作るとなるとお母さんたちの力ではどうにもなりません。所詮保育園はお母さんたちの夢としか思われませんでした。その時グループの一人である早田さんという若いお母さんが、うちでも子供がいるし、一緒に遊べばいいのだから、と會員のお子さんたちに自宅二間を開放しよう、と申出られました。

では、せめて週一日でもと、昨年の四月から毎週金曜日を解放して頂くことになりました。ところがこれを聞き傳えた附近のお母さんやお子さんたちが、是非仲間に入れて欲しいと集まつて來てたちまち一杯になつてしまいました。これ以上早田さんにご迷惑も掛けられない、という狀態になつた時、ちようど夏休みが來ましたので、子供たちには九月再開を約束してとにかく一時閉鎖、ということにしました。

子供たちに約束はしたものの、九月に再開する目算はありません。そこでお母さんたちは、なんとしても子供たちを失望させたくないと眞劍になり、まず資金を作るため、鉛筆や下着類の行商を始めました。鉛筆は一圓、二圓という薄利、下着はキズものを仕入れ、事情を話して買つてもらう、という苦しい仕事でした。夕飯の仕度を氣にしながら、もう一軒と頑張つて入つていつた家から「アカだろう、うちではごめんだよ」と誰が飛したデマか、荒々しくことわられた時の辛さと、と當時の苦勞を野中さんは語つておられました。

とにかくこうして得たお金や、映畫會を催した利益やらで數萬の資金が集りました。そのうちこの熱意を知つた方々からの寄附もあり、また勞働金庫からの貸出しも決つて目鼻がついて來ました。一方協同組合は一番難物の土地を、木炭置場を取りこわして提供することになりました。施設の建築費は三十萬、最低の設備費を入れて總額四十萬はこうしてお母さんたちの血の慘むような努力によつて作られました。

約束の九月には間に合いませんでしたが、それでも十月には雨露をしのげる建物が出來上り、待ちかねた子供たちを迎えることになりました。

今約五十人のお子さんたちが預けられています。全日九百圓、隔日五百圓、不定期一日五十圓（お八つ代含む）で、二人の保母を傭つて經營はどうやら一杯一杯にいつているそうです。勞銀への返濟には月一回映畫會を備すと約一萬圓の利益が上るので、それを當てたり、また夜、おさらい會に貸し、その間代を廻したりしているので、目下のところ順調にいつているということでした。

とにかく、自分たちの手で作つた保育園ということでお母さんたちの顔は喜びに輝いておりました。そして、人間眞劍になればなんでもできるものだ、という自信を得たことは何より尊い收獲でした、とお孃さんのような野中さんは實感をこめて話すのでした。

（菅谷記）

◇原稿募集◇

◇**創作** 四百字詰 一五枚以内

◇**論文・隨筆・コント・ルポルタージュ** 七枚以内

◇**職場のこえ・臺所のこえ** 三枚～三枚半

◇**短歌・俳句** 一回五首まで

◇**その他** ぜひ人に傳えたい困つたこと、ほほえましいことなど。六百字～千二百字

送り先 本社編集部

執筆者紹介

大矢恒子氏　明治四十一年大連生れ。東京女子師範卒。戰前保育所經營・豊島子どもを守る會副委員長・參加團體、日本子どもを守る會。

小川玉子氏　大正十五年群馬縣生れ。川崎高女卒、川崎市會議員・日本鋼管職員・聖美保育園長

浦辺竹代氏　明治四十二年宮崎縣生れ。高女卒・參加團體世田谷家庭會

須田エン氏　明治四十三年八王子市生れ。都立第四高女卒。立川市會議員・所屬日本社會黨・日本子どもを守る會。

野澤湍江氏　大正十四年茨城縣生れ。帝國理專中退。參加團體、草の實會。

遠山富美子氏　大正五年東京生れ。戰後勞働運動に參加・現新聞編集者

讀者だより

「母體保護について」を讀んで……母體保護は私達にとつて重大なことです。書かれていることはもつともとうなずけますが、何となく文章のあやの判りにくさと複雜さが難點だと思います。學問のないわれわれも讀むのですから、判り易く、具體的に述べられたらと思いましたので一言申し上げます。

なお慾を言えば投稿欄をもう少し欲しいものです。經濟の面からも無理なお願いかも知れませんが……。（東京・S・U）

……毎月「こえ」の特集を樂しみにしております。先月號の拙稿KR婦人番組係の眼にとまつていろいろとその實情を聞きに來られました。あの〝こえ〟は婦人の窓、否社會の窓となる役割をもつているようで、廣く關心をもたれていることはうれしいことです。それだけに大衆の世論をもりあげる原動力となつていただきたく存じます。（下略）　（佐竹れい子）

編集後記

今年の子供の日は兒童憲章がつくられてから五周年に當りますし、またこの日は日本の第一回世界子供の日となります。で今月はその日を祝し、子供の幸福を希う意味から兒童問題特集號といたしました。

×　×

一寸考えてみても兒童問題はずい分多岐に亘ります。二部教授の小學校、特殊兒童や施設の子・親探し運動等、ぜひ取りあげてみたい問題はたくさんありました。

いつも時間と勞力の不足から滿足すべきものをお贈りできないのが殘念です。

×　×

子供はなにも言いませんのでとかくなおざりにされ勝ちなこの問題に目を向けて頂くチャンスともなれば幸甚です。（菅　谷）

婦人のこえ　五月號
定價三〇圓（〒五圓）
半年分　一八〇圓（送共）
一年分　三六〇圓（送共）

昭和三十一年四月廿五日印刷
昭和三十一年五月一日發行

編集 發行人　菅谷直子

東京都千代田區神田三崎町三ノ六

印刷者　堀内文治郎
東京都港區本芝三ノ二〇
（硫勞連會館内）
發行所　婦人のこえ社
電話三田(45)〇三四〇番
振替口座東京貮壹壹參四番

婦人のこえ

昭和三十一年五月二十五日印刷 昭和三十一年六月一日発行 毎月一回一日発行

特集 家族制度

6月號

1956

平和憲法を守りましょう

労組婦人部と社会党婦人部との懇談会

五月七日午後六時から参議院会館で、各労組の婦人部の人達と社会党婦人部の統一後最初の話し合いの会が開かれました。

最初に神近氏の売春問題についての議会での経過報告があり次に山本青年婦人局長、安平組織局長のお話のあと、各労組の婦人達から次のような発言がありました。

先ず第一に、現在の社会党と労組とは、密接な、有機的なつながりを持ち、労組は常に働く大衆の党として社会党をおしあげて行かねばならない。そのためには、社会党の趣意、活動状態が労組に残らず報告され、それが労組の隅々にまでしみ込むように努力されねばならないこと。

特に婦人部については、常におろそかにされる傾向があり、婦人労働者の多くは普段社会党に余り関心を払わない現状である。これは婦人自身にも責任はあるが、党にも責任がある。なぜなら党は婦人部にまで手をさしのべようとせず、常に幹部との話合いのみで終っているから、その浸み込み方が足りないのだ。その例として職場の婦人達は、現在問題にされている小選挙区制や売春問題について一応否定の態度をとってはいるものの、それが職場とどう云う関係があるのかを知らない。更に具体的には、職場の婦人の大きな悩みである託児所の設立問題がずっと前から口にされているのに一向に具体化されない。こう云う身近なことから労組に手を貸さなければ社会党は本当の大衆党として支持され難いのではないかとの意見。

次に、党が労組の幹部を通して下へ伝える方法をとることも大切にはちがいないが、それと同時に横のつながりにも力を注がなくてはいけない。そのためには地区地区での活動が必要で、具体策としては、先例の託児所など幾つかの職場人共有のものを一つ作ったり、労組と連絡をとりつつ区会議員の活躍が要求されるとの意見が述べられました。

これらの意見は、すべて職場の人達の体験からほとばしり出たもので、全逓婦人部では、託児所設立を要求して何回も何回も郵政省と交渉したが一向にラチがあかず、郵政省の役人は自ら「そんなことは、望むのが無理ですよ。社会が変らない限りどうにもなりませんよ」と答えたと云うことです。社会が変らなければ出来ない相談だと突っ放されても、現在の全逓では女子労働者の三七%が既婚者であり、そのうち一九%が乳幼児をかかえているために、どうしても解決しなければならぬ問題であると、全逓の坂本さんは社会党への要望を強くうち出しました。

これについて、社会党の藤原道子氏から国会での社会党の活動状況と少数党の悩みを話されました。

原稿募集

◇**創作** 四百字詰 一五枚以内
◇**論文・随筆・コント・ルポルタージュ** 四百字詰 一五枚まで
◇**職場のこえ・台所のこえ** 三枚〜三枚半
◇**短歌・俳句** 一回 五首まで

特別原稿募集

終戦の日の感想を募集いたします。あの歴史的な日のあなたの感想をお聞かせ頂きたいと思います。再び戦争の悲劇を繰返さないために、当時の感激を新にしたいと存じます。

一、題 **終戦の日**
一、枚数 **三枚半〜七枚**（四百字詰）
一、〆切 **七月五日**

婦人のこえ編集部

婦人のこえ

1956年
六月号

六月号目次

家族制度は醇風美俗《じゅんぷうびぞく》か

鍛《か》冶《じ》千《ち》鶴《ず》子《こ》

さきごろの新聞にこんな記事が出ておりました。道でたおれていた老婆をみんなで病院にかつぎこんだところ、脳出血で間もなく息をひきとりました。警察を通じて身許をたずねた結果、その老婆には三十になるひとり娘があることがわかりましたが、この母親は、娘の七千円の給料でやつと生活を支えていたというような状態であつたため、病院から母親を引きとるにもその費用がないというのです。みかねた警察の人が病院のたんかで遠いその家まで運んでやりました。新聞はこれを美談として報じているのです。たしかに美しいことにはちがいありません。しかしこれほど悲惨な話があるでしょうか。これを美談としてほめたたえるのもけつこうです。しかしそれによつて、このような悲惨な生活に母娘が放置されていたことに対する国家の怠慢がみすごされるとしたら、それは、美談だといつて報じた新聞に大きな責任があるといわなければなりません。

この親子はアパート暮しをしていたようですが、月七千円の給料でふたりの生活を維持することはほとんど不可能といつてよいでしよう。民法は、親子は互に扶養する義務がある、と規定しています(民法八七七条)。しかしいつたいこの娘に母親を扶養する力があるといえるでしょうか。このような生活不能の人たちにこそ生活保護法は適用されるべきです。ところが国家はこのような老婆に生活保護法を適用することを好みません。月給をとつている娘がいるからという理由でこれを拒絶するのです。そういう場合、そういう国のやり方はまちがいだし憲法に違反するからといつて、国家を相手に訴訟をおこしてまで権利を主張しようとする人がなぜでてこないのでしょうか。母親は、子供がいるのにそうまでしてよそさまの世話になるのはみつともないと考え、娘は、自分で親を養えないからといつてよそさまに親のめんどうをみてもらうのは恥かしいことだし親不孝だと思われるのをおそれるのでしょう。そして、そのような考え方、つまりどんなに貧しくても親を養うのは子でなければいけないし、もし食べる御飯が一ぜんしかない場合、自分が食べないでも親に食べさせるのが子の義務である、とする考え方は、家族制度的道徳の中心になつています。そして、家族制度を謳歌する人たちは、これこそ世界にほこるべき「醇風美俗」だというのです。

たしかに、これは、支配者にとつてはしようれいしたい美風にちがいありません。どんなに生活が苦しくなつても、国家に対して不平をいうのはまちがいであり、それは身内の者の責任だということになれば、国民の眼を政治からそらすのに好都合です。給料が少なかつたり失業したりして、年老いた親のめんどうをみられない者があつたとすれば、それは親不孝者になるのです。

このような結果、社会の不合理はみんな家庭の中にもちこまれることになります。これが家庭を愛することになるといえるでしょうか。だから、ここでわれわれがみきわめなければならないのは、「醇風美俗」というものの実体であるわけです。

もしそれが、家族の者が互に睦みあいたすけあつて仲よくくらしていくことを意味するのならば、もちろん何にもましてのぞまれることです。世界いずれの国においてもそうであろうと思います。しかしそれを、特に日本独特の醇風美俗というためには、その睦み方たすけあい方、くらし方に何かちがつたものがあるはずです。結局それは、夫や親や戸主という権力者に、権利も義務もすべてを託した妻や子や家族の者が、黙々と従つていこうというやり方です。そこでの和合は、嫁が、二・三男が、娘が、いいたいこともいわずにがまんすることによつて保たれる和合なのです。

そして、それが日本の「家族制度」なのです。それは、娘よりも息子を、二・三男よりも長男を、子よりも親を、妻よりも夫を、家族よりも戸主を、そしてこれら個人よりも先祖から子孫につながる「家」や家名を大事とする思想によつて支えられています。だからそこでは、結婚に当つては、当時者たちの愛情や幸福よりも家の格がつりあつているとか持参金の多少といつたことのほうが重要になつてきます。家のあとつぎを産めない妻や家風にあわない嫁は、追出し離婚をされてもがまんすべきだということになりましよう。また家のなかで個人個人が意見をもつことものぞましくありません。女の三従の美徳がこうしてしようれいされるのです。「親、親たらずとも子は子たるべし」という考え方からすれば、親のため家のために身を売ることは、孝行の手本となるかもしれません。

個人の尊厳、男女の平等、という民主主義の理想とはおよそかけはなれてその逆をゆくこれらの考え方の、どこがいつたい「醇風美俗」といえるでしようか。

新しい民法が期待する家族生活のあり方は家族内に身分的差別をもうけず、親も子も夫も妻も、息子も娘も、独立した人格者として互に対等な立場で話しあい協力していく生き方なのです。これは、民主主義の内容そのものであり、これが実現できてはじめて、社会も政治も民主化できるのです。

しかしこれは、支配者にとつては非常にけむたいことにちがいありません。個人の尊厳をみとめ、国民の発言をどこまでもゆるす民主主義のやり方は、どうにもやりにくいにちがいありません。つまり、むりな再軍備をすすめようとする人たちにとつて、親や権力者のいうことはどんな無理でも批判がましい口をきくのはよくないとする家族制度的道徳は非常に好都合なわけです。再軍備論と家族制度復活論が時を同じくしておこつてきたのも決して偶然とはいえません。

家族制度の復活を唱える人たちが唯一の根拠とする「わが国古来の醇風美俗」ということばは、たしかに、日本人の感情にアッピールするひびきをもつています。しかしわれわれがここで気をつけなければならないのは、そうした、人々の耳にはいりやすいことばほど、その裏にごまかしの議論を多くふくんでいるものはないということです。私たちは、そのようなことばにまどわされて、再び、権力に盲従するような国民になつてはなりません。力による秩序ではなく、話しあいによる秩序を固く守りぬくべきです。そして、それは根本において、話しあいによる家庭生活を守りぬくことであろうと思います。

（一九五六、五、一六）

筆者　大正十二年熊本生れ。明治大学法学部卒。弁護士、婦人法律家協会、婦人権擁護同盟に参加

家族制度復活の狙い

磯《いそ》野《の》富《ふ》士《じ》子《こ》

「個人の尊厳と両性の本質的平等の原則のもとに、社会生活の自然的単位としての家族（家庭）の尊重擁護についての規定の補充が考慮される」これは憲法二十四条に対する自民党の改正案であるが、これだけ読むと、まことに結構なことに思われる。まつたく今の日本の家庭生活は大いに尊重擁護される必要があるからだ。一家の働き手が失業したり病気になつたりすれば、多くの家庭はたちまち行きづまつてしまう。それでなくても、中古エンジンを途方もない値段で買う防衛庁の支出も、重税となつて一家の乏しい予算の上前をはねる。当然国家が負担すべき義務教育の費用の方は、教科書はいうに及ばず、校舎建築費まで親が寄附させられる。おまけに、赤線地区や競輪に夫が入りびたるようにでもなれば、妻は母子心中に追いやられる。これだけ考えても、日本の家庭がどんなに不安な状態におかれているかがわかる。

しかし、このような不安を取除き、家庭の幸福を尊重擁護してくれるのがこの改正案の目的かと思うと、とんでもないことになる。自民党の幹事長岸信介氏が会長をしていた自由党憲法調査会が発表した改正案（二九年十一月）の説明書には、従来の家族制度の「封建的色彩は、復活すべきでない」と云いながらも、戦後の民法改正による家族制度の変革は、「日本の弱体化という、占領政策の線に沿つて実行したもの」であり、「現行の憲法と之に基く教育方針が極端な個人主義の立場から、家族という観念の抹殺を図つた行過である」と断じてある。そして、「社会保障によつて全部の老人の老後の安泰を期することは、経済力の貧弱なわが国状の許さざる所である」から、「憲法に子の親に対する孝養の義務を規定して、人倫の大義を明かにすべきである」という議論だ。この自由党改正案は婦人達を主とする大反対に押され、今度の自民党案では表現の仕方は大部変つているけれど、要するに自民党の狙いは、幸福な家庭が営めるような条件を作ることを憲法に定めるというのではなく、自分は食べる物も食べずに親を養う「孝行」な子供を作つて社会保障の肩代りをさせようというわけだ。

また、狭い農地を子供達で分ければますます小さくなつてしまうという不満が少くないのを利用して、自民党は昔の長男相続を復活させる下心で、「家産制」をおこうと考えている。しかし、新民法では決して農地そのものを細かく分けろと云つているのではなく、土地以外に財産があれば、子供の一人が土地をそつくり相続することもできる。問題は均分相続そのものにあるのではなく、日本の経済のしくみに深くつながる農家の貧しさと、土地を貰わなかつた子供達の生活の難しさにある。この点を解決しない限り、いくら長男相続にもどしても、「次三男」問題は深刻であり、結局自衛隊にでも入るより道がなくなつてしまう。あるいはこれも自民党の再軍備計画とつながつているのかも知れない。

たしかに、自民党の改正案には、「母子老

人の保護」その他国民福祉の向上が一応うたつてある。しかし、この原水爆時代に、「国の独立を守るに足る」軍隊を持とうとすれば、貧乏な日本は財布の底をはたいて軍備に廻しても追いつきはしない。軍備にはアメリカの援助を乞うというなら、「アメリカから押しつけられた」という理由で、憲法改正を主張する党としてあまりにも筋が通らないではないか。それに、家庭の平和にとつて大敵である赤線地区や競輪に対する態度から見ても、自民党のとなえる「家族（家庭）の尊重擁護」がどういうものであるか明かである。

ところで一方、「孝行しろと憲法で決めてもらうのは結構だ。近頃の子供は親を親とも思わないから」という声も時々耳に入る。けれども、子供達の作文などにも、みんながどんなに親を思つているかがよく出ている。ただ昔の子供は、「ハイ」と答えて親を怒らせないことで満足していたかも知れないが、今の子供はもつと深く親と解り合いたいのだ。それで、親と考えが一致しなければ、「だつて……」と説明をつけ加えたり、親から説明を求めたりする。けれども、「家族制度の美風」に従つて姑や夫に仕え、家族の衣食の世話で精一ぱいの母親には、子供のこういう要求を受けとめて説明してやり、あるいは一緒に考えてやる時間、心のゆとりもない。おまけに、新聞を読むのすら悪いこととされて来た母親には、今の子供の持つ問題を理解してやることができない。それで、「親に向つて生意気な！」と感じ、それを口にする。せつかくお母さんと話し合うつもりでいた子供は「なんだ、お母さんは私のことなどかまつてくれないのだ」と思つてしまう。母親は母親で我子に背かれたと悲しむ。お互いに愛情を求めあう親子の間にこうして溝が生じる。

戦後に「手に負えない」子供がふえたのは残念ながら事実である。社会人としてのびて行く子供には、理解ある相談相手が何より必要だ。その相談相手に親がなつてやれないことに青少年不良化の大きな原因がある。そして親（ことに母親）が相談相手として失格したのは、せまい家の内で目上に対する奉仕にばかり専念させられ、時代の変化について行くことができなかつたからである。云いかえれば、現在の親子問題が深刻なのは、自民党の云うように「個人主義の行きすぎ」を憲法がすすめるからではなくて、以前の「家族制度」が親の個人的社会的な成長を阻んでいたからなのだ。戦後に、親を養老院へ「捨てに」行つた話が大きく云いたてられ、それが新民法のせいにされるが、新憲法新民法によつて教育された生え抜きの子供達はまだせいぜい十五・六にしかなつていない。現在年老いた親を邪魔者扱いにする人々こそ、忠孝教育をしつかり叩きこんだはずの時代に育つたのだ。

孝行とは、再軍備予算に目をつぶつて、食う物も食わずに親を養うことではなく、社会保障を充実して親の生活を楽にし、家族制度復活を防いで母親にも考える時間を持つて貰うことも、大きな孝行なのだ。現在の社会では、家族の心がけだけで家庭の幸福を守ることはできないし、親子の愛情は憲法で決めたからと云つてわいて来るものではない。親子の心が本当に結びついていたなら、捨てろといつても子は親を捨てはしない。

もし自民党が本気で「家族（家庭）の尊重と擁護」をするつもりなら、平和と人権尊重を基本とする今の憲法を徹底的に実行することこそ一番よい道であるはずだ。再軍備を目的とする憲法改正、民主化によつて弱体化された日本を強化するための「家族（家庭）の尊重擁護」を私たちはうつかり見のがしてはならないし、また、うつかり見のがそうとしている人たちをつかまえて、この事実に眼を向けさせ、日本の民主化を逆もどりさせようとする勢力に対しては、あくまでも抵抗しなければならない。

家族制度に関する

名著紹介

「家族・私有財産および国家の起源」

大《おお》内《うち》節《せつ》子《こ》

　エンゲルスの「家族、私有財産および国家の起源」は一八八四年に発表された。本書は国家の本質、階級社会におけるその必然性を明らかにするということを主な課題としているけれども、それを、私有財産なるものはいかにして成立したか、またこの私有財産制の成立と発展にともなつて家族がいかにして形成され、いかに変化したか、なかんずく家族の中における婦人の地位がどう変つたかという点と結びつけながら明らかにしているので家族制度やその中における婦人の地位やについて社会科学的な解明を与えたものとしてももつとも重要な古典の一つたる地位をしめている。そしていやしくもこのような問題について論じようとするならば、今日でも、この書物について学ぶことが何よりもまず必要だと考えられる。そういういみで、ここでは、とくに家族制度の問題を中心として、この本の説くところを紹介してみよう。

　その前に、ごく簡単に本書の内容全体をみておこう。まず、人間の生産力が非常に小さくて、一日の労働によつてようやく自己とその子供を養うにたるほどのものしか生産しえないような原始社会にあつては、人々は、男でも女でもすべて労働しなければ生活を支えることができない。このような社会においては、他人に与えるほどの余剰が生産されるはずもなかつたから、自らは労働せずに他人の生産物によつて生活するような階級の生じる余地もなく、したがつて支配・被支配の関係も生じなかつた。これが氏族社会であるが、そこでは子は直接には母から生まれたものであるという自然の原則に従つて母系によつて血統がたどられた。ところが、生産力が幾分でも上昇してくると、生産された余剰分を基礎として支配階級が出現した。以前の氏族社会は崩壊し、その廃墟の上に、国家が、新たに生じた支配階級による支配の手段として形成された。それと共に、余剰分を私有し、これを直接的な力によつて守ることのできる男性の地位は強められ、母権にかわつて、男系による血統と父方の相続権とがうちたてられたのである。これが現在まで続いている家族制度なのであつて、それは国家とともに、私有財産制度を基礎としてうちたてられたものであつた。

　これが本書のごく大ざつぱな内容なのであるが、つぎにここに問題となつている家族制度について、もう少し立ち入つて考えてみよう。さきにも見たように、生産力の低い原始社会にあつては、その成員のすべてが労働しなければならなかつたから、婦人の家庭や菜園における労働は、社会的生産において男性の労働とおなじ重要な役割を演じた。それゆえ、婦人は男性と同等であり、家庭と社会のなかで指導的な地位を占めていた。この時代における結婚は、現在のような一夫一婦制ではなく、複数婚の形でおこなわれたので、血統も母系によつて、たどられるのが常であつた。原始社会はこのようにして母系家族制がおこなわれ、そこからあの有名な、「原始女性は太陽であつた」、というような言葉もでてきたのである。では、それが何故に父系家族制にとつて代られたのであろうか。前にもみたように、このような原始社会においても生産力はごく緩慢ながらも発達し、農業には家畜の飼養がとりいれられるようになつた。ところが、これらの家畜の世話をする男性はしだいにそれらを自己の財産として私有するようになり、これを母系によらずして自分の息子に相続させたいと願うようになつた。このような富は、それが増大すればするほど、家族内における男性の優越を強化し、男性がその地位を利用して子の利益をはかろうとする意思をますます強めるにいたつた。その結果として母権は簡単にくつがえされ、婦人は以前の地位からけおとされて、これからは男系によつて血統がたどられることとなつたのである。

エンゲルスによれば「女性の世界史的な敗北」だといわれる母権の転覆が契機となつて婦人の地位はこのようなはげしい変化を経験したのであるが、これとともに結婚の形式もまた著しく変化した。婦人は特定の男性の富を相続すべき子供を生まなければならなかつたから、従来の複数婚はまもなく厳格な一夫一婦制にとつてかわられた。むろんそれは婦人にとつての一夫一婦制であつて、男性にはかえつて蓄妾や売淫を認める制度であつたことはいうまでもない。しかも男性は私有財産のにない手として一個の人格を認められ、ひきつづいて、社会の生産的労働にたずさわつた。それにひきかえ婦人は、男性が所有する私有財産の一部であるかのように扱われ、その相続者を生むことだけが天命として課せられた。すなわち婦人は、以前には社会の生産的労働にたずさわつていたのであるが、いまではそれからしめだされて、一生、家事と育児とに追いまわされなければならない破目にたちいたつたのである。そしてそのことから、精神的にも婦人は男性よりはるかに低い状態にとり残されるということにもなつたのであつた。

このようにみてくれば、現在、婦人の地位が男性よりもはるかに低いところに定められてあるのはけつして自然な状態ではないということ、すなわちそれは先天的あるいは生理的能力の差異にもとづくのではなくて、ただ一定の社会制度の産物にすぎないということが、はつきりするであろう。いいかえれば、婦人の男性への従属は、ひとえに有史以来継続してきた私有財産制の結果であり、またそれにともなつて婦人が社会の生産的労働から閉めだされたことの結果なのである。そこでまず、婦人が社会の生産的労働からしめだされて、いつまでも家庭内の私的労働に閉じこめられているかぎりは、婦人の解放、男女の平等の地位は不可能であろう。そこでエンゲルスはこういうのである、「婦人の解放は、女が大規模に生産に参加することができて、家内労働がもうほんのわずかしか女をわずらわさないようになるときに、はじめて可能となる」と。しかもそのような可能性は、すでに近代の大工業の発達によつて整えられているのである。すなわちそれは婦人労働を大規模にうけいれることができるばかりでなく、これまで家庭内の私的労働の担当していた仕事を、次第に独立の産業に課しつつあるからである。だが、他方、このような近代的大工業も、それが私有財産制と結合されて、資本主義的生産としておこなわれるかぎりでは、婦人の解放をもたらすものではない。なぜなら、私有財産はいぜん男性の支配下におかれ婦人はこの相続者を生みだし、養育する義務からまぬがれえないからである。

（11頁へつづく）

生活に残つている家族制度

「家族制度復活反対総蹶起大会」から

編集部

「家族制度復活反対連絡協議会」では憲法改正のヤマといわれる七月の参院選挙を控えた去る四月二十一日「家族制度復活反対総蹶起大会」を開いて、約五百名の婦人が街頭デモ行進を行い、講演会を催して気勢をあげました。以下は当日発表された各層婦人の生活報告ですが、スペースの関係上、ほんの荒筋しかお知らせできないのが残念です。

農村青年の立場から（茨城県・仲村志津枝）

農村ではまだ新しい民法はほとんど知られていない、例えば跡取りたる長男長女は自由な恋愛も勉強も許されず、家の財産その他を守ることのみ考えさせられる、二、三男は家の外へ出るものとして長男との間に差をつける。青年会などの協力でやつと恋愛結婚しても、嫁は人間扱いされず、すぐに「家風に会わない」といつて実家へかえされる。

老人の立場から（麻生久子）

新民法によると老人といえども昔の封建的な時代よりも明るい楽しい生活ができるのであるから家族制度の復活には反対である

職場婦人の立場から（渡辺きし子）

職場においてもまだまだ男女差別がある。同じ働く者同士なのに男の人は女の人を理解せず、こまごました仕事は女に押しつける、そしてこれらのシワよせの典型は共稼ぎの婦人の場合である。この上家族制度を復活して男尊女卑の気風を高められてはこまる。

売春婦の立場から（藤間＝代理）

売春婦の中には家族の犠牲となつているものが少くない、防止法の成立後は完備した保護、更生施設はもとより社会保障を充実して家族も生きられるようにして貰いたい

農村の嫁の立場から（おぎのや・きよみ）

嫁は労働者のように働き、財産相続の場合親族会議により、嫁には一文も与えられず遺族扶助料も嫁はもらえない、わずかの小遣の中から子供のものなど買い、ただ家畜のように働くだけである。しかしこのような中にも、いろいろな会合や講演のおかげで農村女性もわかつて来たようであり、姑も口先だけでも「時代の相違」をいうようになつた、こんな時に家族制度復活などと実に驚いた政治家の仕業である。

女教師の立場から（加藤　郁）

憲法改正、家族制度復活の早道は現在の教育制度を変えることである。そこで教育委員会制度の問題や教育二法案その他の法律による圧力が教師にもかけられてきた。

教育の上では折角築きあげた男女共学の線がくずされようとしている、女教師白身の立場からもこれは云え、停年五十五に対し四十五位で退職を勧告される。また共稼ぎ教師の場合、必ず女子側が勧告の対象とされる。これは昔の、女は男の従属物という考えが捨てられていない証拠である。

未亡人の立場から（塩見）

家族制度復活というとあの強い戸主権を思い出す。未亡人になると、戸主がその住いをきめ、その意志に従わないと離縁されるしかし、自分は弁護士に相談した結果、離縁されずに実家にいることを主張した、ところが戸主権をふりまわす親は、嫁はともかく、孫を引取るからと連れもどそうとする、びくびくしながらも自分は新民法によつて自由に動けることを知つて喜んでいるこんな時にあの「戸主」を復活させるなど

絶対反対である。

なお当日の講師として招かれた法政大学教授中村哲氏は「**憲法改正と家族制度の復活**」という題で大要次のようなお話をされました。

徴兵制をもくろむ 家族制度の復活

……憲法改正の主張のうち、家族関係のものでは「孝養の義務」という言葉がある。これは当然道徳で解決すべき問題なのを、法できめようとするところにそもそも間違いがあり、そこで違背すれば罰するということにもなり得る。つまり権力で道徳を律しようとするものである。

孝養と並んで「国家への忠誠の義務」というのは、おそらく、徴兵を意味しており、「国土防衛の義務」というのと併せて徴兵制実現を期していることは明瞭に推察される。

憲法改正の動向は朝鮮戦争をきつかけとしており、まず警察予備隊をつくり、次第に増強して行つて再軍備の既成事実をつくり上げてしまつた。ここらで正面切つて憲法を改正し、正式に国民に認めさせようとのこんたんである。朝鮮戦争当時、もし日本に今の自衛隊の如きものがあつたとしたら、我々は再び戦乱にまき込まれ、数々の危険にさらされていただろう。誤ちをくり返さぬために、憲法の中で正式に軍隊を認めてはならない。昨今は追放や戦犯といわれた人たちが再び政治のイニシヤチーブを握つているから、再軍備をきつかけとする全面的な逆行への動きはますます強く出てきているのである。

（家族制度復活反対を叫ぶ婦人たち）

昨年中、旧自由党、旧改進党の各憲法調査会試案、自主憲法期成議員同盟のそれ、など幾つかの改正案が公布されているが、いずれも本質的には大差がない。

世論の風当りが強かつたのにこりてか、最近の主張は焦点をぼかしてはいるが、家族関係のものでは要するに家族制度の復活なのであつて、かつて岸信介氏は「日本の弱体化は家族制度がなくなつたからだ。」といつているのである。

これに対し川島氏は「家族制度のあつた日本が、その制度のないアメリカに負けたではないか。」と反論しているが一面の真理である。

「家」の復活、天皇制復活、そして徴兵制の実現、内閣の権限強化は一連の逆コースである。たとえ条文、個々の規定はなくとも、原則的な総論において、「公共の福祉増進のため、公益優先の立場から、人権の制限が出来る」ようになつている。

こうして時々の国会で出来る法律で、人権の制限が出来ることになれば、多数の横暴により人権が抑えられることにもなるのである。

人権は基本的なものであつて、国家や政府の力や法律で侵し得ない筈のものである。

（中村哲氏談）

孝行娘の重荷

上《かみ》村《むら》多《た》枝《え》

「本当に感心だ、おしやれ一つせずにうちをみているんだから」

「仕事もよくやるし、まじめだし」こんなほめ言葉が私の耳に入ることもありました。その度に何んとも云えぬ淋しさがすつと私の胸をかすめるのです。

此の土地で働き出してから、もう二十年近くになります。髪を三つ組にしていた少女の頃から、今日まで随分いろいろなことがありました。あまり裕福でない上に、弟妹が多く、その長女であつた私は、僅かな給料を家計の足しにしていました。こんな環境が私を地味な人間にしてしまつたのでしよう。弟妹たちも、次々に学校を卒業していきましたけど、両親は「男の子だけはもう少し上の学校にやらなければ」と云つて弟たちは中学から上級の学校へ進んだのです。父の勤めていた会社がおもわしくなく、失職してしまいましたが、年よりを新しく雇うところもないので、家におりました。経済的な重荷は私の肩から下りることなく、むしろ一家を支えなければならない状態でした。知らぬ間に、私はこの職場では女子として永い勤続年数を持つ一人となりかなり高い給料を貰うようになつたのです。

けれども、ふと周囲を見廻すと後から入つた若い人々が結婚したり、はでに遊んだりしています。

かすかな羨望を感じるのです。両親たちは「お前には苦労をかけて」と云つてくれますが、何か貧乏くじを引いたような気持が残るのです。

毎日机に向つて事務をとつているTさんも、Hさんも、「三十娘」に属する人たちです。私と同じように勤務年数も永く、女子としては高給者の方です。そうして、矢張りお母さんを抱えていたり、兄弟の面倒をみたりしています。Tさん達に対しても「親孝行」だとか、「感心な人」だとか、いう評判を聞きますけど、Tさん自身そのような賞讃の言葉に喜びを感じているでしようか。この年代の人たちは、結婚する年頃がちようど、戦時中であつたため、婚期をのがしたのも一つの原因ではありましようが、こうした家の事情によることが大きな理由になつています。これが、男の人であつた場合、結婚するにあたつても、それほどの障害にはならないでしようが、女の場合は大そう肩身のせまい思いをしなくてはなりません。或いは「妻の家族のめんどうまでみるような結婚はごめんだ」ということになります。

昔の法律では、貧しい家の一人娘などは法律の上からも、結婚することが困難であつたと聞いています。今日では法的にはそのようなことは全くないでしようが、実際問題として、私たちと同じような人が大勢いると思います。日本の家庭の中で、女は割が悪いと感じるのです。もつとも戦後の若い人たちは、自分だけがぎせいになるような立場に対しては、はつきりと断わる態度や考えをもつているようですが、私のように戦前の教育や考えがしみこんでいては、そのように割り切つた態度や勇気が出ないのです。また、世間の人が、なまじつか「親孝行」だとか「感心だ」とか云うことが、かえつて私たちに忍耐を強うることになるのです。心の中では重荷だと思つても、諦めてしまいます。しかし、私はこれからの社会には、私達のような家族のための永年勤続者が減るのを願つています。

新刊紹介

「働く女性の歴史」
——通史と現状——

三瓶孝子著

この本は、二千年の昔から今日までの日本の女性が、どんな労働をしてきたかを、その時代時代の世の中の状態、産業の発達などに結びつけて書いたものである。それだけに女性の労働の歴史を読みながら、日本の社会や産業の発達の歴史を知ることができる。

現在のような男尊女卑の考えは原始時代にはなかつた。男子中心の社会が出来上るにつれて、女子は男子の従属者の地位におとされた。それでも実際の面では女子はいつも重要な労働力として世の中を築いてきた。この点を強調したのがこの本の一つのポイントである。

女子の労働は、古い時代になるほど、家庭の中での労働も、消費だけでなく、生産にもわたつていた。主婦は家族のために食糧の生産から、着物の原料の栽培までしてまかなわなければならなかつた。産業の発達と共に、そうした生産労働が必要でなくなり、生活必需品をお金で買つてすます時代になるにつれて、女子の労働も軽くなるようであるが、他方では、そのためにお金が必要となり、女子も労働者として家庭から社会に出るようになつた。そうした女子の賃労働者は、明治以来おびただしく多くなり、日本産業の発達のための大きな力となつた。本書はそのために特に明治以後に全頁の五分の四をさいている。

こうした多くの女子労働者は、いつたいどこから出たのか、という点について、いままで、農村から出た、という以外に、詳しく説明されていなかつたが、この本が、その点を日本資本主義の発達と結びつけて取扱つたことは注目すべき点と思われる。

明治から大正、昭和にかけて、女子労働に多くの問題が生じた。女工虐待、深夜業、女工争奪など。それらのものの中で、いまだ解決されていないいくつもの問題がある。そして、中小企業では、まだまだ「女工哀史」が生き残つている。戦後には、女子の進出がめざましいが、また同時に、他方では、女子を職場から締め出そうとする傾向が現われている。それについては、**六**の戦後経済と女子労働の中で、筆者の解答が与えられている。

いままで、女子労働といえば、いつも大工業だけが論じられて来たのに対し、この本は零細企業、農村、漁村の女子労働をとりあげまた、戦時中華かにもてはやされ、今日では忘れられた女子機械工をも取りあげている。

この本の五分の一にあたる最初の部分は、「婦人のこえ」に以前掲載したが、その他は書き下しである。文章も読みやすいし、女性の好適の書としておすすめしたい。（M生）

（日本評論社発行・定価・二五〇円）

……▽……△……

（7頁より）

それゆえ真の婦人の解放は、あらゆる生産手段が社会の共有財産にうつることによつて達成されるのである。そのときはじめて「子供の養育および教育は公務となり」、「一夫一婦制は男子にたいしてもまた現実となる」——こうエンゲルスはとくのである。このいみで婦人を男性の支配から解放することは、人類を資本主義から、そして私有財産制と階級支配から解放することとあい伴なうものなのだということこそ、エンゲルスがわれわれに教えている核心なのである。

解説

第四回参院選の意義

中《なか》大《おお》路《じ》まき子《こ》

百人の全国選出、百五十人の地方選出の参議院議員は、三年ごとにその半数が改選されることになつています。この六月は、ちょうど三年目にあたりますから、月なかばから七月初旬にかけて、新顔も混じえ、保守、革新いりみだれての激しい選挙戦がくりひろげれることになります。

わが国の議会が二院制であることは今も昔も同じですが、その性格は根本から変つています。かつては国家の最高のものとされていた天皇に代り、今日では、国会が国家権力をにぎる最高の機関です。戦前は議会が制定する法律とならんで天皇が広範囲の勅令を発することができました。もはや天皇はこのような立法権をもたず、国会が法律をつくる唯一つの機関となつています。云いかえれば、天皇に代りわたくしたち国民の一人一人が、こうした権限をもつことができたのです。したがつて、参議院も、以前の特権階級の代弁である貴族院とは全く異り、重要な国会の任務が、充分に、且つ誤りなく果せるようにと設けられたものだと思います。よく世間で「参議院の良識」とか「国会の抑制機関」とかいわれるのもこのためでしょう。

ところで、今度の参議員選挙にあたつては、さらに大切な意義が追加されています。それはいうまでもなく憲法改正と深い関係があるからです。

太平洋戦争にこりごりした日本の国民は、そのあやまちを二度とくりかえさぬよう、基本的人権の保障や戦争のほう棄を明らかにした新憲法をつくりました。皮肉なことに、新憲法の制定に際して示唆を与えたアメリカは今日では日本に再軍備を要請する立場にたつています。そうして、日本の保守政党はこれを強行するために憲法を「改正」しようとしているのです。そのプログラムは着々とすすみ、憲法の精神をふみにじるような言葉が総

家族制度の復活に関する憲法改正案（抜萃）

第三章　国民の権利及び義務

自由党　封建的家族制度の復活は否定するが夫婦、親子を中心とする血族的共同体を保護尊重し、親の子に対する扶養と教育の義務、子の親に対する孝養の義務を規定する。農地の相続につき家産制度を取入れる。

改進党　農地の相続に関し、その細分化を防止する方法を考えよとの論が有力。

自主憲法期成議員同盟　親子間において和親結合の実を挙げさせるような政治方針を憲法上に規定する。

右三案を通じての改正の問題点を要約すると、

一、親子関係の強化
一、子の親に対する孝養の義務を規定する
一、農地相続について家産制度の特例を設ける。

こととなる。

家父長制家族制度の特長

（改正前の民法における家族制度）

理大臣の口から話され、砂田防衛庁長官は、「大学、高校卒業生のうち、希望者は自衛隊の学校に入れ、団体訓練をおえた者は優先的に就職もさせ、非常時の際の予備隊としたい」などと語つています。彼らの憲法改正の望みが達せられれば、わたくしたちがかかげる平和の理想も、個人の基本的人権もこわれ、婦人の地位は、またもとの家族制度のわくの中にとじ込められてしまうのではないかと心配です。こうした時代の逆行を私たちはやすやすと許すわけにはいきません。いや、これを阻止しなければなりません。

　憲法改正の手続は、総議員の三分の二以上の賛成で発議し、国民一人一人の投票に問うのですから、憲法改正論者―保守政党―は参議院選を通じ三分の二以上の賛成者を得るよう戦いを進めるでしょう。

　逆に云えば、三分の一以上の憲法改正反対の人々―革新政党―を国会に送ることによりひとまずこれを喰い止めることができるのです。革新政党の中心である社会党は、現在の議員数より十数名増えなければ三分の一以上にならないので、今度の参議院選を必死でたたかうのだと云つています。

　六月からと云つても、参議院選は実際にはもう前から行われているのです。街を歩いてごらんなさい。候補者と思われる名前の書いたビラが貼つてあつたり、演説会が開かれたり、保守合同した自由、民主の両党も、末端の体制をととのえるため、市、区、町村などで支部の結成を行つています。

　わたくしたちは、これらの参議院議員候補者が口ではどんなうまいことを云い、人の面倒がよいからと云つて、その人が憲法改正に賛成の意見を持つたり、或は、それを企図する党に属していたら、一票を投ずることは考えものです。なぜなら、まえにも述べたように、憲法の改正は、日本を敗戦に導いた誤つた、暗い政治の道を、再びたどることになるからです。

　また、参議院は衆議院とちがい解散がありませんから、一度えらべば無条件で六年間議席につけておくわけです。全く、うかつにはできません。

　私たちは、今度の選挙のもつ意義をよく考えましょう。おまけに、婦人の有権者は全国で男子より、二百万人も多いとのことですから、参議院議員選挙に投ずる婦人の票が、憲法をまもるか、否かの鍵になるともいえるのです。

一、「家の」制度が決められていた。

一、戸主が強大な戸主権を持つていた（家族の居所指定権、家族の婚姻、養子縁組に対する同意権等）

一、家督相続によつて全財産は長男が相続した。また家督相続は、男子優先であつた。本妻の生んだ女子（嫡出女子）より、夫が他の女に生ませて認知した男子（庶男子）に優先権があつた。

一、妻は法律上の無能力者で、妻の財産は夫が管理し、妻が主要な行為をするときは夫の許可を受けなければならなかつた。

　これをつづめると、

イ、強大な戸主権を持つ戸主による家族の統率、

ロ、戸主の地位、その基礎となる家産及び祖先祭祀の長男による承継

があげられ、その結果、

夫による妻の支配、
親による子の支配、
親子関係の夫婦関係に対する優位、
男子の女子に対する優位

となり、戸主と家族、親と子、夫と妻の間には多かれ、少なかれ、支配、服従の関係が規定されていた。

参議院議員選挙に関するアンケート

一、こんどの参院選はどんな基準でお選びになりますか。

二、参議院議員は、参院本来の機能上超党派的に選ぶべきだ、という意見がありますがこの点どうお考えになりますか。

（先着順）

俳優　**岸　輝　子**（東京）

一、勤労大衆と結びついて、平和を擁護し、人民の幸福を支持する党を選びます。

二、働く者とのつながりを持つ党を支持する意味で、私は党を選びます。

無職　**佐々木スイ**（宮城）

一、社会党公認候補、人格者。

二、政党所属の人を選ぶ、特に憲法改正反動化の傾向が露骨に表面に出てきた今日、最も悪らつな小選挙区法を国会に提出、改憲の障害たる衆議院の社会党を三分一からおしつぶそうとしている。何んとしても再軍備と改憲をして国民の諸権利を奪おうとしている時、社会党の三分の一の進出をなしとげなければならない。

組合役員　**大野はる**（東京）

一、(1)ヒューマニズムの精神がゆたかで階級意識のある人、(2)実践の経験のある人。(3)女性の向上と平等に努力される人

二、すべての人間の権利と生活を保障し民主主義を尊重する人を国会に送りたいと念願しているので、それを政治にうつす場合、同じ世界観、社会観をもたれ、組織的にやられた方が効果があると思う、よって超党派的にと断言されることは反対します。

主婦　**小林由美子**（新潟）

一、婦人が完全に開放されるため、社会党の婦人候補を選びます。

二、アイマイな政治は国民を不幸にしています、貧乏人の多い日本は、革新議員によつて政治を行つて欲しいのです。

全逓婦対部長　**坂本咲子**（東京）

一、まず憲法改悪に反対、子供や婦人が大切にされ、働く人々の要求について真剣になつて闘う人。

二、最近のように保守反動対革新の対立が明確になり、その原因が現在の社会機構をあくまでも温存しようとする階級と、真面目に生きる人々、働く人々の幸福になる社会にかえる闘いをつづけようとする階級との大きな闘いであるかぎり、超党派で政治が行われることはできないと思う。憲法改悪をめぐつて更にその点は明確になるであろう。従つて参議院であろうと超党派で選ぶべきでなく、はつきりと政党を選ぶべきだ。

主婦　**芹沢よし子**（東京）

一、平和憲法改悪に絶対反対の立場から選びます。

二、今のように保守と革新の対立のはげしい時参議院議員といえども超党派的に選ぶなどということは考えられまもん。はつきりした革新政党の議員を一人でも多く送らないことには取りかえしがつかぬことになりそうです。

教員　**津田理子**（茨城）

一、参議院の目的にしたがい、職能代表や学識経験者を選びたいと思います。しかし、今度の立候補者にはそのような人が非常に少いようですので困つたことだと考えております。

二、参議員は政治対立の激化からくる衆議院の行きすぎ是正が目的と思いますので、勿論超党派的に選ぶべきだと考えます。

農業　**松平すず**（愛知）

一、人格者で政治力のあること。自分のためより国民全体の生活を守ることを考え、実行してくれる人でなければならない。

二、党を明らかにした方がよい。無所属の人でも各々色合があります、はつきり政党を名乗つた方がよろしい。

紡績工　**井上ミト**（高田市）

一、法治国であるわが国としては現在危機寸前にありますので、国家の根本法である憲法の改正に反対してくれる党人に投票します。

二、参議院が衆議院に従属している今日（憲法改正発議権は別ですが）ほとんど自主性を持つていない参議院制度からして緊迫した今日の情勢においては現実には党人を選ぶべきだと思います。

無職　**神田武子**（島根）

一、憲法護持対決戦の場が今回の参議院議員選挙、絶対に憲法擁護派の議席が三分の一を超えるよう頑張らねばならぬ、それには勢力を分散して自民党に漁夫の利を占められぬよう戦線を統一しなければならぬ、共産党議員当選の確実性のない地区は全部社会党候補者を推すべきである。無所属派は出してはならぬ。

二、元来は何人のき絆も受けず、党の制約も受けぬ自主独立の立場で信念を吐露する人も欲しいし、またその場も欲しいが、議会政治は最後は数で決を執るものであるが故に結局数（党）に立脚せねば力―政治の力とならぬ。この点衆参共に力の現われかたは同じ、ことに現下のように国の運命が一票の差によつて決せられる切迫した折において選挙民は超党派の考え方で選ぶことは危険極りないし、被選挙者も無所属などというあいまいな存在で、立候補すべきではない。

農業　**原　たまみ**（長野）

一、憲法改正に反対のために革新系の候補者を選びます。

二、国の政治は政党政治につき参議院議員も超党派的に選ぶことはいけないと思います

作家　**平林たい子**（東京）

一、いままでの基準と同じく、政策第一、人物第二です。

二、超党派は候補者も実は何党かに近いのが実情です。私の場合仮に超党派候補者を応援するにしても、その人を社会党に近づけるのが、私のねがいです。

図書館司書　**野口敬子**（大阪）

一、私たちの当面する問題は性こりもなく、私たちを遮二無二戦前の態勢の中につれもどそうとする保守勢力の反動攻勢です。従つてこのような暗黒時代の再来阻止のため敢然と闘う情熱と良心をもつ人を国会に送らねばならないと思います。盛沢山の抽象的な公約によつてではなく、憲法改正、小選挙区制強行、教委法改悪等の具体的問題に対する態度を基準にして選びます。このような問題にホオカムリするような候補者はだめです。

二、逆コースに反対かどうかを基準とする以上、政党所属如何に拘泥しません。但し政党所属議員は個人の見解がどうであろうと結局党議に服して議会活動を行うものですから逆コース政策を強行する政党に所属する人には期待がもてません、従つてこの意味では党派的に選ぶべきだと思う。

婦人運動家　**斎藤きえ**（東京）

一、何よりも「憲法擁護」を基準に選びます憲法擁護の婦人を、憲法擁護の政党を。

二、これまで私も「参議院本来の機能上超党派で」と主張してきた一人であります。併し政党政治である以上、選挙も政党本位にならざるを得ませんし、無所属議員の弱さという事もあり、更にまた今、余り超党派を固執することは逆に「参議院議員の任命制」に論拠を与えることになりかねないことになつて危険ではないかと考えるに到つた次第です。

日教組婦人部長　**千葉千代世**（東京）

一、憲法改正反対の人をえらびます。それから教育を守り、社会保障の公約を守る人。

二、日本の政治に超党派といつて実は保守の仮面をかぶつた従来の実績を考えるとやつぱり政党政治ですから政党に属した人を選ぶべきと思います。

主婦　**宝樹恒子**（東京）

一、憲法改正に反対し、日本の独立と平和のために闘う人。

二、政党政治のあり方として、超党派的に選挙をするということ自体ナンセンスである従つて一、の主旨にそつて社会党議員を推すことが正しいと思う。

地方公務員　**林　郁**（大阪）

一、私の政治イデオロギーと近似した政党に所属する人の中から、特に最近いろいろな点で苦しくなつてきている自治体に働く人の意見を代表する人をえらびます。

二、参議院といつても個人の良識は政党のメカニズムの中に同化されています。やはり政党を第一義的に考えることが大切です。

公務員　**宮下キヨ子**（群馬）

一、全国区、地方区共支持する政党（日本社会党）の候補者であることを条件として選びます。なお、全国区の場合は所属する労働組合から候補者を推薦しておりますのでこれを選ぶのが当然と思います。

二、(1)参議院といえども国政を議する以上、政党と無関係に存在するはずはありません候補者を選ぶ場合、問題にすべきことは、そのもつ政策にあるわけですから、その点政策を明確にしている政党を判断の基準とすることは当然と思います。(2)現在の国会の運営からみても政党ときりはなした個人個人の意見を国政全体に反映さもることは困難であると考えます。

農協婦人部事務局　**新沼　静**（東京）

一、政党本意に選びます。その基準は再軍備家族制度復活、売春禁止法、憲法改正等々まだありますがこれらに反対する人、また社会保障制度の推進に努力してくれる人。政党の中でも本当に私たちのために働いてくれた実績のある人。

二、超党派の意見については反対です。理由は超党派的に政策を推し進めていくことも結構ですが、その実行方法において意図する面が骨ぬきになつた例が、少くありません。この面についてもう少し考えて見る必要があるような気がします。

市会議員の一年間

吉《よし》村《むら》とく

私が神戸市会議員一年生として登場したのは昨年四月のことでした。当選はしたもののどこからも何のさたもなく、いつたいどうなつているのか、市の議会へいつて様子をみてこよう、と、ある日ひとりででかけました。すると入口に守衛がたつていて、ジロジロ見て、「何のご用ですか、」ときくのです。私はなんだかきまりが悪くなつて、「なあにいいんです」とにげるように帰つてしまいました。

その次に出かけると、こんどは何もきかずに守衛が頭が膝に届きそうに、ご念のいつた最敬礼をするではありませんか。びつくりしてあとでそのことを知人に話すと、「そりやあ、あたりまえだ。この前、ある一年生議員が初登場したとき、守衛が『どなたですか』ときいたら『市会議員の××を知らないかっ？』と大声だしてそりかえつてみせたあげく、やかましくいつて守衛をクビにさせた」からということでした。

第一日には、午後二時にはじまる会議が三時、四時、五時なんじになつてもはじまらない。私は退屈しのぎにキャラメルをしやぶつていましたが、キャラメルがひと箱カラになつてもまだ始まらないのです。そとへ出てお茶でものもうかと思えば、それはいけないという。結局二時開会の本会議が八時にはじまつて十二時に終りました。十二時うつと同時にやめなければならないのです。それで家まで帰つたのが二時ごろでした。このとき会議をきめたのですが議員総数六〇名のうち保守四〇、左右社会党と無所属革派クラブ合せて二〇名。この後者は左右合同ののち、社会党に入り、私もこのうちの一人です。

だんだんわかつたことですが、議場が定刻通り開かれないのは裏面のかけひきのため。私はかつてを知らないので、おとなしく議場に坐つていると、いつのまにか、まわりの人はみなきえてひとりぽつちになつているのです。そのきえた人たちは控室で相談をするのでなく、酒と芸者のある所でなければ相談はできないものときまつている様子。少したつてその辺のことが分ると私は議場にひとり、ポカンとしている代りに、さつさと、ひきあげることにしました。

何か分らないことがあつても、ウッカリひとにものはきけません。革新系の人ですとあつさり教えてくれますが、保守系の人はそれをきつかけにお茶や御飯をふるまう、金をくれる、うまい汁をすうわけ前にあずからしてくれる、忽ち子分にされてしまうのです。私は誰の子分にもならず、従つておごられたこともなく、お金ももらつたことはありません。

ソーレン議員

議員のなかには詩吟だけが得意で、ただそれだけの人もあり、ソーレン（葬礼）議員、などといわれるほど、地元の葬礼には知る知らぬをとわず、それが議員たるものの最高の任務でもあるかのように、議会を欠席してまで欠かさずかけつけるのもいます。

私は決してそんなことをしないと公表していましたが、いちど非常に世話になつている人の不幸に際し、これは個人的な交際のあることですから、シキビを送りました。するとソーレン議員が「何だ吉村さんだつて、自分はあんなことやらないなんていいながら同じことやるやないか」といいましたが、私のは誰れかれなしにやるのとはちがうのです。はじめてのことなので、知つた葬儀屋もなし、誰かが電話でたのんでくれたのですが、さあいつまでたつても勘定をとりにきません。気になつて電話帳を調べてやつと先方をつきとめ、勘定のことをいうと、それはカケで年末にまとめてとりにくるというのです。驚きましたね。カケでとるほどたびたびシキビを送つて、年末にまとめて払うと割引になるというのですから。そんなつきあいをしていては議員の歳費などでくらせるわけがないのです。

ソーレン議員などが多く、ヤレ婚礼だ、葬式だ、自分のうちの商売で手がはなせぬ、などといつて本会議を休む者が多く、議員総数六〇名のうち、会議に出るのは三〇名くらいのものでしよう。実は私、出欠席をノートしているんです。一年のうち、誰がどの位休むかと思つて。

このほかお祭に金を寄附する、それも議員一人三千円ずつというしきたりなどは私にはとても守れないので、それでこの次の選挙に出られなくても仕方がないと思つて、むりなお金は出さないことにしています。むりなお金を出すためにはむりなお金を作りもしなければならない。結局選挙が腐敗する原因となります。

神戸に護国婦人会というのがある。これは戦時中各府県の靖国神社みたいなものにつけた護国神社という名をとつてできたもので、そこに集まつてくるのは、かつて国防婦人会を牛耳つていたような人たちですが、この会に出席すると、必らずお弁当と交通費が出るそうです。どこから出るのか知りませんが。

また婦人団体の見学旅行などにバスを提供したりする議員にも婦人はただ感謝していていいものか、どうか考えてみましよう。

ボスははびこる

私の住んでいる地区のカーバイト工場で、そのカスを大きなタンクにためておく。それが溝をつたつて海に流れるところで防波堤のへんでつかえて、附近のために害をするというので、地元の漁業組合は年間四万円の賠償金を会社からとつていました。そのことで何とかしてほしいと私へいつてきた人があるので、調べてみると、会社と組合の両方の話がまるでくいちがつている。会社はそのカスを流す代りにトラックでもやとつてほかで処置すれば問題はないのに、それをやらぬ。カスそのものは有害でも何でもないのです。

私が電話一つかけたらすぐ公安局からきて、防波堤の下にたまつている砂礫をとり除くことになり、それで水がらくに海へ流れこむことになつて問題はあつさり解決しました。ところがそうなると漁業組合は毎年四万円ずつ会社からとつていた金がとれなくなるので不満ですし、その辺の砂礫をとつてもうけていた或土建屋が、これまたオレの顔がどうとかいうことでむくれています。でも問題はほんとに簡単なので、電話一つで公安局からもくれば、警察も保健所も正しいことは正しいとみとめ、あつさり解決がつこうとしているのです。これが今までなぜ解決されずにいたか、こんなところに有権者の自覚が必要なのではないでしようか。が、地元の人々の中にはあの女議員がよけいなことをいつて、と憤慨している者も多く、今に私の家へおしかけるとか、いろんな噂もたつています。何かといえばおどしたり、ゆすつたり、また市の下級吏員を手なずけて子分にし、理屈で動かぬようにする手もあるようです。私はしろうとのことで何にも裏面のことは分らず、何でも正面からいつてしまうので、困つた顔をされたり、バカにした顔をされたりしますが何でもかまわずいうことにしています。

プールは洩るはず

私の地区の小学校のプールが洩るというので、PTAの会長がのりだし、父兄一人二〇〇円ずつ寄附をとつて五十万円で修繕にかかるということ。これは当然市でやるべきことなので市会で私が予算接衝に当り、現場の調査もしましたが、調べてみるとどうでしょうプールの下にコンクリートをうつてタイルをはるべきところ、コンクリートぬきで、地面の上にいきなりタイルがはつてあるのです。これでは水がもるはずで、前の工事のインチキが分りました。この修繕を市の方でやると、またなれあいの土建屋が自分をだしぬいて顔をつぶすとかいつてやかましく、そのことでも私が恨まれ役です。これでPTAの寄附はいらなくなりましたが、かりにPTAで五十万円集めたとして、そのうち全部が工事に正しく使われるか、飲み代やその他にどれだけいるか、ボンヤリしてはいられません。

道路のホソウなどを自分の手柄のようにいう市会議員などがあつたら眉ツバものです。いつたいそういう段取は国や県の方でよく研究して段取がきまつているので、一市会議員の暗躍などでかつてに動かせるのではないのです。それなのに道路のホソウ計画図ができ上ると、市議などは早耳で、ひとよりも早くそれが耳に入るところから、さつそくそれをタネに運動費をとり、オレの顔でできたといつて手柄をふいちようし、次の選挙の地盤のために利用するのです。革新派の中にさえこの手をつかう人があり、こういう人が一人でもいると、革新派の伸びるじやまになります

革新婦人議員出でよ

市や県の予算といつても、大体は国の予算によつて支配されることで、教育費や社会福祉費を国が節約すると、県や市もそれに見合つて少くする。何かにつけて国の政治がもとですから、有権者はこの双方をゆだんなく監視し、むちうつて頂きたい。

神戸には二人の婦人市会議員があり、一人は私、一人は保守系です。二人は個人的には仲よくつきあつていますが、議場に出ると正反対です。それでつくずくおもうことは、議員をだすにも、女だから女をという気持では絶対に意味がないということです。男の人たちは二人の婦人議員の意見が対立すれば女同士でケンカすると思つて面白がり、仲よくしていれば、今にケンカするやろとたのしみにしているヤジ馬気分です。女だから何もかも一致する筈もなく、保守に一致しては婦人の解放どころではありません。

自民党では地城婦人団体の幹部や特飲店の女たちに入党勧告をしたそうで、私のところにもひとりそういう婦人が相談にきました。「はいらにやいけまへんやろうか。」「はいらんでもええやろ。」こんな問答のすえ、「吉村先生がはいらんでもいい、いいなはつた」という声がひろがつたものです。

とにかく政治に女がもつと積極的に進出すること、とりわけ身近な地方政治に関心をもち、議員にも革新派の婦人が多勢出るようにならなければ社会の改革はできないと思います。私は過去一年、財政委員になつてもつぱらその方の勉強をしましたが、この次の一年は文教委員になり、その方向の勉強をし、任期の四年間に四つの委員会の仕事に通じ、充分に働けるようになりたいと思つています。

（文責・山川）

ふるさとの思い出
（6）

服装

三《さん》瓶《ぺい》孝《こう》子《こ》

服装の変化の目立つたのは、こんどの戦争からですが、よく考えてみますと、私の子供の時代からこれまでの間に、私の周囲だけでもずいぶん変りました。服装といつても女と子供のことですが。

私の家は商家ですから、商家の女達の服装を話しましょう。商家の主婦をお上《かみ》さまといいますが、お上さまは半天《はんてん》を着て前掛をしめていました。半天はマチなしで、黒繻子の襟がかけてありました。半天にはふだん着と外出用とがありまして、一寸の外出にはこれで行きますが、外出着の半天は糸織（よく光る上質の生糸で織つたもの）やお召でできていました。着物にも黒繻子の襟がかけてありまして、これは既婚者だけ用いるのです。若い娘で黒繻子の襟の着物を着るのは芸者か、そうしたイキ好みの人だけでした。家にいて、羽織をゾロリと着たり黒襟でない着物を着る主婦は官員さんか、その他給料取りの奥さんたちでした。古い商家や旧家ではそうした新しい服装はしなかつたのです。古い習慣を守ることが、格式の重みでもあつた時代だからです。前掛は実用ですが、一つの装飾でもあり、いろいろの布地でできていました。一寸の外出にはお召の縞に縮緬の紐のついた前掛をかけました。半天をぬぎ、前掛をはずして羽織をきるのは、一寸あらたまつた訪問の時のことでした。

丸髷を結い、亀甲にまき絵をした櫛をさし珊瑚の根がけと簪《かんざし》をして、黒繻子の襟をかけた着物をき、お召の縞の前掛をかけ、縞の黒襟半天をきた、商家のお上さまの服装は古典的で美しいものです。母の時代にはオハグロだけはもうつけませんでした。

母の若い頃の嫁入りには、普通の仕度の上に半天と前掛をいく通りもそろえました。この時代には、嫁入りには一生涯きるだけの着物を持つてゆくのでした。今のように年令によつて着物の柄が変りませんから、十七、八の花嫁も、五、六十になつても殆んど同じ縞柄のものをきました。いまのように染・織業が発達していなかつたせいもあります。むかしは一枚の着物を作るにも、糸を取つたり、ハタを織つたり並々ならぬ骨折をしなければなりませんでしたから、嫁入り先で自分の着物をこしらえる暇なぞなかつたのですが、その風習が母の時代まで残つていたからです。母は死ぬまで嫁入りの時の衣裳をたくさん持つていました。

母がなくなるころ、昭和の始めですが、そろそろ半天がすたれ気味になりました。わざわざ一反のうち布地を残して黒襟をつける半天の方が羽織より無駄かも知れないと、母がいつていました。

仕事着には、ムヂリとモンペとがありました。女中達は、日本髪に結つて、ムヂリを着モンペをはいていました。以前に藤村の「夜明け前」を築地の小劇場でみたとき、半蔵の家の女中達がムヂリとモンペ姿で出て来たので、私は子供時代を思い出してなつかしく思いました。母や姉の髪は、数日おきに、女髪結いが下すき（弟子）をつれて髪結いにきましたが、女中達は、日本髪を、自分で結うのですから、すいぶん器用なものでした。もつとも大正の末には束髪にかわりましたが。

モンペの方は女中しか使用しませんが、ムヂリの方は、何か仕事をするとき誰でもきました。ムヂリは三角袖ですから、袂がじやまにならずに便利だからです。お上さまも娘達も、それ相応の布地でできているムジリをきました。いまのエプロンのようなわけです。

男の人達も、仕事をするときにはムジリを着て、モンペをはきました。父は庭いじりを好まれたので、よく太紬のムヂリに、結城紬のモンペをはいて庭の手入をされましたが、出入りの植木屋が、木棉のモンペのようでみつともないと云いました。

お上さまの丸髷がすたれたのは、大正の末頃で、この頃から女中も洋髪になりました。そして、モンペもムヂリもきなくなり、その代りに割烹着という調法なものが流行してきました。三角袖のムヂリを後前逆にきたようなものです、割烹着に、ムヂリとモンペとが駆逐されてしまいました。そしてそれまでは女中はけつして羽織を着なかつたのですが、女中の羽織もみられるようになりました。

こうした服装の変化とともに、それからは小作人の娘が行儀見習に奉公に来ることも、貧しい家の娘が前借で女中奉公することもなくなりまして、女中も職業紹介所から、給料取としてくるようになりました。あんねが、ねいやとなつたのも、その頃でした。

子供の服装が洋服になつたのは昭和五、六年以後のようです。大正時代には、男の子は紺絣に縞の袴、女の子は元禄袖の着物にエビ茶の袴で通学しました。小学生で袴をはいて行くのは少く、男の子は紺の前掛、女の子は唐縮緬の前掛をしめて学校へ行きました。正月元旦、紀元節、天長節には、男の子は黒五紋付の着物に袴、女の子は、黒金巾の五紋付ふり袖の二枚重ねに紫のカシミヤの袴をはきました。小学一年生もこの式服ですから今見ますと人形の着物のようなものです。

冬の外出には男の子は紺絣の着物の上に金ボタンの外套を着て、女の子は、紺絣の合羽(いまのコート)に赤い花結びの紐のついたのを着て、肩掛をしました。私は小学校二、三年の時、こうした格好でお祭りに行つたことを、いまもありありと覚えています、そのうちマントが流行してきました。マントは小学生だけで女学生(いまの中学生)はセルのコートをきました。

私の女学校時代には縞の制服にエビ茶袴でしたが、羽織もコートもこの制服の生地で作つてありました。私が女学校四年の春、この制服をきて、修学旅行で上京しました。丁度宮城前の楠木正成の銅像の前で、国語の先生が得意になつて、銅像のいわれを書いた漢文を読んでおられた時、そこを通りがかつた人力車夫が、どこの女工さんだろう、といつたのにはがつかりさせられました。リボンをかけた東京の女学生からみると、女工さんに見えたのも無理はありませんでした。

女学校の校長は頑迷固陋で、「浜辺の歌」も感傷的と禁止する程の人でしたから、この縞の制服たるや、漁村や農村で仕事着にするような、あまり感心出来ない縞柄のものだつたのです。リボンもいけない、おさげ止もいけない、一切の髪飾りは禁止、絹や本ネルの着物も一切禁止というわけで、選りにえらんでこうした木棉縞を制服にしたのです。昭和時代になつて、女学生の制服はモーラー型に変りましたが、これまた鞍馬山の天狗のように上から下まで黒づくめで、ネクタイも黒、白すじ一本はいらない烏のようなものでした。これが、堅実な精神といわれていたのです。

（写眞は東京学芸大学付属世田谷小学校）

《ルポルタージュ》

隣合せた 最高と最低の小学校

編集部

本誌昨年八月号掲載「二つの学校をみて」という一文をご記憶の読者もあろう。世田谷区深沢二丁目の畑の中に隣合つて建つているこの二校は、まことに奇妙な対照である。

小学校の最高と言われる方の一つは、文部省がモデルスクールのテストケースとして、あらゆる新設備をほどこした新築中の東京学芸大学付属世田谷小学校である。敷地九千坪、鉄筋三階建で建坪千五百坪、総工費一億三千万円。二十八年度から着工して今ちようど半分ほどでき上つたところ。昨年の五月から、三、四年生を収容、今学期は二、五、六年を迎えることになつている。校庭は二段、三段と段々になり、校舎の前は教室から直ちに庭に出られる。収容児童数は八百五十名、十八学級、生徒一人当り校舎の使用平均坪数は一・八坪、運動場、九坪余。三メーター巾の廊下には壁に添つてパイプ式の傘掛けがとりつけられ、その下に細い溝がつけてある。教室内の壁は低学年は明るいバラ色、高学年はおちついたスミレ色と細心の考慮が払われ、掲示板と天井にはめ込まれた螢光燈はとくに意をもちいてあるということだつた。

この学校の特殊施設の一つにオブザヴェーション・ルームというものが六教室ある。教室のうしろに一段高い中二階風の部屋がつき前面にマジックガラスがはつてある。このガラスは内側からは普通のガラス同様よく見えるが外側からは見えない。従つてこの部屋から見ると教室内はよく見えるが、授業を受けている児童や教えている先生からは何も見えない。しかもスウィッチを入れると教室内の音は最大もらさず聞えてくる。授業をさまたげず充分参観できるという便利な設備である。

二、三階への給食の運搬はエレベーターでするようになつており、給食室も申分なく、お手洗いは水洗式、といつたようにどこからどこまで完備しており、国家予算における、文教費の貧弱さが問題になつている日本にもこんな小学校ができたのか、と目をみはらずにはいられない。

ところで、どういう家庭の子がこんな学校に入るのだろうか、という疑問が起る。加藤教論の説明によると、通学区域三十分以内の志望者に簡単なテストをし、くじびきできめるので、絶対公平、決して金持ちや知名人の子弟のみを入学させているのではないとのことだつた。しかし、父兄の寄附金千五百万円という話が妙に胸につかえ、この説明をすなおにうなづくことができなかつた。

世田谷区内でも弱朽校のナンバーワンといわれる区立東深沢小学校がこの豪壮な付属小学校のまん前に建つているのはなんとも皮肉な取合せである。

この小学校は昭和二十四年に新設されたものので、まだ十年とは経つていない。しかし非常に物資事情の悪い時建設されたので、早くも危険校舎になつているとのことだつた。外部は一応ペンキも塗つてあり、そこらにある小学校と変りはない。しかし一歩校舎の中に入ると、思わず、これはヒドイとつぶやかずにはいられない。せまい廊下に積みあげられた机や椅子、天井は戦災バラックによく使われたワラを固めたようなもので張られ、今にも頭の上にゴミが落ちてきそうである。

生徒数千名、十九学級、二教室が二部教授を行つている由。特別教室は音楽室のみ。理科室も講堂もない、教材の置場もなかつたが最近やつと小さい物置をつくつたので幾分助かるが、机や椅子までは入らないということだつた。

(写真は東京都世田谷区立東深沢小学校)

全校生を屋内に一緒に集めると床の抜ける恐れがあるので学芸会や卒業式には近くの駒沢大学の講堂を貸りるのだそうである。屋内体操はもちろんできない。そこで「雨天体操研究会」をもつて体を動かずに体操と同じ効果をあげる方法を研究中という校長の深刻な話。

校庭二千坪、生徒一人の平均使用坪数は二坪で付属の四分の一に満たないが、この学校中で唯一つの恵まれているものである。

生徒の三分の一は近くの戦災者、引揚者等の住む集団住宅や母子寮の子供たちで、給食費の未払金が昨年度は十七万円もあるという。一人百三十円のＰＴＡの会費も高過ぎると問題になつているとのことだつた。

高橋校長は、前に立派な学校があるからといつて、そのため児童が卑屈になつたり、劣等感を持つということはないと思うが、それでも雨の日に自動車で送られてくる付属の子の影響は避けられないだろう、と声を落していた。

教育の機会均等は法律で決められているし、寄附の強制もあるいはないであろう、しかし現実に給食費にこと欠く家庭の子が付属へ入れるかどうか、貧乏の自由を持つこの国で、この自由故にこの不均衡、不平等か、と何か割切れない気持だつた。(菅谷記)

ルポルタージュ

茨城県の砂川

神之池の人々

折原《おりはら》あきの

千葉県佐原からバスで水郷、潮来を通つて一時間あまり、茨城県鹿島郡鹿島町へ着く。この町は、昔から軍神として知られていた官幣大社、鹿島神宮のあるところ。

鹿島神宮前で波崎行きのバスにのりかえて約三十分行くと、神栖村という小さな村につく。

一寸見たところ、麦は青々とし、牛はのんきそうに草を食べ、空の色も川の水もすみとおつて、何の変哲もない、平和な小さな農村である。しかし、ところどころに立てられた赤旗や、基地反対のノボリ、農家の入口の「自衛隊関係者立入禁止」の立札に何となく緊迫した空気がただよつている。

鹿島町の一部と神栖村にまたがる、四六四町歩の土地。ここが四月三日午前九時十五分に文化放送で紹介された〃茨城県の砂川町〃神之池基地予定地なのである。

戦争中海軍飛行場であつたが、戦後入植者七九戸が入り開こんしていたところ、防衛庁は、白衛隊の対潜水艦航空基地（ネプチューン機数台、兵員四千人）として拡張、復活させるべく、昨年五月通告してきたのである。

寝耳に水の農民たちは、早速関係農家、四一〇戸で、神之池軍事基地反対同盟を結成、闘争本部を鹿島町泉川、西光院におき、生活と土地を守る闘いを開始した。全逓、国鉄等茨城県々労連は基地対策委員会をつくり、積極的に支援に乗り出した。

神栖村議会は反対を決議し、鹿島町議会も一度は反対決議したのだがまもなく反対は自分らの利にあらずと、多数農民の願いをふみにじつて、飛行場復活に賛成してしまつた。

何の考えもなく保守党議員を議会に送つていた農民たちは、この時はじめて政治に目を開いた。そして保守党議員は自分たちの味方ではなく、私腹をこやす狸だとさとり、自分たち働く者の味方は今までアカだ！　と排斥していた革新政党だということを知つた。

四月始め、社会党本部より仲井氏、総評より赤羽氏、日本合唱センターより私、と三人がそれぞれの立場から応援に行き、滞在六日の間、夜は、泉川、泉川浜、居切、国末、長栖の各部落、昼は居切丘、深芝部落、泉川西光院、鹿島療養所を、仲井氏は砂川での話とサークル活動の話を、赤羽氏は団結力の必要性を、県労連基地対策委員長、広瀬氏は各地の基地反対闘争においていかに青年、婦人の力が重要な役割をはたしたか、等々の話を、そして私は歌唱指導をしてまわつたが、どこの部落でも非常に好意的な拍手をもつて迎えられ、どの会場も満員ではいれぬ人も出てきたほど、熱心に諸氏の話を聞き、また大きな声で歌つたりしていた。

とくに中年のおかみさんや、赤ちゃんをおぶつた若い母親が多く目についた。村の青年団の人が私に語つたところでは、これまで部落の常会や集会には男の人たちばかりで、婦人はあまり出なかつたが、基地問題のことがあつてから家の人々がおかみさんに出るようにとすすめるので、非常に多く出席するようになつた、という。そして青年男女にまじつて、「民族独立行動隊の歌」、「原爆許すまじ」「しあわせの歌」等をまだ小さな声ながら一生懸命歌つていた。特に人気のあつたのは、下川儀太郎作詞、木下航二作曲による「平和音頭」で、手拍子をとりながら皆がニコニコ笑いながらたのしそうに歌つていた。家事や野良仕事にしばられて楽しみの少い一生を送ることが普通の農民の生活である。皆で一所に歌つて楽しむという簡単で、安上りで、健全な娯楽は一つの発見であつた。こんどのことが、婦人の束縛をちよつとばかりゆるめたことになるのかもしれない。

それと、青年男女のめざめはものすごく、私なんかに、「資本主義社会と社会主義社会との違い」、「社会主義社会になつたら具体的に自分たちの生活はどう暮し良くなるか」「社会党が天下をとつたとき、自衛隊をつぶすのは良いが、失業した人たちはどうなるのか」、「資本主義社会と社会主義社会の貿易はどう変つているのか」等の質問をして不勉強オルグをシドロモドロにさせるのであつた。愛する郷土を国家権力によつてうばわれるというキビシイ現実に、眠つていた意識が呼び覚まされ、渇えた草花が水を欲するように知識を得よう、得ようと努力している。この世の中の矛盾をつき、不正をただし、何がこの世で正しいものであるか、また必要なものはなにか、等々の疑問をもち、それを解こうとしている。日に日に忙しくなつてくる農繁期と巧妙な防衛庁の切りくずし作戦に悩まされながら、前進しよう、働く者の恵まれる未来を築こうとひたむきな気持で働いていた。

なお、このような状態のもとに闘つている神之池の人々を励ますため、おハガキなりと差上げて頂ければ幸いです。外部の応援はどれほど士気を高めるか知れません。

送り先　茨城縣鹿島郡鹿島町泉川
神之池軍事基地反対同盟闘争本部事務局

（筆者は日本合唱センター・オルガナイザー）

短歌

萩《はぎ》元《もと》たけ子《こ》選

告白を責められし少女の掌の中にバラの実は汗ばみて異様に赫し　　辻村正子

東京の匂が未だ残る掌で金沢駅に顔洗ひけり　　河西いち子

野鳥の巣つけし木のある校庭を退けのこり居し子ら帰りゆく　　中町清子

帯紅き農婦のこりて鍬を振る家並とほき残照の田に　　立石寿子

動揺の烈しきバスの釣革にすがりてぞ立つ入試の吾娘と　　大西かつゑ

座談会

職場でみること思うこと

出席者

井口容子	25才	（大阪府職員組合婦人部長）
生熊久子	21才	（大阪府庁労働部）
小西正子	27才	（大阪府立高槻保健所）
古久保幸子	33才	（大阪府教育研究所）
野口敬子	29才	（大阪府立図書館）
林郁		（大阪府職員組合）
山下日出子	24才	（大阪府立図書館）
山本富美子	26才	（大阪府教育委員会）
吉山良江	20才	（大阪府立繊維工業指導所）

編集部　本日は職場における婦人の実態についてお話願いたいと存じます。婦人の解放と共に働く婦人も飛躍的に多くなつたわけですが、それだけに問題も多いわけです、で、皆様の職場で、どういうことが一番問題になつているか、また具体的に問題になつていなくとも、こういう点は婦人の向上のために考えなければならない、なんとかしなければならない、ということをざつくばらんにお話頂きたいと存じます。

◇なぜ婦人は団体行動がとれない？

野口　職場でいつも感じていることは、個人としては立派な人であつても、団体行動をとるとなるとむつかしい同性が多いということですが、他の職場ではどうでしようか。

小西　それはどこでも同じじやないでしようか。

野口　それがあるために非常にやりにくいんです。どこに焦点をしぼつていいかわからないんです。

井口　野口さんのような職場（図書館）に働いている方は上から見下すというところがあるかも知れませんね、私のところ（大阪府庁）では逆で、よく「私らには分らない」と言われるんです。たとえば、この間労働講座を開いたのですが、大学の先生方の講義は分らない、婦人少年室長の話が一番いいつていいます。

野口　あのお話の受けたのは、後半非常に内容が具体的になつたからではないでしようか。

井口　私はもの足りないという人がどの位あるかが問題だと思つているんですけど。

野口　分らないのなら正直に分らないと言つている人はいいと思いますわ、反対に思いあがつて何でもつまらないと言う人は困ると思うんです。もつと謙虚にほりさげて物ごとを考えなければならないと思います。傲慢さが進歩をはばんでいることもあるんじやないでしようか。

井口　ちよつと分つてくると、進歩的をアクセサリーにする傾向はありますね。

山本　そんな人が多いんじアないかしら、だから団体行動がとれないんでしよう。

小西　教養のある人は多いんですけど、その教養を個人のものとしていて、皆のために役立てようとしない、これは女の大きな欠点じァないでしようか。

◇ 女の上役は困る

山本　女の人はどうしても保身的になり易いですね、というのは地位が高まれば高まるほど周囲の風当りが強いでしよう。男だつたら、普通のことでも女だと特殊になるでしよう。この風当りを下の同性にはね返してくるんです。口では進歩的なことを言つているが行動は保守的で、うつかり働きよい職場にして欲しいといおうものなら村八分にもされかねない。同性の味方になつてくれないばかりか、これに圧力を加えることによつて外の体裁を保つという形で、女の上役は返つて仕末が悪いですわ。

野口　女の人の見方は一面的ですのね、一つをみて全体を律してしまう、一つ欠点があればもうだめだときめて、他にいい面があつてもその面で協力しようとしない。

井口　女が広い眼でものを見ないということは確かだと思います。しかしそれは女だけの責任ではないと思いますわ。これまで女の生活をそうさせておいた結果でしよう。

野口　人間は誰れでも全面的に一致する場合は少ないのですから、目標が同じなら妥協できる面で、協力し合つたらいいと思んです。ところが組合などの集りで、自分の意見に合わないとさつさと帰つてしまう。また、同じような感想ばかり言つたり、ひとの話を

聞いて、自分の考えの弱点を反省しようとしない。

小西　度量がなければ発展しませんね。

山本　私のところで、男女共学に関する答申案を出したのです。男のひとの持場と女のひとの持場が違うのはなぜかということについて……。

男女同権は理窟と人情がからみ合つていくところに世の中はうまくいくのだ……男女同権を理窟で割切ることは無理だ、というような立派な答申書を書きながら行動は女のくせに、女だから、という状態なんですよ。

吉山　私のところは女が男に指図される立場にあるでしよう。仕事の形体から言つても女の地位は低いのです。重要なポストを占めているのは技師で、これは全部男ですから、職場の男女同権なんてとても……。

小西　女が技師だつたらどうですの？　男と同じ地位につけますか。

◇ 偏見について

吉山　まだそんな人が出ていません。それから女工というと世間に対して卑下しているでしよう、それが悲しいと思うわ。

野口　職業によつて卑下する風習はまだかなり深いですね、ほんとうはそういう考えの人こそ気の毒なんですのに。

小西　昔は貧しい人しか働かなかつたんで

それが残つているのね。

編集部　貧乏に対する偏見、これは婦人に対する偏見と共に相当強く残つていますね、ことに地方に行くほどひどいようです。しかし資本主義社会では貧乏は個人の無能力の結果ではないのですから貧乏を恥じたり、罪悪視したりすることは間違いだということをみんなが知らなければいけないと思うんです。ことに働いている人たちは真先にそういう考えから解放されなければならない、それが自分の解放の上に大事なことじゃァないかと思います。しかし女の人は虚栄心やら、小心やらから、この大きな世間の偏見と闘うことは実際には容易じゃァないと思いますけど。

小西　自分ではそう考えていても、世間に出ると卑下する人が多いんですよ。

井口　虐げられていたからなんですよ。でもデスクの仕事なら誰れでもできますけど、吉山さんのように学歴のあるなしよりも習練を積まなければならない仕事は誰れでもというわけにはいきませんから、それだけでもプライドを持つべきだと思うわ、社会はいろいろな人から成立つているんですもの。

山口　正々堂々と胸を張つていていいと思いますわ。

小西　世間の見方が一般にそうなんですからね、これは女だけじゃァないと思うわ、男だつて大学を出た人でも保守的な人が多いでしよう。むしろ体験から自分の考えを持つた人が偉いと思うわ。

野口　第一学歴をふりまわすのがおかしいですわ、どこの大学を出ましたなんて履歴書に一ぺん書くだけでたくさんで、人前で宣伝するもんじゃァないと私は思つていますわ、特に女の人は専門学校を出たと言うだけで、特権意識みたいなものを持つ人が多いようだけど、教育の程度はその人の生活態度をみれば分ります。

井口　何ごともそうだけど、自分で歩んで自分を延ばしていくことね、知識には限度がありますもの。

野口　生活することが思想をつくるんで、口で言つたつて駄目ね。

山本　今のような状態だつて新教育の結果やつとなつたというところでしよう、これが逆コースともなれば女はまたものが言えなくなりますわ。

井口　新しい教育を受けた人は何かチャンスがあれば自分を延ばそうとしていますね。

◇目ざめた既婚婦人

野口　若い人は当然ですけど、年配の人が勉強しようとしていますね、未亡人などで生活の苦しさをヒシヒシと感じている人が組合の意義を感じて来ていますよ。

井口　大阪府職でもこの一年既婚婦人の問題をとりあげてきたせいでしようか、やはりそういう傾向が出てきています。

小西　既婚婦人の方が問題が多いはずですわ。

井口　既婚者首切りが方々で出ていますね私はそれを知つたとき、やはり既婚者としてこれは闘わなければいけないと決心がついたんですよ。

野口　これまでの婦人部長は若い婦人にという習慣がありましたし、それも破らなければいけないわ。

小西　既婚者には無理なところも実際ありますけれど、それを押してやつて貰わなければなりません。

野口　女は家庭と職場の板ばさみになつて苦しみますよ、しかしその苦しみが本人にはとつても大切なことじやないかと思います、その苦しさの中から前むきの考えがたとえ地味なものであつても地についた形で出て来るんですから。

井口 現実的に既婚者はいろいろ困難がありますけど、私は未婚の時は考えが宙に浮いていたように今からみると思われるんです。結婚してから真剣にもなり、またいろいろな考えも地についてきたと思つています。

小西 共稼ぎの問題は大きな問題だと思います。結婚したら辞めたらいいと考えている人が多いんですもの。

野口 また中には辞めさせられるような材料を作つている人もあるでしょう、二言目には私には家庭があるからと、それを口実に使う人がありますね。

小西 家庭のことは口実にならないと思うわ、それはずるい考えですね。

◇ 夫の理解に甘えるな

編集部 男女同権というのは当然のことではありますけれど非常に厳しいものですね、だから従来のような考え方――男女共にです――や生活の形では共稼ぎでしかも組合運動をなさる場合、特に男の人の理解と協力が必要だと思いますが、その点うまくいつていますか。

野口 互に理解し合うために協力してきました。外からみれば冷いとか、厳しすぎるとか言われるかも知れませんが、たとえば本を

よんで専門的な言葉で判らない時でも主人に聞いてもすぐ教えてくれません。まず自分で辞書を引いて考えなければ相手にしてくれない、またそのかわり、三日も四日もカンズメ料理が続いても小言は言わないけど、隣近所の口がうるさく、主人が掃除をしたりするとカカア天下だといわれます。こんな陰口をも無視するだけの気がまえが並々じァありません。

井口 夫婦で同じ仕事をしていても婦人の方が負担が重いでしょう。私のところでは主人が市場へ行く時もあります。だまつて家事の手伝いをしてくれる時など気の毒になりますわ。男の人の中には組合運動をしているために、外で疲れて帰つて来るから、かえつて家にいる妻が欲しいという人もありますからね。

小西 今まで男の人は余りに女の苦労を知らな過ぎましたね。

井口 共稼ぎで注意しなければならないのは、夫の理解に甘えないことね。

◇ 男の保守性について

編集部 月並なことかも知れませんが、男子の保守性について、直接女の人が被害を受けている点をお話し下さいませんか。

山口 男の人は全部と言つていいくらい保守的です。進歩的なことを言う人でも、大抵

口先だけです。その方が都合がいいんですもの。だから、男の人の啓蒙が女のためにまず必要だと痛感させられます。

小西　一般の人も組合の人も人間に変りはないでしようけど、組合の人は、一応進歩的であることを標榜している以上は、それを実行して欲しいですわ。

山口　女が男と同じにやろうとすると、表面的には一言も反対しませんが、仕事の末端に至るまで目に見えない妨害があります。女がバリバリ仕事をすれば損をするぞ、ということを知らされます。たとえば私の職場の男の人は男女共学の問題でも絶対に口では反対しないが、内心では反対しています。それだけにむつかしいのです、何んと言いますか、感覚的に受ける迫害が堪らないのです。しかもこの妨害は非常に厚い壁で、なかなか打破れない、それを解決するにはどうすればいいか、どこまで勉強すればいいか、考えれば考えるほどむつかしい問題ですね。

◇女の成長のために

井口　一人ではとてもだめね、団結の力で壁を破ることをみんなが知らなければだめだわ、全体をよくしなければ自分もよくならないんですもの。

野口　自分一人で解決できる問題は少ないんですから、その意味から言つても言動が自分一人のものであつてはならないと思うんです。同じ考えの人を時間をかけて探し出し、また作つていくことですわ、それはどこの職場でも同じことだと思います。解放されてからまだ十年にしかならないでしよう、あわててもだめですわ、そして私も含めてのことなんですが、女性も反省しなければならない点がたくさんあると思います。

小西　欠点はすなおに認めることね、それを厭がる人もありますけど、特に女はね。

林　うぬぼれがあるから生きていられるということもありますね。

小西　自分の欠点は自分で認めているのにその上他からいわれると腹が立つんですね。

林　男の人は発散する場所があるけど、女の人はないでしよう。心の休息する時間が短い、だから鬱積していてどうしても怒りぽくなるんですわ。

野口　女の人もただ一口ピリッとしたユーモアを言つてモヤモヤをふきとばしてしまうような心のゆとりがほしいですね、怒りつぽくなるのも女がほんとうに解放されていない内外の状態からきているんじゃないでしようか。表現の仕方一つで感じ方が随分違つてくるでしよう。ひと言いうにも言葉の表現を聞く者の立場に立つてよく考えて言つたり、行動したりしたらお互生活しよくなるんじゃないでしようか。その点女の人は苦労が足りないともいえるが、感情のまま行動するのではないでしようか。

林　私はそこに問題があると思いますわ、相手に対する態度についてね、ある場合には厳しさも必要じゃないでしようか。

（以上文責・菅谷）

◇話合いが大切

生熊　私の職場では女の人の年令がみんな同じくらいで、一人だけ年とつた人がいるのこんな中で新しく入つた私が「お茶くみ反対、生体をとろう」といつたところ、みんなが今までの習慣を不合理に思わず、その年長の人への気がねもあつて全然協力してもらえなかつたの、結局言い出した私一人の要求になつてしまつて、それからはみんなが私を一つのカラーでみるようになつてきたの。

山下　私のところではそんなこと想像もできないわ、私用をするなんて全然ないので時にはお茶をくんであげたいと思うくらいで。

生熊　みんながよくなることだからと思つたけれど反対の結果になつたのを感じてね、今ではもう一度みんなと一緒にお茶でもくんで、その中から——みんなの話の中から改善の方法を見つけようと考えているのだけど。

井口　生熊さんの言われたことは、多くの職場の実情ではないかしら、女の人がよく活動していると言われるところでも、一人二人の女性が囲りに抵抗しているという状態が多いわ。

古久保　私の職場は、今までお茶汲のことではあまり問題が起りません。「問題のない」ことについて、いろいろ考えさせられますが……。今では五時近くになると大つぴらにお茶汲の後始末などをします。それから六年前のことですが、同じ職場の若い人たちがカーテンやシーツの洗濯をさせられたことがありました。かげでは随分ブツブツいつていながら表面には全然出さないこの人たちをみて私は勝手に上役に話してこの洗濯をとりやめてもらいました。でもその当時しばらくは何だかみんなから浮いたような変な感じでした。

山下　上役に話したことは悪くないけど、その前にみんなと話し合つてみたらよかつたと思うわ。その方がみんなの力で良くなつたのだという気がして……。

吉山　私の処はずいぶん封建的でね、組合活動というととても新しいことのように思つているわ、それに若い人は常にいじらしいほど年長の人に気を遣つている状態だからみんなで集まつて話をすることがむつかしいの。

生熊　私の職場でもそういうことはいえるわ。

井口　個人的に話しあえばおたがいを理解することもでき、先程のお茶くみ問題なども解決できると思うのだけれど……。みんなで話しあえないことは、結局、女性に社会性や協同性が欠けているんだわ。

吉山　私の囲りには何も分らないからといつて、身近な問題にも目をそむける人が多いわ。

◇組合運動に柔軟性を

山下　そういつた傾向はありますね、それは謙虚にかくれた敬遠ということもあると私は思うのです。こうした考え方を抱かせた原因の一つは今までの婦人運動や組合運動の進められ方にあつたのではないでしようか。

井口　これまでの運動はこれこれの形でこういう風にしなければいけない、といつた傾向があつたでしよう、つまり特定の人が一つの型みたいなものを持つて進めてきたでしよう、私はそれではだめだと思うんです。もつと巾の広い、柔軟性のあるものでなければいけないと考えているんです。

山下　そのことに関連するのが、生熊さんの職場だと思うのです、みんながお茶くみや生休問題に一〇〇％無関心なら、なにもそれを無理してやらなくても良いと思うけれど。というのは、一つの目的を達成する方法にはそれぞれちがつたプロセスがあることを考えても良いのでしよう。

野口　そうね、何をするにしても杓子定規にあてはめていくやり方ではだめね、どういう具合にやつていくかはみんなが一緒に考えて見つけださなくては……。

生熊　私もこんどのことでこれは痛切に感じました。でもそれはとてもむつかしいわ、現状のままで良いという人やら、やつてもムダだという人やら、やらなくてはいけないという人やらが入り乱れている現在では……。

野口　職場にはそれぞれ特色があり、状態も異るので、通り一辺ではムリね。

古久保　私は何をやる時でも無理をしない

ですることを心にとめています、絶えず余力を持つて、力の蓄積につとめ、無駄なエネルギーを使わぬ方が良いと思うわ。

◇みんな手をつなげ

山下　いろいろな考え方の人達の中で、活動する時に、とくに気をつけたいのは言葉使いです。誰にでも分り易く、やさしい言葉を遣うことが大切と思う。特にリーダーは常に対象になる人を正確にツカんでいることが大切ね。

井口　むつかしいとかやさしくとか、また上手下手などということももちろん大切だけれど、どんなことでも思つたことを率直に表現していくのも大切だと思うわ、実行力とのからみ合せでむつかしいところね。

野口　むつかしいとかやさしいとかにこだわつて、思つたことが発表できなくなるといけないからね。

山本　何をするにしても〃勇気〃これが絶対必要ね。

井口　おたがいに悪い点を直し、一緒に良くなつて行くためにも気ずいたらその時その時にどんどんいうようにしたいわね。

井口　今までだと女性は特に「くさいものにはフタをしろ」式に表面へ出さないで解決していく人が多かつたようね、おたがいに完全な人間ではないのだからどしどし何でもいい合えるようにしたいわ。

生熊　女性の欠点ということがでてきたけれど、これが、職場の中で、生休や産休を要求したり、獲得したりする時の女性に大きくひびいているのではないかしら。

井口　もちろん、いつもいつていることですけれど、特権面で生休、産休といつているのではダメだということを認識しなければね。

山本　それに合せて、男性を啓蒙するにはどうするかという事も考えなくてはいけないと思うわ、私はどうやつてこちらの立場を理解してもらうかという問題を考えているのだけれどね。

山下　それは生ぬるいと思うわ、現在ではもう啓蒙の段階ではないと思つている。今、女性の前に立ちはだかつている問題は対おとこ（男）ということです。特に職場の中の女性には切実な問題です。ここで女の力を実質的に充分のばして行かないと女性の立場が非常に弱くなる。そして実質的に力をのばすと同時に要求をもつて行く事が大切ね、女の人は何をしても、一寸苦しくなるとグチつぽくなる欠点があるからその点の反省も必要ね。

野口　だからいうべき処でいわず内部でもたつくという場合も多いでしよう。少しのことでへこたれず、堂々といえる状態をつくりまたそういう人にならなくては。

井口さんのいつたことに戻るようだけれど失敗の中には、次の成功のかぎがうずもれているのだから、それをさがしだして足がかりとすることを忘れないでいたい。とかく、これを忘れる時が多いようね。

山下　女が職場でも家庭でものびて行くためには、まず女が男の位置までのびて行つて一所になること、具体的にいうと、女は男に匹敵する仕事をしていく、これが大切ではないでしようか。

井口　今みたいに何かにつけて女の人にしわよせが多いのは、何といつても女の人の地位が低いからなのよ、これからはたとえ職場で生休や産休をとつても男の人にまけない仕事をして行くことが必要だわ。

一同　本当にそうね。

野口　現在の社会機構の中では、女性は色々な面からの圧力を感じます。その中にあつてうける悲しみや苦しみをみんなが胸を割つて話し合つていけば、もつと心から手をつないで行けると思うし、こうしてこそほんとうの強さが、生まれてくるのではないでしようか。

編集部　いろいろとありがとうございました。ではこのへんで。

（文責・林郁）

読者だより

毎号楽しみ且つ感謝して拝読して居りました。静かなる知性を裏づけとした熱情、云いかえれば高さと温かさ、それは編集者の御性格かも知れませんが、私の好みに合いました。

御健闘を祈ります。私も何か御役に立ちたいと希いながらつい目前の事に追われ暮して居りまして、已れの無力と努力の不足などを恥じつつ申訳なく存じ居る次第です。

読者をふやしたいと思いましたが、私の周囲は保守的性格の方ばかりですので思うに任せません。読者は別としても参議員選挙にはこの御連中を相手に何分かの努力をしなければ、と、考えている次第です。

私は五人（二女三男）の子持の至つて平凡な開業医の主婦として暮して来たのですが、PTA活動に引張り出され、文化活動をしている中、昨春の市議選挙に之亦無理矢理押出された形です。私は娘時代から、政治には興味を持つていましたが理論的な事が好きで、存外足許の市政には関心が薄かつた為、市会進出は勝手が悪く面喰らいましたが、使命を感じてこつ〳〵イロハから勉強を始めています。

開業医の家庭の忙しさ睡眠不足と苦手な家政運営等で健康に自信がありませんので、とかく外に出るのが嫌いでしたが、公人として出ましたからには市民に対して責任がありますから、政治的使命第一主義で努力して居ります。以上取急ぎ乱筆御赦し下さいませ。（島根・神田武子）

編集後記

欠点の多いものではあり、与党の参院選対としての婦人票目当という曰くつきではありますが、売春防止法が成立したことは大きな喜びです。日本に売春業者が現われたのは鎌倉時代、遊廓が創始されたのは豊臣時代でした。それから凡そ四百年、日本の売春業は常に権力と結びついてたくましくはびこつてきたわけです。明治のはじめ一度「遊女解放令」が出されたことがありましたが、いつか消え失せ、今度はじめて取締りの国法ができたわけで、文化史的にみて革期的のことであり、ひとえに婦人の力によるものと云えるでしょう。

憲法改正と共に家族制度の復活の気運が強くなつてきました。私たち婦人がこの制度のためにどんな不利な地位におかれ泣かされたことか、ここでよく考えてみたいと、今月は特集に家族制度を取りあげてみました。婦人の地位を守るためには、家族制度を復活させてはならないし、またその為には憲法の運命を決する来る七月の参院選に革新派に勝つて貰わねば、という結論になります。（菅谷）

婦人のこえ　六月号

定価三〇円（〒五円）
半年分　一八〇円（送共）
一年分　三六〇円（送共）

昭和三十一年五月廿五日印刷
昭和三十一年六月一日発行

編集発行人　菅谷直子
東京都千代田区神田三崎町二ノ六
印刷者　堀内文治郎
東京都港区本芝三ノ二〇
（硫労連会館内）
発行所　婦人のこえ社
電話三田（45）〇三四〇番
振替口座東京貳壱六参四番

婦人のこえ

昭和三十一年六月二十五日印刷　昭和三十一年七月一日発行（毎月一回一日発行）

特集・働く婦人の現状報告

7月號

1956

平和憲法を守りましょう

婦人の生産活動参加状況

労働省調査によると昭和二十八年九月現在で十四歳以上の女子人口（生産年令人口という）は**三千百十三万**、そのうち労働力人口（就業者と失業者）は千六百五十八万。就職者**千六百三十六万**、失業者二十二万。

就業していない者の総数千四百七十七万、その内訳

通学	二一〇五、〇〇〇人
家事	一〇七九六、〇〇〇
病気又は老齢で働けないもの	一六二六、〇〇〇
その他不詳	二七〇、〇〇〇

就業者の内訳

全産業	**一六、三六〇、〇〇〇**
農業	八、四六〇、〇〇〇
林業及び狩猟業	五六、〇〇〇
漁業及び水産養殖業	七六、〇〇〇
鉱業	六五、〇〇〇
建設業	七七、〇〇〇
製造業	一、六二一、〇〇〇

業主となつているもの

全産業	一、六九〇、〇〇〇
農業	八六一、〇〇〇
林業及び狩猟業	二、〇〇〇
漁業及び水産養殖業	四、〇〇〇
鉱業	〇
建設業	一、〇〇〇
製造業	一一一、〇〇〇

働く婦人を年齢的にみると全産業平均二十歳〜二十四歳が第一位で三十三万五千、次が十八歳〜十九歳の二十四万三千、第三位が十七歳で十一万五千、第四位二十五歳〜二十九歳の九万七百、三十歳〜三十九歳四万台と低くなり四十歳〜四十五歳でまた上つて五万七千。（一九四九年一月調べ）

労働組合員の数は男女合せて五百九十八万六千百六十八名、うち女子組合員数**百三十五万七千九百六十五**、男女組合員の割合は労働組合員一〇〇人について男子約七七人、女子二三人。

（一九五四年六月調べ）

全国主要労働組合のなかの婦人の割合

全医労	五五%
全日通	六%
日教組	五〇%
国鉄	四%
全専売	四一%
全繊同盟	八八%
全電通	三八%
全蚕労連	八五%
全印刷	三五%
全生保	六五%
全逓	三〇%
全百連	五九%
ホテルレストラン従組	五七%
全国金属	一四%
化学同盟	四四%
合化労連	一三%
全銀連	四二%
造船総連	一〇%
全化同盟	三七%
造船総連	一〇%
自治労	三六%
鉄鋼労連	七%
全損保	三二%
炭労	五%
全印総連	三〇%
都市交通	二〇%
私鉄総連	一六%

労働基準法によつて男女同一賃金の原則がうたわれているが日本の社会に残つている強い封建性と、そして一般に婦人の職業分野が男子と異ること、また女子雇用者の特性──年令・勤続年数、教育程度、扶養家族数──などから女子の平均賃金は男子の四四・四%となつている。

三十人以上の事業場における常用労働者の賃金をみると一九五四年平均女子一人一カ月九、二五二円。産業別では最高は金融保険業で一四、二六二円、最低は建設業六、九八一円。女子労働者の大部分を占める製造業は平均以下の八、一二四円しかしこの中でも煙草製造業は一五、一〇四円、木材及び木製品製造業は五、八〇四円と業種によりかなりの差がある。

婦人のこえ

1956年
七月号

（寄宿舎の食堂・製糸工場にて）

七月号目次

特集・働く婦人の現状報告

巻頭言

革新議員を参議院へ

×× ×× ××

いよいよ参議院の半数改選の日が近ずきました。ここで革新勢力が最低三分の一をとらなければ、一挙憲法改正が断行されましよう。そしてそのあとは？　いうまでもなく公然の再軍備、天皇元首の復活、家族制度の復活その他で、ようやく芽をふきだした日本の民主々義は息の根を断たれてしまいます。内政と外交とはつねに同じ軌道の上をはしるもので車輪の一方が上りを、もう一方が下りをゆくことができないように、内政が逆コースを歩んで、外交だけ平和の道をゆくわけにはいきません。口先だけなら明治以来、どんな内閣でも、軍閥官僚でも民生の安定、国際平和を唱えないものはありませんでした。が、軍備はけつきよく平和より侵略のためのものとなり、軍備と徴兵制度のあるところに、ほんとの自由も平等も平和もありえないことは過去の歴史が証明しています。

世界を二つにわけた冷たい戦争はようやく平和的な競争に変ろうとし、軍備縮少と貿易拡大、経済協力が当面の問題になつてきているやさき、世界に先んじて戦力放棄を宣言した日本が原水爆をふくむ軍備全廃運動のトップを切るべきであるのにその反対に、アメリカの一部資本家の尻馬にのり、憲法を改めて再軍備、徴兵制度、海外派兵という亡国的冒険をあえてしていいものでしようか。

私たちは断じてこれを許すことはできません。参議院選挙でこれをふせぐ大きな防波堤を作りましよう。ごいつしよに革新政党へ投票しましよう。

人か、党か、といいます。がその「人か」という中にはどんな思想をもつている人か、ということも大きくものをいうことを忘れないように。ただどろぼうをしない、めかけをもたない、それだけでは日本の運命のカギをにぎるこのだいじなせとぎわの政治を頼むにたりません。憲法改正是か否か、民主々義か反民主々義か。その点がハッキリしないので無所属は年々へつていくのです。男でも女でも同じことで、革新政党と意見が同じならその中に籍をおいて戦うべきであり、そういう人に投票しましよう。

国会三分の一というこの防波堤を私たちの投票でしつかり築きましよう。反動のつなみをここでさけ損じたらたいへん、再軍備を先頭としてそれにつずく反動政治の濁流は、せつかく十年の苦心で根の出はじめた新しい教育、社会保障、婦人児童の福祉、平等人権の芽ばえを一瞬にしておし流してしまいます。私たちの納める税金は、子供の乳やたべものになる前にまず軍備を養い、私たちのすまいの代りにまず兵舎をたて、軍艦をつくり、入学難を緩和するようによい学校、教師も設備もすぐれた学校だけにする代りに、ボロ校舎や教員不足をそのままにし、子供の教育をぎせいにして兵士の教育を重んじます。各国ともに軍備をへらし教育をさかんにし、産業をおこし、経済を安定させて失業者をなくす政治へ向つているのに、日本はいくら失業者をだし、犯罪人をだしても、軍備さえもてば国が栄える気でいていいものでしようか。汚職と腐敗、失業者と犯罪と売笑婦の国が、憲法改正と再軍備で幸福になれるでしようか。地球から人類を亡ぼしてしまう原水爆と戦争をなくすため、平和憲法を守りましよう。おたがいの一票で革新議員を参議院へ。

オートメイションと婦人労働

松《まつ》尾《お》均《ひとし》

一

最近における技術的変化の方向を「機械化」（メカニゼイション）というか、「自動化」（オートメイション）と称するかは議論の残るところであろう。けだし、メカニゼイションとは、いわば手の労働から機械の作業にかわることであり、オートメイションとは作業と作業との結びつきである工程の機械的管理を指すものであり、オートメイションはメカニゼイションの次にくる一層高度の段階であるが日本の現状ではおそらくその両者を含んでいるからである。

問題は機械化か自動化かの概念上の区別や、機械化から自動化への段階規定ではない。従つて、これを世俗的に広くオートメイションと呼んでも差支えない。注目すべきことは機械化なり、自動化なり、広くオートメイションといわれる技術的変化の及ぼす社会経済的影響である。

社会主義国家では「骨のおれる多くの労働を要する作業を機械化することは技術的進歩の重要な方向の一つであり」「自動化は生産物の品質の向上と原価の引下げを保証し、労働者の文化的水準の向上を保証する」ものとしている。

しかし、欧米諸国においても、日本においてもすべての資本主義国では働く労働者がこうした動きに批判的であるのはどういう理由にもとづくのであるか。

なるほど、手による作業が機械にかわり、機械によつて工程までも管理するようになれば、労働者の労働は楽になり、しかも、短い時間で多くの生産物を生みだし、物価も安くなりそうである。またさかんに機械が使用されればその機械を作る工場も増えて雇用も増大されるもののように思われる。

だが、俗にオートメイションの時代といわれる今日、労働者の状態はどうであろうか。機械の採用のために労働者は職場を追われ、機械の採用とともに機械に劣らぬテンポで労働させられ、労働者一人の生産高は上昇しているにもかかわらず、物価は決して低下せず労働者の収入は容易に好転しない。

それのみならず、そうしたオートメイションとともに生み出された失業問題がやかましくなると、「婦人は家庭に帰れ」とか、また、オートメイションの進んだ大企業における労働者が賃金闘争を行うと「生産性に較べて賃金が高すぎる」とか反対されている。こうして、労働者たちには、まさに、オートメイションの開始と進行に平行して、首切り、労働強化、労働時間の延長、労働災害の増大がもたらされ、賃金で生活できる程度、すなわち実質賃金は低下しつつある。

オートメイションの支持者の強調した効能が余りにも大きかつただけに、このような労働者の現状からすれば、オートメイションに対する労働者の批判と反感が生じてきたのは当然のことである。

二

しかし、オートメイションの労働者にあたえる影響は一律ではない。それは直接的のところもあれば、間接的、迂回的のところもある。それは、オートメイションといわれる技術的変化のなかに含まれているいわば一見矛盾するような両面性に原因するものである。

というのは、機械化とか自働化には莫大な費用を要するのであるが、競争がはげしければはげしいほど、切角のオートメイションも一日一日と古くなつていき、それらの更新には再び莫大な費用を要することになる。従つて一旦採用されたオートメイションはできうるかぎり短期間にその効果を発揮し、これに投じた費用も最短期間に回収せねばならない。機械化や自働化に伴う労働強化や賃金切下げや人員整理が強烈なのもこのためである。

だが、他の半面では、オートメイションの採用も、要すれば競争に打ちかち、高い利潤をあげるための手段にほかならないのでありもしも、こうした莫大な費用を投じないでもそれらの目的を達することができるならば、大資本といえども必ずしも、オートメイションの道だけを選ぶものとはかぎらない。あるいはかいじゆう(懐柔)したり、あるいは抑圧して労働者を安く雇い入れ、低い労働条件で労働させることは最も安価にすむことである。

オートメイションが労働者にあたえる影響も、そうした両面的攻勢によるものであり、ただ、前者は直接的のものであり、後者は間接的迂回的のものにすぎない。前者だけをオートメイションの影響として指摘し、後者をそうでないものとして切り離すのは誤つている。大企業の一角に採用され始めたオートメイションは大企業が国民経済の支配的位置にあるだけに、ほかの企業でもすべてそうした技術的水準のなかで競争の原理が貫かれるからである。

こうした意味で、まだ幼稚な手労働の域を出ない中小、零細企業にもオートメイションの作用は浸透しているものといわねばならない。オートメイションとは単に機械という物的な設備ではなく、そうした機械の反映としての社会経済政策に外ならないからである。

三

そうしたオートメイションに対して婦人労働はどういう影響下にあるであろうか。まず、着目すべきは機械化や自働化は多くは重化学工業に普及し、軽工業には少いということ及び大規模企業において多く採用され、中小規模企業には少いということである。これは婦人労働の進出の多い分野としての軽工業、中小企業には、オートメイションも比較的少いということであり、婦人労働への影響はいわば直接的でないことを示唆するものである。

しかし、機械化や自働化は濃淡いろいろの形で拡大されていることは事実であり、これに伴う解雇や配置転換は今日の職場で大きな問題である。その場合、一面では婦人労働はある「特殊な労働」としてまず排除されつつあり、婦人は家庭に帰ることを強要されるが他の半面では、職場に残る婦人労働に対しては、婦人には労働基準法上特殊の恩恵——生理休暇母性保護など——があるから、男子労働以上の能率を上げることを要求されている。

だが、大半の婦人労働に対する影響は、間接的迂回的なもので、ここでは「婦人の賃金は所詮家計補充的のものであるか、一時的小使い銭稼ぎにすぎないから」として低賃金がおしつけられ、また「婦人労働は単純な仕事か、特殊な仕事しかあたえられない」ものとして低賃金が合理化されている。多くの職場で婦人労働に対する差別待遇は仕事についても、賃金についても根づよく残つている。

オートメイションの時代において、大企業の支配下で競争に伍していかねばならぬ軽工業や中小企業での婦人労働には、層一層婦人労働の特殊化や低賃金がおし進められ、オートメイションの影響はたとえ多くは間接的迂回的であろうとその強さと度合は決して直接的な影響に勝るとも劣らない。働く労働者のなかから婦人労働の特殊化反対、男女同一労働同一賃金、最低賃金制の確立が叫ばれるのも至極当然のことといわねばならない。

オートメイションは、単に機械自体についてみるときは労働を単純化し簡単化する要因をもつているが社会経済的にはそうした反労働者的な作用をもつものであり、労働者としてはオートメイションのそうした労働者にマイナス的な面を防止していかねばならず、とくにそうした労働者の叫びは男子労働者を含めて労働者全体が理解し合い推進せねばならない緊急の課題である。幸い、六月中旬に開かれた「世界婦人労働者会議」はそうした幾多の教訓を貴重な成果として実のらせていることを確認しておきたい。

（筆者は教育大講師・国民経済研究協会理事）

働く婦人の実情

一九五四年労働省調査によるとわが国の働く婦人の平均年令は二五・四才で男子三三・二才に比べて八才近いひらきがあります。

これを年令別にみると、二〇才未満が三二・八％、二〇〜二五才が三四・五％で、合計六七・三％が二五才未満の若い婦人です。これに対し男子は二五才未満が二八・八％、二五〜五〇才が六二・六％となつています。

産業別にみると比較的年少者の多いのは製造業で、二〇〜二五才の女子の集中しているのは金融保険業、高年令層まで拡がつているのは鉱業と建設業です。

このように働く婦人の大半は若い人たちで結婚前後の短期就職が特長の一つといえるでしょう。

従つて平均勤続年数は三・六年で、男子の七・二年の約二分の一です。しかし、これは全産業を通じての平均で、産業によつて長短のあるのは云うまでもありません。つまり運輸通信その他の公益事業は五・二年、鉱業四・七、製造業三・四年というように。

さらにこれを労働者構成率にみますと、勤続三年未満が五四・九％で半数以上をしめ、約四分の三が勤続五年までの間に分布しています。そして勤続一〇年を越えるものは僅かに五％という状態です。

教育程度

働く婦人の教育程度は小学、新制中学卒が大部分で七五％、旧女、新高卒二四・三％、旧高専・短大卒は〇・六％、旧大・新大卒は〇・一％。一方男子の方は旧高専・短大卒及び旧大・新大卒がそれぞれ五％、四％となつています。

以上はわが国の働く婦人が職場に永く留らず、年令も一般に若く、教育程度も男より低いということを示しています。しかし婦人には家事と育児の責任があり、この問題が未解決の現状であるということも併せて考えなければなりません。

戦後は既婚婦人の就職が目立つています(働く婦人のうち約一割が既婚者)そしてどこの職場でも産前産後の休暇や託児所が問題になつていますが、それがまた婦人が職場から〆出される原因とされています。

とにかく女子労働者が常に政治や経済事情に支配され易く非常に不安定な状態におかれていることがこれまた婦人労働者の特長の一つに数えられているのは考えさせられます。

（労働省婦人少年局・資料四四参照）

《特　集》

働く婦人の現状報告

製糸労働者　電話交換手
バス車掌　時計工場
百貨店　看護婦
専売公社

製糸労働者

低い賃金、はげしい仕事
――今に残る女工哀史のおもかげ――

岩瀬《いわせ》ふみ子《こ》

製糸労働者とは、絹織物の原料となる生糸をつくる人たちです。

第二次大戦前まではアメリカ、ヨーロッパの婦人が用いる絹くつ下、ドレス、スカーフなどの原料は、ほとんど日本の生糸に依存していたので、生糸は年間生産量九、五〇〇万ポンドが輸出され、日本の輸出総額の三四・一%を占めていました。日本はその代金で、海外から重工業資材を買入れ、資本主義が発展してきたのですから、製糸労働者の役割は大きなものでした。

ところが戦後は、化繊の発達に伴いナロンなどのセンイが合成され、靴下はほとんどこれが絹にとつて代つたため、海外市場は非常に縮少し、生産量も戦前の約三〇%となり、その内三五%が主にアメリカに輸出されるだけになりました。

この産業の特色として、生産はすべて非常に安い賃金で雇われた年少女子労働者によつて行われており、工場附属の寄宿舎に収容されて、搾取しやすい条件に全生活が、おかれています。

現在製糸労働者数は、約七万人であり、その内、戦前戦後を通じて約九五〜八五%は女子で、平均年令は十七歳より、戦後は義務教育の関係上一九・五歳となつています。これらの女子労働者は常に社会の冷遇の中にあつて、ひたすら、日本産業の発達に寄与してきましたが、それによつて酬いられるものはなく、「女工哀史」にほかなりませんでした。

現在もその通りで、他産業は隆々として栄えてゆくのに反し、低賃金のみに頼つて、近代経営の努力をしらぬ製糸経営者の考え方と政治の貧困とは、一向に製糸労働者の労働条件を変えようとはしていません。

賃金は、平均日額二一八円という低賃金で

あり、固定給を少くし後は、能率給として、作業成績によつて支払われています。成績は厳格なる個人査定であるし、その支払われる能率給総額は、予めワクがあり、各人への分配は、純然とした「分取方式」をとつているので経営者は能率の上昇に伴い、それだけ能率給の額を増加支払いするのではなく、労働者同士が賃金の分取り合いをさせられているのです。

作業工程は戦後だんだん機械化はされてきていますが、それによつて仕事が楽になるのではなく、人員整理された人数によつて、労働がスピード化して労働強化が目立つてきています。

昭和二二年の労働者一人の生産量にくらべて現在は二・四倍の生産量に増加しています。経営者は、この間生産性の向上に対して、設備改善のための投資は一・八%（全業種は一二・六八%）しかなさず購繭資金としての、運転資金には九八・二%（全業種八七・三二%）という莫大な金を使用しており、設備改善どころか実質賃金も上昇していない現状です。

生糸一俵を作るのに必要な労働時間も、二二年を一〇〇とすれば四二ですむほどになりました。つまり一俵つくるのに半分以下の労働時間ですむ程労働生産性は上つているし、商品もそれだけ安価にできていることになります。

しかし一台一日の就業人員は二二年が一・八一人から一・三三人に減じていること、この中に繰糸工二台持や、連帯繰糸、二交替十六時間制など、一貫して労働強化がはかられていることになり、ほとんどの労働過程が精神的・肉体的な緊張の連続、たえざる敏捷な行動を伴う手先労働によつてしめられ、賃金が低い上に能率給のもつ比重が高く、しかも分取式のため賃金制度、それ自身が、労働強化をあおるテコになつています。

《写真は自動繰糸機工場》

このように戦後生産性は向上したものの、能率の上昇に伴い、製糸労働者は常に操業短縮、休業等が年中行事になつてきています。原料繭と設備台数のアンバランスにより原料繭の不足を生じ、多い所で三カ月、少い企業においても二〇日内外の休業を余儀なくされ、休業中は基準法の六〇%の給料のみの企業が大部分であり、働きたくても働けないのです。企業によつては、休業中は一時解雇の形式をとり、失業保険の受給対象者とする等の条件で強制帰郷等の方法がとられている状態であります。

製糸労働者の労働条件において、切り離せない寄宿舎の問題にしても、戦後は自治委員会等の組織化により戦前のような陰惨な空気は感じられないが、実質的に設備の改善、特に食事・収容人員・照明・寝具等に対してはまだまだ基準法の最低線スレスレです。冬は気温零度をしばしば下る地方でも室温二〜三度位の煖房が全くないところもあるし、早暁から深夜にわたり機械は回転し、二交替作業は変則的な生活時間を強いられています。

しかし戦後の製糸労働者は、過去のいわゆる農村における「ロベラシ的」考えによる労働者とは社会的に実質的に異つてきています。日本社会における婦人の進出に伴い、製糸労働者も日を重ねるにしたがつて、その刺激は急速に反映し、新教育をうけた新鮮な若人の数もふえ、労働者一人一人が、自己の権利と自覚がだんだんはつきりしてき、組合会議等での発言も活発となり、とくに婦人の話合いの会合をたゆみなくつづけてきた結果は闘いに直面しても、婦人組合員の成長が、はつきりと感じられます。

全蚕労連では戦後七回にわたる賃上闘争を行つてきましたがとくに第六次、第七次の闘争では組合員が組合の幹部を積極的にバックアップして闘いぬきました。また製糸労働者の伝統的な、障害である寄宿舎制度に対しても、批判の眼を向け、身近かな生活の中の要求を組織化して、組合の闘いに発展させる力もできてきました。その一つのあらわれとして「寄宿舎生活の改善を闘いとろう」「おかずをかくとくしよう」という声が、組合員から出され大会においても確認されています。しかし組合の半数近くは労働協約が未締結であり、基本的労働条件を獲得するため、全蚕労連として本年は統一闘争で労働協約を締結しようという目標で進んでおり、前述の要求もこの闘いの中で獲得しようと進んでおります。

このように製糸労働者は、基本的人権を守るだけでも、またそのために団結すること自身に非常に苦しい闘いを重ねねばなりません。合理化による労働強化など労働者に人権無視のギセイが強いられております。これに対して私たちは、まず最低線の権利を守る闘いが急務であり、そのために最低賃金制の立法化、基準法完全実施、または改悪反対闘争に立上らなければなりません。他産業の労働者とともに手をとりあつて進んで行きたいと考えます。

（筆者は全蚕労連教宣部長）

原稿募集

◇**創作・論文**　一五枚以内（四百字詰）

◇**随筆・コント・ルポルタージュ**　（七枚以内）

◇**職場のこえ・台所のこえ**　三枚乃至三枚半

◇**短歌・俳句**　一回五首まで

特別原稿募集

再軍備の気運が強まつてきた近頃、軍国主義時代をなつかしむような声がどこからともなく聞えてきました。ここで私たちはもう一度戦時下の生活を思い出してみる必要がありはしないでしようか。明日という日を無事に過せるだろうか、と空襲におびえ、食糧難に苦しみ、また戦場にある家族の安否を気遣つて夜も眠れなかつたあの当時を。平和への希いを確かなものにするために、皆様の体験をぜひお聞かせ願います。

一、テーマ　**戦時下の思い出**

一、枚数　**三枚〜七枚**（四百字詰）

一、〆切　**七月十五日**

本社編集部

電話局

合理化への不安

中《なか》川《がわ》秋《あき》子《こ》

私は一昨年の始め本誌に「灰色の青春」と名づけて私の職場のことを書きました。

それから三年、私たちの職場は随分と変りました、八つ頭式に大きくなつた局舎、長く並んだ交換台、増えた市外線まつたく色々なものが増大しました。

これに依つてお客様すなわち電話をもつている人、市外通話を掛ける人々にとつては、非常に便利になりました。大阪・名古屋が即時式となつたのは二年前、神戸・仙台が即時化されて一年、甲府は此の四月から、福岡、京都は六月から各々即時化されました。そして六月二四日からは横浜、川崎等が都内からダイアルで直接つながります。これらは市外通話の即時化、自動化等ですが、これ以外の自動化、つまり同一区域に掛けるのに一々交換手を仲次ぎとして接ないでいたものを交換手を必要としないで用事を済ませられる事となる訳です。このような自動化された局は沢山ありますし、一つの局を中心としてその廻りにある小さい局をいくつか集中して自動化された所も大分あります。まつたくここ数年間というもの合理化に次ぐ合理化でした。

このようにして便利になること、お客様に対してより良いサーヴィスを提供したことは私たち交換手にとつても嬉しいことです。

ところがここに決して嬉しくない事実が、私たちの前によこたわつているのです。

この点について書いてみたいと思います。ただ残念なのは、詳しい数字のないことですが、これは目下執行部で調査中ですので、これがまとまり次第、機会をみて発表させていただきたいと思います。

さて、どんな問題がよこたわつているかと申しますと、一番大きな問題はなんと云つても首切りです。当面私たちの直面しているものではないのですが、将来においてかならずこのことはさけられないのです（尤もこれは資本主義的社会における考え方の上でです）

前に書きましたように、小さいいくつかの局を集中して、今まで手動であつたものを自動化した場合を考えてみて下さい。誰がどう考えても、その自動化された局はその大小によらず、そこの交換手の必要はなくなるでしよう。そうなりますと、第一に考えられるのは配置転換です。これについては昨年、私たちの組合は「労協締結闘争」をして配転に関する協約を結びましたので、それによつて行われるわけです。この労協が締結されるまでは公社側と組合側との団交によつて〃本人の意志を尊重して配転を行う〃の基本線の上に立つて行われてきました。これらは中小局等の自動化ですが、私たちの局のように大きい所では、問題は自ら別にあるのです。

例えば大阪、名古屋の即時化された時の状態ですが、その頃大阪までは早くて四十分かかつていましたし、待時式でした。また名古屋についても大体同じようなことが云えるわけですが、これが即時化に伴つて大体四十秒位（今はもつと早いにちがいありません）で接げるようになりました。その時の交換手はどのようにして集めたかと申しますと、各々の色々な課から人を集めて、当てた訳です。ですから、何人かぬかれた課はそれだけ人が不足したのです。仕事が合理化されて、しかもその量は以前に数倍しても、決して新しい人を雇つてそれを埋めはじませんでした。その後何回かに亘つて何人かの人が入局しましたが、それは焼石に水で、私たちの満足するようなものではありません。

大阪、名古屋についで神戸、仙台がなりました。それに伴つてたしかに人は増されましたが、仕事の量に比例するだけのものではありません。このことは甲府、福岡が即時化された現在でも同じだと云えると思います。

人が足らないので年休、生休がとりづらくなつて来ているために背中や胸の痛みに堪えつつ働いている私たちなのです。

六月二四日から横浜や川崎、武蔵野などがダイアルで接がるようになりますので、各々の局においても、色々な問題が今から出ていることと思います。私たちの局でも即時台入り、これらの地方を受持つていた人々のことが当然問題になるわけですが、それについては今まで、そして現在もなお人が不足していて困つているのですから、ここで何人かの人が浮いてもちようどよい程度になるかならないかくらいですが、他の局の人々はどうなるか、同じ交換手の身の上、その先が思いやられてなりません。

でも今のところは合理化による人の浮いた面は不足していた所の補いになるからよいのです。

この合理化がもつともつと続き、日本中の主な都市は自動式に何処からも掛けられるようになつたらどうでしよう。

どう考えても身の不安を感ぜずにはいません。

此の前ＩＬＯから日本政府に対して「日本政府は日本の労働者の労働時間を短縮する考えがあるか」との質問に対して、政府当局は「短くするどころか、もつと伸ばそうと考えている」と回答したということです。

普通の考えの持ち主ならば、合理化されているのだから、またここまで日本の産業の復興を図つて来たのだから、これからは労働時間を縮め、休憩・息時間や休暇を増して労働者に休養の時間を多く与え、より高度の生活を営むようにしようと云うのが、為政者としての考えであると思うのですが、そこがなんと云つても資本家のための政府である以上なかなかそうはいきません。

もし仮に政府の考えているように労働時間を今より伸したとしてみましよう。

私たちの職場のように合理化に次ぐ合理化をしている所では、首を切るしか道がなくなります。

忙しい、苦しい思いをして荒れた通信施設の中から働きぬき、やつと今日の日本の通信網の基を築き上げたかと思うと、もう用はありませんと云うことでは、言うべき言葉も見当らなくなります。

今日の日本の通信網は真に私たち働く者の血と汗によるものです。これを築いた私たちにはこれをもつと高度な、よりよいものとしてゆく労働者としての責任があると思つてます。

人智の進歩はよろこばしいことですし、合理化も結構ですが、この進歩や合理化を経営者のみに利益をもたらせ、働く者を苦しめる結果に終らせてはならないと思うのです。

（筆者は東京市外電話局勤務）

編集室だより

本社は今度の参院選の重大性にかんがみリーフレット「**参院選に訴える**」を作つて広く一般に訴えました。

バス車掌

笑顔に秘める暗い生活

―平均十時間労働―

加《か》藤《とう》綾《あや》子《こ》

組合の集りはなぜ悪い？

バス車掌の生活、それは明るい笑顔の中にかくされた辛い暗い生活の連続である。勤務が不規則なこと、会社に拘束される時間が平均十時間、長くて十三時間、短かくて九時間四十分。そのうえに早番とおそ番でしばられるので思うように勉強もでもないのが私たちの職場、家が貧しくて学校へ行けなかつた人たちは夜学を望んでいるが、とうてい望み得ないこと、独学をと思うのであろうが重労働のために気力までなくしてしまうのであろう。バスガールとひやかす人をなくしたいという向上意欲も年がたつにつれて次第にうすれて行つてしまう。また、金銭をとりあつかつている職業だけに精神的にもつかれきつてしまう。服を新調したといつては疑われ、新しい靴をはいたといつては冷たい視線を受けなくてはならない辛さ。懇談会の席でいつも話題になるが婦人部だけではどうにもならない大きな問題だ。定例的に月一回開かれている話合いの場にも集まりが悪くなつてくる。自分たちの出した問題がいつになつても解決されない不満が集りを悪くしているのは確かなのだが、このままで終つてしまつては労働協約闘争を前にしてますます悪条件となつてしまうので、方々の職場で個々バラバラにならないよう、いろいろな努力が払われている。例えばうたごえ、フォクダンスなどによる地域との交流、文芸サークル、読書会、演劇等の方法によつて。しかしその集まりも一部の人たちだけにとどまつてしまう傾向があるが、成長させようのびさせよう、車掌だつて詩もかけるんだ、演劇だつてできるんだという若々しい芽が、ぐんぐんのびていることは事実だ。だがそのような反面、まだたくさんいる古い考えの人、現実の苦しさの中にあきらめを感じて動こうともしない人、また自分だけがという自己主義の人、これ等の人たちと一緒になつて進めていかなければならない。生理休暇、清掃問題、施設等、考えるとむづかしさばかり感じる。

実行されない協約

女の人の中にも女子は深夜業拒否をするから、生理休暇をとるから女子の職場はせばめられていくのだというあやまつた考え方の人たちもいる。結婚して務めていると、ことある度に、結婚した奴は駄目だという。共稼ぎをしている人たちの意見をきいて見ると、今までと同じような乗務の仕方、清掃をしていても、奴は！　と運転士さんの中からも声が出るという。配車係に「用があるから休ませて下さい」と申出ようものなら、ひやかされたり、冷たく扱われたりするという。だから私は結婚後は一日もどのような用事があつても申出たことはないという人もいる。赤ちやんを生んだ人ならなおのこと気がねは甚しい。奴は！といわれるのがいやさに、協約で午前午後それぞれ三十分づつ授乳時間が与えられているのにもかかわらず、絶対会社では乳はのませなかつた、だから母乳で育てられる子供もミルクで育てていると訴えている。

産前産後休暇も快く与えてはくれない、協約通り軽作業につかせてくれと申出ると、乗務員として雇われているのだから軽作業という働く場はないと、かるくあしらわれてしまう。きめられた協約をり行しないことで会社は結婚後の働く職場をうばおうとしている。新入社の人たちには結婚までと念をおされた人もあるという。バス車掌は若くて美くしい人たちの特殊の職業だと観念づけようとしている資本家にすくなからず反ぱつしている人たちが多くなつてきたことも見逃せないと思う。それは会社が強制するサーヴィスに疑問を持つて来たからではなかろうか。

労働条件の悪い上に公休さえとれない日がつづく。シーズンになると、再乗務させられ生理休暇等は、もつての外だという会社、もうけるために、働く者に取つては資本である体までも犠牲にさせられてしまうこの頃の職場で、サーヴィスが悪い、服装が汚ない、お金はごまかさないかと、乗務監査が、お客の間にかくれて調べてゆく現状に目をむけて来たからだと思う。そしてその調査表が成績を左右してゆく不満、公平な眼で見ない成績表が職場の中では大きな暗いかげとなつている。

車掌さんたちの訴え

ある車掌さんは苦しさを次のように訴えている。ガタガタゆれる田舎道、休みもとれずその上生理日が重なるとお客様に親切にしようなんて考えてはいられない。自分の体だけでいっぱい、ゆれる度におなかを押えお客様に不快な感じを与えないかしら、と気をくばる。くたくたになつてしまつた頭の中には、ただ、お休みがほしい、一日ゆつくりねていたい、さつぱりした服を着てたまには夕涼みに出て見たい、こんなささやかな希望で、わずかにつとめに張をもたせているとのこと。また、ある車掌さんの日記を見ると清掃の苦しさが訴えられている。

今日は雨、むやみとふりつづいている。雨の降る日は通勤時間がものすごくこむ。出勤時間におくれてはとお客様は無理にのる、務めの辛さを知つている、私たちに取つてはのせてあげてしまう、自分は雨にたたかれてぬれても「ありがとうございました、いつてらつしやい」といわなければならない。だが雨降りは我らの天下、なぜならば、車洗いしなくとも良いから、だが雨があがると労働は倍にもなつてかえつてくる。ドロンコ道を、幾回も往復した車は汚れてものすごい。短かい待合時間の中で一生懸命ガラスをふく、ボデーを洗う（車掌さんは三番目に辛いことだと云つている）汚れた制服を急いでふいて、お客様を明るく応待しなければならないのだ。

今年のメーデー当日、地方で、車掌の生活を扱つた講成詩を演じた時、車掌さんてそんなに辛いの、誇張しているんではないか、と云われた。「皆様」と笑顔で（習性になつている笑い顔だけど）応接している心の中には色々の辛いことを秘めて働いているのです。

（筆者は東武交通労働組合婦人部長）

時計工場

理想的な職場の中で

―婦人と機械化―

山《やま》本《もと》楫《まさ》子《こ》

産業の機械化、合理化によつて労働が単純安易になり、女性に可能な労働範囲が漸次拡まつてきている。

私は近代産業の代名詞ともいうべきコンベヤ作業に従事している。労働の機械化が、婦人に、どのように影響しているかということを、自分の経験の中から、書いてみたいと思う。そうして、明日をどうあるべき、ということを考えていきたい。

まずこの会社を概観してみると、ここは著しく近代化された時計産業で時計に必要な部品はすべて工場内で造られる。従業員二千三百を容し整然と統一された作業配置によつて営まれている。一階が自動機プレス等の原品製作工場で、二階にいつてそれらが組合されて一つの部品となり、さらに三階にいつてそれぞれの部品がコンベヤ作業によつて組立てられ一個の時計ができあがる。それを荷造してエレベーターで下へ降ろし、自動車で国内の時計店へ、あるいは海外へと運ばれていく。文字板も針もなにからなにまでこの工場の中で作られる。

従業員の福利・厚生施設もよく、医務室はもちろんのこと、購買などはすべて給料差引の月賦販売が行われているし、床屋は、作業中に順序よくスピーディーに組立てられた予定表に従つてやつてくれる。

組合の文化活動も活発で、コンクリートの壁の隅にも季節の花が盛られ昼休みにはコーラスが聞こえ、連休の後などには写真展が開かれたりしている。そうして女子労働者の労働度は生理休暇も百%は認めなくても良いという程度であつてみれば全く理想的職場といえるようである。作業内容は、著しい分業によつて単純化され、機械によつてさらに著しく安易になつており、ある上司に云わせると「赤ん坊でもできる」仕事である。従業員の男女の割合は六対四位いであるが、力のいる部門で女性に不向きとされていた作業も、機械を使うことによつて可能になり、次第に女性の方が多くなるという傾向があるようだ。これは、新規採用の男女の比率から推察される。だが、私たちの作つている時計が、技術的にそう困難を伴わない目覚時計であるから新陳代謝のはげしい女性へと移向しているとも云えるよう。

全般的にそうなのだがとくに私の仕事はコンベヤだけに秒単位の等速機械運動が要求される。秒という時間の単位は普通の生活では意識されない程のものである。そのような単位で区切られた作業を八時間行う。産業の機械化によつて大量生産が可能となりアメリカでは労働時間の短縮が行われているという。しかし私たちの作業は年と共にふえる一方で労働時間の短縮は当分行われそうもない。そこで生理休暇を百%は認められない、否ほとんど利用できない程度で現わされる労働かという問題が出てくる。アメリカでは労働時間の短縮によつて生じてきた余暇をレクリェイションに向けるようになつたといわれる。そしてそれによつて、明日の生産意欲をより高めようとしているそうである。その意味は、健全なる精神を保持育成するための方法ということであろう。

近代産業という機械化された仕事は確に頭はつかわないし肉体的に辛い労働ではない。だがそこには、創造や生産の喜びという発展的な感覚のはけ口がない。単純な等速機械運動は気持を沈滞させ、探求的な思考性がはばまれて来る。この傾向は種々の面に現われてきて、健全な人間性を喪失せしめるものである。このような問題が組合の機関新聞でも取上げられたこともあつたし、一応それぞれ文化サークルの活動もあるが、この精神的な問題をどうするという運動までには発展していない。しかし何かの方法を取る必要は起つている。肉体の疲労は、風呂に入つて充分眠ることによつていやされる。しかし精神的な疲労はじわりじわりと心にしみこんで人間的な向上心をはばみ、刹那的、頽廃的になつて人間性をゆがめて行く。

健全な人間の本来の姿は明るく活動的で前進性を持つたものでなければならない。それが全て機械のために単純にされてしまつては人間本来の姿を見失うことになる。だから今まで重労働にあえいだ時代とは逆になつて来たのだ。たえる対象が変つて来た時代の問題ともいえると思う。人間の質的な変化への過渡期なのではなかろうか?、機械文明の最先進国のアメリカでWANA《ワーナ》運動We Are Not Alone ——我々は一人ではないという運動が起つているときく。機械文明の中で人間の本来的な探求意欲をコンベヤに流し去られないただ一つの方法として人間相互の連関、個人の健全なる社会性、共同性ということが取り上げられているという。たしかに単純な仕事をしている者は単純さに熟練が加わると益々単調になつてしまう。そんな時人と話すことによつてその単調さを忘れることができ沈滞していく気持は人と話しているといやされる。それもたしかに一つの方法であろう。しかしそれが根本的な解決をもたらすものとは考えられない。

人間の機械化！　これは理想的といわれる最新式設備の工場に働く者にとつて最も大きな問題であろう。

（筆者は精工舎仕上工・二二歳）

短歌

萩《はぎ》元《もと》たけ子《こ》選

行商の母の脊にゐて孤独なりし幼年の日よ風船もちて　辻村正子

チンドン屋のあとつけてゆく白痴の少女裸足にて青春を追ひかけてゆく　同

原子塵測定されると云ふ雨の田に柄杓を振りて肥撒く農夫　中町清子

子を負ひて妻も行商する隣り菓子を焼く火が夜見えてゐる　中町初江

雨けむる車庫より流るる労働歌君と思へる声もまじれる　轟目里子

百貨店

はなやかな売場のかげに

伊《い》豆《ず》まさ子《こ》

「エー、願いましては一万八千円が三反、二万円が四反、一万六千円が同じく四反……」「十一番では三千五百円が八枚、二千五百円が十一枚」「違う違う二千五百円が違うわよ」「残念でした。一枚、二枚、三枚……失礼十二枚」「ハイ」

「ネエーそつちに三百円のクレープ十ダースつていうのない？」

「値札がないわよー、誰か一八〇円二枚作つてきてー」

あちらこちらで引き合わせする声、伝票と品物と合わないで探す声、朝の商品検品所はまさに戦場のようなすさまじさだ。

ところ狭しとばかり積み上げた商品の間を縫つて、検品のすんだ品物を積んだ車が忙わしく往き来する。

「ハイハイごめんなさあい、危いよ危いよ」

「アヽッ待つてよ、そんなに押したつてりの

箱どけなきや通れないわよ」「アッ痛い」「済みません、大丈夫だつた？」「ちよとすりむいたけど、でも靴下が切れなかつた、よかつたわあ」その声に如何にも実感がこもつているので思わず周囲の人びとも笑い出してしまう、殺気だつた空気も一瞬やわらぐのだ。

× × ×

「まあ〇〇デパートにおつとめですの、デパートはお仕事はきれいで楽だし、お給料は良いし、羨ましいですワ、おまけに賞与は四回も出るんでしよう」私は近所の人びとによくそういわれた。また、検品所にいるというと「検品は売場と違つてお客様の気苦労はないし、威張つてハンコを捺してればいいんだから」と友だちにもいわれる。以前の私は、そんな時ムキになつて弁解したものだけれど、今ではただ苦笑しながら「まあ一週間もここで働いてごらんなさい」というだけだ。

私が売場から受渡部へ役替えになつた時、最初におどろいたのは仕入の女の人たちが見かけによらず力のあることだつた。ナイロンレースのブラウスを事務服の襟からのぞかせスカートの裾をひるがえしながら彼女たちは男の人と同じように大きな洋服布地の反物を五本も七本も一つに結んで山のように手押車

に積み上げる。箱に入つて納品されてくる洋品類の中をあけて私たちが検品すると、縛つて車にのせて売場へ運ぶ。売場の人びとが一日に十何里の道のりを歩くのと同じように、仕入の人びとは一日に何百貫の商品を積み下ろし、運んでいることだろう。以前はそれでも、問屋さんが手伝つてくれたところもあつたけれど、公正取引委員会の指示で禁止になつてからは、人員も増えないままに、全部私たちの上にかぶさつてしまつたのだ。朝の十時から二時頃まで、私たちは伝票に印を捺す時を除いてはほとんど立ち通しで、猿がのみをとるような恰好で一枚々々値札や数量の間違いの有無を調べる。場所によつては一つの検品所に三つから四つの仕入が一しよになつていて、そこに四、五人の受渡部員が出張しているのだから、どこでも自分たちの品物を早く出そうとして私たちはひつぱりだこになる。やつと納品が終り、伝票の計算もできた頃、売場の返品が始まる。夕方にはまた納品で、これが返品と一しよになつて一しきりごつた返す。そんな中で商品の出入にハンカチ一枚の間違いもないように気をつけ、テキパキさばいてゆくには従来の女らしさなどではとても追いつかない。

ある仕入の男の人が云つた。

「僕はもし自分の娘が受渡へつとめるようになつたら辞めさせるね。およそ受渡の女の子は女じやないカンナだよ。姐御気取りでさ」

たしかに入店そうそうの若い女店員はここにはいない。ある人の計算によれば、ここの女子の平均年令が二十九才だというが、ある程度の押しの強さがなければつとまらない職場なのでもある。ここでは仕事上の間違いは検印の番号で誰がやつたのかすぐわかるようになつているから、自分の間違いは自分で責任をもつて処理しなければならない。いわば男女同権の原則は厳として守られているわけだが、その上にお掃除と灰皿洗いは女の人の仕事になつている。「自分の事は自分で」という話合いで灰皿は男の人が洗うことにしたら当人たちより他の部から厭味を云われた。「ここは女の人はいないのかねえ」灰皿一つ洗うのは何でもないことだけれど、その何でもないことが一つの習慣という形ですべての上に大きく支配している。賞与の時、三十六才の女の人が一万四千円位なのに、二十八才の男の人は二万円もらつているのもその一つだろう。「仕事は一人前、給料は半人前」というのが私たちの冗談でまぎらした不満なのだ。

とくに最近は売上げ競争の激化と共に、ヤレ特売会だ、展示会だ、〇〇大会だ、逸品会だと商品の出入りは増える一方、その上少し売場が忙しくなると、土・日だけに限らず売場応援に仕入の人手をとられてしまうので、麻なわやあらなわを扱う指先は固くなり、足は毎日遠足へ行つたように痛むばかりだ。その上、日曜日ごとの残業も共かせぎの人びとの悩みの種になつている。

ピカピカにみがき上げた柱や階段の一歩裏へ廻われば荒けずりのままベニヤもはつてない壁、雑巾がけをするとトゲのささる机、それがデパートの裏だということを世間の人に少しでも知つていただけたらと、今日もシャツ一枚で浴衣の包みをかついでいる仕入の人びとを見ながら私はつくづく思うのである。

（筆者は都内某百貨店勤務）

世界婦人労働者会議日本代表氏名

山本あや（日数組）虎谷キヱ（公務員）吉川シズ（小学校長）崎川サン（保健婦）吉田止久子（全蚕糸）井上房江（婦人労働研究家）小笠原政子（大阪府教組）高静子（大阪自由労働者）大道 俊（京都自由労働者）辺寿美（看護婦）出牛恆（教員）中島宜子（通訳）

看護婦

愛と奉仕の美名のもとに……

井《いの》上《うえ》よしみ

現在、日本における看護婦の実動数は、看護婦一一六、六〇一名、准看護婦九、〇八二名程度である。

敗戦によつてもたらされた民主々義の導入も、前世紀的な封建性をもつ医療社会にあつては遅々として進まず、今なお医療看護の崇高なる使命の名のもとに驚くほど権利も自由も侵されている。

通勤と結婚問題

もともと、わが国の看護婦の教育方針は徹底的に愛と奉仕の精神につらぬかれ、労働条件や待遇に不満をのべることは許されなかつたし、この教育方針は現在でもつらぬかれている。

夢多き未婚女性が、看護婦の職業を選んだが、彼女たちは全員寄宿舎に入れられ、外出、外泊にも厳重な監視と統制があつて、社会人としての人権は極端に無視されてきた。

したがつて結婚すると殆んど看護婦をやめてしまい、ごく少数の未婚看護婦を除き続いて勤務できなかつた。

しかし戦後民主々義の導入と結核を中心とした、あらゆる疾病の急激な増加によつて看護婦の絶対的な不足を生じたため、一時的に、結婚した看護婦も職業を継続するようになつてきたが、看護婦の養成も軌道にのり、最近とくに都市では看護婦の獲得が容易になると同時に、一方においては、医療機関の経営難は、年々深刻になり、経験年数の多い、給与の高い、しかも労働管理上都合のわるい通勤看護婦の雇用が困難になり、採用の条件に通勤を認めないという非民主的な契約が次第に増加してきている。

このようななかで、看護婦の職業教育は、あいかわらず宗教的奉仕の精神でなされているが、その方針が看護婦を愛と奉仕の精神の美名にかくれ、奴隷労働をおしつける社会のしくみであることを、若い看護婦たちは意識しはじめている。

以上のことから現在結婚と通勤の自由を獲得する闘いが特に真剣に考えられてきた。

東京では、はじめての試みとして、一九五五年七月から医療婦人の集いをもち、この会合には、国立病院、療養所に勤務する看護婦日赤、鉄道、逓信、都立、大学附属、専売などの病院、結核予防会、保険病院、その他民間関係の看護婦が多数集り、結婚と恋愛と通勤の自由と、よりよい看護をするため、それぞれの職場の実状、経験を交流しあい、その後定期的に毎月会場は病院まわりもちで開いている。

大病院は看護婦寄宿舎、開業医は住込み、この宿舎制度が看護婦の労務管理と労働実数の大きな役割をもつているが、福祉施設にかえてゆく運動も合せて重要な問題になつてきている。

なお医療法に定められている看護婦の定員基準（患者四人に一名、結核患者は六人に一名）は、一九四八年から四九年にかけてわが国の総病床数を看護婦の実働総数で割つた平

競争心にあおられて

清《し》水《みず》きくえ

専売公社

　私が専売公社へ入社したのは今から八年前の五月、何もわからず、ただ夢中で働いていた。そして日増に職場の空気になじみ、工場内のいろいろなことに対していささか関心をもつようになつた。

　私の持場は巻上げといつて機械で煙草を巻く仕事である。巻上機には一台に三名が従事し(もとは一台に五人〜六人ついたもの、また最新式の機械では一人か二人のものもある)、大体七、八台に一名の割合で組長がいる。私たちの周囲はみななごやかで、隣同士の競争心などなかつた。世間から一口に専売女工といわれていても、私たちは働く婦人として良心的に、そして誇りを持つて一日一日を楽しく愉快に過していたのだが……。

　ところが、いつ頃からか日一日と明るいはずの工場が何故か暗く感ぜられ、職場を明るく、という言葉はどこへやら、誰もが競争心にあおられ必死になつて働くようになつた。組合のことにもほとんど無関心、誰も厭がつて役員・委員になる人もいない、たゞもう競争心ばかり募らせ真剣になつて働いている。この原因はどこにあるのか、誰も考えてはいないようだ。

　数年前のおもかげもなく、一日の疲れで重い足を引づつて家路へと急ぐ。作業が終つてからの組合の集りにも一向に集まらない。この現状をどうしたらいいのだろう。

　人間として生れた私たち、働くのは義務だろうが、同じ働くならば明るい職場で愉快に過したい。競争心にあおられて夢中になつて働いている人には何の罪もないのだから、どうこういうことはできないと思う。しかし競争心から周囲の人々の和もいつとはなく欠けがちになつてしまい、果ては自分のことしか考えず、同僚に対して負担をかけるような結果になつてしまうのだ。

　この原因は言うまでもなく生産性向上運動と職場のオートメーション化にあるようだ。私たちの知らぬ間に私たち働く者同士の和を

均値をもとに定められたもので科学的な根拠はなにもなく医療看護の近代化と複雑化に合致するものではないが、これすら守られているところは皆無の状態である。

制度上の問題

　看護婦(高校卒業後三年の養成後国家試験)一本が望ましいが、看護婦の絶対数が不足していたため日本の現状の中で准看護婦(新制中学卒業後二年の養成後都道府県検定試験)制度が生れ、そしてその数も次第に増えて大きな看護力となりつつあり、この問題は非常に重要になつてきている。

　現在准看護婦から看護婦に進む道は、准看として三年の実歴を経て二年制の高等学院に入り、国家試験を受けるという方法があるがこれには多くの問題がある。根本的に矛盾をなくすためには法律改正を必要とする。現行制度を改正するには今の力関係の中では、むしろ看護婦全体の待遇、身分の改悪が予想されるので、現段階として進学コースの受け入れ態勢の整備と、准看護婦の意見を取り入れて看護労働専門委員会で最善の方法を検討することに全医労では決定している。

(筆者は全医労婦人部長)

奪つているこれらのものの魔力がヒシヒシと身に迫つてくるのが感ぜられる。生産数量設定運動がどんな意味を持つものか、自分たちの身近な問題として考えてみるならば、この運動にレジスタンを感じないではいられないと思う。

競争心にあおられて、自分の成績に得意になつている人々が目をさましてくれたならば私たちの職場はもつと明るくなるだろう。

（筆者は専売業平工場勤務）

海外だより

ブラジル　既婚婦人はしめ出される。

多くの企業が、「結婚しない」という契約書にサインした婦人のみを雇う。紡績や金属・取引所ではほとんど既婚婦人を雇わない、たとえ雇つても妊娠するとクビにする。

また既婚婦人は病院、公共機関の掃除以外の仕事につけず、国立・市立の業務につく権利がない。教師として働く場合取交した契約書は結婚と同時に破棄され、もし仕事につけても臨時雇でしかない。

西ドイツ　既婚婦人の働く権利は保障されない。

公務員就業規則第六十三条は婦人は結婚すると同時に解雇される、と規定。産業部門でもまた既婚婦人はやとわない。経営者は「婦人は結婚したら予告なしに自動的に解雇する」という条件で婦人を採用する。

カナダ　組合によつて漸次改善

婦人労働者の三〇％以上が既婚婦人。組合が婦人の権利を主張して立上る前は既婚婦人は妊娠すると一方的にクビになつたが今では以前より待遇がよくなつている。

中国

最近開かれた全国工会労働保険生活住宅会議に出席した全国総工会婦人労働部副部長は、最近の統計によると、全国の工場鉱山、企業には約五千の託児所が設けられ、千九百余の哺乳室ができている。昨年託児所にあづけられた児童は十五万八千、哺乳を受けた幼児三万四千。託児所の増加率を解放当時に比べてみると、上海ほぼ二〇倍、北京一二八倍、天津四〇倍。

読者だより

拝啓、「婦人のこえ」毎号楽しみに拝見いたしております。今月号（六月）の特集〃家族制度〃はとくに興味をもつてよみ全く共鳴いたしました。

参議院選挙も始りまして憲法改正、家族制度復活をかかげる自民党に対し、私たち婦人も断呼たたかわねばならないと思います。有権者の半ば以上を占める婦人が全面的に自覚し、協力すれば憲法改正問題などふつとんでしまうと思うのですが、まだまだ政治は政治家に任せろ式が多く、封建的妻の座に甘んじている婦人たちが私の周囲にも多くおります。これらの人たちに幾分かでも目ざめてもらうため参院選挙には努力を惜しまぬつもりです。

（東京・轟目里子）

……（前略）三重県では保守と革新の一キ打でして、殊に上野はお二人共の出身地を近くにひかえておりますこととて誠に革新候補にとつては苦戦の由、他人事ならず心配いたしております。けれども私もそれとなく人々の考えなどきいておりますと案外革新候補の支持者も多くこれなら大丈夫かも知れぬなど一々心を左右されておりますような次第でございます。

今日は町のあちこちに例の写真がはられ、自民党のきたならしい戦術にあきれたり、憤慨したり、また心配したりしております。

どうぞ誰といわず、何県といわず一人でも多く革新党の方の当選をお祈りしております。

（上野市・増田多喜子）

×　×

花園の目ざめ

——封建制の中から私達が立上るまで——

山野高等美容学校
白《しら》石《いし》弓《ゆみ》子《こ》

　華やかな流行の先端に立つて活躍する美容師と云えば、一般からはあこがれと、羨望の眼で見られ勝ちなものです。まして東京代々木の一角にそびえ立つ工費七千万円の鉄筋五階建の山野美容学校々舎の偉容を見て、そこに働く私たち美容講師が組合を結成したなどと云えば、一般の方々が驚くのも無理のないことでしよう。

　私たち講師（国家試験を通つた美容師資格者）の待遇は、初任給が一カ月二千円、十年働いても一万三千円止り、というもので、私たちはそうした待遇に今まで甘んじて来たのでした。これはとりもなおさず、髪結さん時代からの徒弟制度という封建の殻を脱皮出来ぬ美容界の暗い掟のようなものだつたと云えましよう。理事長が私達を呼ぶのに「お前さん」であり、人権無視などは当り前といつた有様でした。

　一例を挙げますと、祝祭日、夏休、冬休等生徒の休みの時には、私たち講師は直接学校と関係のない山野美容室へ手伝いに向けられ、暮には強制的に徹夜させられ、それも一銭の手当さえ支給されず、むしろ技術を習わせてやつているのだ、と云つた態度が露骨で反省する気持など少しもなかつたようです。

　また夜間部専任講師が少ないため、昼間部から引続き夜間部授業を続ける現状で、長時間労働に対しては一方的な手当を支給するだけであります。仕事の性質上立つて仕事をするので、生理日の長時間労働は苦痛が甚しく、生理休暇の訴えに対して理事長は「そんなもの必要なら美容師をやめろ」と一かつされるという仕末です。このような例はほんの一例に過ぎませんが、こんな前時代的な環境の中にあつては、組合を結成したいと思う私達の気持は、水の低きに流れるのと同様、あまりにもそれは自然の成行きだつたと云えましよう。しかし私たちの一人々々は弱く、ましてや主要ポストに近親者を据えている現状では、ひそかに不満をもらすのがせいぜいで、結成の具体的な話などおくびにも出せない状態でした。

　私たちの不満は募る一方でした、と同時に同じ業界の同僚が、同じような「掟」の中にある、ということも、私たちを深く考えさせたのでした。

　藤原道子先生に私たちの悩みを訴えたのは、不馴れと、圧迫のため、第一回組合結成の計画が失敗に終つてしまい思案にあまつての上でした。藤原先生のお話は私たちに大きな励みと勇気を、ひとりひとりの胸に、自然に湧き起させてくれるものでした。私たちの一人々々が自覚を持つてするなら、たとえ弱くとも如何な難局も乗り越えられるという確心を私たちは得たのでした。

　この頃から、第二組合の動きが活発となり、学校側からは事務長が説得に廻り、近親者一体となつて切りくずしに全力を傾けてきたのでした。今までなかつた就業規則も至急に問い合せ私たちに押しつけて来ました。一方校長は、「師弟関係は終つた」と私たち講師にうそぶくなど、師という立場を利用して組合結成阻止に当つて来たのでした。新しい自覚に燃える私たちは、秘密裡にこうした切りくずしの嵐の中で組合の具体化を計る会合を持ち、全国理容従業員組合書記長の山田氏の指導を仰ぎ、一方藤原先生にも連絡をとりながら準備を終え、第一回の失敗から一カ月後の五月十三日、代々木八幡応慶寺で念願の組合結成大会を決行することができたのでした。当日は社会党からは鈴木茂二郎、藤原道子、小畑マサヱの各氏はじめ多数の来賓の激励を受け、一同益々団結を固くして立ち上つたのであります。

私たち組合員の大多数が女性ばかりのために、また組合活動の経験のないことから、苦しい思いや、つまづきも随分とありました。その一つには、校長が私たちの師であることから「組合」と「師」との関係をはつきりと割切つた考え方をもつまでには大変な努力と自覚を必要とするものであつたわけです。組合結成大会決行の朝、数時間前になつて重要な役割をもつたある同僚の一人が突然、私たちを裏切り寝返つたのも、こうした自覚の欠除から起つた一つの例といえるでしょう。また「師」を校長から一方的に押しつけられたための動揺でもあつたわけです。

この裏切り行為は私たちを憤慨させるだけで結果的には組合員の団結を強めるばかりでした。大会での来賓の激励は私達の心の暗雲を吹き払い瞼からは熱いものが知らず知らずに溢れ出て来るのでした。

組合結成後

一、人権の尊重
一、まともに暮して行ける給与制度と、超過勤務手当の適正支払い
一、夜間部授業を時間外勤務と切離して独立させ、健康を保つ就業規則を確立する
一、祝祭日、有給休暇、生理休暇を認めよ
一、医務室、休養室など厚生施設を設け、また織員が適当に休憩する場所を与えよ
一、組合事務所を講内に設けよ
一、近親者と、一般織員の差別待遇を廃止せよ
一、労働協約の早期締結

の要求を学校側に提出し、五月十七日第一回の団交を行つたのであります。一応学校側は善処すると云いながら、解答を全部保留にし、十九日再び団交を開いて解答することを約しました。しかしその後は専科校舎の縮少、組合員の配置転換を図る始末でしたが、とにかく十九日の第二回団交では生理休暇、祝祭日、年次有給休暇、勤務時間の短縮を認めさせ、配転をしないことを確認させました。学校側はそれ以上は次回まで保留にし、引延しを図つて来ました。

二十一日早朝、理事長が発熱し入院の報に団交は流会、交渉は一時中止になりました。其後学校側は引延しを計画、休戦状態を利用して無理解と妨害をほしいままにし始めました。側近の非組合員や、裏切つた同僚等が同調してあらゆる種類の妨害で、明らかに不当労働行為と見られる行動も出ております。

現在の私たちは、新しい自覚のもとに団結を固め、断固として組合の要求を通すために闘つております。私たちの前途はあまりにも多難であります。しかし私たちが本当の人間らしい生活をするためには立上つて闘う以外に方法はないのです。また全国美容業界の暗い徒弟制度という封建の殻の中に苦しみつつある美容師のためにも、私たちの組合が、民主化のツチをもつてこの殻を打破るひと振りとなることを願つてもいるのです。今までの闘いの間を通じ、私たちの最も大切なことは何であるか、この尊い体験を私たちだけのものにして置いてはならないと思います。

世界婦人労働者会議のこと

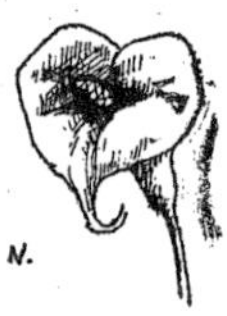

山《やま》本《もと》あや

世界婦人労働者会議というのが、六月十四日から三日間、ハンガリーのブダペストでひらかれます。名前は大変いかめしくてコワいようですが、世界中のはたらく婦人が一堂に集つて話しあうというのですから、それは大変華やかで、にぎやかで、またとてもたのしい会議になることでしょう。この会議は、世界の歴史はじまつて以来のものです。「どうでしょう、世界の労働婦人が集つて話あつてみようではありませんか」と一人が提案したことから「それは素晴しい、みなさんに呼びかけましょう」と相談が発展して、世界の一角からあらゆる国々へ相談がありました。これは一昨年のことです。日本ではこの相談をうけて、みんなで顔を見合せてしまつたのです。「趣旨は賛成だけれど、一体出かけられるだろうか、遠いヨーロッパまで……」「四十万円も五十万円ものお金をどうして集めることが出来るでしよう」当惑はしたけれど、そのよびかけは、読めば読むほど私たち日本のはたらく婦人の胸にひびいてまいります。「やろうではありませんか、職場の人たち、地域の方々の要求に一致した運動なら、きつと皆さんこの運動を発展させてくださると思う」私たち、日教組、全農林、国際電々、そのほかこの運動をはじめから支持した組合婦人部の人たちは、運動費など一文もないところからビラを刷り、呼びかけをつくり、テクテクあるいて運動の趣旨を説明してまわり、去年のあの雨のメーデーの時など、全身びしよぬれになつて「世界婦人労働者会議へ代表を送りましよう」のビラをまいたりして、一人が一人の友をつくり、支持者を得、そして今日に至つたのです。

国際準備委員会で出している最近のニュースによると、会議の参加国は八十余カ国、七百人余りだということです。白、黒、黄の婦人たち、そして言葉もちがい風習もちがい、宗教も思想もちがう八十何カ国の働く婦人が、どうしてこんなにも熱烈な支持のなかで集るのでしよう。それは呼びかけにもあるように、婦人労働者の地位の向上、権利の擁護、不当な差別待遇の撤ぱい、それらの要求がまつたく一致しているからだと思います。そしてさらに、そうした要求をかちとり、婦人労働者ー母親をふくめて、すべての婦人が幸福になるためには、平和でなくてはならない、戦争の準備に莫大なお金を使つたり、戦争をはじめたりしては困る、平和こそ婦人の仕合せをもたらすものだという点で一致しているからだと信じます。

言葉はわからなくても「ピース」（平和）の一言だけ通じあつたら、きつと黒い婦人も、白い婦人も、かたく手をにぎりあえることでしよう。だからこそ「それでは、どうしたら婦人の幸福が得られるか」という具体的な相談のために、太平洋をこえ、大西洋をこえ、同じ働く仲間の尊い資金カンパでこのように多くの人たちが集つたのだと思います。

去年から日本でも具体的な活動がはじまりました。けれども、それはなかなか働く婦人たちを即座にたちあがらせるというものではありませんでした。「何だか世界会議なんて縁遠い、もつと国内に解決しなくてはならない問題があるじゃないの」そういう意見もあつて、一部の熱心な活動家の努力も、時によりくずおれそうになりました。「とてもこれでは代表どころか、運動をひろめることもむずかしい」世話人会の方々と、泣きそうになつて顔見合せたこともありました。

けれどもこの四月の十四日、十五日の二日間東京でひらかれた「働く婦人の中央集会」に出された多くの職場の要求は「どうして男女の賃金にこんな差があるのでしょう」「なぜ女性は、いくら一生懸命仕事をしても、男の人の補助的な仕事しかあたえられないのでしょう」「女性が立派な赤ちゃんを生み、そして育てることは、お国の栄えるもとなのに、職場の女性が妊娠するとクビ、赤ちゃん生むとクビ、どうしてこんなに圧迫するのでしょう」「センイや蚕糸などのように、女性の多い組合で、女のデリケートな問題が大多数男子執行委員によつて処理されているけど、これでいいのでしょうか」そういう切実な要求がもう数限りなく出てまいりました。それは仕事を愛し、職場を愛し、生きることに、働くことに情熱をかたむけた真心の叫びであり、男女平等の原則をゆがめる者への腹の底からの怒りであり、祝福さるべき結婚すら、かくさなくてはならない悲しみ、そして何かといえばすぐ女性へクビ切りのくる不安のおののきでした。

こんな不合理は一体どこからくるのでしょう。中央集会ではみんなで考えました。そしてこの会議では「世界婦人労働者会議へ代表を送つて、私たちのなやみを訴えよう、世界の婦人と話しあおう」という意見が出て、それぞれ地方へこれをもちかえつたのです。

この会議で出たさまざまのなやみは、こんどの世界婦人労働者会議の議題とまつたく一つものなのです。議題の一は「男女同一労働、同一賃金をどうかちとるか」二つめは「婦人がもつと積極的に組合執行部に入り、婦人の権利を守り要求をかちとつていくにはどうしたらよいか」で、この第二議題を、日本代表が提案することに、第二回国際準備委員会で指名されました。

中央集会が終つてから、運動は急速にたかまり、大阪、京都、新潟、愛知などでは、資金カンパの手ぬぐい売り、街頭募金など、地域共闘でぐんぐん進められました。この期間はわずか一カ月くらいですが、ぜひ世界の婦人と話しあつてきてくれ、と京都などでは八十万円余のお金が集り、全国で十二名の代表団が選出されたわけです。

代表は、婦人の労働条件、賃金、母体保護、厚生施設、その他全国的な日本の労働婦人の状態をしらべ、まとめて、立派な資料をつくり、全国のはたらく婦人と地域の婦人、それに男の方々の大きな支援のなかで、出発の準備をととのえたのです。この世界会議は、おそらく日本の婦人労働者の統一を大きくすすめ、全体の労働運動を飛躍的に前進させ、そして職場の婦人と地域の婦人とのつながりを一そう強めて「幸福への道」をきりひらくものと信じます。ある地方では、もう帰朝報告会の準備をどしどし組織しております。

けれども、残念なことに、出発の前日、つまり六月八日、外務省渡航課の厳達で、私たちはイタリア以外の国々へまわることをかたく禁じられました。こんどのヨーロッパ行きは、イタリア総同盟から最初招待されていたので、それ以外はいつていけない、というのです。非常に残念ですが、私たちは、この範囲で、できるだけの視察、あちらの婦人との交流、その他たくさんのものを学んできたいと思います。（談、文責記者）（日教組婦人部副部長、世界婦人労働者会議日本代表団々長）

ふるさとの思い出
（7）

夏まつりの頃

三《さん》瓶《ぺい》孝《こう》子《こ》

1 夏まつり

旧の六月（太陽暦の七月）にはいりますと次から次へと夏まつりがつづきました。胡瓜天王祭《てんのうさい》、人形まつり、何々観音まつり、何々地蔵まつりなど毎日毎夜もようされました。

胡瓜天王祭は、旧六月十五日ですから、新暦では七月の暑いさかりです。その頃はちょうど胡瓜のみのりの時期でした。お祭に胡瓜の市が立ちますので、こうした名がついていました。胡瓜なぞ珍らしい時代ではありませんでしたが、やはり市も立つたようでした。

この天王さまはF市より数里も奥の町にありましたから、たいてい若い男達だけが朝早く出かけました。またそうした習慣もあつたようです。このお祭には手桶の市も立ちまして大小さまざまの手桶が売られ、お土産には子供用の、天王と焼印の押された手桶がありました。バケツの時代になつてからは、こんな手桶を探してもみつかりません。いまお墓まいりの時、お寺で貸してくれるような桶で、水一斗くらいはいるものです。これは農家の必需品なので、この市で売り出されるのでした。

鎮守さまの近くのお寺には色観音とみなが呼ぶ観音さまがありまして、これも大へんな賑いでした。色観音とは、子供の私には何んのことかわかりませんでしたが、芸者がお参りするので、有名でした。恋をかなえさせる観音さまなのでしょう。

こうしたお祭には、東京の縁日と同じく、子供相手の綿あめや、一、二銭のおもちや、人形焼や、花やなど、境内の両側にならび、人の賑いでごつたがえしました。お祭には、「郷《ごう》の目」神楽という、郷の目村の農民の間に伝えられているお神楽ばやしが、人々を楽しませてくれました。

夏まつりの中で最も大きいのは、水無月《みなづき》大払の鎮守さまの人形まつりでした。おまつりの数日まえに、神主さまが、紙人形をもつて人形くばりに来ました。白紙を二つに折り、男人形は短袖、女人形は長袖の着物をきた形に切つたものです。白い水干《すいかん》をきた神主さまが、紙人形を包んだ風呂敷を大切そうに抱えて、暑い日ざかりを、一軒一軒まわるのです。

「今日は、いいあんばいだなし、こつちの家では何人でいらつたし」

とおもむろに風呂敷包をとき、男何人、女何人と、人数だけの紙人紙を黒塗りのお盆にのせて、うやうやしく出しました。母はありがたくお受けして、お塞銭を紙に包んで、お盆にのせてお返ししました。この紙人形は、一枚に一人ずつ名前と年令とを書いて、紙に包んでお塞銭と一緒に、祭の夜、神社に納めますと、神社では祈禱をして、これを焼きますが、これで悪病が払われたことになるのでした。

祭の夜は夏の夜なので、みな初ゆかたを着て行きました。F市は盆地なので、日中の暑さにくらべ、夜はすずしく、夜風が気持よくほほをなでました。

夏まつりの頃から、毎夜町の中央の広い道路に、桃、バナナ、野菜、金魚、花、笊、箱庭の飾物、水遊び道具、吸いあげた水を流すとき太鼓をたたく人形などの夜店が開かれました。町角のやや薄暗いところでは、近在の農家のオカミさんが、初なりの唐キビ（唐モロコシ）を、七輪で焼いて、バタバタ団扇であおぎながら、よい香りを四方にまきちらしました。これがまた初夏の味覚をそそりました。そつと買つて横にかじりつくのもまた楽しいものでした。

2 七夕

七月七日の七夕もまた楽しいおまつりでした。私の家では、いつも分家の裏庭から新しい竹を切つて、いとこが持つてきてくれました。いまはもうありませんが、私の子供の頃七夕紙という紙がありまして、売る家もきまつていました。いまの子供の折紙のような、白紙を染めたザラ紙ではなく、紙の原料に、藍、刈安、紅花などの草染の染料を入れて、農家で漉いた、赤、紺、黄などの手漉の和紙で、粗末な紙でしたが、いかにも郷土色ゆたかなものでした。

七夕まつりの前日、この紙は私達子供が買いに行くことになつていました。父がこの紙を、色紙や短冊形に切つたり、五色を重ねて着物の形を切つたりしました。こうした年中行事の祭りは一家の中心の男子が主宰しなければならないのでいつも父がしました。父初め、家内中みなが歌や何かを必ず書かねばなりませんでした。字に自信のないもの、よい文句の出ないものは天の川とか七夕とかを何枚も書いてお茶をにごしました。色紙、短冊、その他、五色の紙で切つたいろいろのものを竹に結え、庭の電柱にしばりつけて、夜を待ちました。分家からいとこが私の家の七夕を見にきたり、私達も見にいつたりしました。今日の商店の商魂たくましい馬鹿さわぎの七夕など、全々考えられませんでした。

七夕には一つの習慣が、私の家だけかも知れませんが、残つていました。それは、五色の紙を重ねて着物の形に切つたものに紐をつけて、便所の隅の方に、下げるのです。紙の切りかたもきまつているのです。これはうじが出ないようにしもの病気にならないようにとの事でした。いまの防臭剤の袋を下げるようなものです。私の家の便所の隅には、紺の上着に赤、黄、白を重ねた、五寸位の紙の着物がいつもぶら下つていました。毎年七夕になると新しい着物ととりかえるのです。便所の中に一輪の花をそなえたように美しく見えました。

毎年どうしたものか、七夕の夜は、めつたに晴れたことはありませんでした。旧の七夕は台風の季節にはいるからでしよう。

翌八日の早朝に、川へ行つて髪を洗うという習慣がありまして、女中達は朝四時頃起きて阿武隈川へ髪洗いに行きました。

私の家に長く奉公しているおスギ婆やは、年を取つていましたから川へは行かれないといつて、井戸端（水道もありましたが）で髪を洗い、庭の水神さまの祠の前で、お不動経を、声たからかにあげました。それも午前四時か五時頃でしたから、祠に近い離にいた私は、眠い眼を、この婆やのお不動経でさまさせられました。この婆やは、若い頃、眼が悪く、見えなくなつた時、不動さまを信心したため眼が開いたのだといつて、不動経を時々あげました。私が「婆や、お布施」といつてお菓子包などを出しますと、本気になつて長いお経をあげるのでした。

七夕の夜もすぎ、朝になりますと、七夕の竹を大根畑に持つていつて立てますが、こうすると大根のみのりがよいのだそうです。

色紙の色が、雨、風であせて、紙もちぎれ散らばつてしまつても、竹だけは、いつまでも畑の隅に立つていました。

ルポルタージュ

西陣をのぞく

山川《やまかわ》菊栄《きくえ》

私がはじめて京都西陣の織工の様子を見たのは大正九年、今からちようど三十八年前の夏だつた。その春から大戦後の恐慌におそわれて日本の財界、産業界はしようぎ倒しとなり、花形だつたセンイ株はどん底におち、西陣の機業地帯にはオサの音がピタリととまつて死の静けさが支配していた。昭和二十三年ごろ久しぶりでここをのぞいた時、代表的な近代工場――川島のあの見る目もまばゆい金らんの織手でも月収一万円程度。その近くの織工の家をのぞいてみると、昔ながらに土間を一段低く掘つた中にハタ台をすえ、顔色のわるい男あるじがおなんど色の帯を織つており、一日十五時間働いて月六、七千円の収入といつていた。土間は職場と同時に炊事場を兼ね、ハタ台のそばにかまどや鍋釜のならんでいる様子が、昔のまま、何十年の月日はこの一廓に何の変化も及ぼさぬようにみえた。その後京都の土を何度かふみながら西陣をのぞくひまがなかつたが、この五月また京都を訪うたついでに寸暇をえてちよつと寄つてみた。

電車通りからはいつた狭い横町の両側にならぶ家々の姿はやはり昔と少しも変らない。なつかしいというよりなさけなくなるほど変らない。軒は低く、柱は傾き、べんがらぬりの千本格子と、同じ色の幅のせまい格子戸の入口と。間口が狭く一年中日のささないうす暗い家のなかへ一歩はいれば、依然として台所を兼ねたハタおり工場。土間を深さ一尺あまり掘りさげた中にハタ台をすえつけ、二台並べて夫婦が並んで織つているところもあり三、四台おいて、親子兄弟または人を雇つてやらせているところもある。土間のすみにはフタもなし、ポンプもない井戸がパックリ口をあいている。ゴミがはいるだろうに。カマドも何百年昔の絵にあるのと同じ型で、同じように大きな口をあき、いくらでも薪をくう旧式なもの。煙突なしで、そのすぐそばで目のさめるような綾錦、つずれ織など最高級の品を織つているので、ススや灰がつきはしないかと気になる。

「ですから上マキしかつかわんのや」とはいうが。この京都伝来のだいじな産業の中心にまだガスも水道もひかず、細民街の姿でおく当局の気持が分らない。まだまだ京都の裏町には昔のままの手仕事をしている所がいくらでもありますよ、といわれたが、そういうものの中に大仏次郎ごのみのしめやかな中世紀的な京都のふぜいは残つていようが、その中に温存される長時間、低賃金の非人道的なスウェーティング・システムを見すごすことはできない。日本の前近代的な零細企業手工業の問題が、この古典的な都市で浮きぼりにされている感じである。

長い労働時間、低賃金

二万にあまる西陣の労働者は全額出来高払いであるにもかかわらず、自営と賃バタとの区別がきわめてあいまいで、あたかも請負業者のように考えられやすい。しかも労働者が地域的に広汎囲にわたつてちらばり、長時間労働、低単価、加えて家族労働の動員をふくめても、一カ月の収入は他産業の労働者にくらべて低い。

西陣労働時間

種類	世帯数	一日一人平均労働時間
ビロード	三六	九・一九時間
帯	六九	九・七一時間
着尺	二三	一二・三四時間
計	一二八	一〇・〇一時間

この数字は一九五三年一月、全西陣織物労働組合の資料によるものだが、着尺関係が一日平均一二・三四時間と最も長いのは、力織機の関係上、手バタより疲労度が少いためと考えられる。ビロードは最も短いが、それでも実働九・一九時間平均となつている。これよりも長い時間働いている労働者は非組合員の中に相当あると思われる。近来日曜は組合の申合せで休むことにはしてあるが、織元はその日事務を休むかわり、織手に渡す材料などを前日にまとめてやつてしまう。織手の方は自宅でやることで、休んでも休まなくても任意なところから、つい休まないことも多くなるらしい。

賃金はビロード関係では月収八千円が最も多く、帯では一万一千円、着尺でもその程度が多い。ビロード部門内ではその七七％までが一万円以下、帯、着尺は一万円から一万三千円。家族の補助労働をふくめてこれだけ強度の高い労働に従いながら家族ぐるみ月収一万三千円以上の者は約一割にすぎない（現在は当時より二割増）。

基準法施行後、織元との個人交渉が多くなり、業者側から一方的におしつけられることがなくなり、手待ち日当（仕事のきれめの時）をいくらか仕払うようになり、解雇手当も出るようになつた。以前は賃バタを織る労働者でありながら事業税が課せられ、社会福祉は皆無だつたが、今では労働者の扱いで健保にもはいり、労務米もうけている。力織機十台以上の工場では週休または時間制限をおこない、手織家内工業でも七〇％がた深夜業がなくなつた。

もと奈良の婦人少年室長だつたKさんは、はえぬきの京都人だが先々代まで西陣有数のハタ屋で、男女二十名の織子をおいたが、欧州大戦直後の恐慌でハタ屋をやめたという、ちようど私が大阪毎日新聞に頼まれてはじめて西陣の調査に来て書いた当時のことである。Kさんの話では、昔は不況のときはカユ施餓鬼（セガキ）といつて、織子を餓死させないため、織屋が金を出しあつておカユを施したもの。またもつと古く、たぶん明治の中ごろらしいが、絹の不況時代には手をあそばせぬため、小倉を織らせた。これは右から左と売れるあてがなくとも、その頃の必需品であつたからむだになる恐れはなく、織つたものを積んでおき、景気がなおるのを待つて売りさばいたものだつたという。

西陣には屑やが多い。不況でハタが動かぬときは屑やをやる。その屑やの手を経て二番糸と称する生糸が取引される。撚糸をやる撚子は年少者が多いが、そういう子供たちが糸をよりながら口にくわえてときどきそれをまるめて天井になげる。それを一カ月に一度ぐらいはきあつめて屑やに売る。つまり昔はこのようにして材料を盗むものもあつたとか。

復古調で和服ばやりとはいえ、もはや和服が一般のふだん着として昔の勢をとり戻す見こみはなく、この保守的、古典的な京都でさえ和服はよそ行き専門、贅沢品として着られるにすぎず、従つて西陣の製品も将来の見通しは必ずしも明るくない。今の若い娘さんたちは高級な、渋い、おちついた製品の味など分る筈がなく、織り方も、何十年も年期をいれた熟練工の手になつたものより、昨今織りはじめた若い娘などの雑な仕事の方が喜ばれ将来、熟練工の技術が保存されるかどうかが心配されている。教育程度も高くなり、職業もふえるにつれ、昔ながらに親子代々、織台にしばりつけられて食うやくわずの一生をすごそうという気になるものは少く、青年は他の職業につく者が多く、私などもそうなんでと中年の組合長はいい、不況で失業するとまたこの仕事に帰つてくるのだそうである。

時事解説

重要法案のゆくえ

四谷《よつや》信子《のぶこ》

鳩山首相は、去る第二十四国会での施政方針演説の中で、憲法改正をしたい旨を特に強張したが、その裏書き通り、今国会ぐらい、重要法案といわれる、各種の反動立法が提出されたことはない。その一つは小選挙区法案であり、教育二法案、憲法調査会法案、国防会議構成法案等々である。この五つの重要法案中、新教育委員会法といわれる地方教育行政の一部を改正する法律、憲法調査会法、国防会議の構成等に関する法律は、社会党の必死の抵抗もむなしく通過したが、公職選挙法の一部を改正する法律案と教科書法案は、野党の作戦が効を奏して廃案となつた。

ところで、このような重要法案のねらいは、一体どこにあるのだろうか、それをさぐることは、政府自民党がこれからの日本をどう方向づけようとしているかを知ることでもある

まず、会期末の参議院で、あごひも、革ゲートルの警官を本会議場に入れるという、クーデターにもひとしい暴挙をおかした中で可決された、新教育委員会法である。

この法案が国会に上提されるや、国立大学の学長の反対声明、都道府県教育委員の総辞退の決議、そのほか、ＰＴＡや婦人団体から、教育の中立性をおびやかすものとして、猛烈な反対運動が行われ、社会党議員の机の上には、悪法を葬れ、という陳情書が山のようにつみ重ねられた。なぜこのような激しい反対の与論をまきおこしたのだろうか。

この法律は一言にしていえば、教育行政の中央集権化ということである。いままで、教育面に住民の意志を反映するために、教育委員は公選であつたが、これを地方自治体の長が議会の同意を得て任命することとした。また教育長も、都道府県教育長は文部大臣の承認を得て都道府県教育委員会が、市町村教育長は、その教育委員の中から都道府県教育委員会の承認を経て、市町村教育委員会が任命するというように、住民の意志とは無関係に、地方自治体の長が、さらには文部大臣にとつて都合のよい委員が、ということは保守一色にぬりつぶされる顔ぶれによつて、中央の方針がそのままに浸透する途を開いた。まに教育委員会の権限にしても、教育関係の予算や議案は、これまで委員会が独自の立場で立案していたのが、単に地方自治体の長が、教育委員会の意見をきくだけで採用しなくてもよいことになつた。恐らく赤字財政を理由に教員の数を減らし、老朽校舎をそのまま放置したり、そのシワ寄せがＰＴＡの負担という形であらわれてくることになろう。そのほか文部大臣は教育委員会または地方公共団体の長に対して、必要な指導助言、さらに必要な措置を講ずることができることになり、政府自民党の考えに反する教育は、すべて「教育本来の目的」に反するとして、是正を命ぜられることにもなつた。現場の教員が特に問題にした点は、教科書をのぞく教材はあらかじめ教育委員会に届出、または承認が必要となり、このため自由な教育活動ができなくなるということである。このような内容をもつ法律によつて行われる教育が、どんな結果をもたらすであろうか、明治、大正、昭和と敗戦の日までの、全体主義軍国教育のあやまちを思いだすだけで、りつぜんとするものがある。

次に、憲法調査会法であるが、これは内閣の諮問機関として、憲法調査会をおき、おも

てむきは、憲法に検討を加え、調査審議し、その結果を内閣及び内閣を通じ国会に報告するというのだが、真意はいうまでもなく、憲法改悪の口実をつくるため、しかも、あたかも民主的な方法によつて、その結論がでたかのような錯覚をおこさせる、ごまかしの方便としてつくられたものである。調査会には五十人以内の委員をおき、うち国会議員三十人、学識経験者二十人だが、国会議員は各党の議員数の比率によつてだし、学識経験者は、政府の御用学者が任命されることは明らかであり、結局行きつくところは、公然たる再軍備と徴兵制、天皇元首、家族制度の復活、基本的人権の制限をするための準備法である。この法律と相まつて、しかも憲法改悪以前に実質的な軍隊を作りあげようとするのが、国防会議の構成等に関する法律である。これは十九国会で成立した、防衛庁設置法の第四十三条にもとづいてつくられ、二十二国会で上提されたが、オネスト・ジョンの日本もちこみのあふりをくつて流産した、いわくつきのもので、今国会で社会党の反対をおしきり通過した。この国防会議は、国防に関する内閣の最高の諮問機関で、国防の基本方針、防衛計画、防衛計画の実施に必要な航空機や自動車、船などの諸産業が防衛上の目的にそうよう調整する仕事、また自衛隊が出動すべきかどうかを検討し決定するものである。しかも会議の構成員は、議長が内閣総理大臣、その他の議員は副総理である国務大臣、外務大臣、大蔵大臣、防衛庁長官、経済企画庁長官であり、問題になつた民間人はついに入れないこととなつた。その上防衛出動の場合、緊急の際には国会での承認はあとでよいことになつており、さらにここでの議事はすべて秘密とされ、国民の目をくらまし、これら数人の閣僚によつて、国の存立を左右する、重要国策が勝手にきめられてしまうことになつたのである。

これらの通過した法律のほかに、社会党が全党あげての抵抗で葬つた法案についても、政府は、これからも執拗にその上提通過をはかるであろうから、その内容についても一応の検討を加える必要があると思う。

廃案になつたうちでも、最も大きな法案は、公職選挙法の一部を改正する法律案であろうこれについては詳しくのべる必要はないと思うが、最初の政府提案では、ゲリマンダーの小選挙区区割、立合演説会の廃止、供託金の引上げなどという酷いものであつたが、世論のきびしい攻撃にあつて、第一次第二次と修正案がでて、結局、当初の姿とはうつてかわつた骨抜き案になつたが、これすらも遂に社会党の激しい闘いで廃案となつた、このねらいはもちろん憲法改正に必要な保守党議員を三分の二確保するためのものであつた。

さらに教科書法案であるが、その内容は、文部大臣の諮問機関である検定審議会は、十六名を八十名にし、この委員は全部文部大臣が任命し、しかも検定基準は、大臣が検定審議会に諮問して定めるということは、政府の考え方なり、方針がそのまま教科書に反映させるのを目的としているのは明白である。またある一定地域には、同一の教科書を採用するというのは、国定教科書へ通ずるということがいえよう。

以上がいわゆる重要法案として、話題となりその結果、廃案或は警官の援護のもとに強引に通過した法律であるが、これらに共通していえることは、公然たる日本軍隊の再現、昔の日本への逆もどりという、危険なコースへ日本をまつしぐらに追いこもう、との意図をもつていることだ。

会期末での社会党の暴力云々の宣伝に目を奪われ、このような法律が通過したことによつて、やがて国民の頭上に加えられるものは、それは巨大な国家権力の暴力以上の暴力であるということを私たちはみきわめなければならないだろう。（筆者は新宿区々会議員）

コント

路端会議

毛《もう》利《り》美《み》津《っ》子《こ》

朝の一仕事を終えて、小休止といつた主婦たちが、四人集つて、新聞論評に夢中になつていた。

女子大を出たというR女史は五十才に手の届く年配で婦人会の会長である。

「どうです、国会は、何と恥しいことでしょう」

すると四十才を少し越したT重役夫人は、

「全くですよ、社会党も社会党ですよね」

と、相槌を打つた。

「せめて売春法だけでも通せばよいのに……」

R女史は未亡人である。

「あら売春法は通りましたわよ、私はそれよりも教育委員会法案と小選挙区法案ですわ、少数党とはいえ、社会党だつて、そう簡単には通せないでしょう」

これはK夫人である。K夫人は五十才だと云つても非常に進歩的な考えを持つていて、会社では課長の夫も家に帰ればしばしこの奥様の政見には一応耳を傾ける位だから相当自信を持つていた。するとR女史は自分の学歴に自信を持つて応戦した。

「だつて社会党も社会党ですわ、何も乱闘までして阻止しなくてもよいと思いますわ」

「それは貴女の主観でしよう、少数党だからあれだけ頑張戦術に出るより仕方が無いでしょう、真意は悲壮なものですよ」

「悲壮かどうか知らないけれども、とにかく無茶ですわよ」

「でも、教育委員会法案だつて、今の日本に取つては重大問題ですわ、せつかく民主的に成長しかけたのに、まだその成果も見極めないで、駄目押して、変えようなんて」

「いいえ、まだまだ日本には今の法律は時期尚早ですつてよ」

「選挙区だつてそうでしよう、日本の選挙区は小さい程良い人が選べるそうですよ」

「だめだめ私は正反対よ、あれは自民党が自分達を有利にするための作戦ですよ」

「早くしないと今に参議院選挙があるというのにね」

「あら、参議員とは関係ないでしよう」

「あるかないか知らないけど、早く国会もスムースにやつてほしいわね」

「スムースに行くのが可笑しいと思いますわ、あれをスムースに通したら、二大政党じやないでしよう、何も政党の必要性も感じなくなりますわ」

「おやおや私に貴女食つてかかつてるの」

「別にそうじやないんですけど、貴女があんまり分らないことをおつしやるからよ」

R女史とK夫人はお互いに論議していた。T夫人とM夫人は二人の話をハラハラしながら聞いていた。

「第一教育委員会法案にしろ小選挙区法案にしろ一方的ですよ、国民の真意もたしかめないで、党利党略ですよ、二法案とも折角十年間国民が民主的に進歩仕かけて、これからという時、何だつて又、昔のように逆戻りするような法律をつくるのでしよう」

「だから、日本には今の憲法は早すぎるといつてるんですよ」

「早かないでしよう、むしろ遅いのですよ、国民が自覚してないからよ、後十年もしたら、今の法律が良かつたと分る時が来ますわ。貴女は、昔の方が良いと思うでしようが、若い人達は現在で満足しますよ」

「どうですかね」

「勿論そうですよ、断言できると思いますわ、それに第一小選挙区になれば自民党は絶対多数を占めて、憲法改正して、家族制度を復活し、兵役の義務を国民に要求しますわ、国民の自由を阻止し、親の子に対する平等の愛情を偏愛に導きますわ、家庭のぶち壊しですわ」

「おやまあ、貴女は政治家ね」

R女史は上品にK夫人をヤユした。M夫人は
「それじやあ、Rさんは自民党で、Kさんは社会党ヒイキなんでしよう」

「そうね、何んだか、二人が保守と革新で争つてる見たいですわ、国会へ行つてやつたらどうお」

今まで沈黙して居たT夫人とM夫人は声を揃えて笑つた、R女史は不機嫌な顔だつた、K夫人は
「そんな風に思えるでしようが、考えても御覧なさい、私達婦人の立場から、世界平和だの、戦争反対だのと云つていても知らない間に、ずるずると反対の方向に向つているんですよ、おまけに婦人の地位も今でさえ、法律上は男女同権でも実際には、個々の家庭に何%がそれを実行しているでしようか、まだまだ本格的な男女同権に成らない家庭が沢山あるのに、家族制度を復活したら、完全に妻は奴隷ですわ、そのくせ戦争が始まると、さつさと愛児を無報酬で引張り出して、日本のお母さんは偉いとそんな時だけおだてておいていざというと、女は黙つておれですよ」

「それやたしかに、Kさんのおつしやる通りですわ、Rさんのようにお子さんの無い人には分らないけど、私は一人息子を取られているだけに同感ですわ」

やつとM夫人が息子のことになるとK夫人に同意した。

「私なんか、いくらそんなことを云つたつて、主人に一言で軍隊が無かつたら誰が国を守るつて叱られますわ」

T夫人は情けなさそうに云つた。

「そこなのよ、男女同権が実際化していないのは、軍隊が無かつたら国民全部で守りますよ、息子だけやりませんよ」

そこぞとばかりK夫人はたたみかけた。

「たいていの家は旦那様次第でしよう」

M夫人は蚊の鳴くように云つた。

「婦人と青年層が、全部目醒めたら、絶対にこの心配はない筈ですよ、ところが、たいてい、御主人が命令的に家族の投票をさせるんですからね」

K夫人は手を引かない。

「家なんかも社長への義理ですつて、絶対に命令ですわ」

M夫人は肯定した。

「悲しいことね」

K夫人はこれ以上話をする気にならなかつた、R女史は最初の意気込は何処へいつたのかしばらく顔を見ていた。

兵庫県 職場婦人懇談会の歩み

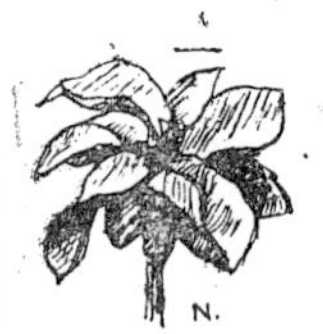

田《た》中《なか》豊《とよ》子《こ》

私たちの会も、発足以来二年六ケ月を経過しました。「職場の婦人相互の連携を保ち、その自主性の育成と地位の向上」という目的のもとに集り、その名称も懇談会となづけただけに、花々しいスローガンを掲げて対外的活動云々というのでもなく、またこの集会で討議されたものが、直ちに各職場への経済的要求となり、それをバック・アップできる立場の会でもなし、行き方そのものについても会員同志充分割り切れぬものがあつたりしました。このような本質的な問題は別にしても技術的な面での人手不足などでいつまで存続できるか。発足当時の世話人たちは五、六人になつても頑張つて続けようと悲壮な覚悟をしたものでした。しかしこの間に、中途参加した若い人たちが労働者としての自覚を強め自分の職場の組織化に努力したこと、つまりこの懇談会が未組織の職場の婦人の組織化の契機になつたことが、会の存在のむだでなかつたことをおもわせ、目立たないが婦人の力は伸びていることをしみじみと感じるのがもつとも大きなよろこびです。

先日も四十五人ほど集まつた会合で、「年長者と年少者の各々の立場からの意見」、「共かせぎ論」、「未組織の中小企業における特殊技能者の問題」、「労働強化」等につき活発に意見が交換されました。「年長者は現在の仕事に安住し保身的だ」、「共稼ぎの人は家事労働を理由に勤めぶりが怠慢で、自分たちの前途はふさがれるようだ」という年少、未婚者の批判にたいして、「戦争犠牲者の自分たちは生涯仕事を続けようとしてまじめに働いても職場の順調な昇進はおろか、長くつとめれば格下げの仕事をあたえられ居にくくなる」、「未婚者より地味に責任をもつて働いている」と年長、既婚者の弁。そして「結婚すれば家事労働を理由に軽作業へと配置転換で、結局未、既婚者は共通の話し合いの場を自然に失うのではないだろうか」、「妊娠中の掃除当番で重いバケツを持つての階段の昇降が非常にくるしく、難産であつたとの同僚の話をきき共稼ぎの人の立場をもつと理解すべきだ」という未婚者の反省等。すべての会員がこもごも語り合いました。婦人労働者としての一人一人の自覚の必要と、問題解決を個人的な非難ではなしに、共通の話し合いの場で討議し、反省し、理解し、協力し良い労働条件を獲得しなければならないと一応結論がでたのですが、「流れ作業の自分の職場では近頃とみに機械におわれるようで、仕事中は全く心のゆとりがない」という発言のように、日々の労働の過重が、考える力も同僚間の思いやりもすべて押しつぶしているようです。年長者の増加も共稼ぎの増加も、婦人にとつては必然の現象でありながら、受け入れ側の有形無形のしめだしの現状を今さらのように一同強く味わされ、「女子の新規採用が困難な時、比較的経済余裕のある共稼ぎの存在は、女同士で婦人の職場進出をせばめることになるのではなかろうか」と妙な不安が皆の心をかすめたようでしたが結局は問題を本質にまでほりさげ前に進めて考えよう、それが婦人の幸福をうることだと最後にはおちつきました。

昨年は「売春禁止法制定促進」をねがつて市会へ要望書を提出、さらに近畿地区の同大会へ参加し、また「神戸母親大会」参加、今年は兵庫県婦人協議会の「原水爆実験反対の抗議文を送る運動」の協力、「小選挙区制反対の署名運動」をやりましたが対外的な活動は少なく活発な婦人組織からみれば驚くような低調さかと思いますが、すぐれた婦人一人の百歩前進より、平凡な多くの婦人の一歩前進をねがう私たちの会としては、会員の充分な納得からの、これがせい一杯の活動であり、また婦人自身の問題は、上部団体を異にする各単組の在り方とは別の、統一活動できる多くの問題をもちながら、やはり各々のワクをなかなかこえにくい現在の限界でもあるように思われます。

二、三日前の役員会でも、「共稼ぎの人のみの職場配置転換の問題」、「労働者総数三百余名中臨時工六十余名の紡織関係労組の組合活動の問題」、「産前産前の休暇と賞与決定基準の関係」などが出、顔が会えば必ず何か問題がある近頃、身近かな問題の共通の話し合いの場にすぎない私たちの会も、さらに個々の問題を追求し、具体的な解決をみいだすためのグループ活動も充実させる機会にきたようです。

「小選挙区制法案は悪いということだけは知つていたけど、こういうことなの」と、一人一人が趣意書を読みながら署名したこの婦人の手が、間近かい参院選挙には、働く人の生活にむすびついたどのような政治をえらぶか、遅々としてたくわえられた力をどう発揮するか、大きな期待にそいたいものです。

（一九五六、六、一〇）

× × ×

編集後記

経済上の必要と婦人自身の目ざめから、戦後働く婦人は急激に増え、現在総就業者数の四一％強を占め、婦人は国の経済にとつてかなり大きな役割を果しています。ところが最近産業の合理化や機械化のシワよせが働く婦人の上に集中されるという傾向が強く、現実に暗い影をただよわせています。この根本はなにか、そしてこの解決をどこに求むべきか、個々の問題としてではなく働く婦人共通の問題として考えなければならないものと存じます。その意味から今月は、「働く婦人の現状報告」を特集として取あげてみました。松尾先生の論文と共に示唆に富むものが少くないと存じます。

今月はいよいよ参院選挙です婦人の良識によつて日本の右旋回を喰止めましょう。（菅谷）

婦人のこえ 七月号

定価三〇円（〒五円）
半年分 一八〇円（送共）
一年分 三六〇円（送共）

昭和三十一年六月廿五日印刷
昭和三十一年七月 一 日発行

編集発行人 菅谷直子

東京都千代田区神田三崎町三ノ六
印刷者 堀内文治郎

東京都港区本芝三ノ二〇
（硫労連会館内）
発行所 婦人のこえ社
電話三田（45）〇三四〇番
振替口座東京貳壱壱参四番

婦人のこえ

特集 戰時下の生活記録

8月號

1956

金属産業に働く
青年婦人の実態と要求

全国金属労働組合では、運動全体の発展のためには、青年婦人の状態と要求を知らなければならないと、本年三月その調査を行いました。最近その結果が発表されましたのであらましをお知らせいたします。

調査対象　東京地本は全支部の婦人組合員全員と満二五歳以下の青年組合員全員。他の地本はこの基準で各支部から何人かを選んだ配付した調査標一三、〇〇〇枚に対し、回収されたもの東京四、三九一名、地本七〇〇名

学歴状況

中卒が全体の約半数、高校卒以上約四〇％、小学卒一〇％弱。

結婚状況

大多数が独身で、既婚者は全体の一〇％に満たない、そして既婚者の七〇％が婦人（二五歳以下の青年を調査対象しているのでこれは当然）。

扶養家族

一五％前後の人々は自分の収入だけで扶養しなければならない家族をもつている。この大部分は低い賃金で子供を育てている未亡人、親が早くなくなつたり、あるいは病気、失業のため家族の生活をみているというもの。

住宅状況

全体の七〇％が親、兄弟といつしよ。次が会社の寮で一三％、間借して自炊の者が第三位で、下宿、アパートよりやや多い。

夜学について

全体の約二割以上が夜学に通つているが企業の規模の大きいほどその数がふえている。男女別では男子の方が多い。

また、「職制や同僚に気がねなしにゆけるか」という質問に対しては大企業になるに従つて「ゆける」という答が増えている。一〇〇名以下の支部では「ゆけない」という答が二割近くあり、夜学通学に相当苦労していることが示されている。

そして「時間に間に合うか」という質問に対しては、小支部になるに従つて「ときどき遅れる」「間に合わない」という人が多くなり、一〇〇名以下では「間に合う」という答は全体の半分にみたない。

「夕食は完全にとれるか」という問については五〇〇名以上の支部では五六％が「とれる」が、一〇〇名以下では六〇％以上が「ときどきとれな」かつたり、「いつでもとれない」という状態である。

賃金について

「自分の賃金が、経験や仕事の内容から考えて正しく査定されているか」、「女だからあるいは年が若いからという理由で差別はないか」という二問に対し、半数以上が「低すぎる」、「差別がある」と答えて、端的に不満を示しているそしてこの不満は小支部になるほど大きくなつている。すなわち、五〇〇名以上の支部では三三％が「だいたい正しく査定されている」と答え、「低すぎる」という答は三一％だが、一〇〇名以下の支部では五〇〜六〇％が「低すぎる」と答え、「正しい」という答は一〇％程度である。

そして、賃金について不満の多い支部では青年婦人の独自な組織がない場合が多く、要求が無視され勝ちであること、またこのような問題は一支部だけでは解決されず、青年婦人だけの問題ではなく中小企業労働者すべてに共通するもの、と指摘されている。

婦人のこえ

1956年
八月号

八月号目次

特集・戦時下の生活記録

時評

戦いはこれから

山《やま》川《かわ》菊《きく》栄《え》

参議院選挙の結果は革新派が議員総数の三分の一以上をしめ、憲法改正は一応くいとめられました。新しい参議院の勢力分布は自民一二二名(前分野一二二)、社会八〇名(前六八)、緑風三一(前四三)、労農なし(前二)、共産二名(前一)、諸派一名(前なし)、無所属(前八)となりました。自民党は前議席を維持、社会党は十二名ふえ、自民党の別動隊になりさがつた緑風会は十二名へり、無所属組も前回の二九名に対し、今回は九名しか当選していません。

要するに旗色のはつきりしない中間的な小会派は没落し、二大政党の対立が明白となり、保守勢力もやや衰えて革新派、特に社会党が大きくのりだしたわけです。得票数を見ると全国区では自民党一、一三五万五千九百一(三九・七%)、社会党八五四万九千五百九十九(二九・九%)、地方区では自民党一、四三五万四千五、社会党一、一一五万六千五十六(三七・六%)で、共産党は全国区で六八万三千(二・四%)、地方区で一四九万(三・八%)をとつています。

こんな風に社会党が大きくのびたとはいつても独力では衆参両院とも三分の一をしむるにたらず、革新諸派の力をかりてあやうく三分の一をくいとめているので、これは決して満足すべき状態ではありません。殊に労働組合の代表者が圧倒的に優勢で、党はその上にのつているかつこうですから、党自体の組織がいかにも弱いことを思わせます。党は労働組合との強い結合と協力の上に立たなければなりませんが、組合以外の一般市民と直接にむすびつき、その中の政治意識の高い要素を結合して地域的単位とし、広い範囲にわたる勤労者、農民の階級的な利益を代表して戦わなければならないので今後もつと地域の党の組織と、教育活動につとめなければなりますまい。

革新派進出の原因はいろいろあげられましようが、何といつても憲法改正と再軍備反対が第一に国民の共感を呼んだものと考えられます。そしてソ連、中共との国交回復、社会保障への要求がそれにともない、また消極的には保守政党の無理想、無方針、無道徳のたよりなさ、その醜悪さが革新勢力の支持を強めたものでしよう。そこへもつてきて選挙の最中、沖縄問題が起り、住民の利益も意思も無視してアメリカ軍の基地を無限に拡大し、しかもそれを永久に所有する権利を一方的に宣伝した形のプライス勧告が発表されたこと、また次年度の日本に対する軍事援助を三倍にするというアメリカ国会の計画が発表されたことは、日本国民に独立を奪われる危険をおもわせ、国際緊張の緩和に逆行する矛盾を知らせて、アメリカ依存に対する批判に拍車をかける結果となつたのは当然でした。要するに、内政外交ともに保守党にまかせておいては危険だということが国民に知られてきたのです。

軍縮へ、原水爆実験禁止へ

国連軍縮委員会はモタモタしながら兵力削減へ一歩を進めようとし、ソ連の最高会議は日本国会の原水爆実験禁止を全会一致で承認して英米二国にも同意を求め、英国政府は制限つきで同意を与えようとし、米国も頭から否定しかねている恰好です。英米の学者や民間の進歩的勢力が日本のためでなく、世界人類のため禁止に賛成なことはいうまでもありません。時と共にこの運動の前途は明るくなつてきました。この際日本国民が参院選挙の結果によつて平和憲法よう護、再軍備反対の意思を世界の前に明らかにしたことは実にすばらしい成功でした。もしその反対だつたら？

婦人も政党へ

とはいえ、保守政党の醜悪きわまる内状があれほどはつきり分つていながらなお投票の三分の二が彼に帰し、両院の絶対多数が彼を支持しているとは、革新派にとつて誇るべきことではありません。のみならず新興宗教や旧軍人の代表者が相当の票数を得、殊に後者は二名まで当選していることを思うと、逆コースの深刻さが思われ、前途容易ならぬものが感ぜられるではありませんか。

社会党の前婦人議員がいずれも高位で当選したのは結構でしたが、新顔がなく、もつと多く立候補しなかつたのも残念でした。婦人は終戦後まで公職につく機会がなく、教育程度も低く、家事の負担は重く、男子にくらべてはるかに責任ある公共の任務につきにくい事情のもとにはありますが、年毎に新しい、高度の教育をうけた者もふえ、公職の経験の長い人も多くなつているのですから、政治の面にも若い、新しい人々が大いに進出してほしいものです。しかし十年前、はじめて婦人が参政権を行使したころとちがい、女だからというだけで珍重されるわけでなく、緑風会や無所属組の没落の示す通り、男女を通じてはつきりした政治的立場の求められている現在です。婦人も政党に参加し、政党の力を強めていかなければ戦いを有利に発展させることができないことを知りましよう。もつとも男女をとわず、公認してくれるならなどと党を便利なふみ台にする気で入党を望む者は単なる立身出世主義者で、公認してもらえなければ無所属で出る、他党へ走ることさえあるのですから信用できません。一身の利害をよそに、党のため、社会主義のため、何年も捨石になつて働くいわゆる筋金入りの党員を多く養成し、その中から議員候補者をえらぶようにして、野心的な議員病患者、公認めあてのとび入り候補などには目もくれないようにしたいものです。人か党かなどということが問題にならないよう、公私共に折紙つきの候補者しか出さないようにしなければなりません。

教育の危機

憲法改正だけは一応くいとめることができても、衆、参両院とも三分の二の絶対多数を保守党にしめられているのですから、悪法も大手をふつて通るわけで、前国会の末期にあんな騒ぎをまき起した新しい教育委員会法の実施もこれからのことで、地方財政の赤字をうめるために教育費を犠牲にする傾向は全国的なものです。国土は狭く、資源は乏しく、人口の多い日本で、頼むところは国民が道徳的にも知能や技術の点でも優秀な生産者となることです。それにはよい先生を多くし、教育の設備をよくし、子供たちによい教育を与えなければなりません。民選の教育委員は、まだ充分とはいかなくても、せいぜい有権者の意思にそうてこれらのために努力してきました。ところが今や教育委員は任命制となり、上司の意に添うこと、特に文部省の意を迎えることがその地位を保つ上に必要となろうとし、教育の民主化の代りにその官僚化、中央集権化が行われようとしています。これは日本の将来を危くすることで、私たちは全力をつくしてこれを防がなければなりません。

日本軍国主義の歩み

——軍隊の始りから満州事変まで——

菅《すが》谷《や》直《なお》子《こ》

憲法の改正について、心ある人々が最も憂いているのは、保守派の人々が現在の憲法の枝葉を改めることに満足せず、敗戦後日本が新しく生きる途として選んだ平和主義文化国家の土台をくつがえし政治も経済も教育もすべて戦争を目的とする恐ろしい軍国主義の国家に逆戻りさせることを目ざしている点であろう。そこで、あやまちを再び繰返さないために、私たちは日本を亡国へと導いた軍国主義の歩みをもう一度ふり返つてみる必要があるのではなかろうか。

軍隊の誕生

二百六十年にわたる徳川幕府が倒れ、明治維新となつたのは、黒船の外からの圧力によつたばかりでなく、内部的には武士階級を養うため、常に搾取され、圧迫されていた農民や市民の反抗——百姓一揆、打こわし——などによるものであつた。

明治維新は徳川慶喜の大政奉還によつて、全く血をみず万事スムーズに行われたものではない。旧幕臣のなかには新政府に反対するものも少くなく約一年半にわたつて全国的に所々に内乱が起つた。この内乱は薩摩、長州、土佐、安芸その他近畿以西の諸藩の兵を主とした政府軍（官軍）によつて一応とりしずめられた。

明治四年、政府は突然廃藩置県を行つて、永い間専制をほしいままにしていた封建領主から、その領地と権力をうばつて、これを天皇のものとした。しかしそれにはかなり強い抵抗があるものと考え薩摩、長州、土佐の三藩から兵隊八千名を出させて「御親兵」として備えることにした。それがのちに近衛兵となつた。

明治政府は、始めからすでに軍国主義的な性格をもつていた。政府の最も大きな目標は「富国強兵」で、国を富ますためにはまず強い兵隊をもたなければならない、その兵隊を養うために産業を興さなければならないという、いわゆる帝国主義の方針を建てていた。

こうして始め内乱を圧えるために作られた軍隊は、外を征服する軍隊へと育てられていつた。廃藩置県の際、旧藩主が持つていた兵士を整理して、県ごとに士族軍隊をおき、それを統師する鎮台が中央に設けられた。政府の軍事指導者は大村益次郎、山県有朋だつた。

翌五年、政府は徴兵令を出して全国民のなかから壮丁を徴収し、現役と予備軍をもつ近代的常備軍をつくりあげた。海軍は、幕府や諸藩のもつていた艦隊を接収し、それを次第に拡大していつた。この徴兵令が出された年の一月、兵部省は陸軍省と海軍省に分けられた。しかしこの国民義務兵役制は国民に歓迎されず、兵役をのがれるため国民はいろいろな手段を用いた。当時は独子、独孫等は兵役を免除されたので、ことに戸籍をいつわる者が多かつた。

軍国主義の発展

幕府が欧米諸国に与えたいろいろの売国的権益は新政府の努力で一応解決されたが、安政条約（不平等条約）は改められず、統一国家となつたのちも日本はなお欧米への屈従をよぎなくされた。政府は近い弱少諸国を侵略してそのうめ合せをつけようとした。そこで明治二年、新しい日本との国交を拒んだ朝鮮に対して、早くも征韓論が起つた。

明治七年には台湾に漂着した琉球人が原住民に殺されたのを機会に、自国民の復響という口実で清国領だつた台湾に兵を進めた。当時琉球は独立国ではあつたが、清朝と日本の薩摩藩との両方に貢物をしていた。政府は薩摩藩との関係をたてに日本の領土と称し、明治五年琉球王を日本の琉球藩王となのらせ、そして前記の事件を利用したのだが、その実台湾の豊富な物資がねらいであつた。琉球人民は日本への合併に反対したが、政府はこれを武力で圧え明治十二年琉球藩を廃して沖縄県とした。

政府が国力の伸展を武力に求めるようになると共に軍部の勢力は必然に強くなつた。明治七年の台湾遠征に際し、政府はためらつていたが、軍司令官西郷従道は独断で兵を動かし、政府はそれを圧えることができなかつた。

政府に対する軍部優先は制度の上でも確立され、明治七年陸軍省官制で軍部大臣武官制が決められ、十一年には参謀本部がつくられた。参謀本部は天皇に直属し、軍令については政府の発言を許さないものとされた。そればかりでなく、参謀本部がきめた軍令のあるものは陸軍卿に下して行わせることとなり、政府の一機関である陸軍省を参謀本部に従属させることにした。これは参謀本部が陸軍を通じて政府に干渉する道を開いたものであつた。後年の軍部独裁、軍人の専横はこうして明治十一年、早くもその礎石がきずかれた。

明治十三年、参謀本部長山県有朋は日清戦争にそなえて早く軍備拡張をしなければならないこと、強兵が富国のもとであることを天皇に対して大いに説いた。

ひとたび軍国主義のレールの上をすべり出した政府は、産業もまたこれに合わせ、鉄道・通信等軍事的意義をもつものに力を入れ、砲兵工廠・火薬製造所・造船所など官営の軍事工場が金を惜しまず作られた。

軍国主義と教育

一方、教育の面では、明治五年小学校令が出され、義務教育制が施かれた。最初の学制は、小学校については教育の内容と学校の運営は市町村の自主性をみとめ、中学校は県に任せるというかなり民主的な方法がとられた。ところが明治十二年の教育令によつてこの地方の自主制はうばわれ、中央集権による画一的な統制が行われることになつた。そして専ら政府の方針に従い「尊皇愛国」の思想が吹込まれた。さらに明治十九年の教育制度改正で、小学校から大学にいたるまで、国家主義、皇室中心主義を強調したものとなつた。

しかし、天皇の直接の命令ではじめて国民教育の根本精神が示されたのは、明治二十三年十月発布された教育勅語であつた。忠孝を国民道徳の大本としたこの勅語によつて、わが国の学問、思想はほぼ統制され、軍国主義国家が精神的に固められるようにした。

日清戦争

旧薩摩、長州藩士を中心とした政府の露骨な藩閥専制政治に反対して、人民のための政治を叫んだ「自由民権運動」が明治五年頃から起り、憲法制定、国会開設の声が高まつた。政府はこの勢を無視することができなくなり、明治二十年保安条令を出して自由民権運動の最後の息の根をとどめてから、二十二年二月大日本帝国憲法を発布し、翌二十三年帝国議会を開いた。

当時の軍隊は陸軍が近衛師団を入れて七コ師団、憲兵六隊、北海道の屯田兵約一万で合計現役五万三千人、予後備二十五万六千人であつた。海軍は軍艦二十五隻、五万一千トン、水雷艇十隻。これらの兵士は軍人勅諭によつて天皇のためシコのミタテとなることを最高の名誉として教育された。

日清戦争は韓国で東学党の反乱が起つたのに対し、清国が出兵したことに始まる。日本はこれに対し、韓国の独立を守るという名目のもとに七月二十五日宣戦布告もしないで豊島沖に清国艦隊を不意打ちしてこれを撃滅し、その後八月一日はじめて宣戦を布告した。戦争は八カ月の後、日本の勝利によつて終つた、戦争目的は言うまでもなく経済市場の獲得と、植民地をうばうことであつた。

戦勝の結果日本は三億円の償金を得たほか韓国から完全に清国の勢力をしりぞけ、また清国に対して欧米以上の権益を持つことになつた。日清戦争に費つた戦費は二億五千万円で当時の歳入の二倍以上だつた。そして賠償の一部二千万円が皇室財産に繰入れられた。

日露戦争

日清戦争によつて、朝鮮から清国の勢力を追いのけた日本は清国よりさらに強大なロシア帝国と対立することになつた。朝鮮を足場として大陸に進出しようとした日本はここに軍事的、政治的な意味をもつ鉄道その他に資本投下を行つた。

明治二十八年、日本が清国から奪つた遼東半島を返させて、それを九十九年間租借することとなつたロシアは同二十九年、日本を敵とする軍事同盟を清国と結び、重要な鉄道の敷設権をとり、満州への帝国主義的侵略を企てた。このロシアの極東進出は同じく極東に野心をもつ欧米帝国主義諸国にとつても邪魔となり、ここに日本がそれらの諸国と結びつく原因を作つた。そして日英同盟が結ばれ、日本は英米の財政的援助の下に日露戦争を開始した。戦費十七億一千六百万円のうち約八億円が英米から募つた外債でまかなわれた。

日露開戦には日本国内で反対するものも少くなかつた。ことに社会主義者は、戦争は、国民の窮乏化、内政の行づまりを解決する代りに、外へ関心をそらさせるものだといつて強く反対した。

日露戦争は英米の援助と、ロシア国内に起つた第一次革命とによつて日本の勝利に帰した。こうして日本は武力によつて、朝鮮、台湾、南カラフトその他をうばい、植民地とした。

これらのことは、一般の国民に、戦争は国を発展させるものだ、また神州日本は絶対不敗の国だという、誤つた考えや、迷信をうえつけるのに有利であつた。そしていつの時代、どこの国でもそうであるように戦争や侵略がいつも「国家の独立を守る」ことを大義名分として国民の愛国心に訴え、行われたことである。

第一次世界大戦後

済南事件、上海事変等を経て日本の大陸進出は一層積極的となり英米資本との抗争、中国民衆の独立運動を刺戟した。一九一四――一八年の第一次大戦の終りにロシア革命が起り、日本は英米と共に武力干渉を加えて失敗した。大戦後、世界はいわゆる民主主義の満潮時代に入り、労働党、社会党の内閣が諸国に成立し、日本でも大衆的な労働運動が発展し、普通選挙の要求が高まつた。そして軍縮と社会的改革は国際的な勢いであつたが、軍はこれに満足せず、ヒトラーやムソリーニに学んでその独裁を固めようとした。

帝国主義の宿命――満州事変

昭和六年九月十八日夜、関東軍が計画的に起した柳条溝の満鉄線路の爆破事件は、満州事変の口火となり、日華事変、太平洋戦争、へと発展し、ついに行くところまで行つてしまつた。

ここで、満州事変前後の日本の国状を調べてみよう。第一次大戦で漁夫の利を占め、好景気に恵まれた日本は戦争が終ると共に不況におそわれた。そこへ関東大震災という思わぬ災害が起り、ますます経済的に苦しくなつた。そして昭和二年の金融恐慌が起つて庶民相手の中小銀行がばたばた倒れた。続いて昭和四年の世界恐慌の波がおしよせた。農村は農産物の値下りで窮乏化し、中小企業の倒産失業者の増大、商業の不振などで勤労大衆は不景気にあえぎ、極度の生活難におちいつた。小作争議、労働争議が深刻化し、経済闘争から政治闘争へと発展して階級対立が深まつた。

こういう社会情勢が、文化面に反映してマルクス主義の出版物が歓迎され、目ざめた学生やインテリは政治運動や社会運動に入り、作家や芸術家はいろいろなプロレタリア芸術家団体を作つて活動したが、その中には大正十四年男性普通選挙法と抱合せで実施された治安維持法によつて検挙されたものも多い。そして三・一五、四・一六事件などという共産党の大検挙があつて、その勢力は著しくそがれてしまつた。

また、植民地も内地同様動揺し、朝鮮、台湾では民族運動が起り日本の支配階級はゆさぶられた。とくに彼らをおびやかしたのは植民地投資の七割をつぎこんでいた満州の抗日運動であつた。満州は日本の重要な経済市場であつたから、ここを完全な支配下におく必要があつた。その上、軍事的にはソヴェトを控える大事な足場でもあつた。

このように満州は日本の帝国主義にとつて経済的にも政治的にもまた軍事的にも重要な意味をもつたところだつた。だから、政府や軍部や資本家はここを「日本の生命線」といつていた。そして国内の不安動揺を外にそらし、植民地問題の解決のためにも戦争を起す必要があつた。

そして政府は昭和のはじめから戦争準備をすすめていた。昭和四年には資源調査法、資源調査令の公布をして総力戦の計画をはじめ軍需産業に保護を与えることにした。

しかしその政府も戦争が始ると忽ち軍部に圧えられ、昭和七年に起つた青年将校と右翼の結びついた反乱五・一五事件によつて犬養首相が射殺されたのを最後に政党内閣は亡び、事実上政治は軍部にれい属し、軍部ファシズムとなつた。これに一役かつたのは右翼団体で、日本のファッショ化に彼らの果した役割は計り知れない。

満州事変が起つた時、政府は閣議を開き対外宣伝のため不拡大方針をきめたが、実際はこれを阻止する方法は何一つとらず、むしろ元老、重臣、財界はこぞつてこれを支持するという有様だつた。

また関東軍も中央の命令をきかず、事変三日目には朝鮮駐屯軍が無断で国境を越えて満州へ侵入し翌年一月には全満州を占領した。そして三月には満州を中国から独立させて「満州国」を創設し、清朝最後の皇帝溥儀を執政とする日本軍部の、カイライ政府をつくつた。九月政府は満州国と日満議定書を取り交わし、従来日本が満州にもつていた権益を無条件で認めさせ、また共同防衛の名のもとに日本軍の無条件駐屯を承諾させて実質的には植民地とした。が軍部はこれにあきたらず、その後日華事変、太平洋戦争への発展を見たこと、なにも知らされず、ただひたむきに素朴に「国のため」に堪えてきた戦時下における国民生活の悲惨、戦争を批判し、反対した自由主義者、社会主義者の受けた圧迫等は人の知る通りである。

―特　集―

戦時中の生活の思い出

のどもとすぎて熱さを忘れないようにと、表題の原稿を募集いたしました。しかし、これはまた、なんと痛ましい思い出でしょうか、募集原稿を読みながら、大変残酷なことをしたような心の痛みを感ぜずにはいれませんでした。ともあれ、この苦痛と悲惨を再び繰返さないために、ぜひ読んで頂きたいと存じます。

太和号献納運動

梅《うめ》津《ず》とし

大空には月と星と、そしておてんとう様だけが美しく輝いているものとばかり信じ続けて来たのに、それはもう昔物語りになつてしまつた。――恐ろしい原子爆弾が今日も彼方の空に悪魔の火華を炸裂させているかも知れない……。

想い起しても胸の痛むあの敗戦への歩みを歩み出していた祖国を後にして、大東亜共栄圏確立のための聖戦という名の下に食糧基地満州の開拓に挺身しつつある開拓地の子弟教育のために在満国民学校訓導として渡満していた夫と共に、二人の子供を連れて吉林省磐石県太和村に渡つたのは昭和十七年の六月初旬であつた。

開拓地での生活は終戦のその日まで白米を食べ、日本酒を飲みつづけていられたし、日用品類も不自由ながらもまた何とか入手方法もあつて、内地の人々の困苦欠乏に比べたら正に雲泥の相違と言うべきだつたろう。従つて団員たちの戦争への認識というものは極めて低調であつたのもまた止むを得なかつた。

しかしそれも戦争の様相が日一日と酷しさを加え団には働き盛りの男子の数が見る見る少くなり、やがてどこからともなしに我軍の戦勢非なるらし、との情報が伝わるようになるにつれ次第に激しい関心が高まつていつた。

だが、大部分の家庭には新聞も無く、電灯さえないのでラヂオも聞けず、全く私たちは〝見ざる、聞かざる、知らされざる〟のつんぼ桟敷に置かれたも同然であつた。硫黄島の失陥、沖縄島民の自決等、相次ぐ悲惨なニュースが伝わる頃は、私たちの胸の中は一様に暗然として、前途に対する限りない不安と焦慮に充たされ、いても立つてもいられず、遂に今思えば余りにも無謀だつたとも言うべき計画を立てたのだつた。それは祖国の空を護る航空機、航空機の不足こそが最大の欠陥であると知るや、決然私たち太和婦人会の会員一同の赤誠をこめて太和号一機献納運動を起し、会員一同当時の金にして一人六百円!!の献金を目標として粉骨砕身を誓い、或者は晴着を売り、また薪を伐り出し、炭を焼き、あるいは国防色の布地で戦闘帽を作り、衣類をほどいて人形や袋等を作つて之を鮮満人に売り、鶏を飼い、豚を養い、野菜の増反を計り、およそあらゆる手段をつくして資金の獲得に奔命した。かくて第一回の献金分として三千余円の汗の結晶を磐石の県本部へ届けたのはああ、しかし、八月五日の頃。実に終戦を旬日の後に控えてのこの空しい努力。知らなかつたとは言え、余りにも遅すぎた。今にして思えば哀れなトウロウの斧にも増して胸かきむしられる想い出である。——だが太和号の献納を夢見ていた頃はまだしも希望があつた。それは何も知らぬ者のひたむきな悲しい情熱ではあつたが……。

終戦。そしてベールをまくられてすべてを知つた後の虚しい自嘲にも似た諦めと憤り。——ああ、聖戦とは何であつたであろう？

南海の底に密林の草蔭に、そして凍原の氷の下に、万斛《コク》の恨みをのんで眠る幾万のみ霊よ、その人々の最期に叫んだであろう〝お母さん!!〟の悲痛な呼び声に応えるためにも、二度と再びあのような恐ろしい戦争の声を聞きたくはない。参院選挙も終つた今日、今後三年間だけは完全に憲法改正、再軍備の実施等を阻止し得る議席を獲得できたことをせめてものよろこびとしたい。

〝産業戦士〟

原《はら》しのぶ

いわゆる戦中派と称される私たちの年代は資本主義と結びついた日本の軍閥が、中国侵略への触手をのばしつつあつたいわば〝暗い谷間〟の時代に育ち、物心つく頃から徹底的なミリタリズムの教育をうけていた。だから〝産業戦士〟というよび名にも、ある種の誇りと、優越をさえ感じ「自分のため」というよりは「御国のために働く」ということに何のうたがいも持たず、その軍需工場で働いていたのだつた。

そこで生産される兵器は〝菊の御紋章〟が打ち込まれた小銃であつた。それを生産する私たちはつまり、戦場における兵隊サンと同じ任務と誇りを持つべきだと、社長はじめ工場幹部や、寮の舎監の先生たちから口ぐせのように聞かされていた。したがつて、寮でも、職場でも軍隊式の規律と集団意識とがたえず強調されていた。

× ×

朝六時、寮の端から端までひびきわたるけたたましいベルの音にいやおうなしにとび起きた私たちは洗顔、掃除、身じまいをする間もなく朝礼、点呼の第二のベルにせきたてられ防空頭布やカバンを肩に、寮の広場に飛び出す。晴れた日は寮の前の広場で、雨のときは寮の中で点呼と朝礼は毎朝欠かさず行われ、これには欠勤者を除き一人残らず出席しなければならない。

「定員〇〇名、事故〇名、現在〇〇名」班長は不動の姿勢で、兵隊のような口調で報告する。もちろん事故は数える程しかないのが通例だつた。少しばかりの頭痛や腹痛は病気のうちに入れられなかつたからだ。これらはすべて舎監から会社の労務課の方に報告されるのである。何しろ増産々々で、生産量は日に日につり上げられるばかりだつたから一人でも休むと仕事が差しつかえるのである。出欠の成績表がグラフにして寮内にはり出され、寮母さんたちも、その成績を上げることに一所懸命だつた。

冬の寒い朝などは、火の気のない室で、掃除や洗顔で冷くなつた指さきにハアハアと息をふきかけたり、電球にあててあたためたりした。食堂に行つても、火の気は何にもなかつた。食事も一ぺんに五百人余りの分を準備するため早く盛りつけておくので、すつかり冷めてしまう。冷くなつた味噌汁と、大根、イモ、麦などが半分以上入つたボロボロの御飯とその上にのせられた二切れのタクアン、これが朝食のすべてである。アルマイトの食器に盛られた汁はすつかりさめ、腹の底まで冷えてしまう。体はいつまでたつても暖まりそうにもなかつた。しかし「飲まず食わずで闘つている戦地の兵隊サン」を偲んで我慢しなければならなかつた。

× ×

作業は朝八時から始められた。ここでも職場ごとに朝礼、点呼、訓示が行われた。私の職場は部品の検査をするところだつた。火の気もないコンクリートの床の上の木の腰かけで、ガタガタとふるえながら、あとからあとから際限もなくおくられてくる部品の山をつぎつぎに検査していくのだけれど氷のように冷い鉄の部品を持つ掌は、いつしかしびれ、感覚もなくなる程だつた。

ある日、私の友人のいるA班では、仕事がちよつととだえたので木片をあつめてストーヴを燃していた。折あしく、そこにその工場のHという監督が見廻りにきた。彼は、はじめ私の職場の係長だつたが、最近抜適されて、工場の心臓部ともいわれる重要部門の監督として栄転した人である。彼は口ぐせのように〝押しの一手が大事だ〟といつていた。〝信賞必罰〟という言葉もよく使つた。

ストーヴにあたつていたところを見つけられた工員たちがバツの悪い顔で逃げごしになるのを見つけたH監督は、すさまじい勢いでそばにあつた防火用のバケツの水をあびせかけたのである。キヤアッとかワアッとかいう叫び声と共にみんなはクモの子を散らすように逃げたが、頭から冷水をあびせられ、着がえもできず、寒い夜をブルブルとふるえながら作業をしていた。また、ある男工員などは無断欠勤をしたかどで工場の目ヌキ通りの掲示板に荒ナワでくくられた。まるつきり国賊あつかいだつた。まだ年若い工員がまるで罪人のようにうなだれて、さらしものにされている姿は、今でも私の目にまざまざとやきついている。

私たちの職場には、九州の工廠から派遣されたという〝検査官〟がいた。彼らは「俺たちは軍属だからナ」といい、まるで初年兵に対する下士官か何かのように横柄にふるまい野卑な言葉で女子工員をからかつたりした。班長や老工員などは、まるで上官につかえる兵隊のようにペコペコしていた。うつかり間違えて不合格品などを通そうものなら大目玉だつた。〝軍〟の権力というものはこうした職場のすみずみにも行きわたつていたのである。が、昭和二十年が明けると、彼らの検査もゆるやかになり、今まで不合格とされていたものでも、どしどしつぎの工程におくられて行つた。作業場はとうに日の丸ハチマキにかわり、二十四時間、四十八時間という長時間勤務があちこちの職場で行われるようになつた。

Kさんという私の友人はその工場の重要な生産部門で、フライス盤を受持つていたが、しばしば四十八時間勤務をし、そのたびに、殊勲甲だなどと英雄のようにほめそやされていた。その頃は肥つていて体格も丈夫そうだつたがしかし、戦後まもなく肺結核にかかりいらい療養生活をつずけていたが、この五月半ばついに福島県の療養所で亡くなつた。

× ×

私たちの工場には女学生や中学生が勤労奉仕にきていたし、家庭の主婦なども、ただ働き同様で〃滅私奉公〃をさせられていた。だから私たちは給料を云々することはもつてのほかだと思つていた。したがつて会社はどれ程もうかつているのだろうか――などということさえも考え及ばなかつた。

それに食物にしろ衣類にしろ欲しいと思つても何にもなかつた。貰つた給料は、わずかの小遣いをのこしてほとんで国債を買つたり〃一億一心百億貯蓄〃という標語につられるように郵便貯金にまわされた。ここでも寮生の貯金額が棒グラフにして寮内にはり出され成績を競つたのである。激しい労働と、あけてもくれても集団の規律にしばられた生活はいつまでつずくかはてしがなかつた。

こうして抑圧された青春は、出口のないままに、ひたすら自己をきびしい戒律と自己犠牲の中に追い込む、いわば求めて自己を空しくすることによつて、生き甲斐らしいものを見出そうとしたのである。全体主義、軍国主義の思想はこのようにして私たちの生活のすみずみを支配し、かけがえのない青春の日々を灰色にぬり込めていつたのである。

国境の町の終戦

小林《こばやし》ひろえ

ソ連国境を十三里の間近にひかえた樺太の保恵部落で百貨商を営んでいた私たちは、敗戦を夢にも考えていなかつた。忘れもしない二十年の八月二日、母町である敷香町に下宿している長女の所へ行き、帰りに姉の家へ一泊、その夜腹痛を起し、瀕死の状態に陥り、六日間僅かな重湯をとつたのみだつた。八日ソ連と戦争状態に入つたという報を聞いたがやつぱり来たな、という感じで別に驚きもしなかつた。

しかし開戦となれば義勇隊長である夫は家にはいられないだろう、次女はまだ十三歳、どんなに母を心配して待つていることだろうそれに姉の家でも私が寝ていては迷惑するだろうと思い、矢もタテもたまらずリヤカーに身を托し、姉に送られて汽車に乗つた。四里ほど行つた所でカーンという異様な音を立てて汽車が急停車した。ソ連の機銃掃射の襲撃とか、直ちに待避命令が出た。乗客は一せいに飛び下りたが私は僅か一間ばかりのところを二回も三回もころび、草の中に倒れたままソツと空を見ると真黒なソ連機が頭上を三度旋回して西方へ消えていつた。初空襲に会い前途が不安になつたが、どうやらことなく保恵に着き、知人のリヤカーに助けられてわが家へたどりついた。夫も子供も家にいて「オオ、帰つてきたか」と喜び、夫は安心の面持で本部へ出掛けて行つた。子供は開戦になつたので母さんを迎えに行くところだつたという、もしあの時子供が汽車に乗つたら私たち親子は二度と会えたかどうかわからない。汽車はそれきり帰つて来なかつた。

それからというもの毎朝七時から空襲が始まり、夜は暗黒の世界と化した。一日中の食物を朝早くつくり、空襲警報が出ると壕へ入り、終ると這い出すということを一日中繰返していた。全く生きた心持ちはなかつた。この陰さんな気持ちは子供心にも堪えがたかつたであろう、ある日娘は、私は生れてこなければよかつた、もしソ連軍が攻めて来たら痛くないように殺してくれ、と世にも悲しい顔をして泣くのだつた。私たち母子は抱き合つたまま二時間余り思うさま泣いた。今思い出してもあの時と同じ涙が頬を伝つてくる。

ちようどその時、本部から今ソ連の戦車が火を吹いて国境を越えてきた、戦車の火は二里四方を焼き尽くすという恐ろしい情報が伝えられ、婦人会の書類は全部焼き捨てるように、という命令が出た。私は婦人義勇隊長であつたが、何一つ活動できない残念さ、無念さ。そのうち必ずソ連兵が来るだろう、敵にとらえられて辱しめを受けるより、今、わが手にかけてわが子を殺し、自分も夫に殺してもらおう、と夫に話したところ、死ぬのはいつでも死ねるから、少し欲をだして生きていろ、と言われ、それもそうだと思い直し、表を見ればフトンを背負つて川端をさ迷う者、カヤを持つて山中へ逃げ込む者、子供を自転車につけて走る人、何とも言いようのない光景だつた。病気の私は人様のような真似はできず畳の上で痛むお腹をじつと圧えていた。

たしか十一日であつた、十七機編隊の大空襲があり、あわてて皆で壕の中へ逃げ込んだ時何ともいえない恐ろしい爆音がした。ちようど夫も一緒だつたのでここで共に死ぬのなら本望と言つていた時の出来ごとだつた。お友だちは思わず「ナムアミダブツ！」と手を合せた。四つの子は後でフトンを取りのけても容易に首をあげないほど大きなショックを受けた。

空襲の合間をみて、畑からたんせいして作つたイチゴを二粒とつてきて子供と一つずつたべた。それが保恵の名残りだつた。十四日の午後四時、一時疎開の命令がでて軍のトラックで、八里はなれた上敷香の学校へ疎開した。二日目の夕方、警察署の掲示板に終戦のことがでていたと誰かが言い出した。余り思いがけないことで皆が信じかねていたところへ、長い剣をさげた乗馬姿も勇しい軍人がコツコツとやつて来て、「窓をあけろ！」「ハイ！」と住民が窓をあけると、「みなの者、よく聞け、終戦になんか絶対にならん、敵のデマにまどわされてはならん、わが国はあくまで闘うのだからそう思つておれ！」とどなつて帰つていつた。皆顔を見合せたまま誰も一言も声を出すものはなかつた。

そこへ長女が尋ねて来て、内地へ帰りたい、今行けば今日の内に汽車に乗るという。私はこの先どうなるか分らないと思つたので、持つていた財産を二つに分けて半分与え、心を鬼にして別れを告げた。しかし悲しみと不安で一晩中ロクロク眠れなかつた。十六日再び汽車に乗せられて敷香町へ帰つた、昨日長女とあのような別れをしたものの、どうしたことかと重い足を引きずつて行つてみたら、汽車が出なかつたとかで困つているところだつた。それから私たちは一緒にどうやら無事に内地へ帰つてきた。

郷里に着いたものの心の痛みを訴える人もなく、夫の帰りを待ちわびながら、馴れない農業にたずさわるその辛さ。とにかく生きて帰れたことは幸運であつたかも知れないが、僅か数日間に全財産を失い、夫や母や兄姉の生死のほどもわからない、その不安と苦痛は高い空から谷底へ突落されたような気持というより、何とも表現のしようがない。

三カ月目の十一月下旬、やつと夫は帰つてきた、その時の喜びは全く夢のようだつた。その三カ月の間に夫は幾度か死線を越えてきたという。そのうちでも一番腹の立つたのは、敗戦となつて一番先に逃げたのが兵隊、次が警察官で、しかも住民が逃げられないように次々と橋を爆破していつたことだつたとのこと。思えばあの忙がしい戦争中、度々の兵隊の宿営には徹夜してまで村をあげてもてなしたのは、彼らが国を守り、住民を守る兵隊さんだつたからではなかつたか？

こんなことも今は思い出となり、早くも十

一年たつた。兄はまだ帰つてこない。政府は引揚者の後仕末もしないうちに早くもまたあの厭な軍隊を作つてしまつた。樺太住民五十万をあのような目に会わせたのは他ならないその軍隊だつたのに。私はもう軍隊も兵隊もいらない、平和な生活だけがほしい。

（長野県・茅野町玉川）

愛児の死

北田《きただ》トミ子《こ》

　私たち親子五人が永い間住みなれたC市から奥多摩の農家に疎開したのは空襲がいよいよはげしくなつてきた終戦の年の春だつた。霞の中に浮き立つ山々は日本画のように美しく、山鳩の異様な鳴声に朝を迎え、飛行機の爆音もめつたに聞えない恵まれた環境ではあつたが、住居は蚕室だつたというすみからすみまでまつ黒にすすけた、天井板も張つてない屋根裏、こうもりの無気味な羽ばたき、大きなネズミの跳りよう、梁をスルスルと這いまわる蛇、なんとも気味の悪い貧しげな部屋だつた。

　夫は二時間余りかかる東京へ通勤、私は重症の肋膜を煩つて一年と経たず、やつと床を離れたばかりで九貫ソコソコの体重だつた。家事はほとんど夫と小学校五年生と三年生の長男と次男の手にたよらなければならなかつた。ところが、疎開して一カ月ほどして、前から元気のなかつた四才の三男が突然脊髄カリウスに冒され、ギブスベットに横わる身となつた。悲歎にくれているところへ、禍は禍を呼ぶというたとえ通り、こんどは思いがけない夫の満州への転勤命令。恨み、悲しんでみたものの軍の命令をどうする術があつたろう。それまで万事夫一人に任せきりだつた私たち母子はこうして文字通り奈落の底へ突き落された。

　一家の支柱を奪われた、その日に始まり、終戦後四年にわたる私の苦難に満ちた生活の数々、ことに困窮のどん底で愛児を失つた時の悲しみは私のつたない筆ではとうてい書き現わすことはできない。当時の悲しみ、苦しみは今だに私の心に生々しく思うだに胸が痛む。涙なくして当時を回想することはできない。しかし亡き愛し児への冥福を祈る気持からあえて筆をとつてみた。

×　×

　たださえ食糧の乏しい戦時下、ことに水田がなく、一戸当り畑作平均三段歩という山村では、村内で食糧を調達することは殆んど望めなかつた。それでも夫がいた時は表面だけでも家主は親切にしてくれた。いなくなつたとたんにガラリと態度を変え僅かばかりの野菜を分けてもらうのさえ大変だつた。来る日も来る日も大豆カスに馬鈴薯を入れた雑炊で病児の栄養など思いもよらなかつた。食べ盛りの長男と次男は「汚なくていやだ」と家によりつかず日に日に荒んでゆき、兄弟喧嘩の原因は「そんなに食べたらお母さんの分がなくなつてしまうじやないか」という痛ましいものだつた。せめて食物でも普通に与えられたらと思うものの病後の体力では買出しにも行けない歯がゆさ、情なさ。そのうち姉が同居することになつたので買出しも頼めるようになつたものの、乏しい蓄えでは病児の栄養までは手がとどかない。せめて栄養物でも充分つけてやれたらと、細りゆく愛児の手を取つてただ涙ぐむのみだつた。一里ほど離れた農家に牛乳があると聞き、姉が往復二時間もかかつてやつと分けて貰い、帰つてみれば腐つているということが度々だつた。

こんな状態の中で八月十五月を迎えたのだつた。敗戦の詔勅は涙のうちに聞いたが戦争からの開放の喜びはたとえようもなかつた。このまま戦争が続いたら爆死や戦死のおそれはなくとも餓死の心配は十分あつた。やつと母子四人の命が助かつた、とホッとしたのもツカの間だつた。ことに外地にある夫の身の上を思うといたたまれない不安に襲われた。

終戦の日から二、三日たつて、姉は茨城の郷里へ永らく病床にある父を見舞に出掛けていつた。その不在中、病児は大腸カタルにかかり、ついで赤痢になつてしまつた。「お母さん、治して」と苦しみ、もがく愛児の前に私は手のほどこしようもなかつた。幾度か使を走らせ、やつと来た医師は酒気を帯び、貧しげな疎開者、十分な謝礼も出ないと見てとつたか、不気嫌に罵るのみで適切な処置と思われるものは何一つしてくれない。私は悲憤の涙を呑んで、ただオロオロと奇蹟を祈るばかりだつた。

あの年は雨の多い夏だつた。その夜もひどい大降りで、山頂から流れ落ちる雨水は滝のような物凄い音を立て、雷鳴は山を揺がすばかり、おびえる二人の子供を両側にヒシと抱え、苦しむ病児をなだめ、すかしながら夜明けを待つ心細さ、悲しさ。病人に与えるものはなに一つない。こんな中で同宿の疎開者T様ご一家から受けたご親切は忘れられない。T家の奥様の手厚いご看護にもかかわらず病児は日を追うて悪くなるばかりだつた。電報を打つたが、姉は帰りそうもない。後でその電報は五日後についたと知つた。

私は堪りかね、既にグッタリとして死相の現われ始めた愛児を背負い、殺人的な電車に四時間近く揺られて疎開前のC市にあるかかりつけの病院へ向つた。たとえ二人共途中で倒れてしまつても、このまま見殺しにできようか、という無我夢中の親心からだつた。相貌の変つた病児は母にしがみつき「お母さん、治して、治してちようだい、どこへいくの」と胸をえぐるように叫びつづける。子供心にも生きたかつたであろう。病院に着いた時はすでに脳症を起し、時々はげしいけいれんに襲われ、老練な院長も手のほどこしようがないという状態だつた。時々思い出したように「おばちやんは？　お兄ちやんたちは？」と夢うつつの中に尋ね、また「お父さん！」と生死の分らぬ父を求める。院長も看護婦さんたちもあらゆる手当を尽して下さつた。当時貴重なとつておきの薬を惜気もなく使つてくれた。しかし消えかけた愛児の命をつなぎとめることはできなかつた。無気味なうめき声もけいれんも刻々と弱まつていく、急いで医師を呼びに立とうとするとハッと気づいたように「お母さん、どこへもいかないで」と必死にしがみついて離さない。これをふり切つて立てようか、私は気が狂つたように助けを求めたが、焼残つた広い病院の夜半、私の血を吐くような叫びに応えるものはなかつた。そして最後に「お父さん！」とかすかにつぶやいて息絶えた。電燈もともらない暗い部屋で母一人に看とられて。暴風に窓ガラスを壊し尽されたガランとした病室の中で、私はただ一人、次第に冷くなつていく死児をかき抱いて全身の水分が一滴もなくなるほど泣きくずれた。血の涙とはこのようなことを言うのであろうかと思いながら……。

死児の年を数える親の愚を私は絶えず繰返している。あの子も生きていたら今年は十四、戦争さえなかつたら、と一口のミルクも与えられずに死なせたことが今だに心残りでならない。

戦争のために、私以上に、また私と同様に悲惨な目に会つた母親が、日本に、世界にどれほどいるだろうか。おそらくその方たちも私同様あきらめ切れないことだろうと思う。

それから四年後夫がソ連から帰還するまで私はふだん着もなくなつた程すべてを売払つて辛うじて二人の子供を育ててきた。その後当時の無理が崇つて結核となり、今もつて病床に親しんでいる。

再軍備を叫ぶ人の中に少くも私のような目に逢つた母親が一人でもいるか、どうか、私はそれを知りたい。（千葉県・館山市）

母子家庭

田所《たどころ》八重子《やえこ》

一九四一年十二月八日の早朝、突然ラジオの臨時ニュースは、日米両国が戦争状態に入つたことを報じました。まだベッドにいた当時一年生の子供も戦争という声にとび起きました。子供心にも大変なことになつたと感じたらしく、いかにも緊張した様子です。

丁度その日は、東京ではじめて保健婦の検定試験が行われる日で、私も受験するために出かけようとしていた時でしたが、こうなると試験のことより戦争のことでいつぱいでした。この時以後の私共の生活は、隣組の網の目の中に入れられ、老若男女を問わず戦争のためにかり立てられ、身体の調子が少しくらい悪かろうが、子供が熱を出してねていようが一日の勤務で疲れて帰つたうえに、それ防空演習だ、防火訓練だ（こんなことも三月十日の大空襲にあつてみれば何の役にも立たないことでした）と引つぱり出されるのでした。

一年一年と戦争がはげしくなるにしたがつて物資は窮屈になり、一杯の雑炊を食べるために長蛇の列をつくらねばなりませんでした。着るもの、食べるもの皆配給制度でしたが、これも金がなかつたり、暇がなかつたりでとりそこなう始末でした。おまけに債券は毎月の様に割当てられてくるのでした、これを買わなければ、たちまち国賊となり非国民となるのです。私は仕方がないから債券を買うとすぐたしか三割引き位で引受ける銀行へ持つていつて処分していました。その中金属類の供出がはじまりました。私達母子の家でただ一つぜいたくと云えば云える、子供が使つていたベッドを出さねばならぬことになりました。毎日やすみなれたベッドをなくしてしまうことが子供にとつてはいかにもさびしく、悲しい様子でかあいそうでした。

一九四四年にはいりますと空襲ははげしくなり遂に学童の集団疎開がはじまりました。子供はその時四年生になつていました。七月の暑い日盛りに子供達は親や町の人々に見送られて疎開地の新潟に旅立ちました。そしてこの日が親子の最後の別れとなつた人々も数多くあります。子供のいなくなつた家の中はまるでガランとした感じで、今更ながら私の中に子供が如何に大きな座をしめていたかをしみじみ感じました。それから後は空襲は益益はげしく、私は都の衛生課におりました関係上警戒警報がなるとすぐ夜半でも出動しなければなりませんでした。私の家から都庁まで歩いて一時間半はかかります。都心有楽町の爆撃があつたときは昼間でしたが相当大勢の死傷者が出ました。私共が救護に乗り出した時は、余りにひどい怪我でその場ではどうしようもないような人ばかりです。すぐ築地や聖路加病院へトラックで運びました。全く一瞬にして今まで共に談笑していた友が、親が、兄弟が死んだり、大怪我をしたり、身体の一片ものこさずどこかへ飛び散つてしまうのですから警報のなるたびに今度は誰の番なのかと、落ちつかない緊張の連続でした。翌年一九四五年三月九日から十日にかけての江東方面の大空襲の時は、私は其の頃よくいわれたいわゆる戦争浮腫——栄養不足と疲労から来るらしい——にかかつて役所を休んでおりました。九日はちようど役所の友達が見舞に来てくれて風が強い日でしたので、こんなときに空襲でもあつたらと心配し合つておりましたらそれが事実となつてその晩九時頃から空襲がはじまりました。よく大きな音を百雷が一時に落ちたなどと申しますが、万雷といいたいくらいの音が一晩中なりつづけ、焼夷弾は降るように落ちつづけ、炎はどこから流れて来るのか地をはい、火の粉といつてもふとんくらいの大きな火のかたまりが飛んで来て、逃げまとう人々の上にぶつかるのです。こんなのにぶつかつたら最後、一ぺんに着ているものは火になるのです。空気は乾燥し切つてい、全体がまるで大きなかまどになつてしまつた様で、幼い頃よく村のお寺で見た地獄図そつくりの状態でした。私はこんな馬鹿げた戦争で死んではならない、新潟に疎開している子供にあうまではどんなことがあつても生きるのだ、と熱さと苦しさにともすれば動けなくなりそうな自分をはげまし、やつと近くの学校の防空壕に逃れました。この中もいつ炎になるか危険極まりない状態でした。しかしお互いが、囲りの人の頭についた火を消し合い、今考えればきたない話ですが、小便で土をぬらし、柱の火を消しとめ消しとめ、やつと十日の朝になりました。少し静かになつたので外へ出て見て驚きました。そこいら中死体で一つぱいなのです。三日間位はこれらの死体を誰もどうすることもできませんでした。四日目あたりから軍隊からトラックが来て、死体をまるでゴミくづか何かのように焼けトタンにとびでかき集めどんどん車につみ込んでどこかへ運んで行きました。

　文字通り着のみ着のままになつた私は、子供に会うため新潟に行き、そこで寮母として働くことになりました。ここで一番驚いたことはしらみとのみの多いこと、今思い出しても寒気がする位沢山いました。しらみ退治は寮母の大きな仕事でした。それと田舎もやはり食べ物がありません。野菜などを農家に貰いに行くのは寮の先生や寮母の仕事でした。はじめの中は、なれないので、リヤカーを引つぱつて行くのか、リヤカーに引つぱられて行くのか分らない有様。生徒は弁当箱を全部供出させられたので、毎日昼食のため学校から三十分もかかる寮まで帰るのでした。暑い日盛りを帰つて食事を済すとすぐ追い立てられる子供たち、朝は四時起きして食事前に松やに取り、学校に行けばなれない田の草取りにヘトヘトに疲れ、その上寮の燃料運びをさせられる子供たち、ほとんど作業が主でした。私の子供は、よく高校生時代に自分たちは一番大事な基礎になるものをしつかり習うことができなかつたので、それが大きな障害になつているとこぼしたものです。

　八月十五日敗戦の放送ではじめて私共は悪夢のような緊張から解放され、不気味な警報の音もなくなり、一応生命の危険はなくなつたわけですが、衣食住の問題は一般社会と同じに私のところも最悪の事態に追いこまれました。翌年三月全部東京に引きあげることになり、私はまたもとの焼あとのアパートに戻りました。窓は全部焼トタンで打ちつけられ、室の間じきりなどもちろんありません。畳は表なしで床だけ、坐ればわら屑だらけとなります。子供は目を丸くして馬小屋のようだと云つておりました。食べるものもありませんでした。余りみじめに思つたのか、友だちが大事にしていた白菜を一かぶ大切に新聞紙に包んで持つて来てくれた時のうれしさを今でも思い出します。あれから十年、社会の底には私と同じように戦争の痛手の癒え切れない多くの人々のいる今日、再軍備の声をきくのは恐ろしいことです。私は、明るい生活を望むならば、断固として再軍備には反対し、平和を守り抜かねばならぬと考えます。

〃軍国の母〃

井《い》口《ぐち》操《みさを》

敗戦後十一年……

そのときを思いだすたびに熱い涙はとまりません。そのころの心理状態は、私自身のこころであつたとはいえ、今から考えると、とんでもない切羽詰つたものでした。

四人の子供を戦地に送りだしたあと、母の私もまけないようにおくにのいくさの役に立ちたいと、天理教のひのきしん（奉仕）隊に加わつて、大阪からはるばる九州の飯塚炭坑に行き、選炭婦として、昭和十九年九月から六カ月間働いておりました。その間、忘れもしない十一月も末、長男からのさりげない便りに、さわぐ胸をおさえつつ、食糧不足のなかからも無理をしてつくつたオハギなどつめた重いリュックを背負つて、鹿児島の鹿尾飛行場に面会に行つたときは、特攻隊として出発のあとでした。

気も狂う思いで、東郷元帥の墓前にまいり時のたつのもわすれて泣く私に、ひろびろとした海に浮ぶ桜島が、しきりに慰さめてくれるのでした。

その半月あと、「レイテ湾上敵戦闘機ナシワレ今ヨリ突入ス、天皇陛下万歳」の無電を残して、二十歳の長男は消息をたつたと新聞は伝えてきました。高等商業をでるとすぐ学徒動員で出征したほんとに素直な子でした。その半年あとに戦争はおわつたのでした。

炭坑からかえつてからは弟の経営する軍需工場で働きましたが、ご承知の三月十一日の大阪の空襲は、今でも肌に粟を生ずる思いです。

Bニ九の大編隊が大阪を火のうみにしたときは真夜中の一時すぎでした。弟がやかましく〃防空ごうに入れ〃とくりかえして叫びました。工員たちといつしよに壕に入つたとたん頭上にしようい弾がおちてきたのです。ドカンドカンと、それはそれはものすごい音です。ごうの二つの入口は油をながされてモウモウともえてきました。何度もためらつたあと、思いきつて火の中へとびだした私の目には、今の今まで住んでいた家も、働いていた工場も、事務所も、そして食堂も火の海に包まれているのがうつつてきました。それとともに、何べんも壕に入るのをおつくうがつていた若い工員たちが首をとばされてうごかなくなつているのをみました。

避難場所を求めてさまよう焼野原はさながら生地獄でした。焦臭い火煙にむせびながら生きたエビを煮たつた油のなかに入れて天ぷらにしたときのようなかつこうをして死んだ人たちをふみこえて安全地帯にたどりついたときは、気が全く変になつてしまいました。

夜があけて、少しずつ回復した交通機関を利用して、親戚にたどりついたとき、弟はどこからひろつてきたのか、デコボコした、ウスぎたない水筒一コを大事そうにもつていました。水のほしい人にと思つて、……と云つていました。水も入つていないこの水筒が、私たちのまえに残つたただひとつの財産でした。

その後、やけただれた高等学校で工場は再開されましたが、もう仕事にはなりませんでした。あの悲惨な食糧不足はごぞんじのとおりです。私たちは終戦まで、その日一日をくらすのがやつとでした。

戦争後十一年……。

今、戦争から生きかえつてきた息子の一人は労働組合のためにはたらき、もう一人は生活に追われすぎているようです。

（大阪市・主婦・五六才）

出征兵士の家族

井口容子《いぐちようこ》

父に召集令状が来たのは戦争が始まる前日十二月七日の夕刻でした。夕食の手をとめた母が父の手にした赤紙をみつめて深刻な顔をしていました。

当時父は、町の駐在巡査をしていました。六人の子供と、九州の田舎に僅かばかりの田畑をたよりに暮していた父の両親のめんどうもみなければならず、私たちはただでさえ決して楽な暮しではありませんでした。

年の瀬も迫る十二月十六日、佐世保の海兵団に父が入団してしまうと、早速官舎の明けわたしを云われました。私たちの住んでいた所は、海岸沿いの別荘地帯を近くに控えていて、〃戦争が始まつたら〃という準備が、もうその頃金持階級の中ですすめられておりましたから、すぐに引越しを迫られてもそう簡単にめぼしい家などみつかるはずはありませんでした。父がいた頃は何だかだとおせじを使つた人や、父が出かける時、「後のことは心配するな」と堂々とぶつた人達も日がたつにつれて「早く出て行つてもらわねば……」などと云い出すようになりました。

そんなある日、私たち一家が全く予知しない新しい入居者が家財を運んで来ました。私たちは有無を云わさず町内会長がみつけてくれたという、物置を改造したような、小さな砂ぼこりの家に引越しをよぎなくされてしまいました。当時私は小学校の五年生、その年中学に入つたばかりの兄が、泣きじやくる母をなぐさめる姿に、私たちは落人のようなみじめさを味わつたものでした。

けれど苦しみはむしろそれからでした。

私たちはなりふりかまわず働かねばなりませんでした。父の両親からは「食べるものくらいは何とかなるから」とさかんに郷里に帰るように云つて来ましたし、私や兄の学友たちがどんどん田舎にひつこみはじめたのもその頃でしたが、私の母は、「九州の片田舎では、とても子供の教育はできないから」と、ついに終戦まで両親のもとへは帰りませんでした。

私たちはいくらか、風が吹けば松葉集めに嵐のやまぬうちから海岸にながされてくるたき木あつめに出かけました。母は近くの漁婦とまじつて、貝むきなどの内職をはじめました。私や小さな妹たちも学校から帰れば手伝いに出かけねばなりませんでした。ゆでたあさりやとりたてのはまぐりなどを、木綿針で口を開いて身だけをより分けてゆく仕事そのものには、大した苦痛を感じませんでしたが勉強が出来ないのが大きなかなしみでした。

そのころ父の月給が、どれくらいあつたかは知りませんが、駐在巡査などでは、父のいる時でも月給だけでは生活できず、あちこちから集まる別収入があたり前の状態であつたと、母がよくもらしていましたから、父のいない発育盛りの六人兄弟をかかえた母の苦しみは大変であつたとおもいます。母はだんだん荒々しい言葉をつかい、ヒステリックになつてゆきました。

全く父のいない戦時中にうけた母の被害は戦後十年の今もいえることなく、その容相や言葉つかいに残されているのです。

十九年の四月、私は女学校に入学しましたが毎月の月謝はおくれがち、兄のジャケツを制服の下に着て、兄の古靴をはかねばならない頃、私たち二年生はとうとう工場動員にかり出されました。

「お父さんの着る毛布をつくるんだ」とその頃の日記に書いたのをおぼえています。

二年生の私たちのうち、特に背の低い二十人程は女工さんたちの中にまじつて横糸巻きをさせられました。紙管に巻かれた糸を、織機に入れる木管に巻き替えるだけでしたが、一人に十本程持たされて、真冬などはプッンプッンとよく切れる糸に、かじかんだ手をこすりこすり泣き出しそうになつたのも一度や二度ではありませんでした。

ガーゼのマスクをかけてはいても、鼻の穴がすぐそれとわかるほどにごつた空気の中で休憩以外は腰をおろすこともできない中で、一番辛かつたことは、一人が一日に幾箱巻くかという統計をとられたことでした。私たちはそれがどういう意味をもつかもしらず、他の人に負けまいと一所懸命にせい出したものでした。警戒警報が出れば夏の暑い日でも、座ぶとんを二つに折つて作つた防空頭布をかぶり、救急袋をぶらさげて、仕事をつづけました。

一番おそろしい空襲警報が、あるときは救いのようにさえおもえました。そんなとき、私たちはいり豆をかじりながらこの時ばかりは大きな声で、解放されたようにしやべりました。でもそんな中でも、毎日新しいモンペや靴をはき、いり米まで持つて来る友人がはぶりをきかせて、私のように父や兄を戦争に送り出している家庭の子供をうらやましがらせたものでした。

私の兄もそのころはレンガ工場の動員に出ていて、たまにソテツの実のふかしパンを持つて帰る以外は、あまり母の助けにはなりませんでしたから、私は家庭でも母代りをつとめなくてはならないことが多く、佐世保の父から面会の連絡があれば、母が出かけるための切符を、おそろしいヤミ屋の中にまじつて大阪駅で徹夜をしては求めました。また母の留守中はとぼしい食糧で、毎日のこんだてが大変でした。かなしい兄弟げんかをくり返したのもそのころのことでした。

私たちは夢多い学生生活をこうした生活でおしつぶすことを余儀なくされ、終戦とともに学校へ帰つてからも、防空ごうの後始末や、学校農園に時間を過すことが多く、落ちついて勉強が出来たのはほんの一年位しかありませんでした。その学生時代の終りを告げる一月三日、動員生活も共にし、大きな尊敬と新しい時代の息吹きを感じさせて下さつた忘れ得ぬ恩師の死に直面しました。死因もかなしい栄養失調でした。

昨年十一月、六人兄弟のなかでやつと私一人が結婚し、まだやつと半年しか経たないのに、最近父に退職勧告がされました。私や夫は「そんなもの拒否すべきだ」と云いましたが、すでに昨年自治体警察でなくなつている今日、とてつもない地方へ転勤を命ぜられ、やむなくやめなければならなかつた同僚を、眼前にみてきた父は、ついに退職してしまいました。労働権ももたぬ警察職員のかなしみを父はしみじみ味わつたということです。

戦争で直接家を焼き、親兄弟を失いはしなかつた私ですけれど、そのころ何一つ疑つてみようとはしなかつただけに、日本人のほとんどが味わつたにすぎぬ平凡な戦時下の生活が、今では、この上なくかなしい記憶として私の胸にきざまれています。

その間に失つた、そして末だに尾をひく損失は、ひとり私だけの問題でないだけに、私は、再び戦争への道を日本が歩むことのないよう、ささやかな努力をつづけていきたいとおもつています。

（大阪市・公務員）

夏むきのめん料理

大阪府生活改善相談所　林　郁

暑くなるとつい食欲が進まず、あつさりしたたべものが好まれます。冷くしたそうめん、そばに薬味の葱、わさびをそえての献立が一番とばかり言つていたのでは、体がたまりません。しのぎにくい暑さの中でも健康にすごせるよう栄養を十分考えためん料理を作りましょう。次に二、三種ご紹介いたします。

○三色冷麺・なす油炒め

〔材料〕（三人分）

そうめん　一わ　きゆうり二本　トマト二コ　卵二コ　青葱二、三本　煮出汁一合五勺　砂糖大さじ三杯　しようゆ大さじ七杯　なす中三コ　豚肉二〇匁　みそ大さじ三杯　油大さじ二杯

〔作り方〕

そうめんはたつぷりした湯でゆで水につけ冷やしておきます。きゆうりは細くせん切りにし軽く塩をします。トマトは熱湯につけて薄皮をむき、くし型に切り、卵は薄焼にしてせん切りにします。ガラス鉢等の涼しそうな容器にそうめんを盛り（下に氷をくだいて入れると冷い）上にきゆうり、トマト、卵を美しく飾り薬味のみじん切りねぎをそえます。つけ汁は濃い目の煮出汁に砂糖、しようゆで味をつけ冷やしておきます。これにいりゴマの半ずりなどを浮かしても香ばしいものです。

油いための方はなすを輪切りにして豚肉と共に油でいため、充分熱を加え、みそを入れてまぜ合せます。

○冷し中華そば・甘酢あえ

〔材料〕（三人分）

中華そば三食分　ハム三十匁　白ゴマ大さじ二杯　ゴマ油　大さじ一杯　しようゆ大さじ二杯　きゆうり二本　トマト二コ　ちりめんじやこ十匁　さとう大さじ一杯　酢同二　塩少々

〔作り方〕

中華そばは熱湯にとおして（干そばの時はたつぷりの湯でゆでる）冷やし水気をきつておきます。ゴマはいつてよくすり、ゴマ油、しようゆ、味のもとでのばし、これをそば全体にからませます。ハムは小さく角切りにしてこの中にまぜ合せます。平な器にこれをもり、上にパセリのみじん切りを散らすと美しくできあがります。

甘酢あえはきゆうりの角切り、トマトはうすくくし型に切り、熱湯にとおしたちりめんじやこをまぜ甘酢であえます。

サラダうどん・かきたまスープ

〔材料〕（五人分）

細うどん五食分　マヨネーズ大さじ五杯　トマト中三コ　きゆうり三本　鮭缶一コ　さやいんげん三〇匁　煮出汁五合　卵一コ　青味少々　塩　しようゆ少々

〔作り方〕

うどんは熱湯にとおして冷水をかけ水気を切り食べやすいよう短くしておきます。トマト、きゆうりは角切りして塩をふり、鮭缶は開けて中味をほぐし、いんげんは青ゆでにして細かく刻みます。

マヨネーズにきゆうり、トマト、いんげんをまぜ、うどん全体にあえます。

これには卵をといて散らしたスーをそえます。

負けたてん、なんてん

——終戦の日の思い出——

古《こ》賀《が》のぶ子《こ》

あの日、私はいつもの通り防空服に白い鉢巻というなりで、バケツをかかえて消火訓練に出かけて行きました。

しかし場所に人は集つていず、そこいら中がなんだか声をひそめてひそひそ話をしているような、変に重苦しい気配なのです。なんだろ、何があつたんだろ、私はあわててうろうろし、それと知ると、いつさんに家へかけ戻りました。

「母ちゃん、母ちゃん、母ちゃん!!戦争はしまえたげな、負けたげな」縁側につかまつて、だだつ児のようにじたんだをふむ私の方をふり向きもせず、母はだまつて横顔を見せたままでした。その沈黙が、毎日華やかに書き立てられる特攻隊記事をみて「かわいそうに——若い身空を、だまされて」とつぶやく母の言葉に「そげなこつ云うちやでけん、うちでん行くばい」とくつてかかつたやりとりのことを、ふいと、私に思い出させたのです。相手にしたつてしかたがない。「負けたてん、なんてん、しまえたてんなんてん——」私は頭の鉢巻をむしり取りました。

その夜、管制がなくなつてぼやつと気抜けしたような電気の下で、私はきちんと机の前に坐ると、日記帖を拡げて墨をすりました。そして八月一五日というその日付のページにせいいつぱいていねいな字で書いていつたのです。「日本は戦に敗れた。二千六百年来無欠の歴史にぬぐいようのない汚点をつけてしまつたことを、私たちは後世の人たちに対してどう詫びたらいいのか。この恥辱は必ずぬぐい去らなければならない」

お笑いにならないでください。私は正直にほんとのことをお話ししようとしているのです。多少の気負いやよそゆきはあつたとしても、「あの日」は十七才の私にとつて、やはりそういう日だつたのでした。

あの日の感激という言葉はふだんに使われます。たしかに「あの日」を、しぜんと涙のあふれてくるような喜びとして迎えた人たちがあつたということを、今は私も知つています。けれど、わけもわからずに、ただいちずに戦争というもののなかにのめり込んでいた私にとつては、それは全く別のものでした。信じて、賭けていたものに、どんでん返しの背負いなげです。

私が知つていたものは何だつたというのでしよう!? 国体の尊厳、戦争の正しさ、大東亜共栄圏建設の理想「撃ちてし止まむ」、と「欲しがりません勝つまでは」であり、「学徒我等皇国と共に生きん」だけです。戦争は私たちにとつて、他の大人たちが後になつて口々に云い立てたような物心両面の責苦ではなかつたのです。私たちは、ほんとにほしがりませんでした。というよりは、さつまいもしか知らない子供が、どうしてチョコレートをほしがることができましょう。私たちにとつて目の前の戦争を生きるより外に、何か別の方法があつたでしょうか? 私はそれ以外のどんな生き方も知らず、又だれも教えてくれはしなかつたのです。信じていたすべてが、負けたという現実といつしよに一瞬に葬むり去られるのを見ながら、どうしたらいいのか、断ち切られた機のそばに茫然と立ちつくす織子のように、自分で考える習慣を持たなかつた私は、おとなしく手をつかねて次の天啓を待つよりほかなかつたのでした。

焼夷弾でなくした学校の代りに、まだ鉄カブトや銃の折れのころがつている兵営あとであわただしい勉強がはじまりました。昨日までの教科書は炎の中になげこんで、さて軍国主義、帝国主義、民主主義、共産主義……ああ、防共協定とはそんなことだつたのか……はじめて聞く言葉ばかりでの新しい価値づけは、私にとつてはまるで種明しをされる不思議な手品でした。――この人たちは知つていたのだ。何もかもちやんと知つていて、そしてあんな風にすました顔をして私たちのおしりを叩き、いつしよに戦争をしてきたのだ――私はいつかノートする手をやめて、いきいきと熱の入つた教授の顔を下からぼんやりと見上げていました。

いまさら、だまされていたというような云い方を、私はしたいとは思いません。

けれど、後からあとから背伸びして大きくなつてくる若い人たちにとつては、あの戦争はおそろしい勢で過去にくり入れられています。肌にふれてくる何の実感も伴なわない歴史として、一歩も二歩も身をひいた、他人の目でされる批判の前にさらされる時、私は自分の奥深くに、云いようのない気恥ずかしさと、後めたさを感じてうつむかなければならないのです。

一番多くのものを差出しながら、特別にはなにひとつ受取らなかつた世代の一人である私が、なぜ、このような負い目を負わなければならないのか、そのことが、私には不満でなりません。その私のいらだちの上に、ジイドがイレーヌに語らせた言葉が波打ちながら響いてきます。「かわつたのは私なのです。だからこそ、思い出までが傷つくのです」

もしそうだとすれば、この傷だらけな思い出を持つている限り、私は二度と過去をくり返しはしないでしよう。

短歌

萩《はぎ》元《もと》たけ子《こ》選

潮ひきし川底に物を獲《あさ》る人桜吹雪の中に子を置き　設葉芳江

川風に襁褓ひるがへりバラックに子等生長し今年も春来る　同

たるみたる乳房は木枯に曝されて屠殺場に向う牛の群黒し　辻村正子

海の色目に残り居る干魚下げて娼婦は木枯の露次より来たる　同

高過ぎし芍薬の持つ不安感子と居てラヂオ聞く時目立つ　中町初江

手記

私は角のない牛だつた
——農家の嫁——

津《つ》山《やま》しん

なだらかな越後山脈の支脈を東に、屏風のように切り立つた葉山連山を北西に、南の方はるか彼方には蔵王、吾妻の山々が起伏している置賜盆地が私たちの住む村です。一年の三分の一は雪の中でくらさなければならないので、残りの期間に田畑の仕事から養蚕、山仕事と目まぐるしい働きがつづけられております。

この村は年一回のお米と、春夏秋の三回ないし四回の養蚕がおもな収入になつているのですが、すべて天候相手の仕事で、一番恐れられているのは、東北特有の冷害です。最も大切な稲の成長期に、また開花時に日照時間が少く、雨量の多い不順な天候がつづくと、分決が少くシナ米が多い。こういうときに発生する稲熱病も実におそろしい伝染病で、この予防にも全力を尽しておりますが、近年七反歩近い場所が真赤に枯れた様子はほんとうに悲惨なものでした。また養蚕にしても、霜害や風ずれで桑不足ができたり、蚕種に病気があつたり、僅かな手違いからさまざまな病気になつて、上簇まぎわ、或は上簇後全滅するようなこともあつて安定した経済を確保していくことは容易でありません。昨年は奇蹟的な豊作とはいつても、晩秋蚕は失敗に終りました。

娘時代は主婦代理

私は母が四十五才のとき生れた末の子で、姉とは十一も違つていましたので、兄の子供たちと兄弟同様にして育ち、幼いときから高等小学校卒業までは幸福な平和な日々を送りました。ところが卒業してまもなく一家の支柱とも言うべき義姉が突然脳溢血のために亡くなりました。義姉は四十三才で、私と一つ違いの長男をかしらに、いちばん下の生後百日足らずの乳のみ児まで五人の子供をあとに残しました。兄は長男が一人前になるのをたよりに、ひとりで辛棒したいというので、幼くして母を失つた子供たちのことを考えると私は自分の希望もすて、なれない育児に夢中の生活をすごしました。年とつた母は冬の寒さがたたつたのか、翌年の春先からリュマチスでお医者さんのお世話になり、つづいて兄の長男が現役で満州に入隊しました。当時は戦時中のことで、どこのうちも手が足らず、田畑の仕事もどんなにしても私たちだけで切り廻していかねばなりませんでした。母も不自由な体をうごかしては私がそとで働く間、子供たちの世話や食事のことをやつていてくれました。

　しかしむりがつづかず、とうとう起居も不自由となり、やがて全く寝ついてしまいました。もとは機を教えていたということですが私には何一つ教える気力もなくなり、私は暇暇にする和裁も本をたよりに、機も基本的なことを教えてもらうのがやつとで、それ以上は、夜、子供を寝かせてから、近所に行つて僅かに教えてもらうだけでした。

遅れた婚期にあせる家族

　それで自信のある仕事も身につかぬまま月日は容赦なくすぎ去つていきます。子供たちは丸々と健康に成長したので、ホッとして、何かしら責任を果したような気持になつて、始めて自分の婚期がすぎたのではないかと気になりました。習いたい、おぼえたいと心の中で泣きました。でも気丈な母は、私以上にどんなに情ない思いをしていることかと思うと、一こともいうことができませんでした。ときおり母は、学校でできたんだから大丈夫だと一人ごとのようにつぶやいていました。兄の長男が兵隊に行つて満一年で終戦となりぶじに帰つてきました。そこで私の結婚の話が急にもち上つたのです。私はまず家へ嫁をむかえたうえ、一二年自分のための期間がほしいと願い、一たんはことわつて安心したものの、しばらくして再び火のつくようにせまられてとうとう承知したのでした。

大家族の農家の嫁

この辺は割合に耕地が広く、平均一町歩近くの所有者の多いところでした。私がとついだのは隣村の、田地二町歩、畑六反、山林一町ほどの山里の農家で、家庭は少し複雑で、舅《しゅうと》の先妻の子（長男）が一人、後妻に来た現在の姑に十人の子があり、私はその次男との間に縁談が決つたものでした。長男は当然家を相続し、次男には山林の木を切つて家を建て、田畑も分けて分家させるということでした。年をとつている両親はじめ、苦労している実姉も私の縁づき先には気らくな所をと望んでいました。

　結婚してまもなく、婚家の両親から長男が分家して暮したいというので、お前達に家へ入つてもらうことにきまつたからといわれ、意外ななりゆきに驚いたものの、泣き寝入りの形で両親と六才の末の子までいれて十三人の大家族の中へポツンと入つたわけでした。旧家ではありますが、両親が働いて作り上げた財産なので、働きのきびしさは全く想像以上でした。

　たとえば田畑の行き帰りは空身で歩いてはいけない、歩き方はいつも小走りに歩くものだ、洗濯、掃除、干物（野菜や山の青物を乾燥して冬のために貯える）の始末など、女の一日の仕事は全部朝仕事としてすまし、あとは外の仕事を専門にすること、炊事などは仕事のなかに入らず、そとの仕事のひまひまにするという風で、若いうちは夜は三時間も眠れば大丈夫疲れが回復するものだなど、何から何までてつていしたやり方でした。しかし当時の私には何の不平もなく、家庭の中も明るかつたのです。一緒に働いている三女、四女の義妹たちも、実に勝気でよく働き、私にも親切でした。しかしどうかすると結婚早々親兄弟たちから非難されるのは夫でした。日もまだ浅い私には、何にもわからないので、自分の態度如何によつて解決されていくならと一所けんめいに働きました。夜になつて感ずるからだ中のひどい疲れにも、決して不満な気持はもちませんでした。

春のおそい東北は四月がすぎますと、残雪も消えぬうちから田に畑に働きはじめます。そして毎年養蚕と田植の重なる春の農繁期の忙がしさは格別です。この村には夏になると「野の口」という山の草刈り作業があります。これは村中の人がいつせいに村山に入つて草を刈ることで、最初の日を野の口の開ける日といい、山の中腹に建つている神社が集合地になつていて、役場の人も来て、それ以上かつてに進むことは止められています。村の人たちは前日から車や持物、弁当まで準備しておき、翌朝は午前二時頃からまだくらい中を、手甲脚絆に、きりつとした作業衣姿で腰には砥石、かま、縄などをさげて車をひいて山へのぼります。三人掛りで急な山道を大汗で空車を引上げなければなりません。所々にはかがり火が上り、狭い山道に延々とつづくおびただしい人の群は、まるで戦国時代の戦場を連想させられました。車の上でねむつている人、元気よく話をしている人、黙つて煙草をふかしている人、暗やみの中に牛馬の荒い息づかいが無気味にきこえます。こうして二時間、三時間と時が流れて、東の空がしらじら明け始めるころ、とめられていた境がいよいよ開くと、人も牛も車も入り乱れ、先をあらそつて登ります。驚いたことに産後幾日にもならないと思われる近所のおばさんが、石ばかりの山道をガタンガタンと馬車に乗つてきたこともあります。

大ていの家では三日ぐらいでやめて家の草刈りをします。この三日間に大ていの場所はきれいに刈り尽されます。私の家では最初は牛車、馬車、はぐるま（手でひく車）の三組に分かれ、二日目からは牛車とはぐるまで半月ものぼりました。だんだん奥山のけわしい所になつて、向うの山かげ、こちらの谷間と刈り集め、急な谷間から草とからだもろともころがして、おりてきて、一段、二段と集めるのもなみたいていではありませんでした。こうして日中の暑いさなかを、後に引いたり前に引いたり全身汗みどろになつて帰つてきます。

また秋は足場もないようなけわしい山へ柴切りにやられました。まず女はみうけないような所にまで。始めてのことの多い私に、妹たちと同様によく教えてくれたのは長男でした。夫がいつもはなれた所で働いていても、私はどうにか、一通り馴れることが出来ました。

家族の不知と夫の自暴自棄

そのうちに新しい家も建ち、長男は分家することになり、今まで兄まかせでやつてきたのに、こんどは当然夫が中心になつて働かねばならなくなりました。すると妹たちは不平満々、何につけても反対し、あんな計画のないやり方では一緒にやつていられないと別行動をとることが多くなりました。夫も自暴自棄になり、今までの無口が忽ちにしてばくはつし、両親や兄弟や私に当りちらすようになりました。今までは兄さんと組んでやつていたのが、相手が私になつたのですからどんなに不足にかんじたことでしよう。それに二年後の秋の末に、結婚していた長女と次女とが相次いで離婚になつて帰つてきました。長女は、子供を残して帰つたのでその痛手も大きかつたでしよう。結婚前はこの人が家の中をやつていたそうで、初めは心のいたみに働く気力も全くないほどの痛々しい姿でしたが、また自然この人が家事を受持つようになりました。長女は今までの自分の母のしつけが手ぬるいと、ことごとに私や妹たちを叱り、

「まだもそもそしているのか、ごはんがすんだら男の人たちより先に出るようにしなければならない」

　といい、私はとるものもとりあえずとびださねばなりませんでした。外では男と同じ肉体的労働、内では少しも気の休まらない毎日の生活でした。兄弟同志の言葉づかいの荒々しいのにも驚いてしまいました。後にはきつと私へくる言葉にちがいないなどとかんじたものでした。姑は帰つてきた娘たちのことを「離婚して帰されたのも家のために働きすぎて、体をこわしたせいだからそまつにしてはいけない」といいました。


　ある日、私の夫が池のはたにおいてあつたたらいの中の洗濯水を、もう用がすんだと思つてすてたことが長女の腹立ちの原因になり「つねづね邪魔に思つているからこういうときあらわれるのだ。自殺でもした方がよい」などと、例のヒステリックな状態になりました。私は他の用でおそく食事についたので、そのいきさつがはつきりわかりませんでしたが、姑もいろんなことを言つていました。私が席につくと即座に、「こんなことでは家の中はうまくゆくものではない、二つに分れて暮すなどとなれば家が目茶目茶になつてしまうものだ」といわれました。

　私は「くれぐれも注意します」とよくあやまりました。妹は「ねいさんなんか悪くないんだ、兄がばかだから」こんな言葉を残して奥へ入つていつた。こんな風に思い思いに不平をいつていつも風波がたえませんでした。

　ある冬の晩のこと、舅と長男と夫はおそくまで仕事をしていました。私もはたおりの方もひとときりになつたので、そばでつくろい物をしていました。するととつぜん夫が、「かぼちやを煮てくれ」といい、私は困つてしまいました。それまで姑にこれを煮るようにといわれたほかは、何にも煮たことがなかつたのです。「でもおかあさんもおやすみですし」としどろもどろに返事をしました。「煮てもよいから」と自分の主張がつねづね通らないことに不平をもつている夫は大ごえでいう。そばにいた舅も複雑な表情だつたが「たくさんあるんだから煮て食べさせるんだ」といいました。私はえんりよしながら切つていろりにかけました。太い木が二本パチパチと心よくもえてまもなくコトコトと煮えてくる。実家でもよく仕事のすんだ後、話をしながら食べたものだつた、などと思いだしていました。そこへ妹がおきてきて、「兄さんなんてあんまりだ。みんな寝たところを見て煮させるなんて、何でもそんな気持なんだ」と。私は、「悪いと思いましたが、お父さんにも煮て食べさせるようにいわれたので、煮てしまつたのです。悪うございました」とあやまりました。妹はまた奥へ行つてしまつた。火もいつのまにか消えてかぼちやも煮えているらしかつたが、誰一人声をたてる者もなく仕事をつづけている。やがてめいめいの仕事も終り、片づけていろりのはたを去つて行つた。私は台所に鍋をおろして淋しい気持で床に入りました。

　毎晩のおふろも、まきは山のように積んで

ありますが、普通には決してたかせない。畠やそこらの雑木を集めてたくのです。妹などは夕方忙がしいときには、割木を入れておくことがありました。そんなところを夫が見たら「おれたちの苦労もしらないで、良いものをたいている」とものすごくおこるのです。このたくさんのまきは、春お金に替えて兄さんと夫のお小遣いになるのでした。おふろが湧いたらすきなしに入つてしまうように姑にもきびしくいわれます。しかし農家の夕飯はおそい、七時八時が普通です。それに十三人の家族ですから、時間が相当長くかかるのは当然のことでした。おわりの方に入る人は風呂に入りながらもそれぞれ居ねむりを始めます。私は気の毒でたまらず、何べんもお風呂場に立つていつてはおこしてあげる。みんなおとなしく、「ちようどよい」と言つてはいつています。寝る前に入る夫はまたひどい。あまり長いので立つていつて見ると、ふたをして居眠りをしているのです。風邪でもひいたらどうしよう、と私の方が仕事も手につかないほどでした。その後へはいる私は、どうしようと迷つてしまいます。でもまた明日のために少しでもつかれを回復させておかねばならない。そして火の気のない床に入るにも少しでも温まつてと思い、静かにはいつているとお腹の方から冷えてくるのでした。

何故か、夫のこの酷使！

こんどは二人で外で働く時が多くなりました。家庭内がおさまらないためか、私に不平があるのか、夫は毎日もんもんとして、家畜に当り、私に当り、生活は不規則になり、家の人は狂つているのではないかなどというまでになりました。たまに遠い田畑でただ休息していても「こんな所を家の人に見られたらおこられる」と腰をあげる夫でした。

ある雨の日の午後のこと、姑が外出するから夕方早く家にはいつて夕食の仕度をしてくれといつて出かけたので、私は普通より早目に家にはいつて、夕飯をたいていました。外にいる夫はどうもきげんが悪く「線路の下の畠に行つて麦を植えてこい」といいます。遠くの畠で、どう考えてもそれからでは暗くなります。「夕飯の仕度もあるし、おそいから明日の朝早くしてはどうですか」といつた。しかし夫は、「ごはんさえたいたら何でも食べられるから行け」といつてきかない。その時、舅もどこからともなく出て来て、「わからないことをいう。誰だつてこれからでは無理じやないか」といつたが、夫はますますかんしやくをおこしています。私はみのを着、かさをかぶつて外に出ました。舅は一生けんめい麦苗を抜いていてくれました。雨はパラパラふつていました。「これ位でよいから、いくらでも植えて暗くなつたら土をかけてくるように」という言葉を後にきいて、いそぎました。畠に着いて持つてきただけでも植えようと急いだが、日はまもなくとつぷりと暮れた。私は残りを土に埋めて、帰りかけました。人影一つないくらい夜道、雨はまたふり出してきました。家の近くまでくると、大工をしている弟が、「おお帰つたか」と迎えにきてくれました。張りつめていた気が急にゆるんで、涙がほおをつたわりました。家へ帰ると、夫は満足そうにごはんを食べているのでした。

またある時は、一町歩からの田を砕土機で半日ですまさねばならないと、私が口をとつている馬を夫がむやみに追い、何時になつても全部すまさないうちは帰されないと、ゴロゴロの土の上を朝の八時ごろから午後の一時すぎまで走り廻らされました。ほんとうに馬に追いついていくのがやつとでした。そこへ近所のおばさんがわざわざ田の中の道を通つてきてくれました。「なあんだ。まだ働いているのか、私はそういう理解のない夫は大きらいだ、女の身になつて考えて見るものだ、お昼休みもすんでしまうでしよう、早くお帰りなさい」私はほんとうにうれしかつた。何かいうと働くのがいやかと責める夫に、少しでも理解してほしいと思いました。しかし夫は「あんなこと気にかけなくてもよいよ」と簡単にかたずけてしまつた。家に帰るとみんなお昼休みの最中で、舅と姑はいろりばたで待つていられた。「何をしてきたんだ、まさかすましてきたのではないだろう」夫は「すましてきた」と得意そうにいいました。舅も姑も顔を見合せて、「ひどいことをするものだ。お前はそれでよいだろうが、馬と一緒では女はつとまらないだろう」と叱られてしまいました。夫はごはんを食べながら私へ「人なみ以上のことをしてほめられるかと思つたら叱られた」といいました。

常規を逸した夫の狂暴

この家では、家畜もたくさん飼つていました。牛、馬、山羊、緬羊、うさぎ、にわとり、七面鳥に大きな犬、とまるで小さな動物園のようでした。ことに大きな和牛は気が荒く、女の人には必ずつのをむけて、おそいかかるくせがありました。気丈な妹たちでさえ一歩も近ずけませんでした。でも私はどうしても馴れなければなりませんでした。えさをやつたり、畠の行き帰りは夫が車上の人となつて私に手綱をとらせ、敷わらの入れ替えには、牛をつかまえたりしているうちに自信をもちました。

田の馬耕もしましたがどうしてか馬は、夫のいうことをきかないのです。午後から馬車を引いていく時はいつも不安で注意するのでしたが、或秋の夕方、田の仕事をして帰りに稲を少しつんで帰ろうとしました。車につんだまでは良かつたのですが、どうしても前へ進みません。夫はおこつていろんなことをしますがだめ。とうとう四つ五つおろして進みましたが、また途中でとまつて動かない。また二つばかりおろす、また進む、少しいくとまたとまる。とうとう全部おろしたがまだ動かない、遂には車まではずして家へ帰つたこともありました。

それから畠に枝豆の収獲に行つた時のことです。日の短い秋の一日を、朝、太陽の上らないうちは畠の仕事。朝つゆがなくなると毎日稲入れという風にしていました。そして茶色に枯れた枝豆をたばねて畠につんでおいたものを、夕方引いてくるというので、馬をつれていきました。いつもは巾の広い道まで人が背負つてもちだしましたが、その時は、畠の中の細いでこぼこ道まで車を持つてきて、荷をつんだ。夫は私たちと相談する、話し合うということがまるでない人なのです。危いなどといえばかえつて無理を通そうとするくせがあつたのです。そして山のように豆をつんで馬を車にかけ、いざひき出そうとすると前に小さな堀があつたので、馬は前に進みません。夫は無理に引つぱりましたが、馬はかえつて後へ下つて、うしろの車輪は一段低い水たまりの中にはいつてしまつた。もうだめですからと私はとめた。しかし夫は、ますますおこつて見るに見かねる様子。馬はたてがみをさかだてて、前肢をばたばたさせていないている。私はどうなることかとおそろしくなつて、ぼんやりしていると、「実家からもらつた地下足袋がおしいか、川に入つて車の輪を廻せ」とどなられた。どんなに力を出したところで一人や二人ではどうにもなるはずがない。私は荷を下ろさなければだめだと主張した。夫もとうとう力がつきて、おこりながら荷をおろし、馬を前に出して車をあげました。馬は最初は少ししぶついていましたが、こんどは上手に歩き出しました。

するとと狭い道から広い道にはいる時、アッというまに、馬も車ももろともに畠に横倒しになつた。私はびつくりしました。夫は当然といつた顔つきで馬をおこし、車の綱から直して荷をつけた。私は「どうしたの」ときいた。「あまり腹がたつからわざとやつたんだ」というのでした。夫のかんしやくはきりがないのです。山仕事の運搬のさい、車輪が石の上にあがつたといつては私のせいにし、くぼみにはいつたのも私のためのようにおこり、車を廻す私の横腹に足をあげることさえ平気でしました。

休みをもらつて実家に帰り、それから婚家に来てみると、蜂の巣をつついたようなさわぎ。妹たちは私に話をしなければいけないと興奮している。すると姑も出てきて「子供らに、お前になんかだまつていろというが、きかないところだ」というのをきくと、まだ学校にいつている弟が戸の口で、ころろんで泣いているのに、いろりばたにいた夫が立とうともしなかつたことから大きくもつれ、親たちにむかつてききずてにならないことをいつたということでした。「お前がいると乱暴できないので、実家に帰つたとなると、あばれてこまる。お前をかわいそうに思うけど、思うようにならないからだろう」という話でした。この時、昼ねをしていた夫も起きてきて、「夢中でいつてしまつたんだ、あんな気持はないが」といつていました。夫は何のためにこんな態度をとつているのでしよう。私はつとめておだやかに出るようにしました。すると夫は、「兄さんがああしているのに、おれたちばかり幸福にしてはいられない。お前のようにのんきだと、長いきできるのだが」といいました。長男は三度妻をむかえたが、性的障碍か何かでいつも長つずきせず、独身でいたのです。妹たちに、「私がこの家に入つてから夫の態度が変つたのですか」とたずねると、「そうではない。兵隊生活をしてきてから、人間が変つたのだ。あんな兄さんと働いていたら、短気でころされてしまう」という妹たちの言葉でした。しかし家庭の中にどんなことがあろうと、そして嫁がどんな苦しい状態にあつても、他の人に話すことはかたくいましめられていました。

子供は生れたが……

実家に帰つて何にもいわないうちから、母などは真黒な目だけ光る私の顔、あれた手足を見ただけで泣いてしまう。近所の人からこんなこともきいた、あんなこともきいたといい、「死んでもつとめていろとはいわぬから」といいます。しかし私は三年目で妊娠をしていたのです。私も「今のうちなら」と再三決心はして見ましたが、自分の体も自由にならぬ母、人一倍苦労をかけた両親の晩年に離婚の心配をかけたくなかつた。よく近所の人が「子供でもできたら、少しはらくになるだろう」が、となぐさめてくれるように、或は変つてくるのではないかしらと、子供のみたよりに大きなお腹をかかえて、田に、畑に、山に重労働をつづけました。姑は「妊娠は病気ではないから、動かれるうちは何でもした方がよい」といい、夫は「こんなことは大丈夫だ、これ位なことはまだできる」と平生と変らぬはげしい労働をやらせました。胃が圧迫されるせいか、胸やけがひどく、水をのんでもすぐ苦しくなるようでした。そんなことをしているうち、とうとう一カ月早産してしまいました。生まれた子供は、やせて小さく、六百匁そこそこの男の子でした。「生きるかしら」。今までこんなやせた赤ちゃんを見たこともなかつた。喜びと不安が一緒になつて、傍らの子供を見ていました。それにお乳も多くなかつた。産婆さんも心配して、私から話してあげるからと、いろいろ家のひとに話してくれましたが、「出ない乳ではないから、今に出るようになる」といつて何一つやつてはくれませんでした。産婆さんも、「珍らしい家だ」と一ことつぶやいておりました。しかしまもなく私がごはんを出すようになると重湯をとつてのませました。当時はおさとうも配給でしたから心配の一つでした。夫は乳が少いなんてこまつたものだと歎息するのみです。

実家では子供が見たくて、見たくてたまらず、ことに母は見ないうちに死んでしまうというので、日のたつのも待たれず、三十二日目に帰りました。たのしみにしていたでしょうが、子供があまり小さいのにびつくりしてみんな声もたてないありさまです。でも母はちようど親類にきたついでと立寄つた姑にだかれた孫の顔をもつと近くにきて見せてくれとしげしげとみて、「よい子だ、よい子だ」と涙をうかべながら喜んでいました。それから数日後、私のことはもう安心と安らかに世を去りました。日ごろ丈夫で母の看病をしていた父も急にその日から風邪気味になり、十七日目にあとを追いました。年も年ですからやむをえませんが、私には大きな打げきでした。婚家へ帰ると出産と不幸と重つて、時間をむだにしたからとむりな働きを強いられました。子供はおとなしく寝ていますが、いつこう成長する様子もなく、同じ頃に生まれて人工授乳で育つているという、よその子が、まるまる太つているのを見るにつけ、心配はつのるばかりでした。それに授乳時間さえ制限されるありさまで、ただただ働く一方の毎日でした。夜もすがら乳房にしがみついている子供がかわいそうで、眠れぬ夜が幾日かつづきました。当時、かすりばたを織つていましたが、一ゆみまでかぞえると気が遠くなつてしまうほど疲れきつてしまいました。

毎年牛と馬と二頭で馬耕をやつていたのがその春は折あしく馬が病気で役に立たないことがたしかでした。男の人たちは山に柴切りに、私と妹二人は春畠から田の下ごしらえと毎日張り切つて、予想以上早く切り上げました。「今年は牛だけですから早目に入りましょう」といいましたが、「大丈夫、大丈夫」と世間より一と足おくれて田に入りました。おそい牛のことで、一日の仕事も情ないほどでした。しかしこれはわかり切つたことでした。仕事の仕にくいところは、全部牛でやるようにいわれて、一生けんめい、腰ものびなくなるほどでした。近所の人が、「そんなに働いて大丈夫か、働くだけが能ではないよ」といいながら自転車で通りました。長男は大きいな牛を使い、夫は秋生まれたばかりの、歩き方もしらない仔牛を無理に歩かせようとしています。家の中では、日に日にあせりが強くなるばかり。私は実家でもまだ仕事がすまないことは知つていましたが、たまらなくなつて、姑に相談しました。「そんなら早くいつてきてくれ」といわれ、実家に帰つてわけを話しました。「牛が小さくて無理できないので、まだすまないが、お前のため一日行くから」といわれて安心して帰りました。その時実家の子供がミルクを飲んでいました。今まで私には子供にミルクなどとは、もちろんいえずがまんしていたのですが、これを見ると飲ませてやりたくてたまらず、実家で買つてもらつて帰り、そういいました。すると「うちだつて、ミルク代くらいあるのに」と大へん叱られました。夫は「うちのお金で買つたというでないもの、いいだろう」と。

でもどうやら田の方は、手伝いの牛のおかげでその日全部すみ、妹たちはさすがにうれしそうに話しかけました。しかし夫は「人まで借りてくることもないのに」とブツブツ不平をいつているので、家の中は暗い気分でした。そこへ感情の問題もからんでくる。一番大へんな仕事がすんで一家喜ぶべきところなのに、何ということでしよう。それに子供のこととなると、子供を残して離婚された長女がとても神経質になつてひどかつたのです。姑はこんな小さな子でもかわいがり、昼のうちお風呂に入れてくれたりします。また一ばん末の妹も外につれていきたがつておぶつたりしますと長女はさんざん悪口をいいます。「そんな子供はずかしくないか、くたびれて足なんかなくなつてしまうんだから」言葉も荒々しくいろんなことをいいます。夫は「こんどは子どもをおぶつて田畑をさせるから」などというのです。私は思いあまつて、とうていこの家で子供を育てることは、むずかしいと思いました。このままむりな働きばかりやらされたら私はおろか子供も死んでしまうではないか。この大家族の複雑な中で、身二つになつてみて、いよいよ行きづまつてしまいました。世の中には子はカスガイとかいつて、子供のために夫婦の仲がしつくりいくことも多いでしようが、子供が生まれたからどんなことをいつても、何をしてもかまわない、というらんぼうな家もあるのではないでしようか。

死か？　離婚か？

気がかりな仕事もすんだところで、私はもうすべてに望みを失つてしまつた。馬耕のすんだその晩、私は手伝いにきてくれた実家の甥の後を追つてこつそり外にでました。まつくらな雨のふる晩でした。甥の姿は既に見えなかつた。……私は一たいどうしたら良いだろう。実家では見るに見かねて再三決心をうながされながらも、女は三界に家なく、決してもどつてはいけない、離婚は家名を汚すものと自然のうちに思いこんで育つた私、それに経済力もない私はドタンバまで来てしまつたのでした。血の出るような胸の中から「オトウサン、オカアサン、」と呼んで見た。こたえるのは、ゴーゴーという水の音ばかりでした。その水の音にただ吸いつけられるように歩いていつた。鉄橋の下を流れる川のものすごいひびきに私はすつかり心をうばわれていた。その音の底に、やさしい両親が呼んでいるように思われて、しばしぼうぜんと立ちつくしていました。その時、子供を思い出したのです。

泣いているではないかしら、と。始めて理性がよみがえつてきました。そして今までにない強い強い気持が芽生えてきたのです。私は奴隷のような生活には、たえられない。真実に生きるのだ、と思つて雨のふる中を実家へ向いました。家ではみんな心配していた。嫁も甥も姪も私もみんな泣いた。すぐ甥に子供をつれてきてくれとたのんだ。ここではじめて二度と帰らぬ決心が、固く固く決つたのです。実家には一歳と三歳の子供がいるのです。しかしみんなよく理解してくれました。その後は、兄は体力も弱つているので、三人の子守りを、ときどきたのんで私は働きました。うしろに一人、前に一人、やつと歩くようになつたもう一人を歩かせて、子もりをしながら、不平もいわない兄の姿もあわれでした。

しかし婚家では承知せず、働きがひどいなら下男をたのんでもよし、牛を一頭ふやしてもよいからと、毎日のように来ました。姑は「死水をとつてもらうつもりだつた。もし見込みがないならさつさと出してしまうのだ」といいました。長男(夫の兄)の嫁の一人も、夫はどんなであつても財産が惜しいからいたかつたそうですが、見込みがないというので一カ月もおかずに、生木をさくように別れさせたということもきいていました。そのうち夫は北海道行きをしようとして見つけられたとか、服毒自殺をはかつたとか、耳にしました。しかしどんなことがあつても私の心は動かなかつたのです。子供はおかげでまるまると育つてきました。親族の人々も一生けんめいになつてくれました。そして、「出発をあやまつたのだから、ここできつぱりあきらめて、再出発をした方がよい。子供は出来るかぎり父親の方へ」といつてくれます。私は子供だけは何とかして育てたいと思つた。親子で働いているところがあるときくとたずねたり人にきいてもらつたり、いろいろ心配して見ましたが無経験で子供づれではどこでも使つてくれませんでした。実家にも余裕がありませんし、私にも生活力がない。考えに考えた結果とうとう父親の方へ渡すことにしました。

こちらでは並々ならぬ家というので、最悪の場合まで考えて行つたものの、「子供だけは大切に育てるから、おしんが仕合せになつてくれるように」といつて手落ちのない態度だつたそうです。

私の離婚は或は近所の人々にも影響があつたかもしれません。そして嫁の地位が少しでも引上げられたなら、うれしいと思います。嫁の座がほんとうに確立されていくには、もつと、もつと夫の協力と周囲の理解が大切ではないでしょうか。人権が重んぜられ、一人の不幸な人もない、明るい家庭に一日も早く改めていかなければと強くかんじました。

あとがき

農家の嫁は労働力として迎えられるとは一般にいわれているところですが、この手記の筆者津山さんの体験はまさにその典型と云えるでしょう。

家族のうち誰かが甘い汁を汲つているというわけでもないのに、家族全員が「家」のため牛馬のように働き、しかも互に角き合つている。一体、この「暗さ」の原因はどこにあるのでしょうか、単に嫁の問題としてのみではなく、農村問題として真剣に考えなければならない問題と思います。

津山さん(仮名)は現在東京近県の某家に家事手伝をしておられます。手記をお読みになつても分る通り、頭のよい、しかも気立のやさしい働き者で、大変感じのよい方です。御主人夫妻は本人の将来を親身に案じられ、適当な配偶者を探しておられます。お心当りの方がありましたら本社までご連絡願います。お年は三十三才です。

投書

〝偉い〟とは

轟目里子

参院選挙も革新政党の大勝利で喜びのうちに幕を閉じました。平和をこわす憲法改悪もできなくなり、民主主義の息の根はとめられずにすみました。そこで私たちは考えなくてはならないことがあります。それは職場でもどこでも、労働者の中にいてコツコツと社会主義運動をしている人に、「〇〇さんは縁の下の力持ちばかりしていないで、参議員にでも出ればいいのに」といつたことがよく言われます。――それもかなり社会主義を意識している人の口から――支部長や議員になることを、偉くなるとする考え方、つまり支部長や議員を英雄視する考えは、真に社会主義の本質を理解していないものと思います。そして労働者自から、そのような考えを持つていることは、候補者自身に英雄主義的観念を植付ける結果になるのではないでしょうか。私は、大衆の中にいて一人でも多く社会主義思想を理解させようと努力している人こそ一番尊いのではないかと思います。衆院議員や参院議員になるだけを目的とした運動ではなく、労働者を全体的に目ざめさせるのが社会主義者の目標でなくてはならないと思います。……（中略）……

ところで偉い人とはどんな人をいうのでしょうか。中国から帰つてきた子供たちは、

「あなたたちは日本へ帰つてきて、大人になつたら何になりますか」という新聞記者の質問に、

「大人になつたら、人民のためにつくす立派な偉い人になりたい」と答えたそうです。

私が皆様に申上げたいことはこの子供たちの一言の中にふくまれています。社会主義社会には階級はありません。職業の貴賤もありません。国会議員も労働者も同じ同志なのですから。そういう考え方で今後も皆様と共に手をたづさえて社会主義社会の建設に努力いたしたいと思います。（東京・商業・二三才）

原稿募集

◇**創作・論文**
一五枚以内（四百字詰）

◇**随筆・コント・ルポルタージュ**
七枚以内

◇**職場のこえ・台所のこえ**
三枚乃至三枚半

◇**短歌・俳句**　一回五首まで

本誌は婦人の発言の場です。明るい生活をきづくために、そしてよりよい人生をおくるために、また皆様の秘められている才能を発掘するために活溌なご投稿を期待いたしております。

注意　一般に〆切はもうけませんが時事問題については毎月**十日**までにお送り願います。

送り先　本社編集部

編集後記

今年もまた思い出の八月十五日が巡つて参りました。思えばあの荒廃と混乱とに茫然自失しながらも、唯一つの生きる手がかりは、「もう戦争は当分ない」という安心感ではなかつたでしょうか。

国民すべてが多かれ、少なかれ戦争の悲惨を体験しながら、いまだに「戦争か平和か」が選挙の度に叫ばれるというのはどこに原因があるのでしょうか。なおざりにできない問題です。

×　×

参院選は革新派の勝利に帰し改憲問題を一応喰止めたことはご同慶の至りです。もし婦人票がなかつたらどうでしょうか、婦人の功績は誰れしも認めるところとは存じますが。

×　×

広瀬文相、男女共学についてまた妙なことを言い出しました。保守とは反時代的の同義語と解してよさそうです。少くも日本の政治では。（N・S）

編集委員
榊原千代
藤原道子
山川菊栄
吉村とく
（五十音順）

婦人のこえ　八月号
定価三〇円（〒五円）
半年分　一八〇円（送共）
一年分　三六〇円（送共）
昭和三十一年七月廿五日印刷
昭和三十一年八月一日発行
編集発行人　菅谷直子
東京都千代田区神田三崎町三ノ六
印刷者　堀内文治郎
東京都港区本芝三ノ二〇
（硫労連会館内）
発行所　婦人のこえ社
電話三田（45）〇三四〇番
振替口座東京貳壱壱参四番

昭和二十八年十一月二十四日第三種郵便物認可
昭和三十一年八月一日発行（毎月一回一日発行）
婦人のこえ　第三十五号　（第四巻・第八号）
定価三十円

婦人のこえ

ご存じですか？

―婦人に有利に改正された法律―

さる二十四国会で成立した法案のうち左のように婦人に有利に改正されたものがあります。

その一、家事審判法（第一五条Ⅱ・Ⅲ・Ⅳ）

従来、家裁で離婚その他で慰謝料や損害賠償の判決を下しても支払う側がそれを実行しない場合、家裁ではそれを強制的に取立てる権利はなく、また本人が取立るためにはむつかしい法律上の手続や費用がかかるため、実際は泣寝入りする者が多かつたがこの改正で家裁に申入れれば、本人に代つて取り立ててくれるようになりました。

Ⅱ・家裁は裁判で定められた義務の履行状況を調査し、義務者に対して、その義務の履行を勧告することができる。

Ⅲ・家裁は審判で定められた金銭の支払その他の財産上の給付を目的とする義務の履行を怠つた者がある場合には相当と認める時は権利者の申立により義務者に対し、相当の期限に定めたその義務の履行をなすべきことを命ずることができる。

Ⅳ・家裁は審判で定められた金銭の支払を目的とする義務の履行について、義務者の申出がある時は最高裁の定めるところにより権利者のために金銭の寄託をうけることができる。

（以上七月一日施行）

その二、母子福祉資金の貸付等に関する法律の一部改正

一、新に住宅補修資金の項を加えた。母子家庭で家を補修する場合、一回につき三万円以内、償還期限五年以内、利率年三分で借りられることになつた。

二、高校における修学資金の額の引上げ、従来月額七百円だつたのが月額千円に引上らげれることになつた。

なお、この改正には次のような附帯決議がついています。

一、来年度より国庫負担の割合を三分の二程度に引上げる。

二、公務員等について将来停年制が実施されるような場合、有子未亡人に対しては特別の考慮を払う。**（以上六月二十日施行）**

なお、この国会では寡婦年金法案が社会党から上提されましたが可決に至らず、審議未了となりました。

寡婦年金とは？

十八歳未満の子女をもつ母子家庭で、しかも年収十八万円未満の寡婦に年額六千円の年金を支給するという法律です。

その趣旨は低額所得のため、子供を修学旅行にやれなかつたり、学用品も充分に買い与えられないお母さんたちを援助し、母子家庭の子に淋しい思いをさせないようにという狙いです。

そして、この法律は子供本位のもので、寡婦自身の救済までには及んでおりませんが、与党側はそれすら賛成しないという点を注意すべきでしょう。

現在母子世帯数六十九万五千余。

婦人のこえ

1956年 九月号

九月号 目次

時評

国のうちそと

山《やま》川《かわ》菊《きく》栄《え》

★教育はなぜねらわれる？

第二十四議会の終りにあの大さわぎを演じながら、ついに自民党のむり押しがきいて成立した教育委員会法は、さつそく大きな問題を国民の前になげかけています。明治以来終戦まで、日本の地方行政は自治とは名ばかり、実は中央政府の手足にすぎず、知事もその他の主要な吏員も内務省の任命により、いわゆる浮草稼業で、その地位は次々と昇進してゆく途中のとび石か踏み台にすぎなかつたのです。そして教育もまた極端な官僚的中央集権と、その下積みの地方庁との両方の重石の下にうちひしがれ、国民の知能と個性を自由にのばすためのものではなく、校長も教師も町長や町会議員などというボス勢力の前にクビがあぶなく、良心的な教育はできなかつたといつてよかつたのです。

終戦後、教育制度は改まり、地方自治も拡充し、民間から選挙された教育委員が人事その他教育に大きな力をもつようになつて教育の民主化がいとぐちにつきました。教育委員の制度は新しく、選挙するにもろくに見当がつかず、選挙された人々も進歩分子とは限らなかつたのですが、それにもかかわらず、とにかく自分たちの投票で教育委員がきまり、その教育委員の立場や人柄しだいで、自分たちの子供の学校にも、教育の方針や施設全体にも大きな影響のあるということがわかつた結果、一般の有権者に教育への関心を与え効果は大きいものでした。この制度によつてかつては地方の有力者や校長の自由になつた平教員のクビがそう簡単にはとばず、良心的な優良な教員がおちついて仕事ができるようになつたことは実に大きな収獲でした。しかしこの制度が実施されてわずかに八年、都道府県と六大都市の教育委員が二回選挙され、市町村のそれは一回選挙されたきりで、ことしからは任命によることとなつたのです。もちろんそれは知事や市長だけの意思に任されず、それぞれの地方議会の同意を必要としますが、今のところ地方議会の議員の圧倒的多数が保守系であることを思えば、これはたのむにたりないといつていいでしょう。

自民党は新しく任命される教育委員には、日教組出身者を排除せよと自党の地方議員団に指令を出し、清瀬文相もこれに同意したと新聞は伝え、早くも地方にいろいろの問題を起しています。当然日教組はこれに反対し、地方によつてはあまりに露骨な保守系の高圧政策に中立的な人々が、反撥している声さえきかれるということです。しかし公然そう言明しなくても、自民党はそれを目的とすればこそ、あれほど力づくで新教育委員会法案をおし通したので、そうしなければ意味はないのですから、おどろくにも当らず、そういう不合理と戦うために強く団結する必要を悟らなければなりません。人事は保守勢力の私ごとになり、教育費は惜まれ、教育の民主化は口先だけに終り、ふたたび偏狭な愛国主義、家族制度の復活、再軍備への地ならしをする教育がおこなわれようとするでしよう。そのために日教組の活動がにぶり、組織が弱体化するようでは一大事です。今日でも日教組五十万の組織が必ずしも一人の如くに動いているとはいえず、地方や下部の組織には弱い所もあり、それ故にこそ政府はそれをおどかして分離、分裂させようとしているのです。

教員の政治活動の制限や新教育委員会法等、次々とうちだされる政府の日教組対策は、日教組が選挙に強い、恐るべき競争者だという点にもあるでしようが、根本的には教育の民主化そのものを恐れるからです。日教組出身者を教育委員から除外するとなれば、教育の経験者を入れないことになる。これは大きな問題です。もちろん教育委員を日教組出身者だけで固めるのも面白くないが、日教組出身者もまた一般市民として、親として教育委員となる資格はある筈です。これを除外することは自民党の利益かはしらず、一般国民の利益とはなりません。地方によつて婦人や青年団体から委員をとれという申入れもあるといい、現に一人はぜひ婦人をという意見は相当強い。しかしこれも御用団体的傾向の強い婦人会その他類似の型の婦人をとなるのでは、何ら教育民主化の意味をなしません。

要するに国会でも地方議会でも、革新勢力が余りに弱いということが、問題の根本なのです。地方では知事や市長が革新派でも、議員の絶対多数が保守派であるために仕事ができない話も聞きます。これは党の組織がよわく、候補者個人の努力や人気で当選し、浮動票が多いために、同じだけの投票がその党に集中しない結果です。たとえば加藤静枝さんが七十五万票とつたといつても、それが党自体への堅実な投票であるならば、適宜に分配して三人の当選者が出せる筈ですが、実際はそういかないところに問題があるようなものです。こういう個人中心の投票の代りに、党の組織を中心として投票が集中するように党を育てなければなりません。日本では昔から社会主義の政党が弱いため、組合が党の役割を代行してきた形があり、今もつてそれがぬけきつていないのです。党は個人よりも、組合よりも上の、ハッキリした政治的目標をもつて結ばれるものでなければならず、そういう党が発達するのでなければ、ほんとに保守勢力と対決することはできません。

共学廃止すべきか

も一つ、教育民主化をぶちこわそうとするものに、清瀬文相の共学廃止論があります。文相は廃止ときめているわけではない。「男女は互に敬重し、協力し合わなければならないものであつて、教育上男女の共学は認められなければならない」と教育基本法にある以上、共学の廃止はできぬといい、できれば教育基本法そのものを改めたい口ぶりで、共学には問題が多い、文部当局に実態の調査を命じたといつています。

外国の例もいろいろで、英国の如き、小学、中学には別学と共学が並行し、高等学校は別、大学も両方あるという風、アメリカも同様です。ソ連は中学を一九四一年から一時別学とし、五四年ふたたび共学に返しました。

清瀬文相は風紀の退廃を共学に帰していますが、外国でも日本でも、共学のない昔、男女七歳にして席を同じゆうしなかつた封建時代から恋愛問題は絶えず、今でも共学の学校の内部より異る学校の生徒同士の間に問題は起りがちです。風紀を問題にするならば共学を知らず、現にそれに反対している反動政治家の待合政治や蓄妾生活を問題にしなければなりますまい。思春期の恋愛情操をどう指導するか、は共学以前かつ、それ以上の問題であつて、共学を禁じても亡びない、恐らくは人類と共に永い命題であろう。それはそれとしていま私たち日本の男女にとつて必要なことは「男女は互いに敬重し、協力し合わなければならない」という教育基本法の説く真理を一日も早く実現することであり、それには共学が一番よい機会を提供するのである。日本のように一般社会に男女交際の伝統のないところでは、共学によつて、同じ人間として、共通の面と異る特徴とをたがいに知りあい、理解しあうよりほかはない。結婚するまで異性と交際することなく、性を通じてはじめてただ一人の異性とかつきあうことを許されなければ、男女たがいに、人として理解しあい、助けあうのが不可能なことも多い。新しい男女関係の道徳と理想とを育ててゆくには、幼児の頃から同じ経験をわけあつて一所に成長してゆくに限る。人間のもつて生れた男らしさ、女らしさはそれによつてそこなわれるほど弱いものではありません。今日、共学に反対する声は上級校の進学率と受験準備を教育の主要な目的とする学校に高い。これは日本の教育制度全体の問題として別に考えなければならないことです。男は立身出世のための受験準備、女は売物に花の花嫁教育で青春時代を終らせてよいものかどうか。要するに共学廃止はふるい男女関係と家族制度復活への地ならしをするものです。

ここ数年来新しい教育制度がねらわれ、手をかえ、品をかえてぶつつぶそうとされるのはなぜでしよう？　教育は未来を育て、未来を支配するからです。新しい教育の不十分なところは改めるのもよい。しかしそれは断じて時代に逆行し、旧制度を復活するためであつてはなりません。日本だけが世界の進歩にとり残されるような亡国的教育への逆戻りとは、あくまで戦わなければなりません。太陽族のような寄生虫のわく恐れのない健康な社会の建設に力強く前進しましよう。

★日ソ交渉

昨年六月一日ロンドンではじまり、九月二十日一時中絶、本年一月十三日再開、三月二十日にまた中絶。七月十九日モスコーで重光、シェピーロフ両外相の間で三たび開かれた日ソ交渉は、またもや中絶となりました。エトロフ、クナシリの返還どころか、ハボマイ、シコタンさえ、本来のソ連領土であり、それを日本に譲渡するものだという文書の表現すら改めようとしないソ連の強硬な態度に、それをのんで国交を再開するか、それをけつて依然たる戦争状態をつずけるか、というむつかしいせとぎわに立たされることになりました。とはいつても世界の見る目は日本の国力からいつてこの辺がおちつきどころと判断していたのは去年からのこと、ロンドンで交渉の任に当つた松本全権もそうよりほか考えられなかつたらしく、その報告に従えば交渉は一年前にまとまつていたのでした。それを反対して成立させなかつたのが重光外相で、こんどは自分が大使となつて交渉に当り、先方の条件をのんでまとめるばかりのところで本国の反対にあい、中絶となつたのですから、昔の人なら因果応報とでもいうところでしよう。

大体領土問題については南千島は別だということを明白にせずに

吉田前首相がサンフランシスコ条約で千島放棄に調印したことに問題があり、法律論はどうあろうとも、歴史的事実はどうあろうとも日本の言分はゴマメの歯ぎしりにすぎないのではないでしょうか。

日本共産党は日本の言分は正当でないといつていますが、この党の性格として、たとえ北海道や九州までソ連本来の領土だといわれても恐れ入りました、仰せの通り、ということでしようから問題とするにはたりません。社会党は、ソ連が日露戦争を一方的な侵略戦争とし、わが国本来の領土であるエトロフ、クナシリのソ連領を主張する不合理をなじつていますが、いうだけはいうにしても、それ故に一歩でもひく先さまとは思えません。とにかく私たちは戦争の代価を否応なしに払わなければならない。中絶したままで漁業権も失い、国連加盟の見通しもつかず、いつまでも戦争状態で八方ふさがりの状態でいるがいいかどうか、もはや大勢は決しているのではないでしようか。自民党はそれをただ内部の勢力争いに利用し、誰が天下をとるかの武器にしようというだけでごたすたしているにすぎない。世界は目まぐるしい勢いで変つています。進んでいます。日本だけとり残されていていいものでしようか。ソ連が去年よりは今年が強腰となり、先に河野農相のいつたときより今は一層強くなつたとすれば、時をかせぐのはこちらではなくて向うです。ユーゴはソ連と分れたとき孤立無援でしたが、その後の数年間に世界中に向つて大国の小国に対する圧迫を訴え、西欧諸国のみならず、アジア、アラブの諸民族と固く結んで、相対立する二大勢力圏の確立に反対し、中立的な立場を守りつずけました。そして結局ソ連が自己の誤りをみとめて国交を回復したのでした。それだけの見識、それだけの勇気、そしてあの極端な窮乏に堪えて屈しない愛国的熱情こそ、最後の勝利へみちびいたものでした。決して只で、何の犠牲も払わず、歌つたり、踊つたり、酔つぱらつたりしているひまにできたことではなかつたのです。インドといい、ビルマといい、エジプトといい、長い植民地時代の苦労と今の貧乏、そして人口の大部分をしめる文盲という悪条件のもとに先進文明国を相手にして着々国際的地位を高め、新しい平和国家をきずいてゆくめざましい姿に私たちは目をとじていいものでしようか。エジプトはスエズ運河を国有化し、英仏は動員計画を企てても、武力解決は世界の世論の前に不利と知つてふりあげたこぶしのやり場に困つています。後進国の武器は武力ではなくて国際的世論であり、団結力であります。日本はいつまで同じ有色人種、同じ弱小国に背をむけてアメリカの袖にすがろうとするのでしよう？　この態度を改めぬ限り、いくら待つてもソ連の態度も変らず、世界各国の見る目も変りません。思いきつて自分の足でたつことです。新中国はソ連の衛星国ではない、名実共に完全な独立国です。アメリカがどういおうと、日本がこれを承認し、国交を開いたなら、それは日本の独立への第一歩となり、アジアの孤児の運命をのがれる手はじめとなるでしよう。今の場合領土をとられてはくやしい、悲しい、いまいましい、先祖に申訳があるとか、ないとかいう感傷に溺れているべきではない。冷静に損か徳かを考えて、これ以上損をしないように決断を下すことです。相手は損か徳かで、きのうまで神様のようにあがめたスターリンをきようは悪魔のようにふみにじつてみせるかと思えば、きのうまで社会主義の裏切者の悪魔だつたチトーをきようは世界の英雄のようにもちあげて平気なソ連です。こちらも泣いたり笑つたりしてひまをつぶす代りにソロバンをはじいて早く腹をきめることです。

解説

新教委法の「もたらすもの」

山《やま》下《した》正《まさ》子《こ》

新教委法即ち地方教育行政の組織及び運営に関する法律は、十月一日から全面的に施行されます。それまでに地方公共団体又は教育委員会では、法律にきめられているいろいろな規則や条例を定めなければなりません。そのために文部省では、ブロック別新教委法説明会を開催し、自民党は「文教懇談会」をもつて万全の用意を整えているようです。私たちが、この法律に反対し、また、もつとも心配したことが、現実に行われようとしています。大学の先生方も、学者も、文化人も、教師も、父母も心の底から反対しました。

政府与党は、口を開けば日教組を攻撃します。教育の中立性を叫びます。「新しい教育委員に日教組関係者を入れるな」という自民党の全国都道府県支部連合会に対する指令は、何を意味するのでしょう。地方公務員法の制定も、廿九年五月につくつた教育二法律も、またこのたびの新教育委員会法も、すべて日教組の力を弱め、政府与党が思うままに教育を支配しようとする下心は、はつきりしています。どの場合にも教育の中立性を守るための立法だと申しました。あきらかに「教育の自民党化」をねらつていると云えましよう。

現在の政府与党の文教政策は〃平和を守ること〃や〃一人一人の命を大切にすること〃や〃真実を追究する子供に育てること〃や〃民主主義的な制度や生活様式を実現させるような〃教育は考えていません。社会科の改悪、教科書検定の態度、教育の国家予算をへらしたり、教師の定員増加を阻んだりすることをみてもよくわかります。親たちは丈夫で、知識や学力を充分身につけた一人でたくましく生きてゆける子供に育てたいと真剣に願つています。一人一人の子供の人格を大切にし、思想の自由な権利を尊重し、自主的な判断力と、正しい行動の基礎をつくる民主教育の実践は、父母の希望や意見をよく聞くこと、また専門家としての教師の自主的・創造的な力を期待し、信頼することでなければなりません。戦争中の教育のように、北海道も鹿児島も同じ教科書、きめられたことを教え、視学や学務委員と云われる人たちから、監視をうけ、その人たちの気にいらなければ、子供たちにとつてはどんなに好い先生であつてもやめさせられる、というようなことで、本当にのびのびと明かるい子供が育てられるでしようか。正しいことも云えず、真実も教えられず、自主的・創造的教育はできませんでした。型通りに教え、つめこむのではなく、それぞれの子供の能力に応じて考えさせ、行動させる教育、話しあつてきめてゆくやり方、自由にものが云えること、これは子供にも教師にも、欠いてはならない大切な教育の条件だと思います。

ところが今度の新教委法では、委員が任命されます。公選制は民主教育の大黒柱です。地方の教育は地方住民のもの、という原則をくつがえして、役所が人を選んでやろう、というのです。知事が教育委員を任命します。もし知事が教育委員会に「海ゆかば」や「雲にそびゆる」をうたえと云われた場合、任命教育委員はこれを断わることができるでしょうか。上からの指揮監督が、たとえ不合理であり、無茶であつても、きかなければならないようにしくまれています。教育長は政党色をはなれ、教育上の識見をもつた教育行政の専門家でなければなりません。教育委員会の最も重大な人事である教育長の任命は、教育委員会の一存できめることができません。文部大臣や上級機関の承認が必要なのです。

もつと具体的に申しますと、今年の十月一日以降の都道府県の教育長は、全部文部大臣清瀬一郎氏(内閣改造が行われなければ)の承認が必要だということです。清瀬文相は「教育には党議が優先する」という信念をもつています。こういう人によつて承認された都道府県の教育長が政治的にかたよらない行政をすることができるでしょうか。いわゆる教育の中立性が保たれるとは考えられません。政党の不当な支配に屈しない教育長があつても文部大臣の指導を断つたり、気にいらない場合にはいつでもやめさせることができます。

指導主事は昔の視学官のように、校長や教員に対し命令監督ができるようになります。教師が教育的良心に従つて子供を教育することをできなくしてしまいます。教育課程や教材までいちいち委員会規則に従わなければなりません。ワークブックや副読本はもちろん、幻燈や昆虫の標本使用にいたるまで、教育委員会に届出て承認をうけることになります。

教科書法案は、廿四国会で審議未了になりましたけれど、国定化への色は濃くなつてきます。教育委員会が教育予算を知事に提出する権利をもつていましたが、それもなくなります。任命された委員が、知事にさからつてまで教育費の増額を要求するとは考えられません。地方財政の赤字の有力な要因が教育費である、教育委員会法を改めて、地方団体の赤字をなくするといいます。教育費が削られることは教育効果を下げることです。全国では過大学級が多すぎて困つています。一人の教員のうけもつ生徒の数が多いのは、少い場合よりも、教育効果をあげ難いことは誰にだつてわかります。教育人件費が削られたからといつて生徒の数がへるわけではありません。多くの児童生徒をかかえて困るのは教員です。

一学級五〇人だつたものが六〇人にも六五人もの過大学級となつてきます。教員の負担はますます重くなり、子供たちの質的成長にも悪い結果が考えられます。

また教科書代、学用品代、PTA費など父母の負担の多いところへさらに多くなることも予想されます、昭和廿七年度全国小、中学校の父母の負担した教育費は九四三億、二八年度は一三〇〇億にのぼつています、みんなの意見を聞かない教育は、ごく少数の人たちの考えで左右されることになります。

教員を内と外からしばり、監督を徹底し自主性も、批判力もなくしてしまうことは、子供たちの頭を萎縮させ、自分でものを考えなくさせます、裏を返せば国のやることなら何でも正しいのだと盲目的に思いこませる教育がねらいです、これほど恐しいことはありません。無謀な戦争をおこし、今なおぬぐいきれない傷あとに苦しんでいるのです。

この原因を忘れてはなりません。明治以降の国家至上主義の教育が招いた結果ではないでしょうか。日本は万国無比、国のやることなら何一つ間違つたことはない、という無批判的な国民教育に罪はないといいきれるでしようか。私どもはたつた十年前にこのあやまちをおかしたのです。再びくりかえしてはならないと思います。新教委法はあの道を歩ませようとするものです。激しい世論の反対、野党の抵抗、それをおさえるに警察権を国会に入れて、無理おしに、六月二日午後九時四五分法律になつてしまいました。そして十月一日から全面的に実施されるのですが、今まで述べたように、非常な悪影響をもつ法律です。まずこの実態をみんながよく知ることです。教育委員に民主的な人を任命させる働きかけをすることも大切です。PTAやあらゆる会合で、教育が権力のためにゆがめられないよう父母が監視することです。民主的な良心的教師の教育活動を支持することです。教師と父母、地域の人たちが、子供の幸福を願い、再びあやまちをくりかえさない決意をもつてしつかり手をつなぐことです。このことのみが、この悪法を骨抜きにし、実質的に被害をなくする道だと思います、民主教育を守ることは、日本の民主主義を守ることです。みんなで手をつないで、逆コースから日本の民主化を守りましよう。

（筆者は日本教職員組会・婦人部副部長）

高等学校以下諸学校現状

—小学生徒数千二百六十万—

文部省の調査によると、本年五月一日現在国・公・私立高校、中学・小学校・幼稚園の各種総数は左の通りです。

幼稚園

- 学校数　本校　六、〇一三　分校　一二八
- 学級数　二〇、四一一
- **幼児数　六五一、二三五**
- 教員数　本務者　二六、九七〇　兼務者　三、八五〇
- 職員数　四、三〇〇

小学校

- 学校数　本校　二二、三八一　分校　四、五七六
- 学級数　二八五、〇六六
- **生徒数　一二、六一六、三一一**
- 教員数　本務者　三四五、三二六　兼務者　一、四七八
- 職員数　五二、七八七

中学校

- 学校数　本校　一二、七三六　分校　九八七
- 学級数　一二七、三〇三
- **生徒数　五、九六二、四四九**
- 教員数　本務者　二〇〇、七九四　兼務者　九、六二一
- 職員数　二六、五八三

高等学校

- 学校数　本校　三、三三一　分校　一、二四三
- 教員数　本務者　一一三、八一七　兼務者　一九、四八四
- **生徒数　二、七〇一、七一七**
- 職員数　三一、四〇一

なお、小学校は前年度に比べて一五六校増し、教員数も四、七五六人（一・四％）増しとなつているが、児童数は三四九、三五九人(二・九％)増しで、一学級当り児童数、一教員当り児童数はそれぞれ四四・二人、三六・五人で、前年度四三・八人、三六・一人より増加し教員の負担は重くなつている。

中学校は、一学級当り生徒数四六・九でこれは前年度と同じであるが、一教員受持数は二九・八人で前年度の二九・五人より増えている。

―随筆―

現代学生気質

戸《と》川《がわ》エマ

いつたい私たち人間は、過去のいやなことは忘れ勝ちで、いいことの方をよく思い出すものである。それだからこそ生きて行かれるわけでもあるけれど、若い時の思い出は、とりわけたのしかつたことばかりが頭に浮ぶ。そして現在太陽族と呼ばれている一群の若い人々の行動や思考を嘆く年寄にも、かつてはそれに似た行動をし、青春を謳歌した時代があつたのだが、自分たちは彼らとは違つていたと思うものである。これはまことに公平を欠く思いあがりではあるが、そうは云つても私たち古い世代の者には、太陽族を全面的に支持する気持にはなれない。しかし彼らを非難する前に、私たちは、何故そうなつたかということを考える必要はあると思う。その一つの原因に、戦後の不安と、それをまぎらすためかのような享楽的生活をあげることは出来る。いつまた戦争になるかも知れない。あれほど絶対的だつた教師や親や指導者たちの威厳はどうなつたか。そんなことを考えるとつい若い人の一部は、目先のたのしみだけに日を送ることにもなろう。

では若い人たちはみんなそうであろうか、つい外見だけで大人たちは軽はずみな判断を下すけれど、どうして若い人たちの中には、私達の時代に持つていなかつたよさを持つている人たちも沢山いる。そうした特徴の一つに、率直という美点を私はあげたい。たとえば、私達の若い頃、学校に出す作文に、自分の恋愛を平気で書いて出すようなことは先ずなかつた。それなのに、近頃はごく若い学生が、「初恋」と題して、或る人に対する感情を素直に書いて出す。それがちつとも嫌味がなくて、読んでいてほんとうにほほえましくなることさえある。こういう場合、作文にこんなことを書いて、と、眉をしかめる先生があつてはならないと思う。折角心を打ちあけるその気持を貴いものとして、導くならば、彼らは決して無茶な行動をしないで、真面目ないい恋愛をする人間に成長して行く筈である。

近頃の学生は打算的だという声もよく聞くが、このことも考えように依つては、いい面もある。昔のように、間違つた義理人情に縛られイエスもノウもはつきり云えず、もたもたしているより、どれだけさわやかだかわからないと思うこともあるからである。打算的ということも、それが視野が広くて、正しいことなら、あながち悪いことではない。

ただ一つ感じることは、彼らが要求ばかり多いということである。自由を求めることは正しいことだが、それならば他人の自由も尊重して欲しいと思う。自分だけがよくても、社会は決してよくはならないということを、彼らが真剣に考え始めたなら、私たちは、いさぎよく若い世代を祝福して、私たちの席をゆずろう。私は若い人たちに失望しないで、彼らがきつとそうした人間に育つことを期待している一人である。

（筆者は文化学院教授）

共学制の危機

石《いし》黒《ぐろ》静《しず》子《こ》

清瀬文相が七月十日の記者会見で、「男女共学は弊害があるので考慮すべき段階にきている」と語り、世人の注目がまた共学の制度にむけられるようになつてきた。共学の問題は、義務教育の小・中学校よりも、高等学校で、より多く問題とされている。

『昭和二十三年に共学が実施されてから、地方によつては、その後共学から別学へと戻るところもあるが、全国的には、共学校の数はぐんぐんと増加し、二十三年度には二百六十三校しかなかつた共学校が、二十九年には千八百十九校とふえ、学年別に見ても、上級生のみの共学より下級生だけの共学校が多いのは、これからも共学がふえることをものがたつている。……文相が「共学の再検討」を取りあげたことは、文相事務当局には寝耳に水のことで、突然の発言にとまどつている。「共学」への全国調査は二十九年以後は行われていないのに、文相が「共学」に弊害があるといつた根拠はどこから出てきたか分らぬといつている。東京都教育庁でも、軌道にのりかけた「共学制」を責任ある文相が廃止をほのめかすことは影響が大きいと語つている』――朝日新聞――

文相は男女共学のどこに欠陥があるかについてはハッキリいつていないが、世上共学廃止論の主な根拠とされるものについて、次に少し考えてみたい。

一　学力差の問題

男女の学力に差があるから一しよに学ぶのに困難を感ずるということ。これは特に大学への進学率がよいとされている学校でいわれているが、男子生徒には、大学進学希望者が多く、成績がそれほどでなくても一応進学の心構えでいるし、家庭でも男の子はどんな無理をしてでも、なるべく「よい」大学へ入れたがる。現在の社会では、本人の才能・力量よりも、どこを出たかという出身校の名によつて、簡単に評価しやすい。従つて「よい」就職口をえるために「よい」大学へ、「よい」大学へ入るために「よい」高校へと、現在の学校教育は本来の教育目的のためよりも、進学率をよくするためにより多くの努力をはらわされ、父母の強い要求がさらに一層それに拍車をかけて、予備校化してゆく状態である。

これに反し、女子の場合は、就職希望者が多く、女子に責任ある仕事はできないときめて、結婚するまでの数年間を、安い賃金で使いたがる現状では、大学卒より高校卒の方が、就職には有利であるし、また大学に行つて、理くつを覚えたものは、結婚の相手としてもあまり歓迎されていない。

また入学の際に、父母は男子は旧中学校系の学校へ、女子は旧女学校系の学校へ入れたがる。従つて、入学時にすでにその学校の男女生徒の間に大きな学力差がついていることが多い。さて入学後の学習状態をみると、一般に男子は理数科方面にすぐれ、女子は国語科など感性的な教科にすぐれている者が多いが、一般には学力差ということばが理数科方面の成績に対して使われがちなので、女子は能力が低いといわれるようだ。従つて男女の学力差というものは、入学当初からつくられた学力差と能力の方面のちがいによるものと考えられる。これは、父母や一般世人のもつと深い理解によつて、また入学選抜の方法の改善などによつて除かれるべきものとおもう。

二　風紀上の問題

『文部省が二十七年四月に全国の教育委員会について行つた世論調査でも三十三府県が「共学と風紀とは関係ない」とハッキリ否定しており、むしろ風紀問題は共学でない男女別学の学校に多いとする意見の方が強かつた』――朝日新聞――

最近太陽族の問題が新聞・雑誌・映画その他でことさら大きく取上げられ、それと共学と結びつけて心配するむきもあるが、大多数の高校生は太陽族とは無縁である。彼等は進学に、就職に親のフトコロを心配しながら真剣になやんでいる。映画・ラジオ・雑誌その他いろいろ挑発的なフン囲気の中で青春期を迎えた若者たちに、学校にいる間だけ男女別々に、異性をみるな、考えるなといつたところで無理ではないだろうか。風紀問題が別学の学校に多いというが、別学校ではことばづかいも乱暴で粗野で、異性が珍らしく、不自然に抑圧された興味が時に爆発して、思わぬ事件ともなる。戦に敗れ、すべてを失つて、民主主義、文化国家を合ことばにやつと、どうやら立ち直つたわれわれである。いたずらに昔をなつかしがつてはならない。昔の男女の交際をいやしいものと考えた時代に育ち、別学の教育をうけた私たちは、現在の高校生を昔の尺度ではかつてはならない。共学により、昔とちがつた新しい健全な男女の交際が育ちつつあることを、あたたかく理解すべきだとおもう。

三　男らしさ、女らしさ

共学になると男らしさ、女らしさが失われるといわれる。世の人のいわゆる「女らしさ」とは何であろうか。良妻賢母とは何をいうのであろうか。大多数の母親が、娘に自分と同じような結婚生活をさせたくないとなげくほど、日本の主婦の生活はみじめである。その母親たちが良妻賢母の名でよばれているのである。

私たちは「女らしさ」と「封建性」とを混同してはならない。婦人の地位を男子に隷属させる封建性が「女学校教育」を要求しているのではないだろうか。

四　設備の不足

旧中学校（女学校）には女子（男子）に対する設備が完全ではないが、しかしそれに対して何ら積極的な解決策がはかられていない。教育は国家施政の上でもつとも大切なものである。口に文化国家を唱えながら、なぜ為政者は教育に費用を出しおしみするのであろうか。学校施設や教員の数は、一体いつ充足するのであろうか。

共学は男女同数制でなければその真価は出てこない。現在われわれが当面している困難は、男女異数という点からきていることが非常に多いのである。同数にするためには父兄特に母親に理解が必要である。

男女生徒が同じ場所で学び、同じ問題について考えたり、討論したりして、相互に理解を深めながら、豊かな人間性を創造してゆくための学生生活をおくる共学の制度は、まだ封建意識の濃厚なわが国の社会や、家父長制の残存している日本の家庭の民主化を実現するために、最も確実な近道の一つである。共学の既得権は、女性の側にとつては、男女同権、婦人解放を約束し、婦人の基本的人権を確立するための基礎を与えてくれるものである。このことはまた男性の側にとつても、女性の束縛と犠牲の上にきづかれた従来の独善的、特権的な誤つたエゴイズムをすてさせ、真の人間性にめざめるこの上ない機会をもたらすものである。

こうした意味から、共学は特に女性にとつて、絶対にくずしてはならない線であり、あくまで守り育てなければならない制度である。しかし、現場の教師や教育学者の反対をおしきつて、本年度より強行実施された高校教育課程の改訂により、男子組と女子組ができる傾向が増加しつつあり、共学の危機がすでにあらわれている。

性別による学習の差別や、『男女七才にして席を同じうせず』の誤つた思想が、ゆがめられた性意識の温床となり、平和で健やかな文化の発展をはばみ、ひいては、両性が平等な立場で円満な家庭生活をいとなむことをさまたげてきたことは、われわれ女性自身こそ、誰にもまして充分に理解しているはずである。

共学の制度は、女なるがゆえに負わされた人間的差別をうちやぶつて、正しい人間理解の上に立つ新しい女性の生活を打ちたてるための、確固とした礎石となることを信じて疑わない。

（東京都立青山高等学校教諭・数学科36才）

高等教育を受けた女子の職場

——民間は出版、官公・公社・国は教育が最高——

文部省では「教育計画立案のため」二十八年から三十年まで三年間にわたり各職場における学歴構成状態を調査しました。このほど第二回目（二十九年度）の結果が発表されましたのでその中の一部をお知らせいたします。

調査対象は五人以上の従業員のいる民営事業所五、四三六ヵ所、官公庁・国営・公社等一、一七八ヵ所、計六、六一四ヵ所、従業員民営一、六五五、四八四名、官・公・国・公社二六七、五〇六名計一、九二二、九九〇人。

そのうち高等教育卒業従業員二二六、九六九人中、女子は六、一五六人で二・七一%。これを民営と官・公・国・公社に分けると、前者は一六八、〇五一人中四、〇八五人で二・四三%、後者は五八、九一八人中、二、〇六八人で三・五一%、民間より官公・国・公社の方に多い。

これを産業部門別に女子の占める批率をみると

通信・放送業　一〇・八八%　最高
サービス業　八・三三%
化学・繊維製造業　六・三九%
印刷・出版業　五・七〇%
紡織業　五・三三%
電気・ガス　〇・四三%　最低

このうち官公庁・国営・公社の分を一覧すると

村役場　六・八八%
市役所　六・三四%
金融業（貯金局 公庫）　五・〇四%
林業（営林局）、化学工業（製塩）　〇

民営事業所

農業・林業においては大学・高専卒二人のうち一人は女子で五〇%

印刷・出版業　二七・八三%
その他の製業　二七・七八%
通信・放送業　二七・五五%
証券業　二三・七五%
建設業　二三・六四%
その他の化学製品製造業　一九・八一%
貿易業　一九・〇六%

官公庁・国営・公社

教育　三三・三三%
通信業　一九・七五%
中央官庁　一六・三四%

《写真は沖縄の基地風景》

九千万同胞に訴う

兼《かね》次《つぐ》佐《さ》一《いち》
（沖縄社会大衆党中央執行委員）

　第二次世界大戦において完膚なきまでにやつつけられた沖縄が、今ここに、生命の原泉である土地を奪われようとしています。米国は、既に沖縄の全面積の十二パーセントに相等する四万二千エーカーの土地を接収しているのでありますが、更に一万二千エーカーの耕地を含む三万九千エーカーの土地を接収すると云つています。そうなればわれわれ、八〇万の県民は文字通り餓死しなければならない運命に逢着するのであります。と云うのは既接収の四万二千エーカーの七〇パーセントが耕地であり、その面積は全耕地の四七パーセントに相等するからであります。

　沖縄の農民は戦前の五反百姓から既に三反百姓になり、戦前ですら収支を償い得なかつた農民が、耕地の約半分を奪われた今日どうして生活を維持することが出来ましようか。ある者は軍労務者となり、又は日稼人夫に転落しているのでありますが、それらの人々はまだいい方であつて、働こうにも働く職場はなく、転業しようと思つてもその資金が得られずに、餓死戦線をのたうち廻つている状態であります。

　米国は、このような農民からさらに、三万九千エーカーの土地を接収すると云い、同時に永久に所有権を取り上げようとしているのであります。すでに、取り上げた土地に対しては、強奪に等しい方法を以つてなし、今また、人権を無視し、力によつてその所有権を奪い取ろうとしていることに対し、八〇万県民は敢然と起ち上つたわけであります。即ち四原則の死守がそれであります。

　四原則とは、㈠新規接収反対　㈡地料の毎年払　㈢適正地料の支払　㈣損害の賠償と云う全住民の支持を得た最低の要求であります。ここに米国は、如何なる方法で沖縄の地主から四万二千エーカーの土地を取り上げたかについて申し述べることにいたしましよう。

一九五二年十一月一日、民政府布令第九一号が公布されましたが、これは米国政府の必要とする土地を地主の承諾を得て獲得しようとするもので、その方法としては、直接の契約によらず、琉球政府と地主との間で借地契約を結び、その土地を米国政府が、行政主席から転借する方法でありました。方法そのものは当を得ていたが、その実施に当つては大きな誤りを犯しています。即ち契約の当事者である地主と主席が、相互の話合いによつて契約を結ぶのではなく、米国政府によつて示された条件に従つて契約をしなければならないことになつていたのであります。このような一方的な押し付けによつてなそうとした契約は、地主から拒否されたのであります。

次に出されたのは、一九五三年四月三日の民政府布令第一〇九号であります。この布令は、土地使用令と呼ばれ、強制的に、住民の土地を使用、収用することを規定した法律であります。この場合に問題になつたのは、住民の財産を犠牲にして、果して収用する必要があるかと云う点、財産を収用された個人に十分な補償が行われているかと云う点であります。以上の二点の問題を解決する機関は、その国の司法機関であることは論をまつまでもありませんが、この布令は、行政機関である土地収用委員会に救済を求めるようになつているに過ぎないのであります。しかも、その委員会の委員は、米国政府の任命したもので構成されているのであります。従つて、この方法も、また住民の非難に逢つて引込めなければならなくなりました。

その次に出されたものは、さらに理解出来ない恐しい法律であります。それは、一九五三年十二月五月に公布された布告第二六号であります。この布告は同日までに、米国政府によつて使用、占有されている土地に対して同政府の使用権を、黙契によつて認めると云うのであります。それは、当事者間に明示の契約がなくとも、当時の事情や状況から、当事者間に、契約諦結の意志があるものと推定できる際に、そこに契約の成立を認めると云う事だそうです。さきに述べました、布令九一号による契約を明らかに拒否した土地に対しても、黙契の中に契約の意志ありとして、契約を認めると云うわけで、このような法律は、アメリカにもなければ、恐らく世界のどの国にも無いと思います。然し、沖縄では、この法律が現に施行されているのであります。

今度は、地料について申述べることにいたします。米国政府は、終戦この方、無理に取り上げた土地に対して、その地料を如何にし支払つてきたかと云えば、地主の正当な要求額の十分の一にも足らない低額を支払つています。即ち、四万二千エーカーの既接収地に対して、平均一二円三銭（B円）の割合を以つて、無理強いに、これを押し付けているのであります。この地料の算定基礎は、地価の六パーセントを年間使用料としているのであります。これは、アメリカの国内法によつたものだそうです。このようにして都合の良い場合は、自国の国内法を適用し、悪い場合は自国にもない法律を以つて当ろうとする米国政府に、注意しなければならないのです。

さらにアメリカは、われわれの要求を無視して、地料の支払を一度に行い、そうすることによつて、絶対所有権を獲得しようとしています。即ち、地料の一括払いがそれであります。沖縄人は、土地を売るということには反対ですから、一括払いという方法によつて、その所有権を、永久に獲得するというのであります。即ち、十六年半の地料を一度に、払うことによつて、所有権を奪い取ろうというのであります。さきに、アメリカの、地料算定の基礎が、地価の六パーセントになつていると、申述べておきましたが、この六パーセントの地料の十六年半は、地価に相等する全額になるのであります。即ち、地価を支払うことによつて、その土地を買上げたと云うことにしようとしているのであります。

最後に私は、沖縄の農家が、全戸数の七〇パーセントを占め、然も一戸当三反六畝によつて生きている点と、土地を奪われた農家が五万戸もあつて、その多くの人々が、代替地を求めることができず、餓飢する者や、自殺をした者のあつたことと、なお、今回の、八〇万県民の起ち上りが、決して、反米運動でもなければ、共産主義者の尻馬に乗つた行動でもないということを申し上げます。われわれは過去十一年間の永い期間を通じて、米国に対し出来るだけの協力をしておりました。しかるに、米国政府は、われわれの最低限の要求である四原則の訴えに対し、いささかも耳を傾けることなく、一括払に依つて、絶対所有権（プライス勧告は、フイタイトルと表現している）を獲得しようとすることは、正に人権を無視した行為だと云わざるを得ないのであります。ここに九千万同胞に真相を訴え、日本の国論によつて、米国政府にこの是正を促し、もしこれが相容されない場合は、さらに世界の世論に訴え、国際正義に立脚した、国際司法裁判の正しき判断によつて、その是非を正さなければならないと思います。日本の全国民が、この問題を単に沖縄の問題としてお考えにならず、日本の問題として、超党派的に取り上げ、一日も早く解決していただくようにお願い申し上げる次第であります。

（三二ページよりつづく）

組織で集めた金が個人で費われたのと同じだと云つておられますが、あなたの云つておられる通りなのか、労働者の代表として価値があつたのか今後の運動の発展の中ではつきりすると思います。

最後に働く婦人の中央集会で代表を送ろうと云う話があつたということについて思いちがいだと述べているようですが、あの大会の中から代表を送るという決定は出来ないが、代表を送るよう努力しようということが決められ、地方で運動を発展させることを決意して帰つたはずです。地方によつて人によつて受取り方のちがいは多少あるかもわかりませんが、あのあと運動が延びて来たことはまちがいのない事実です。あの会であんなことに神経を使わねばならないことは悲劇だとお思いになりませんか。世界の大会では世界労連も国際自由労連も中立もあらゆる組織の人達が全く一つになつて話し合い婦人の願の闘を進めようと誓い合つたわけです。

私達が運動を進める場合に一番恐ろしいことは私達労働者に対する分裂の手が打たれつつあることで、この分裂工作にまどわされることなく敵の正体を見きわめて闘を進めなければならないと思います。あなたが大阪の準備会に出て充分話し合いをなさつたなら誤解の解けることもあると思いますので運動を延ばすためにぜひ御協力をお願いします。

読者だより

ブルーの色あいもさわやかな八月号頂きました。同月号は頁数は同じなのになんだか内容がたつぷりあるような気がします。特集もさることながら、だんだん充実してくる内容がうれしうございます。津山さんの手記のあとにつけられた小さい文章の親身な暖かさにほうつと救われる思いがしました。むろんこれは決して解決でないことはわかつていますけれど、この暖かさえ恵まれない人たちも多いのですから。（下略）

古賀のぶ子

――共学の経験から――

モルモットにはなりたくない

田《た》口《ぐち》二《ふ》三《み》子《こ》

私がちょうど女学校の三年になろうとする時、学制改革のおふれが出、男の生徒と机を並べさせられました。小学校以来男生徒とは離れて学び、彼らの存在さえ念頭においたことのない私たち女生徒は、女学校と全く変つた空気に最初のうちはただ驚くばかりでした。

まず第一に、何といつても学力の差のひどさに呆れました。使用する教科書が中学校と女学校とでは全く異なり、同じ数学、英語の課目を学んだはずなのに、その内容たるや大人と子どもほどの程度の差があるのです。始めのうち女生徒には、男生徒が非常にすぐれた生徒のように思え、特に英語や数学の時間など彼らがすらすら解いていく問題の意味さえわからずぽかんとしている有様でした。

けれども補修授業を受けたりして一生懸命勉強した女生徒は、まもなく男生徒と肩を並べることができ、新制中学を卒業する頃は、男生徒と全く同じに英語の弁論大会に出たり数学の試験に最高点をとつたりするようになりました。そうなると今まで一様に立派にみえた男生徒の中にも女生徒と同じように優等生もいれば劣等生もいることがわかつて来ました。

私の場合、男女共学になつて、たいそうよかつたと思うことの一つに、私の考え方が次第に理路を追うようになつたことだと思います。女ばかりの学校でかわした会話の、お裁縫の宿題についてや友達の噂話、せいぜい良くて文学の話（それも感情的な）に代つて、男女共学になつてからは次第に、社会の出来ごとに対する考え方、人間としてもつべき思想について熱心に語り合うようになりました。もちろん男女の区別なく、それを意識さえせず同じ世代の友達として親しんだのです。少くとも私は今まで文学の上にしか寄せることの出来なかつた興味を政治や社会問題にも見出すことができるようになりました。

男生徒の側からもいろいろな利点をみつけることが出来たらしく、私の友達などはすべて「再び男女別学制に帰るのはいやだ」と云つておりますが、女と一緒だと勉強が出来ないという迷信を克服したものとみえます。それが証拠には、最初は学力の程度があまりにもちがいすぎるために、男生徒がおごりたかぶり、わざと勉強を怠けたものですが、だんだん女子に追いつかれ、遂には女子に先をこされるような状態も生じて来たので、また慌てて机に向い始めたと云う例が沢山みられるのです。かつての中学の学力がすぐれていた（清瀬文相の言を一応聞くとして）のは女を追つぱらつたからではなく、そのスパルタ式勉学法に原因があつたのではないかと考えられますが、はたして詰込み主義の昔の方がよかつたかどうか、ここにも問題があると思います。

今度男女共学廃止問題が起つたのは直接には文相の所謂道徳的見地に基くものでしたがその点に関しても私はそれを共学の欠点に挙げることは出来ません。私たちが共学になつた当座は、丁度敗戦後の混乱期でもあり、今まで抑えつけられていた反動もあつて、恋愛ごつこをする人たちもないではありませんでしたが、年を経るとともに落ちつき、自然な交友へと変つて行きました。ただし、文相と同じ見方をする大人にはそれがどう映つたか、保障しかねます。（一八ページへつづく）

夜学生の一日

松《まつ》崎《ざき》澪《みお》子《こ》

　朝もやの道を重い鞄を抱えて工場へ急ぐ。睡眠不足のせいか体中がだるい。熟睡していたらこの新しい朝の空気はどんなにかおいしく快いことだろう。睡眠時間平均五時間。それでもさあ、又今日も精一ぱいがんばるのだと自分自身にしつかりといいきかせ職場に入る。早くも姿を現わした監督さんの目が「もう少し早くこられないものかなあ」といつているように感ぜられ、あわてて仕事台につく。この仕事場の中からコンパクト、扇、その他趣味として集めるようなかわいらしい製品ができ上つていくのである。従業員二十人たらず、足の短い仕事台を囲んで原始的なやり方で紙や布をきつたり貼つたりするのだが、八時間も板の間にゴザを敷いたところに坐つていると腰や背中が痛みだす。ラジオから流行歌が流れる。「困つたなあ、今日の試験」そう思つて、覚えてきた単語を頭の中で繰返してはみるが、あきるほど聞きなれた流行歌がそれをさえぎつてしまう。試験期間は休暇をとつて勉強する、そういつた友の顔が浮んでくる。しかし殆んどが中小企業に勤め日給制の私たちはそうたやすく休むことはできない。日給百円、百五十円ではその月は休日が多いということでさえ脅威なのだから。待望のお昼休み三十分間、食事もそこそこに試験勉強。最後のつめこみをするわけだが、その時間のあつけなさには悲しくなつてしまう。

　四時半、あと片づけをすませ会社の外にでると、そこにのびやかに広がつている空があつた。つい今まで忘れかけていたこの広さ。夕暮の空は名残りおしそうな明るさを漂わせて、疲れと重苦しい気分を吸い上げてくれるようだ。「さあ学校へ」このときの嬉しい気持、試験があろうと、なかろうと元気に学校へ向うことのできる喜びで胸が一ぱいになるのだ。アンケートをみても、一日でいちばん楽しいのはこの時だというのが圧倒的に多い。

　うす暗い電燈の下で幾度か襲いかかつてくる睡気をふり払い、ときどきキッとなつて黒板をにらみ返す。ねむけよけに親しい友とはげましの言葉を書きあつた時間表をとりだしてはみつめる。すでにおだぶつになつてしまつた人もいるようだ。

　授業終了のサイレンが校舎のすみずみに鳴り響くと、クラブ活動にとんでいく。流れる歌声、笑い声で校舎も活気をおびてくる。職場のこと、家庭のこと、勉強のことなど、同じように苦しみ、悩んでいる仲間たちと語り合う一とき。一人がもつている悩みや問題を一人だけで苦しまずに皆で考え、助け合つて解決していくことの大切さを夜学生となつて知ることができた。

　ポツリポツリ立つているぼやけた街燈にのびたりちぢんだりする影法師。重い鞄をひきずりながら、今日一日のできごと、集りで話合つたことなど考えながら家路をたどる。家に帰つて十時間もの間すかしきつたお腹を満すと、教科書をひろげぬ内にねむくなつてしまい、豚の子のように眠りこけてしまうからこの帰り道の十二、三分を反省や熟考の時間にしている。その習慣をつけなければ私たちの生活では考えない人間になつてしまいそうだ。

　思えば何度この道を泣きながら歩いたことか――、どんな仕事でもよい、何でもいいから夜学に通える職場に就職したいと血まなこになつて職安から紹介されたのが今の職場。入社のとき夜学に通うから残業はできないという条件をだした。幸い通学に対して好意的ではあるが、何日も残業が続くと一人だけさつさと帰れなくなる。同僚の顔に疲れがでてくると、三日に一度はやらずにいられなくなる。残業で進学を危ぶまれる友もいる。多くの会社は夜学へ通うことを喜ばない。通学を認めてもらえず内緒できている人もある。認められても住込や子守りや店員をしている人は学校へくるのが気がねだといつている。学校が休みの間だけでもよけいに働いてくれと残業を強制されているところもある。企業縮小や解散で職探しをしている人がクラスに三人はいる。一年のうちに四、五名の人はいつのまにか消えていく。体を悪くした人、職場が忙しく単位がとれぬことに苦痛を感じている人、生活のやりくりがつかなくなつた人、求めるものが学校で得られないことに不満をもつた人など。それらに失望して自殺をはかつた人が何人いることか。青春時代の、自己にめざめ、希望にきらめいているという年頃の私たちというのに。体の面では胃腸傷害と近眼に悩まされるようになる。給食と照明の設備を充じつしてほしいという私たちの望みも、予算がないということで流されてしまつた。独立した夜間校でなく、昼間部と併設されているところでは、夜学のための設備は何一つととのつていないといつていい。内職に教えている先生、研究を続ける手段としてきている先生など、人間的なつながりの中で深く学びたいという私たちにとつて授業に不満は多い。こんな中で私たちは文字通り体を潰して勉強しているのだ。

　しかし、完全給食の国家保障や、店員など健康を保障されていない人のための健康保険や照明設備の問題、単位の強化などに上つている声をもつともつと強めて、今よりもよい学べる条件をつくりだしていきたいと思つている。苦しい問題はたくさんころがつている。ほんとうのことを、真理を教えるはずの学校、そこに働く先生がいろいろの法律で手かせをはめられていく事実。時の政府によつて真理が左右されざるを得ない現状。私たちの質問に、先生のいうことは嘘なのです、首を切られることを恐れている卑怯者だと思つて下さい、と答える言葉に、私たちはどんなに悲しみと憤りをもつたことだろう。職場の生理休暇がとれぬ、食べていけぬということ、ほんとうのことを学べる条件がないということなど生徒と先生の苦しみはどこかでつながつていると思う。私たちはそこから出発して明るさを求めていきたいと思つている。

（東京・化粧品会社勤務）

（一六ページよりつづく）

　私は何にもしらずに共学の制度へ叩き込まれたのですが、今はよく考えた末で、やはりこの制度は失いたくないと思つております。長い資本主義の歴史が男女に優劣のレッテルを貼ろうとも私たちはそれをはがしとることが出来ます。男女共学が実施されてからの短い歴史は女性が男性に劣るものではなく、男女とも人間として或才能には恵まれ、また或才能には恵まれていないという違いにすぎないことを語りはじめました。私は、現在ある共学制の欠点を一つ一つ改め、完全な内容をもつ未来の制度の礎とはなつても、教育のモルモットには絶対なりたくありません。

（一七ページよりつづく）

　これらの人々が多少なりとも明るい気持で暮せるよう、原水爆禁止の運動が根を下して行くことを願つてやまない。また、私をも含めて、すべての人がその努力をつづけなくてはなるまい。

（筆者は品川区々会議員）

あの頃（一）

太鼓焼屋から保険外交まで

山《やま》花《はな》てるみ

まえがき

今月から、戦前のいわゆる非合法時代、激しい弾圧と生活難に屈せず、働く人びとの解放のため、夫君と共に、あるいはひとりで闘つてきた社会主義運動の陰の功労者であり、また私たちの誇りとする先輩の「あの頃」の思い出を連載いたします。ご愛読願います。

京王線、金子駅から七八分、小高い宅地の庭先に広い青田の続く、田舎町によく見かけるような簡素なお住いに往年の婦人闘士、社会党代議士山花秀雄氏夫人、てるみさんをお訪ねして苦難時代をうかがつてみた。

――一番苦しかつた時代ですか、それはやつぱり人民戦線で検挙された時でしょうね。でも私たちは始めから苦難の連続で、それが常態だつたものですから、感じ方も普通の人とは違つたかも知れませんが……。

と、風雪に磨き抜かれたような夫人は、ものに動じない落付いた態度で記者の質問に対してポツポツと次のように語られた。

――御結婚はやはり同志として結ばれたのでございましょうね。

――ええ、まアね、でも恋愛でもなんでもないんですよ。私たち結婚したのは昭和四年でしたが、当時私は青バスで働いていまして大きなストライキがあつたあと、小さなグループを作つて研究会を開いたり、いろいろなところに顔を出したりしていました。労農党の結成大会にも傍聴に行きましたが、もちろんその時は山花を知りませんでした。ちようど私の同郷の者に労農党員がおりましてその人の紹介ではじめて知つたんですの。で、その人の仲介で結婚するようになつたのです。結婚しても山花は政治運動をしていて収入はありませんから、私がしばらく青バスで働いていました。そのうち子供も生れ、また婦人部長などしていて会社側ににらまれてクビになつてしまつたんですよ。

――金魚屋さんをなさつたとか、屋台店をお出しになつたとか、うかがつておりますがあれはいつ頃でしたの。

――金魚屋？　ハハハ、あれは伝説みたいなものね。昭和七八年頃でしたかしら、私たち柳島に住んでいましてね、その頃押上から、柳島まで毎晩夜店がでてとても賑かだつたんですよ。その夜店に金魚釣りのお店を出そうと思いましてね、大きな桶に一杯金魚を仕入れてきたんですよ、ところが、開店しないうちにみんな白くなつて死んじやつたんですの。

――丸損なさつたわけですね、どのくらい仕入れたんですの、百円くらい？

――とんでもない、多分五円くらいだつたと思いますよ、それから屋台店の開店説は誤りです、太鼓焼を自宅で始めたことはありました。しかしこれも二、三カ月で完全に失敗してしまいました。

――どうしてですか、同志の人たちが寄つてたかつて食いつぶしたというわけですか。

――いいえ、そうぢアないんですよ、太鼓焼は安いものだから余りお砂糖を使うと損をすると言つて誰かがサッカリンを入れることを教えてくれたんですの、ところがサジ加減が分らなくつてまづかつたんですね、それでさつぱり売れず、たちまち廃業。でもね、その頃が一番苦しかつたつてわけぢアないんですよ、山花は全評（日本労働組合全国評議会）の書記をしていて、家族があるからというので特別に月十円か十五円くらい頂いておりましたが、なにしろあの当時運動していた人たちはいつ検挙されるかわからなかつたんです。だからいつ連れていかれても後顧の憂いがないようにと思つていろんなことをやつてみたのですが、一つも成功したものはありませんでした。

――では、絶えず生活におびやかされていらつしやつたんですね。

――それはもう、年中でしたわ。でもちつともそれが苦になりませんでしたね。というのは自分たちは正しいことをしているんだという信念と、いつか自分たちの時代がくるという希望がありましたからね。それに同志の方々がとても気持のいい人ばかりで、返つて楽しかつたですね、おしやれをしたいなど思つたこともないし、着物でもなくなれば誰かが持つてきてくれる、お金が一銭もなくなつて困つたなア、と思つていると、持つている人が置いていくつて有様でした。

運動は主に消費組合の仕事を手伝つていました。そしてストライキがある度に応援に出掛け、家族班を組織したものです。市電のストライキのあつた時は当時の牛塚市長夫人のもとに組合員の家族を動員して面会に行つたこともあります。それから築地小劇場で「カニ工船」や「西部戦線異状なし」が上演された時は毎日方々の組合の婦人部の人や家族の人たちを交る交る引率していつたものです。メーデーには給水班に加つてデモ隊へお水の接待などしました。

――でもあの当時は治安維持法や警察法や労働組合法などで、がんじがらめにされ、弾圧に次ぐ弾圧でしたでしよう。それに組合も革新政党もよく分裂しましたね、そんな中で絶望をお感じになつたことはないでしようか。

――絶望を感じたのは人民戦線の大検挙（昭和十二年）の時でした。軍部や政府は帝国主義戦争を遂行するために、反対者を抹殺してしまうのだ、という噂もありましたし、こんどは駄目だと思いました。そしてあの頃は転向ばやりでしたから、その心配もありました。検挙される前年男の子が生れ、もし子供たちがいるために転向でもされたら日本の社会運動史に汚点をつけてしまう、それで家のことは心配しないようにと妹に子供と家事を頼み私は保険の外交員になつたり、洋服の注文取りをしたり夢中で働きました。差入れも山花一人だけじアない、東京中の警察を全部廻つたほど同志への差入れをして歩きました。独身の同志には残らず上下のシャツを入れたものでした。こんな中で一番うれしかつたのは同志の家族の方々やシンパ的な人たちの温かい心やりでした。仕事の面でも随分援助して頂きました。この時の感謝の気持は今でも忘れられません。だから、もし万一今後あんな目にどなたかが会うようなことがあつたら私はできるだけのことをしようと思つています。

夏物のお洗濯

九月の声をきくとそろそろ夏物の整理を始められることでしよう。夏物は冬に比べて簡単とはいうものの生地に適した整理、特に洗濯が大切です。しまつておく間に生地が黄ばんだり、洗う度に黄色くなつていくのも下手なお洗濯によることが多いのですし、昔ながらにどれでも洗濯板と石鹸でごしごしとするのはもう時代おくれです。

洗濯にかかる場合まず生地による分類が大切です、植物性（木綿、麻、人絹、スフ）、動物性（ウール、絹）、化学繊維（ナイロン、ビニロン）大体この三つに分けられますが交織物は弱い方の繊維をもとにします。

洗濯剤は、進歩しましたが、大体普通の石鹸、アルカリ性のソープレスソープに分けています。植物性繊維はアルカリ性のソープレスソープを使い、動物性、化学繊維は中性ソープレスソープを使いますが、いずれも水にとかして使わないと汚れがおちにくく、不経済です。次に実例をあげながら正しいお洗濯の方法をお話しましよう。

まず木綿物は、夏物、特に肌に直接つけるものには、あぶら、埃などがついていますから予め下洗いします。なるべくは湯、水洗いでもよろしいから軽くすすぎ、しぼります。白生地の時は普通の粉石鹸を使い湯で（なるべく温度を高くして）洗うのが一番です。洗濯屋さんに出したら、光るほど白く仕上るのは湯をふんだんに使うというところにコツがあるのです。湯に石鹸をとかしてしばらくつけもみ洗い、部分的に汚れがひどければ石鹸をつけてブラシ洗いをします。すすぎもできれば湯を使い、すつかりアルカリ分がとれるまで充分すすぎます。湯が使えない時、井戸水しか無い時、色ものの時はアルカリ性ソープレスソープを使うのが良いようです。これは水にとかして下洗いしたものを三〇分程つけ軽くもみ洗いします。同じように部分洗いもしてすすぎますがこれは石鹸と違つて二、三回のすすぎできれいになりアルカリ分は残りません、このソープレスソープは麻、スフ化繊に適し最近家庭での需要が増えてきています。乾かす時は白地のものは直射日光の当る処でよく干し、色ものは風通しの良い日陰に干します。翌夏までしまつておく時は糊付けしないでアイロンをかけて箱に入れます。ただし合成糊CMCなら糊付したまましまつておいてよろしい。洗剤の濃度は液に対して〇・三～〇・五％が普通。（林郁）

情なかつたのは物貰いでもないのに紹介された先で、電車賃だけ出して追い返された時でした。

——よく頑張られましたね、ところでなんでも自由に大ぴらにできるようになつた現在についての御感想はいかがでしよう。

——正直のところ、こんなに早く、こんな時代がくるとは考えていませんでした。一番驚ろいたのは終戦の年の十一月頃だつたと思いますが、阿佐谷辺で、昔の人たちの演説会があつたのです。どんな様子かと行つてみたのです。ところが、皆言いたいことを言つているんですね。戦前だつたらなんでもないこと、また一言しやべつても臨検に「弁士注意！」とか「中止」とかになつたものでした。まア、それが堂々と思い切りしやべつているんぢアありませんか、耳を疑つたくらい、ほんとうにびつくりしてしまいましたね。こんなに言論も自由になり社会主義者も公然と活動できるようになりましたが、人と人との結びつきや、考えなど、昔の方が純粋であつたような気がします。とにかく、今となればなつかしい思い出です。（文責・菅谷）

ふるさとの思い出（8）

親に棄てられた子供たち

三《さん》瓶《ぺい》孝《こう》子《こ》

(1) ザンギリ頭の女の子

私の郷里では、赤坊が生れると子守を雇うのが習慣でした。

私が数え年六つの時、上の弟が生れて、母の里のあるK町から、人の世話でコトという子守が雇われてきました。コトはほおずきのような丸い赤い顔をした大きな子で、私より三つか四つ上でした。小学校へは全々行かず女の子なのに頭がザンギリの坊主あたまで来ました。両親がなく、祖母一人に育てられていたとの話でした。

これは何かわけのある、可愛そうな身の上の者にちがいないと思つた母は、弟に乳をふくませながら、コトをそばにおいてたづねました。

「お前、そんな頭に誰がしたの？」と話の口を切つてあわれな身の上を聞きました。

コトの両親は、コトを祖母にあずけたまま家出をしてしまいました。祖母も貧しいので育てることができずに、コトは町の世話で岡山県の孤児園におくられました。その頃岡山の孤児園は有名で全国の孤児を集めたのだそうです。孤児園では、女の子の髪をゆうのが厄介だといつて、みな鋏で切つてしまいました。そのうち、コトに祖母のあることが孤児園側にわかり、祖母があつては孤児ではないといつて、コトはまたK町の祖母のもとに返され、そして私の家に子守によこされたのでした。

母は「まあ可愛そうに、髪をのばして結つてやるし、子守学校へもいれてやるから安心していなよ」といつて、自分で髪の手入をしてやり、着物を作つてきせました。

それから一カ月ばかりして、髪もようやくのび初めた頃、ある日、見知らぬ夫婦者が私の家にたづねて来ました。お宅の子守は、実は私の子供です。貧乏して夜にげをしましたが、今ではくらしも立つようになりましたので、子供を引き取りたいとお願いに上りましたと泣きながらいいました。

母はコトを呼んで、ガラス越に「あの人知つているか」と見せましたところ、コトは知らないといいました。「あれがお前のお母さんだよ」と云い聞かせますと、コトは「あんな人知らない、ここの家からほかへは行かない」と泣いて聞きませんでした。両親は是非つれて行きたいというので、母が、両親のところへ一寸行つておいで、いやなら何時でも帰つてくればよい、という約束をして、ようやく両親に渡しました。

その後、コトは両親のところに落つきましたが、私の家には、自分の生家のような気持で、盆、正月はもちろん、始終たずねて来ました。子供心に、母の情がよほどうれしかつたのでしょう。私もコトの家へ遊びに行きました。コトは成人してムコを迎え、親の商売をつぎました。母の病気の時、コトはいつも見舞にきていましたし、母の葬式にも手伝つていました。

母がなくなり、私もあまり郷里に帰りませ

んので、コトには二十年以上も会いませんが、コトの家はかもじ屋だつたので、この頃どうしているかと時々思い出すことがあります。もういい年頃ですから、あるいは孫でも抱いているかも知れない、しあわせであつてくれればいいがと思つています。

(2) 天下無籍者

大正の末頃でした。私の家によく来る農民が、うちに一四歳になる女中がいますが、何分気が荒く、それに後妻より前からいるので家の中のことはよく知つていて、後妻を馬鹿にして困るから、お宅で使つてくれまいか、といいました。農家では働き手に子供を買つたりしますから、この女中も買われて来たのかも知れません。

こうしてトリは私の家の女中に来ました。髪の毛が赤く、額が後に削つたようにそつた顔をしていました。

私の家では女中を雇えば戸籍をしらべますが、驚いたことにはトリは天下無籍者で、年は自分が知つているだけでした。前にいた農家ではそんなことは、放りぱなしだつたのです。それから私の家では、無籍では将来嫁にやることも出来ないと心配し、父が警察や市役所に依頼して両親を探してもらいました。そして叔母が当市にいること、生みの母が常磐炭鉱で鉱婦をしていること、同腹の兄が某工場で職工していることなどがようやくわかり、トリを兄の籍に入れ、叔母を引受人にしまして、叔母を母がわりに時々土産物などを持たせて訪ねさせました。

トリは気が荒く、女中同士の間でけんかをしては大きな声で泣くので、母もほとほと困りました。それでも、農家から来た頃からみると髪の毛にもツヤが出来、着物も新しいのを着せられて、母の言うことはよく聞きました。小学校も中退なので、毎夜裁縫を習いに通わせました。ところが年頃になりますとカエルの子はカエルで、母が病気で眼がとどかないうちに、トリはセンベイ屋の職人とよい仲になり、毎日、裏門から出て逢い引していたのでした。私の家では燈台もと暗しで全々知らないうちに、近所で知つたのです。うちのばあやが知つた時は、もうのつぴきならない状態でした。トリは叔母のところへ行くといつては、職人と飯坂温泉などに行つたのです。それで私の家ではばあやを使にしてセンベイ屋の親方を呼び出して二人の仲をまとめてやりました。

こんな女でしたが、寝たきりの病気の母にはとても親切でした。母もよくめんどうをみましたが、私達もその点でトリの気の荒いのをにくむことができませんでした。

トリ夫婦は親方からノレンを分けてもらいセンベイ屋を開いて一年もすぎた頃でしたが商売がうまく行かずに、店をたたんで夜にげしてしまいました。私達は可愛いそうに何処へ行つたのだろうと話し合いました。その夏のお盆の時でした。

私の郷里ではお盆には竹筒をちよつと削つて名前を書いてお墓に花をあげる習慣が戦時中までありました。これで誰々がお参りに来てくれたということがわかるのです。私達が母のお墓まいりに行きましたら、小原トリと名を書いた特別太い竹筒に、花が沢山いれて母の墓前にさしてありました。兄も私も、みな、あつ、トリがお参りしてくれたのか、やさしいものだ、どうしているだろうと云い合いました。

トリは女中同士でけんかはするし、大声では泣くし、飯坂温泉などにウソをいつて行つたりして、手におえないこともありましたが、私達は一切を忘れて、トリが無事に暮していればよいがと思いました。いまでも私達兄弟はトリを思い出し、どうしているかと話し合うことがあります。

何が彼らを――そうさせる

――非行少年とその原因――

編　集　部

試験が近ずくと友達の誰も彼もが目を血走らせて本に噛りつく。えい、面白くない、という気持が手伝つて木下豊(仮名、16歳、高二)は友達を誘い、新聞雑誌で騒がれている映画「太陽の季節」を見に行つた。これも学校をさぼつて来たと思われる同じ年頃の少年が場内のあちこちに見受けられる。彼らはちよつと愉快になつて画面に見入つたがまもなく非常に興奮し出した。

その帰り、受けたショックを口々に語りあいながら中央区の某デパートの前へ来かかつた。と、その時セーラー服の少女が彼らの横をすりぬけてデパートの中へ入つて行つた。

「おい、みろよ」

「うん、ちよつといけるな」

彼らはその少女の後を追つた。エレベータで八階へ。屋上の一隅へ行つたと思うや少女は小脇にかかえた包みをほどきノートをとり出した。

「チエッ！　試験勉強してやがら」

「おい。あれをやろうよ。竜哉がさ、知らない女にわたりをつけるくだり」

相談がまとまり、豊は肩からぶらさげた写真機をとり、その少女に焦点を合わせた。

「あら！」

と彼女が驚いた時にはすでにシャッターはきられている。あとは全て筋書通りに

「ごめんなさい。出来たらすぐお送りしますよ。お所を聞かせて下さい」

「ここなの。でもしらない間に撮るなんてひどいわ」

という具合に進んで行つた。

だが筋書にない役者がとび込んで来たためにこれは「太陽の季節続篇」にはならなかつた。屋上の雑踏する人の群の中からじつと一分始終をみつめていた刑事が彼らに近寄り、「ちよつと、署まで」と云つたからだ。

私たちも彼らとともに警視庁へ行つてみよう。この中には防犯部少年課という少年だけを対象とする課が設けられており少年の犯した犯罪や不良行為を取締つている。ここのデーターによると少年の犯罪は昭和三〇年には成人の一九・九％を占め、犯罪の種類も強盗、放火、強姦、暴行、傷害、恐喝、窃盗、横領、詐欺、と博、その他成人と全く同じである。この他に不良行為と云つて家財の持出、怠学怠業、喫煙飲酒、不純異性行為（桃色遊戯）、家出など警察の厄介にならなければならない行為の項目があり、刑法犯よりはずつと多い数字を示している。

これら少年の非行の原因は環境にのみあるとさえ断言する人があるが、ここでは環境という中でも重要な家庭環境にその原因をたどつてみよう。二九年度少年犯罪総数一四、一三〇人に対してその原因が家庭にあつたものは二二％であるがこれは直接的に家庭教育の皆無とか子供に対する親の無関心ぶりを数字に現わしたものであり、これに加えて小遣銭遊興費欲しさ、悪友の影響など四九％をみると、実に家庭に原因する犯罪は七一％を占めるのである。犯罪とまでいかなくとも不良行為を行つた少年の五三％は家庭にその責を負わせねばならずこれらを表にしてみると次の

通りである。

二九年度家庭原因による非行

	刑法犯	不良行為
家庭の放任	二、一四三	四四、〇二六
甘い躾	一二四	三、七九六
厳格すぎる	三五	八七二
家庭の不和	七四	一、四四〇
貧困	三三〇	一、八二七
父母の欠損	三七〇	二、三〇八
保護者の虐待	六	七八
親の素行不良	四七	三七二

この表についてまず気づくのは犯罪、不良行為ともに放任が圧倒的に多いことであり、不良行為の如きは次位の甘い躾の七%をはるかに引き離し家庭の放任が八二%を占めている。

次には、犯罪の場合は第三位である貧困が不良行為では第四位となつていることに気づく。これは犯罪と異り多少経済的余裕がなければ盛り場を歩いても面白くないし、映画見物や遊戯場出入、また異性と遊ぶ場合などなおさらのことで、そのためか割合中流家庭の子供が多いとの説明がつけ加えられている。

こう云つた家庭の放任、父母欠損、貧困などの原因で少年が犯した犯罪の七七%は窃盗犯であり、成人との割合をみてもその二七・四五%を占めている。

子供を立派に育てるためには家庭と社会と学校が一体となつて同じ方向へ一つの目標をもつて進むべきだと主張されるけれども、私たちは常にその具体的な方法を考えねばならないと思う。

家庭の放任、父母の欠損、貧困と並べてみると何れも現在の行政庁が立派な子供は立派な家庭から生れることを実証し、家庭環境に大きなウエイトをおいていることがわかる。もちろん家庭環境は大切なものであり、それをよくする努力は払われねばならないが、それ以上に考えねばならないことがありはしないだろうか。

たしかに貧困家庭に育つたために盗みを働いた少年は少くない。ここにもひとつ病気の妹が欲しがつてきかないキャラメルにそつと手を伸ばした小学六年の子供の話がある。朽ちかけた母子寮に住み、日雇をして生活するその母親にキャラメルを買うお金が出せなかつたからと云つて、私たちは決して彼女を責めることは出来ない。子供の犯した盗みという罪を彼女の教育ぶりに帰す前に私たちはこうした貧困の底にいる人々（就中子供）をひきあげようともしない政治家を責めるべきではなかろうか。

また家庭の放任はともかく、父母の欠損と云うものが犯罪を惹起する原因となるような社会機構に大きな問題があるように感ぜられる。家庭と学校と社会が一体となるということは、必ずしも母親がP・T・Aにちよくちよく出て行き、自分の子供が立派な子供たちとだけ遊ぶように気をつけることではないはずだ。この、よく云われる個人主義的な子供の教育方法は、少年犯罪に現われる特徴においてもつとも顕著にその欠点が暴露される。少年犯罪の特徴は集団犯罪の傾向をもつことと模倣が多いことである。先例の太陽族映画に刺激された少年たちもその特徴を二つながらに備えているが、模倣をするからと云つてつんぼ桟敷に置こうとする金持の子供だけが守られるのではなく、社会が社会の子供を育てあげる努力が払われねばならないのではなかろうか。そこには貧富の差も男女の差もない社会の子供としての生活の場が提供される。全てはそこから始められる。

いたいけな子供たちの犯す罪が現在の社会のひずみをはつきり示しているだけにデータを繰る私の指から空想めいた文字が羅列されたようだ。だがいつかこの空想が空想ではなく社会の一つの目的であつたことのわかる日がくるにちがいない。

（田中記）

原水爆禁止——世界大会から

中大路《なかおおじ》まき子《こ》

二年まえ、東京都杉並では地域の主婦たち、公民館長の安井郁氏らを中心に原水爆禁止の署名運動が始められた。この運動は、つぎつぎに各地にひろがり、一九五五年には、ウィーンでひらかれた世界平和評議会の理事会、ヘルシンキの世界平和愛好者大会などの国際的な声援と、原爆の洗礼を経験した日本国民の強い要望とに支えられ、世界大会をひらくまでに成長したのである。

今年は、八月六日、東京両国の国際スタジアムでの三万人の大集会を開幕に、九日から三日間、ゆかりの地長崎市で、第二回原水爆禁止世界大会がひらかれたのであつた。

緑の山に囲まれ、爆心地の丘の上には、白い平和祈念像がそびえている長崎の街は、全国から、また、遠く外国からの大会参加者を迎え、一見、何ごともないごく当りまえの小都会のように落ち着いていた。ただ、駅前に建てられた歓迎塔や、いくつも張られたテントの中で大会本部との連絡や、代表者の宿舎の割当に汗だくの係員の姿が開催地らしい情景を呈していた。

大会は本会議と六つの分科会によつてすすめられた。第一日は、朝八時から午後六時まで本会議が開かれた。型通りの議長団選出、挨拶、報告、祝電、祝辞の披露などの後、街を見下す小高い丘の公園――平和公園――で市の主催する原爆犠牲者慰霊祭と記念式典が行われ、大会の代表者たちも之に参加した。午後は外国代表、国内代表の意見発表があつたが、被爆者の一人、渡辺千恵子さんが、半身不随の体から、にじみ出るような声で、「なんの罪もない自分が生れもつかないかたわ者になつてしまつた。毎日を母に助けられて送つている私は、母なしでは生きて行けないのです。原爆患者は私だけでもう沢山です！」と叫んだ時は、場内が水を打つたようであつた。この大会に参加した外国代表は、中国の魯迅未亡人、許広平女史、国際民婦連副会長のモニカ・フェルトン女史(英)、マリー・クーチュリエ夫人(仏)、モスコー大学教授、ヒョードル・イワノヴィッチ・コゼヴニーコフ氏、フランスの物理科学者、ピカール氏など十数カ国約五十名の多彩な顔ぶれであつた。

第二日目は六つの会場で分科会が一せいにひらかれた。第一分科会は、原水爆禁止と軍備縮少について、第二分科会は原水爆実験阻止のために、第三分科会は原子力平和利用について、第四分科会は被爆者の救援について第五分科会は平和運動に関して、第六は原水爆と生活の諸問題について、がそれぞれのテーマとして討議されたのである。第一、第二、及び第五の分科会はいずれも相互に関連があり、かつ広範囲な問題だけに、同じような発言がくり返された。たとえば、沖縄の問題はアメリカに対し、原爆基地拡張を中止するよう申し入れるべきであること、日本の基地問題の解決は、不平等な日米の条約改正の闘いであること、が第一、第五の分科会で論議された。また。実験の阻止、軍縮のためには、日本の労働者は世界の労働者に、婦人は世界の婦人に、科学者は世界の科学者に、国際的な各階層別の連携を通じ、各国民の世論に訴えるべきだとの結論が、第一、第二の分科会で出されている。その他、世界の大国が、軍縮、原子兵器を禁止する協定を結ぶべき要請、中ソとの国交回復などがとり上げられた。第三分科会の平和利用については、資料交換と研究の自由が必要であり、他国のひも付きのもとに行われてはならぬこと、放射線障害に対する安全保障、健康管理制度の確立、原子力の独占禁止、真の平和利用のためには原子兵器が禁止されねばならないことなどが話し合われた。第四の被爆者の救援に関する分科会は、地味ではあるが当面する問題だけに、かなり具体的な論議がなされている。すなわち、原水爆被害者に対する援護法の制定、生活保護のための行政措置、実態調査の徹底と啓蒙、国際的な研究機関の設置、救援のための国民運動の展開などであつた。

　最終日の本会議は、これら分科会の報告、大会宣言、決議、「原爆ゆるすまじ」の合唱で会議は終了した。「原水爆禁止世界大会万歳！」と会場が割れるような拍手は大会の最後にふさわしい風景であつた。

　この大会をふりかえつて見ると、全国から集つた人々は、労働者、学生、婦人、地方議員、宗教家、など、あらゆる層の人が動員されている。これらの人々の中には、特別な意識を持つた人も、そうでない人もいる。ただ原爆に見舞われた国民として「もう、あんなことはごめんだ」という感じにおいて総べての人が一致しているのである。したがつて、大会事務総長の安井郁氏の言葉のように「原水爆禁止の運動と原爆被害者救援の運動とに大きな力づけを与えた第一回世界大会の高いヒューマニズムに立つた、日本国民のだれでもが参加し得る集会」であらねばならない。事実、会場で接した、安井氏の態度や言葉の中には、そうした気づかいや、思いやりが感じられて、何かほつとした気持と滑らかさを与えてくれたが、会場の雰囲気や分科会の討議の中で、多少ぎごちないものを感じた。

(第２回原水爆禁止世界大会)

　また、諸外国の代表に、中国は別として、アジア各地の人々が少いことは一寸淋しい気がした。事務総長の説明によれば、「アジアの国々で平和運動に挺身している人々の多くは貧しいので、大会への参加は主として経済的理由によるもの」ということであつた。

　分科会はどこもみな、五、六百人以上で、じつくりと討議をするという感じではなかつた。その他、学生、青年、婦人、労働者など各層別の懇談会も開かれ、三日間の日程は、まことに盛沢山であつた。長崎大会はまさに、平和へのデモストレーションである。

　長崎の被爆者たちに、十一年前のことを聞くと、皆んな「あの時のことは、口では云えません、生地獄です」と答える。また、「当時はただ、もう、ぼんやりして悲しいとも思いませんでした。この頃になつて、かえつて淋しさや悲しさを感じます」といつていた。私の宿舎にあてられた家の主人は、「長崎の被爆者たちは、何もいわんとか無関心だとか云われますが、一つは、この街はカソリック信者が多いのです、その人たちは、これを受難と考えその苦しみをこらえているのです。原爆禁止大会や懇談会などで発言するのは、ごく僅かな人で、多くの人は八月九日の日には墓場に行き、墓石の前で泣いています」とも語つていた。（一八ページへつづく）

《座談会》

婦人議員を囲んで

出席者

参議院議員　藤原道子

神戸女学院大社会学部　木村幸子

神戸女学院大社会学部　浅田順子

〃　大津千代子

〃　安部美恵子

司会　竹中一郎

司会　お忙しいところをお集り下さいましてありがとうございました。今日は、社会党の藤原先生を中心にして、皆さんが研究しておられる国民生活の問題を政治にどう反映させていくか、という点からでも御意見をうかがっていきたいと思います。どういうことでも一つ率直にお願いします。

大津　私が何時も一番疑問に思うことは、私たちが信用して利用している官庁の統計と私たちが実際に行つた生計調査の結果の間に相当ズレがあるということですが……。

藤原　政府や官庁が生活費という場合、それは常に労働の再生産費のみをいつているわけで、現実の問題として、それすら出していない無責任なものがあります。統計の上では生活水準はだんだん上昇しているといくらいつても、国家予算の上では再軍備費ばかりふえて、社会保障費というように生活に実際必要な費用は少しもふえていないではないですか。

司会　今度、経済企画庁が発表した国民生活白書も一見して無理につじつまを合わせたように見える点が見受けられますね、たとえば消費水準など。

浅田　私たち、卒業論文にボーダーラインいわゆる貧困層と申しますか、生活困窮者世帯の調査研究を致しておりますが、調査に参りまして驚くことは、A市のように人口が僅か三万余りの小都市でも校友会費が未納な世帯が百十戸もあることです。

藤原　そうですか、A市のようなところでも。とにかく政治というものは直接に国民の生活をどういうかたちで守つていくか、どのようにして向上させていくか、どうして貧困と病気を取り除いていくかということが先決問題です。ところが現在の政府は、はつきり言つて、これと全く反対ですネ、全く弱い家庭の犠牲の上に立つているという感じです。高い税金や相次ぐ汚職などで国民の中には相等不満の声があるにもかかわらず、なぜ選挙の結果社会党が過半数を取れないかということです、生活の重圧は家庭の中では主婦の上に、直接ひびいて来るのではないでしょうか。私の今度の選挙の場合、地方区には自民党の人を入れ、全国区にはあなたを入れました、という人がときどきおりますが、驚きましたよ。問題は、憲法改正是か非かの境目のときなのに。

阿部　その意味でもまず人より党ですね。

藤原　一般に貧困な家庭ほど政治意識というか、生活と政治を直結して考えるためしつかりしているのですが、俗にいう中流以上という処あたりから上がどうも政治を真面目に考えない主権者が多いようですね。

木村　その政治意識という点ですが、これをもつともつと高めていくために私たちはどうしたらいいでしょうか。

藤原　私はまず婦人は婦人に解つて貰うこと、身近な問題として憲法が改悪されたら生活の上にどうひびいて来るかといつたことを余り理論的でなく、具体的な問題から人に応じて具体的に説くことですね、女が女に投票するなどという考え方は、ある意味で私は反対です。その政党のとる政策を批判して投票すべきですね。

浅田　日本人殊に婦人は皆戦争の辛さをナメたのに、この頃になつて、婦人の中にもある程度の再軍備が必要だという人がいるのに驚きます。

藤原　ある程度の軍備で国が護れるという感覚ですね、問題は。B29に竹槍と同じことですよ。私も今度の選挙中いろいろ質問を受けましたが、バカバカしいけれども一つ一つ説いてきました。しかしこれは一度や二度で解かるはずがありませんから、やはり井戸端会議の中心人物をまず納得させるまで話し合うことですね。

大津　結局国民一人一人の信念といいますか、現在の政治に対する意識が低いわけですね。

木村　政治意識をほんとうに少しでも持てば保守党を支持する人なんか無くなつてくるのではないでしょうか。

藤原　そのよい例が、例の乱斗と称せられ暴力社会党ということをあれだけ宣伝したにもかかわらず、その結果は逆になつたということでもおわかりでしょう。暴力以上に恐ろしいものが、その背後にかくされていることを知つていると言つた少女がありましたよ。

阿部　マスコミは一方の代弁者であることは承知していても、あれはちよつとひどすぎると思いました。私たちは竹中先生からその間の事情はよくうかがつていただけにこれが何も知らない人たちに与える影響を心配していたわけです。

司会　皆さんと一緒に研究している国民生計費の問題は、広く言つて社会問題として労働問題と婦人問題を同時に研究して行くべきですね、もちろんこの場合この資本主義社会というものを背景としてですが。

大津　人類の歴史は解放の歴史とも言えますが、現段階の行きつまつた資本主義政策のもとでは婦人の解放はあり得ないのではないかと思います。

藤原　資本主義社会、今日の日本の場合を率直に考えてみて、現状のままでは本質的に婦人の解放は絶対にあり得ません。これを如何に政策に反映させるかということ、問題は政党ですね、日本の産業の発展は結局憲法問題につながつています。米国の強い要望と日本の独占資本の圧力によつて生れた憲法調査会というものが直接目指しているものは何かということは、目的が余りにもはつきりし過ぎていますね。封建主義、軍国主義、官僚主義への復活をはじめとして、国民生活を圧迫した上に築く再軍備、徴兵制度というように戦争を予想した政治です。戦争はなくても、南太平洋の原爆の実験のように、これだけでも十年間も実験をつづけると地球上の生物に危険な状態が発生すると警告を発している学者がいるでしょう。希望のない生活、希望のない青春のはけ口が、ゆがめられた方向に転落していくのをとがめる資格が保守政治家にあるか、とも言えます。

阿部　そうですね。日本の独立と再建ということをもつとはつきりなぜ政府は打ち出せないのか、そういう意味でも国民の社会党への期待は大きいと思われます。私たち、今度の選挙中に感じましたことは、社会党が政権を取つたら日本の政治がどう変るかということを、もう少し具体的に聞かせて載きたかつたですね、もちろん憲法改正がされるか、されないかの岐路に立つた斗いであつたことはわかりますけど。

藤原　簡単なところからちよつと申しますと、食糧の自足、道路の建設改修、住宅の建設等は、戦争ゴッコの費用だけで間に合うでしよう。ダムの建設を促進すれば耕地は現在の倍近くもふえましようし、百万という農村の失業者は自衛隊に行かなくてもすむでしよう、また、日本が再軍備することは、アジアの諸国に疑惑の眼を向けさせ、やたらに刺戟を与えやすくなります。日本人の技術や、アジアの資源は、アジア人同士の話し合いで新らしいアジアを築くこともできるわけです。私たちは従つてアメリカの力を借りる必要もないわけですね。

大津　それにはまず経済的に自立することですね。

藤原　ですからまず日米間の不平等条約即ち安保条約をはじめ、行政協定、MSA協定等を廃止せねばなりません。一例を申しますと、私たちの日常生活に必要な電気やガスなども米駐留軍には優先的に提供するというような約束もありますし、また千島や樺太をソヴェトから返して貰えば、米軍の要請次第では軍事基地が作られるわけです。

木村　日本の国民も今度の日ソ交渉に当つて、はじめて行政協定の本質がわかつたでしよう。今となつては遅いのですが。

藤原　そうですよ、私たちはあのとき国賊と言われながらも、あくまでこれに反対しました。それが目に見えていたからです。しかしながら、一時は私たちの参議院の議員が十五六名だつたものが、国民の厳正な批判を受けて、遂に今度は七十九名、革新系の他の議員を合わせると、三分の一をおかげでとることができました。元来女性の方は平和に生れ平和に徹しているものでしよう。だから女性の力だけでも平和国家が作れるわけですよ。

浅田　それだけに一票をおろそかにできませんね。どうもいろいろありがとうございました。御健闘を心から祈つております。

（文責・神戸女学院大学講師　竹中一郎）

歌壇

荻《はぎ》元《もと》たけ子《こ》選

煤煙によごれた夕陽女工等はきらめく髪を指に巻きつつ　辻村　正子

カレンダーめくれば七月は唐めきし人形の美女緑衣すがしく　斉藤ひで子

事務員ら混み合いて手を洗ふさま引け時のビルの窓より見ゆる　中谷とし子

いつも来る浅蜊売りなり声かけてカラになりたる笊積みてゆく　中町　初子

街を来て湯を浴みをれば寝しづもる隣の軒の風鈴が鳴る　中町　初江

『選後評』　一首目、髪をつくろつている女工達、その髪が夕陽にきらめく美しさ、いつもこの方の優れた感覚に敬服します

二首目、新しい月に入つて、カレンダーの絵から感じた朝の清々しさがよく歌はれてをります

三首目、引け時のビルの窓から見える事務員等が混み合つて手を洗ふさまを歌はれたもの

四首目、懇意になつた浅蜊売りとの一言二言やりとり

五首目、市井の中のくつろぎ

世界婦人労働者会議の記事を読んで

生《い》熊《くま》久《ひさ》子《こ》

これは大阪のことです。

昨年のこの会議に出席したという落合さんを東京から招いて「働く婦人の集い」という会合が大手前会館でもたれました。

「働く婦人の集い」というからは、私達働くすべての女性を対象にしたものであるはずなのに、なぜか私の属する組合はこの集いに積極的に参加しようとはしませんでした。当日、手のあいていた私は個人的にその集いに参加しました。その時、「この会合についての、批判会をもちたいと思うので、出席希望者は住所、氏名をおかき込み下さい」という、パンフレットが数枚の印刷物と共に受付で渡されたのです。私はあくまで、この会合、つまり、「働く婦人の集い」の批判会に出席すべく住所氏名を記入して受付に出したのに、この批判会がもたれたのか、もたれなかつたのか、その案内状は私の手もとには、届きませんでした。しかし、数カ月後、「国際婦人労働者会議準備会」というかめしい差出人の手紙が届けられ、その時すでに準備会は数回目を数え、代表者を選出する運びに至つているのです。この差出人と、働く婦人の集いの主催者とは同一のようです。

もちろん私個人に、初めからそのいきさつを説明して欲しいとは思いませんけれど、労組が活躍している現在においては、ひとことなりと、その最初から労組に対して呼びかけがあつて良いのではないでしょうか。

一人が一人の友をつくり、支持者を得、地域共闘でぐんぐん進められたといわれるこの運動も、同じ働く者、働く女性であり、近畿でも大労組といわれる中の幹部でさえ、どの様にして起されたのか知らないものがいる事実を、あなた方、一部の熱心な活動家にお知らせします。

ある地方では、多額のお金が集つたから、それだけ、みんなの支持があつたのだと解釈されているあなた方にとつて、最も親切な忠告だと私は思うのです。

自労から選出されたと思われているTさんにしても、自労本部は勿論のこと、その所属している労組すら、代表団にTさんが加つていることを知らないと云う現状なのです。こんな形で十二名が送出されたとしたなら、莫大な費用をかけて、はるばる海を渡つてこられた代表団には酷な云い方かも知れないけれど、組織の名でお金をあつめて、個人で費つたとも云えるのではないでしょうか。

それからもう一つ。

中央集会が、あたかもこの代表団をハンガリーに送ることを決定したように云われておりますが、この点も、わり切れないものがあるのではないでしょうか。

中央集会々場では、この準備会かの如く、これに関したパンフが相当数ばらまかれ、一部の人達には、そうした感じを持たせはしたが、中央集会は準備会でないことを確認して議事は進められたのです。したがつて、

「世界婦人労働者会議へ代表を送つて、私たちのなやみを訴えよう、世界の婦人と話しあおう」

という意見が出されたとしても、地方にそれぞれもちかえつて、積極的に働きかけたといわれるのはどうかと思うのです。

中央集会を、そのけいもう機関とし、うまく行けば準備会にまで持ち込もうとしていた一部の熱心な活動家がいたことはうなずけますが、中央集会において、そういつた事項が話し合われたとするのは一寸どうかと思われます。

とにかく、期する所の問題は、働く婦人の代表が送出されていなければならない所に、

働く婦人の代表という名をもらつて、代表団を組織した事です。そして、人選の時に呼びかけをしなかつた労組に資金カンパを要請した事に、問題は一層深まつたといえるでしょう。

いばらの道を歩みながら、初志を貫徹されたあなた方に、こんなことは云いたくはない。けれど、七月号のこれを読んであまりにも安易な気持でおられる事に反撥を感じたので、思う所をかくさず申し上げ、今後の参考にして頂きたいと思うのです。

なお、このことが、資金カンパの上に、大きくひびいているのは申し上げるまでもありません。カンパをしたくても、する方法がみつからなかつた一人が私です。

世界会議は今後も続けられるでしょう。

母親大会にせよ、国慶節にせよ、今後、海外に代表団を送る機会が多いと思います。

その一つ一つが、明るい代表団である事を願つてやみません。

投書に応えて

山《やま》本《もと》あや

大阪の一婦人が「婦人のこえ」七月号をみて寄せられた投書を読んで大変嬉しいと思いました。それはこの方が自分達の運動の前進の為に何とかしなければという善意を持ち、意欲を持つておられることを知つたからです。

私の書いた文及び大阪の準備会についていろいろ問題が取上げてあるようですので、簡単に私の考を書いてみます。これを書く気持はあくまでも今後の闘を進めるに当つて一人でも多くの同志と提携して行きたいとの気持からでこれを機会に大阪の会合にも日本の準備会にも御意見をお寄せ戴きますようお願い致します。

私達が今度の運動を進めるに当つて非常に苦労したことは婦人労働戦線の統一を考えながらそのことが難しかつたということです。一番最初にこんな会を持ちましようと呼びかけたのが世界労連であつたばかりに、国際的準備会を持つて主体性を持つた戦を続けているにもかかわらず、この運動についての妨害の手はいろんなところから入つて来て遂に総評はこの運動の支持について決定することができなかつた。なぜこんなことを書いたかというと大阪の批判会の案内状が来なかつたということですが、準備会では各単産に出したとのことでこの案内状はあなたの組合のどこかで封じられていたのではないでしようか。大阪でも数回の会合を重ねて準備会を発足させ、代表を決定送り出すまでの苦労は大変なものだつたろうと思われます。

あなたは手紙の中でいろいろなことを書いています。金が集つたのを支持だと思うのは甘いだとか、Tさんが代表団に加わつているのを自労本部は知らないとか、組織の名で金をあつめて個人で使つたとか。私たち日本準備会のものはこの呼びかけを受けてから一年二カ月自分達の乏しい金の中から資金を作り今年になつてからは殆ど連日と云つていい位会を持つて運動についての協議をしました。金の集つたのは直ちに運動の伸展だと思いたくても直ちに私達にそんなに思わせない沢山の問題があつたわけで、少くとも運動を本当に進めなければならない立場にあつた私としてはそんな安易な考を持つはずがありません。しかし運動の全く起つていないところには、金は集まらないということは事実のようです。

またTさんが代表団に入つたことを自労本部で知らなかつたと云つて居られますが運動の過程でもしそんなことがあつたら反省しなければならないと思いますが、正式に代表として認めて運動がなされたのですからそのことは運動の中で消化されていつたものではないかと思います。

（一五ページへつづく）

婦人界八月の催し

第二回日本母親大会

八月二十七日から二十九日まで東京神田の中央大学及び日本大学で二十一府県代表七十余名はじめ一般傍聴者の参加のもとに盛大に開かれました。

議題は母や子の問題を中心に会員の発表、平和を守り、住みよい社会をつくるための語り合い等。なお第一日には外国代表として原水爆禁止世界大会に出席したモニカ・フェルトン女史のあいさつ、名大教授坂田昌一氏のお話がありました。

第二回家族問題講習会

家族制度復活反対連絡協議会主催で八月三〇～三一日の両日参議院会館で開催。英国の家庭生活（磯野富士子）、中国の家庭生活（門田昌子）、日本の家庭生活（田辺繁子）についてお話があり、民主的な家庭生活の研究が行われました。

外国婦人と働く婦人との懇談会

第二回原水爆禁止世界大会に参加された外国婦人代表と日本の働く婦人の懇談会が八月二五日夜総評会館で開かれました。外国代表出席者は国際民婦連代表フェルトン夫人（英）、マリク・ロード夫人（仏）、国際婦人平和自由連盟シグネ・ホイエル夫人（スェーデン）、許広平夫人（中国）、オリガ・コンスタンチィヴァ夫人（ソ連）

社会党婦人部の催し

社会党婦人部では今回の原水爆禁止世界大会に参加された外国婦人を迎えて左の通り懇談会を開きました。

一、八月二十二日ベルギー会社党イナベル・ブルーム女史を囲んで。

二、八月二十四日スエーデン社会党シグネ・ホイエル女史を囲んで。

場所は二つとも衆議院副議長公邸でした。

編集後記

太陽族や太陽族映画が世の指弾をうけています。太陽族の行動に人間復活の俤はみとめられないし、その映画に至つてはすさまじき商魂をみるのみです。これを自由の名において放置しておいてよいものかどうか、疑われます。

が、私たち日本国民の悲劇はこの取締りを権力の手に任せられないところにあるのではないでしょうか。角をためて牛を殺す、善意の誤りならとにかく、始めから牛をたおす積りの角刈りにうかつに乗つたらとんでもないことになりましょう。

政府・与党の教育制度の改正目的と太陽族問題を混同しては大変です。

ともあれ、今日教育が狙われていることはご承知の通りです何故教育は狙われるか、その真意を明らかにするために今月は教育問題を取扱つてみました。ご参考となれば幸いです。

編集委員
榊原千代
藤原道子
山川菊栄
吉村とく
（五十音順）

婦人のこえ　九月号
定価三〇円（〒五円）
半年分　一八〇円（送共）
一年分　三六〇円（送共）
昭和三十一年八月廿五日印刷
昭和三十一年九月一日発行
編集発行人　菅谷直子
東京都千代田区神田三崎町二ノ六
印刷者　堀内文治郎
東京都港区本芝三ノ二〇
（硫労連会館内）
発行所　婦人のこえ社
電話三田（45）〇三四〇番
振替口座東京貳壱壱参四番

昭和二十八年十一月二十四日第三種郵便物認可
昭和三十一年九月一日発行(毎月一回一日発行)

婦人のこえ　第三十六号
(第四巻・第九号)

定価三十円

婦人のこえ

10月號　創刊三周年紀念号　1956

祝創刊三周年

日本教職員組合
婦人部
東京都千代田区神田一ツ橋 教育会館内
電(33)六〇二九・八一〇一

全日通労働組合
婦人部
東京都千代田区三年町一
電(58)二二六一

全逓信従業員組合
婦人部長 坂本咲子
同 山本まき子
東京都新宿区信濃町三一 四谷郵便局内
電(35)二一三一

全国電気通信労働組合
中央本部
執行委員長 山村貞雄
東京都港区青山北町四の一
電(45)三一二一

国鉄労働組合
執行委員長 小柳勇
東京都千代田区丸ノ内二の一 (国鉄労働会館)
電(23)四〇四四—六

日本炭鉱労働組合
中央執行委員長 原茂
東京都千代田区神田三崎町二の四
電話(33)三三五四・六三四八・七四四八

全國三井炭鉱労働組合連合会
執行委員長 畠山義之助
東京都中央区日本橋二の一三 三井ビル中三号館
電(24)二九七四

全専売労働組合
青婦対策部
東京都品川区大井立会町五六五
電(49)七九二一・六六一〇

全国蚕糸労働組合連合会
中央執行委員長 小口賢三
東京都中央区京橋三の二 片倉ビル
電(28)三一六一—九
直通 四八〇六

東京都労働組合連合会
執行委員長 岡本丑太郎
東京都千代田区丸ノ内三の一 (都庁内)
電(20)一一〇一—一〇
内線三一五五・三一五六

東京都職員労働組合
執行委員長 栗山益夫
東京都千代田区丸ノ内三の一 (都庁内)
電(21)三二三七

東京交通労働組合
執行委員長 萩原信治
東京都港区芝三田四国町一八
電(45)三五二八・四七九二

東京急行労働組合
委員長 角田光正
東京都目黒区上目黒六の一三二九
電(45)〇七四四

東武交通労働組合
婦人部長 加藤綾子
東京都墨田区小梅一の一三
電(63)二一一一—二〇

日本炭鉱主婦協議会
会長 多島光子
東京都千代田区神田三崎町二の四
電(33)三三五四・六三四八・七四四八

婦人のこえ

1956年
十月号

十月号目次

創立三周年記念号

三周年をむかえて

社友および読者のみなさま。おかげさまで本誌も満三年の誕生日をむかえました、ともかくも三年もちこたえてきたものの、無一文のすべりだし当時をかえりみて、無鉄砲ぶりに今さらあきれる思いです。そのやせ世帯のあぶない綱わたりのなかで、まつたく清水の舞台からとびおりる気で定価すえおき、八ページふやすという大それた冒険もしましたが、幸いに一回の休刊もなく、ぶじに続けてこられましたのはひとえにみなさまのご支持によるものといくえにもお礼申上げます。

内容につきましては写真、漫画、やわらかい読みもの、小説をというご注文はまことにごもつとも、ごむりとは思わず私たちもそれを願つておりますが、何を申しても文なしのことで何ごとも思うに任せません。しかし前途に光明がないわけではなく、この上とも読者増加、誌代払込みにお力ぞえを頂いてすばらしい雑誌に育てていきたいと存じます。

世間の週刊誌、婦人雑誌とくらべて、高いという方もありますが、何ぶん何十万と出る大資本の営利雑誌とは性格がちがいますので、その点ご了解を願いたく、微力ながら志を同じうするもの同志の共同の機関であり、とかく発表の機会にめぐまれない働く婦人や主婦のこえをきく広場としての役割をになつておりますので、そのためにご利用を願いたいのです。世の中に人はいつぱいいながら、さて心と心とふれあう話し相手は少いものです。このささやかな、気のおけない広場で、おたがいに話しあえば、心のやり場ともなり、手をとつて進むいとぐちともなりましようから、何なりと書いてお送り下さい。

読者のご注文にも衣食住等の実用記事をというのもあれば、そういうものはほかの新聞雑誌で食傷するほど見ているから、この雑誌のわずかな紙面をさかなくとも、という声も出ます。文章はずいぶん気をつけてよみよく、わかりよくと気をつけておりますが、これまたわかりよいという方もあれば、むつかしいという方もあり、この上とも大いにわかりよく書くよう気をつけます。

日本社会主義運動の大先輩堺利彦氏は平易な名文を書かれる第一人者でしたが、ものを書くとき、古い同志で平がなしかよめないという評判だつた斎藤兼次郎翁を前にして、その人に話すつもりで書かれたそうですし、福沢諭吉翁も女中さんに音読させてみて、その人にわからないようなところは書き直したとか。これはフランスの有名な小説家モウパッサンが自分の文章を田舎のおばあさんによんできかせて、その人に分らないことは書き直したというのと同じ話で、偶然の一致でしようがたいへんおもしろいことです。もとより無学な私たちのことで、本誌にはそうむつかしいことは書いてないのですが、文章の書き方でわかりにくくお感じの方もあることを反省いたし、この上ともよみよくするためにどんなにも骨をおるつもりでおりますからよろしくおねがい申しあげます。

創刊三周年によせて

支持者として

清《し》水《みず》慶《けい》子《こ》

「婦人のこえ」が三周年を迎えておめでとうございます。創刊号からの支持者である私は、着実な御誌の発表を心からお喜び申上げます。

近頃のように「特集」でゆくやり方を私を歓迎いたします。また予算の分析、税金のゆくえ、などについては、誰にでもわかり易い解説をのせて頂きたいし、国民生活各分野にわたる資料的数字も、一目でわかるような形でのせて頂ければ幸です。「婦人のこえ」の読者が、「婦人のこえ」をテキストとして学習したり、いろいろな集会で適切な発言ができるために。

（日本こどもを守る会常任理事）

誰にでもわかるように

岸《きし》輝《てる》子《こ》

何となく狂気じみたそうぞうしい世の中に「婦人のこえ」のようなまじめなものが、三年も生き長らえてきたということは、編集の方々のなみなみならぬご苦心がうかがわれます。と同時にこういうものを欲している人の数も多いのだということを知つて、力強く感じております。

三周年を心からお祝い申上げます。

しかしここまでは熱情だけでもどうやら持つて来られたとしても、これからが益々困難なのだと思います。ここで息切れなさいませんようにねばつて下さい。

婦人の真の解放は、婦人自身が自分の手で獲得しなければならないものですし、それには婦人の文化的水準を、もつと引上げることが必要です。そして私たち働く者のしあわせな、平和な社会を私たちみんなでつくつて行きたいものと思います。

「婦人のこえ」がそのために、この三年間努力し続けて来たことを、私は高く買うものです。ただこういう真面目なものは堅くなりがちですから、いつも平易にと心がけ、どんな忙がしい時でも一寸のひまに読めるよう編集することを忘れないで頂きたい。

社会問題や時事問題、国際状勢などを、解説的にやさしく、読み易い文章で書いて頂きたいと思うのです。私はうちの娘が読んで理解できればと思つていますので。（俳優）

婦人の責任

高《たか》橋《はし》正《まさ》雄《お》

私は最近ある刑務所長の話を聞きました。その人のいうには、自分のところに千人ばかりの囚人がいる。どういう家庭の出身の人かというと、貧しい家庭だからということはとくにいえない。裕福な家庭の人もけつこういる。それでは、何がおしなべての原因かというと、家庭のなかが面白くなかつたから、というのが一番多い――そういう話でした。

私が、家庭のなかが面白くないというのはけつきよくは貧しいからということになりはしませんか、と聞き返しましたら、その刑務所長さんは、あなた方、経済などをやつた人はすぐそう言いますが、そんなことはありません。私は、ずい分方々の刑務所をつとめて歩いたが、どこでもそうでした。貧しい家庭出の囚人の割合が、日本人全体の貧しい家庭の割合よりも、大きいということはありません。――そういう話でした。

囚人をだすださないといつたことだけでなく、家庭というものがどんなに大切なものであるかは改めていうまでもありません。家庭の人々が、そのまま社会を作つているのだからです。そういう大切な家庭は――それは婦人だけの手で作るものではありませんが、何といつても婦人の考え方、動き方で非常に強く左右されます。私は「婦人のこえ」がこういう重大な責任を持つ婦人たちの耳によく入るようになるとともにやはりそういう婦人たちの口からでるこえにもなつて、全国民に耳をかたむけさせるようになることを心から希望している次第です。（九大教授）

創刊三周年を祝う

岩《いわ》井《い》章《あきら》

女性は人の弱点をみぬくのが実に鋭いということがよくいわれている。精神的及び肉体的に自由な活動を抑圧されるがままに、自由な自然的な感情の表白が許されない。そのために、内部にうつ積される不快の感情、この感情からつくられた能力が、女性をして、他人の弱点をみぬくのに鋭くさせるのではなかろうか。とすると、このことは女性は、今日の社会でもつとも痛めつけられた存在だ、ということになる。

しかし人の弱点をみぬくに鋭いということは一方においてそれだけ注意力というか、注意力の基礎になつている神経というか、そういうものの強じんさを意味するだろう。労働争議などで、家族組合が、弱腰になつている主人たちの組合を強力に支えて闘つているのを見ても、女性の神経のたくましさ、意志の強さがうかがわれる。

新しい社会を創る運動には、この強じんな意志を何はさておいても必要としている。女性がこの運動に参加してくれればくるほど、運動はそのテンポを早めていくことになる。

本誌が、この仕事で大きな役割を果してきたことは全く疑いない。さらに一層の飛躍、発展を同じ運動に参加している一男性として切に望みたい。（総評事務局長）

石の上にも三年

淡《あわ》谷《や》のり子《こ》

「婦人のこえ」が三周年を迎えるようになつたことはほんとうに嬉しいと思います。女だけでよくがんばつているといつも感心していますし、またこんな雑誌はぜひ皆で協力して育てなければならないと思つています。

何ごとも三年たてば大丈夫だといわれています。歌の方でも同じことで、私は割合トントン拍子に世に出てしまつたので線香花火のように散つてしまうのではないかと不安でしたが、今年で二十八年つずいています。しかし三年毎に波があるようです。そしてはじめの三年より後の三年がもつと苦しいんじアないかと思います。十年つずくとおちついてはきますが、やつぱり苦しい。でもその苦しさがちがつてきます。何ごともそうですが、努力してもどうにもならないこともありますが十年つずけばあとは努力次第といえるのではないかと思います。石の上にも三年ということがあります、一層の御奮闘をお祈りいたします。

希望としてはもう少しやわらかくしたらどうでしょうか。（音楽家）

大衆の中から運動をはじめること

太《おお》田《た》　薫《かおる》

「婦人のこえ」は、婦人の解放運動としての役割りを果そうとしているのだと思いますが、創刊以来三年以上たつても、正直にいつて、この雑誌があまりのびていないように思われる。

しかしここ数年の間に、どのような層から考えても、日本の婦人ほど成長したものはないでしよう。たとえばさきごろの参院選挙のなかでも、社会党にはいつた大きな票は、あきらかに婦人の自覚からといえます。昨年の地方選挙の時も、東京都の区会に共産党から相当数でたのも、婦人の票が大きなウエートをしめています。日本の政治の具体的なしわよせをうけている婦人の身近かな問題――例えば便所のこととか、ごみの問題とか、下水、道路、住宅のことなどどれ一つとしても家庭の主婦のなやみのたねでないものはない――近代都市東京のなかで、東南アジアにもひとしい生活条件をしいられている点を、明確に指摘し、解明してゆこうとした共産党の候補者に、婦人の票が集つたのだと思います。

「婦人のこえ」はめざめてゆこうとする婦人の悩みに、具体的に答えようとしていないのではないでしようか。これは労働運動でもいえることですが、資本家と政府の攻撃が強ければ、ラジカルにもなるし、かん念的にもなつていきます。婦人運動でもそういえるのではないか。またそれゆえに現実の婦人大衆のこえを反映していないのではないか、ということを感じます。あまり酷評になつては失礼ですが、今日の「婦人のこえ」の指導者が、大衆のなかにおりて運動することから初めないと、大きな成長はのぞめないのではないか、と。これは私の労働運動の場合にもいえることです。（合化労連委員長）

お母さん方のねがいをこめて

千《ち》葉《ば》　千《ち》代《と》世《せ》

この間母親大会の代表の方々といつしよに首相官邸に陳情に行き、田中副官房長官にお会いしました。田中副長官は「ずいぶん沢山の要望ですね」と私共のさし出した要望書に目を通してから懇談に入りましたが、何しろ一度に三十何項目かの要望書を出されたのははじめてらしくおどろいていられたが、日本の婦人の願いというものはもつともつと山程あるということです。それはあの中央大学の講堂に集つた四千人余りの全国代表のお母さんからはげしい熱情をこめて語られた家庭のこと、学校、社会のこと、農村や漁村、都会のありとあらゆるところの生活を通しての体験がいかに婦人の解放は勤労者の解放につながつているかを雄弁に物語つています。こうした人間解放へのひたむきなこえを全国会議員にきかせたい、聞いて頂き度いと思つたのは私だけではなかつたようです。せめて婦人議員だけでも、常日頃大衆と膝を交えて云々といつていられる方々にきかせたい声々でした。

さて「婦人のこえ」は、そのやさしいわかりいい編集の中によくこうしたこえごえを反映して下さいました。何よりも好感のもてることは、頁数が少くて、持ち歩くにいいことです。

私共のように出歩き勝ちのものにはもつてこいです。ちよつと電車の中、出張して一人宿屋の枕辺に、また講演の資料に大いに役立ちます。とくに山川菊栄氏の時評は時代の先覚者として絶えざる改革への情熱にあふれているのが大きな魅力です。

（日教組婦人部長）

苦言をひとこと

岩瀬《いわせ》　ふみ子《こ》

三周年をむかえた〃婦人のこえ〃にいろいろとお願いしたいことがある。編集部の方たちがいつも読者をふやしたいと言つておられるけれど、少くともいまのままの編集では読者が倍加するとは考えられないのではなかろうか。なぜならば〃婦人のこえ〃の性格というものがはつきりしない。指導者のためのものか一般大衆を狙つているのか、おそらく指導層を狙つているとは推そくできるが、扱う内容が限定されているキライはなかろうが。

一号から山川先生が毎号に情熱をかたむけて執筆して下さるのはわかるが、どうも一部の人の気休めに雑誌を出しているような気がしてならない。そしてまた政党婦人部の機関誌でもなさそうだ。だとすればこの辺で読者から感想をきく会合でももつたらどうだろうか。そこで私は提案したい。労組婦人や、家庭婦人らによびかけて、三年をむかえた〃婦人のこえ〃が今後より充実した雑誌になるためにどういう記事を扱い、どう編集したらよいか、率直に読者から声をきく機会を早急にもつてほしいことだ。写真も少いのだから、こんないい紙を本文につかわずともいいのではないか。表紙なども、もう少し変化をつけたらどうなんだろう。――きつと、編集部は「お金がないんですよ」とボヤくだろう。それはいまのような形で仕事を進めていればいつになつても追いつかないはずだ。ここらで婦人のこえが、働く婦人も家庭の主婦も、みんなふくめた文字どおりの婦人のこえにふさわしい雑誌になるために、じつくり腰をおちつけて、みんなの声をきく必要があると思う。そうすれば、おのずとうまい知恵もうかんでくるものである。（全蚕労連教宣部長）

（十一頁より）私たちは、何よりもまず、人間の値うちは本質的に同じだ、という信念に立つて物ごとを考えねばならないと思う。これは近代社会が人間の値うちを発見して以来人間の歴史がふんでいる原則である。この人権の思想の上に立つならば、女が長い歴史の間にすつかり男とちがつた肉体と精神と、感情をもち、その働きがすつかりちがつているからといつて、軽蔑したり、また女が目ざめて、人間の権利の仲間いりしたいといつたからといつて、恐れたり、けちになつたり、意地わるくなつたりすることにはならないはずである。男女の優劣を論じたり、男女平等に疑問をもつたりする、ばからしい、非近代的なことはもうやめようではないか。

女性観はかわる

山《やま》川《かわ》菊《きく》栄《え》

「人生婦人の身となるなかれ。百年の苦楽他人による」ということばを、今の若い方たちはおききになつたことがないでしようか。昔は何かといえばよく聞いた言葉でした。これは千二百年の昔、唐の白楽天という有名な詩人の作つた琵琶行という数奇な運命の女主人公の身の上話をうたつた長い詩の中の一句ですが、一般に女性の宿命をぴつたりいいあてたものとされたものです。

これを今日の中共政権下の婦人の地位とくらべたらどうでしよう。千年も昔の白楽天でなくとも、つい十年前、中共政府以前の中国しか知らずに死んだ人が生き返つたも同じ国のできごととは思えないくらいでしよう。世の中はうつりかわる。そして婦人の地位も移りかわる、ということはこれだけでも十分わかることです。

今から二百年前、イギリスに起つた産業革命は世界の経済、社会、政治の組織に根本的な変化をきたすこととなり、資本主義の発達と共に、資本家と労働者の対立がはげしくなり、教育、職業の自由、平等賃金、参政権を求める中産階級の婦人の闘いは労働運動に助けられ、また労働階級の婦人は労働運動そのものの中で男子と共に闘いました。

劃期的な変化が起つたのは第一次大戦前後で、全ヨーロッパを通じて何千万の男子が動員されて戦場に送られたあと、労働力の不足を補うために何千万の女子が職場になだれこみ、あらゆる作業に従事して、今まで女人禁制だつた職場の伝統をやぶり、その力で戦争をつづけ、国民の生活を維持して、在来の女性観を否応なしに改めさせました。戦争はすんでも、戦争前の社会は再び戻りませんでした。大戦のために破壊された産業を復興するため、親や夫をうしない、または生れもつかぬ廃疾者として迎えねばならなかつた孤児や寡婦、貧しい人々の保護更生のため、婦人の政治的、社会的活動は切に必要となり、長い間こばまれていた参政権も与えられ、公職への参加、そういう任務をはたす上に欠くことのできぬ高等教育の機会均等も認められました。

婦人解放と結婚の増加

第一次大戦の終りに起つたロシア革命は男女平等を実行しましたが、始めて婦人部隊まで作つて世界を驚かせました。当時ロシアに滞在したあるアメリカの婦人記者は、銃を肩にして行進する婦人部隊に目を見はり、これは体格偉大な頑丈づくりの女の多いロシアだからできることだが、アメリカ婦人にこれをやらせたらとても見られたものではあるまい、と書きましたが、それから二十年後、第二次大戦のときには、アメリカでも婦人部隊を作り、その他の交戦国でも当然のこととして婦人の兵隊が活動しました。

つい百年ほど前には女が大学へいく、女が医学をやる、ということすら気ちがいじみたこととして反対され、半世紀前には婦人が参政権を要求するというので、そんなことをすれば国が亡びるといわれたものでした。しかし今では人間に目が二つあり、手が二本、足が二本あるように男女が同じ教育をうけ、同じ議事堂で働くことは自然で平凡なことと思われています。

こんな風に女性観は一定不変のものでなく、時代と共にうつり変つてきています。しかも動物の雌雄が時と共に変化するものでないと同様、人間の男性と女性も、その生理的特ちようには変りがない。変つたのはその社会的地位であり、社会的役割であります。そして動物と人間とのちがいはこの点にあるといつていいでしよう。人はよく動物の群生活を、人間の社会生活と比べてかれこれいいますが、動物の生活には生産方法の進歩改善による経済の発展、それにともなう政治や社会制度の変革というものはありえない。この点で人間はほかの動物とは全くちがつた特ちようをもち、男女関係のうつり変りというような大きな変化もそのうちの一つなのです。ところが人間と動物とを一緒に考える人たちは、男女を単に雌雄としてしか考えず、人間にふさわしい社会関係の進化にともなう地位の変化ということを理解できないのです。だから女が教育をうけ、職業をもてば生理的な特ちようもなくなり、女の魅力も子を生む能力もなくなるかのように考えたのです。たしかチェスタートンでしたか、イギリスの有名なエッセイストは、女の頭の中がからつぽである代りに、少しばかりの知識がはいつたからとてそのそとがわをつつむ巻毛のかわいらしさにかわりはあるまいとかきましたが、今でも無知こそは女の魅力であると考えている人がないでもないのではありませんか。

五十年前からみると今の女性は一般に教養も高く、体格もりつぱになり自活の力もつきました。それ故に女の魅力がへつたでしようか。「百年の苦楽他人による」ような無力な女にそれ以上の魅力があるでしようか。

イギリスなどでは一時結婚がへり、独身者がふえ、結婚と人口の減少を問題とした下院の議場で、かぞえてみたら議員の約半数が独身であつたため、まず議員自身が結婚して国民に手本をだせといわれたものです。しかし婦人解放のおこなわれた第一次大戦後、結婚数は著しく増加し、独身者はへりました。もつとも離婚は増加しています。離婚増加の原因は婦人の地位の変化を男性が理解せず、昔ながらの命令と服従の関係でいこうとすること、女子が経済的独立と自主性をもち、不合理な圧迫に甘んじなくなつたことがおもな理由だといわれます。しかも未亡人や離婚者の再婚、特に連れ子をしての再婚も日本ほど男子から忌まれず、幸福な再婚の多いことも婦人の地位の高くなつた一つの証拠でしよう。離婚後、子供を母がひきとれば再婚の後も父からの仕送りが続けられ、それを怠れば父は投獄される。また子供に対する社会保障がゆき届いて、両親が経済的負担に苦しむことが少いことも母の再婚にとつて有利でしよう。不幸な事情のために一度の結婚ですまなかつた女性をキズモノ、またはスタレモノ扱いする日本の習慣は、女性の人格を無視することも甚しい過去の遺習にすぎないのです。男子の再婚を問題とせず、また何人の子供があろうと問題にしないくせに、女子の場合、再婚は甚しく商品価値が下落し、特に連子は一人でもまつぴらというのはあまり利己的で、将来は人物本位でもつと幸福な公平な選択が行われるようになりましよう。現に日本の男子の中にも子供のある未亡人と結婚して、その子に実父に劣らぬ愛情をそそいでいる人も一人ならずあることはあるのですから。

ともかく、婦人の解放は女性の魅力や結婚をへらすという心配は取越苦労にすぎず、男女のより幸福な結合がふえてきていることは事実ですし、より健全な、進んだ女性観が発達してきたことも事実です。

女性の進出を妨げるもの

女性の職業的進出が男子の職場を奪うということはよくいわれます。これは部分的にはありうることですが、大局からみて、かつ恒久的にはありえないことです。機械の進歩、産業の発達は女子と共に男子にもたえず新しい職場を提供しているので、雇用機会は増大し、最も進んだ国でも女子は雇用者総数の三割程度に留まり、その割合が無限に増大する傾向はありません。その上熟練度が高く、賃金も高い職業は依然として男子の手にあり、女子は低賃金の不熟練業に集中しています。そして女子は機械的な単純反復作業に適し、頭を使う、独創的な仕事にはむかないともいわれます。はたしてそうか。そのことはまだ女子の職業生活の経験の日が浅い今日、一がいに断定はできないというのが、この方面の専門家の意見です。アメリカでは四〇八種の職業のうち婦人の参加していないものはわずかに九種のみ。日本でも大部分の職業に婦人がたずさわつていますが、まだ解放の日が浅いので、アメリカ婦人からみるとその幅もせまく、地位も低いのはやむをえません。

たとえば銀行その他の企業で将来幹部級になる程度の資格をもつものは最初から男子のほか募集せず、婦人おことわりというところが日本には多い。ところがアメリカでは銀行の重役級の婦人が六千人に達しており、その他の職業でも同じことです。従つて高級職業は婦人に適しないという先入観は日本婦人の実力でこれから突破しなければならないのです。今日、女子の職場の狭いことが問題になつていますが、こういう経済的条件の国では、一般に職場が不足しており、男子も共ぐいをやつているので、これはどうしても諸外国との国交の正常化、貿易の発展によつて雇用機会を増大し、完全雇用をめざすほかに解決の道はありません。それが進むにつれて女は役にたたぬ、使えぬなどとはいつていられず、一人でも多く働いてほしいというにきまつています。現にイギリスのような国では、妻でも母でも、少しでも多く働いてもらわなければ国の経済がたちゆかないというので、そういう人たちのためにパートタイムの職場が多く待つており、これも労働者としてフルタイムの人と同じ権利をもつています。家庭をもつ女子労働者は、家に年寄などのいない場合、夫や子供を見送つてから家を出、夕方は一時間だけ皆より早く家に帰つているようなのが最も望ましいといわれます。学校から帰つても母の笑顔に迎えられず、おなかをすかしてさびしい思いをしながら母の帰りを待つことは性格をゆがませるというのです。子供を守るために母の生活をも守る意味でいろいろの便法が講ぜられています。

組合を強くし、社会主義政党を強くして基準法その他婦人と労働者を守る法律を固く守らせること、そしてやがてその改善が絶対多数をしめたとき、重要産業を国有とし、金もうけのため、少数の人の利益のためでなく、大衆の幸福のために事業を運営するような世の中に早くするほか、男女いずれにとつても解放は夢にすぎません。

× × ×

女は男より劣っているか？

優劣の議論はもうやめよう

田《た》中《なか》寿《す》美《み》子《こ》

戦後の日本の民主化の合ことばのようになつてはやつていた男女平等ということばも、十年もたつてみると、もう相当に人々の生活のなかにしみこんで不思議でも何でもなくなつてよさそうなものであるのに、このごろまたあらためて問題になつている。一般的に、日本の社会に、戦後の変革の是正をするといつた空気があるため、その空気にのつて、この、基本的人権に則つた、男女平等という大原則にまで、疑問をもたせるような言辞が、あちこちで弄されている。いまさらなさけないことではあるが、も一度、このことにふれねばならないだろう。

男女平等に反対したり、異議をとなえたりする人々の議論は、相かわらず、女が男より劣等な動物であり、能力がおとつている、という信念にもとずいている。私は、いろいろの場所で、何度も、こういう点について議論の相手となつたが、くりかえして云いたいと思うことは、もう、こんなつまらない議論はやめようではないか、ということである。私の結論から先きにいえば、女が男より、本質的に劣つている、と断定する根拠はない、男女は、生物学的にちがつた素質をそなえている、そして、そのちがいは、社会環境で一層大きくされ、女は歴史的に、社会的に低い地位におとされてきたけれど、本質的に劣つているのではない、だから、男女の優劣を論じることは、人類の進歩には決して貢献はしないということである。だから、もういいかげんで、男がえらいとか、女が駄目だ、とかいう議論はやめたいものだ。

こういう議論をやめるために、ここにも一度、男女のちがいについて書かねばなるまい。男女というものには、まず先天的なちがいつまり、生理的なちがいがある。女は母性として、子をうむ機能をもつているので、それに必要な肉体的条件をそなえている。女は下腹部に内部生殖器をそなえているし、月経、出産、授乳といつた、男子のしない働きをする。これにしたがつて、男性とちがつた肉体の条件をもち、ちがつた心理作用や、知能の働きももつのである。子供をうみそだてる働きがないかわりに、山野に狩りする働きに専念した男性の骨格はたくましく、体力はつよくなつた。こうした働きのちがい、役割のちがい、それから体力のちがいは、決して、一方がすぐれていて、他方が劣つている、ということを意味しない。なぜなら、両方がおぎないあわねば、人類は決して生きのこつてはこなかつたろうからである。

こうした、男女のあいだのちがいをひどくとりたてて、男をすぐれたものとして支配者に仕立てあげ、女をおとつたものとして服従者につきおとしてしまつたのは社会の仕くみである。男女は、原始社会では、ごく自然な形で、それぞれの働きをおぎないあつてくらしていたのであるが、そうした原始民の生活に権力者の支配ができ支配階級と被支配階級ができるようになつて以来、女は被支配階級におちこんでしまつたのである。

そうなると、女の肉体的条件も、心理作用も、知能の働きも、すべてが劣等なものとされてしまい、長い人間の歴史の中で、女は劣等なものという考えは、ふかくふかく人間の中にきざみつけられてしまつたのである。

しかし、よく考えてみると、体力ですら、一がいに女は劣つている、と考えることはおかしい、ということに気がつく。握力とか背筋力とか、肺活量とか、その他、力の強さなどでみて、男を一〇〇とすれば、女は七〇ほどの体力だから、女は弱い、といわれているが、体力とはそういうことだけを云うものだろうか？　たとえば、出産の苦しみを耐える力、あの多量の出血と痛みにたえる力、各種の病気に対する抵抗力、免疫性などにおいて、男にまさる女のつよさ、発狂者の率などにみる女のつよさ、寿命の長さ、その他、いろいろの、悪条件にたえる体力は、女の方がはるかにすぐれていることを思えば、腕力のつよさや、体の大きさだけで、男がすぐれている、と云つてしまうことは考え直す余地がある。力がつよくて、大きいものが優れていると必ずしも云えないのは、前世紀の動物である恐竜やマンモスのような巨大な動物が、その大きさの故にほろびてしまつたことでもうなづけることである。要するに強くて大きいから生理的に優れている、と考えることは単純すぎる考えである。

男女の心理的なちがいもたびたび引きあいに出されて、女性攻撃につかわれる。一般に、男は、推理力、論理的な思考力、創意力、注意の分配（同時に二つ以上の仕事をするときなどの）などにすぐれており、女は、機械的な記憶力、注意の持続、文学や図形などの弁別の力などにすぐれている。女は、具体的、主観的なものの考え方をするが、男は抽象的、客観的だ、といわれている。また、知覚では、男の方が速度が早く、調節がきくが、女の方は正確である、といわれている。けれどもこうした、心理的な特ちようも、知能検査などにあらわれたものはわずかで、結局、男と女の差というよりは、個人差の方が多い、ということを多くの学者が報告している。

よく感情のうごきが問題にされる。女は感情家だ、というのである。ヒステリックで、嫉妬ぶかい、という。これも、男のかんしやく、酒をのんでさわぐ様、仕事の上でのいがみあい、などと比べてみたら、どつちがどつちともいえないだろう。そんなことよりも、女の欠点として、こうしたことがあげられるとき、そういう女の心理が、いかに長い歴史の上につちかわれたものであるか、を充分考慮にいれているだろうか？

何よりも、男女のちがいをつくり出し、女を劣等なものとするのに大きな力のあつたのは、社会環境であるということを否定することはできない。それを否定するのは、男性中心にすべてを考えてきて、すつかりそういう考えになれた人々の、反省の不足のためである。女が子を生むためにもつている母性としての生理、たとえば月経や出産などがまるで女の弱点ででもあるかのように社会の習慣でされてしまつた結果、女は母性であるがために軽べつされるようになつたのである。そして、女が生産からだんだんはなれて男子に寄生するようになるにつれて、体の弱さ、なよやかさとともに、女の欠点とされた、嫉妬心や、感情的なこと、自主性のないことなどがますます特ちようとなつたのである。つまり、男女は、本質的に、決して優劣があるのではないが、生物学的なちがいが、後天的に、社会の仕くみのなかで拡大されて、優劣にすりかえられてしまつたのである。（六頁へつづく）

（写真は盛況の母親大会）

第二回母親大会から

佐《さ》竹《たけ》れい子《こ》

「生命を生み出す母親は生命を育て、生命を守ることをのぞみます」のスローガンをかかげた第二回母親大会は八月廿七日から廿九日まで、中大講堂、日大工学部教室で開かれた。沖縄、九州、北海道にわたつて各県からはせ参じたお母さんは四千人をこえて会場は熱気あふれての盛況。

第一日は久布白オチミさん他八名の議長団選出、山下事務局長の経過報告、来賓のメッセージ、原水爆禁止世界大会に出席された、英、仏、ソ、中国の各代表の挨拶――四女史とも「日本の婦人が平和を守る勇気」をほめたたえ、さらに「世界の婦人たちが手をつないで、軍縮と原水爆禁止に努力しよう」と強調されて、会場は嵐のような拍手、実に感激的なシーンであつた。午後から、各地方の母親運動の報告――北海道の妻は沿岸の漁民がダホされる危険を訴え、基地砂川のお母さんは必死になつて土地を守つて闘つている実情を涙ながらに話した。その後、坂田昌一名大教授の「原水爆の脅威」の講演、余興には沖縄婦人会の人たちが蛇皮線のしらべにのせて浜千鳥を、また九州、東北からの代表たちはお国自慢のうたと踊りをひろうして、笑いとともに和やかに終つた。

第二日目は日大教室で朝から二十教室で分科会がもたれた。その中心テーマの第一は、「子どもをすこやかに育てるために」①小学校に入る前の子供②小中学校の子供③高校、大学に学んでいる子供、職場に働いている子供④心身に障害をもつている子供⑤PTAや教育制度を中心に、第二は「しあわせな母となるために」①健康で明るい家庭づくり②職場に働く婦人の問題③農山漁村の婦人④信頼される母になるために、第三は「平和をまもり住みよい社会をつくるために」などである。

どこのグループでも一〇〇人から一五〇人、そこには二、三人の評論家、教授、医師とその道のエキスパートが助言者として加り、お母さんたちの話し合いが、主体となつて進められた。お互いのきびしい現実の生活からにじみ出た苦しみ、悩み、そして建設的にどう解決しているか、みんな眼をかがやかせ真剣に語りつづけた。このテーマの内容が日常の身近かな問題であるだけに、巾が広く、深くてこの短かいスペースにつくすことが出来ないがその主なものを拾つてみよう。

第一の「子ども」を中心として「幼児期」のグループでは、この年令から集団教育が大切で、保育園、幼稚園の必要を強調、しかし保育料が安く充分な施設、保母の待遇などから経営が困難。そして、母親が安心して働ける託児所を国家の手で、すべての地域にというのが一般の強い要望であつた。これについて購売活動、廃品回収、子どものための映画運動会、売店などをして改善された（東京葛飾区）。共同募金を二〇万、三〇万と二回貰つた（東京大田区）と報告された。「少年期」のグループでは、教育予算が乏しいために、そのシワ寄せが教師と学童に及んでいる。定員制不足のために産休がとれない、労働過重、二部制、老朽校舎で天井がおちたという実情、貧しい母子家庭の子どもは給食費、教科書代が払えない（内職をすると援護費が打切られる）、PTA会費が七割以上も学校の施設にむけられている。そのほか教育委員の任命制、国定教科書、PTAのあり方、教育制度の矛盾など問題が多い。宗像教授は「PTAと政治」について「ボスの選挙運動に利用されてはならない。どんな政治がほんとに人間をだいじにする政治であるかを考えたとき政治的におそれてはならない」、水江教育庁主事は「親たちと先生たちとが手をとつて子供たちのことを考え、PTAの予算をこまかく十分に検討すべきである」と結んだ。「青年期」のグループでは未亡人の子どもが進学、就職に世間が冷く、憂きめにあつていると。

第二の「しあわせな母となるために」ではまず母親が健康で、経済的にも安定していること、それには地域でグループをつくり、集団検診を実行する、保健婦たちと結んで健康相談をすることになつた。夫の低賃金のために妻は内職で家計を補助せねばならない。「内職の連合会の組織をつくり、業者と交渉し共同指導もしている（京都）と報告があつた。職場の母は家庭と仕事との両立、育児との三立で困つている、そのうえオートメイション化による首切り（水道労）、生産性向上運動による労働の強化（国鉄）、そのため生理休暇の既得権のハク奪（東京センイ）など、資本の嵐は荒れまくつている。漁村の母は生活の貧しさに加えて、ソ連の監視船に脅かされ、生命の危険にさらされているので、一日も早く日ソの国交回復を切望している。農村の母は嫁、姑のむづかしさと根強い封建性に苦悩し、主婦の農作業にも経済的な裏付けを必要とする声が高い。第三の「平和を守る」のグループでは、基地に売春宿が多いために子供への感化を憂いている。被爆者の生活保障がなく死の恐怖におののいている。未だに敗戦の傷はいやされていないなどの惨状を訴えていた。

第三日は全体会議で、各分科会での報告。どのグループでもこのテーマとなる話し合いは凡て関連性があり、社会の矛盾と不合理を憤り、政治の鋭い批判となつてあらわれた。すべての母たちが切実に「**再軍備よりも社会保障を**」「**教育予算の増額を**」そして、「**弱いもの、正しいものが生きてゆける社会を**」と叫んでいる。しかし、ただひとりの力では弱い、周囲の人たちと手を握り、多くの話し合いの場をもち、どんな小さなことでも具体的な解決の方向に、ねばり強く努力してゆかうという結論となつた。これを万場で決議。広島の若妻が身にうけた原爆の悲痛な体験を訴えて私たちの胸にせまつた。原水爆の破滅から、どうしても子供を守らねばならない、この悲劇をおこさせぬために、私たち母親は愛情の力で団結してゆこうとますます決意を固くした。大会宣言ののち、「原爆許すまじ」を高らかにうたい、「日本のお母さんバンザイ、世界のお母さんバンザイ」を唱えて、この新しい、輝しい母の歴史の一幕を閉ぢたのだつた。

この母親大会は、保守も革新も、いろいろの立場の人たちが集つた広汎なカンパニヤ組織であり、今後も地域での集りは運営上、ゆきなやむことも出てくるであろう。しかし、私たちは正しいことのためには、率直に勇敢に行動の出来る賢明な母でありたいと希う。

▼宣　言

全国のお母さん！

私たちは昨年の日本母親大会、そして世界母親大会によつて、新しい母の歴史を、きづく力を自覚しました。

それから一年、日本のあらゆる地域で、話し合い、手を結び合い、地味な活動をつみかさねて、この大会をむかえました。

家のおきてにしばられた農村の母親も、魚のとれない漁村の母親も、労働強化と低賃銀にくるしむ職場の母親も、そして家のなかにとじこもつていた母親も、同じ思いと願いをもつて、ここに集りました。

この四千人のうしろには、幾十幾百万の母の願いがつづいています。また、息子や娘たち、夫もともに、この大会に大きな力をかしてくれました。

さらに、イギリス、フランス、中国、ソヴェイト、スェーデンの各国から、同じ思いの婦人代表をむかえることができました。この方がたのあたたかく力強いはげましは、日本の母親と、世界の母親とのつながりを一層深め、ともどもに母と子のしあわせのために立ちあがる、勇気と自信とをあたえてくれました。

この三日間、私たちは、子供をすこやかに育てるために、しあわせな母になるために、平和を守り住みよい社会をつくるために、みんなで考え、話しあいをふかめました。

こうしたたくさんの母の願いにもかかわらず、いまだに原水爆の実験はつぎつぎとおこなわれ、国内では教育委員の任命制をはじめとする軍国主義教育の復活、憲法改悪のうごきなど、心配なことばかりです。

このような中で、私たちはさらにたくさんの仲間をつくり、力をあわせて、さしせまつた危険から子供を守りぬかなければなりません。

生命を生み出す母親は、生命を育て、生命を守る権利をもつています。

全国のお母さん！

今こそ、あらゆる困難を乗りこえて進むことを、母の名において、ちかおうではありませんか。

一九五六年八月二十九日

第二回日本母親大会

訂　正

前号「婦人界だより」中、第二回母親大会参加者二十一府県代表七十余名……は準備会への出席者で、大会への参加者は**四千余名**につき訂正します。

ヤマの主婦の願い

西《にし》川《かわ》照《てる》子《こ》

ああ、またあの歌が放送されている、金曜日の夜の一時。重い地底からわき出るようなバスで……

「アーおいらのしようばい炭坑夫、
年がら年中、地の底で、
石炭ほつて泥まみれ、
セフティサーン山もりだ、
あるいは、つるはし、カンテラだ、
全く重くて、やり切れない……」

と哀調と乗鉢と溜息と、まじつたようなメロディ「人生の重荷」という題名にピッタリするような歌詞と伴奏と……。

何だか、この歌が始まると私は夫の顔を見るのが辛くて下を向いてしまう。なぜならば夫は、その炭坑夫なのですもの。毎日、日の目も見ず、重苦しい坑内の空気の中で真黒になつて働いている夫、その割に報われない私たち炭坑生活者。他の産業に比べて何と賃金もボーナスも少ないことでしよう。重要産業の基そとなる石炭を掘り出す労働者の賃金がなぜ外国なみに評価されないのか？　資本家の出し惜しみか？　炭価が不当に安いせいか？　政治の貧困さによるものか？　私たちの周囲を見ると借金故に苦しんでいる家が多い。子供たちは栄養失調一歩手前まで来ているところも無いではありません。玉子や、果物や栄養になるものを与えたくもできず、タクアン、味噌、醤油くらいで食事させる家も少くはないようです……。この子どもたちの親の身になつてみて下さい。結局安い賃金の上に子供が多いとそれだけ苦しいわけで、参議院議員加藤シズエさんの提唱される産児制限はぜひとも必要なことと想うのですが。そして追々ヤマの主婦たちも目覚めて来ているようですけど……。

昨年私たち主婦会で坑内見学を行いましたが、その息苦しさ、むし暑さ、暗さはとうてい地上においては想像できません。たつた二、三時間のことなのに重い鉄帽とキャップランプのために頭は痛くなり腰につるした電池が千斤の重みでこたえました。夫たちは一日中よく辛棒できるものだと皆つくづく感じました。それからは、前より一層夫をいたわり、慰めるようになりました。

ことにここ三川坑は戦後引揚げてきて、ヤマに入られた方が多く、元は何不自由なく暮らして急に重労働に追いやられ、その苦しさに堪えているのです。私の夫も希望退職のある毎に今度は止めようか、どうしようかと迷いますが、今やめても職は無したちまち餓死せねばならず、もうこの頃はあきらめて「厚生年金でも楽しみに一生懸命働くより仕方がない」と申しております。しかし家族の者は危険な仕事だけに家を出て帰宅するまでは心配で朝は神棚に無事を祈り、三番方で人が寝る夜八時半頃出かける時は、ほんとうに風邪などひきませぬようとソット心の中で祈りながら、その後姿が闇に消えて見えなくなるまで見送ります。ちよつと帰宅が遅くなるともしや怪我でもと、いても立つてもいられない気持です。世のホワイトカラー族の奥様方にはとうてい解つて頂けない気持でしよう。

暗黒の中で働く夫にせめて明るい楽しい家庭生活を送らせたい！　ヤマの主婦の願いはこんなささやかなものなのです。一日も早く其の日がやつて来るように、私たちはスクラム組んでガンバッテおります。（三井、三池炭鉱、三川支部主婦会厚生部長）

あの頃（二）

幼児と共に留置所入り

藤《ふじ》原《わら》道《みち》子《こ》

衆・参院とも当選二回、議員生活十年という政治家としての藤原さんはすでに有名である。また一女工より身を起し云々という略歴も大方知られているようだ。しかし、無名時代の藤原さんの生活を知っている人は余りないのではなかろうか。

以下最も困難だつた時代の藤原さんの回顧談である。

苦しかつたのは何んと言つても沼津時代で大正の終りから昭和七、八年に至る数年間だつた。刑事の微行つきという新婚旅行に始まつた非合法時代の革命家の生活は全くめちゃくちやなものだつた。

大正十四年、その頃御殿場で寺尾亨という法学博士夫人の附添看護婦をしていた私は、夫人の信頼あつく、その娘分として、当時御殿場で社会運動をしていた土地の地主の次男山崎劔二に嫁入りした。しかし寺尾家でも山崎家でも私たちの思想には反対で、結婚でもさせたら運動をやめるだろう、という希望的観測から話がまとめられたものだつた。そして結婚後も私たち夫婦は寺尾家に住み、生活は保障されていた。ところが運動をやめるどころか早速無産者同盟の支部を御殿場に設けたり、労働組合を作ろうとしたり、活潑に動いていた。寺尾夫人はこれに大反対で絶えず夫婦別れを迫るといつた有様だつた。私は山崎と結婚して始めて社会主義に目ざめたわけではない。寺尾家に来る前、すでに郷里の岡山で病気静療中、当時岡山にお住いだつた山川均先生の間接の影響をうけて社会主義へ開眼していたし、また革命運動こそ生涯の仕事と思つていたので、生活か思想か、あるいは恩宜に縛られて、という悩みは問題にならなかつた。

そんなわけで私たちは寺尾家を出、生れた長男を親戚に預けて私は看護婦として働き、山崎は農民運動に奔走していた。ところが火事を出して御殿場にいられなくなり、沼津に移らなければならなくなつた。六畳一間を貸りて沼津に出てからの数年、それが私たちのどん底生活で当時を想えば今の生活はまるで王侯のようなものである。（と、議員宿舎で話の合間に洋服の縫直しを気ぜわしく頼みながら藤原さんは語るのであつた記者註）

なにしろ私は寺尾夫妻が親代りになつて嫁入りしたので着物は相当作つて貰つてきたのだが、間もなく質草もなくなつてしまつた。

その頃山崎は大仁金山に労働組合をつくろうとしていた。組合を作ると言つても職場の人が自発的に作るのを援助するというのではなく、外部から働きかけて作らせるのだから大変だつた。例えば職場の中に一人目標を定める、すると二カ月でも三カ月でも根強く働きかけるのだが、職場では監視がきびしく正面からは近づけない。それで夜、裏の川を渡つて説得にいくとか、夜陰に乗じてビラはりにいくのである。冬の深夜などはノリが凍つてしまうので竹ベラを入れておいたものである。ビラはりやビラまきを見つかると出版法違反で検挙されるので、夜中の一時か二時頃人の寝静るのを待つて一軒一軒戸の隙からビラを差込んで歩いたものである。ある夜私は子供を背負つてビラまきに出て犬に吠えつかれ、あわてて逃げ出したとたんに、薄氷の張つた川に赤ん坊諸共落ちたこともあつた。

また、検束されて警察に連れて行かれ、署長と取組あいをして、着物をビリビリに引裂かれたこともある。

大正十五年沼津に大火があり、町の三分の二が焼けたことがある。この時地主側は罹災者の居住権を取りあげようとしたので、私たちは居住権擁護同盟を作つて反対し、東京から細迫兼光、上村進さん等を迎えて大演説会を開くことになつた。ところがその前夜関係者一同が総検挙され、演説会はもちろんお流、夫はじめ同志は根こそぎ検挙されてしまう、私は、四十度からの発熱で床についている、赤ん坊はいるという惨めな状態で、見舞に来てくれる人も手伝つて貰う人もない。私は寝ていられず東京へ連絡して細迫さんに来て貰つた。そして検挙の理由が、演説会のことではなく、以前、私たちが御殿場にいた時刷つた「千代田の森に赤旗立てて」という革命歌だということを知つた。出版法違反と不敬罪でこの時山崎は百数十日留置された。全く当時の支配階級はこのように目茶苦茶な弾圧をしたものであつた。

写真は当時の山崎家の家族。左端　[illegible]子夫人

昭和三年、第一回普通選挙が行われた際、私たちは山本懸三を立てて闘つた。私は妊娠中だつたが毎日握飯をもつて長男をおんぶして応援して歩き、そのほか朝一人で一斗五升のご飯を炊いて若い者に持たせやる、という無理が祟つて投票日の前日倒れてしまつた。こんなにして闘つた選挙の結果はどうだろう、山本候補の得票はたつた三十二票、しかも演説会はどこも満員の盛況だつたのに。泣くにも泣けない気持だつた。

選挙直後、沼津市で門池（用水池）を作くることになり、土地取り上げ騒ぎが起つたので、その反対運動を起し、つづいて同市の高田に県立の種畜場ができることになつたためこれまた反対運動を起すなど、多忙をきわめた。この時の土地取上げ反対運動が静岡県における農民運動のはしりで、私は日本農民組合静岡県連合会の婦人部長となつた。このように私たちは朝から晩までとび歩いていたが収入は一銭もない、生活費は山崎が分家して少し土地を分けてもらつたので、それをチビチビ買つて当てていたが、それも山崎が市会議員に出た時は全くなくなつてしまつた。この頃は米のない日が三日くらい続くことが珍らしくなかつた。家も家賃が払えず絶えず追立てられ、しまいには市営住宅に逃込んだ。長男が隣の台所でご飯を移しているのを見ては、「母ちゃん、うち、今日も御飯ないの？」と尋ねたものである。そして誰か風呂敷包みを持つてくると「ああ御飯だ、うれちいね」と座敷中はね廻るという有様だつた。

労働者農民党を結成した時、（大正十五年）その演説会を開いて十銭の入場料をとつたことがある。すると満員でいくらかお金が残つた。それからというものはお金がなくなると演説会を開くことにした。この演説会について今の人にぜひまねて頂きたいことがある。それはビラからポスターまですべて自分たちの手で作り、会がすむと半分は会場に残つて後片づけをし、半分は聴衆にまじつて反響を調べに出ていくのである。そして一時間後に批判会を持つて徹底的に効果や、不備の点を検討するというやり方である。それからビラは会場附近だけではなく、できるだけ広くはつて、聴衆目当てより、宣伝を目ざしたことである。あの頃は弾圧もひどかつたが、運動していた人たちは皆情熱にもえていた。家から会場まで行く間にいつも三人くらいは検束される。また開会はしたものの次々に検束されて最後に解散させられることもしばしばだつた。

こんな生活で山崎は検束、投獄の繰返し、私は産後の肥立ちが悪くて病気勝ち、金はもとより米もしじゆうとだえ、編物の手内職でやつと生活を支えていた。ある時、山崎が町を歩いていると、向うからやつれ果てたとてもみすぼらしいかつこうをしたお神さんがやつてくる、どこの人か知らないが、なんて気の毒な人だろう、と思いながら近づいてみたら自分の女房だつた、という笑えない笑話もその頃のものだつた。ある年の暮には、忘れもしない市川ぼたんという旅役者の一座が沼津に来たので、そのビラまきをさせて貰つてやつと年を越したこともある。またその頃であつた。以前病んだ結核が再発し、健康に自信を失つた私は長女を背負い長男の手を引いて、三銭か五銭あつた最後の金で焼芋を買つて子供たちに食べさせ、それを最後の御馳走として母子心中をしようと千本松原や沼のほとりをさまよつたこともある。

また女子の深夜業廃止運動をした時、ビラまきをしていて検束され、子供と共に警察に連行された。警察でも子供を留置するわけにはいかないが、山崎はすでに入つているし、引取る者がない。やむなく母子留置となつたが、それも警察としては困るらしく、午前三時釈放となつた。私は家に一人残して来た長男が気がかりで急いで帰つてみると、真暗な軒下に数え年四つの長男が一人しよんぼりと立つている。子供心にも不安と恐ろしさで眠れなかつたのであろう、母の姿をみると安心したのか、急にワーツ、ととりすがつて泣き出した。それにつられて、背中の子が泣き出す、その時の切なかつたこと、いくら社会のためとはいえ、罪もない幼児をこんなに苦しめて、とその時ばかりは運動をやめようか、と思つた。これに歯を喰しぼつて堪えて来たのは革命への情熱に他ならなかつた。

こんな中で静岡の農民運動は育つてきたのである。当時の運動を話し出たら一晩話してもつきないし、私たちのどん底生活のエピソードも、一冊の本にも盛りきれないほどである。しかし、こんな苦しみに堪えてきたのも貧しい者、働く者の解放という一すじの心からで決して今日を予想してのものではなかつたし、将来政治家となるためなどということは夢にも考えていなかつた、それだけははつきり言つておきたい。

（文責・菅谷）

都議の退職金問題をどうみる

地方自治法が改正され地方議員には九月から退職慰労金が支給されないことになつた。このため東京都会ではこつそり内規を改正して八月中に三千五百万円という退職金を前払いしてしまつた。これを受取らなかつたのは共産党の議員一人、あとは保守も革新もそろつて受取つた。婦人団体は、この事実に憤がい主婦連を中心に六団体が立上つて返還運動を起している。ことに常に政治の明朗化を唱えている社会党議員に対する風当りは強い。そこで、社会党の婦人議員はこれをどうみるかその意見をうかがつてみた。

月賦ででも返せ

神近市子

この間赤松婦人部長に会つたので、婦人団体がこの問題について実行委員会をつくるようであるから、招請があつたら参加して党としての態度をはつきりさせなければいけないと注意しておいたが招請がなかつたらしく参加していないようだ。

議員は公職者で公務員とはその性質を異にするものである。公務員なみに退職金や老後の保障を要求すべきではない。中西都会議長のように「何が悪い」という態度は間違つている、たとえ前例があつても社会党議員としては当然返すべきである。もうすでに費つてしまつた人もあるようだし、一時に返せと言つても無理だろうから、可能な方法で月賦でも返さなければいけない。

都民の納得のいく方法で解決を

藤原道子

東京都々会議員の退職金問題については、私に地方に出ていて詳しいことはまだ調べていないが、新聞でみるところによると大変残念なことだと思つている。議員側からの言分として生活問題云々ということがいわれているようだが、それならば国民が納得するような方法をとるべきで、たとえ内規を改正しておいたから違法ではないといつても、暮夜ひそかにやるような方法は不明朗であり、社会党議員がそれに同調したことはいかんに堪えない。

中央・地方を問わず、政治は明るいものでなければならず、ことに東京都政のことは全国的に影響するところが大きいので、慎重にしなければならない。今の政治に対して国民が最も不満に感じているのは、不明朗さである。都民に疑いを抱かせるような行為は革新議員として第一につつしむべきである。とにかくこの問題はあくまで都民の納得のいくように解決しなければいけない。

…□…　…□…

他の社会党婦人議員は赤松部長は長野へ出張、その他も出張、帰国、外遊で〆切までには間に合わなかつた。そこで党婦人部の意向をたずねてみると、

この問題は婦人部としてではなく党として態度を明らかにしている。つまり党としては地方自治法が改正される間際に、市民の誤解を招く方法によつて退職金を受取つたことは許されない。内規を決めるときはガラス張りの中でされなければならないのに、不明朗であつた。また退職金の規定にしても、それは議員一般ではなく、とくに地方自治に功労のあつたものに限るという主張で、党の都連合会に勧告を発している。党としての態度は以上のように決つているが、この問題は都連合会のもので都連としての最後の態度決定はまだみていないようである。

総評大会を終えて

芝《しば》山《やま》その子《こ》

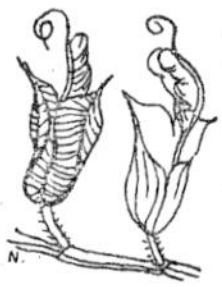

「戦後十年日本経済は目ざましい復興をとげた」との書出しではじまつている経済白書は、最近の日本経済の特ちようを「もう戦後でない」と評しているが、日本の労働運動もこの「もう戦後でない」という表現を借用してもいいようだ。といつて、労働者の生活が、戦争の傷を全くいやしてしまつたという意味では決してない。「戦後十年の目ざましい復興は」、私たち労働者の生活を三人家族で一万円前後という極端な低賃金にしばりつけながら発展してきている。現在、労働者は、賃金水準において、劣悪な労働条件において、戦前の状態をはるかに下まわる状態で毎日の生活にあえいでいる。

労働運動が「もう戦後でない」と表現できるのは、この劣悪な労働者の状態を克服する、方法が、戦後十年の苦難の労働運動の歩みの経験を十分に学びとつて、一つの飛躍をなしとげたという意味である。

八月二十五日から四日間にわたつて、ひらかれた総評第七回定期大会にそれを看取ることができる。

総評は、今春、賃上げを柱として職場にある一切の不満をだしあつて、それを解決する産業別統一闘争を組んだ。この春闘にたいして、デフレ政策を基調とする独占資本とその政府は暴圧的態度でこれにのぞんできた。私たちは、しかし、これをはねかえして、春闘を前進させることができた。私たちの持つ力を一点に集中して、力の最大限発揮をねらつた春闘は、戦場大衆に限りない自信をあたえた。大会は、この自信を基そとして、私たち労働者大衆の生活を一歩前進させるためにどうすればよいかという姿勢をとつていた。

このような態度の前に、相手の弱点をあばくだけの言動や、派閥的感情にとらわれた発言は、きびしく非難されていた。「討論を前向きに」「建設的批判を行おう」という空気が大会を支配していた。

大会が、以前と比べて、いちじるしく、着実な、地道な発言に終始していたのも、そういう態度からきていた。私たちは、今度の大会が、過去にみられたような、高踏的な政治論議に花を咲かせる余地をあまりあたえず、みにくい、派閥抗争、人事の駈引きに場を与えることはしないであろうという予想をもつていた。大会が、明日からの闘いのために、私たちは、どうすればよいかという議論にその焦点を合すであろうという思惑もやはり、あたつていた。

戦前の労働運動史は分裂の歴史であるといつても言いすぎでない。戦後十年のそれも、また全くそうではないとはいえない。共産党の組合支配からのがれて生れた総評の出発はしばらくおくとしても、二十七年、全労会議が総評から分裂している。現在、日本の労働戦線は、分裂という不幸からぬけきつていない。大会は、この不幸をとり除くことに懸命になつた。戦線統一は、口角泡をとばす、組織論争から生れるものではない、労働者大衆が、いだいている不満を具体的に解決していく闘いのつみ重ねから生れてくる。このことをよく承知していた大会は、私たちをとりまく諸条件、私たちにはげしい攻勢をしかけている生産性向上運動の政治的背景を明らかにする発言に耳を傾けるとともに、この理解にたつて、私たちは、どう闘いをすすめるべきかという論議を活潑にしていた。

大会は、今年の統一目標を最低賃金制の獲得においた。これも春闘の経験からきている。大分県下で小さな街工場に働く七人の作業員が、春闘において、賃上げを獲得し、組織を強化できたという一代議員の発言は、経営者側の非難にもかかわらず、春闘が中小企業労働者をもふくめた全労働者の闘争であつたことを実証していた。今秋から来春にかけて行われる闘争の統一目標をここにおいたのも、私たちの闘いが正しかつたという確信から生れている。しかし、春闘における最低賃金制確立の闘いが、過去におけるスローガン闘争を一歩前進させたとはいえ、啓蒙闘争の域を脱していなかつたことが自己批判された。また、この闘いが、中小企業労働者の闘いとならなかつたことも指摘された。

この批判の上に、この闘いをさらに前進させるために、従来、行われていたベ・ア方式に加えて、産業別最低保障賃金要求の方式も承認された。この方式による賃上げの闘いがとりあげられてきたことは、最低賃金制確立の闘いが全労働者の闘いとして行われなければならぬという自覚が労働者大衆に理解されてきたことを意味して、ようやく、十八歳八千円の最低賃金制への闘いが全労働者の闘いとしての実を備えてきた。

労働者の日常の闘いと密着した最低賃金制への闘いを行おうとする考え方に、一部反対する意見があつた。すなわち、この闘いは政治闘争だ、国民各層との共闘を前面におしだして、カンパ闘争として闘われる必要があるという意見であつた。しかし、この意見は、町ぐるみ闘争の本質を知つている大会によつて、否定された。

賃金闘争の基本的な闘い方がこのようにして確立され、今秋から来春にかけて、一大産業別統一闘争が展開されることが決定されたが、春闘において、二、三の組合で要求すらだせなかつた事態を克服して、こういう弱い組合をも丸抱えにして、本当に統一闘争がくめるよう、全労働者の連帯感を強める努力を重ねることも併せて決定された。

この賃上げを柱とし、職場にある一切の不満をだしあつての産業別統一闘争は、現在、日本生産性本部をして、独占資本とその政府が行わせている生産性向上運動に対決する闘いであることは、春闘のさい、はげしく闘つた同志たちによつて、確認されていたけれども大会は、生産性向上運動により強力にたちむかう私たちの態勢を確立するために、この運動の政治的背景、その本質を明らかにすることを要求した。

生産性向上運動が私たちにたいする米日独占資本の主な戦術であることがその結果明らかにされた。ここでも、この運動にたいする反対カンパの結成の提唱があつたが、この闘いは、幅広い階層の共闘よりも、職場に根をおろして、職場に具体的に現われてくる、この運動のねらいである労働強化、人べらし、職階級の導入等を具体的にはねかえす闘いをくむことが大事であること、したがつて、そのための闘いのエネルギー源となる職場の抵抗体の強化が先決であることが、確認された。

この運動と深く結びついているオートメーション化にたいしては、オートメーション化による労働軽減の可能性を利用して、労働時間短縮、完全雇傭の闘いを組むことも了承された。

これら基本的な闘いが、職場の闘いを軸とした産業別統一闘争によつて前進をするものであることはいうまでもない。

このようにして、大会は、私たちのむかうべき目標を明らかに示したが、大会はさらに、総評が結成以来、高くかかげてきた平和四原則の旗をおしすすめるため、強力な平和運動を展開することを申合せた。

現在、総評は、平和四原則を守る闘いを推進するために、全国軍事反対連絡会議、日中ソ国交回復会議、原水爆禁止日本協議会、憲法ヨーゴ国民連合に参加しているが、これらの種々の平和カンパニアの有機的連けいを強めながら、さらに強力な闘いを展開することが確認されたことをも特筆すべきことがらであろう。

しかし、こういう平和運動の推進は、階級政党の強化を前提としている。弱い政党を強い組合がたすける意味あいをもつた過去の闘いが、政治偏向の誤りをもおかしたことに間違いないとすれば、労働運動が政治偏向をおかさないためにも、階級政党強化が必要である。強化された階級政党を前面にたてながら職場大衆の意識実態に密着した政治闘争を行う、これが正しい労働運動の路線であろう。この思想は大会を支配していた。

数年来、階級政党強化の必要が力説されていたが、何らの実効をあげていないことを反省した大会は、われわれの支持する政党に積極的に組合員が参加する。さらに党員のせつさたくまをきびしく行う、そのために党員協議会の設置をよびかけた、いわゆる岩井構想を支持していた。

社共労三党支持の提案を圧倒的多数で否決した大会は、日本共産党が、六全協以後、ソ連第二〇回共産党大会以降、方向転換を行い過去におかしたような、組合乗つとり、火エンびん戦術を自己批判して、私たちの力を正当に評価した上で、巧妙な、働きかけの態勢をとつてきている現実を直視して、反共をスローガンとする闘いはすでに役に立たなくつたとして、どちらが、大衆の利益に奉仕するかという〃競争〃によつて、総評を守ることを大会の意思とした。

労働者を守り平和と独立を闘いとる組織として、総評内外の幾百、幾千万の人たちが総評に多大の期待と信頼を寄せている。大会は、これにこたえた。

大会は、私たちの眼前にある幾多の重要な問題を一つ一つ処理する「前向きの姿勢」で終始論議を続けた。

総評に結集する三〇〇万労働者のこのような、「前向きの姿勢」は、日経連に集まる経営者たちには、あまり、歓迎すべきものではない。

新聞論評でも、その他言論機関の報道でも総評大会が、観念的論議に終始したとか、容共的色彩をおびてきたとか、日本経済の現実を無視したはね上り言辞に支配されたとか評して、やつきとなつているようだけれども、職制にしめつけられている職場大衆は、総評大会が、彼らの生活と権利を守る具体策を検討していたことをよく理解しているし、総評が、着実な歩みをとりはじめたことに双手をあげて賛意を表している。

労働運動は、こうして大きな変貌をとげてきている。

経営者も、「もう戦後でない」状態に早く辿りつくべきではなかろうか。

× × ×

短歌

萩《はぎ》元《もと》たけ子《こ》選

真黒き油の掌《て》にして受取りし白き封筒よ陽の匂ひ持つ　近藤　静栄

うしろより凝視せらるる思ひにて罪科の如く詠草を書く　同

農に生くる喜びは知るわれ乍ら娘《こ》の縁談にためらひのあり　上甲　良子

車中銭を乞ふ傷兵の義足の音過ぐるを待ちて眼をあぐる　西川　定子

駅頭に宝くじを買ひ迷ふ老婆幸運などのありさうになく　同

商談の卓なる一人ふくれたる鞄よりとり出す玩具のキリン　塩川三保子

一塊のバターが溶けるフライパン夕べのもやが柔らかにこめる　松代　純子

灯のともる車庫にあかるき笑声絶間なく聞ゆ今日ボーナス日　轟　目里子

空腹をかかへて家路いそぐ時やき鳥の香ひ鼻をつきくる　同

〔選後評〕

一首目、油に真黒になつた掌で郵便屋さんから受取つた手紙、その白い封筒が陽の匂いを持つ、というので、終日暗い土間に働く人の敏感な感覚を歌つています。

二首目、暇をぬすんで歌を書く、などということが喜ばれない境遇の作者の苦しみと抵抗を素直に詠んでいます

三首目、自然を相手とする農のよろこび、を自分は知つている、しかし娘の縁談には必ずしも賛成し難い、そこにある容易でない農村の封建性、家族制度を陰翳としている

四首目、人情の機微をついています、傷兵にも色々ありましよう、乞食に化してしまつている人もあり、偽傷兵もある、徒らに同情して財布を開くには、これ亦余裕なき心と財布であります。

五首目、何かの幸運にありつきたい境遇、しかし幸運に笑みかけられそうもない不運そうな老婆。

六首目、玩具が本業であるのか、それとも直接商談に関係ある商品ではなくて、例えば保険外務員などが、相手の心を和ませる為に子供に愛想をするようなのだと面白い、と思います、しかしその場合には商談ではなくて勧誘になるか、しかし商談で面白いと思います。

七首目、台所の歌、バターがとける音と匂い夕もやが柔らかにこめる平和な夕餉時、こういう何でもないような事、狭い台所の毎日にも感動を持つ詩情が尊い、と思います

八首目、ボーナスの出る日のよろこび、絶間なくきこえる笑声に、車庫の灯は一層明るいことでしよう。

九首目、つとめを終えて帰る路、空腹の身にやき鳥のおいしそうな香いが鼻をつく

《座　談　会》

配給米はなぜ増えない？

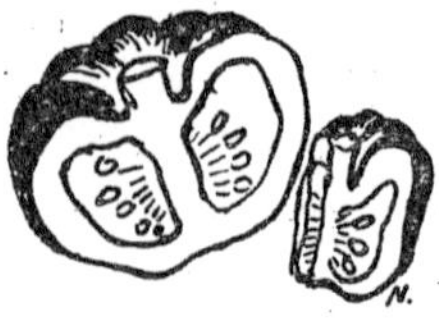

語る人　宗村　之俊（全農林労組・中央副委員長）
丸山　重子（全食糧労組・青婦対部副部長）

聞く人　永田　周子（世田谷・くらしの会）
岡田喜久代（豊島・くらしの会）
石倉　千代（中野・くらしの会）

編集部　今年も農作でまアよかつたと思つていましたところ、河野農林大臣は、基準配給日数は増さない、加配米は廃止すると、およそ豊作の喜びを裏切るようなことを言い出し私たち主婦を不安におとし入れています。一体これはどういうわけか、加配米の廃止がどんな意味をもつているのか、なお米はどうなるのかというようなことにつきましてお話頂きたいと存じます。その後で質問させて頂きます。よろしくお願いいたします。

宗村　労務加配米廃止の問題をめぐつて政府と労働組合がするどく対立し、政治問題に発展しようとしています。この問題の起りは去る八月十七日の食糧懇談会で河野農相が、一、労務加配米の廃止、二、配給基準量の一本化、三、基本配給日の切り下げの三点を考えていると発表したことに始まつています。

そこで、この労務加配米の廃止がどんな意味を持ち、また米の統制撤廃とどういう関連をもつか、その背後の政治的動向についてお話してみたいと思います。

河野農相が労務加配米をやめるという理由は、加配米は組織労働者に限られていて中小企業や日雇等の未組織労働者にはない、これは組織労働者の特権であるから廃したい、というのであります。そして八月二十三日の閣議にはかり、関係閣僚に問題があるなら十三日の余裕をもつて次の閣議に出してもらいたい、と申出ました。ところが関係の深い厚生通産、労働等の各省の大臣から何も言つて来なかつた。そこで問題ないものとして、二十八日の閣議で決定し、十月一日から実施するということになつたわけです。

政府の加配米廃止の狙いを結論的に云うと統制撤廃のステップであるということです。つまり、加配米の廃止や基準量、基本日数の切り下げで余つた米を、希望配給米の値段を消費地一二〇円、中間地一一五円、生産地一一〇円とする、するとヤミ米と配給米の値段の開きが余りなくなり、全体が希望配給の値に落つく、そうすると統制をしてもしなくとも実際はほとんど同じというような考えを一般が持つようになります。そこが政府の狙いです。

ご存じのように内地米の絶対量は足りません。大体一人一年の必要米は一石と云われていますから、七千万石とれたとして二千万石の不足です。その不足を外国の米や麦で補つているわけです。

米の統制をはじめたのは言うまでもなく、米が少く、政府が買上げようとしても集りが悪かつたためで、二十二年頃、米の生産高を正確につかもうとして調査し、作付面作、生産高の基準をきめて強制供出制度をとりました。その後増産対策によつて増産がすすみ、二十七年頃から外米を入れるとやりくりがつくという見通しがつきました。その頃から統制撤廃の気運が現われ、供出制度から予約制度に移されました。ちようどその頃農村は景気が悪くなつていたので予約が順調にすすんだわけです。合わせて当時貿易収支が悪く、輸出品の見返りとして外米を買入れるという事情もあつて、食糧問題はとにかく落付いてきました。

豊作は二年続かないと言われていましたが今年は天候状態もよく、昨年につづいて豊作で大体七千万石以上の収獲が予想されています。それでこれは豊作ではなく平年作ではないか、という考えをもつている人も一部にはあります。それなら統制をはずしてしまつた方がいいか、というとこれは非常に危険な考えです。政府は統制撤廃の口実として、三十一年度の見通しでは、二百数十億円ほどの食管（食糧管理特別会計）の赤字をあげています。米が二重価格をとる前の二十二年から二十四年頃は食管は黒字だつた、その黒字を次第に食いつぶし、二十九年から赤字になつてきました。この赤字を解決しなければ農林省の顔が立たないし、同時に再軍備に向けなければならないというところから統制撤廃の声が起つた次第です。

（写真は左から丸山、宗村、岡田、石倉、永田さん）

これを農林政策の面からみると、二十八年にＭＳＡ協定が、二十九年には相互安全保障条約がアメリカとの間に結ばれました。安保条約の第一条に、「アメリカは、アメリカのためアメリカを守る」ということが記されています。

ＭＳＡによつて日本に入つてくる小麦もすべてヒモつきです。即ち買付は円で支払うことができますが、この円を軍事産業に廻し、その経営を補助するために費わねばなりません。このため小麦は過剰になりました。またその頃アメリカの対外援助のドルが日本では五億ドルばかり黒字になつていましたが、その後の輸出不振でこれまた赤字になりました。これを解消するために政府、資本家は労賃の切り下げをしました。そして不自然な形でドル獲得をしたわけです。それらのシワよせはすべて農民と労働者の上にかかつてきたことは言うまでもありません。

農林省の予算は		全予算における比率
二十八年	一六二九億	一六・六％
二十九年	一一一八億	

三十年　九一五億
三十一年　八七七億　八・五%

と僅か四年の間に半分に削られています。これは食糧事情がよくなつたことや災害の減つたことが大きな理由となつていますし、主に助成金が削られたわけですが、一方このような措置は日本の農業政策と自立経済を本質的に放棄したものと言えるでしよう。つまり日本の農業を助け、発展させる方向をすてて食糧を外国依存でまかなおうとするものです。日本の農民はどうなつてもいいという傾向の現われです。

そこで、助成金を削られると農民はどうなるかと申しますと、河野農相は農業団体を再編成すると言つています。その構成は、農業委員会と農協を一緒にしたものを作り、これに農家を強制的に加盟させる。それから農協と信用部門を切りはなす、すると農協は立ゆかなくなりますから政府に頼らなければならなくなり、農協は政府の意のままに動すことができます。また農業基金には農民と政府が半分ずつ出資し、農民への貸付は二、三年で返済させるようにする。こうなると被害の多いところはいいが、大耕作者や余裕のあるところは馬鹿らしいから加入せず、残るのは小農だけとなります。そして農協は大地主や村のボスによつて運営されていき、保守的基盤を維持発展させる結果となります。つまり河野農相の意図する農協の再編成は保守勢力を発展させるためのものであります。

農村をこのような体制にし、農業経済の自立性をなくしていくと、当然農家のヒヘイを来し、失業者が増えます。この人たちは工場に吸収されるでしようが、これは完全雇用の吸収ではなく、低賃金を一般化することになります。つまり高賃金者をやめさせ、生産コストを下げて、外国貿易の競争に勝つというやり方で、その利潤はすべて独占資本家に吸収されていきます。

ところで、米の統制撤廃は米価を下げると考えられがちです。しかし政府のやり方はあくまで資本主義の方式です。独占資本家の利益になつても勤労者や中小商工業者の利益になるようなことはしません。統制がなくなつた場合第一に独占資本家が乗り出して農家を買たたくでしよう。そして米価をあげるため米の不足を来すよう操作します。つまり買占めておいて時期を待つというようなことは小資本の中小業者にはできません。そのため地域的にあるいは時期的に多少のちがいはありますが、大体年間を通じて二割前後の米価の変動が起ります。この二割の変動は賃金や家庭経済に恐威を与え、その結果は一般の産業に影響を及ぼしてきます。つまり石炭や肥料や農産物に及んできます。

そこで、なぜこのような動揺の起ることを政府は敢てするか、という疑問が起ります。言うまでもなく再軍備のため大きな資本蓄積をしようとするためです。彼らはそれができれば労働者がいくら騒いでも大丈夫という自信を持つています。ですから加配米の廃止や統制撤廃は目前の単なる食管の赤字解消ではなく、資本家の労働者に対する挑戦です。この点を主婦の方たちはよく理解してあくまで統廃には反対して頂きたいと思います。

米の統制撤廃が問題になるのは来年の一月頃だろうと思います、それまでは最初に述べた三条件でごまかしているでしよう。

また、統制撤廃となつた場合、機構改革で食糧庁では関係者三万人が職を失うことになり、これも大きな労働問題となります。こういう点も合せて考えなければならない問題です。

編集部　どうもありがとうございました。ではこれから只今のお話について、またお話以外のことでも疑問がありましたら、なんなりと御質問して頂きたいと存じます。

永田　豊作が二年続いたので基本配給日を増して欲しいと思うのですが、それが少しも豊作の恩恵に浴せないのはどういうわけでしょう。

宗村　食管の赤字のためと言つていますが実はその赤字の八十億で二箇師団作れるんです。政府は再軍備費捻出に血眼ですからね。

永田　食管の赤字は政府の不手際から起つたのではないでしょうか。

宗村　食管会計はでたらめなんです。誰もその内情が解らない、というのはそれが非常にぼう大なもので複雑でもあるということにもよりますが、それだけにインチキもできるわけです。例えば黄変米の払下げ事件なども問題になりながらウヤムヤになりましたし、二重価格になつて赤字になるかどうかもつきとめられないのです。内地米は買上げ値より払下げ値の方で安いので確かに損をしているが、一方外米は配給値より安く買入れているのですからもうかつているし、そのほか外国から買う食品類でももうけているのです。

永田　豊作でも外米を買付けなければならないでしょうか。

宗村　輸出不振で見返り物資として受取らなければならないんですね。主に鉄鋼の代りに受入れているんですが、だからもうけているのは鉄鋼会社です。

石倉　二十八日の閣議決定はそのまま十月一日から実施されるのでしょうか。

宗村　大臣交渉では決つていますが、準備が大変ですから、間に合うか、どうか、それと世論のもりあがり方にもよると思います。

永田　さきほどのお話で政府は農民を見捨てた政策をとつていると言われましたね、助成金の問題をみても。それをはつきり申しますとどういうことでしょうか。また米の生産者価格は農村の生活を保障していないでしょうか。

宗村　日本の体制は一貫してMSA体制下にあるということです。そして今その仕上げの時期に来ているのです、完全に従属化するために。

それから、米の生産者価格は現象的には保障していますが、大農・中農・小農とでは生産費も違つてくるわけです、それが一率にされているので、一般的には保障されていません。つまり耕地整理されているところと未整理のところでは労力が違うし、零細農と大農とでは労力や農器具についての苦労も違う、それが一率に買上げられるというのは大農中心で、富農政策です。

永田　お米の問題は国民生活安定には大事なものであるから国家が保障すべきだと思うがそれがされていないというのは、米価政策の中心は再軍備にあるとみていいのでしょうか。

宗村　再軍備中心です。配給量は決められていても希望配給になると潜在消費が多くなります、これが馬鹿になりません。

岡田　一般の家庭では余り影響がないと考えられているようですけど、自分の家だけのことを考えていると大変なことになるのですね。

宗村　そうなんです。だから主婦の方によく知つて頂きたいのです。

編集部　七千万石とれると大体お米は間に合うのですか。

宗村　二千万石約三割の不足ですが、戦後粉食の普及や食生活の変化で間に合います。しかし自由販売にすると地域的にデコボコができ、値段が変動するので、量としては間に合つても、経済的に不安定になります。

岡田　大資本をもつて買集められたら、消費者大衆は目も当てられませんね。

宗村　生活の根本を破壊されるのは米穀業者ですね、大資本にはとても太刀打できませんから。

石丸　その反面低米価、低賃金の人びともまた困るでしょう。

永田　統制がなくなると生活が不安定になりますね。

石倉　これだけは食べられるという量が確保されているとそれだけでも安心ですが。

編集部　今年の豊作を常作とみる根拠は？

宗村　これまでも取れていたが税金やその他の関係で隠されていたのではないか、また農業技術の進歩などからみて、というのですが、これは、農林省でも一部の人々の意見です。

永田　技術の進歩とすれば、それだけお金もかかっているわけでしょう、統制が廃止され、農家が買いたたかれるようになったらそのお金が使えなくなるということも考えなければなりませんね。

岡田　農業国でありながら、農民のための政策を真剣に考えないとは解せませんね。

石倉　この間の母親大会をみても農村の婦人は目ざめてきていますね、都市と農村は手をつなぐべきですね、どうも余りうまくいっていないようです。

永田　社会党が政権をとったら内地米十五日分くらいは配給になりますか？

宗村　なりますよ、そして農業政策に力を入れますね。

編集部　ではこの辺で、永い間大変ありがとうございました。（九月八日・本社にて）

附記　八月二十八日閣議決定の要点
（米穀配給制度の合理化について）

一、希望配給の日数を大巾に緩和する

二、基本配給日数の一本化、全国月当り十日配給に一本化し、その内二日以内を外米にする。

三、内地米の業務用売却（料理店・飲食店に内地米を拡大する）

四、加配米等特殊配給制度の改廃、労務加配米その他の特殊配給制度（妊婦・結核患者）については原則として廃止し、やむを得ないものは所要の改訂を加える。

五、年令別配給基準量の整理、年令別配給基準量の区分を廃止して一日一人当り基準量を三六五グラムに一本化する。（これによると九―一三才　一〇・三九グラム、一四―二四才二一・三九グラム、二五―五九才四〇・二四グラム減らされる）

毛織・絹・ナイロンの洗濯法

林　郁

昔はどんなに上手に洗つても毛糸、絹の白地が黄色くなる、縮むのが当り前とされていました。それが科学の発達のお蔭で、つまり中性のソープレスソープの出現で全くその心配がなくなりました。少し横道にそれますが毛糸を縮ませない洗濯法は熱い湯を使わないで短時間に洗い上げる、中性洗剤を使うことですから、他の動物性センイにも同じ注意が必要です。

水は冬で日向水、夏で水道の温度位のものを使います、汚れものはさつと下洗いをして洗剤をよくとかした液につけ二、三分位の間をおいて軽く洗います、毛糸、ウール等はおし洗いナイロンはつかみ洗い、汚れのひどい部分は小さいガーゼか綿に液をつけて軽くたたきます、同じ温度の水で二回すすぎおしつけてしぼります、これだけでは脱水が不充分ですから湯上りタオルや古シーツ等にくるんで上から、とんとん叩き充分に水気をとります。こうしますとたとえ毛糸のセーター等でもそのままハンガーに干して形が崩れませんしナイロンだとすぐ乾きます。干すのは風通しの良い日陰をえらびます、毛糸、ナイロンの白は日光に当ると黄色になり易く一旦黄ばんだらとれませんから特に注意します。

職場の婦人問題

加《か》藤《とう》園《その》子《こ》

私たちの職場、郵政省簡易保険局には、千四百名の職員のうち、五百名の婦人が働いております。最近は新規採用が全然ないので、婦人の平均勤続年数は十一年余、平均年令は廿九歳と高くなり、年々職場結婚が増え、共かせぎをする人が多くなつて来ました。私は昭和廿七年に採用になり、今月で丸四年と三カ月になりますが、それ以降いつまでたつても先輩ばかりで後輩が一人もできない状態です。

職場は人事の新陳代謝が行われないことと仕事の内容も単調な繰り返し事務を何年もやつていることから、仕事への意欲もうすらぎ将来に対する希望もなくなり、惰性で働くようになると若い人はなげいています。それもいつの間にかなれ、永く職場にいるとまるで温室にいるように感覚がにぶり問題など少しも気づかなくなるように思えるのです。しかし表面には出て来ないだけで個々にはなやみや疑問が解決されぬまま山積しているのではないでしょうか。その中で具体的にあがつて来た婦人の声を中心に私たちの職場の実態をおしらせします。

共かせぎ

共かせぎの賛否はもう問題にするまでもなく、現に職場結婚をした人の誰れもが夫と共に職場に出てひとりの人間として働いて来ております。もち論現代の経済機構の中では、共かせぎをしなくては生活ができないという理由が第一でしよう。私の友だちのAさんも私と同じ本給八千二百円ですが夫君とあまり変りなく、結婚当初にそろえた家具着物などの月賦を相当ひかれてどうしても二人分あわせても毎月赤字が出るとなげいています。

七月の初めに私たちの職場では青年部婦人部が中心となつて共かせぎについてというテーマで討論会を開きました。若い共かせぎの婦人から「職場と家庭をうまく両立させるには相当女の人に負担がかかり、体も疲労し勝ちで、休暇も多く取るようになる。だが職場の心ない人から、やゆされたり冗談などで中傷されまいとして、未婚のときより一そう気を使つて働いている」と話された方が二、三ありました。私たちは意外に思い「共かせぎ」と一口にいつてしまうけれど、相当の気構えがなくてはいけないのだと考えさせられました。四十代の男の人は共かせぎは良いことだけれど、どうも僕のみるところでは、職場に来てまでも家庭の延長のような感じをうける人たちがいるが、家庭と職場との区切りをはつきりさせるべきだという意見が出ました。また若い男の人は「給料が安いのでどうしても一緒に働くようになると思うが、妻は家庭にいて欲しいというのがほんとうの気持」というつわらぬ声も出されました。

経済的な理由ばかりでなく、女の職場を狭めないで、男女同権でいこうと考えている女の人も多くなつていることはあらゆる面ででて来ています。最後に年輩の男の人から出された意見は、集つた人たちの間でもかなり共鳴をよびました。それは「今日ではもう真剣に共かせぎということを考えてもいい時期に来たと思う。女の人の負担が当然おこるがこれは今までの生活様式を徐々にかえていき、生活を楽しみながら働くようにする」これは理想だと云つてしまうだけでなく、この本質論とも云うべき意見に共かせぎしている人たち始め、未婚の人もこれから大いに考えてみなければならないと思いました。

託児所について

私たちの職場では、既婚者が増え、共かせぎする人が多くなつたので組合としては託児所を早急につくるよう要求を出しました。本年の六月に行つたアンケートを見ると「今すぐにでも子供をあづけたい」という声は八名「将来あづけたい」とねがう人は、おどろくほど多く、既婚者三七名中三三名ありました。これに未婚の人を加えたらもつと数多くの人の要求として託児所の要求が叫ばれると思います。そこで「今すぐ……」という人たちに事情をきくと、四千五百円もの保育料を払い近所のおばさんに子供をあづけているOさんの「自分で得た収入のほとんどが子供の保育にかかり、子供をあづけて勤めに出ていると何かと気がかりなもので、こんなことならいつそ、共かせぎをやめてしまおうかと思うことが時々ある」との切実な声があつたので、すぐ官側と交渉しましたが、その設置を認めてくれません。そして実際のところ、局内に作つても東京のような交通状態ではラッシュアワなどに子供を連れての登退庁時は困難であるから、家の近くに設置がのぞましいというお母さん方の意見が多く出て、今のところ行きなやみの状態です。

職場の昔と今

婦人部で先日「昔の職場、今の職場」というテーマで座談会を開き、勤続年数の高い人と若い人が集り、双方からいろいろ話が出されました。その中で私たちをおどろかせたことは、「昔は男子は六カ月昇給なのに、女子は九カ月目にしか昇給しないこと。それに女子は一定の所まで昇給すると後はストップし何年経ても給料は上らないこと。上役から抜てきされるとどんどん出世したりする」という誰れがみても当り前でないことが平然と行われていることでした。今、私たちの職場をみると男女同権というたてまえから何んでも平等に行われ、男だから得するというようなことは何もありません。仕事の内容からいつても男でも女でもできるし、お茶汲み、朝の早出当番なども、初めのうちは相当各職場でもめたりしましたが、今では男の人でもふなれな手付ながら、女の人と同じようにやつております。ですから先輩の人たちは口々に、「今の若い人は、倖せだ。恋愛や共かせぎをすれば、上役から憎まれるだけでなく役所をやめさせられたりするし、婦人が中央公論・婦人公論などを読むとすぐアカだといわれ、看視がつけられる、生休などとんでもない」と話され、またまたおどろいてしまいました。

若い私たちは現在の民主々義下の人間尊重男女平等もこうした暗い路を経て今日に至つたことを認め、最近逆コースの面が処々に見受けられますが、これに対しても私たちは与えられたものを守るだけでなく、さらに一人一人の意識を高めてより住みやすい家庭・職場・社会をつくつていかなければならないと感じました。

母親大会に参加して

第二回母親大会が開かれたとき、一人でも多く参加しましょうといわれましたが、仕事や時間の関係で六人しか参加できませんでしたので、ゆかれなかつた人に話をきかせてあげましようと、報告会がもたれました。そして「あの大会では教えられ考えさせられることが非常に多く、殊に発言しているお母さんたちの姿は自信に満ち、体ごと問題に対処していることを知らされ、私たちの職場のように組合や婦人部だけに頼つて解決してくれとまかせきりではいけないと思いました。託児所がほしいお母さんたち自身がまず立上らねばいけないと思いますよ」と、いわれたTさんの感想に集つた人の誰れもが共感いたしました。すべての問題がすぐ政治と直結していることをお母さんたちは知り、主義とか党派をこえ平和を常にのぞむお母さんの力は生活が貧しければ貧しいほど、よりつよく切実な声となつて叫ばれていました。来年はもつと大ぜいの人に参加するよう働きかけましょうと皆で約束いたしました。

オートメーション

私たちの職場でも、徴収事務や契約事務などの部門が機械化されようとしていますが、まだ実施されておりません。組合でも、これに対しては慎重な態度をとり、実施にあたつては私たちに少しでも良い条件を勝ちとつてゆくよう、充分検討していかなければいけないとしています。機械が入ると当然おこる人減の点で、婦人にその〃しわよせ〃が来るのはどうしてもさけがたいことのようです。ですから、私たちも、ひまあるごとにみんなで話をして機械そのものへの反対ではなく、そのような社会の仕組みや資本家の考えていることを見抜いていくよう関心をもち、働きやすい職場をつくり生活を豊かにしてゆきたいと思つています。

いろいろとあげてみましたが、皆んなで考えながらその中から進むべき道を見出して行こうと思つています。（東京簡易保険局第一契約課勤務）

お母さんも勉強よ

東 キミ・ヨ

毎月待たれる読書会、いままで月に一度の読書会に都合のできる限り出席させていただきました。家には小学校二年生と中学二年生の子が父のない家庭で私の帰りを待つているのです。子供がさびしいだろうに、そんな子を置いてのんきに、と思われる方もあるでしょう。でも私はこれから成長していく子とともに私自身も歩みたいのです。いままでずつと家庭にあつて、社会に全く無関心な暮しをつづけてきた私は、就職以来無知な私をずい分と見せつけられました。細々ながら自分の腕で生活していく今日、いままでの私では駄目なのです。かといつて十分に本を読むひまもなく、ちようど幸いと読書会に出席し、ただだまつて皆さまの得られた知識を耳よりいただいて帰るのです。このような私をも、この会のふんいきは暖く包んでくれるのです。

このような中で、私の批判力を少しなりともつちかうことができ、また読書欲もわいてくるのです。子どもらには「いままでのお母さんではだめだから、これからよい社会人となるために、今夜は淋しいだろうけれどしんぼうして勉強させてね」といつて出てくるのです。何時までもよき親であり、また終生時代とともに進める人間でありたいと思つているのです。このような環境の中で、子供らもまた何らかのものをつかんでくれればと思いつつ、読書会を楽しみにしています。（大阪府北河内地方事務所勤務）

本誌・社友

（五十音順）

淡谷のり子　阿部艶子
安部キミ子　磯野富士子
石井桃子　石垣綾子
圓地文子　大谷藤子
小川マリ　大内節子
川上喜久子　小倉麗子
桑原小枝子　神近市子
木村光江　久米愛
久保まち子　芝木好子
清水慶子　杉村春子
田所芙美子　田辺繁子
高田なほ子　戸川エマ
長岡輝子　新居好子
西清子　西尾くに子
萩元たけ子　深尾須磨子
古市ふみ子　福田昌子
宮崎白蓮　三岸節子
米山ヒサ　渡辺道子

日本労働組合総評議会傘下
各労働組合婦人部
全国産業別労働組合（新産別）
連合傘下各労働組合婦人部

原稿募集

◇**創作**　四百字詰　一五枚以内
◇**論文・随筆・ルポルタージュ**
◇**短歌・俳句**

本誌は婦人の発言の広場です皆さまが社会に訴えたいことあるは人に伝えたいお話など文章にこだわらずご投稿願います。

四百字詰原稿用紙　七枚以内

送り先　「婦人のこえ」編集部

編集後記

三十七号を創刊三周年記念号とするのは商業雑誌なら当り前でことさら感慨にふけるほどのことではないかも知れません。

しかし、資本をもたず、一つの主張のもとに、独自の立場を守ろうとするものにとつて、それはかなり困難なことではないかと思います。本誌もその一つとして無事三周年を迎えることに大きな喜びを感じています。

今、既刊三十六冊を読み返し、編集者として非才を恥じると共に、社友・読者並に各方面の御支持の厚さを泌々と思わずにはおられません。改めて厚く御礼申上げます。

正直なところ、私共は過去三年、経営のことで一杯で善意に満ちた御忠言や御批判をたくさん頂いておりましたが、積極的な飛躍・発展をはかる余裕がございませんでした。今後は専ら内容の充実に意を注ぎたいと存じます。

×　×

婦人と働く者の解放、平和と民主主義のよう護を希う方々と広く手をつないで進んでいきたいと存じます。旧倍の御愛読、御支援をお願いいたします。（菅谷）

婦人のこえ　十月号
定価三〇円（〒五円）
半年分　一八〇円（送共）
一年分　三六〇円（送共）
昭和三十一年九月廿五日印刷
昭和三十一年十月一日発行
編集発行人　菅谷直子
東京都千代田区神田三崎町二ノ六
印刷者　堀内文治郎
東京都港区本芝三ノ二〇
（硫労連会館内）
発行所　婦人のこえ社
電話三田（45）〇三四〇番
振替口座東京貳壱壱参四番

祝創刊三周年

社会党
参議院議員（五十音順）

阿久根 登
阿部竹松
相沢重明
伊藤顕道
内村清二
占部秀男
海野三郎
江田三郎
岡田宗司
大倉精一
亀田得二
河合義一
北村 暢
久保 等
栗山良夫
小酒井義男

小林孝幸
近藤信一
佐多忠隆
坂本 昭
重盛寿治
柴谷 要
鈴木 強
竹中勝男
千葉 信
椿 繁雄
永岡光治
中田吉雄
成瀬幡治
野溝 勝
藤田 進
藤田藤太郎
平林 剛
松永忠二

松本治一郎
森元治郎
光村甚助
大和与一
山本経勝
横川正一
吉田法晴

社会党
衆議院議員（五十音順）

阿部五郎
赤松 勇
足鹿 覚
茜ヶ久保重光
井谷正吉
井手以誠
伊藤好道
岡本隆一
加賀田 進

上林与一郎
勝間田清一
佐々木更三
下平正一
鈴木茂三郎
田中稔夫
永井勝一郎
原 茂
吉屋貞雄
松原喜之次
山花秀雄
山本幸一
安平鹿一
八百板 正
森本 靖
柳田秀一
横地節雄
渡辺惣蔵
和田博雄

昭和二十八年十一月二十四日第三種郵便物認可
昭和三十一年十一月一日発行
婦人のこえ

婦人のこえ

昭和三十一年十月二十五日印刷　昭和三十一年十一月一日発行（毎月一回一日発行）

11月號　特集　生活保護の問題　1956

祝創刊三周年

平林たい子
中野区江古田町四ノ一五五四
電話(38)五二二一

社会主義協会
代表 大内兵衛
山川均
港区芝本三の二〇

大阪府職員組合
婦人部
大阪市東区大手前之町
(大阪府庁内)

大日本印刷労働組合
婦人部
新宿区市ケ谷加賀一ノ一二
電話(34)七一五六

とき　11月21日(水)午後1時・5時(昼夜2回)
ところ　YWCA(省線・御茶水下車)

「婦人のこえ」三周年記念催し
音楽会

出演者　シャンソン　**淡谷のり子**他
歌曲　**小倉麗子**

挨拶　西清子・平林たい子
阿部艶子(交渉中)
鈴木茂三郎・山川菊栄・藤原道子

会員券を発行しております お申込はお早く本社へ。

主催　婦人のこえ社
後援　くらしの会

婦人のこえ

1956年
十一月号

（写真は十月十三日の砂川町）

十一月号 目次

時評

独立への一歩
—砂川の勝利—

山《やま》川《かわ》菊《きく》栄《え》

原水爆に通ずる砂川問題

十月に入つてから毎日、ラジオや新聞で大きく伝えられていた砂川の問題が、十四日政府側の測量中止によつて一段落となりました。この問題については昨年の本誌十二月号に菅谷直子さんがくわしい報告を書いたのでよくおわかりとおもいますが、問題は今年にもちこされていたのです。

昨年十月、強制測量のおこなわれたときも砂川の反対闘争に加わつた住民、労働者、学生等は警官隊のために血をながしながら、むざんに押しきられました。しかし反対運動はひるむ代りに一層強くなり、一層組織化し、しかも何一つ武器らしいものはもたず、全く素手で平和的にその主張をかたくまもるばかりでした。社会党、総評はじめ、学生や婦人団体も参加し、社会党議員団はたびたび政府に話しあいを要求したがいれられず、十月十三日政府は暴力をもつて反対派を突破し測量を強行したため、八百余名の負傷者を出すに至り、知識人も、言論機関も、大衆も、いつせいにその非をならしたので、さすがの政府もあわててあと千数百坪を残して測量を打切ることとなり、警視総監は部下の暴力行為に対して責任をとると言明しました。

昭和二十六年九月、サンフランシスコで結ばれた平和条約と安全保障条約については左派社会党派はそのどちらにも反対し、右派は前者をみとめ、後者に反対し、遂にこの問題を中心に社会党が分裂したわけでした。その平和条約によつて吉田内閣は千島の放棄をみとめ、安保条約によつてアメリカ軍の駐留を許し基地を提供することを約束し、よつて今日の領土問題と基地問題の種をまいたのでした。そして行政協定によつてアメリカのためにいろいろの便宜を与え、国民が知らぬ間に全国で七百余カ所、国土の総面積に対し〇・三七八%の基地が提供されることになつていました。「これらの米軍基地は昭和三一年四月一日現在五六二カ所（三億四一〇七万二千坪）に達する。正式には『日米安全保障条約に基く行政協定第二条により在日合衆国軍に提供された施設区域』と呼ばれるもので、なかには飛行場、演習場などのほか、倉庫、医療施設、住宅も全部ふくまれている」（昭和三一年朝日年鑑）というありさまです。

基地を中心に、爆音による授業の妨げ、風紀と教育上の影響、外人兵の暴行及び犯罪等、実に深刻な民族の悲劇がいたる所に起つていることはご承知の通りです。

特に政府は昨年四月以来MSA協定によつて今までより一層強いアメリカへの基地等供与の義務を負うことになり、ジェット機使用のため立川以下五基地の拡張を約束したのです。しかし予定地の測量は地元民の抵抗によつてはばまれ、特に砂川では町長、町議以下住民の最も強い反対に出あつたわけでした。

飛行場の拡張は、単に平和な農民の耕地を奪うばかりではありません。その目的がジェット機利用のためのもの、即ち戦争のためで、いざというときは、ここから原水爆をつんで飛行機が発着し、従つてまたそのためにねらわれる目標ともなり、好んで日本をこれ以上危険な冒険にさらし、この狭い国土とだいじな人間を、アメリカのたまよけとして犠牲にするわけなのですから、日本人全体の問題、原水爆戦争を許すか許さないか、という、実にこの上もなく深刻重大な問題なのです。すでにこの春、日本の国会は原水爆実験禁止を要望する決議案を英、米、ソ連等へ送つており、事柄の重大さをさとつた各国の科学者、平和主義者の中にもこれを支持するものが多くなつてきました。かつて二度まで原爆をおとされて世界の歴史に例のない残酷な犠牲を払いながら軍備をもたないことを憲法の特色としている日本が、進んで外国の軍隊に原水爆戦争の基地を与えるというようなことは矛盾も甚しく、平和憲法をまもる精神は、同時に基地拡張に反対する精神でなければなりません。

昨年来すでに数回にわたつて測量を強行された砂川の接収予定地は大部分測量を終り、政府はその目的を達したといつているものの、議会の絶対多数をしめ、警察力をもち、莫大の金とアメリカの力を背景にしている政府の力をもつてしても、素手でなぐられ、けられ、傷つけられても屈しない民衆の意思をふみにじることはできなかつたのです。この事実が日本ではじめて証明されたことは、実に大きな勝利であり、教訓であるといわなければなりません。世間では当事者以外の学生や労働者婦人が参加することを非難する人もありますが、これをただ現地の人にしか関係のない一片の耕地の問題として考えるには、余りに深刻で重大な問題がひそんでおり、日本が原水爆戦争の犠牲になるかならぬかは、日本人全体の問題なのですから、学生や労働者も国民の一人として手弁当で出かけるのをそしる理由はない筈です。

問題はこれで片づいたのでなく、他の基地がどうなるかです。中にはすでに政府のいいなり通りに解決した横田基地のような例もありますが、木更津、新潟等あくまで反対を唱えている所のためには、砂川に劣らず全国民の支援が必要であります。

自主独立へ

しかし問題の根本は安保条約、行政協定にあるので、すでに国と国とがとりきめた条約や協定をかつてに破ることはできぬ、だから反対は無意味などいう人も多いくらいです。そこで国民としてはサンフランシスコ会議の時とは世界の情勢もちがい、国内の事情も変つてきた今日、過去に結んだ条約や協定を改めるなりやめるなりするためにアメリカと話しあつてもらいたいのですが、自分の手でそういう条約や協定を結び、今日もそれを暴力をもつてまで強行した保守党政府としてはそれはできないでしよう。結局最初からそういうものに反対しつづけてきた革新政党の手でそれをやりとげるほかはありません。これはアメリカ一辺倒の政治、経済、外交政策を改める非常に大きな運動の一部ですからそれだけの理解と覚悟とをもつてしなければならない。なまやさしいことではないのです。日ソ国交の正常化、国連への加盟はまもなく実現され、貿易や漁業権問題も軌道にのることでしようし、中国との間の貿易も盛んになつてきましたし、東南アジア諸国との間の賠償問題も追々片づいて、アメリカ一辺倒の袋小路に追いこまれていた日本にもわずかに広い世界へ自主独立へ通ずる一すじの血路がきり開かれかけています。日本も内容実力ともに兼ね備わつた、内外から信頼されるほんとうに民主的な、純潔な社会党を育てそれによつて新しい政権を確立しなければなりません。

最低生活の人びと

ペタルをふみながら

南《みなみ》好《よし》子《こ》

その一

北風が破れた天窓の紙をバタバタ音させてようしやなく入り込んでくる屋根裏で、やせた赤ん坊をあやしながらおかみさんはカラケシズミを一握りこんろに入れて、紙屑に火をつけた。ござを敷いた六畳位の部屋、綿のはみ出した薄い布団が二枚、それを隠すように新聞紙のはがれてビラビラする板の衝立てが一枚、今にも北風に倒れそう。Yさんはのべつまくなくしやべるのであつた。

「こんな病気になり、また寒いので神経痛で仕事に歩けまへんし、先生困つてますねん。みておくなはれ、わたし一人なら一その事死んでしまつた方がええと思いますけど……。学校に二人行つてるし、こんなガキが二人いるので家内も働けまへんね。わたしの注射どころやあれしまへんですよ」

「胸だけならどうにか――。一人で歩けへん状態ですし、畜生！ この寒さで足がどないにも動きまへんね」

やせた顔の真中で目玉だけが異様に光り、大声でしやべる度にYさんの空洞がガサッ、ガサッと音を立てているように私には思えた。みせてくれた米穀通帳には、二カ月前から配給を受けたしるしがない。

「それでご飯はどうして？」

「先生、近所で赤ん坊の重湯を取つた残りを貰つて来たり、少し目立てでかせいだ銭をおかず代にしたり、それでも追いつきませんよ。みんなこれですよ。でも、もうこれ以上持つて行くものもどこにありますか」

Yさんの紙入れには幾枚かの質札がもう返つて来ない服や商売道具を思い出させた。

「先生、人様の税金で食べる根性なんて、わたしや大嫌いです。しかし、今の身体ではどうにもなりまへん。ほんとに恥も外聞もありません」

おかみさんは、また、カラケシを一つかみ入れてプープー吹き出した。煙が暗い部屋で北風に舞い、背の赤ん坊が泣き出した。

数日後、再訪問したとき、近所の人の話では、赤ん坊を背負つたおかみさんの手押車に乗りYさんは鋸の目立てに出て留守だつた。生活保護は駄目だつた。Yさんが目立てに出て稼いで来るとか、働き盛りのおかみさんが家にいるとかその他の事情が並べられた。

その二

Hさんは、春先から続く下痢のためとうとう工場の賃仕事を休まねばならなくなつた。小さな工場ゆえ健康保険もなく、寝床の中で高熱と生活の心配のためうわ言を口走り、集つて来た長屋のおかみさんはおろおろするばかりだつた。夫は戦争中頭に鉄砲の玉が当り、またマラリヤを患つたため、未だに時々ケイレン発作を起し、常でも人に連れられ世話を焼かれないと仕事ができない。

「今日は、どうお、からだの具合は？」

「ああ、先生マイシンのお蔭様でこのように肥りました。本当にお世話様になりました。」

土間の上り口で夫らしき男が丼のおかゆをすすつていた。

「ご主人ですか。今日は、お仕事大変ですね。」

「へへへ」夫は意味の解せぬ言葉を返して立上り、丼を置くと外に出て、バットを一本とり出しうまそうに煙を吐いていた。

情ない表情でHさんはつぶやいた。

「ああなんですよ。先生、ポカンとしてるんですせ。戦地で患つたマナリヤで頭が変なんです。」

「生活保護をお願いしたのですけれどね、ご主人がいるし、あなたがお母さんのお家に住んでいるとかで駄目なんですよ。」

「ええ、Mさん（ケースワーカー）が時々親切に聞いてくれはりますねん。どうや、今日はお米があるか——今日のおかずは何か買つて来たかつて。わしもかけたいけど（生活保護にかけるの意）法律があつてな、わしらの思うようになれへんでなつて。」

側にいた六歳になる次男が幼稚園のマーク入りの上つぱりを着ているのに気がついて私はたずねた。

「あら、ボク幼稚園行つてるの？」

「いいや、先生、幼稚園もいけまへんね。K大学附属の幼稚園にいつていた息子さんの、近所の人がくれはりましてん。」

「そう、良かつたね。きれいなしるしね。」

膝小僧におわんのような穴が明いたズボンと汚れたシヤツの上にその子は貰つた上つぱりを着ていたのである。

帰りのペタルを踏みしめながら、疲れた私の頭はグルグル廻転していたが、それは同情とか悲しみでふんぎりのつかないものだつた。このような家族が一体どんなに多いことだろう。

何故みんなが平等にもう少し人間らしい生活ができるような政治がとられないのだろう。怒りが……そしてどうにかしなければと言うヂレンマが頭の中でぐるぐる廻つていた。

その三

冷たい法廷の土間でAさんは後手の手錠をはずされた。ガチヤリ。……沈黙《シジマ》……。

「ただ今より被告A及びB及びCの裁判を行なう」

裁判長の宣言で、心なしかAさんの頬の筋肉がピクリッけいれんした。

若い妻と子供の三人暮し。失業の苦しみの上に、彼は肺結核になつた。魔に誘われて通りすがりの開いた窓からラジオを盗んだ。そして台所の入口から買物籠のさい布も——否盗んでしまつていたのである。青白い顔、落ちくぼんだ目、涙に聞えなくなるような声でAが自分の心境を陳述したとき、傍聴席の人は皆泣いた。

「もうこのような悪い事はいたしません。この罪を償いました暁は、皆様のご心配に報いますように一生懸命に療養し、りつぱな身体にし、そして日雇いでも何でもして妻子と共に生活する決心です。何も知らない子供に、これ以上の罪を着せたくありません。」

数日後、Aは二カ年の判決を受け、妻はアルバイトサロンに働きに出掛けた、と聞いた。盗みは悪いことである。どんな小さなものでも悪いことに違いない。しかし、資本主義の世の中では、搾取という大きな盗みが許されるような仕組みになつている。Aはなりたくて結核になつたのではない。監獄に入りたくて盗みを働いたのでもない。結核になつたとき安心して療養出来る医療保障がなされていたら、ラジオもさい布もマイシンの費用にしたいと思うことなどあり得なかつただろう。

―◇―

厚生省が実施した一九五三年四月の厚生行政基礎調査の結果、我国には被保護階層を含める九〇〇万人即総人口の一割強のものが貧困にあることが明らかにされた。そして容易に被保護世帯に転落する恐れのある貧困階層を画する「ボーダーライン」として、一人一カ月二〇〇〇円―五人世帯で七九〇〇円が採用されたと言われる。同年の被生活保護人員は一カ月平均一九三万人。世帯にして一カ月平均六八万世帯であるといわれる。この被生活保護者の内訳をみると、一年間（一九五三年度）で

生活扶助額　一五二億六〇〇〇万円
医療扶助額　一六〇億八五〇〇万円

となつており、生扶の四四・七パーセントに比して生保全金額に対して占める医扶の割合が四七・二パーセントにのぼつている。ここで医療扶助額の圧倒的に多いことが注目される。医療扶助のすう勢は生活保護法における重要な問題点とされているのである。すなわち、医療扶助額がこのように多いことは、貧困原因のうちにおいて疾病の占める割合が非常に大きなウエイトを持つていることを端的に示すが、また、その内で結核や精神病の占める比重の大なることは注目すべきことである。昭和二十八年における保護開始の主な理由が病気で凡そ六〇パーセントになつている。また、医療費の内の五八パーセントは結核のために使われているのである。

病気になつても医療を受けられず、また僅かの医療費を受けても栄養のある食物をとつて安心して寝ていられない、少しでも病める身体にむち打つて働かなければならない人々の姿をみながら、私は昨日も今日もペタルを踏みながら考えたのである。アメリカまがいの制服を着た人形を一人減らせばその仕上代七〇万円で結核患者二人が、安心して三年間入院出来るのだ……結核を治すことができるのだと。

そして医療保障の問題から拡げて社会保障全体をみても、適当な施設に入れねばならない薄幸の子供七〇万、風雪に生き堪えながら寄るべない不幸な老人十二万、子供を抱えた未亡人世帯四九万世帯、ボーダーラインの線から浮きつ沈みつの二九万人の人々が、そして中小企業の労働者、薄給の我々公務員、小学校から大学にいたる先生方も皆、切実な気持で基本的人権を守り、最底の文化生活を守つてくれる民主平和的な政治を待つているのである。私は明日もペタルを踏みながら考えるでしよう。黙つていてはいけない。だまされていてはいけない。私たち同士でどうにかしなければ……闘いとらねばと。

（大阪府立布施保健所勤務）

母子家庭の住宅事情

昭和二十七年の厚生省調査によると一部屋に二世帯以上雑居している母子家庭は二〇、九六〇世帯、環境不良、不衛生等で転居を希望しているもの一一四、八八〇世帯で全体の一六・六%を示している。

母子寮の人びと

横《よこ》井《い》みつる

「保護家庭のくせにリンゴが食べたい、みかんが食べたいなんてぜいたくだよ、戦時中を考えて見ろ、草まで取つて食べたじやないか、食えなかつたら草でも食べておれ」これはある厚生省の査察指導の地位にあつた人の言葉です。これはもう五年も前の話ですから今時もちだすには古いかも知れませんが、保護家庭といえども、一個の社会人です。今のように戦時中には思うように買えなかつたリンゴやみかんが店頭に並んでいれば食べたくなるのが人情、保護家庭は草を食えとは、貧乏人は麦を食えと云つたどこかの大臣と同じことじやないかと思つています。

　私のいる母子寮には現在十二家庭が住んでおり、そのうち死別七名、離婚五名です。離婚の原因は夫の放蕩がほとんどです。十分な生活力も無いのに二号さんのようなものを作り、生活に困つて家に連れ込み、恋愛は自由だなどという得手勝手な夫たちから畳と何とかは新しい方がいいとばかり、子供までつけておいだされたり、出てきたりしたひとたちです。学歴は、女専卒一名、高女卒一名、高小卒六名、尋卒三名、尋四中退者一名。

　現在生活の安定しているのは女専卒と、高女卒の二人だけで、ほかは多かれ少かれ不安定のため生活保護対象となつています。

　ここで戦災未亡人で男児三名女児二名と五人の子を抱えたSさんの生活状態を報告致しましよう。

　Sさんの家庭は東京都台東区竜泉寺町で戦災に会い、そのうえ夫の戦災死と二重の苦難を受けた家庭です、夫に死なれ、家を焼かれたSさんは、五人の子供をつれてともあれ実家に帰つて来たものの、実家とて、四畳半と六畳の二間きりの小さい家、そこには兄夫婦と子供三人がおり、それに加えて妹も戦災で帰つてきて六人家族のところへ、またSさん親子六人がは入つてきたので都合十二人住むことになつたのです。

　食糧行商人の兄は十二人の生活を背負いきれず、相当に困り抜いた時、昭和二十二年十月三十日、現在の母子寮に入寮したのである。入寮はしたものの、子供が多いのと生活技術がないためどこの工場でも使つてくれず、他家の手伝いなどをしていたが、当時としても親子六人の生活はできないので、ずつと今日まで保護を受けている。それでも三年前から安い賃金ではあるが近くの工場へ通えるようになり、子供たちも大きくなつて、長女は東京へ女中に、長男も次男もそれぞれ住み込で見習奉公に出ています。現在では三男と次女と三人暮しとなり、四年前とはかなり変つた落付振りをみせている家庭ですが、毎日々々を見ているとやはり大変だと思いやられます。Sさんの賃金は日給一日百五十円です。一カ月二十五日働いて三千七百五十円の収入ですが、一日でも休むと引かれます。そのうえ、社会保険を引くと手取り三千四百五十円位です。

　この家庭の普通の最低生活ですと九千円はかかりますが、生活保護費の計算では六千二百六十五円となります。これが三人家族の保護による最高基準額です。それから稼働賃金の三千四百五十円を引きますと、二千八百十五円不足になりますが長女から多少の仕送りがあるものと見て、それに働くための実費交通費等を加えて二千五百八十円給付されています。しかしその中から寮費の支払があります。保護家庭は寮費は無料ですが、光熱水費は給付されますので、電燈料と入浴料として二百十円納めます。ですから実際の生活費は六千三百三十五円がこの三人の家族の最高の生活費になるのです、ではそれを一カ月どのようにして使つているでしょうか。

主食　一カ月　二、三〇〇円
副食　一カ月　一、八〇〇円（一人一食二〇円 一日 六〇円）
調味料（みそ、醤油、油、塩、砂糖）　五〇〇円
薪炭　六〇〇円
子供の小遣学用品　二〇〇円
下駄類　一人百円　三〇〇円
合計　五、七〇〇円

保護生活費六、二六五円から引くと、残高五百六十五円、これが雑費として一応みとめられていますが、なんとこれが衣の方に廻つていくのです。三人が一枚ずつセーターを着るには春になつてしまいます。

また、最初にいつた査察指導員の言葉ではありませんが、リンゴやみかんを食べるなんて、と云われても食べる余裕がありませんし映画ひとつ見られません。日曜があつても家事の手入れで出かけられもしませんが、遊びになど一度だつて自費では行かれません。

右の生活費をある重役の家庭で話してみたら、何と一日の生活費だつたのですが、現在親子三人家族でこれだけ切り詰めてやつとです。映画を見たりリンゴを食べたらその日一日は食わずにいなければなりません。

他の家庭もこれに似ています。とくに今月など、運動会と遠足が重なりまして、馬肥ゆる秋とは云えども、我が母子寮は親心で運動会や遠足に友だちに笑われないように持たせてやりたいので、四人も子供のいる家は、夕食は一人百匁のさつま芋です。百匁四円、五人で二十円、これが全部の夕食です。

ある家庭では六年生の修学旅行に千三百円かかるので、毎朝子供がナットを売りに出かけています。十コ売つて二十五円の収入です。一カ月休みなく売つて七百五十円、旅行に行きたい一心で毎朝五時に起きて出かけます。今日はやつと魚が買えたと思うと、五本十円のサンマを買つて五人で食べます。そして翌日の運動会の菓子や果物や、いなりずしになるのです。これらのやりくりの上手な家庭はいいのですが、入寮以来六年間、どんなに指導してもその通り生活できない人たちがあります。まず保護費がはいればすぐ菓子を買つて来たり、カレーなんかつくつて、弁当に玉子焼でも持つていこうものなら三日位で千円位の保護費は飛んでしまいます、そしてあとで困つた、困つたとこぼしているものもあります。今回出して見ましたSさんの家庭は、とても辛抱強く切詰めたやり方をしている模範的なケースを出してみたものです。

このケースも五百五十円の被服費ではどうしたつて間に合いません。そこで子供たちは朝ナット売り新聞配達などやりますが、Sさんの子供は弱いので新聞配達ができないし、ナットを売りたくても自転車はないし、結局日曜日には母親と近所のお屋敷へ草むしりに行つて別途収入にしたり、洗濯ものを手伝たりして何とかやりくりしなければ三人の洋服ズロース、シャツ、シミーズ、セーター、オーバーなどは買えません。百匁十五円の里いもは寮生にはこのうえもない大ご馳走です。

（浦和市立第一母子寮・寮母）

母子寮

昭和三年十月現在全国母子寮の数は六一三カ所、入居世帯一一、八〇七世帯（三五、四二二人）（厚生省資料）

東京のどん底生活

田《た》中《なか》不《ふ》二《じ》子《こ》

経済白書では、もう「戦後」はおわつたというのですが、私たちはそれを素直にうけいれられないきもちです。たとえば江東区ですが、ここは、前の城東区と深川区が統合されたもので、戦前戦後を通じて、低所得者の集合地帯として有名です。この区の面積の約三分の一が工場によつて占められていますが、そのために、騒音、震動、煤煙、悪臭のひどいことでも都下随一です。

物すごい響きをたてて大きなトラックがひつきりなしに通る道を、トボトボあるいて私は深川千田町にある江東福祉事務所へきました。福祉事務所のかず多い仕事の中でももつとも重要で特徴的なのは、最低生活もできない人々を保護する仕事です。いま、江東区で保護をうけているのは、約一四四六世帯、員数にして約五三五六名です。

ここで最低生活ということが問題になりますが、三十一年五月より八月にいたる被保護者（最低生活もできず、福祉事務所から扶助を受けている人）への扶助料をみますと、一カ月平均四人家族で二、三四七円です。これがわが国における最低生活線というわけでしようか。しかもこの金額は基本的な生活扶助料に住宅・教育・医療・出産・生業・葬祭などの各扶助料を加算したものなのです。

また、現在扶助料こそもらつてはいないが保護を要する者が江東区総人口の一割もあり、電灯もつけられぬ家が少くないという係の人の話でした。これらの中には、亀戸や大島町の大半をしめる中小企業の工場で働く低賃銀労働者、月島、枝川にあるバタヤ部落の人、まだ橋の下に住んでいる人、汐崎や新幸の厚生保護施設にいる浮浪者、江東のスラム街と呼ばれる本所深川その他の簡易宿泊所（いわゆる木賃宿）にたむろするルンペン、早朝、高橋三丁目の日雇の紹介所へどつとおしかけるその日暮しの日雇労務者、州崎・枝川町に特に多い第三国人などが含まれています。しかも敗戦時、上野や御徒町、その他の地下道にいて、いつせいかりこみにあつた人が多く、その他の場合でも大なり小なり戦争による被害が尾をひいているようです。

さきにもいいました通り、この区は工場が多いので、衛生的環境が非常に悪く、肺結核など呼吸器病になる者の数が都内で二と下らぬ状態ですが、それはたいてい医療保険もなく貧困のため療養もろくろくできません。

その上、工場地帯であるがために、景気不景気がすぐ台所に影響しますので、貧乏人にはたいへん暮しにくい一面もある地域です。

しかし、戦前からの下町の空気や、虚栄も自尊心も投げうつた人々の群をしたつて、低所得者が各地から集まり、これに加えて個人的地主のいない埋立地にバラックをたてる人人が江東区を二十三区中随一の貧乏区にしているわけです。

一方ではテレビや電気洗濯機を買い、経済白書の一人当り実質国民所得の増加した例となる家がふえたかもしれませんが、私たちは敗戦のいたでからまだたち上れず、その日一日を送ることさえ困難な家がまだまだ多いことを決して無視することはできません。現に最近発表された厚生白書は、低所得者が今後ますます多くなるであろうことを示しています。

その一

働くに職なく、住むに家ない例があまりに

も多い中から、私は、老人世帯とともに低所得者の二割をしめる母子世帯の一つ、埋立地で少し雨がふるとすぐ水びたしになるという北砂町五丁目にある坂井キミさん（仮名）宅をたずねました。ごみごみした裏通りを幾つもぬけ、小さな町工場の立ち並ぶはずれの、文字通り悪臭ふんぷんたる溜池のそばへ来ます。どろんこ道に足をすくわれぬよう気をつけながら溜池と鉄条網一つで隣合つている小さな朽ちかけた家へ入りますと、玄関もなにもなく、いきなり幅七〇センチぐらいのあらい板の廊下があり、その廊下を中に、左側が台所、右側が部屋となつています。さらに気をつけてみるとそこは坂井さんだけの家ではなく、他に二世帯が住んでいるのです。

坂井さんの部屋は溜池側の六畳一間ですが、そのまん中がベニヤ板で仕切られているので一見三畳二間のようにみえます。部屋へ入つてまず私の目に入つたのは、黒い古綿のみえるうすいふとんにシーツもしかず、ごろんとねている子供の姿でした。前もつて途中で私に説明してくれた福祉事務所のOさんのいう「頭だけは小学校二年生の大きさだがからだつきは五、六歳の子供ほどにも発達していない脊椎カリエスの長男」なのでしよう。

私が「カズオちやん、こんにちわ」とあいさつしますと、気弱そうにうつむいてしまいました。カズオちやんのねている方は、東側に窓があるのですが、この家がお隣の家とぴつたりといつてもいいくらいくつついている上に部屋の中へ、タキギにする木ぎれとふとんがうずたかく積んであるので、ひるまでもうすぐらく、ただされ白いカズオちやんの頬をますます青ざめてみせます。

ミキさんは今朝がた、日雇の職にありついたというので、三人の子供を家へおいたまま働きに行つてしまいました。次男のリョウちやんは、カズオちやんのいる方ほど暗くはないけれども、窓のある北側が溜池に面していて、非常にいやなにおいがし、ベニヤ板の壁の破れから風が吹き込んでくる三畳でメンコを一杯にちらかし、これは子供らしく元気に遊んでいます。一番小さな四つのオサムちやんは腹ばいになつて眠つており、その頬や頭や手に、気味のわるいほど蠅がたかつています。動きの鈍い秋の蠅を手で追いながらオサムちやんのそばへ坐つた私は、こんなに小さな部屋だけれども掃除が行きとどかず、ごみと汚れでまつくろになつた古畳や綿ぼこりのたまつている部屋の隅に目を向けました。一日中男と同じように激しい土工労働をして帰つてくるキミさんは、ごはんごしらえや子供の世話、病人の世話だけでも手がまわりかねるのでしよう。私は、現在の施政者の感傷なんか吹きとばしてしまう母子家庭の生活の厳しさを、その綿ぼこりにみました。かなしいとかくるしいとかいつた表現では間に合わない生活ぶりがそこに展開されているのです。

Oさんの話によりますと、ミキさんのような場合、扶助料だけではとても食べていけないので仕方なく日雇をして収入を得るが、そうすると日雇をして得た所得分は一定の率で扶助額からさしひかれるのだそうです。太陽族が遊ぶために使う一日分にも足りない金額の中から、働いたからといつて、その分だけさしひかれるという事実を、一体私たちはどうみればいいのでしようか。

メンコの遊びにあきたリョウちやんが目ざとく私たちのもつて来たおみやげを見つけ、お菓子の包みをがさがさ開け始めたので、オサムちやんは目をさましてしまいました。泣きもせず、相変らずうつ伏せのまま眼だけきよとんとみ開いているので、

「オサムちやん。おめざあげましよ」

といいますと、首を横にふります。おかし

いな、と思つてよくききましたら、おなかがいたいというのです。驚いてOさんが調べましたら、おひるのコッペパンのたべすぎとわかりましたが、母親に面倒をみてもらえない幼児のおとなしい態度がこんなところにも現われて私の胸をえぐりました。

部屋の隅に積み重ねてあつたふとんを敷いてオサムちやんをねかせたあと、カズオちやんに、毎夜母親が少しずつ教える小学二年という雑誌を読みきかせながら、医療保護をうけているので病院へつれて行くことはできるというものの、毎夜、疲れきつたからだにカズオちやんを背負つて病院へ通わなければならないミキさんのことをつい考えてしまうのでした。

福祉事務所は、社会福祉事業法に基いて昭和二十六年十月一日、全国一せいに開始され、以来、救貧よりも防貧、さらに社会福祉（指導更生）を看板にして来ましたが、実際は救貧さえも満足にできない様子です。なるほど憲法二十五条には国民の生存権と国の社会保障的義務が立派にうたわれておりますが、それを実現する段になると、弥縫策までもいたらない有様です。カズオちやんの家の近所にも、「最低の保障」をうけている家やお役所のきめる「最低生活はできる家」がずいぶん多いことをみるにつけても、社会保障の予算をへらしてまで軍事費を多くしようとするような政治のあり方に深い疑問をもち、どうしても根本的に社会の仕組をかえなければと痛感いたします。

その二

日比谷から8番という都電に乗ると、終点は永代橋です。隅田川にかかつた大きな橋の上を都電やトラックやバスがひつきりなしに通り、轟音の渦がにごつた河水にぶつつかつては、それを大きく反響させます。私たちがあの長い橋の人道を歩きながら、あまりの騒音に眉をしかめるとしたら、ここに一日中住んでいる人は一体どうすればいいのでしよう。最近、肺結核症が相当ひどくなつたため医療扶助を受けるようになつた吉村正夫さんの家族は、この永代橋の下に住んでいます。せまい石の橋詰へ二畳あるかどうかと思われるぐらいの掘立小屋をたて、むしろを敷いて住んでいるのですが、小屋のつくりも甚だ粗末でみかん箱や古板片を何枚も集めて雑然とうちつけただけのものです。炊事は小屋の横へ七輪をおき、桶にうけた雨水を用いてすませるようで、私がたずねた時は、小屋の横におしめが干してありました。橋の渡り際にある石段をおりますと、太い橋杭に当つて逆まく雨上りの濁流が私の眼にとびこみ、足がふるえて仕方がありませんでした。そろりそろりと橋詰を歩きましたが、たちまち物凄い頭上の轟音と圧迫感のために頭痛がし、胸苦しくなつてしまいました。正夫さんが入院したため、乳呑児をおぶつて朝早くから夜おそくまでバタヤをしているという妻のいつさんと、騒音にさえ切られながら、しばらく話をしましたが、彼女は、戦災に会つて以来、どんなにしてもたち直れない自分の不幸をかえりみるヒマさえない毎日だと年に似合わず早や白いもののまじり出した髪を、荒れた手でかきあげるのでした。電灯はもちろんなく、聞けば配給米もうけていず、いまだにウドンやメリケン粉が常食ということです。

電気冷蔵庫をもつ家が何軒ふえたつて、こういう生活をしている人が一人残らず本当に「人間らしい」生活をすることのできる日まで、私たちは決して「国民経済は発展した。国民の生活水準は向上した」と手放しで喜ぶことはできないと、ひえびえと石の感触が伝わる小屋で思つたことでした。

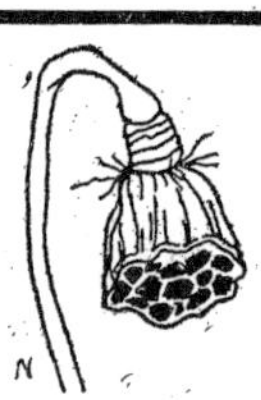

生活保護の数字と実際

今《いま》尾《お》アッ子《こ》

　戦争で夫を失い、年老いた両親や子供をかかえる妻。命とも頼むわが子に先立たれ、明日の希望を失つた寄るべない人々。また一家の支柱が失業や病気で、収入の途を絶たれてしまつた家庭。こういう不幸な人々にも憲法に規定してあるとおり、最低の文化生活ができるようにしたいというのが、生活保護法であり、医療保護法なのですが、これらは一体どの位私たちの身近な人々に、幸福をもたらせているのでしようか。聞くところによると今年の五月、全国保護課長会議で保護の適正をはかるためといつて、保護家庭の生活を調査するよう、秘密指令が出され、一軒々々調査が開始されているということです。主な調査対象は、朝鮮人と医療保護をうけている世帯だといわれますが、そうでなくても、ひけめを感じている人々にといつて、その心理的な影響は大きなものであることを知らねばなりません。民生委員をたのみ、調査員に実状を調査され、やつと支給される額がなんと成年男子廿五歳～六〇歳までが二、〇二〇円。女子一、六〇六〇円。その中約半分が副食費で、あとは衛生費が男子二〇円、女子八〇円、衣料費七五円。住宅費一人から二人迄五四〇円。光熱水費その他一さいを含めて六六〇円では、最低の文化的生活どころか、発育ざかりの子供はもちろん、大人でさえも明日の働きの原動力になるだけの、体力をたもつことはできません。パーマはおろか、ラヂオをもつことさえぜいたくといわれ、人間としての最低の生活、死ぬこともできずやつと生きているというのが実況です。

　一方においては、防衛費が沢山無駄についやされ、なおかつ予算が一年間に使いきれずに余つているというのに、民生費のみは、年年切りつめられ、国費で当然まかなわれるべきものが、国費八割、地方自治団体(都や県)二割という形で、地方税におぶさつてきています。いきおい貧乏な県では二割が負担できず、そのために、国からもらえるはずの保護費が、自分の処で負担できるものの四倍、たとえば国費で八千万、地方財政で二千万、合計一億のところを、県がその半分の一千万しか予算をくむことができないと、国からは四千万しか予算が流れて来ません。政府などは母子福祉貸付金があまつたなどといつても、実は希望者がなくて余つたのではなく、このようなカラクリで、貧乏県になればなるほど、いろいろの補助金が行かない仕組になつています。まずそこで、これらの民生関係のものはすべて国費で賄うように、あらためられねばなりません。そのうえに豊有県が自分の県の財政を加えてくれるなら、もつと多くの人人が、人間らしく生活できるのだし、高い処になお土をもるようなおかしな政治が行われないで済むのです。幸い東京都は豊有都市なので、国費八割に対し都費二割以上を組んでいます。

　私たちの文京区の九月一と月の実施状況をここにあげてみますと、

一、保護世帯総数　一、三二四世帯
二、保護申込世帯数　五九件
三、保護開始世帯数　五四件
四、生活扶助世帯数　一、〇一四世帯
三八五五、八五二円

厚生白書をみて

林田晃子

厚生白書が出た。

ここで私たちはもつともつと考えなければならない。〃大根一本が高くて苦しい〃しかし同時にもつともつと大きな問題が目の前に立ちふさがつているのではないだろうか。

〃病気になつたら貧乏する、貧乏すれば病気になる〃というような悪循環が車にエンジンをかけて私たちを待つています。生活保護法をうけている人の調査の中でも病気に罹つて貧乏になつたという例が圧倒的に多いそうです。また一年間の平均有病率は三二・三％であるとか、五千円以下の収入の場合は、六七・五％にも上昇し、また一万円以下の収入の場合は四二％と有病率がややさがつているそうです。これらからみても、生活困窮者ほど、有病率が高いことがわかる。このような悪循環に対して国家的な対策がなされているでしょうか、また疾病に対してもその備えが……。

今年の七月の参議院議員の選挙の各党の公約でも基本的人権の尊重があげられていました。でも尊重、尊重と口先だけでとなえられても、結局私たちの実生活と直結していなければ何んの魅力も成じないし、ことに再軍備費も増加して社会保障費も増加するとの考えには、どうしても納得しがたいし不信の度が強まるのみである。

しかし近年にない明るい話題が考えられているとか。現在中小企業で働いているものその他のもので健康保険未加入者二千八百万人に対して三年以内に全部なんらかの型で保険に加入できるように計画されているとか、どうか途中で立ち消えにならないように、ぜひやつて欲しい。

また今非常に問題とされている老人年金や母子年金も、積極的に具体化して欲しい。もしそれが実現されたら、国民が安心して働らき、生活することができよう。

だが昭和三十一年度国家予算案の社会保障関係費千百三十四億円、文教関係費千二百二十七億円、防衛関係費千四百七億円で、果して可能だろうか。実行にうつされるだろうか正直なところ、不安です。

私たちは口で民の幸福などを盛んに叫ぶ諸議員さんたちよりも、ほんとうに腕と心で民の幸福のため働く諸議員さんたちに、信頼と期待をかけ、毎日毎日、大根の値段と一緒に一生懸命見つめているのです。

五、教育扶助世帯数　五二二世帯　五八五、七〇二円
六、住宅　〃　六〇四世帯　三四八、三四〇円
七、医療　〃　三八六世帯　一六八、二一二円
八、出産　〃　なし
九、生業　〃　一世帯　五、八〇〇円
一〇、葬祭　〃　七世帯　一八、七〇〇円

以上のような数字になり、大体希望者の九一％は実施、支給されているわけになります、しかしこの数字だけで安心するわけにはまいりません。前述のように民生委員に相談しなくてはなりませんので、そこへ行くまでには大きな勇気がいります、やつと勇気を出して出かけても、あまりに基準がひくいためあてはまらない人も沢山できるわけです。今少し、ちよつと援助してあげれば、何んとか立ちなおれる人も、ずるずるとどん底に落ち込んでゆくのが今の現実の社会です。私たちはたえず周囲をみまわし、一人々々ではとても力及ばずできないことでも、政治の力で大きく解決策を見出すように、そしてみんなが毎日を楽めるように、お互いが助け合つて、個人の不幸を最少限に喰止めることができるように、いろいろのことを知り、矛盾をなくしてゆきましょう。

（文京区・区会議員）

座　談　会

細りゆく生活保護

――民生委員の改選に当つて――

出席者

藤原道子（参議院議員）

中大路まき子（品川区々会議員）

小畑マサエ（世田谷区々会議員）

編集部　去る十月五日発表されたいわゆる厚生白書（厚生行政年次報告書）によりますと、「低所得階級のチンデン、累積という形で激化している社会のゆがみは、もはや放置できない限点に達している……」と現状を認め、しかも社会保障施策は未だ十分ではないといろいろの点から指摘しています。官庁の発表ですらこうですから、実際はもつと深刻であることは言うまでもないものと思います。考えてみますれば、現在のような社会保障程度のもとに生活している勤労階級というものはまるで急流の上にかけられた丸木橋を渡つているような姿で、いつ貧困という急流に転落するか、まことに心細いものでございます。で、社会保障への関心が一般に強まつてきているわけでございます。

　ところで、そういう声を高めるにはまず、現状を知らなければならないと思います。

　それで今日は社会保障のうちの生活保護、とくに生活扶助と医療扶助の実状についてお話して頂きたいと存じます。それから来る十一月には民生委員の改選がございますので、現在の民生委員の問題点についてお話頂きたいと存じます。では藤原先生からどうぞ。

国民八人のうち一人は困窮者

藤原　はじめに、生活保護法による扶助にはどんなものがあるかということをお話しておいた方がいいでしょうね。これには、生活扶助、医療扶助、教育扶助、住宅扶助、厚生資金の五つがあります。このうち主なものが生活扶助と医療扶助なんです。

　そこで、生活扶助を受ける人はどの程度の人かということが問題になります。これは収入が少くて生活できない人で、金額は普通の生活程度の四〇％が支給されることになつています。つまり東京で五人家族一カ月の平均生活費はいくらということが決まつています。大体二万四千円くらいでしょうか。ですから東京では五人世帯で九千四百六十円支給されています。これは非常に細かく計算され、全く最低の生活を維持するに必要なギリギリの金額です。例えば理髪料は月一回三十円、風呂賃は月二回、パンツ年一枚というように算出されています。そして東京都と五大都市、中小都市というように基準額が違い、地方にいくほど少くなつています。この費用は国庫八割、地方二割の負担となつている関係上、赤字財政の県では二割の負担ができず、従つて基準額通りには支給されないところも少くありません。現在保護世帯一九二万、要保護者九七一万と白書ではいつていますが、実際は要保護者数千二百万とみられています。そうすると日本国民は八人の中一人の割合で生活に困つているわけです。

独立後せばめられたワク

ところで注意しなければならないのは最近ワクが非常に狭められてきたということです。つまり、生活保護法が実施されたのは昭和二十一年十月で、これは予算が足りなければいくらでも追加させることもできるという非常に強い法律であつたために、二十五年までは漏給のないように、一人でも困つている人を見逃すことがないようにという方針で行われてきたのですが、それ以降二十六年頃から反対に濫給を厳しく戒めるというふうに変つてきました。二十六年と言えば、講和条約の後で防衛費が必要になつてきた頃です。私共が常々再軍備が社会保障を圧迫すると言つているのはここなんです。とにかくそれまでは民生委員が保護家庭を探し出すのに骨を打つていたのですが、それ以後は保護者が多いと福祉事務所の成積が悪いということになつてきたのです。そして民生委員が連絡しても福祉事務所でフルイにかけてなるべく通さないようにしているという状態です。

中大路　ワクがあるんじアないんですか。

藤原　ワクはないはずなんですよ、前に言つた通り、以前は漏給のないように、ということを主眼にしていたのですから。

編集部　すると予算が少くなつたのですか、保護人員が増えたというわけですか。

藤原　予算面ではいくらか増えていますし支給額も米価に合せてごく僅かながら増額しています、要保護者の増加です。貧富の差がますますひどくなつてきていますからね。

多くなつた医療扶助の要望

中大路　二、三年前からの傾向として生活扶助より医療扶助の方が、多くなつていますね。

藤原　戦後の不健全な生活の現われが二、三年前からはつきりでてきて、病人、ことに結核患者が多くなつてきています。

編集部　医療扶助だけ単独に受けられるのですか、それからその基準は？

藤原　以前は厳しいことはなかつたのです普通のベースで働いている人なら受けられました。お百姓なら病人ができたために田圃を売るということもなかつたのです。ところがこの頃は田畑があるとか、兄弟がみられるはずだとか、家族制度のワクの中で解決させようとしているんです。

中大路　生活扶助の基準からはみ出せば受けられないんですね、しかもその生活扶助費の中には労働の再生産費が入つていないわけでしようね。

藤原　そうなんです、普通賃金には再生産費、即ち、単に生命を維持するにたるだけではなく、明日働く力を養うのに必要な費用が含まれているわけです。ところが生活扶助はほんとに生きていくための最低費用しか支給されないのですから、これではいつまで立つても浮びあがれつこありませんよ。ことに最近は赤貧洗うが如くにならなければ扶助しないんですからね。その一歩手前にあるボーダーライン級が非常に多いんです。この人たちにはもちろん医療扶助の必要があるのですが、それが今言つたようにワクを厳しくして家族制度的に解決させようとしているわけです。大体貧困の原因は大部分が病気、しかも結核です。現在結核患者は二九二万で、入院を要する者は一三七万といわれています。これに対してベット教は僅かに二二万です。それにもかかわらず、昨年の暮あたりから、このベッドが空いてきたのです。これは患者が減つたわけじアない、ワクを狭めて医療券を発行しないのです。従来は民生委員と福祉事務所で、決定していたのですが、一昨年から医療審議会で決定するようになつたのです。急患の場合は例外を設けていますが。それに入退所基準ができて、病院の意思を無視して審議会で入退所をきめているわけです。

中大路　その入退所基準法ができる時でしたね、患者が反対して都に陳情にいつて死亡者が出たのは。

藤原　そうですよ、私共も随分反対したがとうとうだめだつた。それから医療扶助には全額扶助と患者の一部負担とがあります。どこの病院にいつても一部負担の患者がおります、するとその人たちは負担がしきれない人が大部分なんですね、大きな病院にいくと、その未納金が三千万円も滞つているところがあるんですよ、これは要保護家族が固定しつつあるという証拠です。

中大路　病院の赤字にならないまでも、払い切れないで退院する人も多いでしよう。

藤原　一部負担の患者では家庭不和の人が実に多いんですね、この間、その不和に堪え切れないで自殺した人がおりますよ。それから、支払ができないで治らないうちに退院してしまう、すると狭い家で家族と一緒にいるから家族に感染させてしまうという悪循環を起し、さらに悲劇を多くしているんです。

それから以前は医療扶助者にも附添婦をつけていたのですがこれも廃止されてしまつた。政府では完全看護という方針で重症者には病院の看護婦をつけるというのですが、その重症者の境があいまいで、咳血は重症に入らないのです。この間ある病院で、咳血のため窒息死した患者が出て問題になつています。どこの病院でも看護婦さんが不足でとても充分には手が廻らないんですからね。

とにかく近頃の傾向として生活保護に救貧の精神が強く出てきているのです。これは決して社会保障ではありません。

苛酷な収入の差引き

藤原　今の生活扶助の欠陥に収入の差引きがあります。つまり現在の扶助金だけでは絶対に社会に復帰することができないですね、だから内職とか、日雇をして補わなければならない、するとその収入は交通費として五百円だけ免除して後は扶助額から差引いてしまうのです。だから働けば返つて収入が減る、それなら遊んでいて貰つた方がよい、ということになつてしまいます。これではいつまでたつても浮びあがりつこありませんよ。そこで私たちは社会へ復帰するまで内職や日やといくらいは認めろ、と主張しているんです。

中大路　しかし、内職しようと思つてもできない状態の人が多いんじアないですか、というのは本人の意思だけの問題ではなく、周囲がうるさくつて。

ボーダーラインに多い一家心中

藤原　ボーダーラインの人たちがそねむということはあるようですね、この人たちも問題なんですよ。親子心中、一家心中はこの線の人が一番多い、学校で給食費の払えないのもまたこの人たちの子なんです。先生が犠牲になつて払つている所もあるんですが。それから成績のよい子に就学資金を借りてやつたら扶助を打切られたという例もあります。貧乏人の子はいくら頭がよくつても学問もできない。

中大路　結局、結核対策の不完全が生活保護に影響があるわけですね。結核予防法によつて半額国庫負担になつているのですが、ワクが狭められているので、貰える人も貰えない、治る人も治せないで貧困に落入るという結果になつているんですね。

藤原　現在、健康保険に入つていない人が二千八百万人います。この現状では今の対策は焼石に水です。そして健康保険利用者では百人のうち六人が結核で、四三％位費用を食つているのです。ですから私たち社会党では結核と精神病と性病は全額国庫負担、医療保障制度の完備を主張しているんです。貧困の原因の六〇％が病気なんですから、こうしなければ現状の打開は望めません。

それにもかかわらず、社会保障費、生活保護費は圧力が加わつてきているのです、そしてそれが防衛費に反比例しているということを注意しなければならないと思います。

民生委員の改選に当つて

編集部　それでは次の民生委員の問題に移りたいと思います。小畑さん、まず民生委員というものについてアウト・ラインを説明して下さいませんか。

小畑　民生委員制度ができたのは昭和二十三年で、民生委員は、児童委員を兼ね、三年毎に改選されることになつていますので今年の十一月に四回目の改選が行われます。改選といつてもこれは公選ではなく、都道府県、市区町村に推せん会というものがあつて、そこで都道府県知事に推せんします。すると知事は、民生委員審査会の意見をきき、厚生大臣に推せんするという順序になつています。

現在民生委員の数は全国で十二万五千、被保護者二十五人に一人の割合です。

任期は三年、名誉職で、手当は月八百円から千円です。東京都の定員は三千二百八十八名ですが、現在数は三千二百六十四名で二十四名の欠員があります。

次にこれを職業別にみますと、最高が物品製造販売業者の六百八十八名、次が農業四百九十五名、工業三百九十名、宗教二百、不動産売買業九十九、医師・助産婦五十、その後はずつと少くなつて著述七、サラリーマンというような順序になつています。

ところで私たちが問題としているのはこれらの民生委員が九九％まで保守政党のヒモつきであるという点です。第一の物品製造販売業者は言うまでもなく町工場の主人であり、第二位の農業はほとんどが地主です。これらの人々は大抵防犯協会の役員や何やしている、街の顔役です。

民生委員法の十五条で、門地、地位にかかわつてはいけないとか、政党又は政治的目的に利用してはならないと規定していますし、政治的に無所属が多いので、実証があからないだけの話です。民生委員になると月三万円位の収入があるという風評のある人もあります。世田谷の委員数は百八十七名ですが、そのうち二十名位は風評があります。民生委員には婦人を多くしろ、ということでこの前はずつと増えましたが、これがまた危険で、保守、反動が多いのです。

今年は世田谷区では革新的な人を出そうというので候補者を立て署名運動を起して、推せん会に持つていこうとしています。

民生委員の最大の問題点は選挙の足になつていることです。

（三二ページへつづく）

あの頃（三）

一家離散も一度ならず

稲《いな》村《むら》八《や》重《え》野《の》

故稲村順三氏は大正末期、帝大在学中より無産運動に投じ、雑誌「労農」の編集に農民運動に果敢な活動を続けられ、戦後は社会党代議士となり、旧左社綱領を起草するなど党内でも重要な存在でしたが、昨三十年二月の総選中惜しくも亡くなられました。社会運動三十年というこの優れた闘士の陰に家族の方々はどれほどの犠牲を払われたことでしょうか。夫人八重野さんの体験をうかがつてみました。

八重野さんは現在、新宿区若松町の国立病院下で素人下宿を営んでいます。三人のお子さんもすでに成長されたものの、御長男はお体が弱く、そのうえ夫人の御両親を抱えての六人家族、学生相手の下宿屋さんではなかなか苦しいご生活とのこと。「それでも主人の生前よりは」と淋しげにほほえむ夫人に、お話をうかがう前から苦難時代の厳しさがしのばれるのでした。

――さア、どこからお話したらよろしいでしようね、どこをとつてみても似たり、寄つたりで……。

と、生活の極限を経験した人にみる一種の諦観をどことなく感じさせる夫人は低い声で話すのでした。

――私が稲村を知つたのは十六の時でした。当時私の家は下宿屋をしておりまして、学生だつた稲村はその下宿人の一人だつたのです。十九の年に結婚したのですが、稲村とは九つも年が違うのでまるで子供あつかい、その後も運動のことについては何も教えられないし、私も聞こうとは思いませんでした。稲村の考えでは、運動上の秘密がもれるのは大抵家族からだから、何も知らせない方がよいと思つていたようでした。

結婚当時（昭和二年）稲村は雑誌「労農」の仕事を手伝つたり、全国農民組合の仕事をしたり忙がしく働いていましたが、収入はなく私は袋張りやセルロイド加工や縫物の内職をしてどうやら生活を支えていました。なにしろ稲村はうちにお金がなくても一向気にしないし、家というものに対して一切何もしない人でしたから、私はあきらめてしまつてひとりでなんとかしていたのです。それに稲村自身電車賃もなく歩くということがしよつちゆうでしたから文句が言えなかつたのです。

それでも子供のないうちはまだよかつたのですが、長男が生れてからは一層大変でした。私はいつでも子供をおんぶして内職をしていました。稲村は争議や「労農」の問題で度々警察へ検挙される、それも私は後で知ると言つた有様でした。稲村としては家族に知らせても差入れができるわけでもなし、心配をかけるだけ、と割切つていたのでしよう。私もまた、外泊は珍らしくはないし、仕事が忙がしいだろうくらいに考えていたものです。

こんなわけでまとまつた生活費など渡されたことはなく、私はお米を一升と買えず、二合、三合と買つては、一袋五銭の木炭で炊いて食べていたものです。長男が生れてもお乳が出ない、なんとかお乳の出るようにしたいものと、切餅を二切か三切買つて食べたこともありました。それでいよいよどうにもならなくなると母の所へ泣きついていつて米代を貰つて帰るのが常でした。ですから母が私たちのところにくると、上るなり、何にも言わず米びつのフタを取つてみたものでしたがいつも米びつにお米の入つていたことはありませんでした。こんな中でほんとうに泣くにも泣けない辛い思いをしたのは稲村が自動車事故で大怪我をした時でした。

それは昭和五年の七月でした。当時私たちは中野の「労農」の編集所に住んでおりました。その日稲村は本屋に原稿を届けると言つて珍らしく和服で家を出ました。するとしばらくして郵便局の人が、稲村が局の前で自動車にひかれて大変です、と知らせにきたのでびつくりして飛んでいつてみると、すでに稲村は近くの井上外科病院にかつぎまれていましたが、なにしろ稲村にしろ、私にしろ余り貧乏たらしい身なりをしているので、病院では支払の責任者をきめなければ治療できないと、大怪我をしてうめいている人間を玄関先に放り出しておく始末。間もなく鈴木（茂三郎）さんや荒畑（寒村）さんや小堀（甚二）さんがかけつけて下さつて大憤慨、鈴木さんが責任をもつということでやつと入院が許されたのです。こんな次第で病院の待遇は全くひどいもので、破傷風を起しそうになつたりして、同志の方々が大変心配され、慶応病院に移して手術を仕直したのです。あとで聞いた話ですが、あの日稲村は米代を借りに近くにお住だつた鈴木さんのところにうかがつたのだそうです。折悪しく鈴木さんがお留守で帰る途中の災難とのことでした。

その頃鈴木さんは中野で本屋さんをしておりまして仲間のうちでは一番生活が安定していましたので、ずいぶんお世話になりました。子供の衣類も大抵鈴木さんの坊ちゃんのお下りを頂いておりました。

退院後の療養に、北海道で温泉の開発事業をしていた稲村の父の許にくるように、という話がありましたが、遠くて旅費が大変だ、というので兄（隆一氏）の世話で新潟県の帯識というワカシ湯の湯治場に一家で行くことになりました。そこで私は長女を分娩し、翌年北海道の父の許へ引あげていきました。ここは道南のニセコという所でしたが、函館から六時間、町へ出るのに四里もあるという山の中、温泉の質は良くとも不便なところで、また危介になつている身で子供のため、とくに気をつけてやるということもできない生活だつたため前年生れた長女を栄養失調で亡くしました。医者がソリに乗れず、ガンジキをはいてやつて来た時はすでにこと切れたあとでした。稲村はやがて東京へ帰り、私はしばらく父の許で女中代りに働いていました。これが第一回目の一家離散です。

昭和八年、全農秋田連合会常任執行委員だつた稲村は秋田県の八郎潟の湖畔に乗込んで農民運動を指導することになりました。私たち家族も一緒に行きましたが、何しろ、貧乏な村で、組合も貧乏、事務所から給料などとてもでない、組合員が、お米や野菜を少しづつ持つて来てくれ、それで命をつなぐといつた有様、米どころの秋田にいて餓えていたのです。小作争議が起ると稲村はよく検挙されました。永く帰宅しないので、東京へでも行つたのかしら、と思つていると、留置されていたと後から聞かされる。私は家を守ることで手一杯、置いて貰つた家の人しか知らず近所の人とつき合つている暇もない。稲村も同志に堅く口どめしていたらしく、誰も知らせてくれないので、何も知らなかつたのです。秋田で次女が生れました。

知らない土地で主人はほとんどいないし、幼い子供たちはいる、お金がなくて東京へも帰れないというこの時の苦労はなんとも言いようのないものでした。あの当時の仲間で一番苦労したのは私ではないかと思います。貧乏の点では荒畑さんの奥さんも随分苦労はなさいましたが、お子さんがいらつしやいませんでしたから、いくらか気が楽ではなかつたでしょうか。

秋田に約一年ほどいて東京へ帰りました。阿佐谷に住んでいたのですが、生活の苦しさに変りはなくともその頃は原稿もポツポツ売れるようになり、それまでのうちでは一番落付いた生活でした。しかしこの生活も永くは続かず、昭和十二年十二月の人民戦線の大検挙で、たちまち破壊されてしまいました。稲村はこんどは永くなりそうだから覚悟をして子供を連れて北海道の父の許へ行けという。それで北海道へ参りましたが山奥で小学校もありませんから、長男を町の稲村の母の許に預け私は次男を連れて父の温泉宿で働くことになりました。しかし、これでは稲村に差入れすることもできませんので、しばらくして東京に帰り、兄の知合であつた麴町の東屋という旅館で働くことになりました。住込女中では子供連れというわけにもいきませんので、長男は、そのまま北海道へ残し、次女は広島の実家に預けました。それから稲村が出獄するまでの足かけ三年、この一家離散の生活が続いたわけでした。（文責・菅谷）

日ソ交渉成る

昨年六月、松本全権が、ロンドンで始めて以来、中絶また中絶、牛のヨダレのように長びいた日ソ交渉も、十月、嶋山、河野、松本諸全権がモスコーに出むいてようやく成立。十九日両国代表の調印にまでこぎつけました。この間、自民党内部の派バツ抗争のため、このだいじな国家的問題が利用されて国の歩調がみだれ、内外に醜態をさらし、結局ロンドンでの会議よりいい条件というでもなく、一番さわいだ領土問題はたなあげとなつたきり、抑留者の送還と国連加盟の支持、漁業権の承認等当然とされていたことが認められたにすぎず、さわいだだけさわぎ損、おくれただけこれも損という結果を見たにすぎないにしても、とにかく国交の正常化は平和への大きな前進として喜ばなければなりません。この上は中共との国交回復をいそぎ、アメリカ一辺倒を脱してはやく外交内政共に独立の実をあげたいものです。

原水爆禁止の項目を日ソ交流の条件から、日本側が望んではずしたのはアメリカの圧力といいますが、こんなダラシのない政府に日本をあずけてはおかれません。

大正十四年ロシアの新政府承認と共に治安維持法を制定し、男性普選を骨ぬきにした日本の政府は、日ソ復交と共にまた治安維持を名としてあらゆる面で逆コースの網をはり、そのための予算を組んでいます。強い組識と高い理想の力でこれをくいとめましょう。

× ×

歌壇

萩元《はぎもと》たけ子《こ》選

母の日のカーネーションの内職よいくばくの賃金を欲りて母と子　木谷松枝

行商に似合はぬ美しき手をもつと妬まれて品を売りそこねたり　麦谷真喜子

顔見知りになりし行商らバス待つ間払ひ悪しき得意を互に知らす　同

主要尋問終へて眼鏡をわが外す仕草もいつか身に添ひゐたり　鎌田総子

紙一重といふ語が脳裡をよぎりゆく智能詐欺の証拠残さぬ　同

土工らしき若者が車内に寝てゐしがふと覚めし時の顔素直なる　貴島フミ

貴婦人と見まがふ程の人来り質入れてゆく僅かな金額を　吉永和枝

言葉つき上品な老婦人通帳を出して利入れぬ言訳してゐる　同

ガラス越しにもの云ふ質屋のあるじの眼ある日はいかつくある日はやさしく　同

〔選後評〕

一首目、内職で得る収入は非常に少く馬鹿らしいと思いながらも子供の菓子代とか小遣とかにいくらかの助けにもなろうかといそしむ。嘆きであつて積極的な勤労意欲ではない。

二首目、妬んだ人は買手であろうか。この作者も生れながらの勤労者でなく落魄者であろう。美しい手がかつて誇であつたが今は手を妬まれたために気おくれがして強引に売る気魄を喪失してしまつた。

三首目、何の行商かしらぬが荷を背負う行商の姿に友情をもち合い払いの悪い家に引掛らぬように互いに知らせる。というところは働く者相互の結合に至る道程でたくましいと思う。才気ある作者。

四、五首目、前の歌と違つて作者はもつと知性的な職業人である。婦人警官か裁判所の何かであろう。冷静で人道的な理性を必要とする職業。四の歌はそういう仕事においてのある仕草がいつか自分の身についたことを自ら省みまた納得している。五の歌も人間の法律的な、罪を犯す、犯さぬ、その判定が紙一重のところにあるのを智能犯について痛感している。理性的でしつかりした歌。

六首目、土工という概念から荒くれた顔を想像していた作者。眠りから覚めた若者の素直らしい顔にたちまち好意をもつ、荒い労働者にも心身共に健全な素直な顔があるよろこび。

七、八、九首目、質屋の店頭にまざまざとみる現代の世相が歌われている。よそ目には貴婦人ともみえる服装態度で、さだめし元は豊かな暮しをしていた婦人であろう、生活の苦しさは、社会的体面もありただ食べるだけの低い生活者よりも一層辛い場合がある。僅かなお金も都合がつかなくて質屋の店頭に駈けつけなければならない、また質物を受け出すことはもとより利子さえ入れられない言訳もしなければならない上品な老婦人を目の前にした作者である。質屋のあるじの眼も利子が払える時はやさしく、云い訳をしなければならないような場合はいかついことであろう。こういう歌をよんだ人は客観していながらそれが深い共感をもつ作者であることを自ら証明している、表現は客観的でありながら主観の強い歌というべきである。

冷害の北海道を訪ねて

―― 農村婦人の訴えをきく ――

新《にい》　沼《ぬま》　静《しずか》

◇暗らい農村の表情

青森から連絡船で函館について私は驚いた青森で見た山々に比べて、まだ十月のはじめだというのに、北海道の山々の紅葉の早いことと、その美しさであつた。

汽車で乗りあわせたある人はこういつている「北海道の紅葉は内地に比べて早いのですが、今年は例外ですよ、それにこの夏は寒かつたもんで」という。その人の言葉のかげには幾多の農民が泣いているか知れないのだ。

全国的には今年の米穀収穫予想は七千九十八万石で昨年につぐ豊作が確実視されているというのに、北海道の農家の中にはギリギリの生活にまで追いこまれて、どうしてこの冬を過ごそうかと、一人でもいいから口をへらしたい、また身売りの心配が表面化しそうだという。農村の人びとの表情は暗い。

私はこの間（十月六日）北海道の農協婦人部が例年行つている全道農協婦人部大会をとりやめて、今年はこの凶作を乗りきるための「凶作対策全道農協婦人部緊急代表者会議」をひらくというので、この集りに出席して見て、はじめて伝えきく以上に今年の凶作が深こくであることを知つた。

例年ならば盛大な大会で三千名も集つて、一年の労苦も忘れて活潑な話合が行われるのに、今年はそれどころではなく、この凶作に対処して何らかの方法がこうじられなければならないということと、これらを組織の力で今や当面の生活戦線からもこぼれおちそうな貧農を救うためには、どうしたらよいかということであつた。

◇どん底にあえぐ貧農の訴え

きくところによれば今年の北海道の凶作は五十年来だという、中でもとくにひどいのは北見・釧路・十勝・東旭川地区などである。

これらの地区では皆無に近いところすらあるということであつた。以下それぞれの代表の声をきいて見ると、最も被害の多い北見地区の代表は「もう今さら農家の生活設計とか、計画の樹立などと抽象的なことを叫んでも駄目だ、もうここまで、おいつめられた私たちは道なり、国へ訴えなければならない」といつていた。

一方においては、東旭川地区の代表は大きい経営をしているものは、家畜を買つているとか、別の面で支えがあるが、貧農は一ぱい一ぱいの生活をしているから、牛一頭もいない、こうなると家族の口を一人でもへらしたくなる、私の知つている二十三歳になる娘さんは十月の半頃からどこかへ奉公に行くといつた。またせめて冬の間に何か農村でできる内職があつたら教えてほしい」と訴えている。つい、先頃の北海道新聞は、旭川で凶作を悲観して二人の農家の主人が自殺したことを報じ、一方道警察においては、全道にわたつて身売り防止を指令したと伝えられている。

次に北見沢の代表から「よく農村に金を貸すというとき困窮者には金をかすことが却つて害になるということをきくが、私たちは借りたものは決して払わないわけではない、毎年凶作ばかり続くわけではないから、今後の建設を目ざしてやりたいから長期貸付資金を」という声もおこつてくる。

◇農家の借金は限度にきている

実際問題としてこの資金面を担当している信連の方にきいてみると、北海道の農家はだんだん借金がふえてきているという。

北海道は、昨年は米はよかつたが他の畑作はあまりよくなかつた。その上、二十八、九年も凶作だから農家経済には今年の凶作はより深こくな打げきでもある。

現在、北海道の農作物の被害総額は約四百億円の負債になつているといわれている。今までの借金の解決策として、北海道の田中知事は、十年間負債棚上げといつているが、こんなことは不可能だという。

信連としては今年の冷害の程度が最終的にはわかつていない、一方においては米の概算金も四十一億円出ているが、この点については困る人には借すことになつているという。また負債の点についても北海道の農家の場合はもう限度にまできているという。だから金を借りるにも、借りる態勢をしつかりしておくようにという話であつた。

◇良い政治家を送らなかつたのが失敗

こうして話はだんだん政治の方まで発展していく。ある代表はいう。

「労務者には失業保険がある、また都会では住宅を建てるために住宅の金融等があるのに農村にはこのような凶作があつても何一つ保障もない。このままで行くならば農村の問題は何時までたつても解決されない、もつと本気になつて、こういうときこそ力になつてもらえる人を国会におくらなくてはならない。今までは政治は男の人が一ぱいの酒でオッカの票もつかまれているのが現状であつた。

今からでもおそくない、これからはもつとしつかりと、団結して、私たちの力になつてくれる人を選びましょう」という訴えもあつた。こうして今や一ばん立ち上りのおそいといわれていた農村の婦人の間から、何といつても最終的には、政治が解決してくれるものであるという点にまで気がつきはじめている。またある代表は、

「私たちは、今度こそ、農村を地盤として立つた国会議員の行方を看視して、私たちを偽つた政治家は、私たち婦人の力で再び国会へ送ることのないようにしましょう」といつている。

こうして、政治はもはや生活であり、生活は政治であるということにまで、意識的にも成長しようとしている姿もうかがわれた。

◇貧しい農家にも小家畜を飼えるように

しかし同じ北海道の農村といつても畜産等でかなり良いところまでいつているものもある。このような人たちから牛を飼育して成功した話、また十勝地区のおばさんは豚の仔を二匹かつて、これに仔を生ませて、だんだんふやして売つて成功した例が発表された。だが貸与牛とか牛小作等でさえ実際には貧しい農民にまで行きわたらないという、北見地区の代表から発言があつた。

こんなところにも三割農政といつて批判されるゆえんがあるのかも知れない。

ここで貸与牛について簡単にお話すると、貸与牛というのは、農林漁業金融公庫からお金が出ているのですが、これを有畜農業創設資金といつて、直接農業協同組合にお金が貸しつけられる、農協はこのお金で牛をかつて貧農に貸与することになつています。これを借りた農家は、この牛によつて上げた収益からだんだん返済するしくみになつている。

砂川の惨事

編集部

十月四日から同十六日までに予定された砂川町の強制測量問題には心あるものは誰しも憂愁に胸をとざされていたことであろう。アメリカとの約束に追い詰められた政府は法律をタテに、権力をカサにきて是が非でも測量を強行すると意気まいているし、地元反対者は幼児にまで決死の鉢巻をさせて、たとえブルトーザの下敷になつても土地を守ると決意のほどを示し、これを支持する社会党、総評、全学連等の支援団体は基地拡張は原水爆持込みの第一歩、砂川問題こそ、平和か戦争かの岐路、絶対引けぬ一線という意気込み。しかもこの重大な問題を解決しなければならない当の責任者政府・与党は、全く無為無策、ただ手下の調達庁をべん達するのみという、あきれ果てた怠慢ぶり。これでは奇蹟でも起らない限り無事おさまるはずはない。果せるかな十三日あの惨事か起つたのである。

当日現場にあつた中野好夫氏は「きようこの砂川で行われた流血は、何千の眼がやきつくようにまのあたり見たはずだ。私はそれらの人たちが、ただ事実ありのままを、なんの意見や見解をまじえなくてよい、そのまま百人の友人に、千人の知人に告げ知らせることをのぞむ。とうてい私の言葉で伝えることはできないし、またまのあたり見たものでなければとうてい信じてもらえまいと思う……」と言つている。（朝日新聞十月十四日）

残念ながら私は当日どうしてもはずせない用事のため砂川へ行けなかつた。だからこの記事を書く資格はない。しかし、六日と八日現地を訪れ、土地の人々に会い、また、事件の渦中にあつた人々の話を聞いている。以下それに基づいて書いてみよう。

最初私が行つた六日には測量隊は来なかつた。支援団体も和やかにコーラスや蛇行をしていて小形のメーデーの観があつた。反対者同盟婦人部で中心となつて活動している天城ふみえさんは「去年は不安で落付かなかつたが、今年は全国から応援や激励が沢山来てほんとに心強い、安心して闘えます」とゆとりのある態度だつた。

八日再び訪れた時は三時頃四十名近い測量

（前ページよりつづく）

しかしさきにも述べたように、これらの良い方法は知つていても、牛を飼育するにも、施設その他がいるわけです。このため、貧農を救うのが建前であるといつて見ても支払能力の面において、資金ルートに乗らないというのが現状のようです。

このことについて、ある代表は「小さいところから救つて下さい、大きいところには改築資材の確保についてもゆとりがあるが貧農はすべての面で八方ふさがりである。もう少し貧農を救う意味からも私たちの声をきいて下さい」と叫ぶ代表の声は悲そうである。

またひつぱくした地区ではこの冬を過すのに着るものもない、着古しのものでも良いから頂きたいという、あるところではやつとばれいしよで食糧を確保したが、芋だけでは栄養の面でどうにもならないから、食用油を現物で頂きたいと訴えているのである。

長い間わが子を育てるように、毎日精こんをこめて丹精してきた作物が、収穫のときになつても実を結ばなかつたときの百姓の悲しみの深さは今さらここで述べるまでもない。

（全国農協婦人団体連絡協議会事務局勤務）

隊が三番口の三叉路に来た、という伝令が飛びさつと緊張した空気がみなぎつた。「あぶないから女の人はどけ」とどなられ、私は道路添の民家に身を寄せて容子をうかがつていた。社会党議員と測量隊をアリの這う隙間もないほど取囲んだ報道陣、その前に一定の間隔をおいて労組の人々が後向きにスクラムを組んで何列か立はだかつている。何を話しているのだか声もとどかず、もちろん話の内容もわからない。時々測量隊がメガホンを上に向けて

「測量させて下さい！」

とひどく間の抜けた声を放つ。それが少しも実感がこもつていない。「この人たち、ほんとに測量する気があるのかしら？」と思われるほど、陰に誰かいてせつつかれてシブシブ言つているみたいな調子だつた。私はその時感じたものである。新聞・ラジオ雑誌・ニュース映画等の報道陣が幾組も長い脚立をバリケードのように立てめぐらせ、カメラとマイクが八方から測量隊に向けて集中されている。一挙手、一投足、セキ払い一つもらすまいという緊張した面持でカメラをのぞき、マイクを握つている。いわばこれは日本国民全体の目と耳のようなものである。しかもこれらの機械は何を言うと、何をしようと、事実をそのまま、非情に捕える。これではいかに調達庁が強気でもめつたなことはできまい、戦前のような官憲の暴虐は許されないだろう、と。

私の考えはまことに浅はかなものだつた。十三日の事件を目撃していたある新聞記者はその余りの暴状を見かねて、

「君たちそんなひどいことをして、みんなカメラに入つているんだぞ！」と叫んだために脚立と共に押し倒され、その上を踏みつけられて負傷し、おまけにカメラは行方不明になつてしまつた、ということである。

「どうすればあれほどの憎しみがわくものか、あんなものすごい憎悪はみたことがない」とも他の記者は言つていた。「例え、動物であつても生きものにあんなむごいことができるであろうか、棍棒でなぐるだけではすまず、腹部を衝いていぐつたり、鉄かぶとを力一杯顔や頭にぶつつけたり、負傷しているものを踏みつけたり、足を払つて倒し、その上を踏む、けるなどとても人間の仕業とは思えなかつた」と蒼然として語る人もあつた。

また、重傷者を立川病院に運んで行つたところ、病院前に予備隊がスクラムを組んで入院をはばみ、かけつけた社会党議員に、「人道問題だ」としつだされ、やつと入れたということである。

その他負傷者を運び出す救護班の人々をなぐるなど、その乱暴、ろうぜきは言語に絶するものがあつたと聞く。

ほとんど無抵抗だつた支援団体から千人近くの被害者を出したいるのである「暴徒さながら」という新聞報道だけでも大よその見当はつくことと思う。

中野氏の言う通り意見や見解を述べることは差控えたい、が、十一日まではとにかく穏かだつた調達庁側が十二日以降急に攻勢に転じたということ、そしてもともと個人的には何らの恨みも憎しみも持つているはずのない警察予備隊員が反対者側をまるで不具戴天の仇のように傷つけたということ、一体この命令は誰が出したのか。この背後の巨大な、そして凶悪な権力、今こそ国民はこの実態をはつきり見極めなければならないと思う。それは単に警察予備隊の質とか訓練の問題ではない。いわば彼らは権力の道具にすぎないのであるから。（菅谷）

男女同権と社会的不平等について

性は男女の優劣に関係はない

鈴《す》木《ずき》平《へえ》三《さぶ》郎《ろう》

現代日本の婦人は、形式的には、社会的にも経済的にも完全に独立しております。そしてもはや如何なる支配にも、虐使にも服することはありません。彼女は自由人、同権者として男子と向いあつてたち、彼女自身の運命の主人公となりうるのです。ところが、この形式的には解放されたはずの現代においても有島有郎の「或る女」の主人公早月葉子のように自分をとりまく因襲的な信仰や母や社会に反抗し、愛情の世界で自我を確立しようとして傷つき破れるという女性の悲劇がまだまだあります。江戸名物の娘の安売りは今もつて日常茶飯事で三面記事の種はつきません。

女性の職場進出は戦後めざましいものがありましたが、十年たつた今日では、もう話題の種にもならず、むしろ仕事の能率低下という名のもとに女性は職場より閉め出されようとしております。これは決して社会とくに男性の偏見だけではないようです。

ではどうして、このような社会的な不平等が生れるのでしよう。その根本的な原因は戦後画期的な女性の地位をかちとつたのは、日本女性自らの意志により自らの手によつたものではないということです。血と汗を流してかちとつたものならば、当然肉となつてあとに残るはずです。敗戦によつて外部から持ちこまれた民主化、両性の同権を一部の良識がうけいれたにすぎないからです。憲法がいくら両性の同権や平等を明記していても現実に男の経済力と智力に頼つていたのでは、いざとなれば一家心中もしなければならないし、また良人のわがままや横暴もみてみぬふりをしなければなりません。

日本の歴史が始まつて以来今日ほどに女性が解放され、その地位が保証されたことはありません。また男の人々も腹の底はともかく女性の解放と独立もまた止むを得まいとみとめているとき、一部のインテリ女性といわれる女性を除き大部分の日本女性が相変らず人生のアクセサリー的存在をつづけているのは、その女性自身の責任といえます。女性を縛りつけている見えざる鎖は女性自らの手でひきちぎる外はないのです。何よりも女性自身の無自覚さが、女性自らをこの社会から脱落させる原因の一つではないかと思います。

家庭においても職場においても女性が自分の能力と働きに自信をもつことから両性の同権ははじまります。そして謙虚な態度で眼を大きくひらき、物事を知ろうと努力することによつて育てられます。すなわち婦人が最も大きな進歩をするのは、仕事を通じて彼女等の交わる社会で積極的に活動する一員となることです。女性は自分自身を女性として尊敬し、女であることが、どれ程意味深いものであるかを認識し、また女性は社会学的、生物学的にどうゆう意味をもつているかを理解するときにこそ自信をもつて世の中に進出して世の中で正当な座を占めることができるのです。そして女性は、男性の従属者としてではなく、たとえ一番大切な一員でなくとも人間社会における同等に大切な一員としてその責任を遂行する義務を果さねばなりません。このような努力を絶えず続けていくことによつて始めて女性の地位を自分達女性の手でかちとることができるのです。

次に男女の社会的不平等を生んでいる、もう一つの原因は、女性の劣等感の上にあぐらをかいてきた男性の優越感です。男性は、唯男性であるというそれだけの理由で女性より優れていると思つてはならないし、また両性はお互いに補い合うものだという相互援助の精神を理解しなければなりません。相互援助は、あらゆる人間が、もし最も充分に最も幸福に生きるべきであるとすれば、その上に則つて生きねばならぬ原理なのです。

しかし、現在においても多くの男性は、両性の相互援助の原則を肯定してはいないようです。男性も女性も、それぞれ相手の性から学ぶべきことと、学ぶべからざることが、たくさんあるのです。両性は同等のしかし異つた基準の上で協力することによつてこの相互援助は立派になしとげられるのだと思います。云いかえれば、両性は、お互いについての真実を学ぶ必要があり、お互いについて関心をもち、お互いの弱さと強さを知る必要があります。そして優越は、人の性とは何等関係なく、実際に優越の存するところにあるのだということを学ばねばなりません。

人間の才能は、人によつて非常にちがうものですが、実際のところ、それは性別によるものではありません。また女性としての権利は、いささかでも性の理由で縮められることがあつてはなりません。だから才能に関する限りは、両性とも、その将来の発展性を実現できるように平等の機会をあたえ、その能力を性に関係なく判断するようにしなければならないのです。またすべて人間は、人間であることによつて、自分のものとなつているところの権利を享受すべきだと思います。両性は、あらゆる方面において対等である教育の機会をもつて、お互いの性のために教育されねばなりません。両性が、お互いの性を知ることなしに、いたづらに競争しあうときには、自分自身の性と相手の性と両方に傷をつけあうことになります。女性は、女性本来の性を忘れ男性のようになろうと試みるべきでないし、男性もまた女性のようになろうと試みるべきではありません。

両性がお互いの、より良い理解を発展させるときには、いままでのように男性がただ男性であるというそれだけの理由で社会的に高い特権的な地位を得ることはなくなり、女性が男性と同等の立場で、そのような地位について働く機会も与えられるでしよう。

以上のように、女性の自覚とそれに対する男性の理解協力が相俟つて、はじめてよりよい男女の社会的平等の座が作られるのですが、それは社会主義機構の中において最もよく培われます。即ち現在の資本主義社会にあつては必然的に貧困の差が大きくあらわれてきます。そして男女の社会的な不平等がもたらされます。それは統計の上からみても、経済的に余裕のあるインテリ階級の間には男女の優劣の差は少く、それに反して貧困階級にその差が著るしいことによつてもわかります。このように、男女の優劣の差は経済的な関係に支配される面が大きいということができます。

完全なる男女同権は、社会主義の社会で経済的にも社会的にも男女がそれぞれ独立したときに確立されます。

このように、男女の社会的な不平等は女性自らの責任でもあるが、それにもまして社会機構の欠陥がしからしめるものであることを思うとき、私は一日でも早く庶民の住みよい社会が生れることを祈つてやみません。

（医博・三鷹市長）

座◇談◇会

▷女からみた男◁

出席者

熱田優子（日本職業指導協会）
坂本咲子（全逓婦人部長）
高木洋子（東武鉄道労組）
田所敏子（主婦）
西田とし子（全国医療労組）

司会　「女からみた男」なんてテーマで、女同士で、しかもいきのいい人たちが集つて気炎をあげますと、男に対する鬱憤ばらしと思われそうですが、編集部の意向としましてはそんな気晴らし的なものではなく、建設的な意味で、男女不平等の原因はどこにあるかということを探る一助として、こんなテーマを選んでみたわけです。戦後男女平等が叫ばれてから相当年月を経て耳タコの感があり、またかとうんざりさせられます。が、実際は制度の上でどう変つても日常の生活ではまだまだ平等は実現されていない。こんな現状である間はいくらうるさがられても絶えず繰返す必要があるんじゃないかと思います。究極的にはそれは社会主義社会にならなければ婦人の真の解放はないと私たちは思つていますし、そのために努力しているのですが、それには現状の正しい認識が必要であろうと存じます。その一つの男性研究という意味で、職場や家庭にみる男性というものを自由な気持で率直にお話し願いたいと存じます。はじめに職場の方からお願いいたします。

〉職場でみる男性〈

坂本　労働組合でも、一応男女平等と云いながら、その平等に微妙なものがあります。たとえば要求などを出す場合、男の人は働く者としての要求の中へ女独特の要求は含めません。また、労組の中ではじめは男より意識も低く実行力もなかつた女子労組員が伸びていき、発言、行動、すべてにおいて男性と同等になると、今度は女子の足をひつぱるような人が労組幹部にさえおります。つまり、女は男より一歩下つた段階から協力するのが一番のぞましいように仕向けるのです。

熱田　それはあながち女だからというわけではなく、伸びる人には必ず向けられる嫉妬のせいじゃありませんか？　ただ女に対する場合特にそれがひどいだけで。

坂本　そうです。男の人は特に女が偉くなるつてことに強い嫉妬を感じるようです。

高木　働く者の中でも女が男と平等じゃないつてことは、労組までいかなくとも職場でもみられますよ。たとえば私の職場などで男の人が車掌さんを私用にまで使つたりする。車掌をつとめる仕事の他に、車の掃除とかおつかいとか、みんな女がひとりでしなければなりません。そこで雑用からの解放をめざして働きかけようとすると、ただ口にするだけで働く仲間の男性に生意気だと非難されるのです。男の人は職場を家庭の延長のように考えて、雑用は女がするものときめこんでいるようです。

西田 私の職場でも、女が大部分だから女の声は無視出来ぬといいつついざ女が先頭に立つと生意気だという声が起ります。

〉女性自身にも問題が……〈

田所 男を横暴にしてしまうのは教育にも責任があると思います。たとえばこの頃私の家へくる若い男の人たちをみていると、あんまり男の仕事、女の役目を考えていないみたいです。男の人だつて奥さんにお客様がくれば接待もし、御飯のこしらえもする。それがみていてちつとも不自然じやないのです。ところが年寄りがいると、子供まで男、女を区別するようにさせられちやいます。すぐ「女だから」といつて女の子だけにおつかいさせたりお掃除させたりするのです。こういうしつけをつずけると、今の大人の男みたいに横暴になつてしまうと思います。

熱田 成人している男性だけでなく、古い教育を受けて来た今の女性にも、男には女の仕事をさせたくないきもちがあるんじやないですか。面映ゆいといつた調子で。

田所 それは確かにありますね。私の友だちに、旦那様の靴のヒモまで結んであげる人がいるんですよ。ほんとうにしようがないんですよつていいながら、そのくせ嬉しそうなんです。

〔写真は向って左から熱田、西田、高木、田所、坂本さん〕

高木 職場でもそういうことはあります。習慣的に自然と雑用をしてしまうばかりじゃなく、女の人からすすんで男の人の個人的な仕事までやつてあげるのです。そんなことしなさんなと云つても、当り前のことのように、「いいじやないの」ってむしろ喜んでやる人もあります。

熱田 おたがいに男女平等意識を常に意識する段階だから男女間が不自然なんじやありませんか？ もつと男女平等の意識がしみとおれば、その意識なしにふるまえるように思いますが。

〉観念的には分つてきたが〈

坂本 私たちは時々労働講座を開いて労組の青年男女に、婦人の歴史をしらせ、どうして現在のような婦人の地位ができたのかを話すんです。すると、男の人もとてもよくわかつたといい、観念的には男女はあくまで平等であるべきで、またそうでなきゃ労働者としての強い闘いはできないというんですが、いざ実際面で改まつたかというと、やつぱり前と同じ行動をとるのです。で、単なる観念だけじやダメだと云つてやるんですが、どうも観念は観念、実際は実際、という傾向はなおりませんね。それに若い人は若い人なりにまた男性優越感をもつているんですよ。

西田　年令によつて、男性の女性観もちがつて来ますね。私の職場でみる限りでは

35〜40歳の男性は完全にいわゆる昔風の女らしい女を求め、

30〜35歳の男性は女性の進歩性を認めながら、自分に関しては昔風のがいいと思つていますし、

25〜30歳の男性はそう云う古臭い考えはダメだといいながらそれは口だけでことの端々に男性の特権意識が現われる、

20〜25歳の男性はもう男女の区別をいちいち意識しないようです。

田所　私の家へくる若い人がいうんですが結婚の相手はお友だちとして対等に話し合える女の人じゃないと厭だそうです。しかし僕だつて四十歳位になつたら封建亭主になるかもしれないとつけ加えるんですよ。

司会　観念的にはわかつていても社会的な習慣に左右されているという結論になりますね。で、現在、社会機構がそれに有利か不利がということを考えてみなければならないと思いますが、

坂本　今の状態ではだめですね。階級が二つに分れている以上男女が歩みよらなきやだめですね。社会機構を変えることが究極の目的であるはずなんですが、旧態依然とした男の人の姿をみて、男の人たちだけで社会革命をやるつもりかといつてやると、いやというんですが。

熱田　その問題は女の多い職場で必ず起る問題ですね。それはもうしよつちゆう男性に反省を求めるという方法以外に手はないでしよう？

〈どうしたらいいか？〉

司会　問題は理論的にはわかつているものを実際的にどうしたらいいかということになりますが、この点どうですか。

坂本　第一に教育、それに女性自身の人一倍の努力も必要ですね。よく仕事の上で協力してくれても、討論の上で男性にぺしやんこにされることがあります。そんな場合でもその苦しさに負けず、もつともつと勉強し機会ある毎に話し合うようにすべきだと思います。また仕事の面でも男性に依存せず、過渡期の苦しさに耐えてすすむようにしなけりや、いつまでもたつても現状を打破出来ませんね。男に「だから女はダメなんだ」といわさないようにしなきや。

熱田　職場の人は仕事の上ではともかく一応は平等の地位にありますが、問題は家庭にあると思います。家事労働が全く念頭におかなれいために、家庭婦人は経済的に非常に弱く独立していませんからね。

田所　しかし独立しようと思つても、子供の多勢いる主婦を雇うような所はどこにもありませんわ。

西田　看護婦は、前は結婚したらやめるものときめこんでいたものですが、今でも婦長なんか結婚したらやめろとか何とか女同士で圧迫を加える所が多いのですよ。

熱田　あら、私の知つている人に市川の国府台病の婦長をしている人がありますが、自分では独身だけど、結婚した看護婦さんたちにとてもよくしてやるようですよ。社宅なんか、男の人と同様の権利を与え、託児所を作つてやつたり……

西田　そういうのは一部で大部分はちがいます。上の人のよほどの協力がなければ共稼ぎはとてもむつかしいのです。

司会　男女が肩を並べて社会をよくするようにするには、どうしたらいいのでしょう。

熱田　人間社会を良くするものは知性のみといえますね。

坂本　既成の男女概念をうち破ることです

ね。男女平等というのは服装や態度を同じようにすることじやないつてことをみんなが知ることですね。また、昔の修身的教育の非を宣伝することも男女で社会を良くすることだと思います。

熱田　それだけでなく、社会へ出て女が男に劣らぬ価値を作ることね。女も社会へ出て働けば立派に独立出来るんだという意識が平等の基礎的な条件じやないかしら。また女の人が外へつとめると、単に独立の意識をもつようになることだけじやなく、労働の価値を金銭ではかることが出来るようになる利点があります。

高木　女の人の幸福は、必ずしも職場だけにあるとは、考えられません。しかし今の社会では一度職場をやめるともう永久に職業をもつ機会がないという不安があるわけです。

西田　男の人に頼らなくては生活できないという考えを捨てられれば家庭にいてもいいようですね。

田所　家事労働も労働だということを意識して、女自身卑屈にならないことですね。

司会　男性の優越感は主として経済力から来ているとお考えですか？

熱田　経済問題はウェイトが大きいというだけで他にも原因はありますね。たとえば視野が狭く男の話相手にならないとか。

西田　恋人のうちから女は男に頼つていますよ。たとえば一緒に歩く時手の組み方が、女が男にぶら下るようにしている。（笑）

司会　それは面白い見方ですね。

熱田　たしかに腕力の点では男の方が強いですね。

西田　農婦や海女は女でも強いですよ。

〈押しのきく男へ〉

司会　職場で同じ仕事をやりながら男にかなわないと思うことは？

坂本　押しの利かない点です。私たち職場交渉の際、男と全く同じ資格で同じ使命を帯びて向つて行くのですが、郵政省側のうけとり方が男と女ではちがうのです。オルグなどでも、闘争体勢に入らせて行く使命を負つて行くのですが、女であることを自分自身意識して何がしら不安を感じることがあります。これが男の人だつたらそうは思わないでしょうに。

熱田　訓練されていないせいじやないですか。

西田　私も古い時代の教育を受けて、新しい時代の人に組合教育をせねばならないので自信がなくなることもあるのですが、ただがむしやらにやつています。

坂本　交渉などでとどめを刺す時、どうも女は押しがききませんね。自分が受けてきた教育や、訓練不足、既成観念に女自身でしばられてしまうことが障害になるのですが、もつと他に何かこう男の人のようにすつきりできないところがあるような気がします。

西田　女は、自分では熱心にいつてるつもりなのに、相手には感情的だととられてしまうことが多くありませんか。

熱田　どういうわけでしよう。声がかん高いせいかしら。

高木　しかし女の職場交渉の特徴は純真さですよ。男の場合は何かしら政策的で役員なんかになると特に要領よくなりますが、女はあくまで純真ですね。それを男の人は、男は生活の責任を考えるからだと弁解しますが。

熱田　それはヘンないいぐさですよネ。女にだつて生活の責任はありますもの。

坂本　男は立身出世主義の者が多いんです。その点女は政治性がなく裏面工作なんかしませんね。それだけに女が仕事の上でも、討論上でも男性に匹敵するようになると、今度はまわりの圧迫が凄いんです。

司会　女の実力を認めた上でする圧迫は特にひどいとおつしやるのですか？

坂本　男は女を愛玩物視します。ちよつとでも芽を出すとすぐ悪口いつたりひやかしたり。すると若い女の人ははずかしいしいやだしで、せつかく伸びる芽をしぼませてしまうのです。私は、男の人に、女を特別視せずヘンなひやかしをいうのはよせといいたいです。

司会　女は組合運動をするな結婚の相手がなくなるという声もききますが。

西田　高木　それはたしかです。労組幹部にさえそういう人がいます。

司会　女に対する偏見を自分の身近なところから打破する方法はないでしょうか？　特効薬といつたような。（笑）

坂本　ありませんでしよう。しかし、めいめいがそのカラにとじこもつてしまう傾向はなくすべきですね。

〈男性への注文〉

司会　男の人の鼻につく点、この点だけは何とかしてもらいたいというようなことを何か。

高木　家庭、職場に限らず、男は女のいつたことを正しいと思つてもその時素直に己れの非を認めない。素直じやないんです。その特権意識、女になんかあやまれねえ、といつたきもちを捨ててほしいですね。

田所　幼児でさえ女のくせにというんですね。まわりの教育がいけないんですよ。

西田　何かというと女のくせに偉いというヤユ気分をなくしてほしい。

熱田　男は「女のくせに」をひつこめろ。これが結論ね。

坂本　「私は女だから」というのものけること。

田所　男、女、じやなく、人間としてね。

坂本　男の人でいうことと、することが一致しない人は嫌いです。家庭と職場で人格を使いわけたり。

司会　二重人格的？

熱田　それは男に限らず女でもいやなものですね。ただ男にその程度がひどいだけで。

司会　組合の人にもそういうのがみられますか。

高木　幹部でも多いですよ。

坂本　ほんとにこの人たち、やる気があるのかと疑いたくなる時もあります。

高木　私の労組で、男の人が大体社会党を支持していて、党員をふやそうとして婦人部へ呼びかけるんです。ところが御自分の奥さんや娘は入れようとしない、だから婦人部では自分の奥さんや娘をすすんで入れられるようにならなきや党へなんか入らないという人が多いんです。

司会　すると一般に男は思想と行動が一致しない人が多い、まだまだ古い型の男がのさばつている、ということになりますね。（笑）どうも永い間ありがとうございました。ではこの辺で。

（文責・菅谷）

（一七ページよりつづく）

生活保護が恩恵的な色彩を帯びてきた今日では、民生委員の受給者に対する力は絶対です。これでは公正な保護は行われなくなります。

それから推せん会の会員というものにも問題があります。その構成メンバーは関係団体の代表者、教育に関係あるもの、関係行政機関の職員、学識経験者などで定員は最高十四名最低七名ですが、平均年令はおそらく六十歳以上で、新憲法の精神に添つた社会保障の意味などわからず、生活保護を恩恵的に考えている人が多いのです。

編集部　時間がありませんから、残念ですがこれで。

おしらせ

第一回読者会

読者有志のご希望により今後毎月一回（原則として）読者会を開くこととなりました。十一月は左の通り開きますので、多数ご参加下さいますようご案内申上げます。

心おきないお話し合いのうちに、いろいろな問題を解明していくような楽しい、有益な会合に発展させたいと希つています。皆様のご協力をお願いいたします。

一、とき　**十一月八日**（木）**午後一時……四時**

一、ところ　**本社**（交通・省線田町・都電三田下車）労働金庫ワキ硫労連会館内

一、会費　**五十円**

「婦人のこえ」編集部

本誌社友・読者懇談会

本社では創刊三周年を迎えるに際し、社友・読者懇談会を去る九月二十八日夜参議院議員会館で開きました。出席者は大阪府職、全逓、全電通、全蚕労連、東交、全医労、大日本印刷はじめ各労働組合、及び一般読者五十六名。ことに大阪府職からはカンパによつて木築穂波、栗山喜代子さんのお二人がはるばる御出席下さつたという熱心さに、本社一同はもとよりご出席の皆様も大いに感激いたしました。

会は六時から全電通の武内さん、社会党の渡辺さんのもの馴れた巧みな司会で始終なごやかな雰囲気の中に進められました。山川編集委員のご挨拶をかねた本誌創刊の趣旨の説明と現状報告、藤原編集委員の最近の政治情勢のお話のあと、いかにも「婦人のこえ」にふさわしいつつましやかなお食事となりましたが、それでも本社側のご馳走とあつてはのどが通らない、というお声もあつて大笑い。

食後は武蔵野市の三浦芳子さん、全蚕系の岩瀬さん、全逓の坂本さんはじめ、多くの方々から本誌発展のため、熱心な御意見やご注文が続出、定刻三十分過ぎの九時、和気あいあいの裡に閉会致しました。

編集後記

国民八人のうち一人は生活に喘いでいる現状です。寒さが身に沁みるにつけ人ごとならず胸が痛みます。今月は民生委員の改選もあり、これらの人々への関心を高めるためにと、「生活保護」の問題を特集としてみました。いつも暗い記事のみで恐縮ですが、この世から一人でも不幸な人がなくなるようにとの切なる願いからです。ご了承下さい。

三周年記念催しに音楽会を開くことになりました。社友の淡谷のり子さん、小倉麗子さんが、お忙がしい中を特にご出演下さることになりました。本誌始めのこの催しを盛大な楽しい会にいたしたく、多勢お誘い合せの上御来場下さいますようお願いいたします。（菅谷）

婦人のこえ　十一月号
定価三〇円（〒五円）
半年分　一八〇円（送共）
一年分　三六〇円（送共）
昭和三十一年十月廿五日印刷
昭和三十一年十一月一日発行
編集発行人　菅谷直子
東京都千代田区神田三崎町二ノ六
印刷者　堀内文治郎
東京都港区本芝三ノ二〇
（硫労連会館内）
発行所　婦人のこえ社
電話三田（45）〇三四〇番
振替口座東京貳壱壱参四番

昭和二十八年十一月二十四日第三種郵便物認可
昭和三十一年十一月一日発行（毎月一回一日発行）

婦人のこえ　第三十八号
（第四巻・第十一号）

定価三十円

婦人のこえ

昭和三十一年十一月二十五日印刷　昭和三十一年十二月一日発行（毎月一回一日発行）

12月号

特集　粗悪品の諸問題

1956

一九五六年 婦人界 主なできごと

今年は婦人界にどんな事件があつたでしょうか。年の瀬に立つておもなできごとをふり返つてみましよう。

なおここでは婦人週間行事、母親大会等例年の行事は省くことにしました。

一、婦人議員大会　婦選実施十周年記念行事の一つとして二月三日から五日まで虎ノ門の共済会館で開催、出席者、婦人議員及び教育委員四百八十名、その他特別及び一般傍聴者二百名

二、働く婦人の中央集會　四月総評及び友宣組合の婦人部員八百名が参加、働く婦人の権利擁護を叫びました。組合婦人部が独立で全国的な規模で集会を開いたのは戦後始めてのことでした。

三、家族制度復活反対総決起大会が憲法改正反対、家族制度復活反対を唱えて四月二十一日日比谷公園に集合街頭デモを行い、港区公会堂で講演会を開きました。

四、世界婦人労働者会議　六月ハンガリーのブダペストで開かれた第一回同会議に日本から日教組の山本あやさん他十数名が参加。

五、売春防止法の成立　本年五月二十一日第二十四国会で「売春防止法」が成立しました。二十二年の第二国会に提出されてから六回目でやつと国会を通過したわけでした。売春業者が現われてから四百余年、国法ができたのはこんどがはじめてという日本の女性史にとつて意義深い法律です。なおこの法律を成立させたのは婦人の力でした。

六、教育二法案問題　民主化教育の土台石を突崩すものとして革新陣営こぞつて反対したこの法案は参議院で与・野党の激突まで起して遂に押切られましたがＰＴＡのお母さんたちも立上つて大いに反対いたしました。

七、第四回参議院議員選挙　憲法改正是非問題をめぐつて保守・革新が烈しく闘つた結果、革新派が議席の三分一を占めて憲法問題を向う三年間封じ込めたことは今年の大きなできごとの一つで、ことに平和を願う婦人の票が革新派に入つたこと、また革新派の社会党婦人候補が三名共高位で当選し、その一人加藤シヅエさんに七十五万票という空前の票が集つたことは特記すべきでしょう。

八、男女共学問題　戦後民主化された日本の諸制度は保守党政治によつて次第に逆コースをたどつてきました。男女平等の原則による教育の機会均等、共学制に対し清瀬文相が疑問を表明し共学制問題について、八月頃世論がわいたことも今年のおもな事件の一つといえるでしよう。

九、都会議員の退職金問題　地方自治法の改正によつて九月から地方議員の退職金が支給されないことになるのに先立ち、東京都会では八月中に繰上げて支給してしまいました。これを知つた主婦連合会、婦人有権者同盟等六団体は怒り、返還運動を起して都会に迫りました。都会側は内規を改正した上での処置で違法ではないと、つつぱね、婦人団体側は、内規の改正にも不明朗な点があり、その上これは道義的な問題でもあると、飽くまで追及、すつきりした解決をみないまま年を越えることになりそうです。

十、砂川問題　真の独立への第一歩を基いたと言われる砂川基地反対闘争に労組、革新政党の婦人部、全学連の女子学生その他多くの婦人が参加したことも銘記すべきでしょう。

婦人のこえ

1956年
十二月号

十二月号　目次

特集・粗悪品の諸問題

時事評論

雪あらしと砂嵐

——東欧と中東の雲ゆき——

山《やま》川《かわ》菊《きく》栄《え》

東欧の雪あらし

一九五二年三月、スターリンの死と共にソ連には新しい時代の夜あけがきたようにみえた。スターリンをつぐ新しい独裁者の代りに集団指導の方式がとられたこと、鉄のカーテンが少しはずされて排他的、独善的な方針が、いわゆる微笑外交または緊張の緩和にかわつたこと、そのあらわれとして単に外国から多くの人々を招くだけでなく、自国を一歩も出なかつたスターリンにひきかえ、ブルガーニン、フルシチョフの両巨頭がたずさえて気がるに外国を訪い、平和共存、内政不介入も声明すれば、貿易や経済援助に積極的にのりだし、巨頭会議にも応ずれば、原水爆実験についての日本の国会の呼びかけにもソヴィエト最高会議の決定をもつて応え、また政府対政府の働きかけばかりでなく、単に婦人関係だけをひろつてみてもコミンフォルムの外廓団である国際民主婦人連盟の主催による一昨年の世界婦人大会、昨年および今年の母親大会、世界労連の主催による世界婦人労働者会議などを通じて各国、特に後進諸国の青年男女、労働者農民に対する平和と友好の呼びかけなど、その活動は目ざましかつた。

一九四八年、ユーゴはソ連の経済的搾取、主権の侵害等を怒つて反抗し、ためにコミンフォルムから追放されて国交断絶の状態にあつたが、五五年ブルガーニン、フルシチョフがみずからユーゴを訪い、過去の誤りを謝し、かつて社会主義の裏切者、資本主義への降伏としたユーゴの内外政策をも社会主義の行き方の一つとしてみとめるという、大きな変化をみせた。ついで五六年二月、ソ連共産党第二〇回大会ではミコヤン、フルシチョフのスターリン批判、個人崇拝の反省がおこなわれて、非スターリン化が川のセキを切つたような勢いで流れ出した。

六月にはスターリン外交の担当者、ユーゴ追放の責任者モロトフ外相等を血祭にそなえてチトー大統領夫妻をモスコーに迎え、熱狂的な歓迎の中にコミンフォルムの解散を発表して誠意を示した。内政の面でもスターリン時代に追放されたり消されたりした政治家学者の釈放や名誉回復、歴史の書き直し等、個人崇拝と官僚統制のきびしいワクがゆるみかけてきた。

一九五四年六月、東ドイツでは反乱が起り、ソ連の武力でおさえられはじたが、その原因が反省されて労働者の待遇改善がおこなわれた。五六年六月、ポーランドのポズナン市にも右と同様、極端に劣悪な労働条件に対するストライキが、ソ連の支配に対する暴動に発展して多くの市民がとらわれた。

十月廿日、さらに大規模の政治的暴動が首府ワルソーにおこり、かつてはチトー主義者として投獄されたゴムルカが第一書記となつて返り咲き、新しい政治の方向が決定した。新政府は非スターリン化をすすめ、今までよりはるかに大きい自主独立を得ると共に、ソ連とも友好関係を保ちつつアメリカとも一層自由に交通し得るようになつた。しかしソ連の軍隊が国内にとどまり、西欧諸国に対するソ連圏の同盟であるワルソー条約に結ばれていることにも変りはないが、強大なソ連軍が国境を圧しているいま、これ以上完全な独立を望む代価がどんなに大きいかを隣国ハンガリーの悲劇によつて思い知らされているポーランドでは、ゴムルカ政府を信頼して注意ぶかく行動することを国民に求めている。

ハンガリーの悲劇

東欧七カ国は第二次大戦以来、軍事的にも経済的にもソ連に従属していた。が雪どけ政策の結果、ポーランドでは大はばに自主権を回復することに成功したが、ハンガリーの場合はいうに忍びぬ悲劇となつて世界中をおののかせた。この国ではスターリン主義の代表ゲレ第一書記が十月二十三日暴動の起つた後まで、その地位にとどまり、二十四日早朝、「ソ連軍帰れ」と叫ぶ国民をうち殺すためにソ連軍の出動を要求したので火に油をそそぐ結果となり、反乱は全国的なものに発展し、完全な独立を求めて戦つたゲレに代つたナジの新閣僚には共産党が三分の一、他は小地主党やキリスト教民主党など保守的色彩のものが多く加わつたすえ、ソ連軍の即時撤退を要求し、東欧の軍事同盟であるワルソー条約からの脱退、永世中立を宣言したことはソ連の忍びえぬところでもあつたろう。もつともユーゴ、オーストリー、スウェーデン、インド、ビルマその他西欧、東欧どちらの軍事同盟にも参加せず、中立を守つている小国も多いが、それは主権をもつ場合でソ連は対等の独立国どみなさぬ衛星国にはそれを許さないのである。十月三十日には撤退を声明したソ連軍が十一月四日、十二個師、四千数百台の戦車をもつてハンガリーに入り、血の海の中にナジ政府を葬り、チトー主義者として五年前入獄したカダール第一書記を首相として新しい内閣を作らせた。

国連は加盟諸国の多数決によつてハンガリーへ調査団を派遣することをきめたが、ソ連とカダール内閣は、これはハンガリーとソ連だけの問題であるとして国連の介入をこばみ、その調査団がハンガリーに入ることをすら許さない。

この事件について中共はやや批判的、世界労連は絶対的支持、ユーゴはいかなる理由にもせよ、一国が他国の領土に軍を留むべきでないとしてソ連軍の撤退を要求している。折からボンベイに開かれているアジア社会党大会も英仏イ、ソ連の侵略に抗議して撤兵を求めた。パキスタンをのぞくコロンボ四カ国（インド、ビルマ、セイロン、インドネシア）の首相会議は……エジプト、ハンガリー、アルジェリア問題に関する意見の一致を見、十一月十四日午後四時共同声明を発表したが、四国首相は「強い国は弱い国を侵略、その結果はげしい衝突と人間の殺リクを招いた」と述べ、とくにハンガリーについては「すべての国は外国からの圧力から自由にその運命を形づくる不可侵の権利がある。ソ連軍はハンガリーから即時撤退し、ハンガリーは自由に将来を決定することを許さるべきだと述べた」と十一月十五日毎日新聞ニューデー特電は報じている。

ハンガリーの場合、反動の動きもあつたろうが、十二年間のソ連支配に国民が満足していたなら婦人や少年までソ連戦車と素手で戦う悲劇は起りえない。どこの国でも貧乏と圧制のないところに暴動は起りえず、ソ連圏だけが例外ではありえない。ソ連軍は秩序の回復を待つて撤退するというが外国の武力によつてわずかに支えられている新政府をのこしてはたして撤退できるだろうか。平和と民族の平等を望む全世界の国民は、民族の自由のために流されたハンガリー人の血をいたみ、その目的の達せられることを願わずにはいられまい。

スエズの砂あらし

スエズ運河の国有化がナセルによつて発表されたのは七月二十六日で、その日のうちに国際スエズ運河会社の全資産はエジプト政府のものとなつてしまつた。この会社は一八六九年発通式をあげ、イギリス政府が最大の株主で、フランスがそれに次ぎ、年間収益三百六十億円のうちエジプトのうけとるのは、一五%にしかすぎなかつた、が、一九六八年、開通式から百年めの年には補償金とひきかえに会社はエジプトにひき渡される筈だつた。一八八二年、イギリスは白人数十名が殺されたのを口実に出兵して、エジプトを保護国とし、第二次大戦後その主権を認めたとはいつてもインド、ビルマのような完全な独立を認めず、石油の利権や駐兵権にみれんを残したために中東諸国との間にごたごたがたえなかつた。そのだいじな石油を運ぶスエズはエジプト同様、英仏にとつても命のツナなので、それだけにエジプトと争うよりも、平和の友好関係を発展させる方が有利なので、労働党はそれを主張するが、保守党は承知しなかつた。

砂漠が多くて耕地のすくないエジプトはナイル川を利用してアスワンダムを作り、それによつて農業を発達させるほかなく、そのためアメリカの経済援助をうけていたが、アメリカはエジプトがその資金でチェッコやソ連から武器を輸入して経済開発を怠つているという理由で突然援助を打切つた。そこでエジプトはスエズを国有化し、それから上る利益をダム建設にあてると声明した。するとスエズ運河会社の大株主英仏が怒つて水先案内人引あげというストライキに出、問題が国連にもちこまれている間に、英国の保護の下にあり、エジプトと敵対関係にあるイスラエルがエジプトを侵略しはじめた。すると英仏は航行の自由と安全のためというふしぎな口実でエジプトに出兵した。

八年間インドシナで血を流したあげく敗退して、領土も権利も失つたフランスは、しようこりもなくアルジェリアでも同じような植民地戦争をつづけ、こんどはまたエジプト相手に命とりの戦争にとびこんだ。この国では共産党議員一、社会党一名（元首マンデス・フランス）のほか議会でも政府の方針に反対するものがない。

イギリスではアフリカの植民地における弾圧政策、キプロス政策に労働党、特に左派は反対しつづけてきた。スエズ問題については九月はじめに開かれた英国労働組合会議（TUC、会員八百万）及び十月初旬の労働党年次大会はいずれも武力干渉反対の決議を通過した。労働党では、イギリスはすでにスエズ会社の大株主としてもうけすぎるほどもうけてきたのだし、どのみちあと十二年たてばスエズ運河はエジプトのものになるのだからこの際その国有化をみとめてもよく、エジプトがより多くの利益分配をうけるのもよかろう。しかし、運河航行の自由と安全はどこまでも守らねばならず、それを規定した一八八八年の国際条約の精神は、世界の通商と人類の幸福のために守らねばならぬ。英仏の水先案内人引あげ、武力干渉はあくまで反対するが、こういう国際的影響の大きな水路は各国の協力によつて管理されるべきではあるが、英仏が一方でエジプトをたたきながら他方で国際会議を唱えてもエジプトやその支持国がついてくる筈はなく、問題は国連に一任せらるべきだ、と主張した。同時に同じような国際的意義をもつ他の水路――パナマ運河のような――も国際管理にゆだねらるべきだ、という意見も発表された。

英仏は一応国連の警察軍を迎えて停戦することに同意したが、撤兵の条件についてエジプト側とおりあわず、フランスは殊に向う見ずの強硬さを伝えられる。東洋の植民地を失つたフランスはアフリカの宝庫アルジェリアにしがみつき、原地人の抵抗はフランスの武力弾圧が手ぬるいからだと考え、ますます時代おくれの蛮勇を発揮し、うしろにエジプトさえいなければアルジェリアは料理しやすいはずだとも思つてエジプトをたたきつぶす気でいる。英仏共にナセルを憎んでその政権をくつがえそうとすればするだけ、必ずしもすべての一点で利害の一致しないアラブを団結させ、ナセルをますます英雄とせずにはいられない。英仏のあせりはその野蛮な軍事行動となり、軍事行動はその没落を早めている。英国の保守勢力が国民から見放されれば労働党が新しい平和政策をもつて登場するが、社会党が、英国の保守党なみに時代おくれのフランスはどうなることか。共産党も単独では政権をとる力がない。

私たち日本人として殊に警戒しなければならないのは、こういう国際情勢の悪化、とくにソ連の武力政策を見て、反動勢力が赤色帝国主義の恐怖をさけび、憲法改悪、再軍備の必要を宣伝することである。実際日本がもしソ連の衛星国であるならば、いつハンガリーのような目にあわないともかぎらない。しかし日本はまがりなりにも独立国であり、遠からず国連にも加盟して一票をもつことだし、ハンガリーの一千余万に対し人口九千万に近く、アジアにおけるその特殊な地位からいつてもソ連が戦車でのりこむことはむつかしく中共もまたソ連と協力して日本との軍事占領を企てることは余りにおろかな、余りに高価な冒険であることを知つていよう。武力に於てはいうにたりないインド、ビルマ、インドネシア等をソ連も中国もおかそうとはしていないし、それらの国々は中立的立場にあるだけに、平和のうちに国力をのばし、国際的発言力も高まつている。私たちにとつて必要なことは、あくまで戦力放棄の立場にたち真に平和を愛すること、その基礎の上にたつて真に平和的な国際勢力を強めるためにたたかうことである。ソ連の武力行使をもつて「武力によつて叛乱を粉砕」とソ連万歳をさけぶものは、再軍備のために万歳を叫ぶ者と同様の自主性のなさ、他力本願の属領根性をばくろしている。何千年来戦争になれてきた人類にとつて平和の道は新しい。国連もまだ若い。私たちは大国がその武力におごつてあやまちをおかしたからとて絶望せず、小国同士たがいに助けあつて平和への新しくけわしい道をさぐり、大国にもその武器をすてさせるように努力しよう。原水爆ばかりでなく、いつさいの武器の製造輸出、徴兵制度への反対を平和運動の一環として英米仏ソ連中共等の国民にもよびかけようではないか。

特集

粗悪品の追及

★ 粗悪品はなぜ生れるか
★ 輸出品の現状
★ 特価品と粗悪品
★ 粗悪品の取締り
★ 粗悪品を追放するには

粗悪品はなぜ生れるか

芹《せり》沢《ざわ》よし子《こ》

今度の中国の見本市で、日本の雑貨即売会が粗悪品を出してひどい恥をかきました。書けない万年筆、開くと裂けるレインコート、中身のじよう発した香水など、きけばきくほどあきれるばかりです。しかし、こうしたことは今にはじまつたことではなくて、ただ私たちがあまり無頓着だつたということらしいようです。

通産省の調べでは、今年に入つてからでも、カン詰の中身がワラだつたり、樽に一ぱい曲つた釘が入り込んだり、荷造りが悪くて、途中で破れてしまつたカヤだの、日本の品物に外国からいろいろと苦情が積つて、今年の始めから半年の間に、三百六十件もあつたそうです。そして、北京の見本市の恥の上ぬりで最後の仕上げをしたというわけでしよう。

でも、考えて見れば、私たちの身じかに、いつもこうしたことが繰り返されていることに気付きます。先だつても子供が手工にいるからというので、三十円のハサミを買つてやりましたら、厚紙を切つたとたんに、刃先きがポッキリ折れてしまいました。仕方ないので八十円のをふんぱつしたのでしたが、これなら、なくさないかぎり中学校までも大丈夫でしよう。「安かろう、悪かろう」という耳なれたことわざがあり、「安物買いの銭失い」とも聞かされて充分承知の上で、ぎりぎりの暮しむきのことを考えては、ことわざ通りの失敗をくり返していることに気がつきます。

一体これは、買う身のおろかさでしようか、それとも、こうした粗悪品を売る人の責任でしようか、それとも造る人の罪でしようか。粗悪品を造る手は働く人の手かも知れないけれど、それを造るようにしむけるものが、たしかにほかにあるのではないでしようか。

こんなことを考えながら、まわりを見廻し

てみました。すると、使いみちにならないというほどでなくても、それに近い粗悪品が生れそうな条件をもつた場所が近くにあるではありませんか。

既製服工場、靴下工場、輸出むきアクセサリー、工芸品など、十畳間位の仕事場を持つているのは大きい方で、たとえば家族のすまいそのままが工場で、家族が従業員、往来から見えるせまい土間で二三人が、アンチモニー製の輸出向きの皿、灰皿など作つているところもあります。

熟練工なら、日給四百円以上の仕事を、中学出の子供が百五十円、近所の主婦で二百円も貰えるのがようやくのようです。既製服にしても、「まとめ」といつて、すそのまつりから裏袖付、ボタンかがりホック付けなどの仕上げは、家庭の主婦の内職で百円もらうためには十二時間くらい坐らなければならないとききました。錫の工芸品の彩色は遊び盛りの小学生から中学生の内職になつています。みんな貧乏ゆえの内職です。こんなことで、良い品物ができようはずがないという気もします。

ちようど、一ぷくつけに書斉から出て来た夫にたずねてみました。

「近頃粗悪品問題で世間が騒いでいますが、近所の様子を見ると、働く人が一番責任があるようにもとれますし、それかといつて、あの人たちにはどうしようもないでしよう。一体だれに罪があるのでしよう」

「問屋制度が一番いけないようだね」

「問屋制度つて？」

「そら、今度の北京の見本市の場合でも、十一月十一日号の週刊朝日にくわしく出ていただろう。一割以上の取かえ要求のあつたベルマン印万年筆というのは大阪の久保田製作所が製造したことになつているが、三千七百ダースのうち百ダースだけ自分の所で造つて、残りは全部、ファストペン株式会社に下請けに出した。そのまたファストというのが一本も造らないで河野と池上という工場にまた下請けに出した。多分それが、いわゆる、四畳半工場に廻るんだね。つまり、何々製作所とかいつても、本当は問屋だね。四畳半で働く職人を中間の問屋がまず頭をハネ、それを買いあつめる卸問屋が頭をハネ、さらに輸出商が頭をハネ、最後に外国の輸入商が頭をハネる。ベルマン万年筆の場合は卸売だから、最後に頭をハネたのは多分、輸出商だろうが、その輸出値段が一本五十円だつた。ところで、河野製作所が引受けたのは二十八円三十三銭の安値だ、それがまた四畳半の内職に下請けされるとき一体どんな安値だか想像がつくだろう」

「働けど、働けど、ですわね。でも、日本から輸出する品物はみんな粗悪品ともかぎらないでしよう」

「大体、中小企業で造られるものが悪いね、というより、第一、安くしなければ買つてもらえないのだ」

「どうして？」

「まず外国の輸入商に買ひたたかれるね、日本は賃銀が安いはずだから、もつと安くしろとね」

「それでも、ソロバンに合わなければ引受けなければいいのに」

「他の業者がもう烈にせり込んでくるよ、ぐずぐずすると商売がなくなるね」

「背に腹はかえられぬつてわけね」

「まず、そういうところだろうね。でも問屋は、値切られた分、また下請けを値切るよ。下請けは結局、加工賃を値切ることになる、つまり、全部のシワは働く人によせられることになるね」

「してみると、やつぱり、問屋だとか、工場だとかが悪いことになるのでしょうか」

「いや、今度の中共の場合は別だが、日本商品をたたく外商も悪いね。もつとも、憤慨しても仕方がないが。こつちの輸出商が値切られないだけ強くならなければ」

「でも今度は日本の輸出商がその分町工場をしぼれば同じことでしよう」

「そうだね。大きな商社でもしぼれるだけはしぼりたいものだよ。それにいまひとついい忘れたが、小さなメーカーや問屋がせり合うのは、大口のよい注文は、みんな大きな工場が先にとつてしまうからね」

「してみると、町工場で働く人や、内職している人たちは、問屋にしぼられ、大工場にしめつけられているわけね」

「その通り」

「なんとか、そんな不公平はやめられないのかしら」

「これが資本主義というものだね。資本主義のつづくかぎり、根本的にはよくなることはむずかしいね」

夫はこう云いすてて、吸い残りのタバコをポンと放り出して、書斎に引つ込んでしまいました。


（筆者は武蔵大教授、経済学者芹沢彪衛氏夫人）

輸出品の現状

——万年筆の場合——

津《つ》田《だ》恵《けい》子《こ》

中共見本市粗悪品問題について「涙が出る程残念だ」と日中輸出組合理事長の語つた言葉は、そのまま私たちの気持に通ずると思います。調査の結果、ジャーナリズムが騒いだ程実状はひどくはなかつたとはいうものの粗悪品の出たことは事実であり、日本商品にきせられた汚名は、ぬぐうべくもありません。私の働いております職場の経験から輸出品の実状をのべ、合わせて今回の事件は何故発生したか原因をつきとめてみたいと思います。

私は今回の粗悪品問題は、単に一部のメーカーが悪いものを作つてそれが見本市で問題になつたという簡単な事ではなく、原因はもつともつと奥深いところに根ざしており、日本雑貨輸出全般の問題であり、ひいては日本経済全体にかかわる矛盾の一端がたまたま北京見本市において、問題化したと見ております。この深い矛盾のからくりを説明するには、まず現在の万年筆の生産過程から解き明かしてゆかなければなりません。

そもそも万年筆工業は、一見簡単のようにみえて相当広い工業の綜合です。ですから、一口に万年筆工業といつても資本金一億以上の会社もある一方、ロクロ一台、プレス一台もおいて主人の家の一部とか、玄関脇などで家内工業的に作られているところも多いのです。こういう小メーカーでは軸は軸、ペンはペンと別々に作られ、それを適当に組立てて作るのですから寸法は勿論、材料も一貫した規格がなく、従つて〃バラツキ〃が非常に大きいのです。かかる万年筆はいわゆる〃すそもの〃といわれ、日本では到底使用に堪えないしろものであります。ではそれらの安い万年筆は一体どこへ流れてゆくのか、と言いますと大抵は、文化程度の低い東南アジア、アフリカ等の後進国地域に輸出されるのです。

これらの国々は貧富の差が甚しいのでパーカーやシェファー等の高級万年筆は一部の金持や役人だけが使い、大部分の一般大衆は、万年筆をアクセサリーとして求めているような有様ですから、従つて安いことが絶対条件です。とくに関西辺においては、こういう輸出のみを目的として一打一ドル位の安物が生産されています。ですから万年筆検査制度も、こういう安物には現行の抜取検査では不十分で全部検査しなければならないと思います。

しかしこのように輸出を目的とする安物万年筆が中小メーカーで生産されている一方、大メーカーになりますと立派な工場をもち、工程を出来るだけ単純化して一貫した流れ作業の下に、綜合的、計画的に管理された状態で大量生産されますので部品が規格化され、従つて出来上つた万年筆は〃バラツキ〃が少く、抜取検査さえも不必要な位優秀なものが出来ます。私共の会社では自動車工業のそれに匹敵するような精度の高い機械を用い、また管理手段としても、推計学の発達にともない統計的品質管理を応用して大量生産を行つており、特に最近では、海外に工場を建設し、プラント輸出、生産技術提供にも大きな役割を果しております。このように万年筆工業は、非常に巾が広く、出来上つた万年筆の品質にもピンからキリまで差が甚しいのです。中共見本市に出品されたものは、その最下位にあたる安物であり、しかもアフリカ向として作られたものが晴れの見本市に出品されたのですからクレームのつくのも無理はないと思います。あれが日本代表万年筆と思われては、私達としてもやりきれない気持です。それならば、今後粗悪品は絶対出さない様、検査制度を強化し厳重取締ればよいではないか、或は商業道徳を高めるよう業者がお互に自粛したらいいではないか、といわれるかもしれませんが問題はそう簡単には片付きません。もちろん検査は厳しい程よいにきまつています。大メーカーではいくら厳しくとも前述したように、生産構造からみても、また資金面からみても、びくともしません。また海外のバイヤーがいくら値切つてきても、それに応じないだけの実力をもつております。けれども中小企業者はバイヤーが値切つてきた場合、その値で売らなければみすみす注文を逃すことになりますから、意識的に品質を落しても少しでも多く注文を取ろうとします。競争者の多い現状ではそうしなければ食つて行かれないからです。このことは中小企業にとつて実に深刻な問題です。

今回の問題も、結局は、こうした自由経済のしわよせがかかる中小企業者をして、安物粗悪品を売らなければやつて行けない立場に追い込ませたとも言えましょう。進んだ独占資本主義国である日本には、巨大な独占体があると共に、おびただしい中小企業があり、労働者の60％以上がここで働いております。そして彼等は相互に「過度競争」を繰返しながら景気の波に揺られて、一方では大量に生れ、一方では大量につぶれるというような不安定な生活を続けています。商業道徳云々、もさることながら、資本主義経済の矛盾と生産過程の性質から生れてくる無秩序が根本に横わつている限り、粗悪品問題はなかなか解決されないと思います。

「かけない万年筆」「走らない自動車玩具」と最近粗悪品が続々槍玉に上げられていますが、これは今日に始つたことではなく、私共はよく粗悪品を掴まされて憤慨することがあります。しかし内地では、悪いものは信用ある店では扱いませんし、露店などでたたき売りされている位ですが、これが一度輸出となると国際信用にかかわることになりメイドインジャパンは安かろう悪かろうだという有難くない名前を頂戴するわけです。大メーカーですと、商品は輸出品であろうと内地向であろうとそう変りはありませんが小メーカーでは輸出のみを専門に目的として内地ではうれないような品物を生産している所が多いのです。これは万年筆輸出検査制度の階級をみるとよくわかります。等級は上級・中級・下級にわかれており、内地で一般に売られているのは上級・中級品で輸出では、これがわずか2%、下級品が98%というから驚く外ありません。

もう一つの大きな問題は、中共市場に対する認識不足でありましょう。輸出は内地と違つて相手国の事情を充分研究した上でなされなければならないのはもちろんです。にも拘ず、アフリカ向がそのまま中共向に早替りしたのですから認識不足も甚しいと言わなければなりません。現在中共では賃上げが実施され、四月にさかのぼつて支払われたため、懐工合は暖く消費生活にもゆとりが出てきたと言われております。昔は、中国市場は一般に"安かろう悪かろう"のぼろもうけの出来る市場という通念がありました。特に雑貨はひどかつたようです。そういう観念を改め、地道な商売をするべく努力しなければ国際競争にはかてないと思います。

以上いろいろ述べて来ましたが、結論として粗悪品問題は、まず根本に横わる経済構造の改革、とくに自由経済のしわよせを公平にし、その上に商業道徳の向上がなされてこそ完全なものとなるということを強調したいと思います。

デパートの 特価品と粗悪品

中《なか》田《た》藤《ふじ》子《こ》

私たちはよく必要だからと思つて買つた品物が、その用をなさないようなしろものだつたり、またみかけと内容が全く違うものだつたりして煮湯をのまされることがあります。物資のない終戦直後は特にそれがひどかつたようですが、一応経済が安定したという此頃でもまだそういうことはたびたびあります。特価品などと銘をうたれようものなら「安かろう悪かろう」を誰もが覚悟する有様です。本当なら特価品とは一定の品物を特に安くした場合を意味するのですが、少くとも現在の日本では、特価品などめつたにないといつても過言ではないでしよう。何故なら古人も「安物買いの銭失い」と教えてくれた通り、「安値」にみ合つた「安物」を単に「特価品」と呼んでいるにすぎないのですから。

因みに今朝の新聞を拡げてみましよう。大資本を誇る百貨店が大々的に特売を行う広告を出しています。その一例、純毛ウール地ヤール五百円也。バカに安すぎ、殆んど信じられないのですが、貧乏人の悲しさ、もしやと思つて特売場へ行つてみます。もう一度店員にたしかめ、純毛だと太鼓判を押されたのでつい買つてしまいました。たいそうトクをしたつもりになつて家へ帰ると、或織物会社につとめている従兄が来ています。早速布地を拡げ、掘出物でもみつけたような顔をすると、彼はからから笑い、「バカだなあ。なるほどこれはどうみたつて五百円のしろものですよ。純毛は純毛でも、これはね、織屑つていうか、機械の下へおつこつたケバを集めて糸によりそれを織つたものなんです。毛足がうんと短いからすぐピッと破れるし、染め具合が悪いからすぐはげるし、まあろくな品物じやありませんよ」というのです。

なるほど純毛にちがいなく看板に偽りないわけですが、ただ宣伝文の「特価品」の文字が余計すぎました。

こうなると粗悪品ということばの意味が非常にアイマイになり、つかみにくくなるのですが、純毛ウール地を特売すると称して消費者に普通一般のいわゆる純毛ウール地をほうふつさせるのは、粗悪品を売つたと同様のそしりを免れ得ないのではないでしょうか。

特売用のメリヤス製品は普通のものよりは薄手に織つてあり一枚百五十円ぐらいの下着などはまるで半紙でつくつたかのようです。

洋服とか靴とか縫い合わせた製品を特売で買うのなら、縫い込みが浅く、ほころびやすく、値段と同じぐらい安手につくつてあることを覚悟せねばならず、たまにましなのがあつたと思えば、昨年の売れ残りだつたりします。

これらに対して百貨店側の見解をききますと、決してそのようなことはなく、良心的に奉仕しているつもりだそうです。百貨店というものは単に営利を追求するだけのものではなく、その公共性にかんがみて、一般消費者に奉仕するつもりで、特売をやるのだそうです。

純毛ウール地が五百円というのも奉仕だそうで、

「それなら何故ケバで作つてあることを明示しないのですか」

の愚問に対しては、

「それは販売のアヤでして、五百円でよいのが買えなかつたと仰云つてもまあお価段がお価段ですからねえ」

というこたえでした。これは全ての特売品に通用するこたえであり、それならいつそ、特売品売場という看板をおろして安物売場と書き改めたら如何といいたくなります。何も特に安く売るわけではないのですから。

それはさておき、一体、百貨店では粗悪品を売らないようにどんな手をうつているのでしようか。D百貨店を例にとりますなら、まず工業製品に対してはＪＩＳマークのあるもの、メーカー品を仕入れるようにし繊維製品については品質標示法の指示するところに従つています。その他D百貨店の中の商品試験所で商品の規格を試験研究し新製品を作つたり既存製品の品質改良を行つたりしています
しかし何といつても一番基盤となるのは百貨店の商品仕入担当者の商品知識であります。問屋や生産会社へ注文した商品が百貨店へ来た時抜取検査という方法で検査をしますが、これなどはたいてい眼でみて品物のよしあしをきめるのですから、仕入担当者の責任は重大というわけです。抜取検査というのは、数多くの品物に対してその数量と品質をしらべるのですが、数量はともかく品質については、その中の一個ないし数十個を抜きとつて検査し、選んでしらべたそれらの品質がよければ累推的に他もよしと判断するやり方です。

大体この程度の措置ですが、抜取検査でよしとみなした商品の中に、意図せずして粗悪品がまじつていた場合には、それ相応の善処をするとのことです。

では次にどういうふうに特売品を作り出すのかについて、百貨店側の説明をきいてみましよう。

方法はおおよそ三つあり、まず問屋に前渡金を渡し、百貨店が金利負担をして安価に仕入れ、同時に百貨店側も口銭を薄くして売る方法があります。二つ目には、問屋が投物(換金を急ぐあまり手持ちの商品を非常にやすく投げ出す)を出す時うまく仕入れて消費者に安く売る方法。また、百貨店を継続して経営していると、一定のルートが出来るから、中間の配給ルートを省略して一挙に一つのルートで仕入れられるようにして中間利潤を節約し、その分安くして消費者に売る方法もあります。

いずれにせよ、百貨店は別に身銭を切つて売るわけではなく、もちろん奉仕などとそれこそことばのアヤ以上の何ものでもないわけです。こういう意味で特売品などあり得ないと私は敢えて断言するのですが、日本経済の

縮図というべき特売場からずつと下つて、地下の食料品売場へ行つてみると、特売品非特売品にかかわらず粗悪品が遠慮なく顔をつらねています。佃煮売場に所せましと並んだ有毒色素の群。毒々しいまでに黒々と、コールタール漬のようなのは昆布の佃煮。気味わるい程あかい紅しようが。桃色のでんぶ。聞けば、このような品々の色素はたいてい有毒だそうですが、公共性のある百貨店が率先してこのようなものを売りつけるとはどうも解せぬ話です。

百貨店側は有毒物試験をしているし、色素については許可色素しか使つてないから大丈夫、と保証してくれましたが、あとでつけ加えていうには、

「それでもあんまりごてごてした色のは気持悪いですねえ。そういう奴は消費者の方で買わないようにすればいいでしよう」

現在のところ、これが私たち消費者に与えられたたつた一つの対策ということになりましようか。

★

★

粗悪品の取締り

——通産省の措置——

編集部

大体、粗悪品というものはあつてはならないものであり、たとえそれが生産時に生じても捨て去らるべきものです。しかし実際には、私たちの日常生活においてもたびたび被害をこうむるぐらい市場に出廻つており、油断もすきもできない有様です。

こういうことのないように取締つたり、いろいろ手をうつたりするお役所が、通産省ですが、ここでは、主として工業製品、電機用品、繊維製品などを受け持ち、食糧品は農林省が、医薬品は厚生省が受け持つ仕組になつています。

さて、通産省では、何よりもこれを作らぬように気をつけることが最も基本問題であるとして、日本各地に電気、機械、産業、工芸、発酵、計量各試験場を設け、新しい科学技術の発明、普及に力を入れております。

このように国で工業技術の試験研究を行う一方、民間の試験研究を積極的にするために補助金を出し、指導を行つています。

次の段階として、出来上つた製品に対しては一定の品質、規格を要求し、消費者の利便をはかつています。つまり、工業製品については工業技術院なるものを設け、そこで「工業標準化法」に適つた製品かどうかをしらべるわけです。皆さんはＪＩＳマークというものを御存じでしようか？　これは工業標準化法の制定した規格を備えた製品であるという証明で、通産省が許可した工場で大量生産された工業製品に貼られるマークのことです。だからこのマークが貼つてある製品は、通産省が粗悪品ではないと保証しているのだとも考えられるわけです。この工業技術院が担当している規格は、電球とか鍋釜、鉛筆といつた物品にはもちろん、包装やテストの方法にも、それに適合したものであるよう要求します。

電機用品については、通産省検査課が担当しています。電機用品（電線、スイッチ、電熱器、小型モーター等）の粗悪品は漏電災害の原因にもなり、厳重な取締を要するわけですが、具体的な措置としては一、製造の免許制度、二、型式承認、があります。前者にお

いて免許された製造者はその製品に必ず〒マークを附すよう義務づけられています。

電機用品に関連して電気計器がありますがこれは通産省公益事業局施設課の担当で、やはり計器の型式承認や個々のメートルの検定を行うことによつて粗悪品の市場への流出を防いでいます。

一般計量器については「計量法」が設けられていて、製造修理事業の許可制、計量器の検定などの措置をとつています。これを担当するのは重工業局計量課です。

繊維製品は繊維局織政課で一定の規格に適合さすべく注意しております。その一つに、繊維製品の品質標示法があり、これによつて戦争直後の交織、混紡が出廻つた時以来の混乱を防止しています。つまり特定のものには表示をさせて、消費者を欺いたり、種々の混乱を来したりしないようはかるわけです。

一般的にいつて粗悪品が取引されるのは、商人と消費者の間です。何故なら、輸出品に対しては「輸出品取締法」の下に厳重な検査が行われるし、大生産者間では彼ら自身取引の継続を期す上からも、取引経験によるみる目があることからも、そのような間違いの生ずる余地がないからです。大生産業者が設けている工業品検査所や繊維製品検査所を通らない粗悪品には、道義心の薄い中小企業その他から流れてくるわけですが、これを一手に引き受けるのは、ひとり消費者のみといえます。このみる目のない消費者を保護するために、通産省は先に述べたいくつかの措置をとつているのですが、更に現在消費者物資の検査機関について研究中だそうです。

粗悪品に対して、通産省は消極的には幾つかの法律でそれを防止し、積極的には品質向上の努力をしていますが、実際的に粗悪品とそうでない正常品との間の線は、引き方が極めて難しく、正直のところ業者への注意の域を出ぬ有様です。結局、結論は業者の道義心にまつより他手がないというわけですが、この際、粗悪品の生れる揺籠をもう一度みておくことも無駄ではないようです。

終戦後の経済復興時は数の面だけが重視され、物の形をしてさえいれば飛ぶように売れる状態でしたが、ドッチライン以後なるべく安くという傾向に変りました。期鮮動乱当時はこの考え方が多少ゆるみましたが、産業合理化への道は変りませんでした。合理化を意図し、投資を積極的にすすめた結果、日本経済は昨年頃から一応安定して来たとみられ、今後は日本経済の伸展を期して、より安くより良いものを作り輸出市場を確保しようとしております。

しかし、安定化とともにダンピングなる事態が生じ、粗悪品の最も育ち易い揺籠を供していることは見逃し得ない現象です。ダンピングにはおおよそ二つの形があり、一つは一定の品物をだんだん安くしていく方法で、他は始めから安いものを作る方法であります。後者が粗悪品と結びつきやすいのはいうまでもありません。

その他、粗悪品は資本主義経済機構においては陽の当らぬ場所である中小企業から、商業道徳とひきかえに流出されます。大資本におしまくられた結果の苦肉の策でしようが消費者にそのシワよせがされているわけです。

現在では、このような面においては無政府状態であり、悪徳業者は粗悪品を売りつ放し、知らずに買つた消費者は泣き寝入りという有様です。

（田中記）

お願い

年末帳簿の整理上誌代の滞つている方は是非お払い込み下さいますようお願いいたします。

粗悪品を追放するには

―出席者―

水野かつ子（世田谷二丁目公民会婦人部）
石田芳枝（世田谷二丁目公民会婦人部）
河本うた子（世田谷桜町婦人会）
森田たみ子（世田谷・くらしの会）
渡辺忠子（世田谷・くらしの会）
小畑マサエ（世田谷区区会議員）

編集部　この秋北京で開かれた日本商品見本市の即売会で粗悪品が出て大分問題になりました。

しかし、これは相手が外国だつたからたまたま問題になつたまでで、私たち日常生活において、ことの大小を問わずどれほど粗悪品の被害を蒙つているか、はかり知れないものがございますし、むしろ、粗悪品に免疫になつている観がございます。こういう不合理を黙認していることは自分の生活に誠実でない証拠とも言えるのではないかと存じますし、また、道義的な面から言つても、不信の念をつのらせ、世の中を暗くするものでございます。粗悪品追放の根本問題は国の政治や経済のあり方に及ぶ大問題ではありましようが、それにしても消費者の被害を無視しているような現状はなんとかしたいものと存じます。

あの見本市の問題を機会に、なんとか身近の問題として粗悪品を追放したいもの、とはだれしもお考えになつているところと存じます。それには消費面を司つている主婦の方々が声を大きくすることが一番適任であり、また効果的ではないかと思いまして本日の座談会を開くことにいたしました。

で、はじめに粗悪品のご経験からお話をすすめていきたいと存じます。水野さんいかがでしょうか。

◆こんな粗悪品があつた

水野　これは昨年の秋のことでしたが、上野のM百貨店から弟が果物を買つて持つて来てくれたのです。開けてみたら中の方はカビがボウボウ生えて、まるで食べられないんです。頂きものではあつたのですが、早速ハガキを出したんです。翌日主任が同じものを持つて詫びに来ました。こんなことは誰れでもやつているかも知れませんが、仕方がないと思つている人も少くないのじやないでしょうか。

それから渋谷のTデパートの名店街で佃煮を買つたら目方が不足していたことがありました。やはりハガキを出しましたら不足分だけもつてやつて来ました。いずれもデパートだからやるので普通のお店ではしませんね。

石田　私は大したことではないのですが、

昨年の暮新宿のＩ百貨店で茶羽織を買いましたところ、左右の袖があべこべにつけてあるんですよ。私は自分で直しましたが、特価品ではなく、相当の値段のものなんですから売場の主任が一応吟味すべきだと思いますね、職人をころして使うからあんなことも起るのでしようけど。

水野　デパートでは普通の縫賃の三分一くらいで下請させているという話です。

石田　デパートで足袋を買うと必ず文数が小さいですね、一流メーカー品でも一度洗うと小さくなつてしまつてはけません。街の商店ならまアまア仕方がないわ、と思いますがどうもデパートの品ですと苦情も言いたくなりますね。

河本　下請縫賃のお話ですが、デパートの下請は茶羽織一枚五十円、赤ちやんの綿入チャンチャンコが二十五円くらいなんですよ。

森田　私は最近粗悪品についてすごい経験を三回もしているんですよ、その一つはやはり渋谷のＴデパートです。子供が病気をしまして、水飴を買つてきたのです。なめさせようとして舌の上にのせたら大きなガラスの破片が入つていたんですの、水飴とまるで同じ

（写真は向つて左から、森田、河本、石田、水野、小畑、渡辺さんら）

色をした。持つて行つてみせましたら、さすがにデパートでも驚いていました。しばらくして係の人が菓子包を持つてお詫びにきましたけど。

次は横浜のＭデパートでやはり病気の子にお手玉を買つてきたんですの、あけてみたらシケ虫（微細なシラミようの虫）が無数に這いまわつているんです。県庁に投書しましたら、デパートの主任がお詫びにきましたが、横浜は国際都市なんですから、とくに気をつけなければならないでしように、あきれましたわ。

第三は香水です、S堂のものと言えば日本では一流で一応信用されているでしよう、五百円のホワイト・ローズを買つたんですよ、あけてみたら蒸発してしまつて、底の方にホンの少ししか入つていないんです。

石田　それは薬屋さんが悪いんですね、大抵のお店では一応あけて調べてから売つていますよ。親切さが足りないですね。

水野　商人が悪いんですね。

森田　渋谷のＴデパートは質が落ちましたね、お菓子のケースにハエが入つていたりして。

水野　たしかにＴデパートはよくないですよ。それにデパートはすぐお詫びをするが、それで済む問題でもないですからね。

石田　というのは商人をたたくからじアな

いでしょうか。日本橋のMデパートはさすがにそういうことはないようですね。

水野　経営者がしっかりしていればいいんですね、店員を教育して欲しいですわ。

河本　店員の商品に対する知識はたしかに不足しているようですね。

水野　河本さんは毛糸、手芸品のお店をやつていらつしやるんですよ、仕入のことお話し下さいませんか。

河本　私は一々よくみて仕入れてきますので、あまり苦情のでたことはないんです。でもチャックなど時々悪いものがあります、そんな時は直ぐとりかえてきます。それから少し高くても品の良いのを選んでおります。

石田　それは北京の見本市の問題に通ずることですね、安かろう、悪かろうはいけませんね。

水野　そういう点から、買物するうえの主婦の知識が必要ですね、さきほどの足袋のお話でも、安いものを買う人は高いものが買えないからなんで、この値段ではこうだ、と知つていれば不愉快にもなりませんわ、だから私は商品の品質標示をしてくれるといいと思うんです、スフや木綿の耐久力なんか。

石田　福助足袋でも三階級くらいあるんですね。

河本　福助であれば、メーカーが責任をもつことになつているんですよ。

石田　一体に足袋の仕立が悪いですね、安いのはカッコウが悪くて、二百円くらい出せばカッコウもいいんですけどね。

森田　子供のもので困るのは、染分けしてある衣類ですね、一度洗うと色が落ちてだめになつてしまうし、下着で困るのはボタンづけです。

水野　ボタンはほんとに困りますね、使う人の身になつて貰いたいものですわ。

石田　工賃も安いでしょうけど、検査を厳重にして頂きたいですね。

水野　一つには主婦の責任もあると思うんですよ。これはいいと思うと柄や形にとらわれて一寸買つてしまうでしょう。いつか外人の買物をするのをみていて感心しましたわ、一々、細かく科学的に調べて店員に尋ねているんですよ。そして一つのものを買うのに徹底的に調べて、それから決定するんです。

森田　日本の主婦にはそんな科学性がありませんからね、ついみた眼だけで買つてしまう。

水野　それにつけこんで商人が売る、といつた状態ですのね。

渡辺　靴下のことなんですが、グンゼのトリコットは伝染病にならないつて広告していますね、でもやつぱり穴があくでしよう、そういう欠点もはつきり言つて欲しいと思いますわ。

私は下着類の粗悪品に一番悩まされています。トリコットの下着はビリビリになるし、ゴムテープをつかつてあるものは直ぐのびてしまうし。

森田　ゴムテープのすぐのびてしまうのはほんとに困りますね。

◈ラジオ・新聞の広告は責任をもて

石田　今の伝染病にならない靴下のお話ね私の家では息子が大阪の放送局に勤めているんですよ、それでよく靴下を送つてくるんですの、娘がはいてみてウソの放送しているつて笑つているんですよ。

河本　ラジオや、新聞の広告も責任を持つて欲しいですね、随分影響力があるんですから。

水野　ラジオや新聞の広告にいつわりがあつたら、苦情を申込むようにしたらいいと思いますわ。

石田　それは無理でしよう。ことに民間放送はスポンサーを見つけることに大童で、それでなり立つているんですからね。

小畑　世の中が広告時代で、宣伝によつて価値がきまつてしまうでしよう、これが資本主義社会の特徴とも言えるでしようが、良心的にして貰いたいですね。

水野　ラジオや新聞によつて知るくらいですからね、それを誇大宣伝やウソの広告をされては堪りませんよ。

小畑　保全経済会の問題など、あれほど急激に発展したのも宣伝の結果でしよう、宣伝機関にも責任がありますね。

河本　あれほど宣伝しているのだからいいだろうと思つてしまいますわ。

石田　そうなると検閲制度も必要じアないでしようか。

小畑　官権による検閲制度はいけないですよ、民間の消費者側が作るべきです。

渡辺　どんなものにも良い面と悪い面とがあるのに宣伝は良い面ばかりするんですね、そこを考えなければならないと思います。

水野　値段が高ければいいと思いがちですね、そこにも問題がありますよ。

石田　デパートの広告が気に入りませんね最低のものを出して、買いに行くとないでしよう。

水野　宣伝材料に使うため、少しだけ出すんですね、オーバーが三千五百円なんて、あれで売れるわけがないでしよう。

森田　私は広告を持つていくんですよ。

水野　それ位にしなければいけないと思いますね、そしてよくみて悪いものは皆が買わないようにしたらいいですわ。

◈品質標示と店員の専門知識を
――主婦の希い――

編集部　次に主婦の方々の願い、つまりそれが粗悪品追放への道となると思うのですがそれをお聞かせ願います。

石田　私は佃煮屋に買う時言つておくんですよ、品物がいいのしか買わないから、いいものをおくようにつて、ところが足の早いものは安いものなんですつてね。

森田　薄給者には安いのが魅力ですもの。

水野　薄給者こそ良いもので永く持たなければ困りますわ、そこがむつかしい問題ですね。

渡辺　本は落丁があれば取替るつて書いてあるでしよう、他の品物にもああいうのがあるといいですね。靴下が切れていても後で取替えにいくと文句を言つたり、取りかえなかつたり、つい泣寝入りしてしまいます。

石田　商人に商品知識が乏しいですね。私はそれぞれの商人なり店員が皆専門的な知識を持つていて売る時注意して欲しいと思います。

森田　質問をして満足な返事をしてくれるデパートの店員は少いですね、自信をもつて人に進められるものを売るようにして欲しいですわ。

石田　買うとき、これはおいしいかとか、よいかとかきくのは馬鹿だと思いますよ。まずいとか、悪いとかいう商人はいないですからね、これが今の一般の商人でしよう。私はせめて食料品店は新しい品物を仕入れた時は自分で食べてみるべきだと思いますね。

水野　私たちの主婦の会でよい品にはマークするようにしたら、と思います。

石田　私の街では五六年前から消費者と商人との座談会をやつているんですよ。

水野　私は竹の皮の目方まで研究して突込むんですの。

石田　盆や正月の前にこの座談会をやると

大分きくらしいのですよ。

森田　原料のわからないものを買う時はどうするんですか、たとえば黄変米のおせんべいなど。

森田　それは信用のあるお店で買うようにしています。

渡辺　デパートや大メーカーは自分の名を惜しんで取りかえますけど、小メーカーや街のお店では取りかえませんね、そうしたところほど責任のある品を作ったり、売ったりしなければだめですね。

水野　品質標示が必要です、これは是非して貰いたい。

森田　世田谷で馬肉を混入しない肉屋は二軒しかないと言われていますね、桜肉は別にして貰いたいですわ。

河本　全くの羊頭狗肉ですね。

森田　馬肉だつて体に毒になるわけではないからいいのですが、それを牛肉や豚肉と言つて売るのは怪しからんことですよ。

河本　悪いものなら悪いでいいんです、だまされないで買いたいのです。

水野　主婦がドンドン言うことですわ、アメリカでは幾年か前から国法で商品の品質標示をすることになつたんですね、主婦が運動して。

森田　商人ばかりは責められませんね、買う人にも責任がありますよ。

水野　私たちの経験でも主婦が注意するとそのお店はよくなりますね。

石田　地域的に主婦がグループをつくつて商人に通じるようにするといいですよ。

小畑　そのモデルケースが石田さんたちのグループなんですね。

水野　この頃は油屋さんが混合率を教えてくれますよ。

石田　対立的になつていがみ合うのではなく、協力し合うことですね、桜新町では商人が店員を越後から集団雇傭をして、婦人会の人々を呼んで消費者の立場から話をさせているんですよ、私も、水野さんも呼ばれてお話したのです。商人は商品に対する知識そのものも大事ですが、消費者の要求や意見を知ることも大事ですから、これは大変参考になつているようです。

小畑　それはデパートでもやるといいですね。

河本　やつているでしよう。

水野　店員の教育はしているでしようね、偉い先生方を呼んでお話を聞かせるとか、でも一般の消費者の話をきかせるということはしていないようですね。

森田　デパートの店員は八頭身ほど悪いですね。

小畑　売子の資格問題ですね、売子の顔でお客を釣るようなのは困る。

水野　度々アメリカのお話がでて恐縮ですが、アメリカでは中年の消費者が売子の指導に当つているんですね。

森田　売子が商品化している傾向がありますね、その点主婦のパートタイマーは評判がいいですわ。

小畑　競争が激しいので売ることにのみ窮々しているんですね、しかもそれが内容とか客の利便についての競争ではなく、ただ金を落させることばかりにそそがれている。

石田　デパートが大きくなるのは民衆の便利のためではなく、利潤をあげることにのみ力を入れているようですね。

小畑　資本主義の集中形態の現れですね。

石田　消費者の便利を考えて貰いたいですね、ソヴエトの話を帰つた人から聞いたのですが、商品も少いが、余計のことは言わないそうですね。

小畑　社会主義社会の広告は誇大宣伝では

なく、良いものを早く知らせることが目的なんですね。

水野　それがほんとうですね、日本のデパートはどうして金を落させるか、そればかりに集中されていて、半娯楽場化していますわ。

小畑　それがいいか、悪いかは別としても商品がなおざりにされている観がありますよ

編集部　お買物はデパートが主ですか。

石田　稀にしか買わないものはデパートにして日用品はなるべく地元で買う方針です。

水野　商店との座談会を始めたのもその趣旨からですのよ。

石田　デパートの包紙がまた魅力があるんですね。

水野　街の小店では品物の種類が少ないでしよう。だからどうしても豊富なデパートへ行つてしまうのですわ、大資本と小資本では仕方がないのでしようけど。

石田　地元の商人は地元の消費者を逃さないように努力しなければだめですね。

河本　地元の商人も悪いところはありますよ、売れないものだから、高く売るというような。

小畑　中小企業者のデパート進出反対にはやはり、街の商人が地元の人の協力を得られるような商売をしなければだめですね。

石田　主婦が身近な問題からやつていくことが効果的ですね。

水野　私たちとしては生活に一番必要なことからはじめるのが大事なので、政治家のやるようなことは政治家にまかせておけばいいと思います。私弟によく言われるんです——弟は大学で、経済を教えているんですが——姉さん変な婦人運動をやるより、日常の消費問題と取組む方がよつぽど有意義だつて。

どうすればいいか

編集部　それではいよいよ結論として、どうすればよいかについて。

石田　商人はよくもうけるといいますが、もうけとは、労働に対する報酬でなければならない、人をペテンにかけて暴利をむさぼるのはもうけとは言えないと思うんですよ。

河野　北京の見本市の場合、あんな国際的なものは、政府が検査すべきですね。

水野　家内工業でやつているというところに問題があるのでしようね。

小畑　世田谷区内だけで商店街が五十三位あつて共食いになつているんです。失業したり、退職したりするとみな商売をはじめる。つまり失業人口が商業にもつていかれるんですね、これは完全雇傭につながる問題になつて大変むずかしくなりますが、人口と商業の比率が無視されている、そういうことが消費者にはね返つてくるんです。

河本　店の特色をもたなければだめだと思いますね。

水野　あなたのところはその点ほんとにいいですね特色があるんですから、いくら同業者があつても、老舗などはやはりはんじようしますからね。

石田　誠実な店ははんじようしますよ。

小畑　前にも言つたように消費者としては泣寝入りせず、ドシドシ苦情を言つたり、意見をのべたりすること、商人も製造者も消費者の立場にたつて誠実なものを作ること、結論はこれ以外にないわけです。しかし、商人も製造者も誠実な仕事をしていたのでは生活がなりたたない、根本の問題はそこにあると思われます。が、それをどうするかは政治家の問題で、消費者である主婦としては、誠実なものでなければ売れないようにみなで働きかけていくことだろうと思います。

編集部　ありがとうございました。ではこれで。

（**文責・菅谷**）

ふるさとの思い出（九）

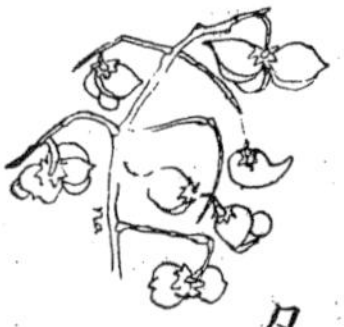

タマゴ婆っぱ

三《さん》瓶《ぺい》孝《こう》子《こ》

長年私の家にタマゴを売りに来る婆さんがありました。四、五年前になくなりましたが、私の家ではこの婆さんを「タマゴ婆っぱ」と呼びました。終戦前でも七十の坂は三つも四つも越していましたが、「これでも、オラ、まだ嫁の分際なんだぞし、百に近いお姑さんがまだ達者でいらっからなし」と、えらく元気でした。近郊近在の農家からタマゴを買い集めては、大きな箱を背負つてやつてきました。「こんにちわ」と、表門から大きな声をかけてはいつてきました。私達は、タマゴ婆っぱが来たといつて、婆さんのまわりに馳けてゆきました。父は、婆さんを見かけますと「タマゴ婆っぱが来たようだ、買つてやれ」と言われました。

タマゴはその頃どこの家でも百個くらいずつ買いましたから、婆さんは顧客先五、六軒もまわれば一日の商売はすぐ終るのでした。

タマゴ婆っぱは話がすきで、商売を終えると、まずどっかと腰を下し、女中にお茶菓子をもてなされて、少くとも一時間は面白い話をするのでした。私達は婆さんを取りまいて話を聞きました。婆さんはなかなかの話術の大家ですから、話がおもしろくて、時間のたつのを忘れてしまいました。婆さんもまた、茶菓を馳走になつて話をするのが、何よりの楽しみで、二里も奥の村からタマゴを売りに来るのでした。

婆さんは話題が豊富でした。若い頃、アメリカに出稼にゆき、小金を溜めて、今では田地田畑を買い入れ、生活もそれ相応に豊かになりましたが、働く習慣が身について、じつとしていられないので、家の仕事は若い者にまかせて、こうしてタマゴを売りに来るのでした。英語をしやべりました。イロハのイの字も書けませんが、頭がよく、頓智があるだけに落語家の話を聞くようでした。

婆さんがある時、よその町に人をたずねましたが、その訪ね先の名を忘れてしまいました。婆さん、得意の頓智で考えたことには、そうそう、何でも甘くて臭いような名前だつたと人にたずねて、佐藤平兵衛という家をさがしあてました。またあるときバスに乗つたはよいが、下車する町名を忘れてしまいました。コンコンさま（お稲荷さまの狐のこと）のような町名だといつたら、バスの車掌さんが、それでは稲荷町でしょうとおろしてくれました。万事この調子なのです。

息子がハワイに出稼にいつていましたから手紙を出すのに字を知らなくては困るといつて、「この年になつて、やつと字を習い初めたんだぞし」と、なかなか熱心に字を習つて仮名で手紙が書けるようになつたといつていました。

「水という字にホシ一つ打つたのは、何という字だんべえなし」

とタマゴ売りに来た序に氷という字を女中から習つて行きました。息子もよい息子で、ハワイから一寸帰つたとき、この母親を東京見物につれてゆきました。その時の見物模様がまた角別に面白く、来るたびに私達はせがんでその話をしてもらいました。私達が夏休に帰省しますと、「東京からかへらったなし」といつて、特に大きなタマゴを集めて来てくれました。

出稼にいつていた息子が、あのハワイ爆撃の時、どうなつたか消息不明だつたので、婆さんは非常に心配して、それ以来タマゴを持つて来る元気もなくなつて、めつたに顔をみせず、急に年を取つたと、私は郷里からの便りで聞きましたが、終戦後、息子も無事にかえつて来ました。タマゴ婆っぱも無事な息子を見て、ほつとして安心してあの世に行きました。また、あの世で、面白い頓智を出して、みなを笑わせているでしよう。いい婆さんでした。

農家の子供達

農家の子供達は、春、秋のお彼岸、夏のお盆（旧盆で丁度八月でした）には、大きな目籠に野山の花をいつぱい入れて背負つて花売りに来ました。

「お花いらんねえかえ」

と若い娘や子供の花売りは、小さい、やや恥しそうな声でいいながらはいつて来ました。「おろして見せな」と、こちらも、こうした可愛らしい花売の来るのを待つのでした。

春のお彼岸の花には、ねこやなぎと椿しかありませんが、お盆のお花は可れんな美しい花ばかりです。おろした籠には、山百合、桔梗おみなえし、われもこう、かるかや、なでしこ、すすきなどの七草がいつぱいはいつていました。

花売の子供たちは、みな自分で取つて売りに来るのです。東京の人々は近郊の野山にハイキングに出かけますと、やたらに野の花を取つたり、根こそぎ抜いたりして、しおらして、道端や、帰えりの電車の中に捨てたり、ふみにじつたりしています、捨てないで家に持ちかえつても、大して愛でるようにも思われず、取らずに野山にそつとして置けばよいのに、心なき人よ、と思わせられることがたびたびあります。

けれども、こうした花売の子供達は花を取つても大切に扱い、根も大切にして、また来年のために注意していました。子供達は、その花を売つたなにがしの小銭をお盆のお小遣にしたり、大ていは学校用品にあてました。野山の花に恵を与えて貰つているようなものでした。

「学校道具を買うのかえ」と聞きますと、「うん」と首だけふりました。農家の子供は口数が少ないから、口に出さずに、返事のかわりに、笑顔で好意を見せるのでした。

農家の子供には、花売りだけでなく、魚取りも、遊びでなく、学用品代のかせぎでした。

夏から秋にかけて水遊びが面白く、子供達が魚釣を楽しむ頃になりますと、農家の男の子が小魚を串にさして焼いて売りに来ました。串差の焼魚を籠にいれ、手に五、六本の串を持つて、だまつて台所に立ちました。子供なので買つてくれとも言いにくいのです。こちらでは、串を見ただけで、ははあ売りに来たのだなと察するのでした。

「一串なんぼだえ」「五銭」など、女中が話しかけて串を見ました。子供の商人はまけるとも、安いとも、買つてくれとも、言わないので、背中の籠をこつらに向けて、だまつて串を見せるのでした。

「いい魚だ、これだけ貰ろうよ、自分でとつたのか、」子供は返事の代りに首をうんとふりました。

農家の子供は、小さいうちから、こうして労働の尊さと金銭を得ることの六カ敷さを、身をもつて経験しているのでした。子供達は、自分の小さい労働で、尋常六年間の学業を終えるのです。子供達を助けているのは自然の恵のようでした。

（二四ページへつづく）

あの頃

質屋通いと内職と

前川《まえかわ》とみえ

故前川正一氏は、若い時から無産運動に投じ、二十才で香川県の農民運動の指導者となり、旧全農ができると組織部長として全国的な活動をはじめるなど、まことに優秀な闘士でした。昭和十二年の総選挙に香川県より立候補最高点で当選されたのをはじめ戦後も社会党代議士としてエネルギッシュな活躍を続けておられましたが、二十四年、五十一才で前途を惜しまれながら亡くなられました。

夫人とみえさんは夫君の志をつぎ、現在香川県々会議員として、また社会党々員として御多忙な生活をおくつておられます。

大正十五年以来無産運動の露路でウロウロしていましたが、本質的には極めて平凡な古風な女なのです。ひたすら貧乏から夫の闘志を鈍らせたくない、とただそれだけに心を配つて来ました。喀血して本所の診療所でお世話になつていたのですが、昭和三年の秋、御大典で東京に逃れていた前川と大阪に移ることになりまして、別に能力の無い私は内職に専念。幸い同郷人で十人余り女給さんを置いてカフエーを経営している人が吹田にあり、その専属のお針つ子というわけです。自分の物でも歎いものは人に縫わせていたのが人様の物を縫つて金もうけしようというんですから大胆なものです。それでもあまり文句もなく上物一枚縫うと一円位になりました。それで米二升五〇銭、ダンピングで十五銭のかに罐（之で最高気分満喫）醤油三合、バット二コに豆腐にネギ位買えたものです。

あの頃は度々検束がありましてその前にガサ（家宅捜索）を受けるのが普通でしたが昭和五年の夏でしたか押収した書類と共に前川を自動車に乗せた時、薄明るくなつた裏口から棒を持つた大男のポリがノッソリ乗り込んだ時の憎つたらしさ、今でも忘れられません。引きつづく検挙に共産党では首脳部を失い、農村指導者に前川が交渉を受けたのが災難でしばらく帰れませんでした。赤ん坊を抱いて差し入れに質屋通いをしていましたら、その後も子供が質屋の前を通るとニコニコして入ろうというのについつり込まれて何もかも入れてしまいました。当時たまに原稿料が入りますと急にお大尽、まず着物をうけて、一合十銭の地酒がこの時はレッテルのはつてある吟醸酒一円五十銭をおごり、拾円札をもつて二三人連れ立つて道頓堀に出たものです。

北浜の全農総本部はだんだんひつそくして行くし、浅沼さんは少し前引き上げて東京に行き、大西さんや河合さんなどがいらした頃かと思いますが、前川は堺市労働学校へという話が持ちあがりました。質で流れた私の着物が古着屋にぶら下つていたり、家賃の滞納を催促されたり、カフエーは不況になりあれこれ不況にもなつて来て堺に転宅することになりました。約束の労働学校は開かれず質草は底をついてるし、それこそドン底の生活が始まりました。鰯あみを引きに行つて鰯を五六尾貰つて来たり、貝拾い、御陵群の丘に野草摘み、全く万葉の昔さながらに鳴立つ沢にじゅん菜を摘み上げるような生活でした。でも当時はレクリエーション位で別に苦しいとも思わず、十坪の菜園と、全水の同志泉野さん達の厚意で命をつなぎました。部落の人で高等女学校の先生。なかなか美人でセンスのある方でしたが、この人のすすめで洋裁屋を計画。大阪の兄に二百円也無心。八十円で中古のシンガーミシンを買い、滞つた家賃や借金の内入をして残金四十円持つて灘波の問屋筋へ一貫匁いくらの端切を買いに行つたのです。富山の薬屋さんよりも大きくなつた荷物を前川にかついで貰つて昼食しようと高島屋のエレベーターに乗つた処嫂の姉夫婦が広島から大阪見物に来ているのに会いまして前川は食堂どころかあたふたと帰るなり『バカ野郎、お前は敵か味方か、紹介しなければわからんのにええ恥かかせて……』と物凄く怒るんです。不可解のまま何カ月か経つて兄に会いましたら、その日のことを恐縮して謝つているんです。今度は私の方がバカ野郎！　働くことが何が恥かしいんだ！　とどなりつけたい程でしたが、前川の心の中をのぞいたようで、一層手によりをかけてミシンを踏んだものです。実に素朴な初歩の簡単服でハギレをはぎ合わせて製品として、二三十枚もたまると軒下につるして正札をつけて売るんだから大したもの、二年目の夏は御注文品まで承るようになりまして、三カ月は完全に米代にも酒代にも困りませんでした。冬は着物も縫うし、安くしすぎて近所の本職からねじ込まれたのも二十代のウブであつた頃の思い出です。少し年輩の方であつたと思うのですが（石田樹心さんのような気もします）地方から見えまして一杯やろうということになり、おかずは引きうけたというので待つていましたら、両腕に一杯お化け茄子とサッカーのボール程もある胡瓜をかかえて戻られたので驚いて聞くと附近の畑のを失敬、種子採り用だろうという結論になり、胡瓜があんなに大きくなるということを初めて知りましたが、モサモサして少しもお味の無かつたことも忘れられません。

（写真は昭和8年頃の前川さんご一家）

昭和七年の暮。当時全農の組織部長か書記長かをしていた前川も総本部の森小路へ移転と同時に住みこむことになりました。その頃政党は分裂に分裂をくり返し、その都度農民組合の組織のこわされることを警戒して、組合第一主義を唱えて〝前川正一何見てくらす日和見ていりや日が暮れる〟とうたわれ、批判され、四面ソ歌の中で悲そうな気持で闘つていました。八年の天王寺大会の時でしたか、金はなし、私の羽織の温いのを脱がせて質屋に持つて行き五円借りて三円余りで切手を買い指令を出してホッとして一升買つて夕食、屈強な警視庁巡査は本部附近を固めているし〝農民の子供とは遊ばんしい……〟とのけ者にされて旦坊は泣きべそかいて帰つて来るやら、書記連中は近所の子供に抗議したりすかしたり、いやはやにぎやかなことでした。その時の大会でしたか黒田さんが東京に帰る旅費に手ちがいがあつて工面方を頼まれ、夫の里の兄の家まで出かけたものの留守で調わず森小路に帰るのがつらくて、何となく郷里が恋しくなり、梅田駅で五六時間ボウとして過したことをここで告白してお詫びを申しあげて置きます。ここの生活で一番楽しかつた思い出は淀川をみんなでかいに行つたこと、大川の流れの横の水溜りをバケツでさつさとかい出す、半日位で大バケツに二杯十貫メ位の獲物。ハゼ、鮒、モロコ、鯉、川えび、うなぎまでまじつて、小さい食料品店ほどの数種の佃煮やら白焼きやらの料理が出来て、五六人世帯のおかずがしばらく間にあつたほどでした。この頃もよく争議、検挙で仲間がちよいちよい抜け、中に生々しい拷問のあとを残して帰つて来る青年もあり、しらみ退治やら何やかや、そんなことでかお互いに随分温い交わりでした。

　八年の八月前川の母が危篤というので親子三人久しぶりに故郷入りしたわけで、当時の新聞雑誌に〝母の枕元に前川正一転向す〟などと書き立てられたことはいささか迷惑でした。遡つて昭和三年二月普選第一回に香川県は大山さんと上村さんを立てて闘い、前川は十カ月の刑を投票の二日前に終つて出獄、演壇に立つただけで『物議をかもす危険あり』とかいう今頃では想像もつかない理由で検束され、そのまま県外追放六年、築港から上ることをゆるされないままでしたが、母の死を機会に一応帰郷することになりました。旅から連れて帰つた嫁と子供、父親の家にも容れられず、借家するにも苦労して、またここでも内職を始めたわけです。闘争を離れての貧乏生活に堪え切れず子供を連れて上京し、稲村さんや岡田さんの家へも泊めて頂いたのですが、真相を話すことが出来ずに一週間目にまた高松に舞い戻りました。間もなく前川も出版社に勤めることになり、一方「穀物検査反対期成同盟」というのを部分的に作つて組合の再建にふみ出しました。三・一五の嵐で当時四人の県会議員は強制的に辞表を書かされたのですが、昭和十年には又県議を三人迄送り出すことが出来るほどになりました。

　〝お花も生ける、お仕立物もする、洋裁、編物何でも出来るほどしつけられているのに、嫁入りの荷物が、何にも無いのはおかしいのう〟という露骨な悪口も気にかけず出来るだけ地道な農民的生活を始めたわけです。この写真は結婚後六年目に初めてこんぴら詣りして撮つた私等三人の最初のものです。十一年の総選挙には推されて立候補。金が足りなくて最後の二日間会場が作れなかつたのに千票足らずの差で次点（当時は届出による臨監付会場演説）落選の悲しみどころか合法的にしやべれたことをよろこび合つたその頃のことで、これに気をよくした旧同志の結集で翌十二年には最高点で当選。本部にいた頃は議員を軽蔑しながら、その議員生活が始まり、いともしとやかな（呵々）奥様になつたわけです。

（二一ページよりつづく）

＊　＊　＊

　タマゴ婆っぱにかぎらず、梨売り、里芋の鶴、お盆の花竹売りその他、近郷近在の農民とは親しく、いまも元気で季節のものを持つて来るとか、どうしたとか便りを聞き、また先方は先方で、「東京ではお変りなくいらっかし」など、お互に一生涯なつかしく思うことは、田舎生れの私のしあわせと思います。東京のくらしでは、野菜を買うにも何を買うにも、ほんとうに行きずりの旅人の集りのように私には感じられます。

解説

アジア社会党会議

編集部

さる十一月四日から十日までインドのボンベイで第二回アジア社会党会議が開かれました。参加国は正式加盟団体である、日本、ビルマ、インド、パキスタン、ヴェトナム、インドネシア各社会党、イスラエル、マパイ党、レバノン社会進歩党、マレー労働党のほかにオブザーバーとしてアフリカや中近東諸国の代表約二十カ国出席という大集会でした。

日本社会党からは浅沼書記長はじめ十四名うち婦人では評論家の田中寿美子、阿部静枝さんの二名が出席されました。

アジア社会党会議の第一回は一九五三年一月ビルマのラングーンで開かれました。当時は日本の社会党も左右に分裂していて、意見も異り、また世界の情勢も冷たい戦争のさ中にあつたため、微妙なものがありました。

この会議は日本社会党を含めたアジア九カ国の社会主義政党が中心となつて、アジアが当面している諸問題—平和問題・生活水準の向上—について意見をのべ合い、その上で参加国の社会党が互に手をとつて問題の解決をはかることを目的としているもので、最大の課題は「平和擁護」における社会党の役割ということになつています。

このため前回日本社会党は左派が米ソいずれにもつかず中立を保つ、いわゆる〃第三勢力〃論の立場をとり、右派は〃集団保障の中でアジアを守る〃という西欧陣営に結びつくことを主張して対立しました。しかもこの二つの意見は大会全体の意見を代表するものでもありました。

結局「世界の両極化をさけアジアの力を強める」ということになつて妥協しました。

その後世界情勢はジュネーヴ会議、バンドン会議以来平和的機運が強くなり、米ソの平和共存の可能性が考えられるようになりました。

こんどの会議に日本社会党は「平和十原則」を提唱し、前回あまりはつきりしなかつた平和に関する同会議の態度を明確にしようとしました。

この他日本側は中共と国民政府の問題について決議案を提出しました。その要旨は、「中共はすべての国から承認され、国連代表権を認めらるべきである、その場合、台湾は中国の一部と見なされるべきである。しかし実際問題として台湾と外国との既存の関係は存続することもある」というものでした。

またこんどの会議で重要な議題となつたのはソ連共産党二十回大会後の共産党の新方針をそれぞれの国の社会党がどうとるかということでしたが詳細はいずれ出席された方々から執筆して頂く予定です。

日本社会党が提案した「平和十原則」

一、世界人権宣言および国連憲章の目的と原則の尊重

二、すべての人種の平等と国家の平等

三、すべての民族の自決と国家的独立の尊重

四、すべての国家の主権および領土の尊重と他国の内政に対する不干渉

五、国際紛争の平和的解決、他国に対する侵略の脅威の除去

六、一切の軍事同盟への不参加、東西両陣営

を含む集団的安全保障体制の樹立と外国軍隊の撤退

七、大国を中心とする世界的軍縮の推進、原子兵器の禁止、原子力の平和利用

八、一切の形態の植民地主義のふつしよく

九、互恵平等の原則に基く貿易の促進

十、国連を中心とする総合的経済計画による低開発地域の開発と生活水準の引上げ

なお日本社会党婦人代表は「日本婦人の現状と社会党婦人部活動」を報告、左の四つの事項の協議を要望しました。

一、アジア社会党婦人会議を東京で開催する件

二、アジアの婦人と子供に関する資料交換の件

三、アジアにおける婦人労働関係資料交換の件

四、アジアにおける売春関係資料交換の件

（二九ページよりつづく）

は異り郡内から出ている保守、革新の代議士の支持者が婦人の間でもはつきり分れうつかり政治の話をすれば差障りが出来て面倒であること、婦人会の指導的立場にある人が保守系が多いことなどのためなるべく、政治にふれることを避けようとしているようである。農村婦人の問題の解決も結局政治につながる問題である以上。これでいいのであろうか。

お歳暮をどう考える

盆暮の贈答品は主婦にとつて悩みの種です。いつ頃から始まつたものか、時代も移り、生活も変つていながら、なお続き、しかも少しも衰えをみせないこの習慣は、私たち日本人の生活によほど深いつながりがあるからなのでしょうか。

一体、これをどうみるか、左のお二人にご意見をうかがつてみました。

一、またお歳暮の季節となりました、お歳暮是非論は毎年くり返されながら、依然として行われております。やつぱりお歳暮は必要なものでしょうか。

二、近年贈答品はますますハデになる傾向があり、デパートなどでは今年は一般に、売行きがよく、お歳暮も例年の二割増しが予想されているそうです。この事実をどうお考えになりますか。

文化学院教授　戸川エマ

あまり虚礼的なお歳暮、たとえば会社の下役が上役に無理をしてお歳暮を贈るのは感心できません。けれども上役の方からふだん仕事をしてくれていてありがとうと思う気持で何か心をこめた品を贈るのはあつてもいいと思います。私もその意味でほんとうに簡単なもの（ハンカチーフかブローチなど）を感謝の気持で贈ることがあります。

二、デパートを始め商店街の大売出しはたしかに購売欲をそそり、何か買わないと人並みでないような錯覚を起させ勝ちですが、それに釣られないで、虚栄のための贈物をするくらいなら、寒さに向つて衣類も不足がちな託児所の子供たちに手袋一つでも贈ることをみんなが考えたいと思います。

日本女子大講師　磯野富士子

一、心からの贈り物ではなく、利害の打算からの贈り物がおせいぼだと思います。いやな習慣です。しかし日頃の感謝の意を年の暮はなにかのかたちで示したい、そういうい面もないとは云えないでしよう。

二、生活が落ちついて来た結果ではなく浮ついていてより苦しくなつた結果だと思います。人がするのに自分がしなくては大変だというあがきから、生活をきりつめてもおせいぼを買わなくてはならないのは、なさけない日本の生活と思います。

短歌

萩《はぎ》元《もと》 たけ子《こ》選

給食費の催促を受けて先生に「うちお金がないの」といふ可愛い四年生　吉永　和枝

「給食費が払へるだけでもしあはせね」とわが子ら二人こも〴〵語らふ　同

給食費の遅納をいひて涙ぐむ子に現実をいはねばならず　同

近づける火星中空に輝けり夜更けて吾は米を磨ぎゐる　末弘　冬子

苗代の畦に昼餉の牡丹餅は大櫃のまま草に置かれて　藤野千代子

トラックより店の氷室にすべり込むせつな氷塊は生きもののごとし　熊谷とき子

一年生の子の絵日記の中の吾ときに原色の服も着てゐる　佐藤　信子

苺畑の薄暮を若き尼僧過ぐ帰るべく神のもとへ急げり　正井万喜江

使ひみちすべて明らかにして必要なものばかりなるに憤りをり　岡山たづ子

〔選後評〕

一首目――三首目、までは給食費についてうたつている。昔はお弁当をもつてゆけない子、お菜らしいおかずを持たない子があつた。今は平等の栄養ある昼食が食べられるがそれには給食費になやむ親があるのである。

四首目、火星が最も近づくと騒いだ夏であつた。この作者は老いてから子に先立たれ孫のため水仕事をする人である。火星のことは聞いているが格別関心を持たない。身を励まして明日の米を夜更けて磨ぐのである。歌の表面に老の姿はないがその淡々とした詠みぶりに、心境の察せられるものがあろう。

五首目、農村の生活、形よく小さい菓子屋のお萩と違い沢山につくられた田舎の大きな牡丹餅が大櫃に入れられて草の上におかれている。やがて泥の手を洗つてぱくつくのであろう。ほゝ笑ましい田園の風景。

六首目、作者の家の商売で氷を沢山に買うのであろう。冷い無機物の氷が生きもののように氷室に辷り込む、その氷を頼みとするものに圧力をもつてのぞむ氷の塊は無気味である。

七首目、生活といつてもこれはむしろ子供の生活を中心にしている。子供は赤とか黄とかパッとした刺戟の色を美しいと思いお母さんを描く時赤いブラウス、黄色いスカートを着せている。

八首目、苺を摘む尼僧の姿、神に仕える清浄の姿、それは普通の人と違う生活である。常に神に祈り、ざんげし身をつつしんで奉仕する。ここにも生活がある。

九首目、作者は医者の奥さんで貧しい人といえないけれども贅沢は許されない、家計簿を検査しながら何の無駄もないことに憤りの湧く気持。

農村だより************

婦人会の動き

***************原たまみ***

八カ岳山麓の傾斜地に位する農村である我が玉川村も町村合併の例に洩れず一町八カ村が合併して茅野町玉川地区と称するようになつたのは昨年の一月からである。

結婚以来二十年間夫の勤めの関係上各地を転々と移り住んだ後、姑が亡くなり、舅が一人になつたので、女学校四年生を頭に小学一年生までの四人の子供と共に、農村に定住するようになつたのは終戦の年の四月であつた。以来不馴れな手に鍬を取り、封建的な村の風習に従い、八十歳の父に仕えるのが精一杯の私に、昭和廿二年思いがけず村の婦人会長を押しつけられた。しかも婦人会の役員の経験など全くなく、下端役の部落の幹事さえ勤めたこともない私は途方にくれるばかりであつた。しかし有力な当時の諏訪郡連合婦人会長の指導で会の運営方針も大体わかり、会の仕事に希望を持つて当れるようになつたのはそれから間もなくで、またわずらわしい家事や烈しい野良仕事から開放されて、修養も伴う会合は楽しみでもあつた。当時はちようど新憲法が作られて婦人にも、参政権が与えられたばかりで、国会から県会町村議員にいたるまでの選挙があり、早速と婦人の政治意識が試されることとなつた。選挙に先立ち、郡の婦人会長が初の投票権を正しく行使する方法について町村婦人会長の会合の度に熱弁をふるわれた。政治は台所まで直結しているものであるとか、国会は人物より党を選ぶこと、それにはよく各党の政策を研究することとか、何ものにも拘束されない選挙をしなくてはならないとか、婦人の政治啓蒙に力を尽された有様を今もはつきり思い出す。

それから十年今年の四月から私は幹事という婦人会の末端役員になつた。まず驚くことは現在の婦人会が全然政治についての関心を持つていないことと、余りにも役員の用事の多いことである。中でも最も負担を感じるのは、会の運営費の捻出である。品の斡旋をしてわずか許りの利潤を得てそれに当てているため、多くの時間を費すことである。余りにも会の仕事が多過ぎて役員になり手がないごとの打開策にもと、年額二十円の会費を五十円に増額することを、部落の婦人会の総会で主張したけれど通らなかつた。男の人は何かと会合毎にお酒をのむ、その一回の代金にも足らないお金を出し惜しむのは何故か。女はただ黙々として働いて僅か許りのお金も自由にならないという封建的遺風からであろうか。とにかく十年前の何倍かに用事が増え、これでは幹事を順番に一人のこらずさせるのも、無理のないことと思う。この一軒一軒の会員の家をふれ歩く幹事をやるのが厭さに会を脱ける人さえある。

参院選も迫つた六月三十日夜、第一回のグループ活動の会を開いた。これは町全体や部落全部の会合は多人数すぎてまとまりが悪いのと、会場が遠くなるので出席率の悪いことなどが主な理由で、部落の会員を幾組にも分け十人から二十人のグループを作り、親睦を計り、遠慮のない意見を交換しあい、生活の合理化や修養を計るなど、各グループ思い思いの考えを取り入れるという研究会をかねたものであつた。この夜は最初なのでまずみんなの意見を聞き、運営方針を定めて後、しばらくは雑談に花が咲いた。各々が自由に話をするだけでも昼の疲れも忘れて楽しそうであつた。そのうちに農家の主婦は野良仕事に追われていて、お天気の良い日にお洗濯さえできない、ことに姑のある嫁は姑の手前だけでもおちおち洗濯などできないから、一月に一日だけでも部落全体が常会単位で農事の休日をグループの力で作ろうではないか、と話しあつたけれど、一月に一日でも休めば農事が後れて取り返せない、という人もあつた。その補いには人を雇えばよいとの説も出たけれど金銭問題以上に人手がなくて容易に雇えないということでまとまらなかつた。

この辺の農家は所有地の多い家程苦労している。部落でも指折の大きい農家のお嫁さんが、毎日精出して働くのはいやではないけれど、仕事が多くて特別疲れた日には栄養価のある食事を取るとか、どれだけの時間でも休めたら疲れもとれるし、時には自分のほしい買物も自由に出来、まれには、行きたい所へ行ける自由がゆるされたら働き甲斐もあるけれど、その一つとして自由に出来ない悲しさを述懐されていた。これが大部分の農家の状態である。参院選が近づいていたので、こうした姑に仕え盛りの嫁さんは政治を研究する暇もなく、だれに投票してよいか分らない人もあるので各党の政策だけも話したかつたけれど、保守党の有力な支持者の多いこのグループは、一寸話すさえ漸くであつた。しかし開票の結果は意外の好成績で、この玉川地区は全体の四分の三以上の票を社会党で得たことは大きい喜びであつた。前回の衆院選の時より社会党が進出したのは、地元の立候補者が一人もなく、情実に拘束されない選挙ができたためか、憲法を改正してまで軍備を強化しようとする、与党に反感を持つてか、とにかくここ三年間は憲法改悪を阻止し得たことにほつとした。

投票日の翌日玉川地区ほか二地区合同の婦人会の指導者講習会があつて、私共末端の役員まで出席した。当日の指導者は地方事務所の教育主事さん及び、茅野町公民館の役員二人で、内容は「現代婦人会の在り方について」の講演と分科研究会と称して各地区より提出した問題についての意見の交換であつた。その合い間にはレクリエーションとして唱歌や軽い遊ぎがあつた。

研究課題は1、婦人会グループの問題、グループはできたけれどグループ間の競走と部落分裂の傾向がある、これをどうするか　2役員の問題、役員になり手がない、率先して婦人会の役員を引受けて貰うにはどうしたらよいか　3、婦人会の仕事が多すぎる、家庭を持つているので命令されてもやりきれない、農協婦人部との関係と資金のないジレンマ、この三つの問題を百人位の出席者を六つのグループに分けて研究したのである。無意味とも思わないけれどはつきりした結論も出ずものたりなかつた。

それから一週間程経て玉川地区の戦後の婦人会長を務めた者だけの会合に出席した。革新政党に好意を持つてるBさんが今度は政治の研究をしましようと云うと、保守党の強力な支持者で、選挙の時は応援演説まで堂々としたAさんが、政治の話なんてむずかしいからやめましようの一言でお流れ、この口達者な有識階級のAさんが政治の話を避けるのは保守党の政治を全面的に支持できないからだとしか思えない。その日の顔ぶれは保守系のボス的存在が多かつた。玉川地区の終戦以来の会長のみならず、他地区の会長も、またその上の郡の会長も保守党支持者が多く、これらの人たちは若い時から農家に育ち、農家の主婦で通して来た人は少い。婦人会で近頃政治問題を殆んど取り上げなくなつたのは何故だろうか。婦人に参政権を与えられた当初と

（二六ページへつづく）

好評裡に終つた

本誌創刊三周年
記念音楽会

前号予告通り本誌「三周年記念音楽会」はさる十一月二十一日神田駿河台のＹＷＣＡ講堂で昼夜二回にわたつて盛大に開かれました。

本社としては始めての試みであり、また主催者側も全くの未経験者ぞろい、どういう結果になることかと案じておりましたが、お蔭様で出演者はじめ各方面の絶大な御支援のもとにほぼ予想通りの成果を納めることができましたことを、ここに厚く御礼申上げます。

当日のプログラムは山川本社代表、藤原道子、社会党の鈴木委員長のご挨拶ののち、平林たい子さんの、「婦人と作家生活」、西清子さんの「今日の婦人問題」等のお話がありました。平林さんのお話は簡潔な中にも充実した内容で深い共感を与え、西さんのお話と共に好評を拍しました。

（写真は唄う淡谷さん）

音楽の部は、三十年近くゆるがぬ地位を斯界に維持してシャンソン界の第一人者と謳われ、最近また人気のあがつてきた本誌社友の淡谷のり子さんが、最も得意とする「枯葉」、「バラ色の人生」、「パリーの夜」などのシャンソン七曲を歌つてさすがに堂々たる貫録を示され、アンコールの拍子がなりもやみませんでした。あの淡谷さんを一日罐詰にするとは「婦人のこえ」の力も大したもの、という評判でした。

同じく本誌社友であり、新進ソプラノ歌手として頭角を現わし始め、将来を期待されている小倉麗子さんのソプラノ独唱「かやの木山」、「お菓子と娘」等十曲は、豊かな声量と共にその美声に、一同魅せられてしまいました。

非常な好評でした。

ピアノの新人として注目されている萩原智子さんはショパンのバラードとノクターン、リストのハンガリアンラプソデイを演奏、その妙技に一堂一つの耳になつたように聞入つておりました。

本山昭子さんの原語で歌われたイタリア民謡もすばらしいできばえで、一同いずれ劣らぬ熱演。〃聞きにきてよかつた〃〃気持のよい会だつた〃という入場者の声が所々に聞かれ、〃あの雰囲気は「こえ」独特のもので他では味えない、また是非開いてほしい〃という読者からの投書があつたことは、主催者側として、この上ない喜びでございました。

露店商人の娘は思う

杉《すぎ》山《やま》美《み》千《ち》子《こ》

　女学校を卒業して、と言っても戦争のまつただ中の学校生活では一週に四、五時間も勉強できれば幸といつた状態で、四年の歳月が経つたから卒業という無責任な学校を出たので、履歴書の某高等女学校卒業という肩書も重荷で、自信がない。それだからこそ態度も意識的に控え目にしているのに、この事情を知らない周囲の人々は、コツコツと勤務している私を素直で温和と思つている。同僚たちから非難を受けることもなく、折々には意気地のない自分がうとましく思えながらも、平凡に五年、七年と勤め、仕事にも交際にも安定を感じ始めた頃はすでに二十六歳にもなつている自分に驚いてしまう。そして同級生の誰れ彼れを今さらのように自分と比較して見る。

　美人とは言えないまでも、十人並と言われる容姿を備え、とり立てて非難を受けたこともない私が、一度も求婚を受けたことのないのは、理由は他に有ると思うのです。しみじみ私は日本に生れたことを、この国の風習、国民の偏見に憤りとも何とも言い現わしようのない悲しみを味つています、そしてそれに抗しきれない自分の弱さをも知らされているのです。

　私の父は露店商人です、教育のない、それ以上に資本のない人間が、人様に迷惑を掛けないために選んだ職業を何故軽蔑するのでしよう。資本を有する商人が個定した店舗で販売している品物を、父と母は年老いた肩で、細々とした腕で荷車を引き、縁日の境内で夜のふけきるまで薄暗いガラスランプの下で庶民を相手に売り、売上伝票など一枚一枚に記入もできないほどの小商をし、しかも店舗の商人同様基準の課税を受け、差押える品物も無いのでやんやと催告されながらきようきようと生活している父たち。

「本人は申し分ない娘ですけどね。家柄がどうも」言葉としてはつきりとは言われないまでのこと、言いまわしや口振りにそうしたものを周囲から感じ始めた頃、私は父がそして母までどんなにか頼りなく不甲斐なく思われ憤りを感じたことでしよう。

　もの心ついてからの私は祭礼やこの他人出のする場所にはどんなに誘われても、そこに何か恐ろしいものでもいるように行こうとはしなかつたものでした。両親の姿を見ることが私には耐えることのできない屈辱のように思われ、周囲の瞳を恐れていたのです。

　政治から見捨てられている父たちは、自分の力で生きていかなければならないのです。そのため最後に選んだ道が、自分の生み、育てた子からさえも軽蔑されるとは？

　親と子の血縁を職業故にのろい続けて来た私も今、一人の保護者も同情者もなく、権力の前に屈服し一度叩かれればもう起き上ることはおろか、這うことすらできない父たちを親としてでなく、子としてでもなく、もつと広い大きな立場で眺めるようになりました。

　ひと頃毎日の新聞ではまるで連載小説のように暴力団狩りが報じられていますが、あの人たちの更生や生活指導はどうなつているのでしようか。まともな職業につきたくともつけず、その上ひどい偏見が陰然としてはびこつているこの社会、一生浮び上れない社会の最

大阪総評婦人部

第五回定期大会

十一月十一日午前十時より大阪境川の大交会館において総評大阪地評婦人部第五回定期大会が、折からの雨にも禍ひされず盛大に開催されました。

経過報告並びに活動方針等の討議においても婦人部組織の確立について論議は集中され三役就任の困難な情勢の中で組織の確立を願う婦人労働者の発言は紅唇火を吹くようで遂いに国鉄未定、府職上野、全電通和泉、大教組小笠原を三役とし代行制をとることとして大会を終えた。

会場には東京より挨拶に来阪された山川菊栄女史、柳田ふき女史の、真摯な姿も見られた。

（大阪・西川）

大会に出席して

東海ヤス子

総評大阪婦人部大会も五回目、慣例を破つて日曜日に開かれたことは私たち民間産業、それも従業員数が二、三十名から、千名未満の中小企業労働者にとつては非常に参加し易く嬉しいことでした。総評婦人部が私たち中小企業労働者の声を聞き入れてくれたということによつて、今まで総評といえば大きな組織のものだけの集るところだと考えていた者の既成観念を打ち破るために大きくプラスしたと思います。

大会では託児所のことや地域共闘のことが問題になりましたが、婦人が組織のことを話し合うようになつたことは婦人の成長を物語るものと、力強く頼もしく思いました。しかし今後開かれる大会ではもつと経験を話しあい、交流を深めるようにして頂きたいと思いました。あのような大会で全体会議としての交流が無理であれば分科会形式を採つて頂いてもよいと思います。最後に開会時間を守つて貰えれば少くとももう一時間は討議出来たのに、と残念に思いました。

（全国金属労働組合・大阪地方本部）

下層でその日の糧のために子供からさえうとまれた父たちの境遇を思う時、ひとごととは思われません。

本社岡山支局

創刊三周年記念催し

映画と講演会 開催

全国各地にある本誌支局では読者獲得、読者会、研究会の開催等それぞれ活潑な活動をしておりますが、岡山支局では来る**十二月十二日、岡山市**にて「**創刊三周年記念映画と講演会**」を開くことになりました。

なお、当日の講師として作家の平林たい子さんがお忙がしいなかをはるばる東京から御出席下さることになりました。

＊

＊

おしらせ

大阪府職員組合本誌読者グループでは、北海道冷害救援運動を起し、衣類その他のカンパをして近く同地の貧児に贈ることになりました。被害の深刻さは、前号で農協の新沼さんがご報告した通りです。すでに積雪深く、冷害地の人々は極度の衣料不足と食糧難に苦しんでいます。せめて気持だけでも温かくお正月を迎えることができますよう、押入れに置き忘れている衣類の一枚でも送つて頂きたいと存じます。左記で全国的に取扱つております。

なお、お金は借金に捧引されて実際に手に入らないからなるべく品物でというご希望です。

送り先　**東京都中央区銀座五ノ一**
北海道東京事務所
冷害救済物資対策本部

原稿募集

◇**創作・論文**　一五枚以内（四百字詰）
◇**随筆・コント・ルポルタージュ**（七枚以内）
◇**職場のこえ・台所のこえ**　三枚〜三枚半
◇**短歌・俳句・詩**

本誌は婦人の発言の広場です。婦人の地位を高めるために、明るい生活をきずくために、住みよい社会をつくるために、そして婦人の隠れた才能を発掘するために皆様の活発なご投稿をお願いします。

注意　一般に〆切はもうけませんが、時事問題などは**毎月十日**までにお送り願います。

送り先　本社編集部

編集後記

年の瀬に立つ毎に、光陰の流れの早さに凡ような驚きを新たにいたします。

さて今年は何をしたか、と省みて心に満足を憶える人は幸福な一年だつたと思います。満足とまではいかなくとも、せめて悔の少ない年であつて欲しいものです。

その意味で今年の婦人界はどうだつたでしようか。表紙二に記載した「今年のおもなできごと」をみても分るとおり、相当な働きをいたしました。まず悔のない年と言えるのではないでしようか。

本誌としましては、特集号をはじめたり、参院選にリーフレットを出したり、記念音楽会を開いたり創刊以来忙がしい一年でした。しかし満足を得られない恨みは残ります。来年こそはと、決意を固めております。鬼と一緒に笑わずに、御期待下さい。

では読者皆様どうぞよいお年をお迎え下さいますよう。（菅谷）

婦人のこえ　十二月号
定価三〇円（〒五円）
半年分　一八〇円（送共）
一年分　三六〇円（送共）
昭和三十一年十一月廿五日印刷
昭和三十一年十二月一日発行
編集発行人　菅谷直子
東京都千代田区神田三崎町二ノ六
印刷者　堀内文治郎
東京都港区本芝三ノ二〇
（硫労連会館内）
発行所　婦人のこえ社
電話三田（45）〇三四〇番
振替口座東京貳壱壱参四番

昭和二十八年十一月二十四日第三種郵便物認可
昭和三十一年十二月一日発行（毎月一回一日発行）
婦人のこえ 第三十九号
（第四巻・第十二号）

定價三十圓

●──解説者紹介

鈴木裕子（すずき・ゆうこ）

一九四九年生まれ

女性史研究家

主要編著書

『新装増補　山川菊栄集　評論篇』全八巻別巻一巻（編　二〇一一―一二年、岩波書店）

『自由に考え、自由に学ぶ　山川菊栄の生涯』（二〇〇六年、労働大学）

『忘れられた思想家・山川菊栄――フェミニズムと戦時下の抵抗』（二〇二二年、梨の木舎）

復刻版
婦人《ふじん》のこえ
第3巻　ISBN978-4-86617-255-2
第1回配本［第1巻〜第4巻］分売不可　セットコード ISBN978-4-86617-252-1
2024年11月28日発行
揃定価　本体80、000円＋税
発行者　山本有紀乃
発行所　六花出版
〒101-0051　東京都千代田区神田神保町1-28
電話 03-3293-8787　ファクシミリ 03-3293-8788
e-mail : info@rikka-press.jp
組版　昴印刷
印刷所　栄光
製本所　青木製本
装丁　臼井弘志
乱丁・落丁はお取り替えいたします。Printed in Japan